陈高华　徐吉军　主编

全彩插图本中国风俗通史丛书

西夏风俗

史金波　著

上海文艺出版社

《全彩插图本中国风俗通史丛书》
编辑委员会

陈高华　徐吉军　史金波　宋镇豪　宋德金　宋兆麟

陈绍棣　彭　卫　杨振红　张承宗　吴玉贵　方建新

方　健　吕凤棠　陈宝良　林永匡　徐华龙　高洪兴

总　序

《中国风俗通史》由上海文艺出版社 2001 年出版至今已有十多年的时间，其间承蒙读者的厚爱，多次加印，被学术界推称为中国风俗史研究具有代表性的著作。

众所周知，风俗的内涵极其丰富，涉及物质生活和精神生活诸多层面，历来有关研究著作论述的范围颇有出入。我们与各卷作者经过多次的认真讨论和深入研究，在认真吸取前人成果的基础上，力求有所突破。按其内容和形式，将其分为饮食、服饰穿着、居住与建筑、行旅交通、生育、婚姻、寿诞、卫生保健与养老、丧葬、岁时节日、交际、经济生产、娱乐、宗教信仰等大项，并努力探讨各个时代风俗的基本特征及演变规律。在写作时，力图用洗练和平实的语言，详尽的文献和考古史料，以及丰富多彩的历史图像，对中国古代社会生活和风俗的各个方面作细致入微的整体揭示和准确考证，由于种种原因，存在着一些不如意的地方。

本次修订改版，我们仍按历史断代划分，定为原始社会、夏商、两周、秦汉、魏晋南北朝、隋唐五代、宋、辽金、西夏、元、明、清、民国十三卷，力图更加全面、科学、深入、系统地反映各个时代的风俗特点，同时又呈现不同时期、不同地区、不同民族的风俗差异，将每一段历史时期中最值得探索的热点、最能反映当时社会生活风尚的事例加以发掘和论述，进而从风俗角度对整个中国历史提供一种诠释。

21 世纪，是学术大发展的时期，也是一个学术创新的时代，一个读图的时代。如何适应时代的需要，使学术图书走向市场，贴近大众，并让他们更易读懂，并获得快感和美感，是值得我们探索的，也是我们努力的目标。为此，我们与出版方一起对各卷图书的插图进行了大幅度的调整，增加了大量第一手的、精美的、存世罕见的文物历史绘画、书法及碑刻等方面的图片，使丛书的文字与图片相得益彰，更好地展示中国风俗的历史画面。

  需要说明的是，由于历史的关系和条件的限制，要在每一卷的相关内容里都配上插图，并非易事。特别是有的朝代距今甚远，如史前时期、夏商时期，距今三四千年以上，不仅史料不足征，探索当时的风俗是一件很困难的事情，要进行图片收集更是难上加难，而这些正是需要读者谅解的。

陈高华   徐吉军

前 言

　　风俗作为社会的重要表象，历来受到学界和社会的广泛关注。中国地域辽阔，历史悠久，其风俗既随时间发展，代有特色；又依地域分布，各显不同。中国自古以来就是多民族国家，各族既有共同的风俗，又具相异的特点，内涵丰富，各展风韵。绚丽多姿的中国风俗是中国历史发展积淀的丰厚文化遗产，在世界文明史上作为东方文化的典范令人瞩目。

　　从中国风俗的传承与发展可以看到，风俗有其鲜明的时代特征，有多姿多彩的表现形式，是一个随着历史变迁而不断演化的动态过程。在当今的风俗中，既能看到千百年来传统习俗的深刻印记，历久而弥新；也不难发现随着社会物质和精神文明的进步，以及对内外的紧密交往而发生的风俗嬗变。风俗是历史发展既有惯性，又有变数，生动而直观的重要侧面。

　　人们无不生活在特有的风俗之中，每个人都是风俗的传承者、实践者、表现者，而风俗对人们的行为又有相当大的规范和制约作用。风俗与社会、与个人发生着密切的、千丝万缕的关系。人们对风俗一直有着很高的依恋感、顺从感。

　　西夏作为一代王朝，坐拥西北，享国近200年，若自西夏主体民族党项族在唐代被封节度使算起，则有340多年的历史。然而这样一个王朝其历史资料竟十分贫乏。究其主因是元代修前代正史时，仅修《宋史》、《辽史》、《金史》，而漏掉了西夏史。这样西夏既无正史，又未存实录，加之党项族逐步消亡，所用西夏文物典籍泯灭殆尽。后世为西夏史者，多据宋元所存不多记载，连残缀遗，难以完善。有关西夏风俗的资料更是凤毛麟角，不易寻觅。上世纪80年代，始有顾吉辰的论文《西夏社会风俗考述》（《青海民族学院学报》1987年2期），继有汤开建的论文《党项风俗述略》（《藏族史论文集》，四川民族出版社，1988年），主要汇集、梳理汉文典籍的有关记载，使西夏的风俗开始纳入人们的视线。自20世纪初以来，在西夏遗址中不断出土西夏文献和文物，有的流失于海外，有的保存在国内，不仅数量不菲，且有不少直接反映西夏社会和民俗。这对认识西夏社会，特别是其中的风俗至关重要。

十多年前，上海文艺出版社网罗多位学人分卷册出版《中国风俗通史》，以时为经，以事为纬，编织成较为全面的中国风俗史。我被邀撰写"辽金西夏卷"中的西夏风俗部分。正因为有了上述新发现的资料，我才敢于承担西夏风俗的撰写工作。当时搜索枯肠，写了十数万字，与辽金风俗史合为一卷出版。[①] 此套书出版后得到业内和社会的认可，有专家甚至说是"一部追溯华夏民族风俗起源和传承的历史巨著"。社会在发展，学术在进步。十年以后，上海文艺出版社根据社会需求和中国风俗史研究新进展，希望在新形势下出版一套新版"中国风俗通史"，拟在原有的基础上提高质量，创新认识，增量扩容，打造成内容更为丰富、更为新颖的风俗史著作。出版社倾力组织，魄力不小，然兹事体大，作者难度可以想见。

自上世纪末，我着力翻译和考释新发现的西夏文社会文书。原来从1993年开始，中国社会科学院民族研究所与俄罗斯圣彼得堡东方学研究所开始合作整理、出版俄藏黑水城文献。我多次与同事一起到俄罗斯东方学研究所整理所藏文献。其中有一批未登录的文书，分装于110文献盒中，我前后用了近5个月的时间仔细清理，发现其中有不少西夏文账册、契约、户籍、军籍、告牒、书信等官私社会文书。另有一部分社会文书原作为佛经封套、封面和封底的衬纸，有的暴露在可见到的一面，有的已一层层自行脱落。我们对这些文献都做了登录、拍摄，现已出版。[②] 这些文书约有1000余号，1500余件，多数是西夏文文书，也有少量汉文文书。这些珍贵的文书对研究西夏社会有极重要的价值，但其中多为西夏文草书，难以识别。我尝试翻译这些文书，渐有所得，先后译释完成近200余件，对西夏社会经济、军事、风俗有不少新的认识。此外近十多年来，也有新的西夏文物破土而出。新发现的西夏文献、文物中，关于西夏政治史的材料极少，而关系西夏社会的很多，于是便产生了研究西夏社会的念头。前后历经约十载，《西夏社会》于2007年问世。[③] 其中关于西夏风俗的探讨也有新的进展，内容也有增加。

2006年《中华大典》主编任继愈先生和《中华大典·民俗典》主编白化文先生邀我组织编纂《民俗典》的少数民族民俗部分，名为《地域民俗分典》。我邀请多位专家，依照《中华大典》体例，将历史上有关民俗的汉文资料按民族、地区、事项分类搜集、编次，经过五年的集体努力，去年已完成初稿，共得500万字。在这一工作中，我除组织工作外，还具体负责党项汉文民俗资料的汇编，进一步熟悉了有关民俗资料，加

---

① 宋德金、史金波《中国风俗通史·辽金西夏卷》，上海文艺出版社2001年版。
② 史金波、魏同贤、克恰诺夫主编《俄藏黑水城文献》第12、13、14册，上海古籍出版社2006、2007、2011年版。
③ 史金波《西夏社会》(上、下)，上海人民出版社2007年版。

深了对民俗的理解。

根据上海文艺出版社提议，希望在新版的《插图本中国风俗通史丛书》中辽金风俗史和西夏风俗史各自单独成卷，这样内容需要大幅度增加。检视《中国风俗通史·辽金西夏卷》出版十二年来、《西夏社会》出版六年来，关于西夏风俗的资料确有新的增加，认识又有新的提升。

比如《俄藏黑水城文献》又出版了第13—20册，共8册，包括社会文书和佛教文献；《英藏黑水城文献》出版了最后1册第5册；《日本藏西夏文献》出版了上下两册；《中国藏西夏文献》出版了最后3册，18—20册；《中国藏黑水城汉文文献》出版了全10册。西夏文物方面则有宁夏文物考古研究所编的《山嘴沟西夏石窟》，宁夏文物考古研究所、银川西夏陵区管理处编的《西夏三号陵——地面遗迹发掘报告》等。西夏艺术方面有上海艺术研究所、宁夏民族艺术研究所著的《西夏艺术研究》，陈育宁、汤晓芳著的《西夏艺术史》。此前还有俄罗斯艾尔米塔什博物馆 К.Ф.萨玛秀克的《黑水城出土12—14世纪佛教绘画》。文献整理研究方面有杜建录、史金波著的《西夏社会文书研究》、孙继民等著的《俄藏黑水城汉文非佛教文献整理与研究》、杜建录主编的《党项西夏史研究》四册等。此外，《中国出版通史》的"宋辽西夏金元卷"、《中国妇女通史》的"辽金西夏卷"，都有专篇论述西夏相关内容。有关西夏的论文更是层出不穷。这些著述中的资料和研究无疑对西夏风俗的认识起到很大促进作用。

近些年，笔者除主持或参与上述部分资料整理和研究工作外，还做了些有关西夏风俗的专题探索，诸如自然环境、土地、服饰、绘画、语言、丧葬、儒学、印刷、雕版、佛教、军籍、妇女等，颇有收益。同时也对一些西夏遗址、西夏出土文物和文献进行了新的考察，如2006年秋再次进入内蒙古的黑水城遗址，并深入腹地，探寻西夏绿城遗址以及居延海；2007年前往埃及，考察同样早已死亡的古埃及象形文字；2008年考察了久已向往的阿尔寨石窟，领略了西夏故地鄂尔多斯高原；2009年受邀参加汉字寻根之旅，到山西省白水县瞻仰字圣仓颉庙；2010年到英、法、德、瑞诸国考察流失海外的西夏文献和文物；2011年重到宁夏西夏陵园、拜寺口双塔，以及宁夏博物馆、宁夏文物考古研究所、西夏博物馆考察西夏遗存，又到宁夏中宁县鸣沙镇瞻仰西夏安庆寺永寿塔；同年与敦煌研究院樊锦诗、彭金章教授受邀访问法国，考察了藏有敦煌文献和西夏文献的法国巴黎图书馆、吉美博物馆；2012年重到甘肃省博物馆、内蒙古博物馆、宁夏博物馆及一些相关的西夏遗址考察西夏文物和文献。在调研过程中一方面搜集、分析资料，一方面思考相关问题，对西夏社会和风俗又有新的收获。

比如学界皆知西夏社会基层兵民合一，其军事最小细胞为"抄"，然而管理军抄的军溜如何构成，首领如何管辖，兵丁具体装备和年龄如何，每年如何年检登记上报，皆不得而知。通过近几年解读新发现的军籍文书，以上问题迎刃而解。这对深入认识西夏基层社会风俗显然大有裨益。

又如中国古代社会有互助习俗,民间有社邑(社),是中国古代基层结社的一种社会组织。从敦煌石室发现的文书中有一批社邑文书资料。过去从来不知西夏有社邑组织。近年来我从新发现的社会文书中,发现了两件社邑组织活动的规约,以西夏文草书书写,西夏人称此种组织为"众会"。众会条约中有多种条款,文末有在会者的签字画押。原来西夏也有这种传统的社会互助风俗。

再如近些年宁夏考古专家们对重要的3号陵地面遗迹进行了大规模清理发掘,并出版了发掘报告,又对6号陵的墓主做了细致的研究和认定,这大大提高了我们在总体上认知西夏陵的水平,也获得了很多关于西夏帝陵结构、建筑方面的具体知识,使我们对西夏皇室的葬俗有了更科学、更清晰的看法。

我在宁夏博物馆看到在宁夏出土的西夏瓷器中有细腻的白釉瓷器残片,有的专家在贺兰山西夏瓷器窑址中发现了细白釉瓷器。这使我们对西夏瓷器的品类和工艺有了新的认识,西夏可能有生产皇家或贵族所用细瓷的瓷窑。

将这些新的资料和认识充实到这部新版书中,是我此次撰稿的重点,这或许对读者进一步了解西夏风俗史有所补益。

介绍一个社会的风俗,最好有实物图片,直观形象,一目了然。过去撰写的西夏风俗中,随文仅有30多幅图片。此次随着内容的增加,随文图片大幅度增加到400余幅,超过了《西夏社会》中的图幅。图片中有早年调查所摄,也有近年新获;有国内西夏遗存,也有有流失海外文物。目的是便于读者阅读相关文字内容时,尽量有形象的图片资料给予辅佐,加深认识。这也算为构建西夏形象历史聊尽绵薄吧。

西夏作为一个以少数民族党项族为主体的多民族王朝,其风俗有继承,有发展,有嬗变,既有党项民族的特质,又有多民族的展现。

西夏的风俗有复杂的演变过程。党项族自唐代被迫离开原住地,艰难地越过横亘在前面的秦岭、大巴山,在新的自然和人文环境中定居下来,社会要经历怎样剧烈的阵痛,人们要承受怎样的历史性变革,风俗要发生怎样显著的改易,这些都是我们现代人难以想象的。

当西夏赫然立足于有宋一代的大国行列,既要坚持某些党项民族的特性,又要适应社会发展,学习其他民族的优长,使西夏的风俗带有多民族相互关联、借鉴、吸收、融会的突出色彩,呈现出五彩缤纷的景象。

蒙古兴起,先后灭亡西夏、金朝和南宋,一统天下。西夏境内各民族成为蒙、元时期的庶民。其主体民族党项族被元朝列为色目等级,有较高的民族地位。党项族经历亡国之变,有的留居西夏故地,有的移民中原。从河西武威迁居庐州(今安徽合肥)的党项人余阙,记录了以前西夏故地党项人"质直而上义"、"有无相共"的风俗习惯,又指出经数十年以后,合肥的党项人"其习日以异,其俗日不同"的裂变,不仅移居内地的党项人如此,即便是居住在西夏故地的"今亦莫不皆然"。可见,党项人风俗又一次发生了巨大变化,并无可挽回地走上了民族同化的道路。

西夏早已消失,党项族也逐渐消亡,然而,留给我们的西夏风俗史依然有着特别的历史魅力,它甚至因为党项民族缺席而更加可贵。了解西夏的风俗,大有助于认识资料匮乏而显得神秘的西夏历史。西夏风俗史资料由歉到丰,认识由浅入深,凝聚着一代西夏专家的心血。本人在运用资料、分析问题、表达观点以及综合前人成果时,都可能出现缺点甚至错误,诚恳地希望得到指正。希望今后随着新资料的开掘和研究的进展,西夏风俗史还会不断有新的进展。

2012 年 12 月　于北京南十里居寓所

目 录

总序 …………………………………… 1
前言 …………………………………… 1

【导　言】

第一节　西夏风俗形成的历史背景 ……… 2
　　一、历史概况 ……………………… 2
　　二、自然条件 ……………………… 13
　　三、民族 …………………………… 27
第二节　西夏风俗政策和风俗观念 ……… 34
　　一、统治者的风俗政策与制度 …… 34
　　二、民间的风俗观念和思想 ……… 39

【第一章　饮　食】

第一节　饮食结构与方式 ………………… 44
　　一、饮食结构 ……………………… 44
　　二、饮食器皿 ……………………… 52
　　三、饮食方式 ……………………… 55
第二节　社会各阶层的饮食生活和风尚 … 57
　　一、贵族的饮食 …………………… 57
　　二、百姓的饮食 …………………… 59
　　三、僧人、道士的饮食 …………… 61
第三节　饮酒与饮茶风俗 ………………… 63
　　一、饮酒风俗 ……………………… 63
　　二、饮茶风俗 ……………………… 65
第四节　饮食特点与饮食养生 …………… 67
　　一、多民族的饮食特点 …………… 67
　　二、饮食养生 ……………………… 69

【第二章　穿　着】

第一节　服饰制度 ………………………… 72
　　一、党项族早期的服饰特点和变化 … 72
　　二、立国后的服饰制度 …………… 74
　　三、中后期的服饰制度 …………… 75
第二节　服制形式和穿着方法 …………… 77
　　一、皇帝和后妃的服饰 …………… 77
　　二、贵族、官员及其眷属的服饰 …… 80
　　三、平民的服饰 …………………… 85
　　四、僧人的服饰 …………………… 87
第三节　发式、冠饰与鞋袜 ……………… 90
　　一、西夏男子的秃发和披发 ……… 90
　　二、发式、冠饰和佩饰 …………… 92
　　三、饰物和化妆 …………………… 95
　　四、鞋袜 …………………………… 98
第四节　婚服、丧服和军服 ……………… 100
　　一、婚服 …………………………… 100
　　二、丧服 …………………………… 101
　　三、军服 …………………………… 101

1

第三章 居室建筑

第一节 居住建筑 …………… 106
　一、都城建筑 …………… 106
　二、宫殿建筑 …………… 108
　三、民宅建筑 …………… 111
第二节 建筑的装饰和起居用具 …… 113
　一、建筑的装饰 …………… 113
　二、建筑、居室用具 …………… 117
第三节 塔寺建筑 …………… 120
　一、大规模修建塔寺 …………… 120
　二、塔寺建筑形制 …………… 122

第四章 行旅交通

第一节 行旅方式 …………… 130
　一、陆路旅行 …………… 130
　二、水路旅行 …………… 135
第二节 行旅饮食和风尚 …………… 137
　一、行旅饮食 …………… 137
　二、行旅风尚 …………… 137

第五章 生育

第一节 生育观念和孕妇保健 …… 140
　一、生育观念 …………… 140
　二、孕妇保健 …………… 141
第二节 诞生风俗 …………… 142
　一、生产风俗 …………… 142
　二、取名习惯 …………… 142
第三节 育儿风俗和成年礼俗 …… 145
　一、育儿观念 …………… 145
　二、育儿方法 …………… 146
　三、成年礼俗 …………… 147

第六章 婚姻和妇女

第一节 婚姻观念 …………… 150
　一、重视婚姻 …………… 150
　二、婚姻由前世而定 …………… 150
　三、同姓不婚 …………… 151
　四、良贱不婚 …………… 151
　五、对德行和美丑的认识 …… 152
　六、宽容非婚生子女 …………… 153
第二节 婚姻形式 …………… 154
　一、包办婚姻 …………… 154
　二、买卖婚姻 …………… 155
　三、姑舅表婚 …………… 156
　四、一夫一妻和一夫多妻 …… 158
　五、抢婚 …………… 158
　六、婚外性生活 …………… 159
　七、族际婚姻 …………… 161
第三节 婚姻程序 …………… 163
　一、媒人说合 …………… 163
　二、行聘订婚 …………… 164
　三、结婚礼俗 …………… 165
第四节 离婚与再嫁 …………… 166
　一、离婚 …………… 166
　二、改嫁 …………… 167
第五节 妇女风俗 …………… 169
　一、妇女的地位 …………… 169
　二、各阶层妇女 …………… 171

【第七章　卫生保健和养老】

第一节　卫生保健和医疗风俗 …… 180
　一、卫生习俗 …… 180
　二、以巫治病和以医治病 …… 181
　三、医方和医疗 …… 182
　四、医药及保管 …… 186

第二节　养老风俗 …… 187
　一、敬老 …… 187
　二、养老 …… 188

【第八章　丧　葬】

第一节　丧葬观念和礼仪 …… 192
　一、重视丧葬 …… 192
　二、厚葬和薄葬 …… 194

第二节　丧葬形式 …… 195
　一、火葬 …… 195
　二、土葬 …… 197

第三节　各阶层墓葬 …… 198
　一、皇陵 …… 198
　二、陪葬墓 …… 204
　三、贵族地主墓 …… 205
　四、僧人和平民的墓葬 …… 207

第四节　葬具、随葬品和葬事 …… 209
　一、葬具 …… 209
　二、随葬品 …… 210
　三、葬事 …… 212

【第九章　生　产】

第一节　农业风俗 …… 216
　一、农业生产习俗 …… 216
　二、农业生产管理习俗 …… 221
　三、土地租税的缴纳 …… 226
　四、粮食的保存和加工风俗 …… 230

第二节　畜牧、狩猎业生产风俗 …… 233
　一、畜牧风俗 …… 233
　二、狩猎风俗 …… 238

第三节　手工业风俗 …… 241
　一、陶瓷 …… 242
　二、铸造 …… 249
　三、兵器制造 …… 257
　四、纺织品 …… 258
　五、酿酒 …… 264
　六、印刷术 …… 268

【第十章　商　贸】

第一节　买卖、契约和榷禁 …… 280
　一、买卖 …… 280
　二、买卖契约 …… 283
　三、榷禁 …… 285

第二节　度量衡 …… 287
　一、度 …… 288
　二、量 …… 288
　三、衡 …… 289
　四、面积 …… 290

第三节　钱币、物价和税收 …… 292
　一、钱币 …… 292

二、物价 …………………… 298
　　三、买卖税 ………………… 303
第四节　典当、借贷和偿还 ……… 306
　　一、典当 …………………… 306
　　二、借贷 …………………… 307
　　三、偿还 …………………… 312
第五节　对外贸易和管理 ………… 317
　　一、对外贸易 ……………… 317
　　二、外贸管理 ……………… 321
　　三、对外禁卖 ……………… 322

第十一章　信　仰

第一节　自然崇拜和神鬼信仰 …… 326
　　一、自然崇拜 ……………… 326
　　二、神鬼信仰 ……………… 326
第二节　佛教的传播和发展 ……… 329
　　一、信仰基础 ……………… 329
　　二、传播和发展 …………… 330
　　三、译校佛经 ……………… 336
第三节　佛教政策和管理机构 …… 339
　　一、佛教政策 ……………… 339
　　二、管理机构 ……………… 341
第四节　僧人和度牒 ……………… 346
　　一、僧人的民族成分 ……… 346
　　二、僧人的数量 …………… 347
　　三、度僧 …………………… 349
　　四、度牒和簿籍 …………… 350
第五节　封号和赐衣 ……………… 352
　　一、帝师和上师 …………… 352
　　二、国师及其他师号 ……… 356
　　三、赐衣 …………………… 359

第六节　佛教宗派和藏传佛教 …… 361
　　一、佛教宗派 ……………… 361
　　二、藏传佛教 ……………… 366
第七节　佛经 ……………………… 370
　　一、西夏文佛经 …………… 370
　　二、汉文佛经 ……………… 372
　　三、藏文佛经和回鹘文佛经 … 373
第八节　佛教寺庙 ………………… 375
　　一、兴庆府—贺兰山中心 … 375
　　二、凉州—甘州中心 ……… 376
　　三、莫高窟—榆林窟中心 … 377
　　四、黑水城中心 …………… 379
第九节　佛教法事 ………………… 382
　　一、佛教法事的兴盛 ……… 382
　　二、佛教法事的规模 ……… 383
第十节　道教 ……………………… 386
　　一、道教政策和管理 ……… 386
　　二、入教和赐衣 …………… 387
　　三、道教的经典和绘画 …… 388
第十一节　巫术和禁忌 …………… 390
　　一、巫术 …………………… 390
　　二、禁忌 …………………… 392

第十二章　岁时节日和交际

第一节　历法和岁时节日风俗 …… 396
　　一、历法和历书 …………… 396
　　二、传统节日 ……………… 402
　　三、继承中原王朝节日 …… 402
第二节　交际风俗 ………………… 405
　　一、相见风俗 ……………… 405
　　二、交友、待客风俗 ……… 406

三、民间互助风俗 ………… 408
第三节 称谓风俗 ………… 411
　一、国名 ………… 411
　二、年号 ………… 415
　三、皇帝称谓 ………… 418
　四、家庭亲属称谓 ………… 425

四、木板画及其他 ………… 509
第六节 雕塑风俗 ………… 511
　一、石雕 ………… 511
　二、泥塑 ………… 514
　三、木雕和竹雕 ………… 518
第七节 音乐歌舞风俗 ………… 521
　一、音乐 ………… 521
　二、舞蹈、戏曲和杂技 ………… 525

【第十三章 文　化】

第一节 语言文字风俗 ………… 428
　一、西夏语 ………… 428
　二、西夏文 ………… 433
　三、西夏文的使用 ………… 437
　四、西夏文文献 ………… 438
　五、汉语文、藏语文和回鹘语文 ………… 444
　六、书法 ………… 448
　七、书籍装帧 ………… 457
　八、笔、墨、纸、砚 ………… 464
第二节 文学风俗 ………… 471
　一、表奏、愿文等 ………… 471
　二、诗歌 ………… 472
　三、谚语 ………… 475
第三节 儒学风俗 ………… 476
　一、以儒治国 ………… 476
　二、儒学著述 ………… 479
第四节 教育风俗 ………… 484
　一、学校和科举 ………… 484
　二、蒙学教育和蒙书 ………… 486
第五节 绘画风俗 ………… 491
　一、壁画 ………… 491
　二、卷轴画 ………… 499
　三、木刻版画 ………… 503

【第十四章 社会家庭】

第一节 社会阶层 ………… 528
　一、皇族 ………… 528
　二、王公贵族 ………… 529
　三、农主和牧主 ………… 530
　四、军人 ………… 532
　五、商人和工匠 ………… 533
　六、使军与奴仆 ………… 535
第二节 姓氏风俗 ………… 538
　一、蕃姓 ………… 538
　二、汉姓 ………… 540
第三节 家庭风俗 ………… 541
　一、家庭结构 ………… 541
　二、家庭观念和礼仪 ………… 543

【结　语】

第一节 西夏风俗的基本特征 ………… 546
　一、多民族性 ………… 546
　二、继承性和时代性 ………… 546
　三、创新性和变异性 ………… 547

四、同一性和差异性 …………… 547
第二节　西夏风俗的社会影响和历史作用
　　　　　　　　　　　…………… 548
　　一、社会影响 …………… 548
　　二、历史作用 …………… 548

后记 ………………………… 550

导 言

　　西夏是中国中古时期一个重要王朝。因元代修前代史书时，仅修撰了《宋史》、《辽史》、《金史》，而未修西夏史，西夏史料未能及时搜罗整理，虽有《宋史》《辽史》《金史》中的"西夏传"及其他一些零散记载，但毕竟缺乏对西夏王朝的系统记述，资料显得稀疏、匮乏。不仅由于缺少"本纪"类的记述，西夏的政治史很不完善，还由于缺少各种"志"的记载，包括西夏风俗在内的西夏社会状况也多付诸阙如。在中国历史上存在了近两个世纪的西夏往往被称为"神秘的王朝"，概因对其历史、社会状况了解甚少之故。

　　清代至民国时期，一些学者对西夏汉文史料爬梳、整理，意图再现西夏史，成就不菲。但因资料的限制，仅能成乏米之炊。可喜的是，近代出土了大量西夏文献和文物，皆为反映西夏历史和社会的重要原始资料，其中也包含着关于西夏风俗的资料。这些资料与汉文历史文献的记载相结合，可以构建出较为丰富的西夏风俗史实，使我们可以看到更为真实、鲜活的西夏风俗。

第一节 西夏风俗形成的历史背景

一个王朝的风俗与该王朝形成和发展的历史，有极大的关系。在叙述西夏风俗史之前，概括地了解西夏的历史和民族构成，对理解西夏风俗会有很大帮助。

一、历史概况

西夏（1038—1227年）是11世纪初期建立在中国西北部地区一个有重要影响的封建王朝，自称大夏，因其位于宋朝的西部，史称西夏。西夏前后共历十个皇帝，享国190年。前期与北宋、辽朝对峙，后期与南宋、金朝鼎足，在中国中古时期形成新"三国"局面。近邻还有回鹘、吐蕃政权，使各王朝间的关系更加复杂、微妙。西夏几乎处于中国正中间的位置。其首都兴庆府（后改名中兴府，即今宁夏银川市），主体民族是党项羌。

（一）党项族的迁徙

党项羌有久远的历史，为汉朝西羌之别种，"魏、晋之后，西羌微弱，或臣中国，或窜山野。自周氏灭宕昌、邓至之后，党项始强。其界东至松州，西接叶护，南杂春桑、迷桑等羌，北连吐谷浑，处山谷间，亘三千余里"[①]。早期的党项族主要分布在今青海省东南部、四川省西北部的广袤草原上。当时党项族已经有很多部落，每一部落为一姓，其中以拓跋部为最强。那时，党项族还处于原始社会晚期。唐初，拓跋部首领拓跋赤辞归唐，被赐皇室李姓。

公元8世纪，吐蕃势力不断壮大，党项族受到吐蕃强大势力的挤迫，散居在今四

[①] 《旧唐书》卷一九八《党项羌传》，中华书局校点本（以下正史同）。参见《北史》卷九六《党项传》；《隋书》卷八三《党项传》。

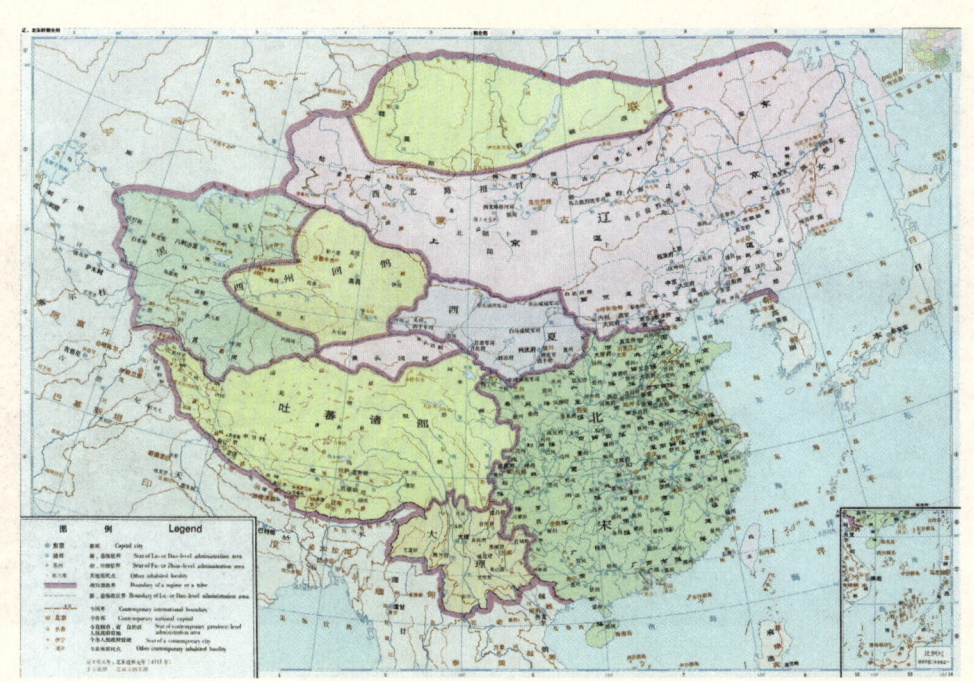

图 1　西夏在北宋时期的地理位置

川北部、甘肃南部与青海境内的党项部落，于 8 世纪初期不得不陆续内迁。唐朝把原设在陇西地区的静边州都督府移置庆州（今甘肃省庆阳），以党项族大首领拓跋思泰任都督，领十二州。8 世纪中叶，安史之乱爆发后，河陇空虚，吐蕃进而夺取河西、陇右之地，这些地区的党项部落再一次东迁到银州（今陕西省米脂县）以北、夏州（今陕西省靖边县）以东地区；静边州都督府也移置银州，绥州（今陕西省绥德县）、延州（今陕西省延安市）一带也陆续迁来大批党项部落。一些党项部落曾助吐蕃攻唐，致使长安（今陕西省西安市）陷落。党项族二次迁徙后入居在庆州一带的称东山部，入居夏州一带的称平夏部。平夏地区的南界横山一线，唐朝人称之为南山，居住在这一区域的党项族，被称作南山部。迁入内地的党项部落，仍然从事游牧，人口迅速增殖，部落内部阶级分化也渐趋明显。

唐乾符五年（公元 878 年）爆发了以黄巢为首的农民起义，广明元年（880 年）起义军攻入唐都城长安，中和元年（881 年）党项族首领宥州刺史拓跋思恭与其他节度使响应唐僖宗的号召，参与镇压黄巢义军，中和三年（883 年）收复长安，因功被封为定难军节度使，再次被赐李姓，管领五州，治所在夏州，此地原是东晋十六国时赫连勃勃所建大夏国的都城统万城。其余四州是：银州、绥州、宥州（今属陕西省靖边县）、静州（今属陕西省米脂县），开始了事实上的地方割据。五代时期，夏州党项政权先后依附于中原的梁、唐、晋、汉、周各朝，并在与邻近藩镇纵横捭阖的斗争中，势力不

图2　夏州统万城遗址

图3　1976年笔者与同事白滨到夏州遗址调查

断壮大。[①]

北宋初年，党项族首领臣属宋朝。李继捧弟继兄位，引发内部矛盾，索性向宋献五州地。宋太平兴国七年（982年）宋授李继捧为彰德军节度使，留居宋都开封，发兵前往夏州接收统治权力，发遣党项族所有李氏亲族齐赴汴京。后李继捧族弟、定难军管内都知蕃落使李继迁，反对宋朝直接接管五州之地和以党项族首领亲属作变相人质，率众逃往地斤泽（今属内蒙古自治区鄂尔多斯市），公开抗宋自立。李继迁生于银州无定河侧（今属陕西省米脂县），据传生而有齿，至今当地尚有李继迁寨。

开始时，宋朝用招降的办法劝降李继迁。继迁不听，仍行攻掠。雍熙元年（984年）继迁辗转于夏州一带，宋知夏州尹宪与都巡检使曹光实以精骑数千奔袭继迁根据地地斤泽，宋军大胜，继迁等人逃走，母、妻被俘，继迁军损失殆尽，只能转徙待机。翌

[①]《旧五代史》卷一三八《党项传》。

图4　陕西米脂县李继迁寨

年继迁使人诈降曹光实,将曹光实及其随从斩杀,袭取了银州,势力转盛。继迁权知定难节度留后,封官设职。宋太宗派四路大军围剿继迁,使之损失巨大,但宋军前线无统一指挥,未能伤继迁根本。

李继迁自知羽翼未丰,便做出战略决定,依附辽朝,对抗宋朝。他被辽朝封为夏国王,辽以宗室女下嫁。在辽、宋对立的状态下,宋朝管辖下的党项族崛起,对辽朝有益无害。于是辽朝又是封王,又是嫁女,积极主动。宋朝自居中原王朝正统,党项族领地为宋原有领土。党项独立,对宋朝无异割股剜肉。若党项再与辽朝联手,则宋朝两面受敌。因此,宋朝对党项族的坐大和独立坚决反对。继迁充分利用宋、辽矛盾,以图在西部发展。宋朝则利用李继捧挟制继迁,端拱元年(988年)复封继捧为定难军节度使,赐名赵保忠,使之讨伐继迁。继捧阳奉阴违,首鼠两端。辽则加封继迁夏国王,促其攻宋。

宋朝军力不济加之指挥不当,进退失据,战争中经常失利。宋至道三年(997年)李继迁迫使宋朝封其为定难军节度使,仍管领五州之地。

此后李继迁把战略重点指向灵州(今宁夏吴忠市境内),多次劫掠宋朝向灵州输送的粮草,使灵州几乎成为孤城。经过多年拉锯式的反复角逐,党项政权屡蹶屡奋,继迁时降时叛,终成宋朝大患。宋朝又遣五路大军进讨,并未成功。

宋咸平三年(1000年)李继迁再夺宋朝粮饷,翌年以五万骑兵包围灵州,并占据城外险要,还命士兵垦种附近膏腴耕地,以为长期围困之策。继迁又先后攻占了几处重镇，完全断绝了宋朝对灵州的接济。此时灵州已成继迁的囊中之物，咸平五年（1002年）春，继迁大集军旅，急攻灵州，宋知灵州裴济求救不得，城破被杀。李继迁得灵州后，立即向辽告捷。

自此党项政权统治境内有了一个较大的中心城池。次年继迁改灵州为西平府，这里便成了党项族政权新的统治中心，后又攻占凉州（今甘肃省武威市）。李继迁两年连得宋朝两大城池，势力蒸蒸日上。正当其踌躇满志之时，于宋咸平六年（1002年）春归顺宋朝的吐蕃首领潘罗支向其诈降，击败李继迁，使之因伤致死。使宋朝西北边患大为减弱。当年9月辽大举攻宋，遭到宋军的顽强抵抗，双方媾和，订立"澶渊之盟"。宋朝在同一年中西部、北部都得到相对的安定，赢得此后一段时间的和平发展。

李继迁死后，其子李德明继承王位，在宋、辽关系缓和的形势下，他继续与辽通好，同时改善与宋朝的关系，使双方大体上保持着友好往来。宋朝封德明为定难军节度使、西平王，每年赐给他大量银、绢、茶，其中颁赐银、帛、缗钱各四万，茶二万斤。还在保安军（今属陕西省志丹县）等地开设榷场，发展贸易。宋朝给了西夏不少经济上的好处，换得西部边境的安宁。德明政权也因此而得到稳定、巩固和发展。

为巩固和发展自己的统治，宋天禧四年（1020年）李德明将其统治中心移往贺兰山麓的怀远镇，改称兴州（今宁夏回族自治区银川市），并逐渐将其发展成西北地区的一大都会，其势力更加壮大。宋天圣六年（1028年），德明派其子元昊率兵攻占甘州（今甘肃省张掖）。不久，瓜州（今甘肃省瓜州县）、沙州（今甘肃省敦煌）也来降服。宋明道元年（1032年）元昊再次夺取凉州。这样，李德明占领了整个河西走廊，奠定了建立西夏王朝的版图基础。

（二）西夏的建国和发展

元昊继承王位后，实力更为雄厚，正式建立大夏国的条件日趋成熟。元昊具有雄才大略，早就提出"英雄之生当王霸"的主张。他不断图强创新，采取一系列政治、军事、文化措施，进行正式建国的准备活动。

元昊在名号方面取消了唐、宋赐给的李、赵姓氏，改姓嵬名氏，嵬名意为党项的近亲。① 元昊又改变名号，自称"兀卒"，西夏语为"皇帝"之意。在文治方面，他命大臣野利仁荣创制记录党项族语言的文字，即后世所谓的西夏文。特建番汉二学院，掌管往来文字。西夏皇室崇信佛教，为满足党项人学习佛典，便开设译场，翻译西夏文佛经。

在政治制度方面，元昊仿中原制度并结合民族特点，建立官制，其官分文武班，自中书令、宰相、枢使、大夫、侍中、太尉以下，皆分命蕃汉人为之。完善首府，升

---

① 史金波《西夏名号杂考》，《中央民族学院学报》1986年4期。

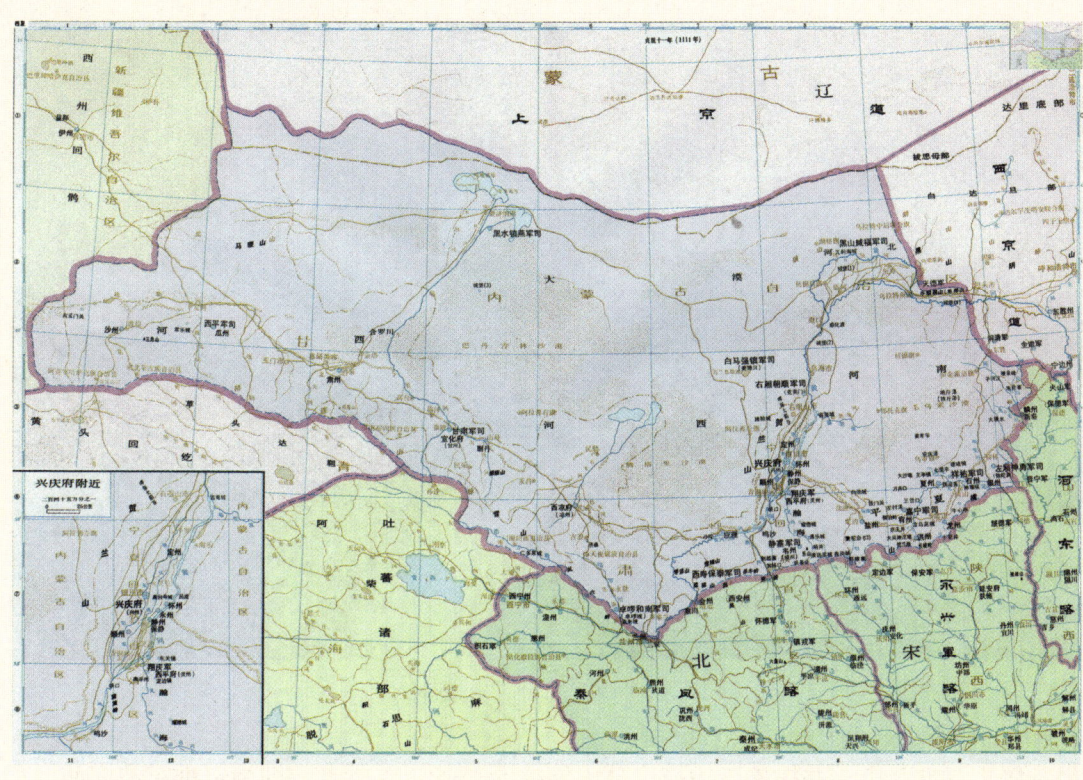

图5 西夏疆域图

兴州为兴庆府。

在风习方面,元昊突出民族风习,下秃法令,使党项族皆髡发;规定文武官员服饰,区分官服、便服,而使民庶穿青绿,以别贵贱。

在军事方面,他更大力整顿军旅,在境内设多个监军司。他还接连对北宋、吐蕃、回鹘用兵,进一步扩大了版图。其境辖今宁夏、甘肃大部,陕西北部,内蒙古西部和青海东部的广大地区,成为当时能与宋、辽周旋、抗衡的第三大势力。西夏所辖地区,虽地域偏窄,自然环境不如中原地区,但也有不少可耕可牧之地。

元昊于宋宝元元年(1038年)十月十一日筑坛受册,登基加冕,正式立国为帝,建立大夏国,并公开上表于宋。[1]元昊建国,开创了西夏近两个世纪的基业。西夏已经进入封建领主制社会,皇室、贵族、上层僧侣为居于统治地位的封建领主三大台柱,同时也保留着奴隶制遗留。[2]

元昊的称帝使脆弱的宋夏关系雪上加霜,宋朝做出了激烈反应,下诏削夺元昊官

---

[1] 《续资治通鉴长编》卷一二二,仁宗宝元元年(1038年)十月甲戌条。
[2] 吴天墀《西夏史稿》第151—159页,四川人民出版社1983年版。

图 6　宁夏三川口古战场遗址

爵，停止双方互市，并揭榜于边境，募人能擒元昊若斩首献者，即为定难军节度使。①双方关系降至冰点，宋朝首先从经济上以绝互市、废榷场来制约西夏。②

宋朝出兵讨伐元昊不臣之举，元昊则有驱兵继续向宋朝腹地进攻之意。双方接连在三川口（今陕西延安西北）、好水川（今宁夏隆德县北，一说西吉县兴隆镇一带）、定川寨（今宁夏固原西北）进行三次大战。天授礼法延祚三年（1040年）的三川口之战宋多员大将被俘，延州几乎不保。翌年的好水川之战宋行营总管任福等大将多人及士兵万余人战死，宋朝关右震动，仁宗为之旰食。再过一年的定川寨之战中，宋泾源路副总管葛怀敏及将校四十余人战死，士兵近万人被俘。元昊乘胜直至渭州（今甘肃省平凉）大掠，致使关辅居民震恐，纷纷逃往山间。三次大战都以宋朝惨败告终。元昊更加骄横，在张贴的露布中曾有"朕欲亲临渭水，直据长安"③的豪言，西夏陵园出土的残碑中也出现了"可以直捣中原"④的语句。

此后，宋、夏军事上的攻防和政治上的谈判交叉进行。经过反复较量，宋朝战线

---

① 《宋史》卷四八五《夏国传》（上）。
② 《宋史》卷一八六《食货志八·互市舶法》。
③ （宋）王巩《闻见近录》，《古逸丛书三编》第八种，中华书局1983年版。
④ 宁夏博物馆发掘整理、李范文编释《西夏陵墓出土残碑粹编》图版98，M108H：145，文物出版社1984年版。

过长，疲于奔命，指挥失当，多次败北，无力征服西夏。宋、夏之间的几次大战，不仅使宋朝军事弱点暴露无遗，也给宋朝的经济造成重大损失，使"贫弱之民，困于赋敛"，国家府库日虚，捉襟见肘。引发大规模农民起义，动摇着宋朝的统治。西夏也未在战争中得到好处，国土田园荒芜，农牧经济遭到破坏，牛羊悉卖契丹，百姓苦于军兵点集，财困民穷，民不聊生，无茶可饮，怨声载道，民间流行"十不如"歌谣，以发泄怨气。① 元昊锐气渐消，也不得不走到谈判桌前来。② 最后于宋庆历四年（1044年）宋夏双方达成妥协。"元昊始称臣，自号国主"。③ 宋朝承认西夏的实际地位，每年赐给西夏银、绢、茶共25万5千两、匹、斤。这是宋辽订立"澶渊之盟"40年后，宋朝与西夏订立的重要和盟，称为"庆历和盟"。此次和盟稳定了双方边界地区的局势，在一段时期内得到和平发展，两年后宋夏重新设立榷场。④

图7　西夏陵园出土"可以直捣中原"残碑拓片

西夏虽是辽朝的属国，但元昊一方面依靠辽国以抗宋，另外也与辽有深刻矛盾。他招纳辽境内的党项部落，并支援他们抗拒辽军。就在元昊刚刚与宋议和不久，辽兴宗耶律宗真于重熙十三年（1044年）十月初，亲领骑兵10万分兵三路攻夏。元昊以示弱诱敌、坚壁清野、夜兵突袭之策，使辽军大溃，死伤惨重，辽兴宗仓皇逃遁。元昊在反败为胜后，乘势遣使同辽讲和。因为此战决战地点在河曲（今内蒙古鄂尔多斯市境内），也称河曲之战。

一生征战的元昊，功成名就，后来贪图享乐，夺子之妇，在宫廷内乱中被儿子行刺身亡。他做了11年皇帝，是为景宗。

元昊死后，幼子谅祚在襁褓中即位。母后没藏氏和母舅没藏讹庞当政，皇帝幼弱、外戚专权。没藏氏重视国家治理和军事征战。她常派人抚谕党项诸部，在境内点集人马，经常训练。这期间西夏与辽大战多次，互有胜负；与宋争夺边界土地，时战时和。⑤

西夏延嗣宁国元年（1049年），即元昊去世的第二年，辽兴宗乘元昊新丧之机，发

---

① 《宋史》卷四八五《夏国传》（上）。
② 《续资治通鉴长编》卷一六三，仁宗庆历八年（1048年）二月辛亥条。《宋史》卷三三〇《任颛传》。
③ 《续资治通鉴长编》卷一四九，仁宗庆历四年（1044年）五月甲申条。
④ 《宋史》卷一八六《食货志八·互市舶法》。
⑤ 《续资治通鉴长编》卷一六二，仁宗庆历八年（戊子，1048年）春正月辛未条。

兵三路攻夏。南路、中路无功而返，北路军进至贺兰山，击败西夏国相没藏讹庞率领的三千骑兵，追至凉州、贺兰山，俘元昊妻及官僚家属多人，获大量牲畜而还。

没藏讹庞不断侵耕宋地，与宋朝进行争夺交界屈野河的耕地，目的是为增加自己的收入。土地纠纷使宋、夏之间关系顿趋紧张。①宋朝则采取禁互市的方法钳制西夏。②后双方由战转和，划定疆界，复榷场，通互市。同时西夏与吐蕃争夺青唐城（今青海省西宁市），并降伏西使城（甘肃定西县）、青唐一带，西夏势力延伸到河州（今甘肃省临夏市）。

谅祚14岁时在朝臣的支持下擒杀企图篡权的没藏讹庞，亲政后采取了一系列吸收中原文化的措施。拱化四年（1066年）谅祚攻宋庆州受伤，翌年病死，在位19年，是为毅宗。

毅宗死后，其子秉常也是孩提即位。母后梁氏和母舅梁乙埋执掌朝政，继续与辽和好，与宋争夺绥德、啰兀城（今陕西省米脂县西），后划界立封堠。当时吐蕃青唐政权分裂，西夏皇太后梁氏调整了对外战略，结联吐蕃。天赐礼盛国庆三年（1072年）以自己的女儿向吐蕃首领董毡之子蔺比逋请婚，协调了与吐蕃政权的关系。同年谋夺吐蕃另一支占据的武胜城（今甘肃省临洮），不果，复失河州。秉常16岁亲政，因想向宋请和，与太后政见相左，被囚禁于兴庆府。宋朝起五路大军攻夏，最终因指挥失当而溃败，西夏也因战争元气大伤。夏大安八年（1081年），宋、夏发生永乐城（今陕西省米脂县西）之战，宋军又损失惨重。秉常在位18年，是为惠宗。

秉常子乾顺3岁即位，母后梁氏（秉常母梁氏侄女）和母舅梁乞逋（梁乙埋之子）专权，仍与辽结好。国相梁乞逋又向吐蕃首领阿里骨为自己的儿子请婚。后来吐蕃首领拢拶又与西夏宗室结为婚姻。西夏中、后期双方关系大为改善，交往比早期显著增多。

梁氏能统帅大军，运筹帷幄，甚至亲临前线，不惧锋镝。天祐民安三年（1092年）十月，梁氏亲率兵十万攻宋环州，围七日不克，后攻洪德寨，宋将党项人折可适拼死抗击，大败梁氏，使之狼狈而逃。③后梁氏与兄梁乞逋产生矛盾，天祐民安五年（1094年）令皇族大臣杀乞逋，自揽军政大权。天祐民安七年（1096年），乾顺与母梁氏率兵号称50万，进逼延州，攻破金明寨，得城中粮五万石，草千万束。永安元年（1098年）率40万军，与宋争夺平夏，造"对垒"高车进攻，遇大风而溃败。④永安二年（1099年）梁太后死，乾顺亲政。

---

① 《续资治通鉴长编》卷一八五，仁宗嘉祐二年（1057年）二月壬戌条。
② 《续资治通鉴长编》卷一八五，仁宗嘉祐二年（1057年）二月甲戌条。参见《宋史》卷一八六《食货志八·互市舶法》。
③ 《续资治通鉴长编》卷四七八，哲宗元祐七年（壬申，1092年），冬十月辛酉条。
④ 《续资治通鉴长编》卷五○三，哲宗元符元年（戊寅，1098年）冬十月乙亥条。

这一时期历经三朝的母党专权，使西夏皇族和后族的矛盾高潮迭起，并伴随着统治阶级内部的权力之争，多次发生"蕃礼"和"汉礼"的严重斗争。此时西夏经济又有新的发展，与周边王朝关系复杂、微妙。宋、夏之间互通有无，贸易往来频繁。每当宋、夏交战之际，宋朝多以停岁币、罢和市、断榷场相要挟，这往往会影响到西夏的社会生活，同时也反映出西夏的经济发展尚不完善，对宋朝有相当程度的依赖。

（三）西夏的繁荣

夏太后梁氏死后，乾顺年15岁主政。辽遣使至宋为夏人议和。夏遣使至宋告哀，并上表谢过。还委派大臣嵬名济进誓表，对两梁氏专权和宋夏边界纠纷，做出检讨。[①] 宋朝也做出和解姿态，岁赐仍旧。

西夏注重与辽发展关系，与宋冲突时多依靠辽朝回护。乾顺请婚于辽，夏贞观三年（1103年）辽以成安公主嫁乾顺，辽夏关系更加密切。

后宋朝蔡京秉政，招诱西夏大将卓罗右厢监军仁多保忠。宋河东节度使童贯多次兴军伐夏，致使边境紧张。元德元年（1119年）童贯复逼熙河经略刘法使取西夏朔方。刘法引兵至统安城（今甘肃省永登），遇夏国崇宗弟察哥率步骑奋力抵挡。宋军大败，死者十万。

12世纪初，女真建立金朝，进攻辽国。辽金交战时，西夏援辽抗金。辽朝在垂危之际为取得西夏的支持，匆忙册封乾顺为夏国皇帝。元德六年（1124年）见辽将亡，西夏便改事金朝。西夏在金朝灭辽攻宋时，乘机夺取了部分土地。在新的政治格局中形成与金、宋并立的三国关系。初南宋屡谋北伐，川、陕宣抚副使吴玠多次遣人与夏国联络，共攻金朝。

乾顺时使庶弟察哥任都统军，镇衙头，封晋国王，使掌兵政。察哥建议选蕃、汉壮勇，教以强弩，兼以摽牌，加强武备，得到乾顺的首肯。[②]

崇宗重视文教，贞观元年（1101年），始建国学，其主旨也是弘扬汉学。从此西夏建学崇儒，储备人才，使教育走上蕃、汉并重的道路。乾顺也重视佛教，于甘州建卧佛寺。

因西夏此时东部、南部被金包裹，基本与宋隔绝，在经济上只能依赖金国。西夏向金朝请求开设榷场，得到金朝的允许。[③] 同时金朝还向西夏开放了铁禁。

乾顺在位长达54年，是为崇宗。崇宗前期母后当政，后期亲政近40年，虽有战事，但并不频繁，重视文教，弘扬国学，为其子仁孝时期大力发展儒学奠定了基础。

仁孝是乾顺之子，其在位前期西夏接连发生严重政治事件。境内发生原投诚的契

---

① 《宋史》卷四八五《夏国传》（上）。
② （清）吴广成《西夏书事》卷三一，清道光五年（1835年）刊本。
③ 《金史》卷四《熙宗纪》。

图 8　西夏在南宋时期的地理位置

丹人萧合达的叛乱。内战导致经济遭到破坏,发生严重饥荒,米价每升高至百钱,人民生活困苦。又由于首都兴庆府发生大地震,人畜死亡者以万计。虽经政府赈济①,仍不足以解决饥民的糊口问题。民众无食,终于在当年爆发了以哆讹为首的大规模人民起义。外戚任得敬在平定叛乱和镇压人民起义的过程中,渐握朝柄,升为国相。

　　仁孝时期西夏的社会生产力迅速提升,经济发展,农牧业都有长足的进步,封建社会越趋完善。仁孝大力提倡文教,国家实行科举,朝臣修订律令,寺庙校印佛经,文人著书立说,文化事业高度繁荣,达到西夏的鼎盛时代。

　　在社会迅速发展的同时,社会矛盾也进一步扩大。而仁孝缺乏忧患意识,文治可圈可点,但武功乏善可陈,对权臣的图谋不轨未能及时抑制。任得敬进位楚王、秦晋国王,最后愈加专横,欲分国自立。仁孝在金朝的支持下诛杀了任得敬并剪灭任得敬党羽,渡过分国危机。同时任命学者斡道冲为国相,使局面平稳。

　　这一时期西夏基本依附金朝自保,但也非一心一意。西夏虽称藩于金,聘使如织,但当宋朝联络西夏攻金时,仁孝上表于宋,骂金朝"鼠窃一隅之地,狼贪万乘之畿,

---

①（清）吴广成《西夏书事》卷三五。

天地所不容,神明为咸愤",并表示要"恭行天讨"。但墨迹未干,即出兵扰宋;两月后,金主新立,仁孝又乘机出兵袭金。后又与金成为兄弟之国。这种朝秦暮楚的做法,是为时利所驱使。仁孝末期虽有名相斡道冲的辅佐,但疏于武备,开始由盛转衰。仁孝在位54年,是为仁宗。

（四）西夏的衰亡

仁宗死后,内忧外患加剧,国势开始下滑,西夏步入晚期。这时蒙古已崛起于漠北,并不断侵掠西夏。在西夏晚期的30多年中,皇权不固,先后五易帝位:桓宗纯佑,在位13年;襄宗安全,在位4年;神宗遵顼,在位13年;献宗德旺,在位3年,末帝睍在位1年。这一时期西夏外患不已,烽烟不断,蒙古六次入侵。

蒙古在入侵西夏的同时,也攻侵金国。而金、夏仍在互相争斗,力量消耗殆尽。西夏应天四年（1209年）中兴府被围,襄宗不得不纳女请和。

在西夏政权频繁更替、战乱不断的局面下,社会动荡,经济颓废。① 西夏末期已经达到"财用并乏"的严重程度。② 一件光定四年（1214年）泥金字西夏文《金光明最胜王经》末有西夏神宗御制发愿文,其中有"如临深渊,如履薄冰"之语,又祈求"国泰民安"。时离西夏灭亡仅十三年,或许反映当时西夏内外交困的局势。

在金、夏皆岌岌可危之时,夏乾定元年（1224年）金、夏双方和议,约为兄弟之国,以图共同抗蒙,可惜为时已晚。

蒙古最后一次进攻西夏是在1226年,成吉思汗挥军南下。当时蒙古对西夏主要城池采取武力攻打和诱降争取的双重策略,连下诸城。蒙古大军很快攻占了西夏的黑水城、沙州、肃州、甘州和西凉府,河西走廊已被蒙古军控制,西夏大部河山已沦为敌手。

1227年蒙古军队进围中兴府。末帝睍回天乏力,力屈请降,束手被擒。成吉思汗病死,据其遗嘱,睍旋即被杀。雄踞西北地区的西夏朝廷终告灭亡。③

二、自然条件

一个地区的自然条件对当地的风俗影响很大。任何风俗习惯都直接或间接地依存于一定的气候和地理环境,一旦离开特定的自然条件,风俗习惯就会发生变异。自然

---

① （清）吴广成《西夏书事》卷四一。
② （清）吴广成《西夏书事》卷四二。
③ 《宋史》卷四八五、四八六《夏国传》（上、下）。《辽史》卷一一五《西夏外记》。《金史》卷一三四《西夏传》。《元史》卷一《太祖本纪》。

图9 贺兰山

条件中对风俗影响较大的有地形、河流、气候诸方面。

(一)地形

一个国家当以共同地域为基本的构成条件之一。这个地域,就是其经济、文化的历史舞台。风俗习惯与自然环境的这种联系使之具有鲜明的地域性特征。

西夏的地形、地貌十分复杂,有平地、草原、山地、沙漠。到11世纪初西夏立国时,地域大幅度扩张,表里山河,已有泱泱大国的气派。

中国地势总的是西高东低,从青藏高原向北、向东,各类地形呈阶梯状逐渐降低,西夏地区基本处于第二级阶梯,本身也是西高东低。西夏人编写了一部西夏文类书《圣立义海》,其中记载了西夏人对地理自然条件的认识,明确记载"西高东低",并解释:"因风起西野,江河向东低流注也。"①

《圣立义海》还分类具体描述了西夏的地貌特点和使用价值:"托载诸物,地相五种:第一山林,野兽依蔽,牲畜宜居,土山种谷;第二坡谷,野兽藏匿,利养牲畜,软处择种;第三沙窝,小兽虫藏,牲畜牧肥,不种谷熟;第四平原,畜兽多有,雨迎

---

① 史金波、魏同贤、克恰诺夫主编《俄藏黑水城文献》第一〇册第248页,上海古籍出版社1999年版。参见克恰诺夫、李范文、罗矛昆《圣立义海研究》第56页,宁夏人民出版社1995年版。

种地;第五河泽,野兽多有,宜养牲畜,不种生菜,郊园见□。"在该书"山之名义"下对西夏的山也作了特点描写,并分析了对农牧业的影响。在"积雪大山"下解释说:"山高,冬夏降雪,雪体不化,化于南麓,河水势涨,夏国灌水成谷也。"这积雪大山可能就是祁连山。西夏人记载其山下有雪水灌溉,宜于农耕。又记载"焉支上山",其下解释说:"冬夏降雪,夏热不化,民庶灌耕。……大麦、燕麦九月熟,利养羊马,饮马奶酒也。"又"天都大山"条下有"谷间泉水,山下耕灌也"[①]。西夏人的直接记载证明西夏地区有宜于农耕灌溉的地区。

总的来看,西夏整体在青藏高原的北边和东边,海拔多为1000—2000米左右,期间有高低起伏。祁连山屏护着河西走廊,河西走廊一线有不少绿洲。东部、南部是黄土高原,六盘山为其南部屏障,隔山与关中平原相望;北部是蒙古高原的鄂尔多斯和阿拉善高原,中间以沙漠为主,间有草原;期间有富甲天下的河套平原,贺兰山犹如一块蓝色宝石镶嵌中间。黄土高原的黄土母质肥沃,利于耕垦,但水土流失严重,旱灾经常发生。

汉文文献记载西夏辖区内有不少历来农业比较发达的地区,如陕西北部、河套地区、灵州一带和河西走廊地区。从西夏全境看,其地形高山、沙漠多,宜于农业的平原较少。

(二)河流

黄河流贯西夏地区,其流向很有特点,从青藏高原经兰州,北流过灵州、中兴府,再北流形成河套地区,复东流,然后沿宋夏边界转向南流,形成一个"几"字弯形。黄河上游主流贯穿西夏达2000余公里,约占黄河流长的一半。河套是黄河中上游两岸的平原、高原地区,农业灌溉发达。黄河冲积成的银川平原地表水源充足,水质良好,有肥田沃地之功。境内沟渠成网,湖泊湿地众多。西夏地区干旱少雨,利用河流灌溉显得更为重要。

图10 宁夏银川一带的黄河

---

① 克恰诺夫、李范文、罗矛昆《圣立义海研究》第57—59页。

图 11　宁夏中卫一带的黄河

图 12　居延海

　　黄河也可以为害,下雨过多可引起黄河决口,淹毁农田,漂没人畜。有时在黄河边交战,为了一时的胜负,将帅竟然下令决河堤放水,给人民生命财产造成重大损失。夏大安七年(1080年)宋军围攻灵州十八日,西夏皇太后梁氏"令人决黄河七级渠水,灌其营,军士冻溺死"。[①]中国历史上对黄河的利用和治理一直是一个重大问题。西夏

---

① (清)吴广成《西夏书事》卷二五。

也十分重视对黄河的治理，修渠造堰，趋利避害。

黄河上中游的一些支流也在西夏境内，如湟水、洮河、清水河、窟野河、无定河等。

湟水是黄河上游最大的支流，发源于今青海省海晏县北，于甘肃省永靖县汇入黄河。湟水流域为青藏高原与黄土高原的交接地带，在西夏的西南部，其最大支流为大通河。

清水河也是黄河上游支流，在今宁夏南部。古代称西洛水，发源于六盘山东麓，向北流经固原、海原、同心、中宁等县，在中卫注入黄河。

无定河是黄河一大支流，在今陕西省北部，上源红柳河源于定边东南，东南流沿途纳榆林河、芦河、大理河、淮宁河等支流，在清涧县注入黄河，大部为原西夏地区。西夏洪州、宥州、夏州、石州、绥州都在无定河沿岸。北岸是毛乌素沙漠，南岸是黄土沟壑区，水土流失严重。

西夏最东部的窟野河发源于今内蒙古鄂尔多斯市，流向东南，于陕西神木县注入黄河。流域地貌类型主要有风沙区和黄土丘陵沟壑区。

祁连山的冰川冰雪融化在其东部、北部汇成为石羊河、黑水、疏勒河三大内流河水系，水量都较多，形成河西走廊—阿拉善内流区和鄂尔多斯内流区，是甘肃河西走廊绿洲的水源基础。受影响最大的是祁连山系河流中下游的河西走廊和内蒙古额济纳旗等地区。

最著名的黑水，又名弱水、张掖河、羌谷水，呈南北流向，源自祁连山。祁连山上的冰雪融化后穿行于深山峡谷，集合几条支流后，汇成水量丰沛的黑水。上游汇合后自张掖北流入戈壁，分成东西两支，最后形成了巨大内陆湖泊——居延海。沿途造成了一系列绿洲。西夏时期的黑水比现在水量大，流程长。其下游的重要城市黑水城是西夏时期依靠黑水而建，下游的居延海在西夏时期仍有丰沛的水量。

河西"甘、凉之间，则以诸河为溉"，"诸河"即是指祁连山雪水汇成的河。沙州也是那一带的绿洲之一，"居民恃土产之麦为食"。可见当时河西走廊地区依靠河流灌溉的情况。

（三）气候

整个西夏地区属典型的大陆性气候，纬度较高，气候寒冷，冬季长而气温低，空气干燥，农作物生长时间短。这里雨量少，常干旱，给农牧业生产带来很大困难。但西夏地区日照充足，热量丰富，太阳辐射强，昼夜温差大，这又成为农业生产的有利条件。由于山脉对雨量有显著影响，迎风坡的雨量随高度的上升而增加，使同一地区的植被大不相同。像祁连山和贺兰山北坡上森林郁郁葱葱，贺兰山"树木青白，望如驳马"，山麓却呈现出干旱的荒漠。

---

① 冯承钧译《马可波罗行记》第五七章，上海书店出版社2000年版。

图 13　巴丹吉林沙漠

西夏地区大多干旱少雨，除能用河水灌溉的地区外，常发生旱灾。多数地区是靠天吃饭，春天无雨难以播种，夏秋无雨没有收成。

总之，西夏的自然环境比起中原地区要恶劣得多，像河套地区这样维系西夏生存、得天独厚的膏腴之地稀少。当时虽然不少地区植被比现在要多，环境相对要好，但由于西夏时期一些地区已经在超负荷使用水利、土地和其他资源，加上战乱频仍，人民流离失所，更加速了环境的恶化。

西夏地区的气候凉爽，但夏天依然有炎热的天气。所以西夏皇帝也要避暑。元昊于天授礼法延祚九年（1046年）在都城兴庆府内建离宫，"曩霄（元昊）于城内作避暑宫，逶迤数里，亭榭台池，并极其盛"。①

西夏高山气候寒冷，在《圣立义海》"冬夏降雪"条下解释说："夏国三大山，冬夏降雪，日照不化，永积。"②夏季气候炎热时，西夏皇室在都城外山区建了多处离宫，或称避暑宫。天授礼法延祚五年（1042年），元昊为太子宁令哥娶妇没㖫氏，却自己纳为妃子，居住在六盘山中的天都山避暑宫。③六盘山历来有"春去秋来无盛夏"之说。西夏皇帝的避暑宫建在天都山附近的南牟会城（今宁夏海原县西安州古城）。④后来，元昊又听说儿子宁令哥有怨言，便又在贺兰山修建离宫。文献记载，宋庆历七年（1047年）："秋七月，筑离宫于贺兰山。……曩霄（元昊）自夺没㖫氏、废野利后，阴闻宁令哥有怨言，大役丁夫数万于贺兰山之东，营离宫数十里，台阁高十余丈，日与诸妃游宴其中。"⑤可知当时西夏银川夏日气候仍然炎热，需要到更凉爽的山区避暑。

祁连山地区位于我国季风区与非季风区分界线的西侧，为干旱、半干旱地区，光照充足。气候垂直分布，形成森林、草地和农田绿洲三部分。

---

① （清）吴广成《西夏书事》卷一八。
② 史金波、魏同贤、克恰诺夫主编《俄藏黑水城文献》第一〇册第249页。参见克恰诺夫、李范文、罗矛昆《圣立义海研究》第59页。
③ 《西夏书事》卷一六。
④ 《续资治通鉴长编》卷三一九，神宗元丰四年（1081年）十一月乙丑条。刘华《西夏南牟会遗址考》，《宁夏大学学报》1999年1期。
⑤ （清）吴广成《西夏书事》卷一八。

西夏沙漠、戈壁面积广大,气候干燥。巴丹吉林沙漠属大陆性气候,气候干旱,流动沙丘面积大,降水量少,蒸发量很大,沙丘上植物稀少。腾格里沙漠也属中温带典型的大陆性气候,降水稀少,蒸发量大,风势强烈,光热资源丰富。毛乌素沙区,属温带大陆性气候,干旱少雨,固定和半固定沙丘的面积较大,也常发生旱灾。

西夏东部干草原地带降水量比西北半荒漠地带要高。银川平原属典型的中温带大陆性气候。贺兰山是阻挡西北冷空气和风沙长驱直入银川的天然屏障。这一带四季分明,春迟夏短,秋早冬长,昼夜温差大,雨雪稀少,蒸发强烈,气候干燥,风大沙多,是中国太阳辐射和日照时数最多的地区之一。

(四)森林植被

西夏地区多高山、沙漠,但从当时整个西夏境内看,森林还比较多。《圣立义海》记载西夏时期境内很多山上长着郁郁葱葱的树木,有多种野兽出没其中:"有种种林丛、树、果、芜荑、药材,藏有虎、豹、鹿、獐。"① 贺兰山植被垂直带变化明显,有高山灌丛草甸、各种林木、山地草原等多种类型。现在的动物仍有马鹿、獐、盘羊、金钱豹、青羊、石貂、蓝马鸡等180余种,但虎已经绝迹。西夏的南边大山"树草丛生",西高

图14 内蒙古额济纳旗放养的骆驼

---

① 史金波、魏同贤、克恰诺夫主编《俄藏黑水城文献》第一○册第249页。克恰诺夫、李范文、罗矛昆《圣立义海研究》第58页。

沙山"有万种树木",天都山"多树,有竹"。①可见当时的山区树木很多,而南面的天都山还有竹子,可见当时气候温润,植被好于现在。

西部的祁连山东部分布有寒温性针叶林。胭脂山整个区域为葱郁茂密的原始森林所覆盖。腹地有獐、鹿、獾羊等野生动物出没其间。

南部六盘山一带也有不少树木。宋朝史载:"秦州夕阳镇,古伏羌县之地也,西北接大薮,材植所出,戎人久擅其利。及尚书左丞高防知秦州,因建议置采造务,辟地数百里,筑堡据要害,戍卒三百人,自渭而北则属诸戎,自渭而南则为吾有,岁获大木万本,以给京师。于是西戎酋长尚波于帅众来争,颇杀伤戍卒。防出兵与战,捕击其党四十余人以闻。"②"戎人"即指西夏人。由此可见西夏和宋朝交界的六盘山区有森林,树木高大,林木资源丰富,造成双方争夺。

《圣立义海》在描绘西夏的沙漠时有"坡丘覆草,地软草茂;小兽虫藏:蝎、蛙、小鼠及沙狐多藏伏;畜类牧肥:沙窝长草、白蒿、蓬头厚草,诸种混,四畜群中骆驼放牧得宜也;不种禾熟:沙丘无有种处,天赐草谷、草果,不种自生"③。将沙漠地区的特殊植被和其他物产做了具体介绍。这里有沙有草,也有小动物,野生多种草,适宜放牧骆驼,不用耕种,天生牧草。黑水城一带至今仍放养着成群的骆驼。

至今巴丹吉林沙漠中沙丘和沙山上长有稀疏植物,西部以沙拐枣、籽蒿、霸王、麻黄为主;东部主要为籽蒿和沙竹,沙拐枣、麻黄、霸王已逐渐减少。沙漠守护神胡杨是这里的特产。

图 15　黑水河畔的胡杨林

---

① 史金波、魏同贤、克恰诺夫主编《俄藏黑水城文献》第一〇册第 249—250 页。克恰诺夫、李范文、罗矛昆《圣立义海研究》第 58、60 页。译文"种竹"改译为"有竹"。
② 《续资治通鉴长编》卷三,太祖建隆三年(壬戌,0962)。(清)吴广成《西夏书事》卷三。
③ 史金波、魏同贤、克恰诺夫主编《俄藏黑水城文献》第一〇册第 248 页。克恰诺夫、李范文、罗矛昆《圣立义海研究》第 57 页。译文有修正。

银川湿地植被很好，有丰富的动植物资源，湿地植物种类繁多，是中国西北地区重要的鸟类栖息地之一。

（五）土壤、耕地及沙漠化

1. 土壤

西夏地区银川平原地带的土壤由于长期人工灌溉，发育了非地带性的灌淤土，在内蒙古河套平原及宁夏银川平原地区，盐土大片地与耕地灌淤土交错分布，这里处在向干旱沙漠过渡的交接地段。此外还有半水成土，是直接受地下水浸润和土层暂时滞水的土壤，鄂尔多斯高原多风沙土。

西夏很多耕地在黄土高原上，面积广大。黄土土质肥沃，颗粒细，土质松软，含有丰富的矿物质养分，利于耕垦，蓄水性好，熟化程度好，但由于缺乏植被保护，易被侵蚀，不易保存肥力，加以夏雨集中，且多暴雨，在长期流水侵蚀下地面被分割得非常破碎，形成沟壑交错其间的塬、梁、峁。

祁连山地区为干旱、半干旱地区，光照充足，为植物有机物养分、糖分的积累提供了有利的条件。祁连山的气候垂直分布，形成森林、草地和农田绿洲三部分。祁连山地区处河西走廊，为山麓冲击扇，土壤富含岩石风化的矿物质养分，为绿洲农业提供了土地资源。因此那里绿洲农业发达，出产的瓜果特别甜。

2. 耕地

由于西夏各族人民的生活需要，以及频繁战争中军粮的需求，粮食生产成了西夏的支柱产业。粮食一方面供给食用，满足社会的需求，另一方面统治这些地区的党项贵族也需要农业税收，以供他们的消耗和军队的需用。然而开始时由于生产力水平不高，连军队的食粮都难以保障。宋人记载：西夏"少五谷，军兴，粮馈止于大麦、荜豆、青麻子之类"。

党项统治者与宋对抗的目的是占有尽可能多的土地。宋、辽、夏各王朝对土地的争夺几乎没有停止过。土地越多，耕地、牧地就越多，被统治的人口也越多，这样不仅势力扩大了，赋税也就增加了。有更多更好的耕地就能增加民用和军用食粮。

土地是生产粮食的基础。当李继迁与宋朝分庭抗礼后，很长一段时间地域不稳定。开始党项族便失掉了过去相对稳定的五州地域，不得不迁到鄂尔多斯地区的地斤泽。那里"善水草，便畜牧"，党项族在那里只能从事畜牧业。此后虽也曾占据一些宜农之地，但因转徙无常，地域不定，仍是以畜牧业为主。这时他们所需要的粮食一方面是通过交换获得，一方面是通过掠夺获得，特别是与宋朝关系不好的时候更是如此。宋至道二年（996年），朝廷派将率兵护刍粟40万石赴灵州，李继迁率部邀击于浦洛河，

---

① （宋）曾巩《隆平集》卷二〇，文渊阁四库全书本。

图16 榆林窟3窟西夏壁画中的犁耕图

击败宋护粮军,尽夺粮运。① 宋咸平三年(1000年),宋又派兵护粮赴灵州,李继迁事先侦得消息,聚众万余人乘夜夺取粮食。② 直到西夏立国后,若占领宋州城不能守,则抢掠粮食。如夏天授礼法延祚四年(1041年)攻宋府州时,纵兵割刈庄稼,掘挖窖藏。③

李继迁与宋作战的过程中,在取得一定胜利后,为了满足粮食的需要,逐渐注意利用土地,经营农业。宋咸平四年(1001年),李继迁在两次夺取宋朝粮运后,进而围攻灵州,"据其山川险要,凡四旁膏腴之地,使部族万山等率蕃卒驻榆林、大定间,为屯田计,垦辟耕耨,骚扰日甚"。④ 这实际上是党项政权屯田的开始。

与此同时,宋朝也在边境地区加强对耕地的经营。宋咸平四年(1001年),陕西转运使刘综建议在宋、夏边界屯田:"宜于古原州建镇戎军置屯田。……请于军城四面立屯田务,开田五百顷,置下军二千人、牛八百头耕种之;又于军城前后及北至水峡口,各置堡砦,分居其人,无寇则耕,寇来则战。就命知军为屯田制置使,自择使臣充四砦监押,每砦五百人充屯戍。"⑤ 宋真宗批准了这一建议,收到亦耕亦战,以耕养战的效果。

李继迁开始抗宋是为了继续保有党项政权的统治地区,但当他恢复了原有的辖地后,并不满足,而是尽力扩充地盘。李继迁攻占灵州后,增加了不少耕地。继而党项政权又囊括了河套平原,增加了大批耕地,特别是其中有很多优质水浇地,后来又占领河西走廊,不少耕地又属西夏所有。

与中原地区平原、丘陵较多,宜农地区比例很大的情况相比较,西夏宜于农业的平原较少,西夏的地形对粮食生产不太有利。宋代文献记载:"夏国赖以为生者,河南

---

① 《宋史》卷四八五《夏国传》(上);卷二八〇《田绍斌传》。
② 《宋史》卷二七三《李守恩传》。
③ 《宋史》卷四八五《夏国传》。
④ (清)吴广成《西夏书事》卷七。
⑤ 《宋史》卷一七六《食货志上四》。

膏腴之地，东则横山，西则天都、马衔山一带，其余多不堪耕牧。"①

文献记载西夏辖区内有不少历来农业比较发达的地区，如陕西北部、河套地区、灵州一带及河西走廊地区。河套地区"饶五谷，优宜稻麦。甘、凉之间，则以诸河为溉，兴、灵则有古渠；曰唐徕，曰汉源，皆支引黄河。故灌溉之利，岁无旱涝之虞"②。这些优越的农业发展条件，维系着西夏的经济命脉。

西夏立国以后，与邻国特别是宋朝争夺边界耕地仍然是双方斗争的焦点，也是双方经常开战的重要原因。可以说，宋夏之间的不断冲突，多因耕地而起。比如，麟州屈野河一带的耕地是宋夏争夺很激烈的地区。屈野河西距夏边界尚有70里，因双方争执，成为禁耕闲田。但西夏还是破禁耕种，元昊时已侵耕10余里，至谅祚时权臣没藏讹庞垂涎这里土地"膏腴厚利"，"令民播种，以所收入其家，岁东侵不已，距河仅二十里，宴然以为己田"。③显然，没藏讹庞又向东侵耕了40里。在环州一带也发生争夺耕地的事件。④兰州附近的质孤、胜如两座堡寨一带，是汉朝赵充国屯田之所，土地肥沃，有河水灌溉。夏惠宗时与宋朝争夺此地。⑤在延州一带也是如此。崇宗天祐民安七年（1096年），乾顺与母梁氏率兵号称五十万，进逼延州，攻破金明寨，得城中粮五万石，草千万束。此举的目的是为了报复宋军荡平了西夏为护耕所建的堡寨。⑥西夏为了扩大耕地，甚至采用夜间侵耕的方法。陕西大理河以东"资粮易集"，乾顺令蕃部扬言"城里是汉家，城外是蕃家"，使人常于夜间直至大理河东葭芦境上侵耕旷地，白天则退归本界。⑦

宋朝也在边界抢耕农田。元丰元年（1078年）十一月，西夏宥州请宋朝禁止麟州、府州耕地，宋神宗令边民不得违禁，同时提出西夏人巡马也应依旧处居住。宋朝河东守王崇拯与西夏首领协议，以沙河为界，委官标量合耕地各三十顷，顷各有畸，于是丰州界至乃明。⑧

元丰年间知太原府吕惠卿曾上《营田疏》，力主在宋夏陕西边界屯田。元丰七年（1081年）吕惠卿将其计划付诸实施："惠卿雇五县耕牛，发将兵外护，而耕新疆葭芦、吴堡间膏腴地号木瓜原者，凡得地五百余顷，麟、府、丰州地七百三十顷，弓箭手与

---

① 《续资治通鉴长编》卷四六六，哲宗元祐六年（1091年）九月壬辰条。
② 《宋史》卷四八六《夏国传》（下）。
③ 《宋史》卷四八五《夏国传》（上）。（清）吴广成《西夏书事》卷二〇。
④ 《宋史》卷三三三《俞充传》。
⑤ （清）吴广成《西夏书事》卷二八。
⑥ 《宋史》卷一八《哲宗纪》。（清）吴广成《西夏书事》卷三。
⑦ 《续资治通鉴长编》卷五〇五，哲宗元符二年（1099年）正月丁巳条。
⑧ （清）吴广成《西夏书事》卷二四。

民之无力及异时两不耕者又九百六十顷。惠卿自谓所得极厚，可助边计，乞推之陕西。"①此举可谓声势浩大，后因这里屯田靡费人力、物力太多，甚至入不敷出，终未得到推广。

有时为了争夺土地还涉及第三国。宋徽宗时，蔡京专政，童贯擅兵，常对西边西夏、吐蕃开边生事。当时辽、夏修好，辽将成安公主嫁与夏崇宗乾顺。西夏为宋朝出兵犯界乞援于辽，辽使出使宋朝时，为西夏说项，希望宋朝早日退兵，还给西夏耕地。②不难看出，西夏前期历朝对争夺边境土地十分重视，甚至成为朝廷外交的侧重点。

对普通百姓来说，土地是关系到饥饱问题，有了好的土地基本生活能得到保障。土地，特别是所谓"膏腴之地"，关系到国库的丰盈，军队的供给，社会的安定。因此，西夏与宋朝争夺土地，不断为此发生争战，既是政治行为，军事行为，也是实实在在的经济利益问题。

3. 沙漠化

西夏北部地区有巴丹吉林沙漠、腾格里沙漠和毛乌素沙漠，面积大，干旱程度深。这些沙漠对附近地区逐渐侵蚀，有严重的沙漠化威胁。特别是西夏王朝所在地区耕地比例少，在粮食缺乏的情况下，不断将沙漠、戈壁中的绿洲开垦成耕地，加速了沙漠化进程。

以黑水—居延一带为例。此地距今7500年以前已形成居延泽，水面积约有700多平方公里。距今2500年前，居延泽西北出现了另一个内陆湖——苏泊淖尔。西夏时期，在苏泊淖尔以西又出现了另一个内陆湖——嘎顺淖尔。在居延泽西边有一些巨大的沙垅，集合了高大的复合型沙丘链和金字塔状沙丘。在强劲的西北风作用下，沙垅逐渐东移，使沙漠面积扩大，堵塞原来的河道，黑水便改道向北流入地势低洼的苏泊淖尔和嘎顺淖尔，居延泽进水量越来越小。

人类活动也是造成这里生态环境恶化的原因之一。黑水—居延一带，自西汉时起成为防御匈奴的前哨，汉朝派大量军队，一面戍边，一面屯田。大面积的屯田使当地沙漠化加速。

西夏时期特别在其下游河畔建置新城，成为沙漠中绿洲的中心，作为西夏十二监军司之一黑水镇燕军司的治所，称为黑水城，西夏语称额济纳，"额济"，"水"意，"纳"，"黑"意。黑水城虽处戈壁大漠之中，却是农牧两旺之乡，当时有灌溉之利。这一带虽然干旱少雨，但黑水河所经途中，浸润万物，处处形成水草丰美的绿洲。绿洲、

---

① 《宋史》卷一七六《食货志上四》。
② 《宋史》卷二〇《徽宗纪》。

图 17　黑水城附近死亡的胡杨林

图 18　百年前内蒙古额济纳旗黑水城遗址

草原、沙漠，交错分布，形成这里独特的自然环境。

　　西夏时期不仅黑水下游的黑水城一带大量垦殖土地，将绿洲土地开辟成农田，加速了自然植被的减少，加速了附近沙漠化的进程，而且黑水河上游的人口增加，大量开发农田，兴修水坝，截水灌溉，下泄水量减少，黑水流程缩短，使这片绿洲面临着消逝的危险。

明清以降，黑水城一带河水断流，绿洲大大缩小，大片土地沙漠化，当地由农牧兼营地区，逐步变为以牧业为主的地区。黑水城一带成为沙漠、戈壁，黑水城人去城空，成为死城。沙丘已爬上黑水城城墙。城外依稀可辨干枯的古老河床、灌渠和已经完全沙化的农田的遗迹。

正因为这里极端干旱的自然环境，使淹没于这里的西夏文明——大量西夏文献、文物得以有幸保存下来。当1908、1909年俄国以科兹洛夫为首的探险队来到这里后，挖掘走

图19　1976年笔者考察黑水城遗址

图20　现在的内蒙古额济纳旗黑水城遗址

数量惊人的以西夏文为主的多种文字书籍，以及绘画、雕塑品、木雕版、装饰品等，后入藏圣彼得堡的亚洲博物馆（以后分藏于东方学研究所和艾尔米塔什博物馆）。后来英人斯坦因也于1914年从这里获得了不少文献和文物，分藏于英国国家图书馆和英国国家博物馆。这些被掠夺的珍贵历史文化遗产，自此流失海外。①

---

① 参见彼·库·科兹洛夫著，王希隆、丁淑琴译《蒙古、安多和死城哈拉浩特》第68—83、367—378页，兰州大学出版社2002年版。

三、民族

中国历史上,不仅中原王朝是多民族的,在各地区建立的王朝或政权,也多是由不同民族构成。无论它是以汉族为主体,还是以少数民族为主体,都是如此。这可以说是中国历史的一个特点。西夏王朝也是一个多民族王朝。

（一）番族（党项）

西夏的主体民族,也可以说统治民族为"番",西夏文为𘕕,其语音为［弥］(以下［　］内表音),西夏人将其译为汉字"番"（或蕃）。西夏仁宗朝番人骨勒茂才编著的《番汉合时掌中珠》(以下简称《掌中珠》),就是一部番文和汉文对照、双解的词语集,其中的"番"即是西夏的主体民族［弥］。该书有番文和汉文两个内容相同的序言。汉文序中"番"、"番汉文字"、"番汉语言"、"番人"中的"番",在番文序中皆为读音为［弥］的字𘕕。① 后世习惯将番文称为"西夏文",将番言或番语称为"西夏语"。

西夏的皇族姓嵬名氏,西夏文为𘂤𘚴,为番族中第一大姓,在西夏文《杂字》和汉文本《杂字》的"番姓"一节中,嵬名氏都名列第一。西夏的国名为"白高大夏国",或简称为"大夏国"、"夏国"。② 西夏也有时称为"番国"。西夏人编著的西夏文类书《圣立义海》第四卷"山之名义"中,至少两次出现"番国",在"冬夏降雪"一条中释文为"番国三大山冬夏降雪,日晒不融常在：贺兰山、积雪山、胭脂山"。③ 以统治民族的族名称其国家,在中国历史上是不乏其例的,如"契丹国"等。以"番国"作为夏国的代称,更可见番族在西夏的统

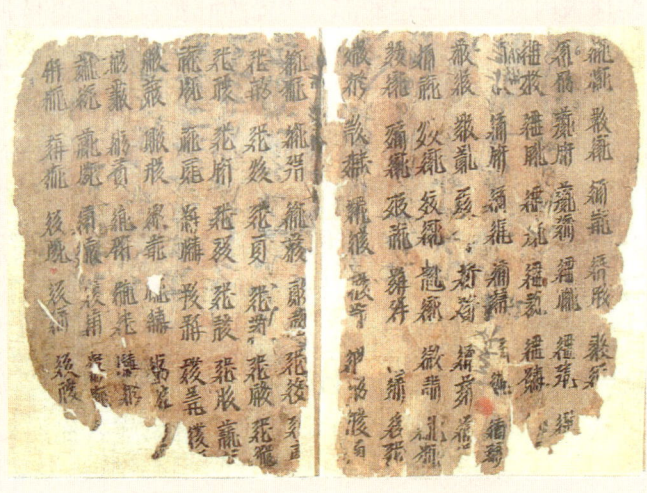

图 21　西夏文《杂字》中的番姓

---

① （西夏）骨勒茂才著,黄振华、史金波、聂鸿音整理《番汉合时掌中珠》,宁夏人民出版社1989年版。
② ［俄］孟列夫《哈拉浩特出土汉文文献叙录》第497、498页,莫斯科,科学出版社1984年版。
③ 克恰诺夫、李范文、罗矛昆《圣立义海研究》第58页。

治、主体地位。

嵬名氏原为拓跋氏。拓跋氏之系统由《宋史》之《夏国传》，上溯《五代史》之《李仁福传》、《党项传》，《唐书》和《隋书》之《党项传》，应为党项羌系。① 在中国历史上，不仅各王朝内具有多民族性，就是在一个民族内也往往包含着历史上不同民族的成分。西夏的番族也表现出历史上多种民族成分的融汇现象。

番族在历史上与鲜卑族有密切的关系，番族中有鲜卑的成分。在西夏文《杂字》"番姓"中有"西壁"一姓。汉文史料中也记载西夏有西壁氏。在西夏人翻译唐代类书《类林》时，就用上述两个西夏字译"鲜卑"这一族称。② 可以认为，"鲜卑"已经从一个族称演化成番族的一个姓氏。西夏时的西壁氏和旧时的鲜卑已经发生了根本变化，由于他们和番族长期的共同生活，已经成为番族的一个组成部分。进入番族的鲜卑人以鲜卑为姓。当然，由于番族内有了鲜卑的成分，鲜卑对番族也会有影响，比如元昊自称是元魏之后裔即可看成为一例。

在西夏文文献中番族还有"勒尼賁"③ 和"没尼野"两种称谓。西夏文字典《文海》在"勒"字条下解释，"勒者勒尼賁也，没尼野也，弥（番）人之谓也"。④ 在西夏文同义字典《义同一类》中也把上述勒尼賁、没尼野、弥归为一类。"没尼野"二字字音当与《唐书》中所记党项族称谓"弭药"一词相合。唐代党项由于强大吐番的逼迫，向唐朝请求内徙，未迁走的部分"皆为吐番役属，更号弭药"。⑤ 西夏的番族仍称"弭药"，说明党项人不仅未北迁留居原地的称为弭药，已经北迁后来成了西夏国主体民族也还保留了这一称号。

西夏文𘜶𘏨，音[特]、[吴]，乃是一番姓，在西夏文《杂字》的"番姓"和《新集碎金置掌文》（以下简称《碎金》）的番姓部分中都有记录。然而这不是一个普通的番姓。西夏文中有一词为𘜶𘏨，音[特]、[吴]。《文海》在对𘜶（君）这一汉语借词的注释译为"君者，帝也，皇上也，天子也，国主是也"⑥，其中第二义"皇上"即此二字，可知𘜶𘏨二字为"皇帝"、"君主"意。而这两个字与上述西夏番姓𘜶𘏨语音相同，两词文字构造上也有关联，对它们应看做是词义引申。从此词语音看，有可能是西夏主体民族"党项"或"唐兀"的对音。它是民族名称，又演化为一个特殊的"番姓"，又成

---

① 《宋史》卷四八五、四八六《西夏传》（上、下）；《旧五代史》卷一三二《李仁福传》、卷一三八《党项传》；《旧唐书》卷一九八《党项传》；《隋书》卷八三《党项传》。
② 史金波、黄振华、聂鸿音《类林研究》第 101 页，宁夏人民出版社 1993 年版。
③ 以汉字为西夏字注音时，两字下有横线表示为一个音节。下同。
④ 史金波、白滨、黄振华《文海研究》第 543、655 页，中国社会科学出版社 1983 年版。
⑤ 《旧唐书》卷一九八《党项传》。
⑥ 史金波、白滨、黄振华《文海研究》第 622、497 页。

为"君主"的称谓之一。

（二）汉族

西夏境内另一个重要民族是汉族。西夏所辖地区，很早以前就有汉人与其他少数民族共同开发。这一地区靠近中原，是汉族和其他民族往来密切、交错杂居之处。党项族自唐代北迁进入这一地区后，就与汉族和其他民族共同生活在这里。开始时党项族多从事传统的畜牧业而游牧于草地、山间等牧区，而汉族则主要居住在农村和城市。随着部分党项族学习并从事农业，特别是其统治者建立夏州、灵州、兴州政权后，党项族的居住地当更与汉族接近，形成更为广泛的杂居。

汉族的经济、文化相对比较发达，西夏统治者对汉族十分倚重。西夏历代统治者都注意拢络汉族的有才之士参加其政权，不少汉人在西夏王朝身居枢要。西夏皇室没有因为与以汉族为主体的宋朝对峙而排斥汉人，相反，他们以实际需要为出发点，尽量吸收、利用汉族人才。汉人在西夏王朝中有举足轻重的地位。早在元昊的祖父李继迁时期，汉人张浦就佐助李继迁出谋划策，抗宋自立，后来还代表夏州政权出使宋朝。元昊建国称帝，多以番人野利仁荣、汉人杨守素为谋士，立国建官制时，又任用多位汉人为其主要文职官员。后来又接纳中原地区的汉人文士张元、吴昊，参与谋议，委以重任，张元后官居国相。毅宗谅祚时陕西人景询投奔西夏，谅祚授其为学士，深受信用。谅祚"每得汉人归附，辄共起居，时致中国物娱其意。故近边番汉争归之"。①

在西夏文《杂字》、西夏汉文《杂字》和西夏文《碎金》中，除"番姓"外，都列有"汉姓"。这表明了汉族人在西夏的地位。

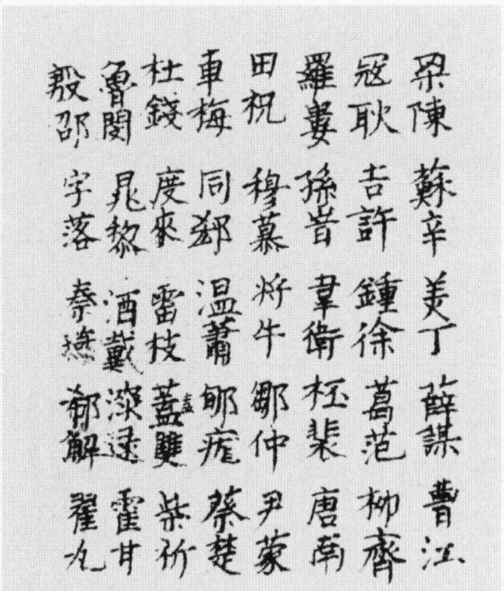

汉族在西夏语中称为[嗟]，西夏文为𗼇，此字在西夏文中以"小"和"虫"两个字构成。这表明西夏文创制者体现了西夏番族统治者的民族歧视观念和狭隘的民族主义情绪。在《文海》中，这个发音为[嗟]的字，注释为"嗟者蛮也，阔㕦也，汉之谓也"②。《义同一类》中也把嗟、阔㕦、汉、蛮貊归为一类。"阔㕦"，西夏文为𗼇𗼇，这两个字的读音在西夏语中与"布衣"同音，分析其文字构造也是分别由𗼇"布"、𗼇"衣"的一部分加𗼇"汉"字的一部分组

图22 西夏汉文《杂字》中的汉姓

---

① （清）吴广成《西夏书事》卷二一。
② 史金波、白滨、黄振华《文海研究》第519、638页。

成①。党项人称汉人为"布衣",是反映了两个民族衣着不同的特点。党项人"衣皮毛,事畜牧",而汉族的多数则穿布衣。这一称谓在西夏文文献中,除字典之外,很少见到。看来它并不常用,可能是较早时期形成的称谓。文献中出现最多的是发音为[嚓]的字𦍛,它可能是"杂"的译音,反映出汉族人数众多,分布地域广,其成分比较杂,各地的汉族有某些不同的特点。"蛮"字西夏语读[荆],"貊"西夏语读[吴]。

𦍛"汉"[嚓]不仅是民族名称,还是西夏人对宋朝的称呼。西夏人称宋朝为"宋",西夏文中是个译音字。在银川西夏陵园出土的西夏文和汉文残碑中都有记载,如188号墓西夏文碑中有"宋人"、"宋将",汉文碑中有"宋"、"宋人"。但也有时以"汉"代"宋"。如2号墓碑中就有"汉将"的称呼②。这里实际指的是宋将。又如凉州感通塔碑西夏文碑铭中的"东汉"、"汉"皆指宋朝而言,而汉文碑铭中则把宋朝称之为"南国"。耐人寻味的是在西夏仁宗朝天盛年间修定的《天盛改旧新定律令》(以下简称《天盛律令》)这部法律文献中一律称宋朝为"汉",而不称之为"宋"。如第九中记有"汉、契丹、羌、西州、大食等中(出)使……"③这里的"汉"指宋朝而言。

(三)吐蕃

吐蕃是西夏境内另一个重要民族,西夏文为𗼇,在西夏语中读[勃],即"吐蕃"之"蕃"。在西夏文译《孙子兵法三注》中,就以此字译"吐蕃"。此字又译为羌、西羌、西番。在凉州感通塔碑汉文碑铭中有"西羌梗边",在西夏文碑铭中记为"蕃军已来凉州","西羌"和"蕃"指吐蕃政权。西夏人有时也用汉字"西番"二字指称之。如西夏仁宗时期刻印的汉文《观弥勒菩萨上生兜率天经》发愿中记载"读西番、番、汉藏经及大乘经典",汉文《大方广佛华严经入不思议解脱境界普贤行愿品》发愿文中记载"度僧西番、番、汉三千员",其中的西番,即指吐蕃人而言。④《文海》对此字的解释为:"吐蕃[𗼇]者,戎羌也,藏也,吐蕃国人之谓也。"⑤看来,这一称谓即是族称,也是国名。

吐蕃是世居青藏高原的民族名称,也是这一民族建立的政权名。吐蕃势力最强盛的时期,除青藏高原外,还远抵安西四镇及河西陇右等地。早在唐代,党项族就和吐蕃有政治、经济和宗教的往来。唐初,吐蕃赞普松赞干布曾娶弥药王之女茹雍妃洁莫

---

① 史金波《西夏名号杂考》,载《中央民族学院学报》1986年4期。
② 宁夏博物馆发掘整理、李范文编释《西夏陵墓出土残碑粹编》图七五、七八、九七、一〇〇、二〇,文物出版社1984年版。
③ 史金波、聂鸿音、白滨译注《天盛改旧新定律令》第九"事过问典迟门"第320页、第一九"供给驿门"第576页,法律出版社2000年版。
④ 《哈拉浩特出土汉文文献叙录》第501、504页。
⑤ 史金波、白滨、黄振华《文海研究》第443、588页。

尊为妃。①弥药是党项族的一部分。西夏时期两族的关系在新形势下有了新的发展。宋初时以青塘（今青海西宁）为中心形成了吐蕃地方政权。11世纪初，唃厮啰当政，被宋朝封为保顺军节度使，使之牵制西夏。这时西夏已经占领了河西陇右一带，境内也有一定数量的吐蕃人。由于西夏与吐蕃关系紧张，吐蕃人在西夏的地位并不很重要。早在元昊未立国前便于广运二年（1036年）引诱西蕃人叛唃厮啰。景宗、毅宗、惠崇、崇宗时都有吐蕃人投归西夏。如夏毅宗拱化元年（1063年）吐蕃首领禹藏花麻无力抵抗宋军攻掠，以西使城及兰州一带土地献给夏国，夏妻以宗女，封为驸马，后升为统军②。西夏惠宗时期调整了与吐蕃政权的关系，双方互为婚姻，与吐蕃来往密切。后来西夏版图中包括了更多的吐蕃人的居住地，吐蕃人在西夏人数增加了。特

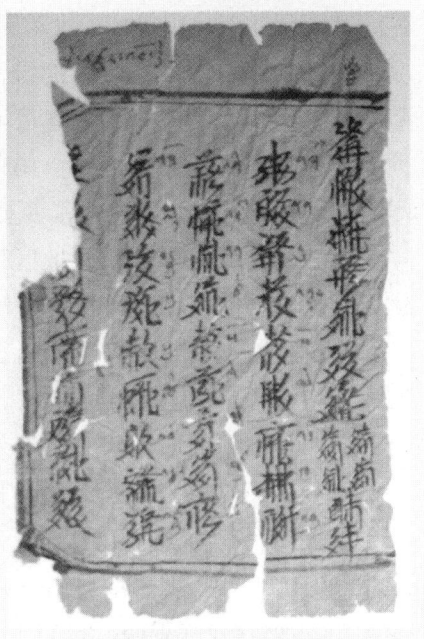

图23 有藏文注释的西夏文佛经

别是西夏中、晚期吸收和发展了藏传佛教，聘请吐蕃高僧，翻译藏传佛教经典，这样大大提高了吐蕃族的地位。

吐蕃人在西夏政坛上的地位并不突出。西夏政府中很少见吐蕃人任显要职务。在《天盛律令》中凡提到境内多种民族时，其排列顺序总是番、汉、西番，西番排在第三。从西夏政府颁行的法律文献可以看出，西番族的地位在番、汉之下。

西夏佛经中还有一种特殊的佛经，在手写的西夏文经的每一个字旁边，用藏文为其注音。目前这种佛经仅发现有数纸，皆为俄国科兹洛夫和英人斯坦因自黑水城遗址掘获③。这种特殊的注音佛经可能是为了懂藏文的人学习和诵读西夏文佛经所用。此外斯坦因还在黑水城遗址发现有"汉文而用西藏文注释"的残页。由此可以推想当时西夏境内几种主要民族在文化交流中的密切关系。

（四）回鹘

回鹘是我国西北地区的一个重要民族。唐代曾先后建成高昌回鹘、河西回鹘（甘州回鹘）和喀喇汗王朝三个政权。至北宋初期，甘州回鹘除甘州、沙州外还向东部延

---

① 巴卧·祖拉陈哇著、黄颢译注《贤者喜宴》，载《西藏民族学院学报》1981年2期。
② （清）吴广成《西夏书事》卷一二、一五、二〇、二一、二三、二七、二九。
③ 《国立北平图书馆馆刊》四卷三号（西夏文专号）第7—21页、241—244页，1932年版。

伸，甚至到达贺兰山等地。① 元昊在其父德明当政时期，于宋天圣六年（1028年）率兵突袭甘州，夺取了回鹘政权的统治中心，天圣八年（1030年）回鹘瓜州王贤顺见德明势力强大而率属民请降。明道元年（1032年）德明又派元昊自回鹘人的手中攻取凉州。元昊即位后，又于景祐三年（1036年）再攻回鹘，夺取了瓜、沙、肃三州，于是元昊尽有河西之地，甘州回鹘成了西夏的属民。

佛教由西域向东部中原地区传播时河西走廊是主要通道。地处河西走廊一带的回鹘人早就信奉佛教。西夏在境内大力推行佛教时，回鹘僧人作出了重要贡献。

《天盛律令》第十中规定"任职人番、汉、西番、回鹘等共职时，位高低名事不同者，当依各自所定高低而坐"②，表明在政府中任职是多民族的，回鹘人也可以担任官职。西夏在回鹘居地建立了有效的统治机构。但据汉文史料记载西夏天佑民安八年（1097年）于阗黑汗王使其子到宋京师上表说：缅药家作过，别无报效，已遣兵破夏瓜、沙等州。此为黑汗王之子所言，在西夏文献中尚未得到印证。不过，史料又载贞观十年（1110年）瓜、沙、肃三州天旱民饥，乾顺发粮赈灾。可见此时西夏仍统管此地。③《天盛律令》载明，设有沙州经治司，甘州城司，在沙州、黑水、肃州、瓜州等地设有边地转运司。④ 这说明直到天盛年间（1149—1169年）西夏在河西走廊回鹘居住地还实行着正常的管理。汉文史料记载，西夏末期这一地区逐步被蒙古人占领，而最后被攻克的是沙州。

西夏文中"回鹘"两个字为𘜶𘌮，音"嵬恶"，显然是译回鹘之音。《文海》对"嵬"和"恶"的解释都是"族姓回鹘之谓"⑤。西夏汉文本《杂字》的"番姓"中，有一姓是"回纥"。回纥即回鹘。在此《杂字》中把"回纥"作为番族的一姓，可能也像"鲜卑"姓那样，一部分回纥人已进入番族，表明西夏人有时把回鹘看成是一个姓氏，甚至是一个番族的姓氏。当然，从《天盛律令》中可以清楚地看出，已经把回鹘和番、汉、羌并列，相互区分开了。《文海》在"夷"这一条目中解释为"夷者九姓回鹘、契丹等之谓"，也是把它看成是一个民族。⑥ 西夏政府机构中设有"回夷务"，在《天盛律令》第十卷中有载，属中等司，三字皆为音译。⑦ 此机构可能是管理回鹘地区某些民族或宗教事务的机构。随着伊斯兰教的东渐，回鹘人由西至东先后由信奉佛教改信伊斯

---

① 程朔洛《甘州回鹘始末与撒里畏兀儿的迁徙及其下落》，载《西北史地》1988年1期。
② 史金波、聂鸿音、白滨译注《天盛改旧新定律令》第十"司序行文门"第378页。
③ （清）吴广成《西夏书事》卷三〇、三二。
④ 史金波、聂鸿音、白滨译注《天盛改旧新定律令》第一〇"司序行文门"第368—370页。
⑤ 史金波、白滨、黄振华《文海研究》第446、590、461、599页。
⑥ 史金波、白滨、黄振华《文海研究》第489、617页。
⑦ 史金波、聂鸿音、白滨译注《天盛改旧新定律令》第十"司序行文门"第363页。

兰教。

(五)契丹、女真与蒙古

西夏先后与辽、金为邻,并臣属于辽、金,因此与契丹族和女真族接触频繁。

契丹,西夏文为薪薪,音"契丹"。女真,西夏文为穮燚,音"女直"。由于政治、经济、文化的联系,军事上的冲突,边界的不稳定,使一些党项人归附辽、金,而一部分契丹、女真人进入西夏。

契丹曾两次将宗主女下嫁西夏,关系更不一般。据汉文文献记载,早在西夏初期天授礼法延祚七年(1044年)就有契丹所属山西五部来降西夏。夏贞观五年(1105年)辽主封宗室女南仙为成安公主嫁西夏崇宗乾顺为妃,并派萧合达作扈从同至夏国。西夏授萧合达为文思使,后升副都统,并赐给西夏国姓,又升为都统。辽亡后,辽宗室耶律余睹降金,后被杀,金兀术又下令诸路尽杀契丹降人,因此很多契丹人纷纷逃入西夏,夏崇宗将这些契丹人处之北边,别立监军司统管。可见当时有不少契丹人进入西夏。[1] 辽亡后,契丹人耶律大石建立西辽,位在西夏西北部,西夏称之为"大石"。

西夏后期与金交往很多,也有女真人进入西夏。如西夏晚期光定三年(1213年)蒙古主成吉思汗攻金,入紫荆关(今河北易县西北),大破金军,西夏神宗遵顼于八月破金邠州(今陕西彬县),降其节度使乌林答琳。又如光定十年(1220年)西夏破金会州(今甘肃靖远县),降其将乌古论世显,致使金关右大震。[2] 可见西夏境内也有女真人。

西夏与周边其他民族也有联系。西夏后期与鞑靼有密切关系。鞑靼,西夏文为瑴瑴,音"鞑靼"。

西夏惠宗大安八年(1081年)河西塔坦国攻西夏甘州。塔坦后被蒙古所灭,成为蒙古族的一部分。

---

[1] (清)吴广成《西夏书事》卷一七、三二、三四。
[2] (清)吴广成《西夏书事》卷四〇、四一。

第二节 西夏风俗政策和风俗观念

一、统治者的风俗政策与制度

（一）多民族共存的风俗政策——番礼和汉礼

西夏是多民族的王朝，西夏皇室承认、允许多民族的共存。特别是对作为主体民族的党项族和人数众多的汉族往往作出具体的规定。

西夏的番族在国内的地位比其他民族高。《天盛律令》规定，在西夏王朝各族官员"名事同、位相当者，不论官高低，当以番人为上"。①这里所说的"名事"、"位"，系指职官的实际任职和品位。上述规定显然突出了番族官员的地位，实际上以法律的形式强化了番族作为统治民族的特殊地位。然而，总的看来，西夏尽管也不例外地存在着民族歧视和民族压迫，但比较起来，其民族压迫并不突出，民族矛盾不很尖锐，既没有实行辽代那样不同民族分别治理的办法，也没有元代那样的人分四等的民族高压政策。

《天盛律令》中的一些条文中规定可以保持自己的民族风俗。如《天盛律令》对官员服式有相应的规定，"汉臣僚当戴汉式头巾，违律不戴汉式（头巾）时，有官罚马一，庶人十三杖"②。这可能是西夏统治者有意识地保留番、汉各自的民族特点。

西夏统治者在不同时期提倡"番礼"还是提倡"汉礼"的不同政策，就是西夏统治

---

① 史金波、聂鸿音、白滨译注《天盛改旧新定律令》第一〇"司次行文门"第377页。
史金波《一部有特色的历史法典——〈天盛改旧新定律令〉》，载《中国法律史国际学术讨论会论文集》，陕西人民出版社1990年版。
② 史金波、聂鸿音、白滨译注《天盛改旧新定律令》第一二"内宫待命等头项门"第431页。

者如何调整番、汉关系问题。两种文化同时并存,而在不同时期又根据当时政治形势的需要和统治者的爱好而有所侧重。《掌中珠》序中指出:"今时人者,番汉语言可以俱备,不学番言则岂和番人之众;不会汉语则岂入汉人之数。番有智者,汉人不敬,汉有贤士,番人不崇,若此者,由语言不通故也。"①这里说的是语言,但反映了西夏时期番族对番汉关系的看法,认为双方应该互相尊重。

西夏突出番族文化还是突出汉族文化,其实质往往反映出皇族与由保守势力支持的后族的斗争②。番礼范围很宽,大致包括了社会文化方面语言、文字、礼仪、习俗等。

番礼和汉礼之争表现了西夏统治阶级内部对宋朝的态度。一般后族掌权时提倡番礼,而皇族掌权时则提倡汉礼。毅宗亲政后,想与宋修好,请求宋朝以公主下嫁,并派使臣上书表示仰慕中原衣冠,下令不再用番礼。惠宗朝提倡番礼的梁太后和爱好汉礼的皇帝发生不可调合的矛盾,影响到当时的政局,梁氏最后甚至把惠宗囚禁起来。从崇宗到仁宗时期把番、汉文化同时发展到新的阶段。特别是仁宗,他全面学习汉文化,使西夏成为一个文化发展、礼仪类似中原的国度。西夏在不同时期强调番礼或汉礼的过程中,使汉族文化和党项族文化都能得到发展,交相辉映,融汇吸收而形成有西夏特点的西夏文化习俗。

(二)接受儒学,维护皇权,推行孝义

西夏的统治思想基础是从中原借鉴来的儒学。西夏所处地域早为中原王朝领土,原来的地方政府管理制度即以儒学为政治理念,儒学已经盛行。西夏占据这些地区后,便顺理成章地沿袭以儒治国、以佛治心的传统。儒学在西夏作为政权统治的主导思想,地位突出。西夏贯彻以儒学为主的统治思想的理念和方法比同时代少数民族掌政的辽、金更为彻底。

在漫长的中国封建社会中,孔子的地位不断攀升,至唐朝追谥孔子为文宣王,后宋、元、明、清诸朝代有封谥,但对其封谥尊号最高也只是文宣王。西夏尊孔有更为突出的表现。夏仁宗人庆三年(1146年)尊孔子为文宣帝,③这是中国历史上对孔子空前绝后的尊号。这一尊号的封谥发生在少数民族当政的西夏王朝,证明西夏崇儒举措确有独到之处。西夏统治者已经把儒学视为最重要的统治思想。

西夏的国家法典《天盛律令》就受了中原王朝以儒家思想为基础的唐、宋法典的重要影响。西夏和辽、金都借鉴了中原王朝法典,但辽、金在法治上保留着较多的本

---

① (西夏)骨勒茂才著,黄振华、史金波、聂鸿音整理《番汉合时掌中珠》序。
② 蔡美彪等著《中国通史》第六册第164—174页,人民出版社1979年版。
③ 《宋史》卷四八六《夏国传》(下)。

民族前封建社会遗存。辽朝采取南北两面官制。①这实际上是"一国两制"的治理方法。

辽保留"因俗而治"的特点，汉人、渤海人依《唐律》、《唐令》，契丹与其他游牧部族则依"治契丹及诸夷之法"，同罪不同罚。②死刑保留生瘗、投崖、射鬼箭等契丹族原有刑罚。金朝也沿袭辽朝实行南北面官制，实行严刑峻法，保留奴隶制，至世宗时才系统吸收儒家思想，实行"仁政"。③

西夏早期为有别汉族，曾下过秃发令，但没有像辽、金那样实行明显的民族歧视政策。因此反映在西夏《天盛律令》的刑法中，也没有分别对待党项人和汉人不同的刑罚规定。如前述在番、汉、西番、回鹘等职官共职时，仅"名事同，位相当者"，以番人为上。

西夏接受中原地区以儒学为代表的文化更多、更深刻，与当时所处地域形势有关。契丹、女真虽进入中原，但在其所建辽国、金国中，仍保留着其原住地，在原住地的族人比较多的保留着本民族民俗。西夏则不然，党项族自原居住地向东北迁徙后，进入中原文化领域，隔绝了与原住地族人的联系，从生产方式、生活方式到意识形态直接受中原文化影响，更容易失掉原来的民族风俗。西夏党项族的原始宗教也处于衰落状态，不似辽、金时期契丹、女真的萨满教那样盛行。

与其他中原封建王朝一样，西夏极力维护统治阶级权利、保护王室的绝对权威。其中的"十恶"大罪与中原王朝法典如出一辙。对谋逆、背叛等罪，判处极严，动辄死罪。《天盛律令》第一条规定："欲谋逆官家（皇帝），触毁王座者，有同谋以及无同谋，肇始分明，行为已显明者，不论主从一样，皆以剑斩，家门子、兄弟节亲连坐。"④这样在全国范围内，奠定了皇室神圣不可侵犯、上下有序的政策基础。

与当时的中原王朝一样，西夏统治者还不遗余力地推行孝义，以孝治天下，以维护其统治秩序。《天盛律令》把"失孝德礼"定为十恶之一，位在谋逆之后。《圣立义海》第十四"子对父母孝顺名义"中"孝有三种：上孝帝之行也，天下扬德名，地上集孝礼，孝德遍国内，此帝之孝也。次孝臣僚，持以德忠礼，不出恶名，以帝之赏，孝侍父母，则臣之孝也。出力干活，孝侍父母，国人孝也"。西夏把"孝"和对皇室的"忠"连在一起，这是当时统治者提倡孝的思想核心。《圣立义海》还把"孝"提高到"最上"的位置："人对父母孝顺，则孝者五常之首，万行之根也，故孝行最上也。"⑤该书还把孝作为西夏的风俗习惯在日常生活中提出了具体要求，对孝的风俗作了规范。

---

① 《辽史》卷四五《百官志一》。
② 《辽史》卷六一《刑法志上》。
③ 《金史》附录《进金史表》。
④ 史金波、聂鸿音、白滨译注《天盛改旧新定律令》第一"谋逆门"第 111 页。
⑤ 克恰诺夫、李范文、罗矛昆《圣立义海研究》第 74—75 页。原译文"扬天下德名，集地上孝礼"，今译"天下扬德名，地上集孝礼"。

(三)原始宗教和儒、佛、道教的并存

党项民族有传统的风俗习惯,有原始宗教信仰。他们由崇拜"天"发展到信仰鬼神,崇尚诅咒,迷信占卜。这种原始的风习一直延续到西夏建国以后,在民间有广泛的基础,对西夏风俗有重要影响。这种原始宗教的崇拜、信仰和儒学的教化,佛教、道教的信仰共存,形成思想信仰方面交错复杂的信仰风俗。①

以儒学为思想核心的西夏法典中明确规定了很多保护佛教、道教以及反映原始宗教的法律条文。特别是佛教,提倡忍、修行来世等,对统治者十分有利。在当地佛教信仰基础和西夏皇室的大力倡导下,形成了西夏民众多数信仰佛教的风俗。

佛教是西夏宗教信仰的主流,主要表现于意识形态,是一种精神风俗。由于皇室大力提倡,有些佛教活动具有浓重的皇室或官方色彩。西夏佛教不具有全民性,并未形成"国教"。西夏儒学是王朝政治和社会文化的主流,主要表现于制度、法律和教育,是王朝、官府和社会行事的主要依据。以儒学思想为核心制定的法律具有全民性。西夏的佛教和儒学各有其职,但又能在皇室的操控下相互协调,相互补充。

西夏时期中国境内虽分为多种政权,但文化相互影响,显现出一体化坡度趋势:佛教信仰由东至西渐强,道教由东至西渐弱,儒学则与佛教成相反布局,由东至西渐弱。处于几个政权中间的西夏,在儒学和佛教发展中都形成了自己的特点。

(四)提倡勇敢,尚武好战

党项族具有游牧民族勇敢、剽悍的性格。《旧唐书·党项传》就有党项人"俗尚武"的记载。李继迁也是一个善于骑射的杰出首领。他曾和十余骑随从出猎,当发现了一只老虎后,便让随从都隐藏在树林中,自己在树上引弓放箭,一发而中虎眼,使老虎致死,因此名声大噪。元昊更是一个善于率兵作战的元戎,"遇战斗勇谋为诸将先",他远征河西,抗击宋、辽,先后经过数十次战斗,可以说是戎马一生。不仅西夏奠基、开国的帝王表现出勇武善战的气质,西夏的几个皇太后也不让须眉一等。毅宗谅祚的母亲没藏太后曾多次指挥大的战役。特别是毅宗皇后、崇宗母梁太后更是一个能征惯战的沙场女帅。②

西夏《天盛律令》规定:原来党项族男子凡到十五岁即为一丁,每有战斗随族出丁助战。这就要求每个成年男子都能战斗,实际上是一种男子全民皆兵的体制。宋人曾巩在《隆平集》一书中赞扬党项人"能寒暑饥渴,长于骑射"。③西夏立国后,元昊制定兵制,规定二丁中取正军一人、负担(杂役)一人组成一抄。这种军事单位加强

---

① 史金波《关于西夏佛与儒的几个问题》,《江汉论坛》2010 年 10 期。
② (清)吴广成《西夏书事》卷二九、三〇。
③ (宋)曾巩(宋)曾巩《隆平集》卷二〇《夷狄传·夏国》,康熙辛巳年(1701 年)刊本。

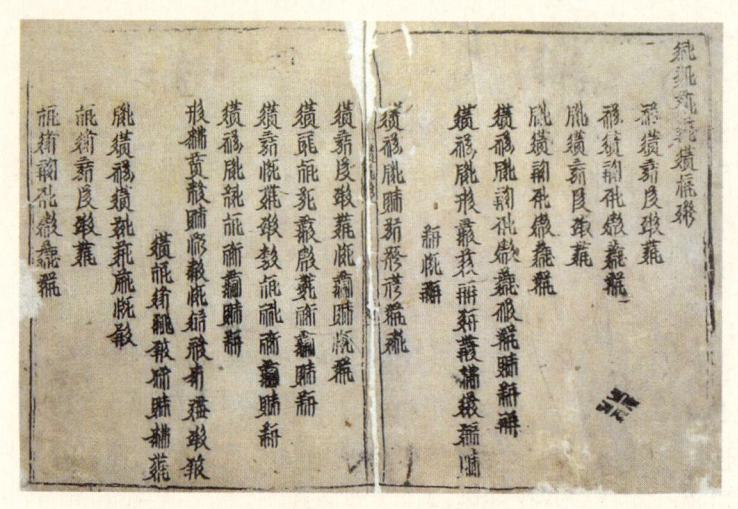

图 24　西夏文《贞观玉镜统》

了党项军队的组织，可以使部队既有较强的战斗力，又有可靠的后勤保证，便于执行较长时期的作战任务，更能发挥他们善战的长处。西夏的步兵叫做"步跋子"，其中士兵多从山间部落征集，最能上下山坡，出入溪涧，越高超远，轻足善走。在战场上，"步跋子"常于山谷险要处发挥突袭掩击的作用。西夏骑兵叫"铁鹞子"，十分骁健，他们倏忽百里，往来如飞，遇平原旷野作战则以"铁鹞子"往来驰骋奔冲。西夏军队的胜利往往得力于此。

在西夏建国时就依据具体情况按地区划分十二个监军司，分别担任对宋朝、辽朝、吐蕃和回鹘的作战任务。如遇较大的军事行动，往往调动几个或所有监军司的兵马集中作战。后来监军司的数目又有所增加。监军司设都统军、副统军、监军使各一员，下设指挥使、教练使、左右侍禁官等将佐。

察哥是崇宗的庶弟，被封为晋王，他是一个赳赳武夫，能引二石余的弓射穿重甲。一次兵败，前迫河水，后有追兵，察哥一箭而中追兵大将，使敌兵退走。察哥向崇宗献策，使西夏壮勇"平居则带弓而锄，临戎则分番而进"，更加发展了西夏尚武的民族精神。

党项人这种"忠实为先，战斗为务"的强梗民风，一直保留到西夏灭亡以后，蒙、元初期的将领出身于党项族的不少。[1]

西夏军事法典《贞观玉镜统》明确规定了对英勇作战、获得胜利有功将领的奖赏，不仅升官进爵，还要奖励 10 两至 100 两八种不同的重量的银碗，甚至奖励更高级的 10 两、20 两、30 两、50 两诸种金碗，一同赏赐的还有衣服、银腰带、银鎏金腰带、金腰带、银鞍辔等。对作战不力、失败受损的将领要给予处罚。[2] 可见西夏对勇武的提倡和奖掖业已提升至法律的层面。

---

[1]　史金波《蒙元时期党项上层人物的活动》，载《民族史论丛》第一辑，中华书局 1986 年版。

[2]　陈炳应《贞观玉镜将研究》第 71—102 页，宁夏人民出版社 1995 年版。

二、民间的风俗观念和思想

（一）信鬼神

经过几个世纪的社会发展，党项族的宗教生活也出现了重要变化。他们已经由自然崇拜发展到鬼神信仰。《宋史》也明确指出，西夏党项人"笃信机鬼，尚诅祝"。①《辽史》也记载党项人有"送鬼"之俗。"病者不用医药，召巫者送鬼，西夏语以巫为'厮'也；或迁他室，谓之'闪病'。"②

西夏文字典《文海》中关于神鬼的条目有二十多条。从有关条目的释文可以清楚地了解到，当时在党项人的心目中，神鬼神通广大，先知先觉，主宰着一切，并且有着明确的分工。神主善，叫做"守护"。他们给神下的定义是"神者神祇也，守护者之谓"。鬼主恶，叫做"损害"。对鬼也有定义："鬼者害鬼也，魑魅也，魍鬼也，鬼怪也，……饿鬼也，鬼魅也，损害之谓。"③

西夏信仰的神中有天神、地神、富神、战神、大神、护羊神等；鬼有饿鬼、虚鬼、孤鬼、厉害鬼、杀死鬼等。对起守护作用的神要尊崇、供奉、祭祀、祷告。对有损害威胁的鬼则要用迷信的方法驱逐、诅咒。党项人信奉巫术和诅咒。

西夏的多神信仰一直延续了很长时间。西夏建国前后，佛教已经广泛传播。党项族多已经信仰佛教，然而他们依然崇奉神灵。党项人的鬼神信仰，深入到日常生活。出兵作战选单日，避晦日。

（二）喜复仇

党项旧俗喜好报仇，这是羌系民族的共同风俗。《旧唐书》记载党项人："尤重复仇，若仇人未得，必蓬头垢面、跣足蔬食，要斩仇人而后复常。"④但是，仇家有凶丧，则不能去报仇。如果仇家双方和解，则用鸡、猪、犬血和酒装在髑髅中喝，并发出誓言："若复报仇，则谷麦不收，男女秃癞，六畜死，蛇入帐。"文献又记载，党项"俗喜复仇，……不能复者，集邻族妇人，烹牛羊，具酒食，介而趋仇家，纵火焚之"。如果复仇力量不足则集中妇女到仇家纵火，焚其庐舍。因为党项人认为"敌女兵不祥"，所以仇家任妇女们焚烧，而自己人都躲避开。⑤

党项人对战死者要"杀鬼招魂"："夏俗不齿奔遁，败三日，辄复至其处，捉人马射

---

① 《宋史》卷四八六《夏国传》(下)。
② 《辽史》卷一一五《西夏外纪》。
③ 史金波、白滨、黄振华《文海研究》第 70、270、33、121 页。
④ 《旧唐书》卷一九八《党项传》。
⑤ （宋）曾巩《隆平集》卷二〇。《辽史》卷一一五《西夏外纪》。

之,号曰'杀鬼招魂'。或缚草人埋于其地,众射而还,以为厌胜。"① 惠宗大安十一年(1084年),西夏军攻打鄜延(今陕西省富县、延安一带)时,监军嵬名理直中埋伏战死,夏军溃败。后来侦察到鄜延防务稍有松懈,便出兵在城边大掠,俘获兵民即射杀,为嵬名理直报仇。这是"杀鬼招魂"的一个实例。

(三) 好占卜

占卜是用一定手法和征兆来推断未来的吉凶祸福的迷信方法。西夏有占卜的习俗,既有本民族原始的占卜传统,又接受了中原地区流行的占卜方法。传统的手法常用与本民族生活有关的牲畜、畜骨、弓箭、蓍草等进行占卜。借鉴中原地区的占卜则用干支、五行推算之法。在西夏行军作战,出行买卖无不占卜。

黑水城出土的有多种西夏文占卜书。黑水城有汉文抄本《六十四卦图》,可知黑水城当地流行这种术数类占卜。此书正文在各卦图的爻间,分别标志五行、干支和妻财、官鬼、父母等相应关系;下注该卦出处,多为中原地区故事。反映出当时当地的占卜习俗。此外,甘肃武威也发现有西夏文占卜辞。

西夏在政府设置"巫提点",应是管理民间宗教信仰以及宗教仪式等问题的机构,设一二名大人。② 西夏政府任命的巫师称为"官巫"。③

(四) 重盟誓

不仅民间有盟誓习俗,盟誓仪式还用于正规的军事作战。元昊在称帝之前想进攻宋朝的鄜延地区,于是召集党项各族的豪酋,聚合于贺兰山坡,举行盟誓仪式。他们每人刺臂出血,和酒置骷髅中,一齐饮用,立约进攻。可知这种风俗大至国家作战,小至家族复仇和解,都可以使用。

(五) 倡节俭

西夏地区自然条件相对恶劣,与中原地区相比,生产力水平不高,整个社会的物质生活水平低下。西夏的民众在衣食住行方面只能是节俭,这已经形成一

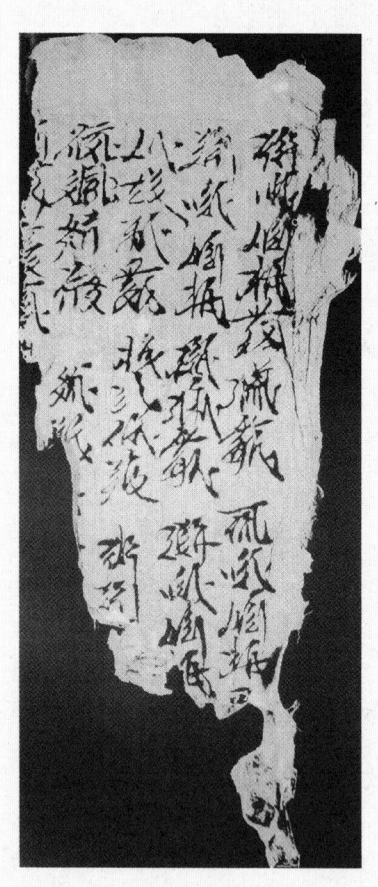

图25 甘肃武威出土西夏文占卜辞

---

① (清) 吴广成《西夏书事》卷二七。
② 史金波、聂鸿音、白滨译注《天盛改旧新定律令》第一○"司序行文门"第369、372页。
③ 史金波、聂鸿音、白滨译注《天盛改旧新定律令》第一一"矫误门"第385页。

种社会风尚。在西夏文类书《圣立义海》中对勤俭节约有很多描述。甚至政府也对婚丧嫁娶费用有具体的限制。做巫术时也不许可铺张浪费,西夏不准诸人用各种食馔、财物做巫术,否则将受到处罚。

西夏后期政治日趋腐败,官僚机构庞杂,"世禄之家"渐多,贵族地主奢侈之风渐长,仁宗不得不下令禁止这种"以奢侈相高"的风气。

总的说来,党项族民风的特点是朴实、淳厚,并与其他民族有密切联系,在不同阶层中得以长时期的传习。①

---

① 史金波《西夏文化》第 207—210 页,吉林教育出版社 1986 年版。史金波《西夏社会》第 630—633 页、814—820 页,上海人民出版社 2007 年版。

第一章
饮 食

　　影响饮食习俗的因素很多，其中最重要的是人们的经济生活，而经济生活又往往取决于当地的自然条件和生产力发展水平。西夏的主体民族党项族在早期地处青藏高原的东缘，以山地、草原为主，经营畜牧业和狩猎业，食品以乳肉类为主。北迁以后，特别是正式建国以后，境内既有牧区，又有农区，既经营畜牧业和狩猎业，又经营农业，其食品因地域的不同而有区别。在农区以植物性食料——粮食为主，蔬菜和肉类为辅；牧区则以动物性食料——乳肉类食品为主，粮食等为辅。形成了多类型的膳食形式。在同一政权下，多种膳食形式的并存，促进了不同膳食形式的互相吸收和补充。

【 第一节　饮食结构与方式 】

一、饮食结构

中国的饮食结构是东方系统的饮食，其饮食来源比较丰富。因地域的差异，中国各地的饮食结构不尽相同。西夏地处中国西北，农牧结合，饮食结构有其特点。

（一）粮食食品

谷类是人体能量的主要来源，它提供人体碳水化合物、蛋白质、膳食纤维及多种维生素等。谷类食物是中国传统饮食的主体。

西夏的农作物种类很多。在《掌中珠》中记载了五谷杂粮，其中有：麦、大麦、荞麦、糜、粟、粳米、糯米、术米、豌豆、黑豆、荜豆等。西夏文《三才杂字》中"谷"类内列有大麦、小麦等作物18项。西夏汉文本《杂字》"斛豆部第四"中所记粮食更多，有粳米、糯米、秋米、黍米、大麦、小麦、小米、青稞、赤谷、赤豆、豌豆、绿豆、大豆、小豆、豇豆、荜豆、红豆、荞麦、稗子、黍稷、麻子、黄麻、稻谷、黄谷。② 这是记录西夏粮食作物种类最多的文献。不难看出，西夏的粮食作物种类中既有夏粮，又有秋粮；既有旱地作物，又有水田作物；既有北方常见的麦类、豆类、黍类，还有西部青藏高原上的特产青稞。特别值得提出的是当时北方少有的水稻在西夏地区多有种植，而且有粳米、糯米等不同的稻米。西夏地区有适宜水稻生长的农田及水利灌溉设施，史书记载西夏地区"饶五谷，优宜稻麦"，是对西夏农作物生产的真实写

---

① 聂鸿音、史金波《西夏文〈三才杂字〉考》，载《中央民族大学学报》，1995年第6期。
② 史金波《西夏汉文本〈杂字〉初探》，载《中国民族史研究》（二），中央民族学院出版社1989年版。

照。西夏时期大量种植水稻，为这一地区水稻种植的发展起到了重要作用。

西夏的地理位置在多民族的结合部，加上西夏善于吸收和学习各民族之长，使它的粮食生产具有多来源、多类型的特点。西夏粮食作物种类的多样化对扩大食物的范围，在当时条件下对维持人民的基本饮食需求起了一定作用。

西夏总称食品为"食馔"［底蜀合］。西夏人的粮食食品多种多样，可以把粮食蒸或煮熟后食用，也可以将谷物碾磨成面粉作成细面、汤面煮食，或蒸、炸、烙成各种食品，有的还有各种馅。据《掌中珠》中记载，西夏食馔有：细面［冷嚩］、粥［底酪］、乳头［孛托］、油饼［为遏］、胡饼［宜则 遏］、蒸饼［其 遏］、干饼［哏遏］、烧饼［北 遏］、花饼［嚩 遏］、油球［浪遏］、盏饠［顶合 遏］、角子［嘴 遏］、馒头［六 宜则］、酸馅［领 拿］、甜馅［提合 拿］等。对这些食品的质料、形状、制作方法等，现在还没有更多的资料，但可以根据记录这些词的文字和语音作些初步的分析。

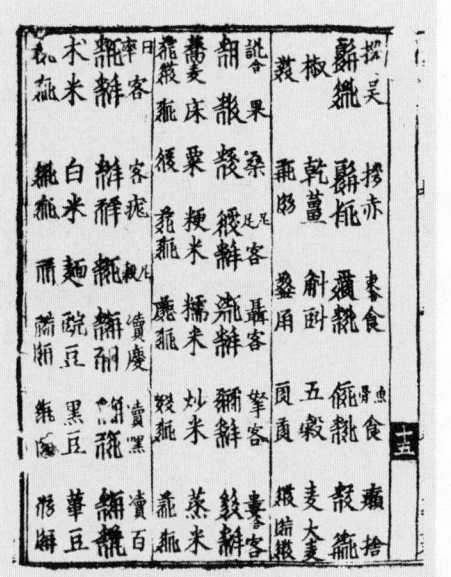

图26 《掌中珠》中记载的粮食

细面，西夏文二字，第一字"面"意，但它不是粮食加工成粉末状的"面"字，而是另外一个字。从文字构成看，此字是经过摇揉和成的面。第二字"细"意，从文字构造看，它由"线"和斤两的"两"合成。细面应是现在的面条一类的食品。

粥，西夏文二字，第一字"食"意，第二字"粥"意，没有第一字只用第二字意义相同。"粥"字由西夏文"煮"和"米"二字合成，且西夏语中"煮"与"粥"同音，粥应是从煮字引申而来。西夏汉文本《杂字》又有"糁子"，它以麦、豆类的原粮破碎为渣。糁子也是煮粥的原料。

油饼，西夏文二字，第一字是香味的"味"字，第二字"饼"意。应是一种味道很香的饼，大约就是现在油炸的油饼。

胡饼，西夏文二字，第一字与"烤"同音，并以烤字的一部分构成，第二字"饼"意。西夏的胡饼应是烤饼或烙饼。中国古代将撒上芝麻的烤饼叫胡饼，又称麻饼。一般从北方少数民族传过来的食品前面冠以"胡"字，西夏的胡饼或许从西域地区传来。

蒸饼，西夏文二字，第一字"气"意，第二字"饼"意。应是将面食放在蒸锅里，下面烧水成气，蒸熟而成。

干饼、烧饼、花饼，都是西夏文二字，第一字分别是枯干的"干"字、烧火的

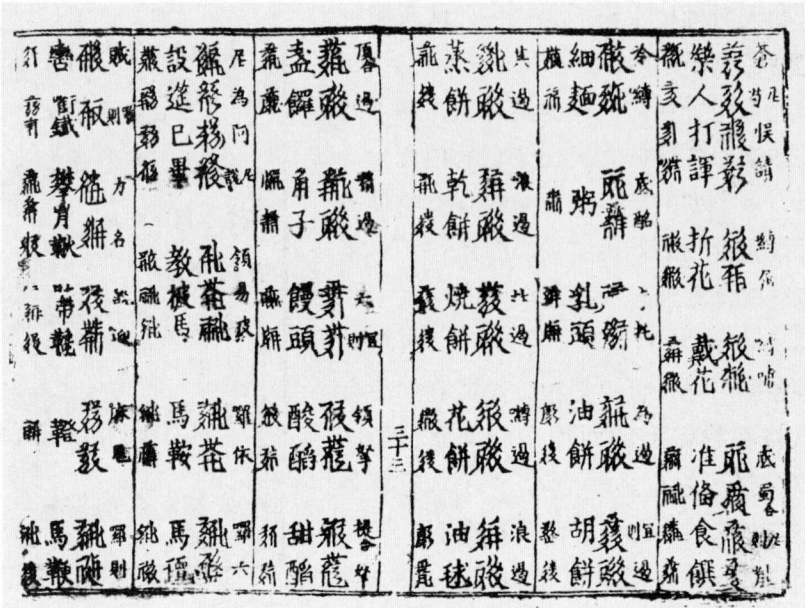

图 27 《掌中珠》中记载的食品

"烧"字、花草的"花"字，第二字都是"饼"意。它们在火炉鏊上烤成，其特点和区分除字面的含义外，尚不能作出进一步的解释。顾名思义干饼应是烤得很干的饼，也许是类似现在西北地区少数民族喜食的烤馕之类。

油球，西夏文二字，第一字"圆球"意，第二字饼意，这应是一种圆球状的食品。

盏饠，西夏文二字，第一字是瓶盏的"盏"，第二字"饼"意。这一食品名称和器皿有关，是否在制作时置于盏上加工而成。

角子，西夏文二字，第一字是角落的"角"字，第二字也是"饼"意。中国古代将馄饨（饺子）也列入饼类。西夏的角子也就是饺子。

馒头，西夏文二字，两字都有"头"意，应和中原地区相同，使面发酵后蒸制而成。

酸馅，西夏文二字，第一字"酸"、"甘"意，第二字"碎"意。甜馅，西夏文二字，第一字"甜"意，第二字也是"碎"意。这两种食品应是置于其他面食中的馅。

西夏汉文本《杂字》中有"麨"、"麮"、"麰"。"麨"即炒面，以麦类磨面炒制而成，多用作干粮。青稞就很适宜制成炒面。"麮"是将麦类粮食破碎成为颗粒状的半成品，可以煮熬成粥。"麦麰"即麦屑，相当于麦麸。

西夏地区还产荞麦，荞麦在气温较低时也能生长，而且生长期短。党项人很喜爱食荞饼，西夏文《碎金》记载"山讹嗜荞饼"，[①] 山讹是党项人中的一部分。

---

① 聂鸿音、史金波《西夏文本〈碎金〉研究》，载《宁夏大学学报》（社会科学版）1995年2期。

西夏所在的北方地区，适宜面食的麦类很多。以上多种文献所记西夏食品中主要是面食。面食首先要将粮食的种子磨成粉，粉食由粒食发展而来。后来粉食和粒食同时存在，丰富着人们的饮食。

其实西夏的米类食品也很不少。西夏汉文本《杂字》中"斛豆部第四"内有粳米和糯米，证明西夏的稻米食品中有不粘和粘性两种。有糠米，这是一种半生半熟的米，若要食用，还要加工；有蒸米，可能是已蒸熟的米饭；有炒米，是北方少数民族喜食的一种食品，先将米炒熟，再以水泡食。秫米，是一种粘粟，北方民族常用以酿酒；黍米也是一种粘性谷类。这两种米都可以制成粘米饭和糕类食品。此外还有多种豆类，如赤豆、豌豆、绿豆、大豆、小豆、豇豆、萆豆、红豆等，既可以粒食，也可以粉食。

（二）肉乳类食品

饮食须由多种食物适当搭配，才能满足人体对各种营养素的需要。肉乳在食品中也不可或缺。特别是在牧区肉乳类食品成为饮食的主体。

1. 肉食

西夏的肉食范围很宽。但是就法律规定来说，不允许宰吃大牲畜，特别是牛、骆驼和马，其次是骡、驴。在西夏禁止宰吃大牲畜是为了保障农业生产和军事对畜力的需要。西夏法律规定杀吃自属的大牲畜、盗杀他人大牲畜，甚至分食他人大牲畜肉都要判处多少不等的徒刑，《天盛律令》规定："诸人杀自属牛、骆驼、马时，不论大小，杀一个徒四年，杀二个徒五年，杀三个以上一律徒六年。"① 从另一个侧面看，在西夏宰杀大牲畜作为肉食已不是个别现象，因而需要在法律条文中明确而详细地规定。

在西夏，大牲畜病死后，肉是可以吃的。如官马病死注销后，肉的卖价是：熟马一缗，生马五百钱，骆驼、牛一律五百钱，大牲畜的仔、犊和大羊一百钱，小羊五十钱。②

羊是西夏牲畜中四大群落之一，其他三种群落大牲畜，法律禁止食用，因此羊就成了主要食用畜类。西夏仓库中有买羊库、买肉库。③ 羊肉味美，富有营养，性温热，在西北冬季漫长的寒冷地区，更是食用的佳品，其皮毛又是牧民御寒穿着的主要原料，加之饲养和繁殖又比较容易，因而羊是西夏畜牧业的大项。至今西夏故地宁夏、甘肃等地仍以盛产肉味鲜美、皮毛质高的羊著称。黑水城出土有羊图，今存圣彼得堡艾尔米塔什博物馆。《天盛律令》有关于刺射、斫杀殁羊、狗猪的处罚规定。④ 看来猪也是家养食用畜类之一。至于狗在西夏除看护作用外，是否也被食用则不得而知。

---

① 史金波、聂鸿音、白滨译注《天盛改旧新定律令》第二"盗杀牛骆驼马门"第 154 页。
② 史金波、聂鸿音、白滨译注《天盛改旧新定律令》第一九"畜患病门"第 584 页。
③ 史金波、聂鸿音、白滨译注《天盛改旧新定律令》第一七"库局分转派门"第 534 页。
④ 史金波、聂鸿音、白滨译注《天盛改旧新定律令》第一一"射刺穿食畜门"第 391 页。

西夏文《三才杂字》关于肉食加工部分残失较多，残存部分有剥皮、割剁、分食肉等。《文海》有"肉馅"，注释"烂肉末也，肉肠斩剁烂碎为之谓"。① 将肉剁烂加工成肉馅再食用，也是西夏肉食的一种方式。

2. 乳制品

奶类除了含丰富的优质蛋白质和维生素以外，含钙量较高，利用率也高。乳制品是西夏重要的食品之一。乳畜主要是母牛、母羊和母骆驼，牛多为牦牛，羊包括羖羪和绵羊。牧民不但要自己食用乳类食品，还要供给官家。供给皇室的称为"御供"，提供御供的母畜要由专人放牧，以便及时供应质量好的乳酪和乳酥。②

图 28　黑水城出土羊图

西夏牧区有饮乳的习惯。《文海》有"挤乳"条。③《新集锦合谚语》中记载"男人骑马自好，妇挤牛奶喂人"。④ 在西夏妇女承担着挤奶的劳务。《三才杂字》有乳縻、乳头。总之，西夏文献表明党项人的饮食离不开乳制品。

西夏各种库中有买酥库。还有吃罗油、马连油库。⑤ 据《天盛律令》记载："种种酥十两中可耗减二两。"又："油酥一斛中可耗减一斗。"⑥ 可见西夏政府收纳了很多酥，库中多有收藏。酥是乳熬制后在表皮结的一层油酥，味美而有营养。《文海》有"酥"条，注释为"煮乳时洒除酪渣则为酥"。⑦ 西夏库中酥的耗减量较多，达到十分之二，那是因为酥含有较多水分长期放置会缩水的缘故。

《文海》有"酪"，注释"乳酪也，酿乳熟酪也"。又一种乳制品，"乳中散洒令混之谓也"。乳渣在《文海》中注释："漏除奶酪浆为，除酥之为渣也。"⑧ "乳渣"也可以食用。

（三）蔬菜和水果

蔬菜已经成为人类必须的食品。蔬菜、水果和薯类都含有较丰富的维生素、矿物

---

① 史金波、白滨、黄振华《文海研究》第 444 页。
② 史金波、聂鸿音、白滨译注《天盛改旧新定律令》第一九"畜利限门"第 579 页。
③ 史金波、白滨、黄振华《文海研究》第 408 页。
④ 霍升平、胡迅雷、李大同《西夏谚语初探》，载《宁夏大学学报》1986 年 3 期。
⑤ 史金波、聂鸿音、白滨译注《天盛改旧新定律令》第一七"库局分转派门"第 533—534 页。
⑥ 史金波、聂鸿音、白滨译注《天盛改旧新定律令》第一七"物离库门"第 552 页。
⑦ 史金波、白滨、黄振华《文海研究》第 555 页。
⑧ 史金波、白滨、黄振华《文海研究》第 453、537 页。

质、膳食纤维和其他活性物质。

1. 蔬菜

西夏人有食用蔬菜的习惯。《掌中珠》中记载的蔬菜有：香菜、芥菜、薄荷、菠菱、茵陈、百叶、蔓菁、萝卜、瓠子、茄子、蔓菁菜、苦蕒、胡萝卜、汉萝卜、半春菜、马齿菜、吃兜芽、瓜等菜蔬23种。西夏文《三才杂字》专设"菜"一类，下列蔬菜22种，与《掌中珠》所载大同小异。西夏汉文本《杂字》中的蔬菜有：茄瓠、笋蕨、蔓菁、萝蒲、荆芥、茵陈、蓼子、薄荷、兰香、苦苣、葱蒜、越瓜、春瓜、冬瓜、南瓜等。

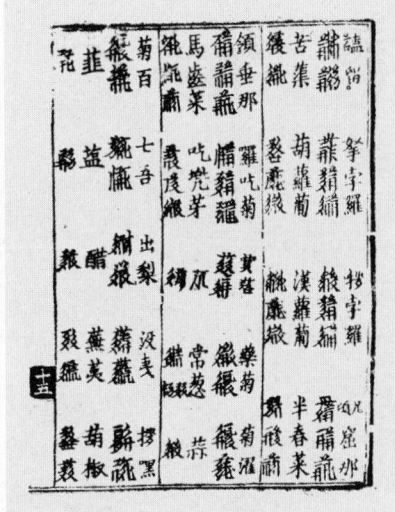

图29 《掌中珠》中记载的蔬菜

看来西夏的蔬菜十分丰富，其中大部分蔬菜都是在中原地区种植和食用很久的。但也有一些菜是新从西部地区传过来的，如胡萝卜。以上蔬菜大部分都是人工种植，个别的可能是采集的野菜，如马齿菜。

2. 水果

西夏的水果也比较丰富。《掌中珠》记载的果木有："果子、栗、杏、梨、檎、樱桃、胡桃、蒲桃、龙眼、荔枝、李子、柿子、橘子、甘蔗、枣、石榴、桃。西夏汉文《杂字》中所记更详：梨果、石榴、柿子、林檎、榛子、橘子、杏仁、李子、木瓜、胡桃、乌枚、杏梅、桃梅、南枣、芸苔、锡果、青蒿、桃条、梨梅、杏煎、回鹘瓜、大食瓜。

以上水果中有鲜果，有干果，其中不少北方地区早已有之。但也有的是只有南方出产而北方不产的水果，如龙眼、荔枝、橘子等，真正的甘蔗北方也不出产。但那时西夏和宋朝有贸易往来，皇室和贵族食用稀有的南方水果还是可能的。有的是食其果肉，如梨、檎等，有的是食其果仁，如栗、榛子、胡桃等，有的果肉和果仁都能吃，如杏。

值得一提的是回鹘瓜和大食瓜。顾名思义回鹘瓜应是产于回鹘地区的一种瓜。回鹘地区干燥少雨，又有山雪融水灌溉，盛产味美的瓜果。回鹘瓜当是体大味甘的哈密瓜，哈密瓜是后来的名称，西夏时期尚无这一名称。大食是当时的波斯，西夏法典记载，西夏和大食经济往来密切，大食所产大食瓜也传到中国的西夏。

《圣立义海》第一"八月之名义"中"月末储藏"条记载："八月末，储干菜，瓜熟冷食。"西夏农历八月瓜菜成熟，不仅可资当时食用，也可晒干备以后不时之需。

（四）调味品

调味品能增进菜品质量，满足食用者的感官需要，从而刺激食欲，增进人体健康。像食盐、酱、醋、茴香、花椒、食油等都属此类。

图30　宁夏的盐池

1. 盐

西夏盛产池盐，境内有很多盐池，著名的有乌、白二盐池，产青、白盐。青白盐质量好，久负盛名。自党项族占领这一地区后，不仅食用青白盐，还利用青白盐牟利。《宋史》记载："青白盐出乌、白两池，西羌擅其利。"①青白盐盐味胜过邻近的宋朝山西解池产的解盐。"青盐价贱而味甘，故食解盐者殊少。"②质地良好的西夏盐除自用外，也是向宋朝进奉的贡品。西夏食用后多余的盐主要用来与宋边民私相贸易，以"交易谷麦"。宋朝不愿意在青白盐贸易中让李继迁得到经济上的好处，而使自己失去境内解盐之利，于是下令禁止盐的交易，并想以此逼迫党项政权就范，归附宋朝。然而此举除给党项政权带来困难外，宋朝边境内以贩青白盐为生的人也无以谋生。原来一些投归宋朝的人也纷纷逃回投奔李继迁，宋朝边境反而不得安宁，于是只好暂时放松禁盐。③不久，宋朝为了自己的经济利益，仍采用禁盐的方法，致使党项首领与宋朝谈判时，每每请求开放盐禁。然而，实际上在宋夏边境民间私售青盐的现象几乎未能禁绝。④

西夏盐池出产盐的数量十分可观。盐池有池税院，其负责人与盐池巡检共同监护

---

① 《宋史》卷一八一《食货志》。
② （清）戴锡章撰、罗矛昆校点《西夏记》卷一〇，宁夏人民出版社1988年版。
③ 《宋史》卷四八五《夏国传》（上）。
④ 《宋史》卷一八一《食货志》（下三）。

盐池。①

西夏得池盐之利，除对外贸易外，在境内主要是对卖盐者收税。西夏法律规定："诸人卖盐，池中乌池之盐者，一斗一百五十钱，其余各池一斗一百钱等，当计税实抽纳，不许随意偷税。倘若违律时，偷税几何，当计其税，所逃之税数以偷盗法判断。"②由此可知西夏盐池税利之大，还可知在诸多盐池中，以乌池盐好，价格最贵。

图31　1976年笔者考察宁夏盐池

盐是百味之首。有的地区远离海洋，附近又无池盐、井盐和湖盐，经常因缺盐造成饮食困难。西夏有品位很高、产量丰富的池盐，所以没有缺盐之虞。

西夏调咸味品还有酱，是以盐和粮食加工调制而成。西夏汉文《杂字》有"酱橃"一词，酱橃应是盛酱的器皿，可知西夏有酱。

2. 其他调味品

西夏有调鲜味品。《掌中珠》中记载，西夏的调鲜佐料有常葱、蒜、香菜等。

西夏有调香味品。《掌中珠》中记载，西夏的调香佐料有香菜、花椒等。《文海》有"椒"条，注释"食馔中混洒料是也"。③

西夏有调辛辣味品。《掌中珠》中记载，西夏的调辛辣佐料有胡椒、干姜等。

西夏有调酸味品。《掌中珠》中记载，西夏的调酸佐料有醋。《文海》"酿"条下注释"盖令成醋也"。④

西夏有调甜味品。西夏期的时调甜味品有蜜，《掌中珠》中有"蜜蜂"一词。《文海》有字条，注释为"蜜蜂作业，采诸花，味混为蜜汁，甜也"。⑤

食油也是一种调味品。西夏有麻子，即芝麻。除调味外，油还用于烹调，炒、煎、炸都需要食油。

---

① 史金波、聂鸿音、白滨译注《天盛改旧新定律令》第十七"库局分转派门"第535页。
② 史金波、聂鸿音、白滨译注《天盛改旧新定律令》第一八"盐池开闭门"第566页。
③ 史金波、白滨、黄振华《文海研究》第519页。
④ 史金波、白滨、黄振华《文海研究》第457、503页。
⑤ 史金波、白滨、黄振华《文海研究》第413页。

二、饮食器皿

随着社会的发展，在人类告别了茹毛饮血的时代以后，饮食便逐渐和器皿发生了关系。盛储食粮、加工食品、饮食食物都离不开器皿。西夏时期的饮食器皿丰富多样，已与中原地区相类，并表现出地域和民族的特点。

（一）种类

西夏文器皿为𮧵𮧱。西夏与饮食有关的器皿种类很多，《掌中珠》记有：椀 [枯]、匙 [移]、箸 [则 尼得合]、杓 [无]、笊篱 [郎]、槃子 [嗺。积]、楪 [嗺 积]、盔 [领。]、盘 [。末]、铛 [吟]、鼎 [仓]、

图32　宁夏灵武窑出土的西夏瓷碗

急随钵子 [足合 珤]、火炉鏊 [绝宜则]、甑 [唵]、铛盖 [吟奄]、笼床 [普轻奄]、纱罩 [啰 奄]、茶铫 [则。足]、茶臼 [井玉]、瓶 [六]、盏 [丁合]、火炉 [。没药合]、火筯 [。没尼得合]、火枕 [。没丙]、火栏 [。没月] 等。

西夏文《三才杂字》中有"饮食器皿"类，罗列了铛、鼎、盔、盔勺、瓦盔、器皿、碗、勺、槃、箸、火炉鏊、肉叉等。西夏汉文本《杂字》"器用物"部第十一也有关于饮食器皿的记载，其中有：银碗、匙箸、瓷碗、瓶盏、托子、杓子、酒樽、酱橛、铁铛、桌子、金觥、玉罌、笊篱等。

《文海》对一些饮食器皿作了注释：

"锅铲"，注释"翻锅铲之谓也"。

"火炉鏊"，注释"烧烤花饼、干饼等用也"，"制干饼等用之谓"。

"桌盘"，注释"放食馔处也"。

"罐"，注释"汲水时井中拔水用之谓"。

"盏"，注释"瓶盏也，杯盏饮茶酒用也"。

"急随钵子"，注释"如茶铫，颈弯，中宽，有口也，汉语'急随'之谓"。

"杓"，注释"盛食、分食用也"。

"槃子"，注释"布酒宴钵形器，小杯之谓，汉语'槃子'亦谓也"。

"巩"，注释"巩瓶也，盛汲用之谓"。①

---

① 史金波、白滨、黄振华《文海研究》第400、404、400、404、439、441、465、490、517、451页。

近些年来，出土了不少西夏的器皿，其中大部分属于与饮食有关的器皿。仅1984—1986年在宁夏回族自治区灵武瓷窑堡西夏窑址发现的西夏饮食器皿就有：碗、盘、盆、钵、釜、杯、高足杯、盒、壶、扁壶、瓶、罐、缸、瓮。① 近年在绿城新发现刻有西夏文"刘宝"二字的瓷缸残片。

综上所述，西夏的饮食器皿种类很多，功能齐全，方便人们的生活。可分为以下几类：

1. 水器：瓶、壶、扁壶、罐、桶；
2. 食器：箸、匙、肉叉、盆、钵、碗、盘、注碗；
3. 炊具：甑、锅、铛、铛盖、鼎、杓、锅铲、笊篱、火炉鏊、火炉、火筋、火杴、火；
4. 储器：瓮、盔、缸、酱橛；
5. 酒具：酒樽、盏、檠子、觥、斝；
6. 其他还有：笼床、纱罩、桌子等。

（二）质料和特点

图33 宁夏灵武瓷窑堡出土瓷炉

西夏饮食器皿中水器、食器、储器、茶具、酒具等，多以陶瓷为主。文献记载中有的就标明了器物的质料，如瓦盆、瓷碗等。近些年来在宁夏、甘肃、内蒙古的考古发现中出土的西夏饮食器皿绝大多数也是陶瓷器，其中主要是瓷器。这些瓷器有不同的釉色，同一种器物大小不等，有的十分悬殊。综观这些瓷器有以下特点：

图34 宁夏灵武窑出土西夏高足碗

1. 器皿制作有相当水平，其中也有不少精品。宁夏瓷窑堡出土瓷器中有一些白釉细瓷器碎片，瓷质细腻。在贺兰山西夏瓷器窑址中发现了细白釉瓷器，质量上乘，不输于当时中原地区的产品。这两处窑址应该是直接受西夏宫廷或官府管理的官营作坊。② 但普通实用器皿比较简单朴实。釉色以白色、黑色和褐色为多。

2. 西夏烧制的各色剔刻花瓶、壶很有特色，在器物主体部分开光，于开光内剔刻大型的花卉图案和其

---

① 马文宽《宁夏灵武窑》，紫禁城出版社1988年版。
② 王建保《贺兰山腹地的两处西夏瓷窑遗址》，《中国文物报》2010年12月31日。

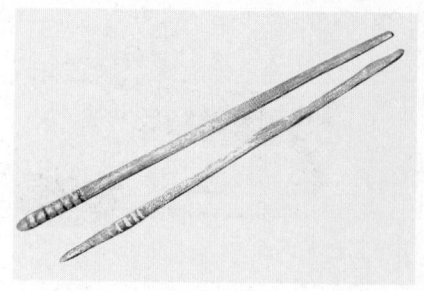

图35 甘肃省武威县西郊林场西夏墓出土的木箸

他装饰图案，造型大方、端庄，剔刻疏密得当、宾主分明，色泽有较强的对比感。这种剔刻瓷器明显不同于同时的宋瓷和辽、金瓷器。

3. 器皿反映了西夏的生产、生活特点。特别是瓷扁壶，壶体一面或两面有圈足，为放置起平稳作用。壶的两侧有两耳或四系，便于穿绳携带，适宜游牧民族外出放牧时携带水浆。

4. 白釉高足杯、高足碗造型很有特色。这种饮食器皿底部圈足高，制作比较精细，器型显得秀气，适于饮宴。

已经发现的西夏饮食器皿中木制器皿极少，但这还不能说西夏很少木制器皿。在西夏文中记录一些常用器皿用字多有"木"字头，如𘟛（椀）、𘟜（匙）、𘟝（盔）、𘟞（盘）、𘟟（甑）、𘟠（盏）、𘟡（桶）、𘟢（罐）等字，都是合成字，在合成时，都以𘟣"木"字的上部 𐊠 和另一个字的一部分组合而成。西夏文是记录西夏主体民族党项族语言的文字，在西夏建国前创制西夏文时，往往考虑到文字和被记录词的意义，多数字的字形和词所表达的意义有关，因此很多字反映了当时党项人的生产、生活实际状况。从很多带有"木"义的器皿字，可以设想从党项人在川西一带时至西夏前期，木制饮食器皿还是很多的。后来考古发现较少的原因，一是木制器皿较容易腐朽，而瓷器虽易碎，但不致朽坏。二是随着西夏手工业逐步发展，至西夏中期以后包括陶瓷业在内的许多手工业门类兴盛起来，陶瓷制品才成为饮食器皿的主流。木制器皿需要较好木材，制作又费工，生产和使用的就少了，但它在牧区还是人们喜欢的用品。1977年甘肃省武威县西郊林场西夏墓和武威县南营乡分别出土了两支木瓶、一个木碗、六双木筷。① 这些出土的器皿反映出西夏木制饮食器皿的制作水准。

西夏也有金属饮食器皿。上述器皿中的炊具如锅、铛、铛盖、鼎、杓、锅铲、火炉鏊、火炉、火箸、火钦、火栏等，大约都是金属制品，多为铁器。

金银质饮食器，尤为重要而珍贵。西夏汉文本《杂字》中记有"银碗"，又记有"金觥"、"玉斝"。宁夏灵武县横山出土银钵2件，银碗3件，其中1件残。残银碗内底有用细线精刻的卧牛图案。

内蒙古自治区林河县高油房西夏城址出土了西夏金莲花盏托、金碗。莲花形金盏托由托盏、托盘、圈足三部分组成，均为莲瓣形，如盛开莲花。托盘、圈足呈倒置喇

---

① 宁笃学、钟长发《甘肃武威西郊林场西夏墓清理简报》，《考古与文物》1980年3期。甘肃武威文物队《武威出土一批西夏瓷器》，《文物》1981年9期。

叭状，托盏外沿均錾刻缠枝草叶纹，托盘内边缘和盘中心、圈足外沿亦饰缠枝草叶纹。盏托中空无底。托盘边缘有三处残损。整个盏托制作十分精美。金碗敞口浅腹，喇叭口小圈足，也很精致。① 这些金银饮食器皿的实物表明西夏金银制品的高超工艺，证明了西夏的饮食器皿的丰富多彩，除普通品类外还有非一般人使用的银质、金质和玉质精品。金银质饮食器因制作工艺精良，艺术气息浓厚，有时成为陈设之物。金银质饮食器不仅是身份的象征，而且，古人也相信以金银器为饮食器可延年益寿。

三、饮食方式

各地区、各民族饮食文化也无优劣，其区别在于不同环境下的饮食方式的不同。西夏有自己的饮食方式，了解西夏的饮食方式对了解西夏的饮食风俗是非常重要的。

（一）加工方式

西夏的食品以熟食和热食为主。作饭的方法有烧、烤、蒸、煮、熬、炒等。

《文海》有"烤熟"条，注释"烧熟也，火上置使烤熟之谓也"。②

《文海》有"熬"条，注释"熬煮也，煮沸使熟之谓也"。③

《文海》有"烙"条，注释"谷物火上烧烤烙作之谓"。又有"饼"条，其注释为"谷物先经烤，饼已熟之名是也"。在西夏之中"烤"和"饼"这两个字音相同，是动词引申出由动作产生的物品名词的结果。④

熟食和热食都需要燃料。西夏的燃料除柴以外，还有炭。《文海》在"炭"字条下注释："焚木使闷，炭，燃料也，又石炭之亦谓。"⑤ 可见，在当时西夏燃料中的炭有两种，一种是木炭，一种是石炭，也就是煤。应该说，西夏使用煤作燃料还是比较早的。

西夏食品热加工的工具有火炉［｡没 药合］、火箸［｡没 尼得合］、火杴［｡没 丙］、火栏［｡没 月］、铛、［口冷］、鼎［仓］、急随钵子［足合 聍］、火炉鏊［绝 宜则］、甑［庵］等。《文海》对"火炉鏊"的注释"烧烤花饼、干饼等用也"，"制干饼等用之谓"。⑥ 对"鏊"的解释"火炉鏊也，制干饼等用之谓"。⑦ 对"急随钵子"，注释"如茶铫，颈弯，中宽，

---

① 史金波、白滨、吴峰云《西夏文物》图213、214、215、203、204，文物出版社1988年版。
② 史金波、白滨、黄振华《文海研究》第58、112、480页。
③ 史金波、白滨、黄振华《文海研究》第502、542页。
④ 史金波、白滨、黄振华《文海研究》第514页。
⑤ 史金波、白滨、黄振华《文海研究》第507页。
⑥ 史金波、白滨、黄振华《文海研究》第436、523页。
⑦ 史金波、白滨、黄振华《文海研究》第523页。

有口也，汉语'急随'之谓"。①

加工食品的地方也称为"厨庖"［底 峨］，西夏文二字的字义为"食、室"。

（二）饮食方式

西夏文《碎金》也概要地记载了西夏的饮食："铛鼎器皿盔，碗匙筷子勺。姻友茶酒先，亲食米面堪。盐巴椒芜荑，酥油菜乳酪。"②这里不仅有饮食的主要器皿，还显示出待客饮宴的次序，先上茶、酒，后进主食和副食，还有西夏较多的乳制品。

参照西夏的饮食内容和使用的器皿，可以勾画出西夏人的饮食方式。他们饮食时有饭桌，将面、米等粮食加工成细面、饭、粥、饼等主食，再把肉类和蔬菜等加工成各种副食，将加工好的饭菜用勺、铲等盛在碗、盘、盆、钵、注碗等器皿中，放在桌上，用箸（筷子）、匙、肉叉食用。若饮酒则以瓶、壶、扁壶、注碗等盛酒，用酒樽、盏、槃子、觥等斟酒饮用。这种饮食方式和中原地区相差无几。可能西夏从事游牧的党项等族食肉类较多，使用肉叉食肉、饮食乳酪是其特点。

西夏的饮食内容和方式已趋同于中原地区，与其他少数民族"无蔬茹醯酱"的简单饮食方式有很大区别。

---

① 史金波、白滨、黄振华《文海研究》第490页。
② 聂鸿音、史金波《西夏文本〈碎金〉研究》。

第二节 社会各阶层的饮食生活和风尚

西夏的饮食不仅受到所处的自然条件、生活环境的制约,与当时的社会生产、生活有直接关系,还受到阶级和民族的影响,此外,它还要和宗教信仰的规范相适应。

西夏在长期发展过程中养成了自己的饮食习惯,有一定的制度,甚至某些饮食制度在法律上有严格的规范,形成了西夏的饮食风尚。当然西夏的饮食风尚不是一元的、简单的、不变的,而是多元的、复杂的、发展的。

一、贵族的饮食

党项人贵族的饮食比普通百姓要高,但在早期相比生产发达、生活条件优越的中原地区贵族饮食就是小巫见大巫了。宋太宗曾对作为李继迁使臣的张浦说:

> 戎人皆贫窭,饮食被服粗恶,无可恋者。继迁何不束身自归,永保富贵?①

戎人指党项。用饮食、衣被来诱惑党项贵族以达到使其归降的目的,是宋朝统治者的招降办法之一。对党项最高首领招降不成,便以衣食利益啖诱党项各部首领。宋景德元年(1004年)宋真宗诏谕李德明党项诸部:

> 能率部下归顺者,授团练使,赐银万两,绢万匹,钱五万缗,茶五千斤,其军主职员外郎,将校补赐有差,其有自朝廷叛去者并释罪甄录。②

宋朝的诱降可谓待遇丰厚,既有实惠,又有名位,但此举收效不大。非但如此,自元昊时张元、吴昊在西夏为显官后,一些在西夏的汉人可能因西夏生活艰苦,而唆使元昊进军中原,以占据繁华之地,达到享受目的。当时宋枢密副使韩琦、参知政事范仲

---

① 《续资治通鉴长编》卷三七,太宗至道元年(995年)三月己巳条。
② 《续资治通鉴长编》卷五六,真宗景德元年(1004年)正月戊午条。

淹曾上策：

  盖汉多叛人陷于穷漠，必以刘元海、苻坚元魏故事，日夜游说元昊，使其侵取汉地，而以汉人守之，则富贵功名，衣食嗜好如其意。乃知非独元昊志在侵汉，实汉之叛人日夜为贼谋也。①

随着西夏社会的发展，贵族对财富的聚敛也在加剧，加之中原地区统治者奢侈生活的影响，西夏贵族的饮食生活越趋中原化。《掌中珠》中描绘："富贵具足，取乐饮酒，教动乐……乐人打诨，准备食馔……设宴已毕。"西夏文《三才杂字》中也有"夜夜设宴，朝朝祭神"的词语，当然都是达官贵人的生活。

西夏法典对皇帝的饮食要求十分精美和安全可靠。为西夏皇室作饭的有专门的庖师，对西夏皇帝饮食制作在《天盛律令》中有严格规定：

  御供之食馔、其他用度等应分取准备者，当速分之，好好制作，依数准备。迟缓、盗减、制不精等时，罪依以下判断。

  一等：御供之用度分取准备迟者，当比贻误文典罪情各加一等。

  一等：制作御膳中选择不精及贡献中种种不足等，徒二年。不依时节供奉、迟缓及味道不美、所验不精等，一律徒一年。御膳已毕，经过远路往进，运输中盗减时，无论多少，徒六年。钱价甚多，则与盗减御供用度罪比较，从重者判断。

  一等：所准备御供用度，管事处已领时盗减者，当比内宫内外行盗各种罪情再加一等。

  御供之膳、药、酒等种种器中，不许他人饮用。若违律，是现用器则徒三年，是备用器则徒一年。

  和御供膳及和御药等中，不好好拣选、器不洁净等，一律徒二年。②

据前述已知，虽经若干朝代，西夏皇帝仍然保持着饮乳的习惯。供给皇帝乳制品的有群牧司直接管理的专门的御供圈牧者，皇帝出行时要在圈牧者中派遣若干，跟随皇帝，及时供给皇帝食用。③更有甚者，对在皇帝的食品中混入杂物者，要按"十恶罪"的"大不恭"处以极刑。《天盛律令》规定："御食混撒杂物时，不论主从当以剑斩，自己妻子及同居子女等当连坐，入牧农主中。妇人之子女勿连坐。"④

一些贵族身居高位，但却能保持清廉，饮食十分俭朴。如历经崇宗、仁宗朝的濮王仁忠"已与家人日食粗粝而已"。⑤当然这在西夏贵族中是极少数。

---

① 《续资治通鉴长编》卷一四九，仁宗庆历四年（1044年）五月壬戌条。
② 史金波、聂鸿音、白滨译注《天盛改旧新定律令》第一二"内宫待命等头项门"第433页。
③ 史金波、聂鸿音、白滨译注《天盛改旧新定律令》卷一九"畜利限门"第434页。
④ 史金波、聂鸿音、白滨译注《天盛改旧新定律令》卷一"大不恭门"第127页。
⑤ （清）吴广成《西夏书事》卷三六。

西夏中期以后，国中多世禄之家，都以奢侈相攀比。前述西夏文献记载以及文物考古发掘出的银钵、银碗、金莲花盏、金碗，以及文献所记金觚、玉斝等器物，表明西夏贵族饮食的豪华和讲究。这种侈糜之风使阶级矛盾尖锐化，以至仁宗不得不于天盛十五年（1163年）下令禁奢侈，减少政府的财政消耗，缓和日益加剧的阶级矛盾。①

图36 《西夏译经图》中皇帝、皇太后像前的食馔

记载贵族、官员家庭具体饮食的资料很少，但从《天盛律令》中却记录着西夏官员出差公干时的饮食标准。如每年京师派员到牧场进行校验牲畜时，官员及随从等之人马食粮当自官方领取，不能从牧场取用，否则以贪赃罪判断。同时具体规定了肉食和粮食的标准，肉食以"屠"表示，一屠应是指屠杀羊一只。

> 大校七日一屠，每日米曲四升，其中有米一升。二马食中一七升，一五升。一僮仆米一升。案头、司吏二人共十五日一屠，各自每日米一升。一马食五升。一人行杖者每日米一升。②

外出公干的一个普通官员供给的粮食是跟随童仆和行杖的4倍，官员七日可屠一羊，而童仆和行杖无任何肉食。这反映出西夏社会中贫富不同的阶层在饮食上的巨大差异。检校官员只是普通官员，那些高级官员的生活水准与普通平民的差距可想而知。《天盛律令》还规定了问难磨勘者等局分大小和校验畜者大小局分的禄食标准，与上述规定大同小异。③

二、百姓的饮食

在西夏无论是农区，还是牧区，百姓的饮食生活都处于低水平。农区以粮食为主，蔬菜为辅，肉食很少。牧区则以乳肉为主。西夏不少地区自然条件粗恶，加之战争连

---

① 《宋史》卷四八六《夏国传》（下）。
② 史金波、聂鸿音、白滨译注《天盛改旧新定律令》卷一九"校畜磨勘门"第585页。
③ 史金波、聂鸿音、白滨译注《天盛改旧新定律令》卷二〇"罪则不同门"第613—614页。

年不断，严重影响着食品的生产。食物匮乏受害最大的是普通百姓，西夏人食不果腹的现象经常发生。西夏人以借贷粮食度荒，以野菜充饥，甚至乞讨度日，更有甚者卖儿鬻女。

西夏《文海》中有"稗"一词，其注释为："大麦、小麦中杂草稗子之谓。"① 这种农作物中的杂草果实细小，一般都作为畜草，然而在西夏却把它列入谷物食品中。西夏文《三才杂字》"谷"类中有"蒿稗"一词，西夏汉文本《杂字》在有关食品的词目中也有"稗子"一词，说明西夏人将稗子也作为粮食作物。

西夏人民春夏无食，不得已只能去典当或借贷，受高利贷的盘剥。黑水城出土300多件粮食借贷契约，多为西夏后期。借贷时间大多集中在春季青黄不接时期。一般从二月至五月借贷粮食者为多。一般头年腊月至一、二、三月准备播种或播种时期，借粮既可能是缺乏种子，也可能是缺少口粮；而四、五月借粮，已经过了当地的播种期，应该只是缺少口粮。借贷粮食的利率皆在50%以上，有的高达80%，甚至达到或超过100%，是名符其实的高利贷。一件光定元年（1211年）的谷物借贷文书，借贷人耶和小狗山借小麦三石，三个月后本利交四石五斗，三个月的利率高达五分。②

西夏的贫民饱受借贷的苦。西夏谚语中有："二月三月，不吃借食，十一腊月，不穿贷衣。"③ 这表达了西夏贫困百姓缺衣少穿时对借贷的恐惧。

宋代文献记载了西夏人民缺少食物的情况："西北少五谷，军兴，粮馈止于大麦、荜豆、青麻之类。其民则春食鼓子蔓、碱蓬子，夏食苁蓉苗、小芜荑，秋食席鸡子、地黄叶、登厢草，冬则畜沙葱、野韭、拒霜、灰藋子、白蒿、碱松子，以为岁计。"④ 此记载中西夏人一年四季都食野生植物似乎不完全可靠，但也反映出西夏人民生活艰辛，饮食水平很低，野菜、野草是他们经常的补充食品。西夏谚语中有"吃干米时要加水"、"夫妻食馔菜粥混"、"无甜食吃菜蔬"，⑤ 也反映出西夏穷人食不果腹的情景。在食粮不足的情况下，西夏社会有节俭用粮的习惯。西夏谚语又有："女俭食，从前未俭煮时俭，测未及。"⑥ 意思是妇女节俭粮食，平时未注意节俭，临作饭时粮食不足再节俭就来不及了。告诫大家注意平时节俭。

---

① 史金波、白滨、黄振华《文海研究》第398页。
② 史金波《西夏粮食借贷契约研究》，《中国社会科学院学术委员会集刊》第1辑，社会科学文献出版社，2005年3月。
③ 陈炳应《西夏谚语——新集锦成对谚语》第13—14页，山西人民出版社1993年版。
④ （宋）曾巩《隆平集》卷二〇。
⑤ 陈炳应《西夏谚语——新集锦成对谚语》第8、10、23页。
⑥ 陈炳应《西夏谚语——新集锦成对谚语》第18页。

西夏境内有因无食而行乞者。西夏谚语中有："乞者同来难得食。"①意思是乞丐同到一处乞讨难以得到食物，从侧面反映出西夏有较多的乞丐。有时人们因饥荒乏食竟至卖子女换食品。如天祐民安八年（1097年）"国中大困，民鬻子女于辽国、西蕃以为食"。②

西夏的官吏、军队、城中的手工业者、商人等，需要国家供给或卖给粮食。西夏法律规定："诸官民等执领单来领粮食时，依次当先予旧粮食，不许予新粮食、徇情及索贿等。"③该条还详细规定了违律留旧予新时，予者和领者都要受到处罚。根据这项条律可知，一般西夏非农业人员都是吃往年库存的陈粮，很难吃到当年的新鲜粮食。

西夏士兵平时和战时多是自备食粮。但有的士兵要由国家长期供给粮食，如"御围内六班直"是皇室的卫队，"选豪族善弓马五千人迭直"，由国家"月给米二石"。④每日合廪给米六升多，如果仅就食用来说，其标准是很高的，这些米可能是禄米，所有的费用包括吃、用、养家等项都在内。前述跟随检校官员外出的僮仆和行杖每日给米一升，也未必吃饱，他们平时不出差时的饮食待遇当低于此数，也属贫困阶层。

三、僧人、道士的饮食

西夏僧人和道士都是宗教专门职业者，他们多不从事生产，不交纳租税，不服劳役和兵役，其食品要靠百姓供给，致使一些人争当僧道，因而政府不得不控制僧道的度牒，以限制僧道的数量。⑤僧人一般素食，粮食和蔬菜是他们的主要食物。后来藏传佛教传入，当时西夏信仰藏传佛教的僧人是否荤食不得而知。

僧人、道士的饮食主要靠政府照顾。特别是寺庙有法事活动时，政府要布施钱物。《碎金》中记载："和尚诵经契，斋毕待布施。"如崇宗天祐民安五年（1094年）重修凉州护国寺感通塔时，"特赐黄金一十五两，白金五十两，衣着罗帛六十段，罗锦杂幡七十对，钱一千缗，用为佛常住。又赐钱千缗，谷千斛，官作四户，充蕃汉僧常住"。⑥

---

① 陈炳应《西夏谚语——新集锦成对谚语》第 11 页。
② （清）吴广成《西夏书事》卷三〇。
③ 史金波、聂鸿音、白滨译注《天盛改旧新定律令》第一五"纳领谷派遣计量小监门"第 511—512 页。
④ 《宋史》卷四八五《夏国传》（上）。
⑤ 史金波、聂鸿音、白滨译注《天盛改旧新定律令》第一一"为僧道修寺庙门"第 407—409 页。
⑥ 史金波《西夏佛教史略》第 252 页，宁夏人民出版社 1988 年版。

值得注意的是除赐给僧人大量钱和粮食外，还有4户"官作"，即寺庙所属的农户。可见寺庙中占有土地，有类似农奴性质的的农户为之耕作，以得到寺庙僧人的粮食。

在西夏寺庙作法事活动时，还往往作大斋会，或向僧人舍饭，称之为"饭僧"，有的还要给无食的穷人施舍粥饭，称之为"济贫"。前述西夏重修凉州塔时曾"饭僧一大会"。仁宗天盛十九年（1167年）为纪念太后逝世周年印制佛经的发愿文中，记载有"作法华会"，并"施贫救苦"。仁宗乾祐十五年（1184年）在仁宗60寿辰时，在印经发愿文中记录了多种法事活动，其中有"放千种施食"、"饭僧设贫"。在仁宗乾祐二十年（1189年）作大法会时记载了"奉广大施食"、"饭僧"、"济贫"等事。乾祐二十四年（1193年）仁宗去世，3000多僧人作七日七夜法会，包括"救贫、放生"等活动。仁宗去世后三年（1196年）皇太后罗氏又许愿在三年之中，作大法会烧结坛等3355次，大会斋18次，散斋僧30590员，设贫65次。襄宗应天四年（1209年）散施佛经并作广大法事，饭囚8次，设贫8次。①

五谷丰登是人们的共同愿望。西夏统治者在作法事活动时祈求食粮丰稔是一个重要内容。如西夏大庆三年（1038年）《大夏国葬舍利碣铭》中有"仓箱之麦菽丰盈"②。天盛十九年（1167年）任得敬为祈求病愈，在施经发愿文中也要祝愿"岁稔时丰"。西夏晚期神宗光定四年（1214年）御制印经发愿文中祈愿"百谷成熟"。③西夏灭亡后，在西夏故地印制西夏文《金光明最胜王经》，其流传序中仍然祝愿"百谷具成熟，万物丰稔归"。④

---

① 史金波、魏同贤、克恰诺夫主编《俄藏黑水城文献》第三册第76—77页、52—53页，第二册第47—48页。俄罗斯科学院东方文献研究所手稿部藏黑水城出土文献 Инв.No.7577、2315、298、683。
② 史金波《西夏佛教史略》附录一，231页。
③ 史金波《西夏佛教史略》附录一，261页。
④ 史金波《西夏佛教史略》第231—312页。

【第三节　饮酒与饮茶风俗】

一、饮酒风俗

  酒是用餐时的饮料，是一种调味品。党项族早在原居住地时，当时虽尚无农业，但已经开始酿造、饮用酒。党项人往往"求大麦于他界，酝以为酒"。[①]

  党项族不仅男人爱好饮酒，妇女也能喝酒。前述党项族"俗喜复仇，……不能复者，集邻族妇人，烹牛羊，具酒食，介而趋仇家，纵火焚之"。[②]

  西夏时期人们依然爱好喝酒，《掌中珠》中有"取乐饮酒"一语。汉文文献中也不乏关于西夏饮酒的记载。元昊时期中原地区书生张元、吴昊在宋朝不得志，欲投奔西夏，认为不出奇谋难以打动元昊，入西夏境内"相与诣酒肆，剧饮终日，引笔书壁曰'张元、吴昊饮此'"。二人因写字触犯元昊名讳，被巡逻者抓住，送到元昊那里。元昊问他们为何入国触犯他的名讳，他二人说：你连姓都不在乎（因元昊接受宋赐赵姓），还在乎名字吗？这样引起了元昊的重视，成了元昊的谋臣。这一记载证明当时西夏境内有专门售酒的酒肆。[③]

  西夏造酒的原料是大麦和小麦。西夏人喜欢饮酒，而酿酒需要大量的粮食，西夏的粮食又十分紧张，经常出现粮荒。这样在西夏就出现了食粮与饮酒的矛盾。因此在西夏法典中有允许酿酒、设置酿酒机构管理的规定，又有限制酿酒、惩治私自酿酒的条律，其目的是一方面照顾人们饮酒的需求，又部分地限制了粮食的过度耗费，同时

[①]《通典》卷一九〇《边防六·党项》。
[②]（宋）曾巩《隆平集》卷二〇。
[③]（清）吴广成《西夏书事》卷一四。

因是政府专酿专卖，也可以增加政府的收入。

西夏法律对酒醉后犯罪多从轻发落。西夏法律规定，酒醉时持拿他人财物，只要酒醒后送还就可以了，也不许别人再举告、接状。但若酒醒后隐匿不告，不送还财物，才按假托酒醉盗持他人财物判罪。① 西夏法典规定若酒醉即便喊要杀官家（皇帝）也可减罪。《天盛律令》规定："沿诸市场，不许诸人于殴打争斗中高声呼喊汉语'我要△△△△诛官家'。倘若违律说前述语时，徒六个月。其中酒已醉，未解所说之语者，三个月，有□人则市场树上缚三日。"② 然而在皇宫内御前近处是不能饮酒的，若御前近处待命者自己胡乱饮酒，未乱言事，有官罚马一，庶人十三杖。高声乱语，一律徒一年。若所说有所碍，则视情节处分。在内宫当差值勤更不准喝酒，《天盛律令》规定："在御前近处及当值等饮酒之罪另示以外，非在近处，仅仅任内宫待命种种事而当值饮酒时，罪依所定判断。一等待命者当值饮酒时，庶人一个月，有官罚马二。……一等内宫种种任职当值饮酒时，庶人十杖，有官罚钱五缗。"③ 规定第一等包括内宿承旨、医人、帐门末宿等，第二等包括药酒器承旨等。

在西夏谚语中也收有许多关于酒的谚语，比如："饮剩余酒不多心，穿补衲衣不变丑。"还有："该学不学学饮酒，该教不教教赌博。"④ 不难看出，西夏虽然有喜酒的习俗，但社会中仍把饮酒看成是不良的嗜好。

《圣立义海》"山之名义"中"焉支上山"条下有"利养羊马，饮马奶酒也"。⑤ 可见西夏时期马奶酒也是当时的饮料之一。

酒是西夏人民生活的重要物品，也是国家专卖商品。黑水城出土的西夏文文书中有多件酒钱账，虽多为残叶，但仍可从中了解到买酒的数量和价钱，进一步推导出酒的价格。黑水城出土的一件文书中有酒价钱帐，开始有"甘州米酒来已卖数单子"，说明这些酒来自距黑水城不远的甘州，又知道所卖酒为米酒。每一笔账记买酒的人名，再后是买酒的数量和价钱，价钱以粮食支付。⑥ 如第20笔葛犬小狗慧等卖一石六斗酒，价二石四斗大麦，有那征祥等4人做担保人。账目中酒以斗为单位，每斗酒有多少斤，文书并未告知。酒的价钱不是货币，而是粮食中的大麦，属杂粮之类，有的直接记为"杂"，

---

① 史金波、聂鸿音、白滨译注《天盛改旧新定律令》第三"妄劫他人畜驮骑门"第171页。
② 史金波、聂鸿音、白滨译注《天盛改旧新定律令》第一四"误殴打争门"第483页。
③ 史金波、聂鸿音、白滨译注《天盛改旧新定律令》第一二"内宫待命等头项门"第441、426—427页。
④ 陈炳应陈炳应《西夏谚语——新集锦成对谚语》第8页，山西人民出版社1993年版。
⑤ 克恰诺夫、李范文、罗矛昆《圣立义海研究》第59页。
⑥ 史金波、魏同贤、克恰诺夫主编《俄藏黑水城文献》第一三册第248—251页。原与前号名称"光定申年贷粮契"颠倒，应为"酒价账"。

即杂粮意。对这一文书中所有各笔账目中买卖酒的数量和酒价钱进行计算后，可知每斗酒的价格合 1 斗 5 升大麦。黑水城每升糜 15 至 20 钱，可推定每斗酒约合 250 钱到 300 钱之间。

另有一些酒价钱残叶是以货币交易。Инв. No.1366 包含多纸酒价钱账

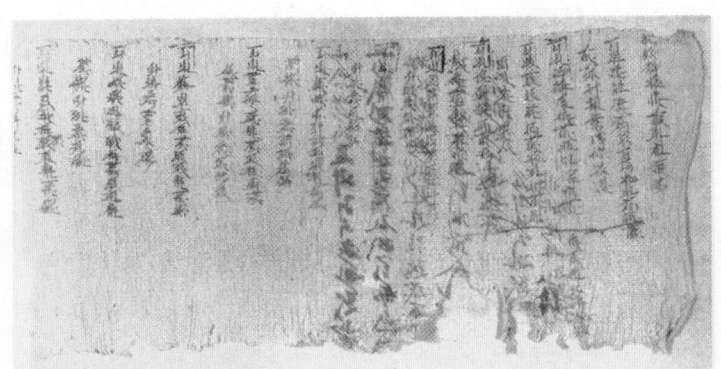

图 37　西夏文卖酒钱帐

残页，原账每笔前皆记购酒人名。这些酒账皆是直接以酒售钱，每斗价 250 钱，与上述以酒换粮价符合。①

《天盛律令》规定："诸处踏曲者，大麦、麦二斗当以十五斤计，一斤当计三百钱卖之"。② 可知当时的酒曲价。

二、饮茶风俗

饮茶也是饮食的重要内容。特别是西夏少数民族历来蓄养牲畜，以肉食为主，茶叶是不可或缺的。《文海》中"茶"条注释"茶叶，饮料之谓"。③

然而，西夏所属地区并不产茶叶，所需茶叶皆仰仗中原王朝地区供应。李德明归附宋朝后，被封为西平王，宋朝每年赐给李德明银万两，绢万匹，钱三万贯，茶二万斤。④ 元昊时期宋朝每年赐给西夏"绢二万匹，茶三万斤"。⑤ 后来又有增加："曩霄（元昊）于茶数尤多邀索，中朝许以五万斤，下三司拟取往年赐夏国大斤茶色号（五万斤大斤有三十万小斤之数），定为则例。"⑥ 可见西夏用茶之多。此外，西夏还要在双方市场贸易中买进不少茶叶。茶的需要量和宋赐茶比较尚差不少，西夏仍然缺乏茶，致使"有茶数斤可易羊一口"。如果与宋朝断绝来往，就等于中断茶的供应，那样会影响西

---

①　史金波、魏同贤、克恰诺夫主编《俄藏黑水城文献》第一二册第 241—243 页。
②　史金波、聂鸿音、白滨译注《天盛改旧新定律令》第一八"盐池开闭门"第 566 页。
③　史金波、白滨、黄振华《文海研究》第 506 页。
④　《宋史》卷四八五《夏国传》（上）。
⑤　《宋史》卷四八五《夏国传》（上）。
⑥　《宋史》卷一〇《仁宗纪》。

夏人民的生活。若西夏经济状况不好，无力买进更多的茶，也会影响西夏人民饮茶。①汉文文献记载元昊时："庞籍代知延州，乃言诸路皆传元昊为西蕃所败，野利族叛，黄鼠食稼，天旱，赐遗、互市久不通，饮无茶，衣帛贵，国内疲困，思纳款。"②历数西夏的困顿，"饮无茶"是重要的一项。

西夏《天盛律令》规定对诸司任职官员三年期满，称职应得官赏以及军人有战功时应得奖励中，都有绢、锦、银两和茶。茶和绢、锦、银一起成为奖掖有功人员的奖品，这体现了少数民族地区食肉饮茶的特点。奖励茶以坨为单位，可能是砖茶之属。比如官员任职三年称职除上等另有赏赐外，"次等升一级，大锦一匹，十五两银，茶、绢十"。中等、下等、末等除锦帛、银两外，各有茶四坨、三坨、二坨。③又如追及逃跑者"一人至十人，主管绢一段，检人二人茶一坨"。④检人是西夏负责巡检的官员，他们追及到一至十个逃跑者两个人才能得到一坨茶。西夏军事法典《贞观玉镜统》中规定对作战勇敢、立功的将帅要给予奖赏，除升官外，还要奖赏金银以及茶、绢。如正将斩杀敌人一名可加一官，得三十两银碗，衣服一袭七带，五两银腰带一条，茶、绢各五十份。可见茶是和高级织物绢同样被看重的奖赏。⑤

西夏仓库中有茶钱库。⑥可能是储存茶的官库。

西夏的茶具中有茶臼、茶钵、捣棒、茶铫、滤器。西夏饮茶是将茶叶煎煮然后饮用。《文海》有"铫"一词，注释为"煮茶用之谓，汉语铫子谓"。⑦饮茶时先要在茶臼中用捣棒将茶捣碎，放在茶铫中加水煮熬，再用滤器滤过，倒在茶钵中饮用。这类似中原地区的煎茶法。

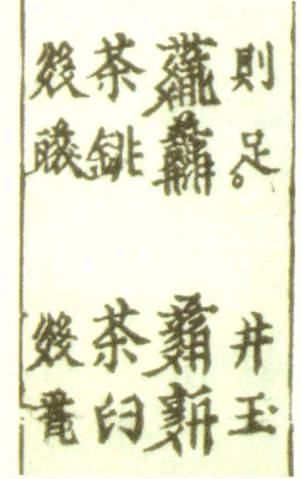

图38 《掌中珠》中记载的茶具

在西夏语中"茶"和"药"语音相同，在文字上两字字形相近，反映了西夏党项人对茶叶的认识和中原地区是一致的，早先人们是把茶作为药来饮用的。

西夏的饮食原料很丰富，这些原料合理的搭配和适当的加工，会使西夏人民尽量充分利用饮食原料，吸收其中多种营养素。

---

① 《续资治通鉴长编》卷一三八，仁宗庆历二年（1042年）岁末条。
② （清）吴广成《西夏书事》卷一六。
③ 史金波、聂鸿音、白滨译注《天盛改旧新定律令》第一〇"续转赏门"第349页。
④ 史金波、聂鸿音、白滨译注《天盛改旧新定律令》第四"边地巡检门"第205—206页。
⑤ 《贞观玉镜将研究》第71—75页。
⑥ 史金波、聂鸿音、白滨译注《天盛改旧新定律令》第一七"库局分转派门"第531页。
⑦ 史金波、白滨、黄振华《文海研究》第405页。

第四节 饮食特点与饮食养生

西夏是一个多民族的王朝,其饮食自然具有多民族的特点。西夏饮食具有中国中古时期北方民族饮食的共有习俗,但也有自己的特点。

健康、长寿是人们梦寐以求的目标,特别是通过饮食达到提高健康水平、保养生命的目的是人们常用的方法。西夏也存在着饮食养生的习俗。

一、多民族的饮食特点

就一个民族来说,其饮食特点也不是一成不变的。由于生产的发展,食品种类的增加,或由于居住地点的迁徙,食品种类的变更,或由于其他民族的影响,食品来源扩大以及制作方法的丰富等,都能引起膳食结构和制作方法的变化。

(一)党项族特点的承续

作为西夏主体民族的党项民族,原来是游牧民族,饮食上具有游牧民族的食乳肉、饮茶酒的习惯。直至西夏后期党项族仍然有很多人从事畜牧业,他们按族帐而居,其饮食依旧保留着游牧民族的特征。

北迁后的党项民族,一部分保留原来的生产和生活方式,中原王朝称他们为生户;另一部分进入农业地区,从事农业生产,即以农产品为主要食品,被称为熟户。西夏卖地契中的卖地人其姓氏多是党项族姓,应是党项人,其生活食品当然是以粮食为主。西夏文《碎金》中曾概括党项人中的一部分山讹人的特点是,"山讹嗜荞饼"。山讹是西夏党项人中骁勇善战的一支,他们原来应是以畜牧业为主,当时以嗜食荞麦饼而闻名,说明因地域的迁徙和社会的发展,党项人的饮食也逐步多样化,一部分人改为以粮为主的饮食结构。

党项的贵族,特别是在城市中为官的统治者,包括饮食在内的生活已经逐渐趋同汉人贵族。当然他们也保留着某些乳肉类食品的特殊需要。

（二）汉族的重要影响

汉族在西夏不是主体民族，但确是主要民族。西夏境内究竟有多少汉族，目前不得而知，也许其数量并不比党项族少。他们对西夏社会发展的影响是巨大的。他们掌握着比较先进的生产技术，在生活上也相对比较优裕。汉族的生活方式成了党项族和其他民族学习的榜样。汉族的饮食与当时中原王朝北方地区的汉族没有什么差别。只不过他们生活在西北畜牧业比较发达的地区，特别是世代和从事游牧的少数民族居住在一起，饮食上也会或多或少的接受少数民族的影响，比如增加乳肉类食品的摄入等。

从前述《掌中珠》中对食物种类、饮食器皿以及宴会的描述可知，西夏的饮食已经大体趋同汉族。可以说，西夏虽是以党项族为主体的王朝，但在饮食方面汉族的传统饮食在西夏或已占主导地位。

（三）吐蕃民族的影响

吐蕃也是农牧业兼营，食用青稞、杂粮及畜肉、乳、酥等。原来吐蕃人在青藏高原的饮食习惯是"接手饮酒，以毡为盘，捻粆为碗，实以羹酪并而食之"。[①]后来吐蕃人活动领域扩大，仍有着本民族的饮食特点，"喜啖生物，独知用盐为滋味，而嗜酒及茶"。

在西夏，吐蕃人分布很广，除西部比较集中外，"自仪、渭、泾、原、环、庆、及镇戎、秦州暨于灵、夏皆有之，各有首领，内属者谓之'熟户'，余谓'生户'"。[②]由于生存环境的改变，他们的饮食习惯也会发生变化，如有的地区不适宜种植青稞，他们会食用其他食品。吐蕃人与党项族饮食相近，对在西夏范围内显现少数民族饮食风尚，有重要影响。

（四）回鹘民族的影响

回鹘也是以游牧为主，饮食以畜产品为主。西夏文《碎金》在突出西夏境内几个民族的特点时，用"回鹘饮乳浆"来代表回鹘的主要习俗特征，说明回鹘当时的食品确实是畜产品，史载回鹘地盛产大尾羊，"尾大而不能走，尾重者三斤，小者一斤"。[③]又产单峰骆驼，"其兽则驼而孤峰"。但在所处瓜州、沙州、甘州等农业地区"以橐驼耕而种"，"桑、五谷颇类中国"。回鹘的农业在河西绿洲地区的影响值得重视，现在在西北部地区仍然可以见到用骆驼耕地的场面。回鹘地区也产调味品盐，"盐产于山"。

值得一提的是回鹘的瓜果质量好，产量高，"酿蒲萄为酒，瓜有重六十斤者，海棠

---

① 《旧唐书》卷一九六《吐蕃传》（上）。
② 《宋史》卷四九二《吐蕃传》。
③ 《宋史》卷四九〇《高昌传》。

色殊佳，有葱蒜美而香"。① 回鹘对西夏的饮食有很大影响。回鹘还是将中亚的食品传入西夏乃至中原地区的通道。西夏文献记载的"回鹘瓜"、"大食瓜"就是典型的例证。

《天盛律令》是一部用之于西夏各民族而皆准的王朝法典，包括饮食在内的很多法律规定各民族都要遵守，这些共同的饮食制度说明在西夏已经有一个各民族共同规范的统一要求，这其实就是多民族长期交融的结果。

二、饮食养生

原先党项人"病者不用医药，召巫者送鬼"。② 后来随着社会的发展进步并受到其他民族特别是汉族的影响，医药渐被使用，形成并发展了西夏的医药学。③ 从已经发现的西夏药方来看，西夏的医药与饮食关系极大，似乎也继承了中原"医食同源"的传统。

在西夏食品可以入药。在《天盛律令》中规定库存生药耗减数量，其中所记药材中有的就是粮食，有的是蔬菜或代食品，如豇豆、赤小豆、荜豆以及茴香、菟丝子等。④

西夏制药往往离不开食品和饮料。黑水城出土的一件西夏文草书药方中有四白丸，其中有制作方法："捣药为细末，以酒、面糊和丸"；又有豆蔻香莲丸，"蒸米为丸"；返阳丹，"与面糊混为丸"；芷黄丸，"以酒、面糊为丸"；治齿牙痛，"以盐净齿，以醋漱口"。⑤ 显然很多成药在制作中需要粮食、酒、盐、醋等食品。

黑水城出土西夏时期汉文医方著作《神仙方论》中的医方与上述西夏文医方形式相同，在制作时也常使用食品作辅料。如治脾胃不和姜和丸，"生姜、面糊为丸"；治疾左瘫右痪神妙瘫服丸，治肾脏毒及风互流注潘家黄耆丸，治伤毒鸡冠花丸，"酒煮面糊为丸"；治赤白痢赤石脂丸，"为细末，面糊为丸"。以上多用面糊和酒。西夏法典规定和合药剂用酒在库中存放，十两中允许耗减二两⑥。看来西夏和合药剂用酒数量不少，对其入库、出库的耗损要作出专门规定。

食品还可以作药引。上述药方中四白丸，"二次以温酒下，一次洗米汁下"；薯蓣柏皮丸，"饭汤汁中饮"；豆蔻香莲丸、芷黄丸，"空腹时蒸米汁中饮"；返阳丹，"空腹

---

① （金）刘祁《归潜志》卷一三。
② 《辽史》卷一一五《西夏外纪》。
③ 史金波《西夏文化》第200—201页。
④ 史金波、聂鸿音、白滨译注《天盛改旧新定律令》卷一七"物离库门"第551页。
⑤ 史金波、魏同贤、克恰诺夫主编《俄藏黑水城文献》第一〇册第219—232页。
⑥ 史金波、聂鸿音、白滨译注《天盛改旧新定律令》卷一七"物离库门"第549页。

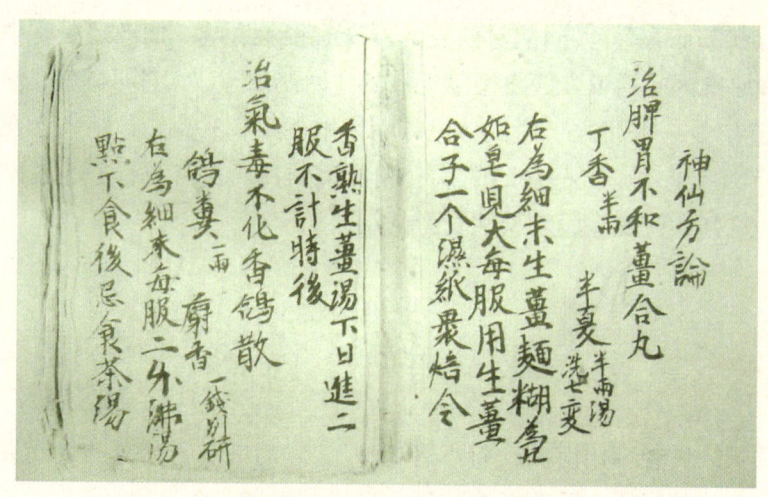

图39　汉文药方《神仙方论》

时温酒中饮";治妇女乳痛,"以热酒饮";天雄散,"温酒中饮,白米汁亦可"。上述《神仙方论》中姜和丸,"生姜汤下";神妙瘀服丸,"清茶下";石脂丸,"䣼汤下";龙虎丹,"以生姜酒化下"等等。

　　用药时对饮食有禁忌。如西夏文药方中的薯蓣柏皮丸、豆蔻香莲丸,"禁食油腻热食";芷黄丸,"禁肉、荞麦";治口疮,"禁油腻"。汉文医方中的香鸽散,"食后忌食茶汤";治大风疾,"忌食生冷油腻"。

　　1971年在甘肃武威发现的一批西夏遗物中有一件西夏文写本药方,内列药名有椒、秫米,也属食品之类。不难看出,与中原地区一样。西夏的医药和饮食有密切关系。

　　西夏的饮食早已摆脱了原来党项族以畜牧、狩猎产品为食物的单一方式,在食品结构、制作方法、使用器皿方面,都发生了巨大的发展变化,并且显现出不同阶层、不同民族饮食的差异和特点,构成了西夏社会中复杂、多样的饮食行为。①

---

①　参见史金波《西夏的饮食》,载《中国饮食史》卷四第三章,华夏出版社1999年版。

第二章
穿 着

衣服不仅有御寒蔽体的实用价值，也有美化装饰的文化意义，在社会中还有别等级、明贵贱的政治功用。一个民族各阶层有不同的服饰，各行业也有不同的装束，男女老幼的打扮差别也很大。此外，四季的服饰也因天气的冷暖会有较多的变化。西夏多民族的特点，多阶层的状况，以及地理环境的影响，服饰显现出多样性和复杂性。

过去有关西夏服饰的资料贫乏稀缺。近些年随着西夏文物考古的进展，从地上、地下找到了不少反映西夏服饰的形象资料；加以西夏文献研究的开拓，增添了很多有关西夏服饰的文字或形象资料，为认识西夏社会生活中的服饰提供了丰富的素材。

第一节 服饰制度

一、党项族早期的服饰特点和变化

隋、唐之际,党项人过着原始社会的简单生活,不仅居住设施离不开牦牛尾和羊毛等畜牧业产品,就是衣着也不外毛、皮之类。文献记载当时的党项人"男女并衣裘褐,仍披大毡"。① 裘、褐(毛布)、毡都是畜产品。褐的出现表明党项人已能把毛织成布了。

9世纪以后,陆续迁入西北的党项族中,多数仍从事畜牧业。这些牧民自然会沿习穿着毛皮制品的传统。五代时期"党项,其俗皆土著,居有栋宇,织毛罽以覆之"。② 李继迁时期多处于转徙无常的状态,仍以畜牧为主,当时党项仍以皮毛为御寒的主要材料。后西夏农牧并重,党项族及其他少数民族从事牧业的部分,仍旧穿着皮毛衣服。甘肃武威小西沟岘保存大量西夏遗存的山洞中,与西夏文献同时被发现的还有生牛皮靴。③《掌中珠》中列西夏日用毛皮衣物有帐毡、枕毡、褐衫、靴、短鞒、长鞒、皮裘、毡帽、马鞍、马毡、马毯等。④

在黑水城遗址所出15件西夏天庆年间典当残契表明,当地的党项族人因饥饿所迫,不得不典当生活用品去换粮食。而他们所用抵押品中竟多是皮毛衣物,如袄子裘、新

---

① 《旧唐书》卷一九八《党项羌传》。
② 《旧五代史》卷一三八《外国传》。
③ 甘肃省博物馆《甘肃武威发现一批西夏遗物》,《考古》1974年3期。
④ (西夏)骨勒茂才著,黄振华、史金波、聂鸿音整理《番汉合时掌中珠》第47—51、68页。

图40　1976年笔者考察甘肃武威小西沟岘西夏遗址

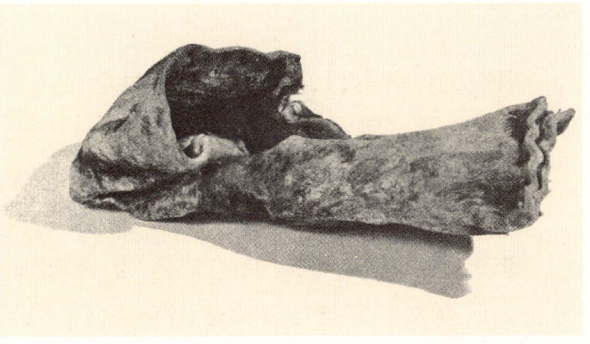

图41　甘肃武威小西沟岘出土牛皮靴

皮裘、次皮裘、旧皮裘、毛毡、白帐毡、苦皮等。[①]

从整个西夏社会生活看，在服饰上也逐渐接受中原影响，穿戴发生了很大变化。这首先突出地表现在统治阶层中。宋景德元年（1004年）德明即位，归属宋朝，宋朝不断给德明加赐官衔，并随之赐予德明衣服：

> 德明自归顺以来，每岁旦、圣节、冬至皆遣牙校来献不绝。而每加恩赐官告，则又以袭衣五，金荔支带、金花银匣副之……[②]

德明不断得到宋朝的华美衣服，这对他处理宋、夏关系有相当影响。李德明后对他的儿子元昊说："吾族三十年衣锦绮衣，此圣宋天子恩，不可负也。"可见当时的西夏皇族依靠宋朝，已经穿着轻软华丽的锦绣服装了。但元昊却有自己的见解："衣皮毛，事畜牧，蕃性所便。英雄之生，当王霸耳，何锦绮为！"[③]两代党项首领的对话反映了西夏服饰的变化和服饰与政治的密切关系。

西夏的服饰多种多样，《掌中珠》所记除上述毛、皮制品的服装外，还有袄子、襜襕、袜肚、汗衫、布衫、衬衣、裙、裤、袪、腰绳、背心、领襟、鞋、袜、冠冕、凉笠、暖帽、耳环、绵帽、耳坠、腕钏、冠子、钗鉹等服饰品。西夏文《杂字》中列有"男服"、"女服"类。"男服"项下有26种，"女服"项下有19种。不难想见，党项民族和其他文化比较发达的民族一样，他们的服饰逐渐发生了很大的变化，变得丰富多彩。

---

① 陈国灿《西夏天盛典当残契的复原》，《中国史研究》1980年1期。原件见［法］马伯乐《斯坦因在中亚西亚第三次探险的中国古文书考释》，1953年，伦敦。录文见《敦煌资料》第一辑。史金波、魏同贤、克恰诺夫主编《俄藏黑水城文献》第二册第37—38页。
② 《宋史》卷四八五《夏国传》（上）。
③ 《续资治通鉴长编》卷一一一，仁宗明道元年（1032年）十一月壬辰条。

二、立国后的服饰制度

以服饰区分等级，由来已久。西夏在元昊即位之初，立国之前就效法中原地区的服饰制度，正式规定西夏文武官员衣着：

> 文资则幞头、靴笏、紫衣、绯衣；武职则冠金帖起云镂冠、银帖间金镂冠、黑漆冠，衣紫旋襕，金涂银束带，垂蹀躞，佩解结锥、短刀、弓矢韣……便服则紫皂地绣盘球子花旋襕，束带。民庶青绿，以别贵贱。①

可见，西夏文职官员的装束多因袭唐宋，而武职的服装却颇有民族特色，与中原服饰不同。这大概和西夏初期文官汉族人居多，武职中又以党项人为主的情况有关。元昊登基称帝时给宋朝上的表章中称"改大汉衣冠"、"衣冠既就"，当指上述所定服饰制度。

原来西夏使臣到宋朝穿本民族服装，改衣冠后变成皇帝陪臣服装，这又引起了外交问题：

> 景祐末，夏羌叛，潜号于其境，改易正朔、冕服制度，遣使来上旌节。旧制：羌人来朝，悉服胡衣冠。既至，有司命易之，使者曰："奉本国命来见大国，头可断，冠服不易。"竟不能夺，遣归。②

西夏建国后派往宋朝的使臣，穿戴本国所定冠服，被宋朝看成是僭越，一定要他改换。而夏国使臣也将此冠服看成是本国的象征，不能改易。另一次西夏使者出使宋朝，至开封"东华门始去本国服"。③

西夏政府对民庶服饰的规定主要是从颜色进行界定，民庶只能穿青绿色的服装，而官员才可穿紫、绯色衣装，以此区分贵贱。北宋时接待夏国使臣，记录夏国大使、副使皆穿"绯窄袍"，可为例证。④这与中原地区一样，以服制维护上下等级的尊卑。

西夏统治者内部关于"蕃礼"和"汉礼"之争，也影响着人们服饰的变化。如毅宗谅祚时，改用"汉礼"，给宋朝上表："本国窃慕汉衣冠，今国人皆不用蕃礼。明年欲以汉仪迎待朝廷使人。"⑤宋仁宗答应了西夏用汉族衣冠的请求。看来西夏的服饰随着蕃礼、汉礼的更迭也在发生变化，但总的趋势是向质量更好、穿着轻软的汉式服装靠拢。

---

① 《宋史》卷四八五《夏国传》（上）。
② （宋）江少虞《宋朝事实类苑》卷七五，中华书局1976年版。
③ 《续资治通鉴长编》卷一二三，仁宗宝元二年（1039年）正月辛亥条。
④ 孟元老《东京梦华录》卷六"元旦朝会"，中国商业出版社1982年版。
⑤ 《续资治通鉴长编》卷一九五，仁宗嘉祐六年（1062年）十一月己巳条。

西夏在接受汉族服饰的同时，服装的质料也发生了显著的变化。西夏的汉族自然穿用纺织品，很多少数民族也由原来穿皮毛而改成穿用纺织品。富者穿起了绢帛绸缎，贫者也穿褐布。西夏的布有中原地区早已流行的麻布，也开始有棉花纺织成的棉布。

三、中后期的服饰制度

西夏中期礼仪更加效法中原王朝，服饰也更加制度化。西夏乾祐年间刻印的《圣立义海》第八卷主要内容是西夏服装，其目录有"皇太后、皇帝法服，皇后法服，太子法服，嫔妃法服，官宰法服，朝服，常服，时服"。① 可见西夏政府从制度上明确了各类人员，特别是统治阶层的西夏帝王、后妃、官员服饰的规定，并载于官修典籍。这说明西夏政府对服饰制度的重视和区分的细致。可惜此卷的正文已经残失。根据《圣立义海》编书的体例，目录中的每一项都要包括若干词语，每一词语都有详细注释，因此尽管遗失的正文中关于服饰的具体名称和形式难以尽知，但可推知内容应相当丰富。

法服是礼法规定的服饰，大抵用于祭祀、典礼等隆重、正式的场合。西夏对皇室成员及官员的法服分类详细。朝服主要用于上朝朝会，也用于献祭。常服和时服则是平时随季节变化的常用服装。

《天盛律令》对西夏官员朝服有具体规定，"大小臣僚等不来朝中，及虽来而不服朝服等"，都要受到处罚。比如节亲、宰相等，一次不来朝罚五缗，不服朝服罚三缗。二次不来朝罚七缗，不服朝服罚五缗。自三次以上不来朝一律罚十缗，不服朝服罚七缗。② 以下随官员品级的降低而降低罚款。西夏法典没有具体记载各级官员朝服的形制。既有上朝必须穿戴的朝服，想必当时有具体明晰的规定。

服饰随着社会的变化和观念的更新而不断推陈出新。国家除原则上对各等级的服饰作出大体规定外，很难对每一种服饰作出具体要求。为了维护服饰的等级差别，政府往往对服饰提出某些限制规定。宋朝除服饰颜色外，对民间服饰未作具体规定，但常发出禁令。西夏也如此。如《天盛律令》对西夏官员、僧道、民庶的服饰有严格的限制，特别是皇帝专用的衣服颜色、特殊的装饰花样和贵重饰物的使用等方面有明确规定：

节亲主、诸大小官员、僧人、道士等一律敕禁男女穿戴乌足黄（石黄）、乌足

---

① 克恰诺夫、李范文、罗矛昆《圣立义海研究》第 48 页。该书将目录中的"服"多误译为"藏"。
② 史金波、聂鸿音、白滨译注《天盛改旧新定律令》第一二"内宫待命等头项门"第 430 页。

赤（石红）、杏黄、绣花饰金、有日月，及原已纺织中有一色花身，有日月的，及杂色等上有一团身龙，官民女人冠子上插以真金之凤凰、龙样一齐使用。倘若违律时，徒二年。①

对妇女的穿戴也有专项限制，比如鎏金、绣金线等服饰，只许节亲主、夫人、女、媳，宰相本人、夫人，及经略、内宫骑马、驸马妻子等穿，不允此外人穿。若违反法律，物品要交官，举报者赏五缗钱，并由穿戴者出给。西夏法典还规定：

> 诸人不许服丧服、披发、头中有白、冬冠凉笠入于内宫，及互相礼拜等。违律时有官罚马一，庶人十三杖。②

这种规定是在针对皇宫内那些穿戴违反常规、有碍观瞻服饰而言的。

因宫廷、政府官员的需要，特别是军队的需要，在一定条件下，服装已经成了战略物资。因此西夏政府对服装特别重视，政府除设织绢院外，还有衣服库，皮毛库，绫罗库。③ 这些是专门储存和发放衣物及布料的库藏。从《天盛律令》可知西夏内宫中有"裁量匠"，大概是西夏皇宫御用的裁缝工匠。④

---

① 史金波、聂鸿音、白滨译注《天盛改旧新定律令》第七"敕禁门"第282页。
② 史金波、聂鸿音、白滨译注《天盛改旧新定律令》第一二"内宫待命等头项门"第435页。
③ 史金波、聂鸿音、白滨译注《天盛改旧新定律令》第七"库局分转派门"第531—532页。
④ 史金波、聂鸿音、白滨译注《天盛改旧新定律令》第一二"内宫待命等头项门"第427页。

第二节　服制形式和穿着方法

作为以党项族为主体的多民族王朝，西夏服饰制度也反映了少数民族的文化特色。西夏在政治、经济、文化方面多受中原地区的影响，在服饰制度上也表现出中原王朝的风格。

除西夏文类书《圣立义海》目录中有"皇太后、皇帝法服、皇后法服、太子法服、嫔妃法服、官宰法服、朝服、便服、常服……"等类别外，西夏文《三才杂字》在"男服"项下有"衣服、衣着、冠戴、斗篷、围裙、袄子、汗衫、腰带、皮裘、围巾、朝帽、法服、紧衣、发冠、围腰、珂贝、裹脚、褐衫、旋襕、毡毯、袍子、衬衣"。西夏汉文《杂字》的"衣物部"中有关衣服记载更详，其中有：公服、披袄、旋襕、袄子、裯心、裯子、掩心、汗衫、衬衣、毡裤、腰绳、束带、皂衫、手帕、罗衫、禅衣、绰绣、大袖、袈袋、绣裤、绣袪、宽裤、窄裤、袈裟、袜头、丝鞋、朝靴、木履、草履、袜勒、披毡、睡袄、征袍、三祜、褐衫、毡袜、毡袄等。这些有贵族、官员的服饰，如朝帽、法服、公服、朝靴等，也有一般平民的穿戴。其他西夏文献中还有"紫服"、"锦服"、"锦袍"、"冠冕"、"朝靴"等与官员、帝王服饰有关的词语。《碎金》记载："绫罗锦褐裹，召工裁画缝。袄自短小合，裙裤长宽宜。兜肚围胸肋，鞋袜套脚胫。寒裘皮□□，雨披毯褐衫。棉麻线袋细，毛毡褐囊粗。"这里描写了西夏部分服饰的特点和穿着方法。

一、皇帝和后妃的服饰

在《西夏译经图》下方前坐两人，右面一人为西夏皇帝，旁边西夏文题款为"子明盛皇帝"，即西夏第三代皇帝惠宗秉常，另一人为其母梁氏皇太后。惠宗头戴尖顶圆花冠，内穿圆领内衣，外套交领绣花宽袖大衣，腰系大带、革带，显出富贵、华丽、稳

图42 《西夏译经图》中惠宗皇帝服饰

图43 《西夏译经图》中梁太后服饰

重的气派。① 此图是西夏皇帝和皇太后亲临翻译佛经译场的情景,皇帝的衣着应是正式而隆重场合的服装,是皇帝法服的样式。

在敦煌莫高窟第409窟东壁门南有一高大男供养人,后有侍从持御用华盖、翠扇等物,此男供养人应为西夏帝王形象。《天盛律令》规定:"官家(皇帝)来至奏殿上,执伞者当依时执伞,细心为之。"② 伞即华盖,可见,西夏法典规定皇帝有华盖,与此图同。此皇帝形象身穿圆领窄袖袍,上绣大型团龙。西夏法典规定绣团龙图案也是皇室的专利。袍两侧开衩,腰束革带,上悬多种饰物。前有一童子,除袍上无团龙绣花外,服饰与前者相同,可能为皇子。此帝王服饰与史载元昊好穿窄衫、戴毡冠的装束有相似之处,但与《西夏译经图》中的西夏皇帝相比,服饰显然为两类,此图所示皇帝服饰特点华丽高贵。团龙袍可能为西夏绣院制作。《天盛律令》中记有绣院,下有绣线库,对所藏绣线的消耗有明确规定。③ 绣院应是专为官家、皇室刺绣的场所。在汉文本《杂字》的"司分部"中也记有"绣院"。

黑水城出土的一幅人物绘画,众人拥簇中央一位身体伟岸的尊者,尊者有王者风范,戴直角高金冠,身穿圆领窄袖红里白长袍,无花饰,腰束有团花图案的带,足蹬靴。两旁有武将和后妃,后有侍者。前置金银珠宝和象征权力的犬。据俄罗斯专家研究认为这是《西夏皇帝及随员图》,并认为中间的尊者是元昊的画像。④ 图中主像合乎

---

① 史金波《〈西夏译经图〉解》,《文献》(第一辑),书目文献出版社1979年12月。
② 史金波、聂鸿音、白滨译注《天盛改旧新定律令》第一二"内宫待命等头项门"第430页。
③ 史金波、聂鸿音、白滨译注《天盛改旧新定律令》第一七"物离库门"第548—549页。
④ [俄]萨玛秀克《西夏艺术作品中的肖像研究及史实》,《国家图书馆学刊》2002年西夏研究专号。

图44 莫高窟409窟壁画中皇帝的服饰

图45 笔者1964年考察莫高窟第409窟

图46 黑水城出土《西夏皇帝及随员图》

图47 莫高窟409窟壁画中后妃服饰

元昊"衣白窄衫"的特点,威严庄重中显示出简朴,这种装束应是西夏皇帝的便服。

以上三种西夏帝王服装,可能是皇帝在不同场合的服装,说明西夏皇帝的服装也具有多样性。上述《天盛律令》规定官员、僧道等一律敕禁男女穿戴乌足黄、乌足赤、杏黄、绣花饰金、有日月、团龙、金凤等颜色和样式,表现出西夏皇帝及皇室其他成员的服饰特点,突显出皇帝至高无上的地位。

关于皇后服装，汉文史料中宋代曾巩所作《隆平集》中提到，元昊妻野利氏"戴金起云冠"。这种过于简单的记载不足以全面说明西夏皇后的服制。因此还要借助于留存的形象资料。在《西夏译经图》中有皇太后，即西夏第三代皇帝秉常的母亲梁氏的画像，旁边西夏文题款为"母梁氏皇太后"，她头戴凤冠，上穿交领宽袖衫，下系裙，前似有蔽膝，垂绶并有佩饰，外穿宽袖大衣，显得威严端庄。这应是皇太后的法服。①（见图43）

西夏上层女子另一种服饰受回鹘影响较大。如莫高窟409窟东壁门北的两个西夏王妃供养像，其样式为翻领窄袖长袍。翻领很大，袍长垂地，翻领、袖口、袍边均有花饰，最为华丽，是少数民族贵族妇女服饰的代表。

黑水城出土的《西夏皇帝及随员图》，在中间尊者皇帝的画像左边是一位身穿白色服装的女眷，其服饰带有中亚地区的特色，据专家考证是皇帝的后妃。②

二、贵族、官员及其眷属的服饰

图48 坛城木板画中的贵族供养人

宋朝文献中有关于西夏使臣服饰的记载，这应是西夏使宋官员的真实记录。宋代文献记载西夏大使、副使"皆金冠短小样制，服绯窄袍，金蹀躞。吊敦皆叉手展拜"。③西夏使节应是文官之列，他们的服装也具有戴金冠、衣着瘦窄的特点。西夏帝王和官员服装瘦窄与宋朝的宽袍大袖形成鲜明对比。这些都是元昊称帝向宋朝所上表章中说的"改大汉衣冠"的结果。

有关西夏的绘画留下了很多西夏官员及眷属服装的形象资料。《西夏译经图》上有主译、助译僧俗官员17人。其中坐在后排的世俗官员8人中有7人着圆领衫，只有一人穿交领衫。

黑水城出土的一幅高僧像的下部左右两角分别有男女供养人，男头戴金花冠，身穿艳丽的红袍，腰系带垂于地，并有护髀，双手合十。据此穿戴应是一位

---

① 史金波《〈西夏译经图〉解》，徐庄《丰富多彩的西夏服饰》，《宁夏画报》1997年第3、4、5期。
② ［俄］萨玛秀克《西夏艺术作品中的肖像研究及史实》。
③ 《东京梦华录》卷六《元旦朝会》。

高官，另一身女供养人应是其妻子。此图带有明显的藏传佛教色彩，而高僧可能是帝师或国师。①

黑水城出土的汉文《高王观世音经》经图中观世音像前有男、女两供养人，男为一官员形象，头戴略带尖顶的花冠，身穿圆领长袍，袖口适中，腰系裙，花束带在前下垂，手持香炉，一副虔诚而不俗的神态。②

黑水城出土的唐卡和木板画中还有几幅有西夏的供养人，这些都应是西夏贵族的身份。其中男性供养人：如一幅阿弥陀佛来迎图左下角的男供养人外穿圆领长袍，从领口可见内有衬衣或袍，腰束带。一方佛顶尊胜曼荼罗坛城木板画右下角男供养人也是外穿圆领绿色长袍，腰束带。像前有西夏文人名题款："发愿者耶和松柏山"。耶和是党项姓，可知是党项贵族的服装。③黑水城出土一幅摩利支图像下有一男供养人在褐衫外还披了一件大衣，可能是西夏史料中提到的"披袄"。

榆林窟第29窟绘制了众多西夏供养人，保存了多种西夏人物服饰形象，其中以武官为主。供养人中有三身武官供养像，他们是沙州和瓜州监军司高级官员，头戴云镂冠，垂结绶，身着窄袖圆领紫袍，下摆有褶皱。第一二身腰围有带宽边的绣护髀，护髀连接有宽带束在腹前，并下垂与袍齐，腰束带，足穿黑鞾。第三身戴黑冠，无云镂装饰，穿窄袖圆领袍，腰无护髀。④这些形象的描绘和史书上的文字记载基本是吻合的，既有少数民族特色，也显示出中原王朝服饰风格。如绣护髀就是宋代将帅士卒普遍采用的服饰，西夏武官围绣护髀的习俗，可以说是受宋代服饰的影响。

西夏男侍形象资料较多，常在贵族、官员左右。上述榆林窟第29窟武官后，有侍从三人，三人服饰则略有不同。前二人中一人穿窄袖缺胯衫，裤腿束在绑腿中，一侧身者穿长袖上衣，着小口窄裤。

图49 榆林窟29窟西夏壁画中的武官供养人像服饰

---

① ［俄］米开罗·皮欧特洛夫斯基编《丝路上消失的王国——西夏黑水城的佛教艺术》第239页。
② 史金波、魏同贤、克恰诺夫主编《俄藏黑水城文献》第三册第36页。
③ ［俄］米开罗·皮欧特洛夫斯基编《丝路上消失的王国——西夏黑水城的佛教艺术》第180—181、142、144页。
④ 敦煌研究院编敦煌研究院《中国石窟·安西榆林窟》第116—119图。

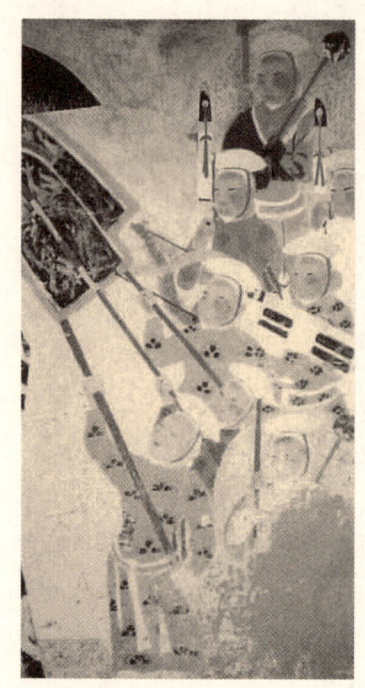

图50 莫高窟409窟西夏皇帝供养像后的侍者服饰

二人穿麻鞋,腰束带布,为杂役。后立一人穿圆领长袍,穿黑靴,腰束带,似文侍,再现了西夏童仆的衣着。前述莫高窟409窟西夏皇帝供养像后有侍者八人,头戴上大下小似扇面形的毡冠,有冠缨结于领下,着交领或圆领窄袖花衫,有的腰束蹀躞带,下穿大口裤,脚蹬长靿毡靴。在《西夏译经图》上,西夏皇帝身后站立的三男侍,戴朝天幞头,身穿圆领窄袖衫,与宋代宫廷侍从服饰相似。

黑水城附近达兰库布镇东南的古庙中出土的西夏彩塑像中,男供养像外披大衣,下着长裙,中年人内着交领衫,老年人有披巾下垂结联于腹上。女供养人外披宽博通肩大衣,上身穿内衣,胸前璎珞挽结,腰系花带,下着长裙,飘带下垂,色彩艳丽。这里的泥塑人像服装与洞窟壁画的供养像有很大差别,是很值得研究的现象。①

关于西夏贵族妇女的服饰,汉文文献缺乏记载。黑水城出土的汉文《高王观世音经》前经图中的女供养人属贵妇之类,头梳高髻,身穿交领窄袖花袍,高开衩,双手合十。榆林窟29窟女供养人服饰代表了西夏晚期贵族妇女的装束。她们是瓜州监军司的眷属,监军司属中等司,按规定已具备冠带的资格。女供养人头戴花钗金钱冠,衣右衽交领窄袖绣花袍,开衩很高,领口、袖口、袍边均有花边;内着百褶裙,足穿圆口尖钩履,显示出雍容华贵、挺拔健美的姿态。其衣服颜色各异,花样不等,展示出西夏贵族妇女衣着的绚丽多姿、丰富多彩。②从敦煌西夏壁画女供养人服饰看,也反映出宋朝贵妇人服饰的某些

图51 黑水城附近古庙中的西夏彩塑像

---

① 盖山林《绚丽多彩的艺术奇葩——记额济纳旗西夏彩塑》,《内蒙古文物考古》1981年创刊号。
② 敦煌研究院《中国石窟·安西榆林窟》第120—121图。

影响。宋朝妇女也着交领或圆领窄袖袍，西夏贵族妇女的服装与之有相似之处，但多数上穿襦或衫，下系裙。

黑水城出土唐卡和木板画中也有女供养人，也都是西夏贵族的身份。如一幅《阿弥陀佛来迎图》左下角的女供养人外穿交领窄袖长袍，高开衩，头梳高髻，戴高花冠。《观音菩萨图》中右下角的两身女供养人，皆外穿红色交领窄袖花长袍，高开衩，从开衩和下摆可见内套花袍，头梳高髻，戴高花冠，体貌丰盈。两人前各有汉字榜题："白氏桃花"、"新妇高氏焚香"。可知二贵妇人一为白氏，一为高氏。另一幅《阿弥陀佛来迎图》左下角的女供养人和佛顶尊胜曼荼罗木板画右下角女供养人服饰，略同于前《阿弥陀佛来迎图》左下角的女供养人。① 这几种女性服装与敦煌壁画中的贵族妇女服饰十分接近，都是交领窄袖花长袍，高开衩，只是没有百褶裙。

图52 榆林窟29西夏贵妇人供养人像

图53 阿弥陀佛来迎图中的贵族供养人像

西夏石窟中的塑像衣着可能更形象、立体地表现出西夏服饰的特点，可惜保留下来的西夏塑像不多。莫高窟491窟身着袿衣、脚穿尖头鞋的供养人像，显示出贵族妇女的装束。黑水城附近达兰库布镇古庙中出土的西夏彩塑像中，一身女塑像身披通肩大衣，袖口宽博，上身穿华丽的内衣，下着长裙，裙外垂带，与西夏壁画女供养像的服饰不同。

图54 莫高窟491窟彩塑女供养人

莫高窟148窟两身女供养人也是西夏贵族女子服饰。左面一人

---

① [俄]米开罗·皮欧特洛夫斯基编《丝路上消失的王国——西夏黑水城的佛教艺术》，第180—181、206—207、189、143—145页。

穿圆领内衣,外穿翻领对襟窄袖袍;右面一人穿圆领花袍,与新疆伯孜克里克石窟壁画中的回鹘公主服饰相似,表明西夏女子服饰受回鹘影响较大。

武威西郊林场西夏墓中出土的彩绘木板画中有五侍女图,其中侍女皆穿长袍,多为大襟交领,开衩很高,似内着长衫,虽绘制粗糙,但仍可看出她们既不同于贵族又有别于一般平民的服制。①

图55 彩绘木板画中的五仕女图

西夏贵族衣服质料较平民为优,《天盛律令》规定,官员升赏要赏锦帛、银和茶等:

> 次等官升一级,赏大锦一匹,十五两银,茶绢十;中等官升一级,赏大锦一匹,十两银,三段绢,四坨茶;下等官升一级,赏杂花锦一匹,七两银,三坨茶,二段绢;末等官升一级,赏紧丝一匹,五两银,茶绢二。②

可见当时政府赏赐官员的服饰质料是大锦、花锦、紧丝、绢之类,是较好的衣料。西夏不仅每年从宋朝得到大量赐绢,自己也有织绢院织造纺织品。仁宗仁孝曾经于人庆元年(1144年)献给宋高宗一批礼物,其中有"珠一囊,金带一,衣七对,绫罗纱五百匹,马百匹"。③ 西夏贡献衣、绫罗纱给纺织技术高超、纺织品质量精良的宋朝,说明西夏的高档衣服和纺织品的制作也有很高水平。

---

① 陈炳应《西夏文物研究》第314—323页,宁夏人民出版社1985年版。
② 史金波、聂鸿音、白滨译注《天盛改旧新定律令》第一〇"续转赏门"第349页。
③ (清)吴广成《西夏书事》卷三五。

三、平民的服饰

《宋史·夏国传》载西夏元昊时期"民庶青绿,以别贵贱"。这里只是从颜色上为民庶的服装作一个大致的界定,至于平民服制的具体情况则未能涉及。西夏史料中提到党项人初期"服裘褐"及"褐衫"、"褐布"等,这种衣料在西夏统治者"衣锦绮"时,仍是下层贫民的主要穿着衣料。

在现实社会生活中平民的服饰是多种多样、丰富多彩的。榆林窟第3窟东壁五十一面千手观音变中有8幅两两对称的西夏生产图,形象而真实地反映出西夏普通劳动者的服饰。在《犁耕图》中扶犁农夫穿交领大襟短衣褐襦,左手扬鞭,卷袖,下穿窄裤,卷裤口,头扎白头巾,足穿麻鞋,穿着俭朴,便于在田地中操犁行走。在《踏碓图》中踏碓人身着交领大襟短衫,腰束带,下着窄裤,卷裤口,头扎黑头巾,足穿麻鞋,穿着也朴实方便。《锻铁图》中有三男子,其中两锻铁者站立,皆着短褐襦,腰系带,一人上衣深色,袒左臂膀,一人着浅色上衣,两人下身穿裤,束行縢(绑腿),足穿麻鞋;另一人坐操风箱,着较宽大上衣,袒露左臂,下穿窄裤,卷裤口,足穿麻鞋。三人皆扎头巾。绘画者深谙社会生活,了解劳动习俗。因锻铁者来回走动,砧板上火星四溅,打绑腿为宜,操风箱者坐姿工作,又远离砧板不必打绑腿。在《酿酒图》中一在灶前添薪的妇人蹲于地上,外穿浅色长袍,袍下摆拖地,为添柴方便,左臂卷

图56 《犁耕图》中扶犁农夫服饰

图57 《踏碓图》中踏碓人的服饰

图 58 《锻铁图》中锻铁匠的服饰

袖,下着裙裤;另一妇人穿深色对襟大领长袍,内着褐衣,似在品酒。① 这些普通劳作者的服装各具不同特色,不仅男女有别,不同工种的人服装穿着方法也有不同,如锻工袒露臂膀,裹打绑腿,而扶犁者卷袖。其服装又有共同的特点:服装质料一般,从衣纹褶皱情况看,只是褐布而已;颜色简单,一件衣服为一种颜色,或深或浅;装饰简单,几乎无佩饰。平民服装制作简单,短衣既节省衣料,又便于劳作,修短合度,穿着随意,朴实无华。

榆林窟第 2 窟东壁中间有西夏时代绘画的《商人遇盗图》可以作为当时服饰资料的参考。该图描写两个商人在途中遭遇手持刀剑的强盗,商人戴幞头,穿圆领长袍,强盗头裹青巾,上身披软甲,外罩长袍,前襟以腰带扎起。人物形象似为汉人,十分生动。②

榆林窟西夏洞窟第 3 窟五十一面千手观音变《踏碓图》右部有一圆台,台上三人各立一方板作舞蹈状,似在表演杂技。三人皆紧身短衣,腰系带,下垂近地,着短裤,穿麻鞋。这种装束简约利落,便于表演。③

前述黑水城出土一幅绘有《水月观音图》画下方

图 59 《酿酒图》中的妇女服饰

---

① 史金波、白滨、吴锋云《西夏文物》图 37、38、39、40。
② 敦煌研究院《中国石窟·安西榆林窟》第 133 图。
③ 敦煌研究院《中国石窟·安西榆林窟》第 147 图。

有四个乐舞者形象，乐舞人也属西夏平民范围。他们皆穿紧身短上衣，窄袖缩口，紧腰或束带，着宽裤，足穿半高腰黑靴，裤脚塞入靴筒。①这种装束适宜舞蹈、弹奏。西夏平民也有着宽袖袍的，如西夏乐舞中的老者及《观音经》图中的一些人物。

可见西夏平民的男子多穿交领或圆领窄袖短衫，下着裤，有的裤腿装入靴筒，有的裹绑腿，有的卷起裤腿，脚蹬靴、麻鞋。以上服饰与当时中原王朝平民服饰相似。

前述黑水城出土的西夏文《鲜卑国师劝世集》，左下角跪六人，前刻西夏文字"听法众"，皆为平民形象。其中男人衣服均内穿圆领衫，外为长袍，有宽袖，有窄袖，前面可见者腰束带，装束朴素简约。②

女子的平民装束比起贵族妇女来要素净、朴实得多。榆林窟西夏《酿酒图》中的两女子表现出平民妇女的装束。

西夏的服饰中麻是重要原料，平民穿麻织品较多。《掌中珠》中已经列入棉花（白叠），说明西夏人已使用棉花为服装原料。其中所列袄子、汗衫、布衫、衬衣或许是棉制品。

四、僧人的服饰

西夏僧人中的国师是西夏的高僧。《西夏译经图》正中上方高坐着主持译经的安全国师白智光，他身着右衽交领短袖花袍，外左肩斜披袈裟，袒右小臂，跏趺而坐。

在榆林窟第29窟前壁东侧西夏男供养人以国师为首，国师在床上坐方形须弥座，头戴山形冠，也是内穿右衽交领短袖衫袍，领襟和袖口有宽边，外左肩斜披袈裟，袒右小臂，跏趺而坐，旁有西夏文题款，译为"真义国师西壁智海"，西壁也即"鲜卑"，是西夏番姓之一。国师后有侍者持伞盖，显示出类似帝王的尊贵地位。

黑水城出土《鲜卑国师说法图》，国师跏趺而坐，头戴云纹饰山形冠，也是内穿交领衫袍，外左肩斜披百纳袈裟。国师后有短须秃发侍者持伞盖。左站立一僧人穿宽袖交领袈裟，双手合十；右站立一僧人也穿宽袖交领袈裟，双手似捧物。同一图中反映出西夏上层僧人和普通僧人服饰的差别。

图60 《西夏译经图》中安全国师白智光像

---

① ［俄］米开罗·皮欧特洛夫斯基编《丝路上消失的王国——西夏黑水城的佛教艺术》第199页。
② 俄罗斯科学院东方文献研究所手稿部黑水城出土文献 Инв.No.3706、2538。

图61 榆林窟29窟真义国师鲜卑智海像

《西夏译经图》正中国师白智光两旁有8名助译僧人，其穿着和国师白智光基本相同，只是交领短袖袍皆为素衫，无花。他们当中有党项人，有汉人。世俗人中不同民族服饰可能各有特点，而僧人服饰的差别就不显著了。

黑水城出土《不动明王图》底部两角各有一高僧跏趺坐像，左边僧人戴山形冠，内穿黄色交领短袖长袍，外左肩斜披袈裟，袒右小臂，腰束带，形象同榆林窟第29窟鲜卑国师像。右边僧人也戴山形冠，但只穿黄色交领长袍。①

黑水城出土的一幅上师像带有明显的藏传佛教色彩。高僧为坐像，成金刚坐法，身着交领黄色内衣，套紫棕色长袍，外再披橘红色斗篷，有浓密的短髭。② 此高僧的服装与上述几种僧人有明显的差别，这可能是藏传佛教僧衣的一种。

图62 黑水城出土《鲜卑国师说法图》

---

① ［俄］米开罗·皮欧特洛夫斯基编《丝路上消失的王国——西夏黑水城的佛教艺术》第173页。
② ［俄］米开罗·皮欧特洛夫斯基编《丝路上消失的王国——西夏黑水城的佛教艺术》第239页。

黑水城出土的西夏刻本《阿弥陀佛来迎图》，被接引的弟子为一僧人，内穿圆领衣衫，外着交领僧衣，下部露出了里面拖至鞋面的长衫。上有汉文榜题"弟子高玄悟"。①

在榆林窟第29窟前壁西侧为女供养人，分上下两列，前为女尼引导。上列僧人图像被烟熏黑，下列前导女尼内着左衽大袖绿色长袖花锦袍，外左肩斜披袈裟，右肩露长袖花锦袍。旁有西夏文题款，译文为："出家僧人庵梵亦一心供养。"看来女尼与男僧僧服的区别之一是内穿袍是长袖。

《天盛律令》中对僧人的服装，特别是服装的颜色也有严格限制，规定："僧人中住家者服装依另体穿法：袈裟、裙等当是黄色。出家者袈裟等当为黄色，大小不是一种黄，当按另外颜色穿。若违律穿纯黄衣时，依律实行。"②

图63　黑水城出土上师像

看来虽然僧人应穿黄色僧衣，但穿纯黄色衣服就违犯了禁律。纯黄色衣服应是上述禁官民、僧道穿的鸟足黄（石黄）之列。

总之，从西夏的服饰看，上层注重等级和美观，对服饰的潮流影响很大，下层更注重实用，成本低廉，便于生活劳作。

---

① 史金波、魏同贤、克恰诺夫主编《俄藏黑水城文献》第四册第305页。
② 史金波、聂鸿音、白滨译注《天盛改旧新定律令》第七"敕禁门"第282页。

【第三节　发式、冠饰与鞋袜】

人的发式和冠戴虽不是服饰的主要部分，但往往是重要和显著部分，有时会更突出地反映出时代和民族特征。

一、西夏男子的秃发和披发

元昊为了突出党项民族的特点，在他正式立国称帝的前六年，即显道元年（1032年），一改银州、夏州诸羌的旧俗，"先自秃发，及令国人皆秃发，三日不从，许众共杀之"。[①] 于是在西夏普遍推行了秃发的风俗。元昊实行秃发并不是像有的进入中原的北方少数民族那样，原来本民族已有秃发习俗，然后强令被占领地区的汉族实行与他们一样的秃发习俗，而是在没有秃发习俗的党项民族中，效法鲜卑系民族的秃发（髡）的习俗，命令包括王族在内的国人都改行秃发。这一举动一方面是元昊为了攀附元魏帝王门第，为日后称帝做准备。另一方面变化发式是元昊自立自尊的一种表现形式。元昊为了突出表现不同于汉族习俗作出了改变男子发式的重大决策，这既是当时西夏和宋朝关系紧张的反映，也是元昊准备正式立国称帝在习俗上所作的铺垫。秃发在西夏社会中成了最重要的习俗之一。

史料中无西夏秃发具体形式的记载，在留存于世的西夏形象资料中，可以发现一些男子秃发的例证。然而现在所能见到的有限图像中，西夏皇帝和男性贵族往往是戴冠的，因此难以见到其秃发形象。西夏的秃发形象多见于不戴冠的下层人物中。

已见到的形象资料中，秃发的样式是剃去顶发而留边发。西夏侍从形象资料较多，上述榆林窟第29窟戴冠的武官后，有侍从三人，其中有两人无头饰，显现出明显的秃

---

① 《续资治通鉴长编》卷一一五，仁宗景祐元年（1034年）十月丁卯条。

发形象，从图中可知其一种秃发样式为将头顶及后脑头发剃去，仅留前发如刘海垂额前，两鬓各有一绺头发于耳旁。第二身、第三身武官之间有一小童子像未戴冠，也是这种秃发形式，此小童据榜题知是官员之孙，可以佐证贵族也是按规定秃发。

中国国家图书馆藏有黑水城出土的写本《大般若波罗蜜多经》卷第三十四前有"如来说般若图"，图中如来跏趺高坐正中，下方跪一听法弟子面朝如来，我们只能见到他的背面。其头部两侧留发，顶部露出额发，头顶和脑后秃发。这一形象从头后部清晰地展示了西夏秃发形式。

图64　榆林窟29窟侍从发式

黑水城出土的一幅密宗曼荼罗西夏木板画左下角有一男供养人，前有西夏文墨书题记"发愿者耶和松柏山"，头顶髡发，额上留发，两侧留发，鬓发一绺头发垂于耳前。这证实党项男子的秃发习俗。①（见图50）

黑水城出土的《鲜卑国师说法图》中左下角跪六人，前刻西夏文字"听法众"，知皆为平民形象。前面一人披发，可能西夏的秃发规定只限于党项人，此人应不是党项人。另三男人戴冠，不知是否秃发。余一人无冠、巾，为秃发，头左露边发，额头无发。②证明西夏平民秃发者也是中间秃顶，留边发。

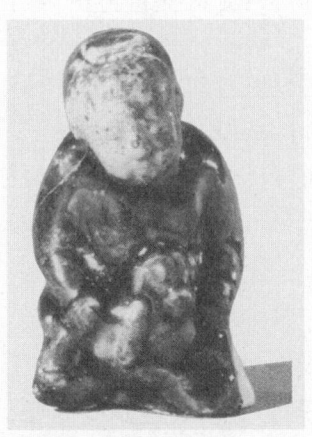

图65　宁夏灵武瓷窑堡出土秃发瓷人像

黑水城出土的两幅绘有阿弥陀佛接引图的西夏卷轴画，左下角有男供养人，似乎都是这种发式。但因其顶发情况看不清楚，也可能是一种披发的发式。

敦煌莫高窟245窟西壁南侧下部有一西夏男供养人似也是秃发形象。敦煌及黑水城出土的图解本西夏文《观音经》插图中也有两个秃发男子形象，不大清楚，似也是这种样式。

宁夏灵武瓷窑堡西夏窑址出土有37件瓷人像，有秃发人塑像、髻发人塑像、戴风帽人塑像、力士塑像，其中秃发形象最多，有27件。

文献记载，宋元符二年（1099年）有西夏人降宋者，其装束为"剃发，穿耳，戴环"，从另一个侧面反映了西夏男人的头饰。③

---

① 史金波、白滨、吴锋云《西夏文物》图85。
② 俄罗斯科学院东方文献研究所手稿部藏黑水城出土文献 Инв.No.3706、2538。
③ 《续资治通鉴长编》卷一一五，仁宗景祐元年（1034年）十月丁卯条。

西夏男子除秃发外,还有披发和辫发的。如黑水城出土的两幅唐卡,一幅绘火星神像的左下角有一男供养人,两绺鬓发垂后,余发似结辫垂后。另一幅绘有摩利支的图像左下角一男供养人似也辫发。另武威西郊林场西夏墓出土的木板画中有一驭马图。图中驭马人披短发,两鬓头发如飞鸟状。

前述武威西郊林场西夏墓中出土的本板画上有五男侍图,五人发式均为披发,两鬓头发作飞鸟状。党项、吐蕃等少数民族原来均有披发习俗。西夏统治的河西走廊一带有很多吐蕃人。因此,这些男侍可能是吐蕃人或党项人。另火葬墓还出土有童侍像的木板画,其中童子服饰与汉族相同,头梳双鬟、单鬟髻,身穿交领衫,腰束带。

从以上多个平民、侍从形象来看,秃发、披发等发式具有浓厚的民族特色。

二、发式、冠饰和佩饰

（一）皇帝和皇后的冠饰

元昊继位后改革服饰制度,其冠戴是"毡冠红里,冠顶后垂红结绶"。[①] 黑水城出土的西夏皇帝画像,戴直角高冠,就属另外一种类型。

《西夏译经图》中西夏惠宗秉常头戴尖顶冠,冠上镂刻着华丽的花纹,这可能是西夏皇帝特有的冠饰。在敦煌莫高窟第409窟东壁门南的男供养人帝王形象,头戴白毡尖顶高冠,冠缨结于颌下。西夏皇帝的冠饰已见多种样式。

《隆平集》中提到,元昊妻野利氏"戴金起云冠"。[②] 这只是西夏皇后冠饰的一种。《西夏译经图》中有皇太后,即西夏第三代皇帝秉常的母亲梁氏的画像,头戴凤冠。

另有近似于回鹘女子冠饰的。如莫高窟409窟东壁门北的两个西夏王妃供养像,均头梳高髻,戴镂刻朵云纹、凤凰纹的金属片冠饰,以鬓发拢掩两侧,两鬓插满簪钗和其他饰物,耳环、耳坠直垂双肩。

（二）贵族发式和冠饰

《西夏译经图》助译僧俗官员坐在后排的世俗官员8人均戴一种略带尖顶的冠,顶上似有饰物,冠上有图案花纹。此种冠饰与同一图中的皇帝冠相近,只是显得低矮,欠华丽。

黑水城出土的汉文《高王观世音经》前的经图中观世音像前有男、女两供养人,男人为一官员形象,头戴略带尖顶的花冠,装饰华丽;女人头梳高髻,间插饰品。

---

① 《宋史》卷四八五《夏国传》(上)。
② (宋)曾巩《隆平集》卷二〇。

敦煌出土的西夏文《妙法莲华经观世音菩萨普门品》插图画中有五六个官员模样的人物，或许反映出西夏官员的头饰。他们戴宋代流行的直脚幞头，其特点是后面两脚向左右伸展，形如直尺。

甘肃武威西郊林场西夏墓出土的木板画上，有一个穿便服的官员图像，戴东坡巾，又称高桶帽，据考证为墓主人西经略司都案刘德仁。[①]都案是管理文书的官员。此人应是汉人。

西夏番、汉官员各有不同的服饰。《天盛律令》规定："汉臣僚当戴汉式头巾。违律不戴汉式时，有官罚马一，庶人十三杖。"[②]汉族官员必须戴汉式头巾，意味着西夏统治者有意保留番、汉不同的冠戴风习。

关于西夏女人的发式和冠饰记载很少。元人马祖常作《河西歌》中说："贺兰山下河西地，女郎十八梳高髻。"[③]梳高髻应是西夏妇女的发式特点。

西夏贵族女子确实大多梳高髻，并戴各种冠饰。《天盛律令》规定服饰敕禁时提到"官民女人冠子"[④]，《掌中珠》也有"冠子"一词。在西夏绘画中有很多妇女戴冠子的形象。如瓜州榆林窟29窟南壁西侧上层有三身女供养人像，皆梳高髻，戴一种莲蕾形冠。据题记可知为上述西夏沙州监军司官员的家眷。这种冠分四瓣，沿边有金饰，冠侧有饰物。

黑水城出土的四幅佛画中，有西夏女供养人，这些都应是西夏贵族的身份。如两幅《阿弥陀佛来迎图》左下角的女供养人、观音菩萨图中右下角的两个女供养人、《佛顶尊胜曼荼罗木板画》右下角

图66 榆林窟29窟女供养人冠式

女供养人。这些女供养人也戴类似的冠饰。西夏文《观音经》插图中也有一女子，似亦戴莲蕾形冠，用它把高髻网住固定起来。这些女子有的余发挽髻垂背，有的余发垂肩，大部戴耳环、耳坠。不论是冠还是饰物，都是西夏女子很有特色的装束。

有的贵族妇女戴毡冠。如榆林窟2窟一女供养人戴一桃形毡冠，并有簪钗、步摇等饰物，余发垂背。莫高窟第148窟两女供养人，左面一人戴如意形冠，右面一人戴

---

① 宁笃学、钟长发《甘肃武威西郊林场西夏墓清理简报》，《考古与文物》1980年3期。
② 史金波、聂鸿音、白滨译注《天盛改旧新定律令》第一二"内宫待命等头项门"第431页。
③ （元）马祖常《石田文集》卷五《河西歌》，中州古籍出版社1991年版。
④ 史金波、聂鸿音、白滨译注《天盛改旧新定律令》第七"敕禁门"第282页。

图 67　佛顶尊胜曼陀罗木板画中的女供养人

花冠，两绺鬓发垂胸前，余发披背，发上也插簪钗，戴耳环、耳坠。

以上大都为西夏贵族、官员家眷以及较富有人家女子的发式、冠饰。

西夏法律对

图 68　榆林窟 2 窟贵族妇女冠式

妇女冠饰也有限制。《天盛律令》规定一种称为"缅木"的冠饰，只允许次等司承旨、中等司正以上嫡妻子、女、媳等冠戴，此外不允冠戴。若违反法律，物品要交官，举报者赏五缗钱，当由穿戴者出给。①

（三）平民的发式和冠饰

西夏男子冠饰有多种。汉文本《杂字》中有：暖帽、头巾、掠子、幞头、帽子、冠子等。《掌中珠》所记冠冕、凉笠、暖帽、绵帽，西夏文《三才杂字》在"男服"项下有冠戴、围巾、朝帽、发冠。西夏的冠饰类型也很多。

形象资料中也有具少数民族特色的各式冠饰。敦煌莫高窟第 418 窟两男供养人头戴上大下小的扇面形毡冠，有冠缨结于颔下。再如前述《水月观音图》四个乐舞者中，有两人似戴圆形毡冠。又《观音经》插图中有戴三瓣莲花形毡冠者。其他则大多与中原王朝汉族冠饰相似，有戴各式幞头的、有裹巾的、有戴东坡帽、笠帽的。黑水城出土的《水月观音图》舞乐者中有一老者，也头戴东坡帽。在瓜州榆林窟第 3 窟内的《犁耕图》、《踏碓图》、《锻铁图》中有 5 个正在劳动的男子形象，他们均头裹皂巾，既经济、又方便，是劳动者身份象征。

西夏平民女子及侍女也大都梳高髻，但髻上无任何饰物，有的仅簪一朵花，如黑水城出土《摩利支图》右下角一妇人及武威西郊林场西夏墓出土的五女侍木版画上的前四名女侍即如此。最后一名女侍为披发。

西夏女子冠饰也有与中原王朝汉族相似的。如《观音经》插图中有几个女子梳髻戴花冠。榆林窟 3 窟《酿酒图》中两女子似为包髻。《西夏译经图》中皇太后身后的侍女，

---

① 史金波、聂鸿音、白滨译注《天盛改旧新定律令》第七"敕禁门"第 282 页。

则戴幞头,都与唐、宋女子冠饰、发式无异。

（四）僧人的冠饰

僧人是剃发的,所以很多僧人的图像都是光头剃发。如《西夏译经图》的主译人国师白智光、助译僧俗官员中坐在前排的8位僧人均为剃发。女尼也同样剃发,如西夏榆林窟29窟南壁西侧上层女供养人前的比丘尼像。

僧人也有僧帽,反映在画像上都是高僧身份。如榆林窟29南壁东侧上层的鲜卑国师,头戴棕色山形冠,冠上有金花装饰。在《鲜卑国师说法图》中,鲜卑国师头戴云纹饰山形冠。[1]在《不动明王图》底部两角各有一高僧座像,皆戴黄色山形冠。[2]这种山形冠可能是西夏高僧在正式场合特有的冠戴,是高僧地位的象征。高僧也可以不戴僧帽,如《西夏译经图》的国师白智光不戴僧帽。

三、饰物和化妆

西夏的男人和女人在身体某些部位或服装上配以小佩饰,不仅美化自己,也能显现出佩带者的地位和身份。

前述《宋史》记载西夏武官服饰中有"金涂银束带,垂蹀躞,佩解结锥、短刀、弓矢韣"。可见身上的佩饰不少,其中锥、刀和装弓矢的袋既是武官的实用品,又具有装饰作用。

佩饰和化妆虽然不是女人的专利,但女人对佩饰和化妆确实情有独钟。《掌中珠》记载了不少妇女佩饰词语,如：耳环、耳坠、脘钏、钗鐏、碧钿、珊瑚、琥珀、燕珠、琉璃、玛瑙、璎珞、数珠等。西夏文《碎金》记载："搅海寻珊瑚,选择串璎珞。钿珠玉耳环,钗鐏簪腕测。金银珍宝多,价高库进出。"[3]这反映了西夏的妇女佩饰也是很丰富的。西夏汉文本《杂字》的"衣物部"中有"合子、束子、钗子、鐏子、钏子、镜子、镊子……珍珠、璎珞、海蛤、碧钿、玛瑙、珊瑚、珞璜"。更见西夏饰物的多种多样。[4]榆林窟29窟每个女供养人的头上都插有簪钗。

西夏政府机构中有首饰院,属末等司。[5]这是专门制作首饰的机构,大约主要制作宫廷用高档首饰。该司依事设职,大人数不定。

内蒙古临河县高油房西夏城址出土有一对透雕纯金耳坠,长4.2厘米,正面有佛

---

[1] 俄罗斯科学院东方文献研究所手稿部黑水城出土文献 Инв.No.3706、2538。
[2] ［俄］米开罗·皮欧特洛夫斯基编《丝路上消失的王国——西夏黑水城的佛教艺术》第173页。
[3] 聂鸿音、史金波《西夏文本〈碎金〉研究》。
[4] 史金波《西夏汉文本〈杂字〉初探》。
[5] 史金波、聂鸿音、白滨译注《天盛改旧新定律令》第一〇"司序行文门"第364页。

像，呈结跏趺坐，双手合十，佛像两侧各站立一胁侍菩萨，上下两端有花朵，花蕊中心有孔，原装饰宝石已脱落，工艺水平很高。另有造型美观、工艺精巧的双鱼柱形金指剔。还有金质桃形饰件、条形饰片和金指剔，制作都很精细。西夏陵园也发现葡萄纹金饰、花瓣型金饰、鎏金银饰等，也是饰物中的精品。①

黑水城出土有一件项链，由打磨成橄榄状的宝石、珊瑚、玻璃珠，和黑白条纹的石珠护身符串联而成，明暗相间，色彩斑斓，有很强的装饰效果。②

前述宁夏闽宁村西夏墓4号墓出土多件正面鎏金、背面露银的带饰，

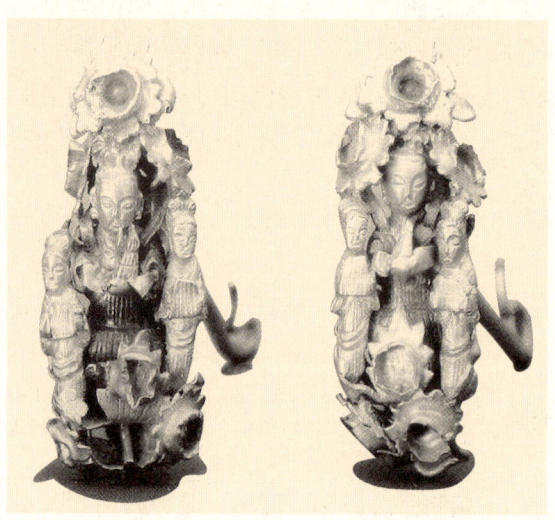

图69　内蒙古临河县西夏城址出土金耳坠

图70　内蒙古临河县西夏城址出土金指剔

正面用双模凸压中心对称的云头纹，背面两端中部各焊接一铜扣，有的带饰背内残留皮革，皮革表面还粘附有丝织物，它们有可能是死者衣物的皮带装饰品。③

图71　宁夏闽宁村西夏墓出土鎏金银戴饰

---

① 陆思贤、郑隆《内蒙古临河县高油房出土的西夏金器》，《文物》1987年11期。史金波、白滨、吴锋云《西夏文物》图205、207、209、210、211。
② ［俄］米开罗·皮欧特洛夫斯基编《丝路上消失的王国——西夏黑水城的佛教艺术》第253页。
③ 宁夏文物考古研究所编著《闽宁村西夏墓地》第37—38页，图版四，科学出版社2004年版。

西夏陵园 3 号陵出土一鎏金铜扣，系宽带扣件，有长方形带孔和另端穿孔，上套加扣梢，表面錾刻卷草纹，珍珠地纹，通体鎏金，工艺精细，美观华丽，是一件稀见的饰品。[①] 专家多认为 3 号陵为景宗的泰陵，或许此铜扣是元昊的遗物。[②]

图 72　西夏陵 3 号陵出土鎏金铜扣

图 73　1976 年笔者在宁夏西夏陵园考察

宁夏宏佛塔出土有麻毛混织的香袋，长 10 厘米，在黄色衬底上织出蓝色花卉图案，再缝制而成，有细绢捻制挂带，表现出很高的纺织技术和手工工艺。

《掌中珠》中有胭脂、粉等词，记载了妇女面部化妆品。在莫高窟、榆林窟和黑水城出土的西夏绘画中的女供养人，她们面部颜色是化了妆的。特别是黑水城出土的《观音菩萨图》中的两个女供养人白氏和高氏面部擦粉、颊上涂胭脂，清楚地表现出西夏妇女化妆的时尚。

西夏法典中对于佩饰也有所限制。《天盛律令》规定："诸大小官员、僧人、道士诸人等敕禁：不允有金

图 74　宏佛塔出土的香袋

---

① 汤晓芳主编《西夏艺术》第 171 页，宁夏人民出版社 2003 年版。
② 宁夏文物考古研究所、银川西夏陵区管理处《西夏三号陵——地面遗迹发掘报告》第 323—328 页，科学出版社 2007 年版。

刀、金剑、金枪，以金骑鞍全盖全口，并以真玉为骑鞍。"①这主要是为了禁止奢侈而采取的法律措施。仁宗时西夏上层出现侈靡之风，使阶级矛盾尖锐化，以至仁宗不得不于天盛十五年（1163年）下令禁奢侈。②

西夏成年男人可能有镊胡须的风俗。西夏谚语有"没有胡子拿镊子，肚子未大松腰带"的记载。③说明有胡子的成年人才可使用镊子拔胡子。至今西南地区与党项族有亲缘关系的羌系民族仍有成年男性拔胡须的习俗。

四、鞋袜

西夏地处西北，寒凉天气较多，鞋袜的实用性很强。西夏汉文本《杂字》的"衣物部"中有袜头、丝鞋、朝靴、木履、草履、袜靿、毡袜等。《掌中珠》中有靴、短靿、长靿、靴底、鞋袜等。西夏文《三才杂字》在"男服"项下有裹脚。应该说西夏的鞋袜在服饰中是不可或缺的，在所见到的西夏人物形象中包括下层劳作者、卖艺者都穿靴鞋，尚未见赤脚的。

《西夏皇帝及随员图》中皇帝穿黑帮浅靿靴，足尖装饰云勾图案。榆林窟29窟男供养人似穿黑皮靴，女供养人则穿尖口红鞋。黑水城附近达兰库布镇东南的古庙中出土的西夏彩塑像中，女供养人足蹬云头绣鞋。

黑水城出土的《水月观音图》中的舞乐图中4个西夏艺人都穿高靿靴，颜色各不相同，特别是从靴口可见袜筒露出，似以布作成。这是西夏人物形象资料中惟一可见的袜子。④

榆林窟29窟男供养人的两侍从穿麻鞋。榆林窟第3窟《犁耕图》中扶犁农夫和《踏碓图》中踏碓人足穿麻鞋，《锻铁图》中两打铁人束绑腿，足穿麻鞋，另一操风箱者足穿麻鞋。

武威缠山亥母洞出土鸟形鞋6件，其中1只长26.5厘米，宽5.5厘米，鞋形周正，蓝色，鞋底窄长，中间有一补丁。女性穿这样长的鞋，可见西夏妇女是天足。另有绣花童鞋5件，长14厘米，宽4.5厘米，其中两只刺绣华丽，色彩鲜艳，做工细致。其中一鞋鞋头作成鸟头形，鞋尖作成鸟嘴，作回首瞻望状，穿在脚上，人行走时如一对

---

① 史金波、聂鸿音、白滨译注《天盛改旧新定律令》第七"敕禁门"第282页。
② 《宋史》卷四八十《夏国传》（下）。
③ 陈炳应《西夏谚语——新集锦成对谚语》第12页。
④ ［俄］米开罗·皮欧特洛夫斯基编《丝路上消失的王国——西夏黑水城的佛教艺术》第173页。

鸳鸯，忽前忽后，似鸳鸯戏水，造型美观，很具特色。① 另前述武威小西沟岘山洞中，与西夏文献同时被发现的还有牛皮靴。

图 75 甘肃武威亥母洞出土绣鞋

西夏对穿鞋也有限制。《天盛律令》规定："内宫中任职人不许履二卷靴"，违律时，有官罚十缗，庶人八杖。②"二卷靴"是何种形制，不得而知。是否为皇室专用有待考察。

---

① 孙寿龄《武威亥母洞出土一批西夏文物》，载《国家图书馆学刊》2002 年西夏研究专号。
② 史金波、聂鸿音、白滨译注《天盛改旧新定律令》第一二"内宫待命等头项门"第 434 页。

第四节　婚服、丧服和军服

人们在社会生活中除一般的服饰外，还有特殊时间、场合穿戴的特殊服装，如婚服、丧服等，在社会上受到特别的重视。而军服是社会中特殊行业军人的服装，更有其特殊性。这些都突出地表现出西夏的风俗。

一、婚服

结婚是人生的大事，婚服是人生中最特殊、具有喜庆意义的服饰。依照西夏风俗和法律规定，在结婚前男方要给女方婚价，结婚时女方要陪送嫁妆。女方的嫁妆与男方的婚价相对应，按政府法律规定也分不同等次。《天盛律令》规定：

> 诸人为婚有送女嫁妆中送服饰及奉客时，服饰等一律予价三百种送七十服，予价二百种送五十服，予价一百种送十服以内。无力允许不服，不许比之超服及衣服全予。①

"予价"即男方给予的婚价，"送服"即女方的嫁妆。男方无力给婚价可以劳力抵偿，女方若无力给嫁妆，也有通融办法，可以婚价的一部分抵偿。同时规定："女父母无力，则当以前所取价二分之一为婚价，另一分为嫁妆而予之。其中无力者则不须予嫁妆。"看来西夏对嫁妆是采取限制的办法，规定最高限额，不能超出，可以婚价补偿，甚至没有也可以。这种规定也是针对当时的奢靡之风而采取的限制措施。

西夏的婚服样式，可以参考黑水城出土《观音菩萨图》中女供养人"新妇高氏"的穿着。这位新娘子的装束艳丽华贵，头梳高髻，外穿大红色交领窄袖花长袍，高开衩，从开衩和下摆可见内套花袍。新娘大红色婚服渲染出中国传统的结婚喜庆气氛。

---

① 史金波、聂鸿音、白滨译注《天盛改旧新定律令》第八"为婚门"第311—312页。

西夏女子在幼时，就要学习女红，裁缝衣服。《圣立义海》"父之教子"条："对女爱惜，觅做衣服。"又"母养子法"条："养子之身，觅做花衣，和女之衣，艺业学习。"指出要教女孩学作衣服。又"母养子安平"条："女十五以内，母家学习令习妇礼，十五以上给寻婆家，准备室尺衣鞋，备办不息。"① 当时的习俗女子十五以上便订婚，准备嫁妆，制作婚衣。

二、丧服

中国重视丧葬，人死后家人、亲属要穿丧服。西夏也有完整的丧服制度，大体上与中原地区相同，并已形成社会的习俗。

前述《天盛律令》规定族亲、姻亲二种亲戚，按亲节近远分上下五种丧服法，有三年、一年、九个月、五个月、三个月之分。这与中原地区的五服之制相近。中原五服包括斩衰、齐衰、大功、小功、缌麻五种服制。服丧制度一是根据亲属的亲疏服丧时间不同，二是丧服形式不同，三是服丧时期对服丧者有一定的礼仪要求。服丧时间越长表明对死者的义务越大。中原地区的丧服以麻布制成，如服期最重的斩衰为三年，以极粗的生麻布制成，不缝边，以示无饰；服期最轻的缌麻为三个月，以细麻布制成。西夏接受了中原地区的五服制度。

图76 观音菩萨图中西夏新妇供养人

西夏统治者对无力制作丧服的贫苦人，也有权宜办法。《天盛律令》规定："若无主贫儿无力服之，及依土地法无麻布等，不须服，勿治罪，当为自然孝礼。"② 由此不仅可知西夏赤贫人无力制丧服，可以不服，还知丧服是以麻布为原料。

三、军服

前述榆林窟第29窟监军司武官供养像的服饰，是正式场合所用，而非战时所穿。西夏的服饰中有征袍，应是将士出征用的服装。

---

① 克恰诺夫、李范文、罗矛昆《圣立义海研究》第70页。
② 史金波、聂鸿音、白滨译注《天盛改旧新定律令》第二〇"罪则不同门"第604—605页。

西夏的将士在战场上实用的服装是常用的铠甲和西夏特有的战披。《天盛律令》对甲、披的形制有十分具体的规定。如军卒甲的规格是:

> 甲者,胸五,头宽八寸,长一尺四寸;背七,头宽一尺一寸半,长一尺九寸;尾三,长一尺,下宽一尺四寸,头宽一尺一寸;胁四,宽八寸;裾六,长一尺五寸,下宽二尺四寸半,头宽一尺七寸;臂十四,前手口宽八寸,头宽一尺二寸,长二尺四寸;口目下四,长八寸,口宽一尺三寸;腰带约长三尺七寸。①

又有一种披的样式,明记各部位的尺寸:

> [河]六,长一尺八寸,下宽三尺九寸;颈五,长一尺五寸,头宽一尺七寸,下宽九寸;背三,长九寸,下宽一尺七寸;喉二,长宽同二寸;末尾十,长二尺八寸,下宽二尺九寸,头宽一尺七寸;盖二,长七寸,下宽一尺,头宽八寸。②

在国家综合法典中将甲、披各部分有多少片及其尺寸详细记录,在历史上是很稀见的。

《续资治通鉴长编》记载西夏的铠甲质量超过宋朝。宋陕西经略安抚判官田况上兵策十四事,其中一事就是武器装备,特别提及西夏甲:"工作器用,中国之所长,非外蕃可及。今贼甲皆冷锻而成,坚滑光莹,非劲弩可入。自京赍去衣甲皆软,不足当矢石。以朝廷之事力,中国之伎巧,乃不如一小羌乎?由彼专而精,我漫而略故也。今请下逐处,悉令工匠冷砧打造纯刚甲,旋发赴缘边,先用八九斗力弓试射,以观透箭深浅而赏罚之。闻太祖朝旧甲绝为精好,但岁久断绽,乞且穿贯三五万联,均给四路,亦足以御敌也。"③西夏

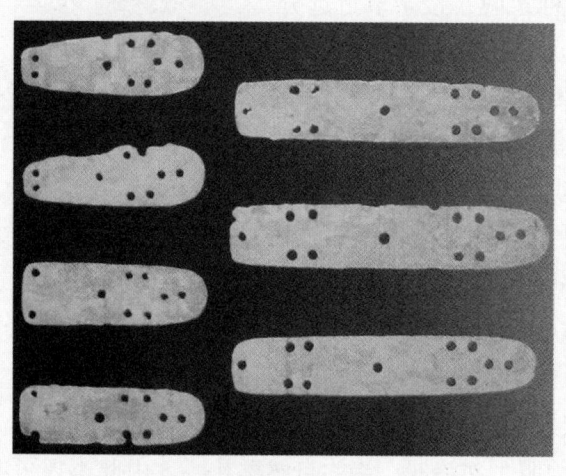

图77 西夏陵出土铠甲片

有优良的党项马,又有难以洞穿的铠甲,有助于发扬西夏骑兵突袭善战的风格。

西夏陵出土了大量甲片,有52片,铜质,有的有鎏金,皆呈长条柳叶形。有两种类型,一种长9.9厘米、宽2.1厘米,一端圆,一端平,圆端有3组缀孔,每组二孔,平端上有一孔,中部一孔,两孔中有两组缀孔,每组二孔。另一种长5.8厘米、宽1.8

---

① 史金波、聂鸿音、白滨译注《天盛改旧新定律令》第五"军持兵器供给门"第229页。
② 史金波、聂鸿音、白滨译注《天盛改旧新定律令》第五"军持兵器供给门"第229页。"河"未知指何部位,暂音译。
③ 《续资治通鉴长编》卷一百三十二,仁宗庆历元年(1041年)甲戌条。

厘米，圆端缀孔与长片相同，中部一孔，平端二孔。制作都很精细，厚薄均匀，孔眼划一。① 这些甲片出于西夏陵园的帝陵墓室，又有鎏金，似非普通铠甲，而可能是帝王的铠甲，十分稀见。

近年又在宁夏永宁县闽宁村七号墓出土了大小不同类型的9件铁甲片。有圆角长方形和圭形两种，呈片状，微向外鼓，上有穿孔，有大、中、小型三种，大者分别长8.5厘米，宽4厘米；长8.2厘米，宽4.2厘米；长7.5厘米，宽4厘米；长6.2厘米，宽4厘米；长5厘米，宽5厘米。中等的长6.8厘米，宽3厘米；长6.6厘米，宽3.2厘米。小者长5.2厘米，宽2.3厘米；长5.4厘米，宽2.3厘米。② 不同形状、不同大小的甲片应是上述制造铠甲时置于不同部位的甲片。

西夏政府还把打仗时不可或缺的铠甲、军披等作为敕禁品，不准卖与敌人，若卖与敌人时，给予严惩。在卷七《敕禁门》中规定："铠甲、军披等到敌人中去卖时，庶人造意斩之，从犯当得无期、长期徒刑，有官当与官品抵。"③ 对违律向敌方出售铠甲、军披的处罚相当严厉，可见西夏对军服的重视。甲、披的制作非一般人所能为。西夏有专门的"披甲匠"从事铠甲、军披的制作。④

总之，西夏的服饰，既有民族之分，又有阶层之别。由于在一个皇朝内，无论是法律还是民俗，都反映出以服饰明尊卑、别贵贱的特殊内涵。西夏的上层以其政治的优势地位和经济的强大实力，多占据服饰的潮头，使其服饰种类多样，颜色艳丽。其中以皇帝的服饰最为尊贵，其余人不能仿效。服饰的男女之异，自古明显。西夏男人多着圆领衫，女人多交领衫，装饰较多。服饰的僧俗之界，最为突出。由于宗教信仰的关系，僧人的服饰历来简朴，西夏亦如此，但观西夏的高僧服装和冠戴，却有贵族气派。

---

① 史金波、白滨、吴峰云《西夏文物》图220。
② 宁夏文物考古研究所编著《闽宁村西夏墓地》第60—61页。
③ 史金波、聂鸿音、白滨译注《天盛改旧新定律令》第七"敕禁门"第283—284页。
④ 史金波、聂鸿音、白滨译注《天盛改旧新定律令》第二〇"罪则不同门"第615—616页。

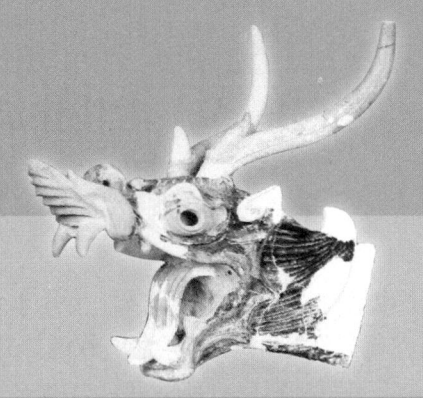

第三章
居室建筑

居室是人类社会生活中的大事之一。它不仅是人类遮风避雨、防寒避暑所必需，也是人类家庭生活、繁衍的场所。各民族的居室都经历了由简单到复杂，由粗劣、低陋到精致、舒适的过程。党项族由原来初级的居室，发展到西夏时期的多种多样的居室建筑，乃至于豪华的宫廷住宅，也反映了这样一个过程。

第一节　居住建筑

　　西夏党项族的居室也有一个历史演变过程。《隋书》记载：党项族"织牦牛尾及羖䍽毛以为屋"。[①]可见在比较久远的时候，党项族的居住设施是很简单的。当时党项族从事游牧，他们的居室所用原材料取自所放牧的牦牛和羊。所"织"成的住室，当然也轻便易迁。他们的居住设施自然与其牧业为主的经济和当时的生产力发展水平相适应。《旧唐书》也记载了当时党项人的居住情况："俗皆土著，居有栋宇，其屋织牦牛尾及羊毛覆之，每年一易。"[②]这就更加具体地指出党项人原来是居住在栋宇和毛毡覆盖着的木支架帐篷里。

　　迁入西北后的党项族随着农业经济的出现，一部分人由游牧改为定居。因而党项族的居住设施也就逐渐分成两种。继续在草原、山中从事畜牧的牧民，所居屋室还是毡帐。史书在计算党项族人户时，常以"族帐"为单位。农业人户所居屋室，一般为土屋。《隆平集》记载："民居皆土屋，有官爵者，始得覆之以瓦。"[③]贵族的居室可以覆瓦，这既是等级的划分，又是各阶层经济实力的反映。当然最反映西夏时居室筑水平的应是其都城的建筑。

一、都城建筑

　　党项族首领李继迁对宗庙、官衙的建设十分看重。他占据夏州时，就"修复寝庙"，以"抚绥宗党"。后来夺取宋灵州后，改为西平府，作为新的都城，派弟弟继瑗与牙将

---

① 《隋书》卷八三《党项传》。
② 《旧唐书》卷一九八《党项传》。
③ （宋）曾巩《隆平集》卷二〇。

李知白督工，立宗庙，置官衙。其子德明在宋大中祥符三年（1010年）于陕西延州境西北的鏊子山"大起宫室，绵亘二十余里，颇极壮丽"。后来与宋朝往来增加，为接待宋朝使节，于宋景德四年（1007年）在绥州、夏州建两个馆舍，一个名"承恩馆"，一个名"迎晖馆"。①

在德明后期，西夏的建筑有了新的发展。当时政治、经济形势有了很大发展，需要有一个距宋界稍远，既安全又便于发展的中心都城。西夏的统治者看中了贺兰山下的怀远镇。怀远镇位于银川平原，在黄河西岸，有灌溉之利，农业发达。宋天禧四年（1020年）"冬十一月，城怀远镇为兴州，定都之"。因为怀远镇西北有贺兰之固，黄河绕其东南，西北为其障蔽，形势利便，可作为后世之基业。德明"遣贺承珍督役夫，北渡河城之，构门阙、宫殿、及宗社、籍田，号为兴州，遂定都焉"。②

怀远本是一小城，要建设成为大夏国的首府，必须要在建设思想上有根本的改变，在规模上有很大的扩展，在形制方面要重新设计和规划。西夏时期的文献对都城的建筑形制没有具体的记载。从明代弘治《宁夏新志》和嘉靖《宁夏新志》的记载可知明代宁夏城即西夏兴庆府故址，"周围十八余里，东西倍于南北，相传以为人形"，"南北各有两门……东西各有一门"，城周外有深阔的护城河，水四时不竭，城内有道路和居民街坊等。

西夏都城的建筑形制受中原王朝影响。如建筑城池、门阙、宫殿、宗社、籍田等，从原则和系统上皆以中原都城为成法。甚至一些具体建筑也模仿中原王朝都城，如城门上建城楼，城门名称光化门与长安光化门同名，南薰门与开封府的南薰门同名。但西夏都城又有自己的特点。比如都城建设的规模相对较小。唐代长安城周60里，北宋东京周48里，而兴庆府周只有18里。唐、宋都城的城门都在十门以上，而兴庆府只有六门。又比如中原都城为正方形，或接近正方形，西夏都城因地理形势特点，西北横亘贺兰山，东南流过黄河，受南北两湖群的限制，城市呈由西南向东北延伸的长方形，有人比喻为"人形"。③

元昊称帝后首先升兴州为兴庆府，并在那里广修宫城，营造殿宇。以后又多次大兴土木，使西夏皇城、宫殿的建筑规模和水平，均达到空前的水准。

兴庆府中主要建筑是帝王宫殿，"厅事广楹，皆垂斑竹箔"。除皇宫外，还有中书省、枢密院等数十种中央官署，此外还有为皇室直接服务的手工业作坊等。其中有织绢院、铁工院、造纸院、刻字司等。皇宫附近还有打造兵器的作坊。德明死后，宋朝

---

① （清）吴广成《西夏书事》卷九。
② 《续资治通鉴长编》卷九六，真宗天禧四年（1018年）岁末条。（清）吴广成《西夏书事》卷一〇。
③ 汪一鸣、钟侃《西夏都城兴庆府初探》，载《西北史地》1984年2期。

派使臣祭吊,就听到接待他的附近若有千百人锻造之声。① 西夏都城内还建有多种学校,属于皇家和中央政府直接管理的蕃学、国学(汉学)、大汉太学、内学等,为皇室和贵族子弟学习场所。这些建筑以宫墙与都城其他建筑相隔离。西夏景宗元昊在天授礼法延祚九年(1046年)在都城内建离宫,"曩霄(元昊)于城内作避暑宫,逶迤数里,亭榭台池,并极其盛"。② 此离宫在兴庆府内,现已无从探寻。西夏信仰佛教,后来不断增建寺院,如承天寺、戒坛寺、高台寺等。这些宏大的建筑占据了都城的很大比例。此外,都城中还有各种仓库和驻扎军队的兵营。

二、宫殿建筑

西夏时所建宫殿现已不复存在,甚至连西夏都城内皇宫的具体位置都难以确定。然而在《天盛律令》中还保留着一些有关皇宫门的资料。西夏法典规定无职杂人入内宫所犯罪行时,依据入宫门的远近而区别判罪轻重。首先是"车门",再进为"摄智门",再内是"广寒门"和南北"怀门",最后是皇帝的帐内。③ 根据宫中的怀门一南一北的布局,可能西夏的皇宫的正门如广寒门是东西向的。

近代考古发现了多种西夏文铜牌。其中有三种可能与西夏宫廷守卫有关。持不同的铜牌守卫着不同的地区。一种为圆牌,牌面西夏文字4字,译为"防守待命",背面为佩牌者的人名,牌面面积约为15—18平方厘米;第二种长方牌,牌面正面也有4字,译为"内宿待命",背面西夏文字也为佩牌者的人名,牌面面积约为18—22平方厘米;第三种也是长方形牌,较大,正背两面皆有相同的6个西夏文字,译为"宫门后寝待命",牌面面积约为57平方厘米。三种牌上部皆有穿孔,为执勤者佩戴用。根据牌的大小推测"防守待命"圆牌守御宫殿外围,"内宿待命"长方牌守卫内宫,"宫门后寝待命"可能守卫皇帝寝宫(即帐下)。第一、二种牌背刻人名,是个人持有;第三种牌无人名,可能是负责寝宫保卫执勤者轮流佩持。通过这些不同种类的宫廷守卫牌,也可间接推知西夏皇宫建筑的复杂性和多层次性。

西夏文《碎金》在提到西夏皇宫时说道:"内宫赞圣光,殿堂坐御位。皇后后宫居,太子楼阁戏。"西夏的皇帝坐在殿堂的御座上,皇后住在后宫,年幼的太子在楼阁中戏耍。可知西夏的皇宫有大殿,有后宫,并有楼阁式建筑。关于西夏皇宫的资料很少,

---

① (宋)沈括《梦溪笔谈》卷二五《杂志二》。
② (清)吴广成《西夏书事》卷一八。
③ 史金波、聂鸿音、白滨译注《天盛改旧新定律令》第一二,"失藏典门"第424页。

现只能探讨一下西夏的另一种宫殿建筑形式——西夏的离宫和避暑宫。

城内的皇宫随着时代的变迁而难于寻踪觅迹，城外的宫殿建筑也只有像贺兰山离宫遗址这样少数遗迹尚存。西夏统治者在都城外建了多处离宫，或称避暑宫。西夏避暑宫有不同的称呼，在《嘉靖宁夏新志》中称避暑宫，在苏联收藏的西夏地形图中称为"木栅行宫"。也有专家认为避暑宫即离宫。① 前述贺兰山离宫"数十里，台阁高十余丈"，元昊"日与诸妃游宴其中"。《嘉靖宁夏新志》称："避暑宫，贺兰山拜寺口南山之巅，伪夏元昊建此避暑，遗址尚存。人于朽木中尝有拾铁钉长一二尺者。"② 可见西夏皇家避暑宫的主殿位置在贺兰山拜寺口南。其建筑遗存竟有一二尺长的铁钉，可以推想离宫有木结构，其穿钉很长，表明木材粗大，建筑物宏伟。

贺兰山中西夏皇朝的离宫别院可能非只一处，它们与山中的寺庙错落星散分布，形成贺兰山中的建筑群落，由南而北，遥相联络，依次有小浪冲口、黄旗口、镇木关沟、拜寺口、贺兰口、西番口、大水口等许多建筑遗址，南北延伸达数十里。它们的共同特征是：位于贺兰山主峰以下的老林区附近，成环状分布；山坡地切成梯田状，台基面积大小不等，以石块垒砌，并筑有石砌台阶；遗址多有大量西夏风格的建筑残构件，以及西夏瓷器、货币，甚至还残留有石砌或土筑的墙基。③ 文献记载，贺兰山小滚钟口为"西夏古名胜地"。当地有20多处古代建筑台地，依山势高低参差错落。每个台地院落面积约200余平方米，遗址地表有大量残砖碎瓦，形式多样。其中有巨大的石质建筑构件，有类似卯榫扣合套接的结构，有的还镌刻有西夏文字。此处当为西夏一重要建筑遗址。

在贺兰山水沟口有一处规模宏大的宫殿建筑遗址，依山势垒砌的建筑台地数十处，绵延十余里，台基、垣石、踏步等遗迹尚存。主体建筑自下而上筑台成阶梯状，沟口南有十余处，沟口北有三组建筑台地。台地多呈长方形，台基高出地面五至三十米不等，布局紧凑，匠心独具，格调天成，十分壮观。当地人传说这里是昊王宫遗址。不少台地上尚有大量西夏时代的建筑材料，如琉璃砖瓦、鸱吻、瓦当、滴水等。还有白瓷碗、盘等西夏时代的器皿。④ 不难想见西夏时期这里是一处宏伟、别致的大型建筑群，在贺兰山高大的树木掩映之中，宫殿式建筑高低错落，富丽堂皇，琉璃瓦顶金光灿烂，皇帝后妃们在侍从的服侍下游宴其中。

---

① 霍升平、胡迅雷《西夏离宫主殿小考——兼与李祥石等同志商榷》，载《西北史地》1987年1期。
② 《嘉靖宁夏新志》卷二"关隘·拜寺口"，天一阁影印本。霍升平、胡迅雷《西夏离宫主殿小考——兼与李祥石等同志商榷》，《西北史地》1987年1期。
③ 胡迅雷、霍升平、查蕴林《元昊离宫与拜寺口遗址》，《宁夏大学学报》1983年1期。
④ 宁夏回族自治区文物考古研究所、宁夏回族自治区贺兰县文化局《宁夏贺兰县拜寺沟西夏遗址调查》，《文物》1994年9期。

图 78 贺兰山滚钟口西夏建筑遗址

西夏天都山附近有南牟会城（今宁夏海原县西安州古城），建有西夏国主游幸处。宋朝文献记载："熙河路都大经制司言：'军行至天都山下营，西贼僭称南牟，内有七殿，其府库、馆舍皆已焚之。'"① 西夏天都山南牟宫殿内建七殿，可见规模宏大，内有府库、馆舍。但此殿早在惠宗大安七年（1081年）宋朝将领李宪攻至天都山时，就已完全焚毁。（李）"宪营于天都山下，焚夏之南牟内殿并其馆库"。② 后西夏又修复南牟城，称为南牟会新城。③

皇室的居住处所多建成规模宏大的宫殿群落，可以看出西夏统治者的居住状况和穷奢极欲，也可窥及西夏建筑的水平和往往依山势建筑的特殊风格。

不仅西夏帝王给自己建筑了豪华的宫室，大臣也争相效尤。仁宗时的晋王察哥"广起第宅"，有园宅数处。权臣任得敬想分裂夏国，统民夫十万在灵州大兴建筑，以翔庆军监军所为宫殿。修建时正值盛夏，服役者害病很多，怨声四起。当时的世禄之家，

---

① 《续资治通鉴长编》卷三一九，神宗元丰四年（1081年）十一月乙丑条。刘华《西夏南牟会遗址考》，《宁夏大学学报》1999年1期。
② 《宋史》卷四八六《夏国传》（下）。
③ （清）吴广成《西夏书事》卷二五、二六。

互相攀比，都以奢侈为能事。①

以上西夏统治阶级的豪华居处，体现出当时统治者追求建筑群体组合布局的宏伟气势，从而形成西夏大型建筑群的突出特点。

三、民宅建筑

西夏一般民庶居室和贵族豪华居室相比，则是"别有天地"。"民居皆土屋"是他们的突出特点。普通西夏民居主要是屋、帐两类。《文海》对房舍的解释是："帐也，房室也，室也，门也，家也，居也，院也，庭也，居住之谓。"②

宋天圣二年（1024年）李德明曾在定州附近建省嵬城，城址在今宁夏回族自治区石嘴山市庙台公社南约一公里处。1964年和1965年曾对此遗址进行发掘，仅出土少量砖瓦，说明城内当时绝大部分为土屋，与文献记载正相吻合。西夏皇族、大臣们的宫殿式居处与平民的简陋住宅形成了鲜明的对照。

民间修盖房屋一般在农事完毕、寒冬未到之间，《圣立义海》"九月之名义"中"近冬安乐"条："近寒时修治家舍，身添衣服，家户安乐。"③

在《掌中珠》中"人事下"有些关于居室房屋的词语，如在"修造屋舍"下，有楼阁帐库、枓栅堂、厨庖、回廊、泥舍、帐毡、毛栅等居室建筑物，有建筑构件重栿、平五栿、檐栿、枙栿、椽准、檩、栏枙、柱脚、提木、石顶、斗拱等，有门帘、天窗、纱窗等，建筑材料有赤沙、白土等，建筑行为有和泥、运土、造作等。西夏文《三才杂字》中有房屋、墙壁、宫室、书屋、内宫、宫殿、枓栅堂、殿堂、神帐、朝殿、回廊、毛栅、门楣、楼阁等。西夏汉文本《杂字》专有"屋舍部"，内有：正堂、枓栅、挟舍、散舍、房子、厨舍、横廊、基阶、门楼、亭子、摄集、草舍、客厅、草庵、园林、磑舍、城郭、库舍等。建筑构件有檐栿、材植、椽檩、柱脚、斗拱、栏枙、寸板、框档、地架、构栏、舍脊、极榻等。④其中有的属于贵族居室，有的则是普通民居。泥舍就是土屋，而草舍可能是更简陋的农民居室。帐毡和毛栅则是牧民的居所。

《宋史》载，西夏"其民一家号一帐"⑤，表明了西夏牧民的居室状况。《天盛律令》对民居的帐幕颜色有具体规定："诸官民青帐、白帐等敕禁：其中允许头盖青下为白。

---

① （清）吴广成《西夏书事》卷三五、三七。
② 史金波、白滨、黄振华《文海研究》第416页、466页。
③ 克恰诺夫、李范文、罗矛昆《圣立义海研究》第53页。
④ 史金波《西夏汉文本〈杂字〉初探》。
⑤ 《宋史》卷四八六《夏国传》（下）。

若违律为一种白、青时，有官罚马一，庶人十三杖。"①这可能是一种对游牧人家居住帐幕的禁限，帐上盖头为青色，下部为白色，不准只用一种颜色。从《天盛律令》在有关婚价、嫁妆时规定可以了解一些有关帐幕的结构："为婚价予三百种之嫁妆中盖帐三具，二百种盖二具，一百种盖一具。无力亦允许不盖，不许比之增盖。为婚嫁妆盖帐者，三具、二具盖七十木以及六十木以内，不许超出木数。"②嫁妆中所谓"盖帐"可能即是帐篷，所限"七十木"、"六十木"或指每一帐篷支撑帐幕的细木撑竿数目。这可能是游牧地区的风俗，具有民族和地区特点。《文海》有"营帐木"一词，应是指支架帐篷的木杆。③

综观西夏的居室建筑风俗有以下特点：

1. 西夏有多处豪华的避暑宫、离宫，反映出西夏统治者特别是皇室享乐风气。在当时西夏生产力水平十分低下的情况下，这种风气更显突出。

2. 帝王贵族的住宅和平民的住宅水平相差悬殊，反映了当时不同阶层在居住方面的巨大贫富差别。

3. 毡帐和屋宇的同时使用，表示了党项、吐蕃、回鹘等族居住风俗的民族特性，也说明当时定居的农业和游牧的畜牧业对西夏社会的居室形式起着决定性作用。

---

① 史金波、聂鸿音、白滨译注《天盛改旧新定律令》第七"敕禁门"第282页。
② 史金波、聂鸿音、白滨译注《天盛改旧新定律令》第八"为婚门"第312页。
③ 史金波、白滨、黄振华《文海研究》第496页。

第二节 建筑的装饰和起居用具

一、建筑的装饰

西夏的居室装饰主要还是从皇室、贵族的建筑上突出地表现出来。保存至今的最大的西夏建筑群当属坐落在银川西部、贺兰山下的西夏陵园。考古专家对西夏陵做过多次考察和发掘，主要是1972—1975年对8号陵（现6号陵）和陪葬墓的发掘，1983年—1987年陆续对部分碑亭遗址、石灰窑、建筑遗址的发掘，1998年对3号陵的调查和发掘。调查和发掘中出土了大量西夏文物，分别藏于宁夏博物馆、宁夏文物考古研究所和西夏博物馆，2007—2008年对6号陵地面遗址进行了发掘。西夏陵及其出土的文物，直接反映着西夏的建筑。

在西夏陵园发现的大型屋顶脊饰，特别是琉璃脊饰，可以看出西夏皇家建筑的精美、豪华。西夏建筑物的脊饰多种多样，出土的有琉璃鸱吻、琉璃摩羯、琉璃四足兽、琉璃鸽等，这些屋脊建筑装饰构件都于腹部伸出一个空心柱与脊瓦相连，通体施绿釉，色彩光亮莹润。这些动物脊饰置于殿宇屋脊之上，既象征着吉祥如意、消灾免祸之意，又达到装饰效果；同时还可起到保护屋宇脊梁缝线，防止雨水冲灌的作用。

西夏陵园出土的高大鸱吻，装饰在金碧辉煌的大殿或门楼的正脊两端，给整个建筑物增添威严肃穆、富丽堂皇的色彩。陶质琉璃鸱吻，通高152厘米，底阔58厘米，面宽32厘米，绿色釉，釉面光润闪亮，龙头鱼尾造型，头部有鳍，身有鳞纹，头尾分别烧制，色彩光亮，显现出威猛的形态。[①] 现存于世的西夏大型鸱吻是中国中世纪鸱吻的代表作。此外，西夏陵园还发现有灰陶鸱吻和灰陶屋脊兽，未上釉彩，是较低一

---

① 史金波、白滨、吴锋云《西夏文物》图308。

图 79 2012 年笔者在宁夏博物馆考察西夏文物

级建筑物构件。鸱吻容易遭到大风雷雨的损坏。西夏的宫殿鸱吻有被雷电损坏的记录。天盛七年（1155 年）五月雷电震坏宫殿鸱尾。①

屋脊兽也是西夏高大殿堂屋顶的装饰。一种西夏陵出土的琉璃屋脊兽，高 88 厘米、长 60 厘米、宽 24 厘米，呈龙首形，头上双角斜立，露牙、卷舌、翘唇，椭圆形眼球大而前突，造型怪异。这种体形高大、色彩光亮的建筑构件，这种装饰会给整个建筑物增添威严肃穆、富丽堂皇的色彩。一种双角屋脊兽，施绿色釉，高 88 厘米、宽 60 厘米、厚 7—24 厘米，张口露牙，长舌卷曲，上唇翘起，下唇前伸，双角斜立。一种无角琉璃屋脊兽，高 23 厘米、长 46.5 厘米、宽 19.5 厘米，额头平直，无下唇，中空，可平插入建筑物中的椽头，起到另类的装饰作用。②此外还有不施釉色的灰陶屋脊兽。

琉璃摩羯分有角和无角两类。一种无角琉璃摩羯高 34.5 厘米，长 47.5 厘米，宽 18.1 厘米，龙首鱼尾造型，深目突鼻，翘嘴卷唇，昂首挺胸，颈部有鬃毛，身披鱼鳞，两侧有羽翼，背有鳍，尾部分成两支，长支挺直平伸，短支上翘，施绿色釉，造型奇特，形态自然，如腾跃出水状。又有有角卷腭琉璃摩羯，躯干形状与上述摩羯类似，只是额顶有分叉犄角，两侧双翼展开，作振翅腾飞状。还有琉璃四足兽，

图 80 西夏陵出土琉璃屋脊兽

---

① （清）吴广成《西夏书事》卷三六。
② 史金波、白滨、吴峰云《西夏文物》图 309、310。

高32厘米，长44厘米，宽19厘米，兽头高昂，前肢伸出，后肢腾起，如猛兽扑食状。又有长尾琉璃四足兽，高34.5厘米，长42.3厘米，兽头高昂，张口露齿，额顶上有分叉式犄角，前肢伸出，尾巴向后伸翘。①

西夏陵园出土的多种类型的五角花冠妙音鸟（迦陵频伽）令人叹为观止。其一人首鸟身，陶胎绿釉，高47厘米，长44.5厘米，宽35厘米，基座长22厘米，宽23厘米，花冠边饰连珠纹，面形长圆，眼睑低垂，面带微笑，表现出慈祥、和善的形态，额心置白毫，宝缯垂肩，颈佩宝珠，双手于胸前合十，双腿跪姿，膝有卷曲羽毛，背生双翅，身后有蕉叶式长尾，似欲振羽翱翔，制作十分精细，是稀有的建筑构件。又有较小的五角花冠妙音鸟，也是人首鸟身，陶胎绿釉，高40.5厘米，长38厘米，宽30.5厘米，长方形脸，长眉隆起，细长眼，额心置白毫，高准、方嘴、厚唇、大耳，宝缯垂肩，戴连珠纹镶花项圈，双手于胸前合十，双腿跪姿，双翅展开，长尾高翘，呈飞行状，制作也十分精细。②

图81 西夏陵出土琉璃迦陵频伽

西夏陵园还出土有束腰琉璃莲花座，覆钵形，外壁围贴莲瓣，交错排列蕉叶和菊纹，系建筑构件底座，造型稳重、美观，工艺细致、娴熟。又有红陶莲花座，莲座上仰下覆，中间束腰，外壁上下贴塑莲瓣，亦交错排列蕉叶和菊纹，同样是既实用有美观的建筑构件。

图82 西夏陵出土琉璃莲花座

图83 西夏陵出土红陶莲花座

---

① 中国国家博物馆、宁夏回族自治区文化厅编《大夏寻踪——西夏文物辑萃》第208—211页，中国社会科学出版社2004年版。
② 中国国家博物馆、宁夏回族自治区文化厅编《大夏寻踪——西夏文物辑萃》第202—207页。

西夏陵园出土的大批华丽的建筑构件，使陵园既有宫殿的雄伟豪华，又有佛国西方极乐世界的美妙缤纷，把帝王的来世装饰得美轮美奂，这或许是西夏陵园风格的又一种创新。

砖瓦是最普通的建筑材料，它们除建筑功能外，有的也起到装饰作用。在西夏陵园 3 号陵南殿遗址中，出土有长条和方形两种铺地花砖，正面和侧面均有花纹。一种条形砖，青灰色，长 35 厘米，宽 12.5 厘米，厚 6.7 厘米，砖肋模印忍冬纹，二方连续，四周围凸棱纹。西夏砖背有手掌印纹，形成西夏砖不同于其他朝代的特征。有的砖有印模，上有阳文汉字，可能是工匠姓名简称。还有琉璃花纹陶砖，更有特色。一种长 33 厘米，宽 34 厘米，厚 5.5 厘米，呈正方形，陶胎，表面施绿色琉璃釉，四周有边框，中间布满石榴花蔓草卷叶纹，是一种稀见的建筑装饰材料。此外还有莲花、忍冬、水草纹枝叶等花卉图案砖。

图 84　西夏 3 号陵南殿铺地花砖

图 85　西夏 3 号陵忍冬纹陶砖

精制的琉璃筒瓦和琉璃滴水，其工艺水平不亚于中原。一种筒瓦陶质，前有圆形瓦当，饰以兽面纹，瓦身长 34 厘米。一种琉璃瓦当，圆形，兽面纹外饰圆点纹，面径 13.5、筒长 34 厘米，表层施绿色釉，釉面光润。滴水有琉璃质，也为陶质，面呈三角形，中间饰莲花漫枝卷叶纹。滴水所施绿色彩釉，色泽均匀，晶莹光亮。有一种薄白瓷板瓦十分引人注目，这是五号陵地表的遗物。瓦为瓷质，呈长方形，长 16.3 厘米，宽 12.1 厘米，表层施白色釉，釉面光润，厚薄均匀，上有冰裂纹，自然美观，即使把它同现代的优秀瓷制工艺品相比，也毫不逊

图 86　西夏陵出土琉璃瓦当

图 87　西夏陵出土琉璃滴水

色。①

这些建筑材料表明西夏陵园乃至皇宫装饰的铺张，也展示出其建筑装饰的美学效果。

从《掌中珠》中可知，西夏屋室中的门有门帘，不知是冬天保暖的设备，还是夏天防蚊蝇的用品，也是比较讲究的装饰。窗有纱窗，这是夏天防蚊、通风的设备。值得注意的是有天窗一词，不知是毡帐顶端的采光、透气的天窗，还是普通屋室的特殊天窗。

二、建筑、居室用具

西夏建筑业发达，具备常用的制作工具。在榆林窟第三窟观音变图中绘有斧、锯、规、尺等。《文海》中也记有斧、锯，西夏汉文本《杂字》器用物部记有刨子，西夏文《杂字》有刨子、锯子、雕凿等词。利用这些工具可以建筑房屋，也可以制作很多家具。

《掌中珠》记录了屋室中与起居有关的用品，如：西夏的"床"有多种：交床、矮床、踏床。交床是有靠背的坐具，也称交椅。踏床是坐时放足之具，也称脚踏。西夏汉文本《杂字》器用物部中有条床、饰床、桌子、屏风、交椅。中国古代床极矮，魏晋南北朝以后，床已成为专供睡卧的家具，高度已与今天的床差不多。西夏时期的床应属于此种。

在武威西郊林场西夏墓、贺兰县拜寺口双塔、永宁县闵宁村西夏墓中都出土有西

---

① 史金波、白滨、吴锋云《西夏文物》第图 320。

图88 甘肃武威西郊林场西夏墓出土木条桌

夏家具,如木桌、木椅、条桌、衣架及其他生活用品等。这些虽是缩小了的居室用具,但可小中见大,透视西夏家居所用器具。木条桌高29厘米,桌面长53厘米,宽30厘米,桌面平整,四边圆弧形,桌腿上方下圆,桌面与桌腿结合处各有两个小觪,腿与腿之间,前后两面各设双枨,左右两面各设单枨,制作精细,打磨平整,表涂赭色,牢固美观。又有木桌高21厘米,桌面长31厘米,宽26厘米,相邻两桌腿之间上有觪,下有木枨,造型朴实,结构牢固,形态美观。木椅通高34厘米,坐高19厘米,背高15厘米,坐面宽25—26厘米,相邻两桌腿之间上有觪,下有木枨连接,造型美观,朴实大方,结构牢固。还有木衣架,高43.5厘米、横杆长55厘米,古时称为"桁",横杆两端上翘,呈云头式,架座粗重,并有斜杆支撑,通体打磨平整光滑,并涂赭色,工艺精细。特别是前述贺兰山拜寺口西塔出土的木雕供桌,更是一件难得的艺术品。①

《掌中珠》记载了不少西夏的室内用品,如垫床用品有枕毡、褥子、苫,其中有毛制品,可能还有褐布制品和草制品。室内用品还有柜子、匣子、剪刀、刀、尺、熨斗等。西夏汉文本《杂字》器用物部记有室内用品还有柳箱、熨斗、雨伞、扇子、蒲苫、箄子等。

灯盏是家庭不可或缺的用具。在宁夏磁窑堡出土有黑釉瓷灯,高8.4厘米,口径12.8厘米,底径6厘米,宽沿,直壁,折腹,高圈足,圈足露胎,通体黑釉。又一种黑釉灯台,高14.5厘米,口径10厘米,广口平沿,喇叭口高足,直腹,束腰,有二层重台,通体黑釉,设计精巧,造型美观。

总的看来,西夏的居室用具实用而比较简单,当然这是指普通的平民而言,皇室、贵族豪华和奢侈的居室用具当是另一番情景。

西夏能制作一种百头帐,而且是出自皇帝的设计。

图89 宁夏磁窑堡出土黑釉瓷油灯

---

① 史金波、白滨、吴锋云《西夏文物》图257—264。汤晓芳主编《西夏艺术》第186—190页。宁夏文物考古研究所《闽宁村西夏墓》彩版7、8,图版25—27,科学出版社2004年版。

乾祐八年（1177年）十一月"仁孝出新意，命工造百头帐献金"。① 此帐由西夏皇帝亲自设计，为了讨好大朝，而特意送给金国皇帝，当然是一件精致物品。此物并未得到金朝的接纳，而是"却之境上"。②

---

① （清）吴广成《西夏书事》卷三八。
② 《金史》卷七《世宗纪中》。

第三节　塔寺建筑

寺庙是佛教活动的中心，也是僧人的居所，所以历来提倡佛教的统治者无不重视寺庙和佛塔的建设。西夏大力发展佛教除利用原来已有的佛教建筑设施外，又重新修建了很多寺庙以及佛塔，使西夏地区塔寺林立，致后世有的诗人发出"云锁空山夏寺多"的感慨。①西夏的大型寺庙成了传播、发展佛教的中心。注重和发展石窟寺也是西夏寺庙发展的重要方面。

一、大规模修建塔寺

西夏在立国之前，曾派人前往宋朝管辖的著名佛教圣地五台山朝圣礼佛，这是因为当时西夏的统治者十分信奉佛教，但境内又缺乏佛教圣地的缘故。在元昊立国之初，就开始大兴土木，建佛舍利塔。《大夏国葬舍利碑》记载了当时藏骨建塔的盛况。该碣石在明代尚存于世，后失传。碣石铭文保存于明《嘉靖宁夏新志》中，尾题年款"大庆三年八月十日建"，②知为西夏正式建国（1038年）前两个月所立。其铭文为西夏右仆射中书侍郎平章事张涉奉制撰。张涉为景宗开国时有名的大臣之一。碣铭记录了为葬舍利而兴建佛塔盛况：

> 我圣文英武崇仁至孝皇帝陛下……奈苑莲宫，悉心修饰，金乘宝界，合掌护持。是致东土名流，西天达士，进舍利一百九十嘉，并中指骨一节，献佛手一枝及顶骨一方。罄以银椁、金棺、铁匣、石匮，衣以宝物，口以毗沙。下通掘地之泉，

---

① 《嘉靖宁夏新志》卷七。
② 原误为天庆三年，据牛达生考证应为大庆三年，见《〈嘉靖宁夏新志〉中的两篇佚文》，载《宁夏大学学报》1980年第4期。

上构连云之塔。香花永馨，金石周陈。①

这是目前所知西夏最早的一方佛教碑碣。通过《碣铭》可知建筑的豪华。所建佛塔乃是西夏建塔最早的记载，尽管文献没有记载塔的名称和具体形制，但《碣铭》形容它是"连云之塔"，偈文中又称赞它是"五百尺修兮，号曰塔形"，虽都是夸张之词，也可想见塔身之高大雄伟。

元昊天授礼法延祚十年（1047年）建立了规模宏大的高台寺，汉文文献记载此事："于兴庆府东一十五里役民夫建高台寺及诸浮图，俱高数十丈，贮中国所赐大藏经，广延回鹘僧居之，演绎经文，易为蕃字。"②寺庙和其中的佛像都很高大宏伟，可以想见西夏佛寺的规模。文献还明确指出了此次建寺和贮藏汉文佛经、翻译西夏文佛经的直接关系。后来高台寺为黄河水冲没，早已荡然无存，但银川城东仍残留有一高土台，可能是高台寺遗址。又据《嘉靖宁夏新志》记载，元昊时还曾在西路广武营建大佛寺。可见元昊时期建寺不止一次。

西夏著名的承天寺是谅祚母后没藏氏倡建，据记载：于西夏福圣承道三年（1055年）建成："因中国所赐大藏经，役兵民数万，相兴庆府西偏起寺，贮经其中，赐额'承天'，延回鹘僧登座演经，没藏氏与谅祚时临听焉。"③修建宏伟的承天寺，是一次浩大的工程，以至要动用"兵民数万"。当时所作《新建承天寺瘗佛顶骨舍利碣铭》描绘了兴建承天寺和埋葬佛顶骨舍利的情景："皇太后承天顾命，册制临轩，厘万物以缉绥，严百官而承式。今上皇帝，幼登宸极，凤秉帝图。……大崇精舍，中立浮图。保圣寿以无疆，俾宗兆而延永。天佑纪历，岁在摄提，季春廿五日壬子。建塔之晨，崇基垒于砥砆，峻级增乎瓴甋。金棺银椁瘗其下，佛顶舍利閟其中。"④此碣铭反映出了西夏初期大力修盖寺庙、佛塔的情景。另据《嘉靖宁夏新志》记载，谅祚时期还在鸣沙州（今宁夏中宁县）城内建安庆寺。⑤

崇宗天佑民安四年（1093年），由皇帝、皇太后发愿，动用了大量人力、物力和财力，重修凉州感通塔及寺庙，第二年完工后立碑赞庆。这一年正是乾顺诞生十周年。兴办这样一次大的佛事活动，也许是为了给十周岁的皇帝祈福。这通碑就是保存至今的、著名的重修护国寺感通塔碑，是西夏时期留存至今的最重要的石刻。此碑原被砌封于甘肃武威城内北隅清应寺碑亭中，久已不闻于世。直至清嘉庆九年（1804年）著

---

① 《嘉靖宁夏新志》卷八。《宁夏府志》卷一九。
② （清）吴广成《西夏书事》卷一八。
③ （清）吴广成《西夏书事》卷一九。
④ 《嘉靖宁夏新志》卷四。
⑤ 《嘉靖宁夏新志》卷八。

名学者张澍才启拆砖封，发现此碑，并第一个识别出碑文除汉文外还有西夏文字。[①]

此碑碑文两面，一面西夏文，28行，一面汉文，26行。两种文字内容大体相同，都是叙述建立和修整感通塔的情况，只是在叙述详略和描绘的色彩上有所不同。碑文开始叙述阿育王建立八万四千宝塔中，凉州塔即其中之一，中间几经兴废，至北凉张天锡统治时期又建佛塔，以安置佛的杏眼舍利。夏国建立后，此塔祥瑞感应故事很多，如塔现灯光，骇退敌人，又如地震倾斜，能自复正。碑文接着叙述崇宗继位后，西夏对佛教十分重视，会集工匠，修饰佛塔，使之焕然一新，赞扬了皇帝、皇太后"发菩提心，大作佛事"的善举。碑文记载了西夏当时重修的护国寺后，塔寺庄严、壮丽的景象："金碧相间，辉耀日月，焕然如新，丽矣壮矣，莫能名状。"碑文又记载了塔修成后所作的各种佛事活动；碑文还记述了当时西夏在境内大力修葺寺庙，使佛刹林立的情况："至于释教，尤所崇奉。近自畿甸，远及荒要，山林溪谷，村落坊聚，佛宇遗址，只椽片瓦，但仿佛有存者，无不必葺，况名迹显敞，古今不泯者乎？"碑文的西夏文部分，有的描述更加详尽，更富有民族特色。[②]该碑已被列为国务院重点文物保护单位，今存武威市博物馆。

乾顺时期另一件大规模修建寺庙的活动是在甘州建筑卧佛寺。对此寺修建有两种记载。据明宣宗《敕赐宝觉寺碑记》所载：西夏乾顺时，有沙门族姓嵬咩（嵬名），法名思能，早先从燕丹国师学成佛理，受境内人崇敬，号为国师。他掘得古涅槃佛像后，在甘州兴建大寺，时为崇宗永安元年（1098年），该寺就是留存至今的有名的卧佛寺。[③]又据《西夏书事》记载：乾顺自母亲梁氏死后，常供佛为母祈福。当时甘州僧人法净声称自己于张掖县西南首浚山下夜望有光，掘得古佛三身，皆卧像，献于乾顺。乾顺遂于贞观三年（1103年）在甘州建宏仁寺，即后来的卧佛寺。[④]显然，两种说法在时间、人物、情节上都有差异。但两说都认为甘州卧佛寺是在乾顺时期兴建的。这一寺庙规模宏大，在当时的条件下，没有政府的提倡和支持是难以完成的。

二、塔寺建筑形制

西夏的寺庙大都已毁坏无存，而当时的佛塔却有不少仍矗立在西夏故地，尽管有

---

① 张澍《养素堂文集》卷一九，道光十七年刊本。
② 史金波《西夏佛教史略》第241—254页。
③ （清）乾隆四十四年修《甘州府志》卷一三《艺文》，明宣宗《敕赐宝觉寺碑记》；又卷五《坛庙》。
④ （清）吴广成《西夏书事》卷三一。

的已经过重修，也还不失原来的风貌。西夏建塔很多，形式多样。

（一）承天寺佛塔

承天寺坐落在西夏都城兴庆府西南，始建于夏毅宗谅祚天祐垂圣元年（1050年），原塔毁于清乾隆四年（1739年）地震。现存塔身为嘉庆二十五年（1820年）重修，基本保持了原塔形貌。为八角形楼阁式砖塔，共11层，逐级收分，呈锥体，全高64.5米。塔室方形，宽2.1米，为"厚壁空心式"木板楼层结构。下部三层未辟塔窗，四至十层，每层四面开拱形窗，交错配置，顶层四面凿出圆形大窗。塔顶以上斜收成八角锥形的刹座，上有高大的桃状绿琉璃刹顶。塔形秀俏挺拔，表现出西夏佛塔建筑的艺术风格。

图90 宁夏银川市承天寺塔

（二）拜寺口双塔、寺院遗址

中国佛塔对立式双塔极少。西夏的拜寺口同一座寺庙中有一对高大庄严的佛塔，俗称"双塔"，十分罕见。双塔位于银川市西北约45公里的贺兰山东麓，始建于西夏。塔分东西，相隔百米，形影相吊，形成贺兰山下的景色奇观。两塔外形和高度近似，均为八角形十三层密檐式砖塔，高约45米。塔顶为上仰莲花刹座，承托十三重相轮（残）。塔身中间辟有拱形龛，内置佛装饰有所不同。东塔每层檐下均为两个怒目圆睁的砖雕兽头，威严凶猛；西塔每层檐下正中均设一方形浅龛，龛内塑各影塑彩绘造像一尊。龛两侧各有一砖雕兽头，口吐宝珠，串若悬河。塔棱转角处的上方，又塑坐佛

图91 贺兰山拜寺口双塔

图 92 贺兰山拜寺口双塔出土木建筑构件

图 93 宁夏贺兰县宏佛塔

一尊。塔身通体施以彩绘。塔顶上有砖砌的刹座和"十三天"。两塔装饰繁缛华丽。双塔之间原有寺院，明初已废。该寺院可能即"夏国贺兰山佛祖院"。近年又在附近发现了数十座小佛塔的塔基，原来应是塔群。

（三）宏佛塔

宏佛塔位于银川东北20公里的贺兰县境，是楼阁塔与喇嘛塔的复合形式，残高28.34米，下部三层为八角形楼阁塔，上部是巨大的覆钵塔。塔为空心结构。楼阁塔各层塔身上部砌出阑额、斗拱和叠涩砖塔檐，檐上有平座和栏杆。覆钵塔由塔基、塔身和塔刹组成。塔基平面呈十字对称向内折两角形式，塔身作宝罐状，塔刹由亚字形刹座承托"十三天"，顶部塌毁。塔身通体施以彩绘。

（四）拜寺沟方塔

方塔位于贺兰县金山乡的贺兰山拜寺沟内，是一座正方形十三级密檐式空心砖塔，第一层高耸，以上逐级收分，塔刹已毁，是所知惟一的方形西夏塔。残高30米，底边长约6米。方塔为实心，只在第三、十、十二层构筑塔心室，又每层南壁安置直棂影塑的假门龛，每层都有装饰，遍身粉妆彩绘，彩绘斗拱、额枋、日、月、兽面以及流苏。木质塔心柱由塔顶贯穿塔底，这在我国古塔中很少见。其造型似中原一带的唐塔。1990年11月，该塔被不法分子炸毁。残塔所出塔中心柱上有西夏大安二年（1075年）汉文铭文，西夏文木牌上有贞观十三年（1113年）题款，并对朽木标本碳—14进行检

图94 宁夏贺兰山方塔

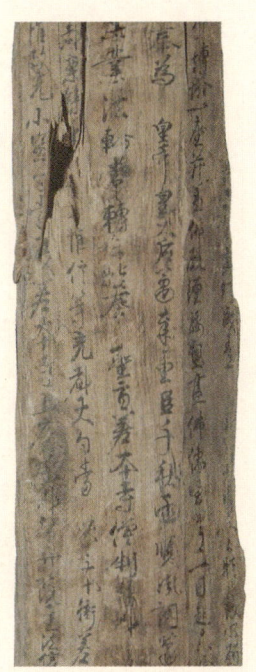
图95 方塔中心柱汉文铭文

测,得知此塔是西夏时期重建。

(五)康济寺塔

康济寺塔位于同心县韦州乡所属的韦州古城东南隅。为八角形十三级密檐式空心砖塔。塔残高39.2米,加固修复后的高度42.7米,由塔身、刹座、相轮宝顶三部分组成,底层较高,第二层以上的塔身紧箍着一眉叠涩的腰檐平座,向上收分与刹座宝顶有机结合,形成刚劲有力弧线形外廓,再现了我国早期密檐式塔的风格和韵律。

(六)永寿塔

安庆寺永寿塔位于宁夏中宁县鸣沙镇黄河边崖上废寺内,为八角七层楼阁式空心砖塔,原残高21.4米,修复后高35米,塔底边长3.16米,底径7.9米,塔身底层较高,面南开有门洞可通塔室,第四、第六层塔身南北面正中开券门,而第三、第五层塔身东西面正中开券门,每层叠涩砖檐下有一斗三升。塔身层层收分,上下比例适当,造型端庄挺拔。文献记载该"寺内浮屠相传建于谅祚之时"[1]。现存塔为明代地震寺庙倒塌后重修。[2]

---

① 《嘉靖宁夏新志》卷八。
② 汤晓芳主编《西夏艺术》第96页。

图96　宁夏同心县康济寺塔

（七）一百零八塔

西夏的一百零八塔是世上稀有的大型塔阵，在宁夏青铜峡县峡山口黄河西岸，建筑在河岸斜坡上。依山势从上至下按奇数排列成十二行：第一行为1座；第二、三行各3座；第四、五行各5座；第六行以下分别为7、9、11、13、15、17、19座；总计一百零八座，形成总体平面呈三角形的巨大塔群。塔均为实心砖塔，单层八角形须弥座，塔身内衬土坯，外裹砖石，通体涂有白灰，原白灰面上画有各式彩绘。塔顶一般为宝珠式，但基本上都已塌毁。塔的高度，除第一行一座高5米外，其余均在2.5米左右。塔体型制大致上可分为四类：第一行为覆钵状；第二行至第六行为八角形鼓腹尖

图98　宁夏青铜峡一百零八塔

图97 宁夏中宁县安庆寺永寿塔

锥状；第七行至第八行为宝瓶状；第九行至第十二行为葫芦状。① 这是内地最早的藏传佛教覆钵式白塔。

（八）卧佛寺

又名宝觉寺、宏仁寺，俗名大佛寺，在今甘肃省张掖县城西南隅。西夏永安元年（1098年）国师嵬名思能掘地得涅槃佛而倡建。明永乐元年赐额"宝觉寺"。寺内现存大佛殿一座，为木构建筑，清乾隆年间重建。正中塑释迦牟尼涅槃像一尊，身长34.5米，肩宽7.5米，木胎泥塑，金装彩绘，比例匀称适度，神态自然丰满，原为西

图99 甘肃张掖卧佛寺

夏时塑造，明代曾为修补。这一超大型卧佛，反映出西夏时期雕塑艺术的大手笔、大气度，表现当时对大型雕塑品总体把握的能力和高超艺术技巧。寺内尚存藏经阁和一土塔。甘州卧佛寺是河西地区迄今所存最大的古建筑之一。

综观西夏塔寺的建筑有以下特点：

（一）形式多样。有多层楼阁塔，如承天寺塔、安庆寺塔、田州塔；有密檐式塔，如贺兰山拜寺沟方塔、拜寺口双塔、康济寺塔；有上为覆钵式下为楼阁式的复合形塔，如宏佛塔；有覆钵式喇嘛塔，如一百零八塔。

（二）多数建筑造型精巧。西夏塔建造精制，耗费材料、工时很多，形成塔寺宏伟、庄严、华丽的特点，表现出当时政府和社会重视佛教建筑的风俗。

（三）建筑设计合理，用材讲究，施工认真。西夏塔虽高而坚固，有的弥久而不毁，有的年久重修后仍保持着西夏的风格。②

至于其他建筑形制和特点，还有待进一步考察。如李德明和元昊两代都曾遣使到宋朝的五台山（今山西省五台县境）敬佛供僧，后西夏在贺兰山建五台山寺，当系仿照宋朝山西五台山所建之佛寺，此寺的地望、建筑群落布局和建筑特点还有待进一步考察。③

---

① 雷润泽、于存海、何继英《西夏佛塔》第102—127页，文物出版社1995年版。
② 史金波《西夏佛教新探》，载《宁夏社会科学》2001年5期。
③ 参见陈育宁、汤晓芳《西夏艺术史》第221—262页，上海三联书店2010年版。

第四章
行旅交通

　　自古以来，外出行旅，水陆交通便是社会生活中的常事。西夏境内既有平原，又有山地、沙漠，还有河流，其行旅交通风俗也呈现出多样性，行旅交通的方式、路线、工具都有其特点。

第一节　行旅方式

日常生活中走亲访友、赶集上店、朝寺拜佛，乃至于出差公干、作战行军都涉及行旅。处于中古时期的西夏，人们的出行一般是两种方式，即陆路和水路。

一、陆路旅行

（一）交通路线

西夏有银川平原、河套地区和河西走廊，为陆路交通提供了方便条件；同时境内有贺兰山、祁连山、六盘山等大山，有毛乌素沙漠、腾格里沙漠、巴丹吉林沙漠，成为陆路交通的障碍，给行旅带来困难，也因此形成了西夏行旅的复杂因素和特点。

西夏地区的道路交通，早就有很好的基础，西夏时期又有了新的发展。早在宋景德四年（1007年）就曾大规模修道路、建驿馆："德明以中国恩礼优渥，天使频临，遂于绥、夏州建馆舍二：曰承恩、曰迎晖。五百里内道路、桥梁修治整饬，闻朝使至，必遣亲信重臣郊迎道左，礼仪中节，渐有华风。"[①] 当时其统治中心在灵州，从灵州修治五百里的道路和桥梁，使宋、夏往来无阻，这在宋、夏交通史上是一件值得称道的大事。

西夏商业贸易发达，与周边王朝贸易往来频繁，需要较为方便的交通运输。西夏每年的税收粮草数量很大，皆需转运。再加上西夏军事作战频繁，征调、行军也需要方便的交通道路，因此道路交通成为社会生活中的大事。西夏政府机构中专门设置都转运司，为中等司，设6正，8承旨，8都案，10案头。西夏政府又在各地设置10处边中转运司，形成西夏交通运输重要网络。据《天盛律令》记载，10个边中转运司为：

---

① （清）吴广成《西夏书事》卷九。

沙州、黑水、官黑山、卓罗、南院、西院、肃州、瓜州、大都督府、寺庙山，皆为下等司，分别设4正或2正，4承旨、6承旨或2承旨。此外还有上述21个地边城司。① 这些都是交通的网点。

由于行旅、运输的需要，西夏境内的道路连系了主要城镇，形成了以首府兴庆府为中心、四通八达的交通线路。兴庆府位于银川平原中心，隋唐以至宋代，党项、突厥、回鹘、吐蕃等民族相继进入贺兰山下，使此地成为汉族与各游牧民族相互接触、进行经济、文化交流的重要地点。宋代虽城郭不大，驻兵很少，却是著名的"河外五镇"中的首镇。②西夏在德明时期修建怀远镇并升为兴庆府③，后又改为中兴府。这里便逐渐成为西夏的交通中心，是北上南下大道的交通中枢。若北去经定州、省嵬城、至兀剌海城，再东向可至宋朝西京道，北上可至辽国的上京道。东南可经灵州、盐州、保安至宋朝延州，也可经盐州、宥州、夏州、石州、银州、绥州至宋朝延州。南经灵州、鸣沙可至宋朝秦凤路的怀德军、镇戎军（今宁夏固原）和渭州（今甘肃平凉）。西行可经应里（今宁夏应理县）入河西走廊，经凉州、删丹、张掖、肃州、瓜州、沙州至回鹘的伊州（今新疆哈密）。这都是当时的驿道，此外还有作为大道支脉的辅路和小道，形成了适应当时交通行旅需要、遍布全境的陆路交通网。

《西夏纪事本末》前的"西夏地形图"中绘有四通八达的道路，以虚线标识，共有十数条之多，有的沿路还记有很多驿站名称，如从灵州东至契丹界有10多个驿站。其中标明"国信驿路"的路线大约就是兴庆府—灵州—盐州—保安军—延安府一线，应是当时重要交通干线。

分析《天盛律令》的有关条款，可大概了解西夏时期境内各地区之间陆路交通情况。《天盛律令》规定，在运输官畜、谷、钱、物时，如不属于经略使范围，由当地运送来京的时间为：沙州、瓜州40日，肃州、黑水30日，西院、罗庞岭、官黑山、北院、卓罗、南院、年斜、石州20日，北地中、东院、西寿、韦州、南地中、鸣沙、五原郡15日，大都督府、灵武郡、保静县、临河县、怀远县、定远县10日。若属于经略使范围则自当地到京师的时间大大缩短，在10日—20日之间。④ 这些日期应是按当时道路的里程和交通状况规定的。

（二）交通工具

西夏时代陆路行旅除步行外，有骑马、骑骆驼、乘车、乘轿的习俗，因此，西夏

---

① 史金波、聂鸿音、白滨译注《天盛改旧新定律令》第一〇"司序行文门"第363—364页。
② 汪一鸣《西夏建都兴庆府的地理基础》，载《中国都城研究》，浙江人民出版社1985年版。
③ 《续资治通鉴长编》卷九六，真宗天禧四年（1018年）岁末条。
④ 史金波、聂鸿音、白滨译注《天盛改旧新定律令》第一七"物离库门"第544—547页。

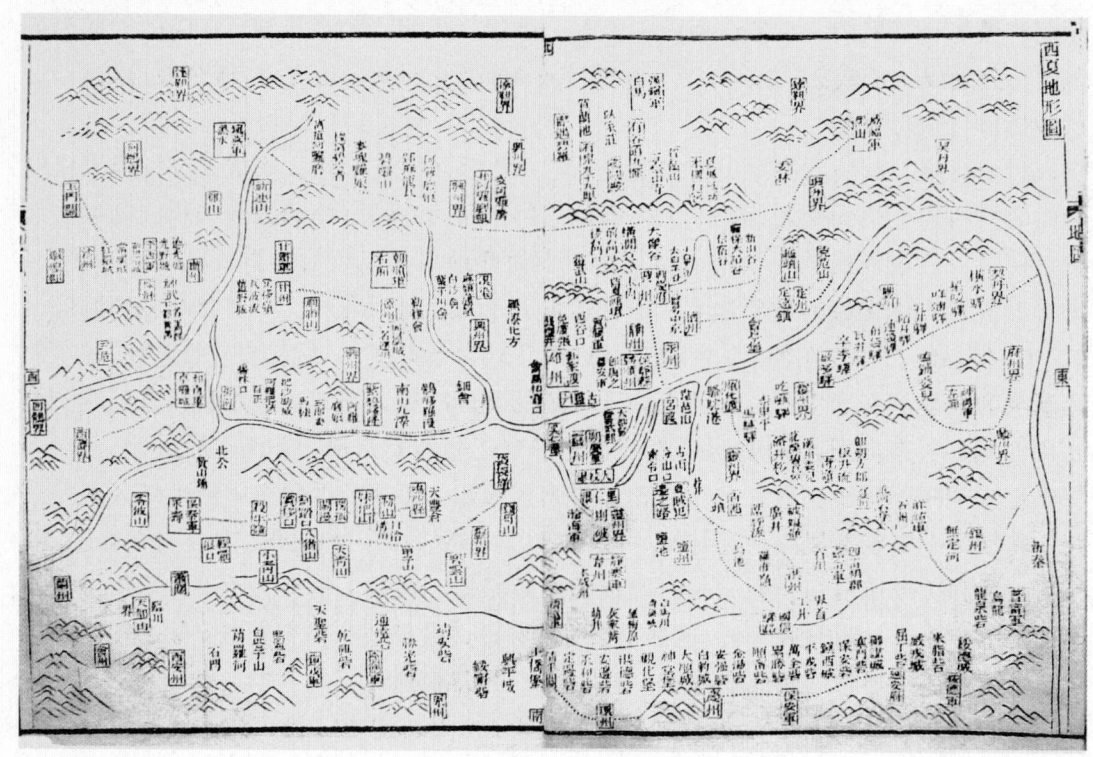

图 100 《西夏纪事本末》中的西夏地形图

的交通工具还有马、骆驼、车、轿等。

1. 马、骆驼

西夏盛产良马,除供给战马外,也用于旅行骑乘。《西夏谚语》中说:"路长骑马显威力",出行时路途遥远最好是骑马。又说:"快马星速无伦比",指出骑马出行速度快。① 骑马出行最典型的是皇室、政府派出传达命令的"执符人",这种执符人携带传递命令的符牌,乘马传递。存世西夏文铜符牌两合,由上下两块套合组成,上块正面上端有一镀金西夏文"敕"字,知为专门传达皇帝命令用;下块正面刻双线西夏文楷书"敕燃马牌"四字。② "燃"字表示十万火急,而"马"字表示是乘马传递。《天盛律令》中的执"火急符",送"火急文书",可能即指此种符牌。③《天盛律令》规定执符人可随时换乘骑马:"诸人与执符人相遇,殴打、不与骑乘等时,当绞杀。"甚至执符人的随从也不能被拒绝给予乘马,《天盛律令》又规定:"随执符局分人所派遣之童子、马夫等

---

① 陈炳应《西夏谚语——新集锦成对谚语》第9页。
② 史金波、白滨、吴锋云《西夏文物》图127、128。
③ 史金波、聂鸿音、白滨译注《天盛改旧新定律令》第一三"执符铁箭显贵言等失门"第468页。

往，要骑乘，其处不予骑乘而打之者，徒四年。"①可见这种执符人是一种特殊身份的出行者。这种特殊的出行也往往根据路程的远近，而规定到达的期限。《天盛律令》记载："派执符有期限者，派遣者当计地程远近，以为期限。"②

除马匹外，骆驼也是陆路出行骑乘的重要代步、载重牲畜，可能因骑乘骆驼的稳妥、舒适而受到皇帝的青睐。《天盛律令》的"供给驮门"规定："官家（皇帝）驿驾出，随时供给，诸人借领所需骑乘时，群牧司、行宫司二种寺内之骆驼当分别驱派。官家驿驾出，三司、皇城等应遣所需骑乘骆驼时，当派三司、皇城、行宫司等大人其一以供职。"③

骆驼作为四大畜种之一既产驼毛，又是代步、驮运工具。西夏文《碎金》记载："运货驼骆强，驮重毛驴弱。"表明了西夏人对骆驼运输的情有独钟。

2. 车辇与轿子

西夏的交通工具中早有贵族用的车辇。早在西夏正式建国前，德明从夏州到行宫鏊子山时，"大辇方舆、卤簿仪卫，一如中国帝制"。④

宋代以前轿子被称之为肩舆，又称"步辇"，就是去掉辇车车轮以人抬行。坐轿子远比乘车平稳、舒适。宋代有钱、有地位者乘轿已成普遍现象。西夏贵族也用轿子作代步的工具。

在西夏文写本《文海宝韵》的残序中记载元昊时期创制西夏文字时，对制字师优礼有加："……等成为博士，其人又荣升为夫子，出内宫门坐四马车上，威仪围绕，臣僚导引，乐人戏导，送国师院宴请。"⑤序言描述制字师野利仁荣等人当时颇受重视，被授予很高的头衔，给予很多的荣耀的情景。其中提及四马车，这当是一种供贵族享用的高级代步交通工具。

西夏皇朝极力维护皇权，尽力保护皇室，也表现在御用交通工具的制作和保管上。《天盛律令》规定：

> 御车、舆辇（汉语轿子）等已造完毕，未成实用，及因检验时未视虚假，谓无伤损，行用时不牢等，一律营造者匠人徒三年，小监、检校等徒二年。检验者已见有虚假，受贿徇情而未检出者，罪与小监相当，若无受贿徇情则徒一年。其

---

① 史金波、聂鸿音、白滨译注《天盛改旧新定律令》第一三"执符铁箭显贵言等失门"第467页。
② 史金波、聂鸿音、白滨译注《天盛改旧新定律令》第一三"执符铁箭显贵言等失门"第474页。
③ 史金波、聂鸿音、白滨译注《天盛改旧新定律令》第一九"供给驮门"第575—576页。
④ （清）吴广成《西夏书事》卷九。
⑤ 史金波《〈文海宝韵〉序言、题款译考》，《宁夏社会科学》2001年4期。

中进时坚固，库内放置年月久而行用时已变劣，因公出行中不牢时，行前修造时未提醒，则局分大小之罪一律徒二年。若已行，视前导道呼声者道不安而不呼，及驾车者驾不牢而颠仆等，一律徒三个月。其中车辆辇毁不牢时，每种应加二等，依时节，视其情节轻重，奏报实行。若局分以外人等故意损毁盗坏时，造意徒十年，从犯徒六年。①

皇帝乘用的车辇应是当时最好的交通工具，其质量优劣直接关系到皇帝的安全。

（三）交通法规

西夏地区，特别是银川平原等地，有河水灌溉之利，河道、水渠纵横，因此桥梁很多，如欲保证道路的畅通，必须维护桥梁的完好。西夏对桥、道的保护倍加重视，在《天盛律令》中专有"桥道门"，首先对大渠上的大道、大桥给予特别关注，因为这是道路的主干，是交通的关键。规定要及时修大道、修大桥：

> 大渠中唐徕、汉延等上有各大道、大桥，有所修治时，当告转运司，遣人计量所需笨工多少，依官修治，监者、识信人中当遣十户人。若有应修造而不告时，有官罚马一，庶人十三杖。此外，沿大渠干有各小桥，转运司亦当于租户家主中及时遣监者，依私修治，依次紧紧指挥，无论昼夜，好好监察。若监察失误，致取水、盗窃、损桥时，本人赔偿而修治之，不治罪，不修治则有官罚马一，庶人十三杖。

修桥、修道由转运司负责。若不修理道、桥而损坏时，要对责任人判罪。《天盛律令》又记：

> 诸大小桥不牢而不修，应建桥而不建，大小道断毁，又毁道为田，道内放水等时，渠水巡检、渠主当指挥，修治建设而正之。若渠水巡检、渠主见而不告，不令改正时，与放水断道等罪同样判断。

对损坏桥道者的处罚按盗窃罪治罪，对小渠的道路则由当地附近的家主负责。除渠道上的道路外，对官大道也给予保护：

> 诸租地中原有官大道，不许断破、耕种、沿道放水等。若违律时有官罚马二，庶人徒三个月，依道法当除之。②

---

① 史金波、聂鸿音、白滨译注《天盛改旧新定律令》第一二"内宫待命者头项门"第 432 页。
② 史金波、聂鸿音、白滨译注《天盛改旧新定律令》第一五"桥道门"第 504 页。

二、水路旅行

（一）水陆路线和渡口

西夏水运有渡口，根据《天盛律令》记录有24个渡口："来遣沟、坚金、来哆、草丘、红有、五儿、鼻捕、三波、特奴、菊主、啰嵬、旁契、旌竖、哆连、定远县、卖住、石口、大都督府、连子旁、水木、黑谢、树黄、贺兰沟、荆棘口。"① 这些渡口名称有音译，有意译，很多不详其所在，只有定远县、大都督府、贺兰沟可知其具体地址。《西夏纪事本末》的"西夏地形图"中沿黄河记有郭家渡、吕渡、顺化渡。其中的顺化渡可能是上述《天盛律令》中的"树黄"。顺化渡在兴庆府附近，和吕渡当为黄河上的重要口岸，由此顺流而下可抵天德军、胜州等地（今内蒙河套地区），上游则与积石军、兰州相通。

《天盛律令》专设"渡船门"，其中规定："河水上置船舶处，左右十里以内，不许诸人免税渡船。倘若违律时，当纳三分税，一分当交官，二分由举告者得。船舶左右十里以外有渡船者，不许船主诸人等骚扰索贿。"②

由此可知，西夏的渡船由政府严格控制，其主要目的是为收税。西夏渡船有固定的码头（船舶处），由专门的船舶主掌握渡船并收费。码头上下10里以内不允许其他未缴税的船舶渡船，违律当受罚。《天盛律令》规定24种渡口上各有税监、出纳2名。③

（二）交通工具

水路交通工具主要是舟船，它和陆路交通工具车辆有所不同。舟船若在河中运行时破损毁坏，可能酿成重大事故。因此对舟船的建造要求特别严格。这在西夏法典中有明确记载。《天盛律令》有"舟船门"，用八条的篇幅作出了明确的规定，可惜这部分原文已经残失。然而这八条的内容提要却在该法典前的"名略"中保存下来：制造船及行日（行运日期）、大意制作（粗制滥造）舟船坏、盗减应用（偷工减料）、日未满船坏船沉失畜人物、制船未牢水中坏、铁钉未及式样、应用未减制船未牢日未满坏、作船及行（运行）牢等。④

西夏都城兴庆府在黄河岸，水路方便，因此西夏皇帝出行也有乘船的习惯，《天盛律令》特别规定："御舟不固者，营造者工匠人员等当绞杀。"⑤ 所谓"御舟"即皇帝所乘

---

① 史金波、聂鸿音、白滨译注《天盛改旧新定律令》第一七"库局分转派门"第536页。
② 史金波、聂鸿音、白滨译注《天盛改旧新定律令》第一一"渡船门"第392—393页。
③ 史金波、聂鸿音、白滨译注《天盛改旧新定律令》第一七"库局分转派门"第536页。
④ 史金波、聂鸿音、白滨译注《天盛改旧新定律令》第一八"舟船门"第563—564页。
⑤ 史金波、聂鸿音、白滨译注《天盛改旧新定律令》第一二"内宫待命等头项门"第431页。

船。对御舟的建造有严格的要求，以保证皇帝水路出行的安全。

当时黄河水上交通发达，水运工具除木船、木筏外，还有特别适宜于黄河上游航行的"浑脱"（羊皮筏子），是西夏军队的重要装备之一。《辽史》记载：西夏军人携带物品中有"浑脱"。①《天盛律令》记西夏军人的装备中凡正军皆有"囊"，而辅主和负担则不配备。②此物当不是盛水用的水囊，因为如果是水囊，辅主和负担也应有此种囊。正军的囊是渡船用的皮囊，需要渡河作战时，正军以此渡水战斗。这种西夏军人中正军携带的囊，应是史书记载的浑脱，渡河时可集中在一起作渡水交通工具。

在北方水路交通会受到季节气候的影响，冬季天寒河流冻冰，不能行舟。西夏文《圣立义海》"十一月之名义"中"冬季中月"条有："十一月属子，大寒时也，河冰坚实，舟难行。"③具体到西夏来说，十一月份就停止水路交通了。

---

① 《辽史》卷一一五《夏国传》。
② 史金波、聂鸿音、白滨译注《天盛改旧新定律令》第五"军持兵器供给门"第225—228页。
③ 克恰诺夫、李范文、罗矛昆《圣立义海研究》第83页。

第二节 行旅饮食和风尚

一、行旅饮食

外出行旅时饮食也是很重要的一环。如需在旅途饮食，可自带干粮。前述西夏饮食中有"麨"，即炒面，是出行携带的方便食品。又有"干饼"、"烧饼"、"胡饼"，也是便于携带、不易腐坏的食品。

近些年考古发现一批西夏瓷釉扁壶，有系可以穿绳索携带，行旅走路不易滚动，应是当时人们外出旅行携带的贮水器皿。

除普通百姓出行外，另一种出行是西夏的官员出行公干。前述西夏政府对外出官员和随从规定了每日的肉食和食粮的标准，官员和跟随童仆、行杖的食肉和食粮的标准有巨大差异。

《天盛律令》还规定官员到京师以外问难磨勘者等局分大小的禄食标准。[1]

二、行旅风尚

西夏有占卜的习俗，行军作战，出行买卖无不占卜。在甘肃武威发现的西夏文占卜辞中有"……辰日买卖吉……午日求财顺，未日出行凶……戌日有倍利……"[2]这是一种以地支计日的占卜，与买卖、出行有关，所谓"未日出行恶"，即"未日不宜出行"之意。

---

[1] 史金波、聂鸿音、白滨译注《天盛改旧新定律令》第二〇"罪则不同门"第 613—614 页。
[2] 史金波《〈甘肃武威发现的西夏文考释〉质疑》，《考古》1974 年 3 期。

图101　1964年在敦煌莫高窟调查抄录西夏文题记　　　　图102　雍宁乙未二年题记

西夏人外出的一个重要内容是到佛教寺庙烧香拜佛。在莫高窟、榆林窟的佛教洞窟中留下了不少西夏人的题记，除建窟题记、供养人题记外还有一些是其他地方的人到这个佛教胜地旅游、拜佛时写刻的文字，反映出西夏人出行拜佛的风俗。莫高、榆林二窟中都有西夏佛教徒妆銮石窟、清除石窟寺庙积沙的记载。莫高窟65窟西龛南侧边饰上有西夏文发愿文："甲丑年[①]五月一日税院凉州中多乙搜寻治，我沙州地界上来，城圣宫沙满，为得福还利，已弃二座寺庙中沙，我法界有情，当皆共欢聚，遇于西方净土。""多乙"可能是到敦煌莫高窟寺庙礼佛的人，他可能从凉州旅行到沙州莫高窟，作修行善事，清理洞窟中的积沙。

又榆林窟25窟外室甬道北侧第一身女供养像榜题上有西夏发愿文："雍宁甲午初三月一日昼寺院出家众贤行善者酩布觉弃除榆林寺庙中沙，以此善根，利诸生故，回敬菩提方。"这是以党项族僧人酩布觉为首的人们旅行到榆林窟清除洞窟积沙的真实记录。

莫高、榆林二窟群中大量的西夏文题词是属于西夏佛教徒的巡礼题款。西夏普通的僧俗平民无力妆銮石窟，仅能旅游来此顶礼膜拜。莫高窟285窟北壁西第一个禅洞内有墨书西夏文10行，题款如下："雍宁乙未二年九月二十三日麻尼则子兰、嵬立盛山、酩布子夏园、麻尼则嵬名乐、酩布那征乐、骨匹狗成、麻尼则子乐、麻尼则瑞盛，一□八人，同来行愿，当来山寺庙中烧香。当使世世生见各佛面，司者案头酩布子夏园。"[②]此为西夏崇宗雍宁二年（1115年）题记，墨书上画一浮屠，旁画一列四人，手持供养花对浮屠朝拜。此画虽粗犷简朴，却真实生动地描绘了西夏平民旅行者到他们向往的佛教圣地行愿朝佛的情景。

---

① 无此干支，西夏文甲、乙二字形似，甲丑应是乙丑之误。
② 史金波、白滨《莫高窟榆林窟西夏文题记研究》，《考古学报》1982年3期。

第五章
生 育

生育是人类繁衍的需要，在社会存在和发展过程中有重要地位。西夏社会对生育也十分重视。在《天盛律令》中常把生育与丧葬、嫁娶作为人生的大事相提并论。①

---

① 史金波、聂鸿音、白滨译注《天盛改旧新定律令》第六"军人使亲礼门"第253—254页。

【第一节　生育观念和孕妇保健】

一、生育观念

图103 《掌中珠》中的"阴阳和合，得成人身"

西夏人热爱生活，希望子孙繁茂，家族兴旺。在西夏文中𘜶𗉝为"生育"二字，第一字"生"意，是由"有"和"人"组成的会意字，第二字"养"意。西夏的社会风俗讲究生儿育女，《掌中珠》中说："儿女了毕，方得心定。"①

对于幼儿的形成，西夏人认为是"阴阳和合"，《掌中珠》的"人事下"开宗明义就说："阴阳和合，得成人身。"② 这是对男女婚后生育的科学、朴素的认识。

西夏人认为生儿育女是人生中的大事，也是一桩高兴的事情。西夏文《圣立义海》在"父母爱子名义"中"母对子爱"条记载："产后心喜。"③

《西夏谚语》记载："妇女有子金熔化。"④ 是说妇女怀孕生子比什么都重要。西夏人还认为妇女生子女越多越好，《西夏谚语》又记载："能养育则百子当变化，能步行则千年当出行。"⑤

---

① （西夏）骨勒茂才著，黄振华、史金波、聂鸿音整理《番汉合时掌中珠》第34页。
② （西夏）骨勒茂才著，黄振华、史金波、聂鸿音整理《番汉合时掌中珠》第19页。
③ 克恰诺夫、李范文、罗矛昆《圣立义海研究》第69页。
④ 陈炳应《西夏谚语——新集锦成对谚语》第8页。
⑤ 陈炳应《西夏谚语——新集锦成对谚语》第15页。

二、孕妇保健

西夏文献记载妇女在怀孕期间"步沉足重，衣腹宽松"①，要求孕妇"行坐安养"②，这是重视生育、保护胎儿的社会习俗。关于孕妇的注意事项《圣立义海》第十四"父母爱子名义"中母对子爱条记载："母腹怀子，长起善念。"③在孕期要"长起善念"，一方面是孕妇向善，有保佑胎儿的意思，另一方面孕妇不怒、不愠，保持平和、良好的心境，不伤胎气。此外母亲长起善念，将来子女会品格善良，这里似乎已经有了胎教的内容。

西夏人有照顾孕妇、注意孕妇清洁卫生的风俗，即便孕妇是犯人也应按法律规定给予适当照顾。《天盛律令》规定：犯死罪的孕妇，虽不许担保出狱，但要使其住在牢狱的净处，派人侍奉。判有徒刑的孕妇，其孕子生产日期已明，则派人查视生产日期是否属实，属实则可暂时担保，等产子一个月后再推问。④

《天盛律令》在"误殴打争斗"中有一条内容是"胎儿堕落"，可惜这条正文已经残失，只能从尚存的法典《名略》中得知这一条题目。推想其内容是对殴斗时使胎儿堕落的行为进行特别的处罚，说明当时对胎儿保护的社会风俗和政策。

---

① 李范文、中岛干起编著《西夏文杂字研究》第84页，日本东京外国语大学亚非语言文化研究所发行，1997年版。此八字译为"步胫　足重　胸肋　宽襟"，实应译为"步沉足重，衣腹宽松"。
② 克恰诺夫、李范文、罗矛昆《圣立义海研究》第69页。
③ 同上。
④ 史金波、聂鸿音、白滨译注《天盛改旧新定律令》第九"行狱杖门"第335—336页。

【 第二节　诞生风俗 】

一、生产风俗

生儿育女是添人进口、延续家族的大事。但在生育产子时，对生产的妇女来说又是一次十分痛苦的过程，特别是在西夏时期，卫生、医疗条件很落后的情况下，妇女生育痛苦而又有一定危险。西夏人也认识到这一点，所以《圣立义海》"父母爱子名义"中"母对子爱"条记载："养子忘命。"① 就是说，妇女生产时，要冒着生命的危险。

党项人以前对生日是否重视不得而知，至少后来是重视的，这突出表现在皇家。西夏称藩于金朝后，贺金朝皇帝生日，自天盛三年（1151年）后，金朝也开始贺西夏皇帝仁宗的生日。时在九月，可知西夏仁宗的出生在九月。由金使前来西夏贺生日记载还知桓宗生于十月，襄宗生于十二月。②

二、取名习惯

人诞生后都要起一个名字，西夏幼儿在什么时间起名字，不得而知。我们只能从西夏的人名中来探讨其取名的特点。

西夏人名字是复杂的、多元的。从文献记录的西夏人名看，很多已经受到汉族的影响。如西夏皇族，他们的唐代远祖姓拓跋，名思恭，其弟名思忠，可能是后来改取

---

① 克恰诺夫、李范文、罗矛昆《圣立义海研究》第69页。
② （清）吴广成《西夏书事》卷三六、三九。

的名称，明显带有效忠唐朝的色彩。元昊的祖父李继迁，其兄李继捧，姓氏改为唐所赐姓，名字仍然带有汉族影响。后宋朝赐其兄姓名为赵保忠，赐李继迁姓名为赵保吉，显然又带有效忠宋朝的意味。元昊的父亲名德明，元昊以后的西夏历届皇帝谅祚、秉常、乾顺、仁孝等皆与汉族名称习俗相同。其他如西夏开国元勋、西夏文字创造者野利仁荣、《掌中珠》的作者骨勒茂才，他们的名字都受汉族儒学风气的熏陶。然而我们看到的是他们名字的汉译文，如果以西夏语读音，"仁荣"读成 [尼芍勿]，茂才应读成 [如菩]。西夏人名字除上述意译成汉文外，也有音译成汉文的，如西夏大臣野利遇乞中的"遇乞"，西夏皇帝的外戚梁乙（乞）埋就是音译。

西夏文《三才杂字》中在"番人姓"和"汉人姓"两部分之间有"人名"一项，应是党项人名，前面6行24个名字皆为三字的名字，后面4行21个名字是两字的名字，1个为三字名字。三字的名字有弥药乐、宝塔势、[大花]乐、吉祥[山]、[贺兰]金、[刻嵬]菩、[释迦]众、[天都]金等，弥药是党项族的一种民族称谓，贺兰、刻嵬、天都是地名。二字的名字有犬[汉]、分合、女满、瘦子、艳[香]、[花女]、羌秽、[狗儿]、藏黑等。①

由上可见，西夏人取名有身份的人家趋向文雅、富贵，而一般人家则比较随意。有的附有民族称谓，有的带有吉祥气氛，有的反映宗教信仰，有的带有地名，有的带有动物或植物名，有的是否有民族歧视的意味，还有待进一步研究，如犬汉、羌秽、藏黑等。

在莫高窟、榆林窟的西夏题记中记录了不少人名。莫高窟57窟有息玉[那征]宝，285窟有麻尼则氏[兰]，嵬立盛[山]、酪布夏园[麻]、麻尼则嵬名乐、酪布[那征]乐、骨匹狗[成]、麻尼则氏乐、麻尼则瑞盛，464窟骨匹[玉]。榆林窟25窟的官员名赵祖[易]、赵麻[玉]，另有一幼儿名[没力]玉，也应姓赵，其名字可能是乳名。女供养人的名字有[那征]、宝金、[女香]、[阿香]、乐金等。榆林窟16窟的傅[六斤]，估计是汉人姓名，名字六斤，可能此人出生时重量为六斤。

黑水城出土文书6342号是户籍账，户籍中人名最集中。这件户籍中反映出西夏人名字立意的多样性。有的名字带有祈福、祥和的色彩，如寿长有、福有宝、吉祥等；

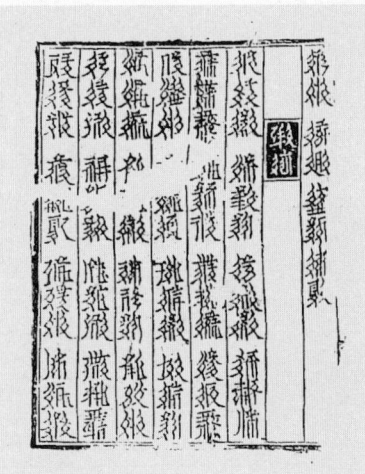

图104　西夏文《三才杂字》中的人名

---

① 史金波、魏同贤、克恰诺夫主编《俄藏黑水城文献》第一〇册第49—50页。李范文、中嶋幹起编著《西夏文杂字研究》第84页。笔者对译文有所改动。

有的带有月份，如正月金、五月金、九月铁、十月盛等；有的则带有佛教色彩，如般若山、般若乐、三宝茂等；特别是一些人名带有低等人或动物的称呼，如善月奴、奴宝、瑞犬、老房犬、驴子有、雨鸟等，甚至女人也有这类名字，如乐盛犬、犬百金、犬妇宝等。西夏人是否也有取这种名字好养活的习俗则不得而知。还能发现兄弟或姐妹名字多不排行，反而有父子、母女名字不避讳排行的现象，如第 10 户父亲名老房盛，儿子名老房宝；第 28 户母亲名老房乐，儿子名老房善。

西夏首领印都刻有年款和掌印者的姓名，现存西夏首领印共见西夏首领人名 60 余个，这些名字五花八门，可见西夏人取名立意的广泛，有的期盼吉祥，有的希望有势，有的寓意坚强，有的表示欢乐，有的与动物有关，有的与宗教有关，有的与亲戚有关。

第五章　生　育

【 第三节　育儿风俗和成年礼俗 】

一、育儿观念

西夏人对婴幼儿的哺育和教养有良好的风俗习惯，有明确的道德规范约束。西夏文《三才杂字》中在叙述生育婴儿后，接着记载要给婴儿沐浴。可见当时在婴儿呱呱坠地之后，有首先洗浴的风俗。洗浴后再喂奶，此后当然还要抚养，使婴儿正常成长。

西夏文《圣立义海》"父母爱子名义"部分对父母养育婴幼儿有较详细的记载。其中"父对子慈"、"母爱惜子"条分别记载了父母对婴幼儿应呵护、疼爱："父对子常怀慈心，育身，供衣食，教安意，使学智慧，比他人巧慧，谓已得人道。""产后心喜，洗浴喂乳，日夜照管，如爱自身，求子之安，强弱自承。"又"父母对子常爱"条："儿女幼时，悉心抚养，使之长大，父母常爱子，以至于老。父母富有则将子放心上，爱心不断。""天下最亲"条："天上地下无父母不亲子者。惜子疼爱，思女念子不思自身安乐。"又"父母常爱孩子不绝"条："父母者皆爱子，儿子孝顺有回报。诗中曰：父母心，放子上，儿子心，多放家上。"西夏人育儿一方面是使之健康发育，另一方面是培养智力。父母抚育幼儿是天经地义的责任，甚至要抛开父母自身的安乐。

对婴幼儿的照顾，首先是使之正常发育，不使受到伤害。"父母爱子名义"中"母养子安平"条："子十五以内养身避水火灾，不著疤痕。"自己的儿女无论美丑，父母同样关爱，不能歧视，不能厚此薄彼。"父母生子皆爱"条记："父母儿子者，美者勿宠，丑者勿嫌，尽皆平等。诗中曰：父母不嫌孩子丑，贫者不弃瘦弱狗。"其中引用的诗句，可能是西夏的诗集或谚语集。美丑是与生俱来，父母和儿女都不能选择，宠美厌丑，不符合西夏的传统道德规范。儿女无论聪慧、愚钝，都要同样爱护。"巧弱缘分"条："父母不谓孩子愚智，尽皆爱也，依行显明。诗中曰：父母养子皆平等，巧弱缘分由天定也。"在"父母养子平等"条中重申了类似的要求:"父母对儿子均爱平等,子福智不同。诗中曰:子面不等,愚智两样,面不等,善缘行。"孩子天分不同,父母都要同样平等爱护,不能有轻有重。西夏人对待孩子的平等态度,不仅提出明确要求,还用诗句加以阐明,以增强说服力。

　　西夏的社会习俗认为父母对孩子有潜移默化的影响,重视父母的表率作用。在"父智母美"条中记:"父母多智慧,孩子多巧智。父母多癫狂,孩子多愚俗。巧笨依缘显现。诗中云:父智子巧天下仪,父弱子怯地上规。"

　　西夏人在教育子女方面已经总结了传统的经验,有很深刻的社会认识。①

二、育儿方法

　　按西夏的习俗,父母应重视对儿女的教育,而且对男孩、女孩的教育重点有所侧重。《圣立义海》"父母爱子名义"中"父对子慈"条:"父对子常怀慈心,育身,供衣食,教安意,使学智慧,比他人巧慧,谓已得人道。"又"父之教子"条:"教子之旨,令习艺业,对女爱惜,觅做衣服。"又"母养子法"条:"养子之身,觅做花衣,和女之衣,艺业学习。"对男儿应教给他技术、手艺,将来可以谋生立身,养护家小,而对女孩则要教给她们女红,学作衣服,将来出嫁后可以胜任家务。

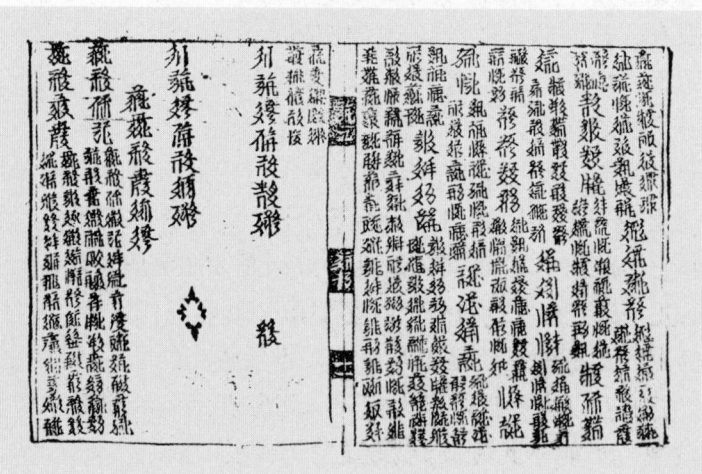

图 105　西夏文《圣立义海》中关于育子的部分

---

① 本节以上引文见克恰诺夫、李范文、罗矛昆《圣立义海研究》第 69—71 页。

对儿子的教育主要是父亲负责，除要使之习艺业外，还要让他学习文化知识。父教子礼"条："子十五以内定婚，令习文业。"西夏重视文教，在民间也养成尊重文化、学习文业的习俗，这在儿童教育中明显地反映出来。

对男孩要教以刚强，"教以刚强"条："父母于儿子幼时教以刚强。"党项民族尚武好战，自小教以刚强，为今后入伍作战作好准备。

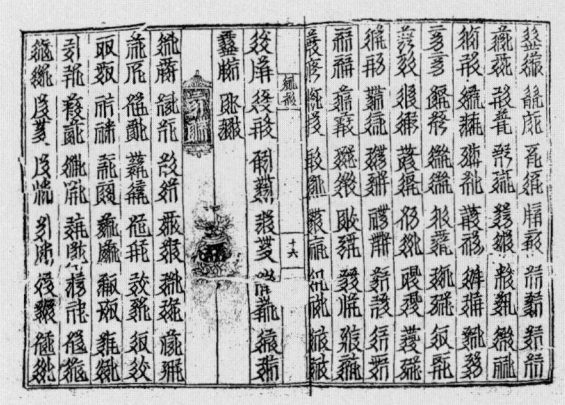

图 106　西夏文《杂字》中关于育子的部分

西夏教育孩子也讲究因材施教。在"父智察子"条中说："父亲测孩子才志，能知其智愚，才艺明达则使学文业，愚笨则教耕牧也。"① 这也反映了西夏封建社会的重文才、轻农牧的风俗。

西夏社会中很重视对子女的教育，如西夏文《杂字》中：有"父母智慧，选择师父，令习各业，因有福智。"② 社会对于善于教育子女的人家褒扬称颂，西夏谚语称："善养畜，人富名，善养子，众称贵。"③

三、成年礼俗

对子女的教育以 15 岁为界限。西夏规定男 15 岁成丁，即成为大人，女 15 岁可以出嫁。《宋史》载西夏："男年登十五为丁。"④《天盛律令》记有同样的规定。⑤

西夏时期的习俗表明，15 岁以内的教育和 15 岁以后的教育内容有所区别。《圣立义海》"父母爱子名义"中"父教子礼"条："子十五以内定婚，令习文业，十五以上迎娶妻眷，令习武艺。女年十五以内，准备妇礼，十五以上送出嫁也。"又"母养子安平"条："十五以上觅做杂物。女十五以内，母家学习令习妇礼，十五以上给寻婆家，准备

---

① 本节以上引文见克恰诺夫、李范文、罗矛昆《圣立义海研究》第 69—71 页。
② 史金波、魏同贤、克恰诺夫主编《俄藏黑水城文献》第一〇册第 51 页；史金波《〈甘肃武威发现的西夏文考释〉质疑》。
③ 陈炳应《西夏谚语——新集锦成对谚语》第 24 页。
④ 《宋史》卷四八六《夏国传》(下)。
⑤ 史金波、聂鸿音、白滨译注《天盛改旧新定律令》第六"抄分合除籍门"第 262 页。

室尺衣鞋，备办不息。"① 当时的社会习俗是男15岁以上娶妻，练习武艺；女15岁以上学习妇道。

男子成丁后，达到成婚娶妻的年龄标志，也到了服兵役、开始承担社会责任的年龄。成丁后交纳赋税也随之增加，据黑水城的赋税账可知，西夏的农业赋税除按耕地交纳一定的粮税外，还有按人口缴纳粮税的负担，期间15岁以上的大人所纳粮税比小孩高出一倍。

在中国古代社会中，历代都规定了成丁年龄。与中古时期其他朝代比较起来，西夏的成丁年龄都是最低的。成丁太早表明西夏过早地让人民承担社会负担，特别是西夏与周边王朝经常有战事，需要更多的士兵参战，因此不仅建立了全体成丁人员皆兵的战争体制，还要提早成丁的年龄，年至15岁就被驱向战场。反映出西夏统治者压榨、盘剥民庶的程度甚深，人民负担加重。

---

① 克恰诺夫、李范文、罗矛昆《圣立义海研究》第70页。

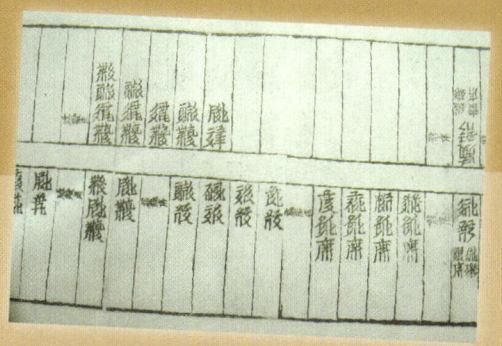

第六章

婚姻和妇女

党项族的婚俗很有特色，并且有一个发展过程。史书对党项族早期婚姻有记载。《隋书》记载：党项族"淫秽蒸报，于诸族中最为甚"。《旧唐书》的记载更加详尽："妻其庶母及伯叔母、嫂、子弟之妇，淫秽烝亵，诸夷中最为甚，然不婚同姓。"① 在我国隋、唐之际，党项族社会还处在原始社会末期，婚姻制度上显然还保留着群婚的残余。党项族迁入西北后，随着社会的不断发展，婚姻家庭关系也逐渐改变。特别是西夏政权形成以后，这种变化更大。

---

① 《隋书》卷八三《党项传》。《旧唐书》卷一九八《党项传》。

【第一节 婚姻观念】

一、重视婚姻

西夏人热爱生活,重视男女婚姻,《掌中珠》中说:"男女长大,遣将媒人,诸处为婚,索与妻眷,室女长大,嫁与他人……儿女了毕,方得心定。"① "为婚"即结婚,西夏文为 。结婚在人的一生中是重大事件。婚姻使男女双方家庭都高兴,西夏文《碎金》中说:"迎媳婆母安,得婿岳公喜。"②

西夏人还认为婚姻是族亲(男方)和姻亲(女方)共同寻求的结果。在《圣立义海》"族姻相对寻"条中记载:"人结婚姻,则比姻(亲)、较族(亲)相寻。"两家做亲要比较斟酌,寻求合适的对方。

西夏早已进入封建社会,以上对婚姻的认识和重视多受中原地区的影响。

二、婚姻由前世而定

因缘由前世而定的观念在西夏文《圣立义海》"婚姻名义"中"依前缘结亲"条有明确记载:"人之亲戚成婚者,前世因缘和合,此世为亲戚婚姻也。"③

又《圣立义海》"夫妇名义"中"依因缘合"条:"男女为夫妇者先昔礼已定,依天

---

① (西夏)骨勒茂才著,黄振华、史金波、聂鸿音整理《番汉合时掌中珠》第69—70页。
② 聂鸿音、史金波《西夏文本〈碎金〉研究》。
③ 克恰诺夫、李范文、罗矛昆《圣立义海研究》第83页。

地日月阴阳和合顺而成就，不能依自力。"① 这种前世定因缘的认识使人们安于婚姻现实，对于婚姻自由是一种无形的束缚，也是家长作主的包办婚姻的思想基础之一，带有很强的封建社会时代特点。

三、同姓不婚

由前述已知，早期党项人已"不婚同姓"，即实行族外婚。人类经过长时间社会发展的经验积累，逐渐认识到同姓结婚，其姓不繁的后果。封建社会时代的西夏更不允许同姓结婚。然而西夏人还把这一早已确定的习俗书之于国家法典上，这一方面表明这条规范的严格性，另一方面可能当时仍有人违反同姓不婚的既定原则。《天盛律令》规定："同姓结婚之媒人传语之罪，比结婚者之罪，当减二年为一年，婚姻当改过。"② 为同姓婚姻作媒人的人，要判一年徒刑，而同姓婚姻当事人判徒刑二年。犯同姓婚姻者，还要退婚改过。唐、宋律都规定了对同姓结婚的处罚，但对媒人进行处罚则是西夏特有的规定。

同姓不婚对皇族嵬名氏也有特殊规定："西名自五子以上嵬名姓已变，取后姓，允许为婚。西名五子以下依节变姓者，依取用前姓施行，不许为婚，违律时与同姓为婚一样判断。"③ "西名"是与皇族嵬名氏有关的一代姓氏。此条大意是在西名五代以外，嵬名姓已变，可以通婚，在五代以内，不准通婚，也就是出五服即可通婚。其他姓氏是否也可照此办理，不得而知。五服以内严禁通婚的习俗在汉族和其他民族也存在。

四、良贱不婚

在讲究等级制度的封建社会中，一定等级的家庭成员只能同相当等级的家庭成员通婚。中国阶级社会的历史上有两种婚姻界限：良贱不婚、士庶不婚。唐、宋时期，士族门阀势力渐渐消失，等级观念渐趋淡化。但良贱不婚的制度仍然延续下来。唐、宋时期依然遵循着良贱不婚的习俗。法律规定良贱为婚要受刑事处罚，并且当事人还必须离异。

---

① 克恰诺夫、李范文、罗矛昆《圣立义海研究》第 85 页。
② 史金波、聂鸿音、白滨译注《天盛改旧新定律令》卷八"行非礼门"第 306 页。
③ 史金波、聂鸿音、白滨译注《天盛改旧新定律令》卷八"为婚门"第 306 页。

西夏社会中,"官"和"民庶"属于"良"的范围。西夏还保留一部分有人身依附关系、地位低下的"使军"和"奴仆",使军和奴仆被排除在官和民庶之外,其身份类似唐代的"部曲",即对主人有人身依附关系的农奴和家仆,属于"贱"的范围。他们缺乏人身自由,其婚姻也须依附主人,由主人做主。《天盛律令》规定:"使军未问所属头监,不取契据,不许送女、姐妹、姑等与诸人为婚,若违律为婚时徒四年。妇人所生之子女当一律还属者。前己予价,为婚之使军能自予则当自予,不能则当罚主人。"《天盛律令》还规定:"前述使军已问所属头监,乐意给予契据,则允许将女儿、媳、姑、姐妹等嫁予他人,及与诸人为婚。"① 这些条款说明使军家庭的的女性的婚权,实际上掌握在主人手中,只有征得主人的同意并完成必须的手续后才能嫁与他人。

五、对德行和美丑的认识

西夏人还认为有些情况不能成为婚姻,称为"杂多婚姻"。在《圣立义海》"杂多婚姻"条记载:"人所择婚姻,家门杂多,大小无礼,男女乐,喜安居,应做不为,复贪食物,故不成婚,□杂种,失离本性,如砖瓦不能成玉也。"② 此处着重说明择偶时,还要看对方家庭,如对方家庭中有违正常的杂事,上下无秩,贪图享乐,不为职事,贪食贪财,则不堪为婚姻。这是属于婚姻中的伦理道德方面的要求,表明了西夏人讲礼仪、崇正直、尚勤勉的优良品质和朴素风尚。

西夏人在择婚时也讲究相貌的俊丑。《碎金》中有:"为婚是旧仪,亲戚从今非。媒人奉承美,集体问姿容。""集体问姿容"表明相貌是择偶的一个标准,而且是家属共同关心的问题。相貌的俊丑对女子更为重要。如《圣立义海》"美妇名义"中"女身姿美丽"条记载:"世界人之最上要者,色美丽也,其次意智、言语为要。"这里把人的身姿视为"最上要"似乎和同书的下列内容相抵牾。西夏人认为容貌固然重要,但是女人的聪慧更为重要,如"丑妇内聪"中的"外丑内聪"条:"妇人才艺内聪为要,仅多外美多招祸祟。诗中云:智男察妇行,愚人重妇表。"③

《西夏谚语》中有:"禄贱,对官事忠,妇丑,对丈夫贞。"也说明西夏社会对妇人美与丑的辩证认识。

---

① 史金波、聂鸿音、白滨译注《天盛改旧新定律令》卷一二"无理注销诈言门"第417页。
② 克恰诺夫、李范文、罗矛昆《圣立义海研究》第83—84页。
③ 克恰诺夫、李范文、罗矛昆《圣立义海研究》第88页。

六、宽容非婚生子女

封建社会的道德和法律对非婚性行为是禁止的，对非婚生子女采取歧视的态度。与中原王朝比较，西夏对非婚生子女显得较为宽容。《天盛律令》规定："诸人娶妻子，后与他人行淫乱而怀有杂子女者，不许取状寻问。已产出而为父母所杀时，为母所杀与杀己子罪相同，为父所杀则杀一人徒六年，自二人以上一律徒八年。无心失误动手而杀时，杀一人徒五年，自二人以上一律六年。"① 不难看出，西夏法律对非婚生子女是承认和保护的，并对杀害非婚生子女视为犯罪行为，而给予惩处。

在西夏的社会中，非婚生子社会地位也比普通人低下。《天盛律令》规定："诸人之妻子与他人通而生杂子者，不许袭丈夫之抄、官、军，勿得畜谷宝物，依次板□注册。"② 能否承袭军抄、官位和军职，对西夏的男儿来说至关重要，非婚生子没有这些权利。

---

① 史金波、聂鸿音、白滨译注《天盛改旧新定律令》卷八"烧伤杀门"第 296 页。
② 史金波、聂鸿音、白滨译注《天盛改旧新定律令》卷一〇"官军敕门"第 353—354 页。

第二节　婚姻形式

西夏的婚姻习俗总体上和西夏的社会性质相一致。西夏法典在婚姻制度上也与其封建社会的性质相适应。在婚姻制度上西夏也借鉴了中原地区封建法典有关规定。然而西夏是以少数民族为主体的政权，其婚姻形式既有一般封建社会的属性，又有自己的民族和地区特点。

一、包办婚姻

西夏也实行父母包办这种封建社会婚姻制度。《天盛律令》中对婚姻当事人父母的主婚权有明确的规定："诸人为婚嫁女顺序：亲父母可嫁，祖父母、伯叔、姨、兄弟、嫂等其他节亲不许嫁。若无亲父母，则祖父母及共居庶母、女之同母兄弟、嫂娣及亲伯叔、姨等共议，于所愿处为婚。"[①]并规定若违反，要依据不同情况受到相应的处罚。可见，在西夏婚姻当事人的婚权属于父母亲，在没有父母亲的情况下则由关系密切的亲属共同商议。西夏婚姻是父母亲包办婚姻，西夏的婚姻讲究"父母之命"。

上述规定还表明，在女子没有父母亲的情况下，本人也有了一定程度的婚权，即在无父母时，由其他至亲共同商议，但还需要征得女子本人"于所愿处"的意见。规定虽没有明确指出若本人不愿去该如何处置，但女子本人的意见会起作用。这也许是党项族过去较自由婚俗的某些遗留。

---

① 史金波、聂鸿音、白滨译注《天盛改旧新定律令》卷八"为婚门"第309页。

二、买卖婚姻

买卖婚姻是封建婚姻制度的一个重要属性。西夏也盛行买卖婚姻，而且此种风俗有很长的历史。这种婚俗明显地反映在西夏语言和文字构造中。在西夏语中，"嫁"与"卖"是同一个词核，不仅语音相同，西夏人在创制文字时用同一个字表示。[①] 因西夏文字是西夏立国前夕才创制的，可以认定买卖婚姻仍是当时的习俗。这是西夏实行买卖婚姻的真实反映。

西夏的买卖婚姻是法定的，政府对婚价有明确的规定。《天盛律令》规定：

诸人予为婚嫁次第：

一等殿上座节亲主、宰相等以自共与其下人等为婚者，予价一律至三百种以内，其中骆驼、马、衣服外，金豹、虎皮等勿超百五十种。

一等：节亲主以下臣僚等以自共与诸民庶等为婚，嫁女索妇时，一律予价二百种以内，其中骆驼、马、衣服外，金豹、虎皮等勿超百种。

一等：自盈能等头领以下至民庶为婚，嫁女索妇时，予价一律一百种以内，其中骆驼、马、衣服外，金豹、虎皮等勿超二十种。[②]

西夏谚语有"已高贵者，豹皮结袋虎皮囊，库上所置花斑斑；已贫贱者，牛皮口袋牛皮囊，路上所放灰糊糊"。[③] 可见豹、虎皮属于高档婚价物品，政府明令要加以限制。由上可知，西夏的妇女有婚价，确属买卖婚姻。婚价以实物为主，虽因地位、贫富有较大的区别，但还是比较铺张的。可能因西夏的婚价太高，在政府的法律中要实行最高限额的限定。又规定酒食也可以充当婚价彩礼，"以财物为酒食者，亦同聘财"。像西夏这样在国家法典中详细区分妇女婚价等级的规定，在中国大概是绝无仅有的，由此可见西夏婚俗特点。

西夏的婚价是婚姻能否成立的一个关键。《天盛律令》规定："诸人已为婚后，男父母能给婚价而不给，曰'吾不愿娶媳'，则当罚所予前价，婚姻当改过，女父母当另嫁女。实无力与价，则三年婿当往出劳力，期满，当予之妻子。若女父母曰'吾反悔'，男父母亦曰'愿放弃'，则依所用前价数偿还。双方情愿，当许退婚，男父母不愿，则不许退婚。"[④] 这里所谓"为婚"其实是订婚。同条还规定，若女方"食用毕婚价，逾期

---

① 史金波《西夏语的"买""卖"和"嫁""娶"》，《民族语文》1995年4期。
② 史金波、聂鸿音、白滨译注《天盛改旧新定律令》卷八"为婚门"第311页。
③ 陈炳应《西夏谚语——新集锦成对谚语》第20—21页。笔者对译文有所改易。
④ 史金波、聂鸿音、白滨译注《天盛改旧新定律令》卷八"为婚门"第306—307页。

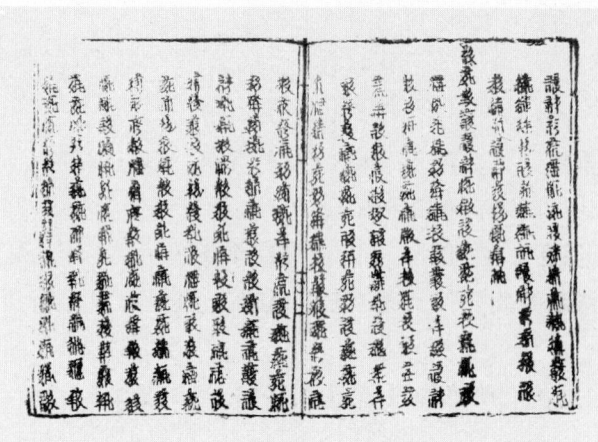

图107 西夏文《天盛律令》中有关婚姻的内容

不予媳时，女父母徒一年。"即男方未给婚价，或女方偿还婚价，则可以退婚，若婚价已用则不能退婚。可见婚价在西夏婚姻中的关键作用，反映了西夏妇女地位低下，成为变相的商品。

西夏法典对买卖婚姻中的婚价有变通规定，女婿无力给婚价，女婿可到女方家中出劳役，这种服役婚实质上也是买卖婚姻的一类。给无力出聘资的贫苦人娶媳妇提供了可能，反映了当时社会的贫富差别和实际需要，是很有特色的。

西夏对婚价的限制、以实物为主的婚价和嫁妆形式，以及以劳力抵偿婚价的措施等，比较适合于生产力水平相对落后、人民生活水准相对低下的西夏社会实际情况。

三、姑舅表婚

姑舅表婚在很多民族中，包括汉族都实行过，它虽然排斥了同姓婚姻，但仍是一种近亲婚姻，因此随着社会的发展，一些民族已经禁止了姑舅表婚。中古时期一些民族和王朝对表兄弟姐妹这种"亲上加亲"的婚姻事实上并不完全排斥，政府也听之任之。西夏《天盛律令》中没有对姑舅表婚规定限制，在实际生活中甚至还在提倡。

西夏对甥舅的特殊关系仍十分重视。《圣立义海》"舅甥名义"中"出生根本"条："舅甥者与母共本出生处是也。诗中曰：舅骨上侄出生，熔炉中铁产生。""舅甥互敬"条又规定："甥者常敬舅，诗中曰：敬舅如白高，与神等；爱甥如狐狸，如爱金。"①把尊敬舅父与尊敬党项本源"白高"相提并论，且与神相等同。在西夏植根于母系的尊舅习俗影响着现实的婚姻。《西夏谚语》中也有关于舅甥特殊关系的句子，如"白霄亲舅心软，黑土爱甥声柔"。②

从西夏语言文字中也可以证明西夏姑舅表婚的存在。前述西夏文中的"为婚"譨䋲二字中，第一字以"男"䫉、"娶"䫤二字合成，第二字以"女"䎱、"嫁"䬉二字合

---

① 克恰诺夫、李范文、罗矛昆《圣立义海研究》第80页。
② 陈炳应《西夏谚语——新集锦成对谚语》第25页。

成，两字共同组成"结婚"一词。在语音上第一字与西夏语中的"舅"𗦳同音，第二字与"甥"𘘥同音。也就是说，在西夏语中"舅甥"和"结婚"两词在语音上完全相同。这种特殊的构词现象，证明在党项族社会中舅甥关系就是一种必然的姻亲关系，外甥娶舅舅的女儿为妻是当时社会约定俗成的婚姻习俗。《西夏谚语》中有："亲上亲，姑坐上甥媳。"① 是说姑姑家坐着的（女儿）是外甥的媳妇。这种婚姻制度一般称为姑舅表婚。

西夏党项族盛行姑舅表婚，从西夏语其他亲属词中也能找到旁证。西夏语中"婆母"𗤶𘟂一词，第一字与西夏语中的"姑"𗤶同音，并在字形构造上取"姑"的一半构成。这说明在西夏语中"姑"和"婆"是相通的。西夏语中的"岳父"𗤶𘟀和"公公"也是同一个词。这些语言现象都和甥舅结亲的姑舅表婚相一致，外甥娶舅舅的女儿为妻，舅舅的女儿与其丈夫的母亲的关系既是姑母与甥女的关系，又是婆母与儿媳的关系。西夏党项族的姑舅表婚从其亲属称谓上看很可能也是双向的。②

姑舅表婚在很多民族中都存在过。据调查，中国的少数民族在 20 世纪 50 年代差不多有一半民族仍不同程度地残留有表亲婚。其实汉族在历史上也曾盛行姑舅表婚，这在汉语称谓上也能找到根据。汉族也有姑、婆同称的历史。《尔雅·释亲》中有如下解释："妇称夫之父曰舅，妇称夫之母曰姑。"③

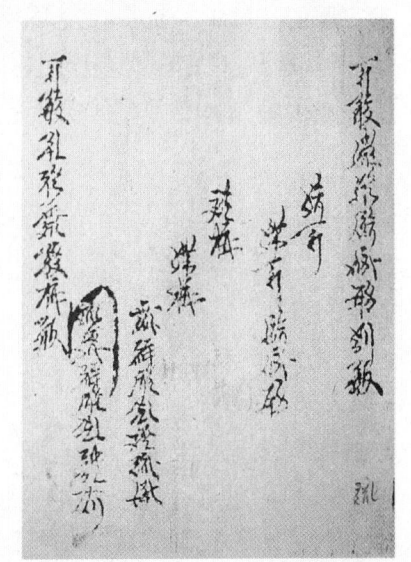

图 108　西夏文户籍中的婆媳同姓

这种婚姻形态不仅在党项族的历史上存在过，而且在西夏时期仍在实行。比如西夏第一代皇帝景宗元昊的生母和他本人的第一个妻子都是卫慕氏家族，因此元昊所娶卫慕氏也应是他舅舅的女儿。又如西夏第二代皇帝毅宗谅祚，其母没藏氏，他本人娶其舅父没藏讹庞之女为妻。第三代皇帝惠宗秉常，其母梁氏，他本人娶其舅父梁乙埋之女为妻。皇室的姑舅表婚对社会上维持这种带有近亲结婚婚姻形式，起到了倡导和强化的作用。

黑水城出土文书 6342 号是户籍账，户籍中两户有婆媳关系，其中第 14 户女性大人二人，是户主的母亲和妻子，她们都姓庞清氏。即婆、媳同姓，婆母是儿媳的姑母，

---

① 史金波、魏同贤、克恰诺夫主编《俄藏黑水城文献》第一〇册第 333 页。参见陈炳应《西夏谚语——新集锦成对谚语》第 12 页。
② 史金波《西夏语的"买""卖"和"嫁""娶"》。
③ 《尔雅·释亲》卷三《释嫁·妻党》。

户主的岳父是其舅父。这是西夏盛行姑舅表婚的真实反映。这一户籍中出现的普通百姓中姑舅表婚的实例，证实在西夏社会基层也存在这种婚姻关系。

四、一夫一妻和一夫多妻

西夏存在一夫多妻现象。《天盛律令》在记录亲属关系的"亲节门"中规定应服三年丧服的亲属中，有子对父母，还有子对庶母。① 又《天盛律令》多处提到"同居庶母"，如"为婚门"规定嫁女顺序时，若无亲父母，则祖父母及同居庶母等共议。② 可见西夏的一夫多妻、妻妾并存的现象是合法的。

统治阶层中往往有多妻现象。李德明妻卫慕氏、咩米氏、讹藏氏。元昊共七妻，有卫慕氏、索氏、都罗氏、咩米氏、野利氏、耶律氏、没啰氏。仁宗时的晋王察哥，"年已七十余，犹姬妾充下陈"。③

黑水城出土文书6342号户籍账中，第23户户主梁吉祥势，后记有两名妻子，该户大男人中有梁吉祥势兄弟二人，但因户籍中的称谓都是指与户主的关系，可知梁吉祥势有两个妻子。第27户户主千玉吉祥有家中只有户主一名男人，后记两名妻子，更是明显的一夫二妻。这一户籍使多妻现象在平民中也得到证实。

西夏的妻妾不像中原地区那样尊卑严格，嫡庶之间的差别距离也不像中原地区那样大。在中原地区妻、妾、婢女的尊卑位置规定得十分清楚，若违反要受处罚。而在《天盛律令》中还没有这样严格的规定。

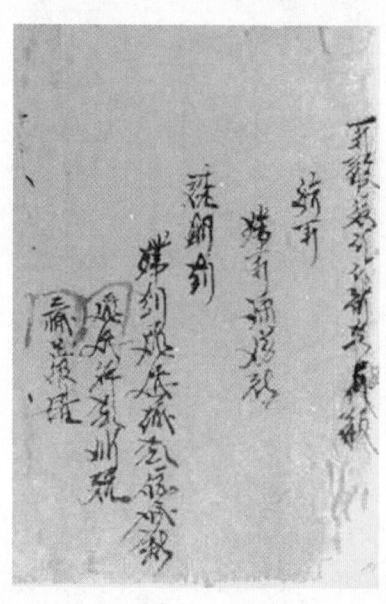

图109　西夏文户籍中的一夫二妻

五、抢婚

历史上不少民族有抢婚习俗，这是原始婚俗的表现。西夏进入封建社会，抢婚现

---

① 史金波、聂鸿音、白滨译注《天盛改旧新定律令》卷二"亲节门"第134—135页。
② 史金波、聂鸿音、白滨译注《天盛改旧新定律令》卷八"为婚门"第309页。
③ （清）吴广成《西夏书事》卷三六。

象已不被社会所容纳,但抢婚事件时有发生。因此政府不得不在法律中规定对抢婚行为给予惩治。

一种是抢已婚妇女。《天盛律令》专设"夺妻门",共有十条,其中第一条规定:诸人设计引诱藏匿人妻,或强持侵凌占有为妻时,分别判处徒刑。如规定:

> 诸人欲与人妻行淫,以女人不愿,密谋持抢时,徒四年。女人能举报而不举报,心悦愿住者,徒三年。稍稍压制不使举报,则引诱者一律二年。

> 诸人与人妻行淫,及虽未淫而男人行为计谋,女人不愿,而强持其处侵凌为妻子时,徒八年。女人能举报而心悦不报时,徒一年,不能报则罪不治。引诱者三年。①

对合力强抢者判罪更严:"诸人合力取人妻者,庶人当绞杀,胁从引诱者徒五年。"②可见西夏对夺妻抢婚视为非法,而且处罚比较严厉。在其他条目中,还规定了丈夫追赶夺妻者有杀伤事件、知情不报、能否和解等项作出了具体规定。总之是明确对抢婚者的惩罚,而维护被抢婚家主的权益,实际上是保护合法婚姻。《西夏谚语》对已婚妇女逃跑进行谴责:"红鹰鸣叫下贱,媳妇逃跑丑恶。"③

另一种是抢未婚妇女。《天盛律令》对规定:"诸人女在未嫁,父母不允,不许随意抢亲纳礼,违律而父、兄弟告时,前抢亲受礼者有官罚马一,庶人十三杖。女子情愿则笞三十,不情愿则不治,归还父母,依愿嫁之。若已侵凌妇人则徒六个月;藏匿于其地者徒一年。父、兄弟不告,不许他人举报。若违律告状、取状者,一律有官罚马一,庶人十三杖。"④看来,西夏对抢未嫁女者处罚很轻,若父亲、兄弟不举告,则不追究。这与中原地区法律很不相同。

六、婚外性生活

通过《天盛律令》的"夺妻门"、"侵凌妻门"、"威势藏妻门"和"为婚门"可知西夏对非婚性行为是禁止的。《西夏谚语》也有"贱女帐内客来睡"的语句。⑤但在居住边远地区的游牧居民,保留本民族习俗较多,一些地区的男女青年性行为比较自由:"凡育女稍长,靡由媒妁,暗有期会,家不之问。情之至者,必相挈奔逸于山岩掩映之处,

---

① 史金波、聂鸿音、白滨译注《天盛改旧新定律令》卷八"夺妻门"第298页。
② 史金波、聂鸿音、白滨译注《天盛改旧新定律令》卷八"夺妻门"第299页。
③ 陈炳应《西夏谚语——新集锦成对谚语》第25页。
④ 史金波、聂鸿音、白滨译注《天盛改旧新定律令》卷八"为婚门"第310页。
⑤ 陈炳应《西夏谚语——新集锦成对谚语》第20—21页。

并首而卧，绅带置头，各悉力紧之，倏忽双毙，一族方率亲属寻焉。见，不哭。谓男女之乐，何足悲悼？用彩缯都包其身，外裹之以毡。椎牛设祭，乃以其草密加缠束，然后择峻岭，架木为高丈，呼为'女栅'，迁尸于上，云于飞升天也。二族于其下击鼓饮酒，尽日而散。"①这反映了西夏封建社会规范的明媒正娶婚姻行为外，另一种民间的婚姻、性爱习俗。

西夏法典对男女的非婚性行为，也进行处罚，但处罚较轻："寡妇及未嫁女与人行淫时，男人罪：是寡妇则（徒）一年，是未嫁女则三个月。女人：十杖。"②与有夫之妇发生奸情则处罚稍重："诸人与人妻一处寝宿被捕时，徒二年。下官与比己官大者之妻子行淫时，徒三年。庶人与有官人及司吏并所首领、溜盈能等行监之妻子行淫时，徒四年。"③政府反对非婚性的淫乱，这种法律规定也渗透着社会不平等，地位越低者判罪越重。

婚外淫乱以统治者为甚，其中皇室尤其严重。如西夏景宗元昊妃卫慕氏，与元昊不睦，被元昊囚之别宫，广运元年（1034年）生子，野利皇后密告所生子貌类他人，元昊怒，杀卫慕氏与所生子。此子是否他人子难以料定。又元昊诬杀大臣野利遇乞后，与遇乞妻没藏氏私通，并有非婚生子谅祚。谅祚刚刚成年，便与舅父没藏讹庞儿媳梁氏私通，并利用梁氏密告杀死讹庞父子，迎梁氏入宫为皇后。史载："谅祚凶忍好淫，过酋豪大家辄乱其妇女，故臣下胥怨，而身以羸死。"④

梁氏被尊为太后，垂帘摄政，也有大量绯闻。史载其幸臣名罔萌讹，颇受梁氏信用。当时宋朝鄜延路经略沈括、副使种谔曾上言："兼梁氏与萌讹首为悖乱，使一国之民肝脑涂地，彼宁不猜怨？"⑤也透露出相关信息。梁氏的绯闻还带入了宋夏战争。天赐礼盛国庆二年（1070年）西夏进围顺宁寨。宋军寡不敌众，人心危惧。此时："城中娼李姓得梁氏阴事甚悉，自请退敌，登陴掀衣抗骂，尽发梁氏私，城下丛射之，莫能中，李氏言愈丑，兵士悉掩耳，恐得罪，托言粮匮，解围退。"⑥梁氏的所谓"阴事"当属婚外情之类。

西夏宫中淫乱对西夏社会风气不无影响。《天盛律令》规定："诸人于内宫不许与杂妇行淫。若违律时，男女一律徒六年。"⑦西夏时期对皇宫内的淫乱行为处罚较严，这是

---

① （清）张鉴《西夏纪事本末》卷一〇，清光绪十一年刻本。
② 史金波、聂鸿音、白滨译注《天盛改旧新定律令》卷八"侵凌妻门"第301页。
③ 史金波、聂鸿音、白滨译注《天盛改旧新定律令》卷八"侵凌妻门"第301页。
④ （清）吴广成《西夏书事》卷二一。
⑤ 《续资治通鉴长编》卷三二六，神宗元丰五年（1082年）五月丙午条。
⑥ （清）吴广成《西夏书事》卷二三。
⑦ 史金波、聂鸿音、白滨译注《天盛改旧新定律令》卷一二"内宫待命等投项门"第430页。

对下人的约束，对皇室掌权者难以奏效。

当时中原地区的文人对西夏的婚俗有一些记载，看起来是很特殊的风俗："凡有女子，先荐国师，而后敢适人。"① 元人马祖常作过一首《河西歌》："贺兰山下河西地，女娘十八梳高髻，茜根染发光如霞，却召瞿昙作夫婿。"② 这可能是藏传佛教传入西夏后，在党项族内形成的习俗。国师在西夏是享有盛誉的高僧，党项女子以身先荐国师，这同藏传佛教某些派别的习惯大致相同。这与党项民族相对的性自由可能有一定关系。

七、族际婚姻

西夏党项族和附近民族有友好往来，也互通婚姻。仅以皇室为例：李继迁、元昊和崇宗乾顺曾先后娶契丹皇室女义成公主、兴平公主和成安公主为妻。毅宗谅祚时曾以宗室女嫁给归降西夏的吐蕃族首领禹藏花麻，并封禹藏花麻为驸马都尉。崇宗时又以宗室女嫁给河西节度使、吐蕃首领赵怀德（拢拶）。西夏皇帝娶汉族女为妻者更多。崇宗乾顺之妃曹氏为汉族，生子仁宗；仁宗仁孝妃罗氏也为汉族，生子桓宗，西夏两代皇帝的母亲都是汉族。这些典型事例说明由于民族间的通婚，西夏皇族中汉族的血统成分越来越多了。

西夏皇室也曾向宋朝皇室求婚。宋嘉祐七年（1062年），西夏毅宗谅祚"请尚主"。宋朝对西夏请求宋公主下嫁的事，借口曾给西夏皇帝赐姓，没有答应。③

西夏姓氏中有复姓现象。莫高窟第285窟有"麻尼则嵬名乐"，《金光明最胜王经》序中有"芭里嵬名狗鬼"。统计西夏60余个首领印姓氏，其中一个姓名包括两个姓氏的就有多个，如"喂讹嵬名山"、"酩玉嵬名势"、"吴嵬名山"等，足见这是一种不可忽视的现象。

从下列史实可以看到西夏复姓的来源和内涵。史书记西夏有拽厥嵬名，他是"宥州正监军、伪驸马"，曾率西夏军"宿兵贺兰原"，后被宋俘获，押赴宋都阙。④ 不难看出，姓名中的"嵬名"二字是因此人之妻为皇族嵬名氏的原因，其本姓或为"拽厥"。上述6个复姓中都是以嵬名氏为第二姓。这大概是与皇族结亲的人为了某种政治需要，或显示自己的荣贵，把皇族妻姓列于本姓之后。西夏的复姓现象可能反映了当时的民

---

① （宋）彭大雅撰、徐霆疏《黑鞑事略》，《丛书集成初编》本。
② （元）马祖常《石田文集》卷五"河西歌"，中州古籍出版社1991年版。
③ （宋）司马光《涑水纪闻》卷九，中华书局1989年版。
④ 《续资治通鉴长编》卷三五四，神宗元丰八年（1085年）四月甲申条。

族的地位和族际婚姻关系。

以上姓氏中有的前两个音节为一姓，第三、四两个音节为一姓；有的前一音节为汉姓，后两个音节为党项姓。此外还有汉姓和番姓叠复在一起的例证，如《凉州重修护国寺感通塔碑铭》中有"浑嵬名遇"，莫高窟61窟题记有"翟嵬名九"、榆林窟12—13窟之间的题记有"张讹三茂"等。以上姓氏第一个音节为汉姓，第二、三个音节为番姓。这种复姓现象或许是父姓与母姓共用，或许表明了一种特殊的婚姻关系。在所见一个人名中有汉姓和番姓两个姓氏时，都是汉姓在前，番姓在后。大约本人是汉族，妻子是番族。为了表明自己不同于一般汉人的特殊地位，便在自己的汉姓之后加上妻族的姓氏，显示提升民族地位的意味。

西夏户籍表明在西夏的底层社会确实存在番汉通婚现象。6342号户籍账表明当地居民虽以党项族为主，以党项族之间结合为多，但党项族与汉族通婚已不是个别现象。如第6户千叔讹吉的妻子焦氏，第9户嵬移雨鸟的妻子罗氏，第27户千玉吉祥有的妻子瞿氏都是异族通婚。① 一些借贷契约中借贷者和同借者是夫妻关系，有的夫妻一个是汉族，一个是党项族。如4696—3-5号立契约者是曹肃州，相借者是妻子讹七氏酉宝。前者是汉族，后者是党项族，② 也是异族通婚的例证。

正统观念和大民族主义思想很深的中原王朝反对汉人和少数民族通婚。宋至道元年（995年）八月"禁西北缘边诸州民与内属戎人昏娶"。③ 这里所谓"戎人"即指党项人。宋朝不准已经归属的西北党项族和沿边的宋朝人民结为婚姻，采取了民族歧视政策。当然从中也可以看出，当时宋朝沿边百姓和内属党项族通婚已不是个别现象，从而有政府的明令禁止。

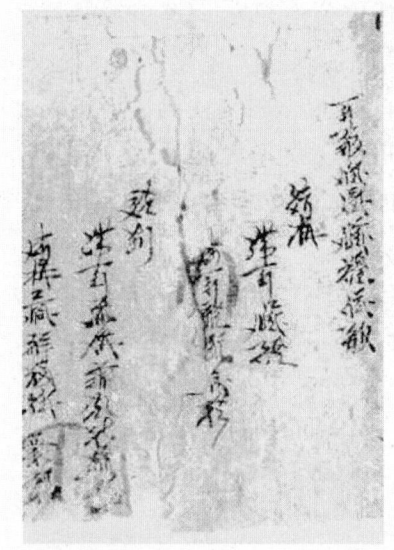

图110 西夏户籍中夫妻不同民族

---

① 史金波《西夏户籍初探》，《民族研究》2004年5期。
② 史金波《西夏粮食借贷契约研究》。
③ 《宋史》卷五《太宗纪》。

【 第三节　婚姻程序 】

西夏的婚姻过程在《掌中珠》已有简略陈述，在《天盛律令》的条文中尽管没有按顺序叙述，但在相关条目中出现了说媒、纳礼、食价、婚价、嫁妆、迎媳等缔结婚姻的类似环节。中原地区在婚姻成立过程中有所谓"六礼"，即纳彩、问名、纳吉、纳征、请期、亲迎。西夏社会也有类似的婚姻程序。

一、媒人说合

前述《掌中珠》的"人事下"中记载："男女长大，遣将媒人，诸处为婚，索与妻眷。"证明那一时期，西夏和其他封建王朝一样，媒人说合在缔结婚姻时是不可或缺的一个环节，也是一种通行的社会习俗。

媒人说合亲事，往往在男女双方美言，西夏文《碎金》有"媒人奉承美"的词句[①]，而媒人的不实之词，会给以后的婚姻造成麻烦。《西夏谚语》又有"婚姻争执怨媒人"的提法。[②]

西夏法律对媒人也有要求，在《天盛律令》的有关条目中可以看到婚姻的中介媒人在西夏婚姻中的责任。如在处罚因贪婚价而一女嫁二处时，若媒人"知晓是他人妻"仍介绍婚姻时，则要治罪。还规定，"因不宜婚姻"而成婚时，媒人"徒三个月"。[③]

[①] 聂鸿音、史金波《西夏文本〈碎金〉研究》。
[②] 陈炳应《西夏谚语——新集锦成对谚语》第 10 页。
[③] 史金波、聂鸿音、白滨译注《天盛改旧新定律令》卷八"为婚门"第 312—313 页。

二、行聘订婚

西夏法律关于订婚年龄有具体规定:"女年十三以上始得为婚,当计日,三年期间予价迎送皆当了毕。……若女年少有为婚者,未长成时勿使提前完婚,至年十三,迎送法与前述相同。"① 这里所说的"为婚"实际上是订婚,大致是13岁订婚,三年后迎娶。这可能不是十分严格的条文。

在《圣立义海》中有相关内容的记述,在"父母爱子名义"中"父教子礼"条有"子十五以内定婚","十五以上迎娶妻眷","女年十五以内,准备妇礼,十五以上送出嫁"的内容,又"母养子安礼"条有"女十五以内,母家学习令习妇礼,十五以上给寻婆"的内容。②

西夏法律规定,在订婚时男方要给予婚价,结婚时女方要陪嫁妆,并依据婚价的不同而有不同等次:

为嫁妆次第:一钱当予实价二钱以内,不许滥超其数。一年期间予者,告则罪不治,所予超数当退还。倘若违律,追告不还及逾期告状寻问者等,一律有官罚马一,庶人十三杖。

为婚价予三百种之嫁妆中盖帐三具,二百种盖二具,一百种盖一具。无力亦允许不盖,不许比之增盖。

为婚嫁妆盖帐者,三具、二具盖七十以及六十木以内,不许超出木数。

诸人为婚有送女嫁妆中送服饰及奉客时,服饰等一律予价三百种送七十服,予价二百种送五十服,予价一百种送十服以内。无力允许不服,不许比之超服及衣服全予。③

从上述规定可知,嫁妆约等于婚价的一半,包括钱财、盖帐和服饰,男方无力给婚价可以劳力抵偿,女方若无力给嫁妆,可以婚价的一部分抵偿:"女父母无力,则当以前所取价二分之一为婚价,另一分为嫁妆而予之。其中无力者则不须予嫁妆。"④ 看来西夏对嫁女是采取限制的办法,规定最高限额,不能超出,可以婚价补偿,甚至没有嫁妆也可以。

西夏的婚姻程序,一是过彩礼,即聘资;二是饮酒吃饭,即设订婚宴。西夏法典

---

① 史金波、聂鸿音、白滨译注《天盛改旧新定律令》卷八"为婚门"第306—307页。
② 克恰诺夫、李范文、罗矛昆《圣立义海研究》第70页。
③ 史金波、聂鸿音、白滨译注《天盛改旧新定律令》卷八"为婚门"第312页。
④ 史金波、聂鸿音、白滨译注《天盛改旧新定律令》卷八"为婚门"第311页。

记载:"诸人为婚时已予应允,酒食已饮者,嫁资未转传则不算换为婚。嫁资多少已取,则取多少一律算实在为婚。其中为婚非乐意,则不许彼此强令食为婚酒食,予大小聘资。"① 看来在西夏订婚的关键是嫁资,只要交付了嫁资,即便只是一部分也算是订了婚。

西夏社会的婚姻,原来需要有一个"凭据",这种凭据是在政府某一部门登记注册,还是由男女双方家长请证人立字据,不得而知。但后来这项规定被取消了。《天盛律令》中有:"诸人为婚和索妇时,先已为凭据者外,自此律令印行之日起,其后当不许为凭据,已有为者亦不算。"② 取消时间应在天盛时期,究竟为什么取消律令中没有说明,也可能是原来立凭据的办法在很多地方、很多情况下行不通,甚至出现偏颇的缘故。

三、结婚礼俗

西夏婚俗,从订婚到迎娶是有时间限制的。《天盛律令》规定订婚后三年内要迎娶,甚至还规定:"男父母三年期间未迎娶,罪错自负,当罚婚价。"《天盛律令》没有记述西夏婚姻迎娶的全部过程,但从有的条目中仍可看出其完婚过程的繁杂:"前述为婚中,取腹股婚服、索妇食、帐末食、客人来往食、烤房食等时,传转物者,勿计入嫁妆。"③ 尽管对上述"腹股婚服、索妇食、帐末食、客人来往食、烤房食"的具体内容不甚了然,但这些记载反映出西夏嫁娶有复杂的程序。

西夏社会对迎娶十分重视,把它看成是婚姻的正式完成,形式隆重,礼仪繁复。正式结婚要按预定好的日期迎送。《圣立义海》"婚姻名义"中"合日送迎"条:"族姻相敬,择日求安,送女索妇,亲家翁、亲家母相敬依礼而行。"④

前述《掌中珠》扼要记载了西夏迎娶的过程:"亲家翁、亲家母,并诸亲戚,尽皆聚集,儿女了毕,方得心定。"⑤ 表明结婚迎娶时男女双方家长和很多亲戚都很重视,要参加婚礼祝贺,婚礼的完成是家长了却对儿女责任的标志。

西夏文《碎金》记载:"为婚是旧仪,亲戚从今非。媒人奉承美,集体问姿容。……爹爹子孙颂,娘娘女妹惜。迎媳婆母安,得婿岳公喜。"⑥ 表达了儿女结婚后家长的喜悦心情。

---

① 史金波、聂鸿音、白滨译注《天盛改旧新定律令》卷八"为婚门"第309页。
② 史金波、聂鸿音、白滨译注《天盛改旧新定律令》卷八"为婚门"第318页。
③ 史金波、聂鸿音、白滨译注《天盛改旧新定律令》卷八"为婚门"第306—307、312页。
④ 克恰诺夫、李范文、罗矛昆《圣立义海研究》第82页。
⑤ (西夏)骨勒茂才著,黄振华、史金波、聂鸿音整理《番汉合时掌中珠》第70页。
⑥ 聂鸿音、史金波《西夏文本〈碎金〉研究》。

第四节 离婚与再嫁

离婚作为婚姻破裂的结果,也是社会中不可避免的事。在封建社会强调夫权,形成男尊女卑的社会习俗,离婚主要是男性的权利。

一、离婚

封建社会中婚姻的离异成为男人的专利——"出妻"。中原地区"出妻"制度中的有所谓"七出",即休弃妻子的七条理由。这种风尚也基本被西夏所接受,并载之于法律。《天盛律令》全面吸收了中原王朝的所谓"七出"条款:

> 诸人出妻子法:妇人有七种恶中与人行淫一种,则父母及丈夫等共议、不议一律允许出,不许反告。此外:一,不生子女;二,不侍奉公婆;三,有主多言;四,盗窃;五,嫉妒;六,恶疾。有此六种错,丈夫和公婆等共议出之,则可往乐处。父母不知,丈夫出之,予凭据,若曰"当出",剪头,遣往所愿处,及丈夫不知而父母出之等,六个月期间谁未知者反告诉讼,则不许往乐处,父母出之则罪不治,丈夫出之而未问父母直意,则有官罚马一,庶人十三杖。

可以看到,西夏的"七出"中分两个层次,"行淫"一种父母及丈夫可不共同商议,即可实施"出妻",其他六种需父母及丈夫共议。西夏法典还有"三不去"的原则,即:

> 彼有六种错,然一者能行孝礼于公婆;二者娶时贫苦低微后富贵咸上;三者迎娶时送者迎人根断而无住处等。三种所不出及无罪错妇人等,妻丈夫有出妇人之心,女父母亦曰"我赎出",则当出,不当回还。女父母不欲赎,妻丈夫曰"出妻子媳等",则当罚聘价,退还嫁妆,随其愿往。父母不知不愿,则反告,诉讼程

序、期限与前述相同。①

西夏的"七出"和"三不去"和唐宋律法基本一致。但西夏在"七出"中把"行淫"置于第一位，而唐、宋则将"无子"置于第一位。在"三不去"中西夏增加了女方父母的权利，若愿接受女儿回家，就可以回家，否则男方要受处罚。这些是西夏社会的特殊习俗。

二、改嫁

西夏社会对于寡妇守节是赞赏和提倡的。《西夏谚语》有："女净不净寡时显，男志不志说话显。"② 又《天盛律令》对妇女守节、赡养孤儿者给予褒扬："国境中有文武艺能及有妇女养孤不出户，侍奉公公婆母不厌者，军头监勿隐之，应告管事处及执重职以外……"③ 此条后缺，推想应是给予照顾的内容。这表明西夏政府提倡寡妇守节养孤，同时西夏也允许寡妇和被俘者妻子改嫁："寡妇行三年孝期满，有公婆则不许随意出。若公婆情愿放，有欲赎出者，则有无子女一律当听赎出。无公婆，则愿住即住，愿往乐处即往，夫主之畜物勿取。"④ 寡妇要待丈夫死后三年孝期满才可以改嫁，因为妻子对丈夫要有三年的丧服期限。寡妇改嫁要征得公婆同意，无公婆则可由自己作主。这些都和西夏提倡孝的风俗有直接关系。

由于西夏对外战争较多，为敌人俘获者的家庭婚姻便成了应特别处理的问题。对此，《天盛律令》作出了专门规定："诸人为敌人俘获者之妻子，有子女则（待）十年，无子女则（待）五年，未迎娶而住父母处则三年以待丈夫。逾期不来归，则有公婆者许与不许随意出，依各自实行。若无公婆而欲往随意处，则当告往随意处。"⑤ 丈夫被俘，长期不归，应根据有无子女、是否迎娶分别等待一定年限，实际上是当作失踪人员看待，过期限妻子则可以改适他人。这既解决了丈夫长期不归、家庭困难的社会问题，也照顾了妇女的婚姻权益。

唐、宋时期的《唐律疏议》、《宋刑统》规定了对强迫寡妇改嫁的处罚，实际上是提倡寡妇守节。《天盛律令》规定了寡妇在什么条件下可以改嫁，没有提出寡妇守节与否的优劣。这使寡妇改嫁问题比较宽松，实际上比起中原地区在相当程度上扩大了寡妇

---

① 史金波、聂鸿音、白滨译注《天盛改旧新定律令》卷八"为婚门"第308页。
② 陈炳应《西夏谚语——新集锦成对谚语》第10页。
③ 史金波、聂鸿音、白滨译注《天盛改旧新定律令》卷一一"管贫智高门"第414页。
④ 史金波、聂鸿音、白滨译注《天盛改旧新定律令》卷八"为婚门"第307页。
⑤ 史金波、聂鸿音、白滨译注《天盛改旧新定律令》卷八"为婚门"第309页。

的再婚权。西夏法律对男女已经订婚,尚未迎娶,其中一方死亡的情况也有具体规定:"诸人已为婚,婿未往,或男死或女死等,一律当罚有主婚价,女当嫁情愿处。"[1]。这种处理不同于寡妇改嫁,不需要守孝。这也表明西夏妇女的婚权相对较多,和中原地区有所不同。

西夏允许被迫出走他国的妇女再入境投诚。妇女被人胁迫出走他国后,可伺机逃回,逃回后可再与原夫一起生活,丈夫不允追审。[2]

---

[1] 史金波、聂鸿音、白滨译注《天盛改旧新定律令》卷八"为婚门"第 314 页。

[2] 史金波、聂鸿音、白滨译注《天盛改旧新定律令》卷七《为投诚者安置门》,第 271—272 页。

第五节　妇女风俗

西夏汉文史料中对妇女的记载稀少，好在近代出土的西夏文献和文物中发现了不少关于西夏妇女的资料。20世纪初西夏黑水城遗址出土的西夏王朝法典《天盛改旧新定律令》是一部综合性法典，其中记载了不少有关西夏妇女的规定。在其他西夏文文献中也发现不少有关西夏妇女的记载。此外，从西夏的壁画、塑像中也有关于西夏妇女的资料。这样使西夏妇女的资料渐次丰富。①

一、妇女的地位

进入阶级社会后，妇女在社会上和家庭中沦为男子的附庸，成为家庭奴隶和生儿育女的工具，尽管在西夏仍保留着某些显示妇女地位的习俗，那只不过是旧传统的残存，在社会居主导的观念还是男尊女卑。

（一）男尊女卑

西夏法律维护男尊女卑的封建法统。《天盛律令》规定家人亲戚上下服丧的时间，服丧时间越长表明对死者的义务越大。妻子对丈夫要服三年丧；而丈夫对妻子只服一年丧。② 这体现了在西夏社会中男女地位的不平等。

在西夏，妇女依附于男子，妻子依附于丈夫。比如，《天盛律令》规定，丈夫犯罪妻子要连坐："谋逆已发及未发等之儿子、妻子、子媳、孙及孙媳等，同居不同居一样，……应连坐，当易地居，使入牧农主中。"可见丈夫犯有谋逆罪，妻子要连坐，放

---

① 张国庆、韩志远、史金波《中国妇女通史·辽金西夏卷》第263—362页，杭州出版社，2011年4月。
② 史金波、聂鸿音、白滨译注《天盛改旧新定律令》卷二"节亲门"第134—135页。

逐远地。但若妻子犯谋逆罪，则丈夫及丈夫的父母不连坐："妻子、媳妇、使军、奴仆等有谋逆，犯者当依法承罪，公公、婆母、丈夫、头监及妇人所有子女等勿连坐。"可见妻子与丈夫的关系相当于没有完全人身自由的使军、奴仆和头监的从属关系。

《天盛律令》规定一家人男人死绝，属于"人根已断"，妇女没有处分财产的权利。① 黑水城出土文书6342号户籍账，有三户都是一成年女子无丈夫带有男孩子的单亲家庭，而没有成年女子带女孩子的单亲家庭，因为没有男子只有妇女的家庭是不被社会承认的。②

（二）妇女的权益

在西夏社会中，妇女是弱势群体，在社会和家庭中处于次要地位，因此在某些法律条款中对妇女有所照顾："应连坐中，男人满八十，女人满六十，及未及老年中男有重病，女有弃病等勿连坐。"③ 对犯罪连坐者，男人年80岁以上才免连坐，而女人满60岁或有"弃病"者就可免除连坐之罪。

《天盛律令》还规定在借贷者本人无力还债时，"同去借者亦不能还，则不允其二种人之妻子、媳、未嫁女等还债价，可令出力典债"。④ 意思是借贷者不能还债时，不许以借贷者和同借者的妻子、儿媳和未嫁女抵债，但可以让她们出工抵债。西夏这一法律规定，明确不允许变相买卖妇女，但也证实西夏社会还存在这种现象，不得不以法律形式加以制止。

西夏有保护幼女的法律条文，《天盛律令》规定对侵凌幼女者科以重刑："诸男人侵凌淫乱年幼女人十岁以下者，若未强伤者徒六年，已强伤者徒八年，死者当绞杀。"⑤

然而西夏党项族自原始社会末期发展至封建社会时间较短，只有几百年，所以一些反映原始社会的习俗有所保留。在婚姻方面妇女地位较高就是原来传统习俗的遗存。

前述党项族复仇力量不足则集中妇女到仇家纵火，焚其庐舍，仇家躲避不战，大概是古代妇女地位高的一种风俗遗留，是社会尊重妇女的一种形式。西夏时期还有女兵参加作战，在一定意义上看，也是西夏妇女有一定社会地位的表现。

（三）女性的社会风貌

西夏各族妇女在家庭中"主内"，而男子"主外"。西夏文《碎金》中精练地表示了西夏一般家庭的状况是："门下妇人知，外情夫君管。"⑥ 这在西夏谚语中亦有相应的记载：

---

① 史金波、聂鸿音、白滨译注《天盛改旧新定律令》卷一〇"官军敕门"第355页。
② 史金波《西夏户籍初探》。
③ 史金波、聂鸿音、白滨译注《天盛改旧新定律令》卷一"谋逆门"第112页。
④ 史金波、聂鸿音、白滨译注《天盛改旧新定律令》卷三"催索债利门"第189页。
⑤ 史金波、聂鸿音、白滨译注《天盛改旧新定律令》卷八"侵凌妻门"第302—303页。
⑥ 聂鸿音、史金波《西夏文本〈碎金〉研究》。

"帐内清洁族女胜，国族皎洁善男工。"① 家内洁整是妇女之责，国家净洁是男子的本分。

西夏普通家庭的妇女除作家庭劳务外，还参加生产劳动。就西夏时期女性的婚姻状况看，无疑是以一夫一妻家庭为主。对妇女的要求是贤惠。如乾顺之妃曹氏，是元昊时把关太尉曹勉孙女。她"年十四入宫，性温柔贞静，动以礼法。常侍仁安公主，主素严肃，氏身承起居，顺适其意，因劝乾顺纳之。"②

西夏讲求孝道，要求妇女相夫教子，尊敬公婆及丈夫家人。《天盛律令》规定："子女对自己亲高、曾祖及祖父、祖母、父、母、庶母，及儿媳对此数等人撒土灰、唾及顶嘴辱骂及举告等之罪法：撒土灰、唾等，实已着于身、面上，及当面说坏话、顶嘴等时绞杀。"③ 对儿媳的不孝行为要获绞杀之罪，不可谓不重。对孝顺的典型则称赞有加，西夏编纂有《新集慈孝传》，内集很多中原地区孝道故事。

西夏对敌方的孝女也很尊崇。夏大安八年和宋朝发生永乐之战，宋军大败。宋延安有孟氏女，随父戍守永乐城，文献记载："兵败，父战殁，女呼号，徒步入城中求得父尸，大恸五日而死。夏人怜之，并其父葬焉。"④

西夏妇女也有妒忌之俗。元昊妻野利氏，元昊素来畏惧她。野利皇后亲族野利旺荣、野利遇乞被元昊杀死，野利氏心中不平，又发现元昊与遇乞妻没藏氏私通，更加不满，迫没藏氏出家为尼。及元昊夺子妇没㖫氏，野利氏益失宠，出怨望语。表现出宫内争风吃醋的情景。

与中原王朝一样，西夏法律禁止蛊术。传说蛊是一种人工培养而成的毒虫，放蛊是中国古代遗传下来以害人为目的的一种神秘巫术。可能由于蛊术多由妇女为之，故西夏《天盛律令》特别规定不允许妇女做蛊术："诸妇人不许于男人处行蛊术及食中散杂物。倘若违律时，行者及令学者等一律不论官，当绞杀。"⑤

二、各阶层妇女

（一）贵族妇女

在西夏，以皇室为中心的贵族掌握着政治、经济、文化大权，而贵族妇女也因此而成为西夏妇女的上层，在妇女中各方面处于优越的地位。比如皇室妇女在妆饰上就

---

① 陈炳应《西夏谚语——新集锦成对谚语》第11页。
② （清）吴广成《西夏书事》卷三三。
③ 史金波、聂鸿音、白滨译注《天盛改旧新定律令》卷一"不孝顺门"第127—128页。
④ 《陕西通志》卷六六《人物·孝女》，中国西北稀见方志续集，1997年版。
⑤ 史金波、聂鸿音、白滨译注《天盛改旧新定律令》卷一一"矫误门"第387页。

有特权，《天盛律令》规定：

> 全国内诸人鎏金、绣金线等朝廷杂物以外，一人许节亲主、夫人、女、媳、宰相本人、夫人，及经略、内宫骑马、驸马妻子等穿，不允此外人穿。其中冠"缅木"者，次等司承旨、中等司正以上嫡妻子、女、媳等冠戴，此外不允冠戴。①

一些颜色和图案包括节亲主（类似亲王）在内的官员都不准穿用，更不用说普通平民了。

西夏有完备的职官制度，也有相应的命妇制度。汉文本《杂字》中有皇后、皇母、太后、后妃、正宫、公主、夫人、皇女、皇妃。西夏文《官阶封号表》列西夏职官名称和高低层次，其中也涉及西夏的命妇制度。4170a号表中有竖写三字"太后位"，其下五格分别为"太皇太后"、"皇太后"、"太后"、"皇后"、"嫔妃"，左列横格与右列"太后位"相对的竖写三字为"皇妃位"，其下两格与右列"太皇太后"皇太后顺写，分别为"皇太妃"、"皇妃"。下一格又竖写三字为"帝女位"，其下四格分别为"皇女"、"霄阴"、"阴女"、"诸女"。这些命妇等次没有中原王朝繁复，可能西夏命妇阶等简单，也可能是《官阶封号表》记载简略。但从其中既有内命妇，又有外命妇来看，其命妇制度是完善的。在《官阶封号表》中命妇之下有"诸王位"、"师位"、"中书位"和"枢密位"，可见命妇的官阶地位很高。②

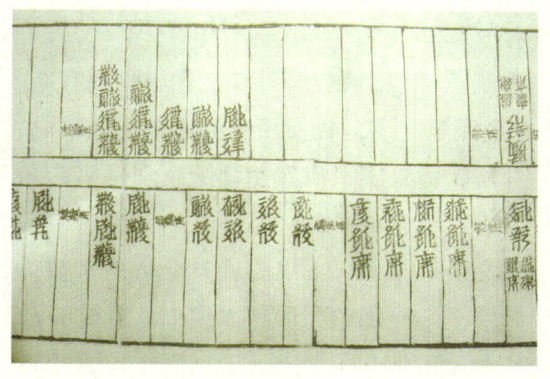

图111 西夏文《官阶封号表》中有关命妇的称号

西夏统治者往往把联姻作为政治手段，将皇室或其他贵族妇女作为筹码，以达到壮大本集团势力的目的。这种政治、联姻不仅在本民族内、本国实行，同时也与外族、外国实行。

早在李继迁时期，为实现抗宋自立的大业，李继迁便以通婚方式联络本族豪酋，他娶了野利等大族的妇女为妻，团结了党项的诸多大族，势力壮大。他又多次请求辽国通婚，辽国将宗室女封为义成公主下嫁，使继迁与辽国的关系进一步加强。

元昊先后娶7个妻子，一卫慕氏，是其舅舅的女儿；二索氏、三都罗氏、四咩米氏、五野利氏，都是党项豪族；六耶律氏，是契丹兴平公主，是与辽和亲的结果；七没啰氏，是大臣没啰皆山之女，即所谓"新皇后"。从中可见元昊的婚姻多数带有政治

---

① 史金波、聂鸿音、白滨译注《天盛改旧新定律令》卷七"敕禁门"第283页。
② 史金波《西夏文〈官阶封号表〉考释》，《社会科学战线》1991年3期。

联姻的功利。

毅宗谅祚也曾向宋请求尚公主，未得允许。谅祚先娶大臣没藏讹庞女为妻，形成外戚专权，后收梁氏，也依仗外戚。惠宗秉常娶母亲侄女、国相之女，都带有政治色彩。

崇宗于贞观五年（1105年）尚辽国成安公主。夏大德三年（1137年），崇宗又立权臣任得敬之女任氏为皇后。任得敬为取得政治权力，欲使崇宗纳己女为妃、为后，颇费苦心：

> 任氏庄重寡言，御下有恩意，与曹氏并居妃位，相得甚欢。得敬欲后其女，常以货贿馈朝贵及宗室执政权者。乾顺遂使芭里祖仁持册立为皇后，授得敬静州都统军。①

在妇女地位低下封建社会中，在某些特殊情况下，皇室妇女的参政、主政也时有发生。西夏也出现过长时间太后干政的政治局面。西夏前期、中期和后期都有皇太后左右政权的经历。其中有元昊妃、毅宗母没藏氏，毅宗后、惠宗母梁氏，惠宗后、崇宗母梁氏（第一梁氏侄女），仁宗后、桓宗母罗氏。

前述没藏氏皇太后兄妹专权，于福圣承道四年十二月（1057年）被幸臣杀死，干政六年。②第一梁氏于毅宗死后，子8岁即位，梁氏被尊为太后，垂帘摄政，委弟梁乙埋为国相，梁氏一门专权，大安十一年（1084年）死，职掌西夏国政20多年。第二梁氏始与其兄梁乞逋左右朝政，至永安二年（1099年）被辽派人鸩杀，掌西夏朝政15年。罗氏是西夏第五代皇帝仁宗仁孝皇后，仁宗死后子纯佑即位，尊罗氏为太后，天庆十三年（1206年）罗氏与镇夷郡王安全废纯佑，立安全为帝，造成西夏政局神秘变化。

（二）平民妇女

在一般农民、牧民、工匠、商人等家庭中的妇女都属于平民妇女。她们参加劳动，操持家务，生儿育女，过着普通的、艰难的生活。

平民劳动力有价格。在《天盛律令》中规定了为官私人出工的价格："为官私人出工所示办法：……价格：大男人七十缗，一日出价七十钱；小男及大妇等五十缗，一日五十钱；小妇三十缗，一日三十钱算偿还。"③由上可知大男人一日工价70钱，小男及大妇50钱，小妇30钱。妇女的工价相当于男人工价的70%左右。

西夏农业税有按耕地面积纳税的制度，还有以家庭人口纳税的事实。黑水城4991

---

① （清）吴广成《西夏书事》卷三五。
② 《续资治通鉴长编》卷一八四，仁宗嘉祐元年（1057年）十二月甲子条。
③ 史金波、聂鸿音、白滨译注《天盛改旧新定律令》卷三"盗赔偿返还门"第174页。

号文书有一个农迁溜按人口纳税的账目，其中不分男女，每个大人纳税三斗粮食，表明西夏平民妇女虽然在社会和家庭中都处于较低的地位，但在缴纳赋税方面却与男子同等计算。①

西夏社会中，对外交往以男性为主。比如在借贷者中多为男性，因为西夏的家庭是以男性为主的父系家庭。西夏借贷契约中借贷者中也有个别女性，他们应是失去丈夫的户主。借贷契中有不少以借贷者的妻子做"同借人"，实际是第二责任人，反映出西夏贫民妇女在西夏经济生活中有较高的地位，家庭主妇可以承担偿付债务的责任。②这种现象与中原地区不同，与唐代的敦煌地区也不同。它可能是西夏主体民族党项族妇女地位相对较高的表现。

（三）女尼和女信众

西夏和中原地区一样，除有男性僧人外，也有相当数量的女尼。《天盛律令》规定："诸寡妇、未嫁女等有诚心为佛法，无有异议而为僧人者，当令寻只关担保者，依所欲住家或出家为僧人。自中等司承旨、中书、枢密都案以上人之母亲、妻子等衣绯，此外以下者当衣黄。"③妇女不仅可以出家，有官职人的母亲、妻子出家后还可以赐绯衣，成为僧人中的上层。

西夏妇女出家和男子一样，也要按规定得到批准，取得度牒。未取得度牒而为女尼者要受到处罚："诸妇人不许无牒而为尼僧。若违律时，有主、为他人奴仆则徒四年，无主而无障碍则徒二年。举赏二十缗钱，由犯罪者承担。已判断后仍为不止者，当以新罪判断。"④

西夏妇女出家者最典型的是元昊的妻子没藏氏。原来元昊杀死大臣野利旺荣后私其妻没藏氏，皇后野利氏发觉后，使没藏氏出家为尼，号没藏大师，居于兴庆府戒坛寺。后没藏氏被元昊接回宫中，并生子谅祚，成为皇后。元昊死后，毅宗谅祚年幼即位，没藏氏与兄专权。这个曾经一度出家为尼的皇太后十分好佛。在她执政的第三年，即天祐垂圣元年（1050年），开始兴建承天寺，役使士兵和民工多达数万人，历时近六年方告完工。寺庙修成后，其中也贮藏宋朝所赐大藏经，没藏氏和幼帝谅祚时来听回鹘僧演经。

黑水城出土的几种佛经与张姓尼姑有关。西夏文《金刚般若波罗蜜多经》经末题款为"天盛甲申岁十六年（1164年）……雕印发起者前内侍尼张葛罗明那征讹写"。比丘

---

① 史金波《西夏农业租税考》，《历史研究》2005年1期。
② 史金波《西夏粮食借贷契约研究》。
③ 史金波、聂鸿音、白滨译注《天盛改旧新定律令》卷一一"为僧道修寺庙门"第406—407页。
④ 史金波、聂鸿音、白滨译注《天盛改旧新定律令》卷一一"为僧道修寺庙门"第409页。

尼张葛有"前内侍"的官方身份。又《大寒林经》、《圣大乘守护大千国土经》以及《发菩提心及常作法事注》、《夜五更》等题款也有张尼，其身份是"内宫新前面南秘书监边上"，证明她也是属于有官职身份的比丘尼。在《发菩提心及常作法事注》题款中有"天庆丁巳四年（1197年）……刻"，《夜五更》题款中为"天庆五年"，皆在西夏晚期。① 前述张葛与后者张尼都有内宫身份，很可能是同一人，若如此则张尼的佛事活动时间至少有30多年。

此外，遗存的西夏文献中还记载了女尼的佛事功德。西夏文《德王圣妙吉祥之胜慧意盛用总持》卷末题款称："施者比丘尼折木善花"。② 西夏壁画中留下了尼僧的身影。榆林窟第29窟内室西壁绘有数列西夏供养人像，门南侧为男子，以真义国师鲜卑智海为先导，后为监军司官员；北侧为妇女，上下两列，每列皆以比丘尼为先导，前有榜题，分别为：出家禅定………征一心（供养）、出家和尚安梵子一心供养。与监军司官员及其眷属同时绘上供养人图的僧人为国师，女尼也应是上层。又莫高窟61窟甬道南壁炽盛光佛像后有比丘尼像，榜题以西夏文、汉文对照，汉文为"扫洒尼姑播杯氏愿月明"，这应是一名下层尼姑。

图112　榆林窟29窟女尼供养像

西夏佛教信仰普遍，尽管出家僧人很多，但更多的是不出家的佛教信徒。西夏妇女中佛教信徒很多。最有影响的当然是皇后、皇太后等统治阶层中的人。她们参与或提倡建立佛寺，翻译佛经，印施佛典，举办法事，对佛教的发展起到了很大的推动作用。

西夏译经图中留下了惠宗及其母亲亲临翻译佛经译场的人物形象。而西夏的佛教洞窟中绘制了更多的佛教信徒形象。莫高窟第409窟中有西夏皇帝、皇后供养像，148窟有贵族妇女的供养像，榆林窟第29窟在内室西壁与南侧男供养人相对的北侧有上下两列女供养人，也是贵族妇女的形象。

藏于俄罗斯的黑水城出土西夏绘画中有数幅阿弥陀佛像，有的于图画的左下角有男女二供养人。这些应是为死亡者顺利往生西方极乐世界而作。另有观音图右下侧白氏、高氏二贵妇人供养像，二人皆双手合十表现出对菩萨的尊敬。还有两幅黑水城出土的

---

① 俄罗斯科学院东方文献研究所手稿部藏黑水城出土文献 Инв.No.5378、6024、6966、4545。
② 俄罗斯科学院东方文献研究所手稿部藏黑水城出土文献 Инв.No.6520、46。

木板画，为佛顶尊胜曼荼罗坛城画，一幅右下角有男供养人，像前有西夏文人名题款："发愿者耶和松柏山"。另一幅为女供养人，题款为梁氏。① 这些图画留下了众多西夏信女形象。（见图67）

（四）使军和奴仆妇女

西夏社会的使军、奴仆阶层是被奴役者，他们都从属于自己主人，即"头监"。

在西夏使军、奴仆不仅自己被主人买卖，连自己女眷的命运也需主人支配，《天盛律令》规定："诸人所属使军不问头监，不取契据，不许将子女、媳、姑、姐妹妇人等自行卖与他人。若违律卖时，当比偷盗钱财罪减一等。"②

使军家中妇女不通过头监不能嫁他人："使军未问所属头监，不取契据，不许送女、姐妹、姑等与诸人为婚，违律为婚时徒四年，妇人所生之子女当一律还属者。前已予价，为婚之使军能自予则当自予，不能则当罚主人。前述使军已问所属头监，乐意给予契据，则允许将子女、媳、姑、姐妹妇人等卖与他人，及与诸人为婚。"③

西夏使军、奴仆妇女缺乏人身自由，处于被奴役的底层，是被压迫的女农奴、女奴隶。

（五）寨妇

前述西夏有女兵，西夏语称为"麻魁"。西夏文"妇"𘛬音［麻］，"大"𘜶音［魁］，"麻魁"的原意可能是"大妇"之意。宋夏交战时西夏妇女也参战，有时还被宋兵俘虏："环庆副都部署任福等攻西贼白豹城，克之，……及擒伪张团练并蕃官四人、麻魁七人……"④

《天盛律令》中有不少关于"寨妇"的规定。"寨妇"西夏文为𘛬𘛬，第一字为音译，第二字为"妇"意。据有关条目知，寨妇是守城兵士的一种，她们应从属于男子，并由所属男子送往城垒，若不送至，当受处罚。⑤ 寨妇属于军溜，若不去守营垒、城堡，行贿他往，也要受罚，其受罚的程度低于正军、辅主，不受杖刑，只受较轻的笞刑。⑥ 寨妇是守卫城垒军卒之一种，若大城失守，守城官、兵皆受罚，只有最下层的军卒辅主、寨妇不治罪。⑦

---

① ［俄］米开罗·皮欧特洛夫斯基编《丝路上消失的王国——西夏黑水城的佛教艺术》第180—181、189、206—207、143—145页。
② 史金波、聂鸿音、白滨译注《天盛改旧新定律令》卷一二"无理注销诈言门"第417页。
③ 史金波、聂鸿音、白滨译注《天盛改旧新定律令》卷一二"无理注销诈言门"第416页。
④ 《续资治通鉴长编》卷一二八，仁宗康定元年（1040年）九月壬申条。
⑤ 史金波、聂鸿音、白滨译注《天盛改旧新定律令》卷四"弃守营垒城堡溜等门"第195—196页。
⑥ 史金波、聂鸿音、白滨译注《天盛改旧新定律令》卷四"弃守营垒城堡溜等门"第195页。
⑦ 史金波、聂鸿音、白滨译注《天盛改旧新定律令》卷四"弃守大城门"第197页。

在《天盛律令》有关军抄组成的条款以及户籍军抄文书中都未提及寨妇在军抄中的地位。但在上述条款中可见,寨妇守城可能不是直接参战的武装士兵,而可能是后勤人员,因此城池失守时她们不受处罚。西夏女兵是一个特殊的阶层,在当时各王朝中也很具特点,这也应看作是妇女有一定地位的表现。也许"寨妇"即上述文献所记西夏女兵"麻魁"。

（六）女艺人

前述西夏音乐、舞蹈、杂技都很丰富。中原地区社会发展,文化繁荣,艺人水平也高。西夏统治者曾从中原地区引进女艺人。惠宗是一个爱好汉族文化的皇帝,他曾招诱宋朝的女艺人。文献记载:"鄜延路经略司言:'刘绍能等觇知夏国主秉常为李郎君所说,招诱汉界倡妇、乐人,其国母置酒诱执李郎君等杀之。'"[①]

汉文本《杂字》"音乐部第九"有关于舞蹈的词,如:"舞绾"、"柘枝"、"曲破"、"八佾"等。这些流行在西夏的舞蹈都有女艺人参加。

敦煌洞窟西夏壁画中表现乐器的洞窟多达18个,有众多的伎乐天弹奏乐器,如有筝、琵琶、拍板、腰鼓、笙、排箫、横笛、曲项琵琶、竽篥、笛、横笛、竖笛、凤首箜篌等。[②] 其中有妇女形象。

元昊的一个妃子索氏也爱好音乐,因为与元昊不睦,趁元昊外出打仗之机,"日娱音乐,益自修容"。

---

① 《续资治通鉴长编》卷三一二,神宗元丰四年（1081年）夏四月庚辰条。
② 孙星群《西夏辽金音乐史稿》第68—71页,中国青年出版社1998年版。

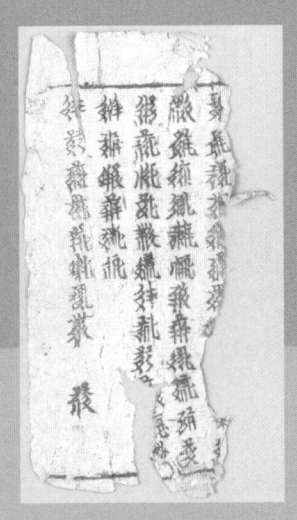

第七章
卫生保健和养老

自古以来各民族多有良好的卫生保健和养老传统。两宋时期养生在环境卫生、个人饮食、用药医病等方面已成系统。在长期的社会发展过程中，中国早已养成长幼有序、事亲至孝、敬老崇文的传统美德，不少朝代都有养老的法规约定俗成的风尚。西夏也不例外地有自己的卫生保健和养老风俗，既发挥了本民族的优良传统，又学习了其他民族的成熟经验。

第一节　卫生保健和医疗风俗

中国的卫生保健是在漫长的生活和实践中逐步摸索和积累起来的，具有悠久的历史和丰富的内容。西夏的卫生保健也有丰富的内涵和自己的特色。

一、卫生习俗

西夏人讲究卫生，喜洁净，厌肮脏。西夏的卫生情况在《文海》字条的解释中有所反映。如对"净"的解释为："清净也，鲜洁也，无垢秽之谓也。"对"脏"字的解释是："染污垢，沾污粪，烟熏之谓。"又释"弄脏"为"令臭，使不净也"。对"污"的解释是："染也，熏也，结垢腻也，有黑斑之谓也。"西夏人对食物也讲究干净、新鲜。《文海》对"烂"的解释："腐烂也，坏也，肉无津之谓。"①总之，西夏人对脏和净的观念是非常明确的。

西夏为求洁净，除污垢，有洗涤和沐浴的卫生习惯。《文海》解释"涤"谓："洗涤也，洗浴也，涤也，洗也，为除污垢之义是也。"又释"洗"为"洗浴也，洗也，澡俗也，除污垢使洁净也"。又释"澡"为："澡浴也，浴也，为除污垢之谓。"为保持清洁扫除是不可少的。《文海》有关于"扫帚"的解释："帚也，扫除帚也，扫除治清洁也。"释"扫除"条谓："清除也，除却也，使清尘埃之谓。"②当时虽然生活水平低，卫生条件差，西夏人仍然在有限条件下，保持讲究卫生的良好习俗。

---

① 史金波、白滨、黄振华《文海研究》第 400 页。
② 史金波、白滨、黄振华《文海研究》第 459、462、501、537、502、548、515、522 页。

二、以巫治病和以医治病

西夏的医疗随着社会的进步也在逐步发展。党项人原来生病不用医药，只求之于神明，卜问占师。《辽史》记载："病者不用医药，召巫者送鬼，西夏语以巫为'厮'也。或迁他室，谓之'闪病'。"①

《文海》认为导致疾病的原因是"四大不和"所致。《文海》中"病"、"患病"、"疾"条都解释："四大不和之谓也。"②所谓"四大不和"导致疾病的理论来源于印度，由佛经传译而来。佛法以为，世界和人体主要由地、水、火、风四大元素所构成。四大协调则身体健康；四大中若有偏增，则引起四大不和，四大不和则生病。

然而在西夏社会中影响最大的还是中原地区传统中医学理论和医疗方法。中医学是由理论和实践经验结合组成的，是靠医生和劳动人民长期积累和总结而成。西夏从中原地区获得了先进的医疗知识。毅宗谅祚时，乞求宋朝赐予包括医书在内的书籍，宋朝以国子监所印《九经》及正义、《孟子》、医书赐夏国。③中原地区的医书、医药逐渐在西夏流行。

当然，西夏的医药水平比起中原王朝要逊色得多。除上述宋朝赐给西夏医书外，仁宗时权臣任得敬得病，向金朝求医，金朝派大夫王师道到西夏为其治病，后获痊愈。桓宗时，太后得病，又向金朝求医，金朝派大夫时德元和王利贞前往治疗，并送医药。④

《文海》中还有对某些病因的解释，如"血塞也，血脉病续断不通之谓也"，"疾也，病也，血脉不通之谓"。这些都说明西夏的医药有理论基础，可能也是受中原影响。西夏人了解有些疾病可以传染。《文海》中对"药"的解释是"汤药也，搅和可医治病患之谓"。《文海》有"传染"条："传染也，染病也，染恶疮等之谓。"⑤另外还知狂犬病也可以传染，并对之有科学的防范。如《天盛律令》规定："有犬染狂病者当拘捕，恶犬及牲畜桀厉显而易见者当置枷。若违律时，庶人十三杖，有官罚钱五缗。"⑥

西夏政府重视医疗，政府机构中有专门负责医疗的医人院，属中等司。又有制药司，属末等司。⑦

---

① 《辽史》卷一一五《西夏外纪》。
② 史金波、白滨、黄振华《文海研究》第410、475、533页。
③ 《续资治通鉴长编》卷一九八，仁宗嘉祐八年（1063年）四月丙戌条。
④ 《金史》卷一三四《西夏传》。
⑤ 史金波、白滨、黄振华《文海研究》第506、414、504、511页。
⑥ 史金波、聂鸿音、白滨译注《天盛改旧新定律令》第八"相伤门"第298页。
⑦ 史金波、聂鸿音、白滨译注《天盛改旧新定律令》第一〇"司序行文门"第372页。

西夏对皇室成员的医病十分重视，除"医人小监依内宫法出入以外，应有小医人每日在药房内"，"和御供膳及和药等中，不好好拣选，器不洁净等，一律徒二年"。①在内宫的职事人员有疾病时，有医人看病。《天盛律令》规定："待命当值者中……又有染疾病，亦由医人视之，实染疾者，医人当只关，一起奏报给期限。"②

西夏皇帝每年腊月还赏赐大臣们药物。《圣立义海》"腊月之名义"中"年末腊日"条："……准备诸食，升御圣影（像），准备供祀天神，赏赐臣僚风药。"风药可能是治疗冬天咳嗽、风寒之类的药。③

在西夏，牢狱中的犯人也有医治疾病的权利。《天盛律令》有明确规定，囚人染疾病不医，及应担保而不担保，疏忽失误而致囚死时，有关官员都要依据情节轻重判处不等的徒刑。④

三、医方和医疗

目前所见西夏的医书、医方主要是出自黑水城的文献，经初步整理共有西夏文文献10个编号，19件文献。有的是书册形式，有的是长卷形式，有的是单页形式，共

图113 西夏文写本《治热病法要论》

合百面左右。其中《治热病法要论》有19页38面和一些残片，《明堂灸经》有10页17面，一种草书药方长204厘米，另一种草书药方竟长达400厘米。从药方、药名、病名、制药和服药方法看受中原地区医学影响较大，此外还有一些与医学有关系的占卜书。黑水城遗址还出土一些汉文医学文献，与西夏文文献有连带关系，可对比研究。另中国武威地区也出土一些医方。

西夏文写本《治热病法要论》，有30多种医方，多为治疗热病、妇科、男科和疮痈之类的疾病，如治热病全身发热上火，治热病血转不止，治妇人阴内流血不止，治妇人不孕，治妇人乳病，治妇人产

---

① 史金波、聂鸿音、白滨译注《天盛改旧新定律令》第一二"内宫待命等头项门"第433、435页。
② 史金波、聂鸿音、白滨译注《天盛改旧新定律令》第一二"内宫待命等头项门"第442页。
③ 克恰诺夫、李范文、罗矛昆《圣立义海研究》第55页。
④ 史金波、聂鸿音、白滨译注《天盛改旧新定律令》第九"行狱杖门"第334—335页。

后出血，治妇人内中血风有肉瘤，治男女常年内中有硬瘤口舌干燥，治妇人产后渴不止，治妇人血病不止，治善疮已出，治百种一切恶风疮，治男子恶疮流脓不止，治恶疮多年流脓血不止，治身上出红硬风疮，治干湿痫疮，治男根上出疮等，多属妇科和外科。其中的药物、制作、服法有的和传统中医药一致，一般不用多种药配伍，有的则带有偏方、验方的性质。如治疗干湿痫疮，将花虫做成白浆末，与羊脂混后涂于疮上则痊愈。①西夏文《文海宝韵》中也提到治疗癞疮的药，大抵也是偏方之类："松、柏、草、屎、粪等之浆是，癞疮药用是也。"②西夏时期生活艰苦，卫生条件差，生疮痫疖癞者很多，治疗这些病症成为重要的医疗内容。西夏谚语有："臭肉不挖癞疮不愈，脚刺不除跛脚不止。"③

《明堂灸经》是又一种西夏文写本医书，为中原地区针灸书的译本，封面题有"明堂灸经第一"，又题《新译铜人刺血灸经》，卷尾佚。④《明堂灸经》传为黄帝所作。西夏文《明堂灸经》提到"孙思邈《明堂经》中说……"又有"诸人莫生疑，当依此作"，当是权威针灸著作，应是西夏据中原医书改编的著作。西夏社会中确有针刺治病之法。《文海》"扎针"条注释："病患处铁针穿刺使血出之谓。"⑤西夏文《明堂灸经》证明西夏也继承了中国传统的针灸学。

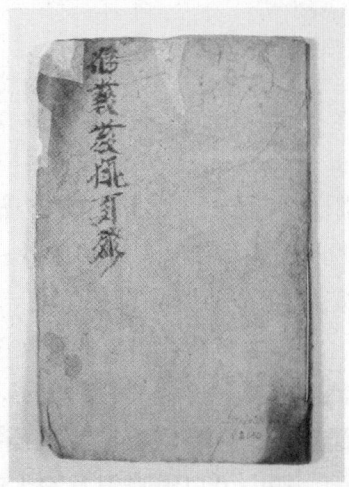

图114　西夏文写本《明堂灸经》

黑水城出土一件西夏文医方残页 Инв.No.911，有治疗牙齿病痛、消瘦不止、热寒恶暑、腰痛及胃寒、肾虚耳鸣、妇人乳痛、口疮、目眩、目赤等。每一药方中都有所治病症，若是成药还有药名，如四白丸、薯蓣栢皮丸、豆蔻香莲丸、返阳丹、豆滤丹、黄芪丸、五倍丸，有的则没有成药名；然后列所用中药名及所用药量，最后是制作方法和服用注意事项。如一种"治内脏出血四白丸：白石脂、白龙骨、大石风、南矾，以上各半两数，捣为细末，置酒面糊中，作成梧桐果大小丸各一，分三次饮，两次以温酒服，一次以洗米清汁服"。⑥可见西夏用药方法和中原地区是相同的。就连服药的药引习惯也与中原地区相似。上述药方中四白丸，"二次以温酒下，一次洗米汁

---

① 史金波、魏同贤、克恰诺夫主编《俄藏黑水城文献》第一〇册，200—210页。
② 史金波、白滨、黄振华《文海研究》第548页。
③ 陈炳应《西夏谚语——新集锦成对谚语》第16页。
④ 史金波、魏同贤、克恰诺夫主编《俄藏黑水城文献》第一〇册第211—219页。
⑤ 史金波、白滨、黄振华《文海研究》第522页。
⑥ 史金波、魏同贤、克恰诺夫主编《俄藏黑水城文献》第十册第222页。

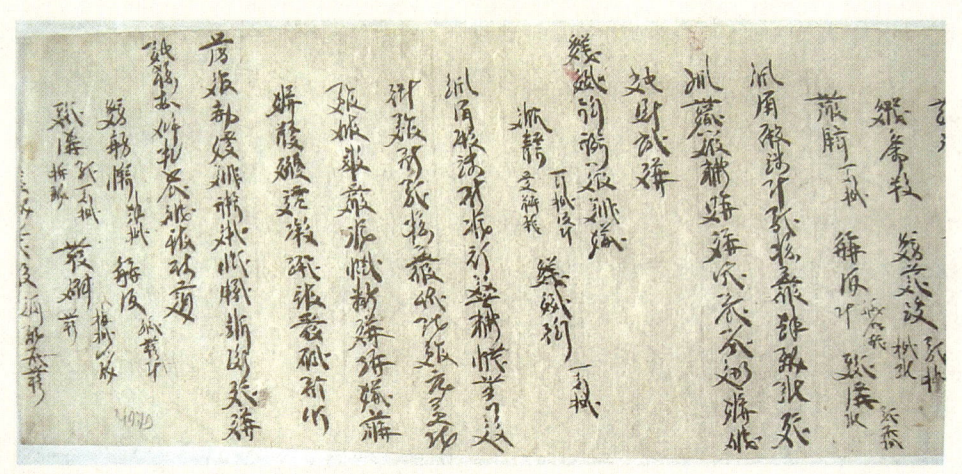

图115 西夏文写本药方

下";薯蓣柏皮丸,"饭汤汁中饮";豆蔻香莲丸、芷黄丸,"空腹时蒸米汁中饮";返阳丹,"空腹时温酒中饮";治妇女乳痛,"以热酒饮";天雄散,"温酒中饮,白米汁亦可"。用药时对饮食也有禁忌的习惯,如蓣薯柏皮丸、豆蔻香莲丸,"禁食油腻热食";芷黄丸,"禁肉、荞麦";治口疮,"禁油腻"。

黑水城遗址出土的汉文医书《神仙方论》,多为成药制法和服法。其中有药名,如治脾胃不和姜合丸、治气毒不化香鸽散、治暴赤眼如桃玉龙膏、治肾脏风及风毒流注潘家黄耆丸、治疾左瘫右痪神妙瘫服丸、治中风口眼㖞斜一字散、治赤白痢赤石丸、治一切中风口眼㖞斜及妇人产后血气不顺四肢失呆龙虎丹、治大风疾方、治肠风鸡冠花丸、治一切传尸劳吊虫丸。其用药、制法和服法与传统中药相同。如治脾胃不和姜合丸:

丁香半两,半夏半两,汤洗七变。

右为细末,生姜面糊为丸,如皂儿大。每服用生姜合子一个,湿纸裹焙令香熟,生姜汤下,日进二服,不计时候。①

前述黑水城还出土有一件汉文医方残卷,其中有神仙透风丹、治诸风乌金丸(杨知观方)、治牙痛如圣散、治风凉鬲藁荷散方、治□脑风鼻塞及眼中翳膜卒害赤眼并治诸风清脑如圣散、千金膏治诸般恶疮并臃肿方、雄黄丸治诸般疮肿一切暗风、治风痹手足不遂筋脉挛急等乌荆丸、治瘰癧痔疾等一铤金、治噎气延龄丸、治五噎粥食不下对食散、生肌药等。其药方中的医方名、所治病症、药名、用药量、制作方法和服用

---

① 史金波、魏同贤、克恰诺夫主编《俄藏黑水城文献》第五册第288—292页。

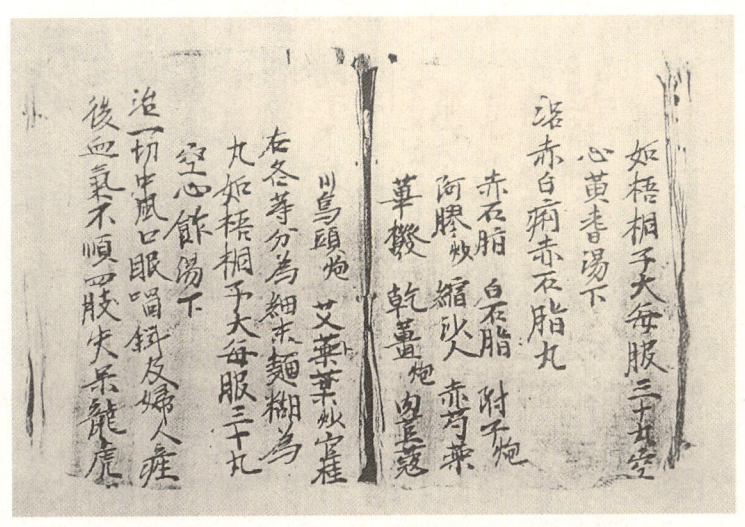

图116 汉文写本《神仙方论》

注意事项与前述医方相类。①

此外，黑水城还有多种西夏文医书。在远离西夏统治中心的边远城市中有这样多西夏文和汉文医书、医方，证明西夏的医药、医疗已经具有相当水平。

在甘肃武威发现有一件西夏文写本药方残页，包括三个药方，下稍残，第一药方前缺，第三药方后缺，只有第二药方基本完整，药方间以小圆圈相隔，译文为：

> 弃除……好好煮，连续翻动，水减时，屡屡加水，煮至熟时，另盛小腹□□，便于清晨空腹时，将此汤原碎药腹中□□时，搅拌另温，每次一升，趁热服，有则宜温好秋米，亦当每次服一（升），连续常服，则伤寒悉除也。此乃厚罗辛麻（汤）治疗病法要论也。○治除百种伤寒，长寿头发……（变黑）牛膝、狼毒子等数，研为粉末，搅于面糊中，做成豌豆许状，于空腹时，每次十粒，温水送下。○治寒气方，开嘴花椒，于

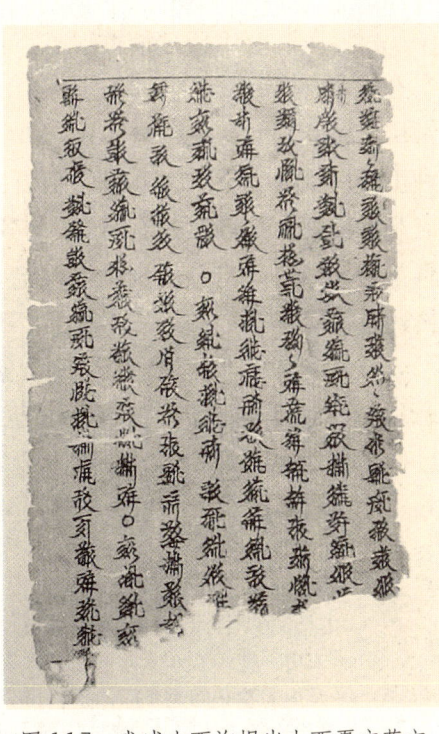

图117 武威小西沟岘出土西夏文药方

---

① 史金波、魏同贤、克恰诺夫主编《俄藏黑水城文献》第四册第174—189页。

翌晨空腹时，（取）新冷水，服二十一粒，面东……①

第二药方是治疗伤寒病的药方。此药方内列药名有传统中药牛膝、狼毒子、椒、秫米等，煎法、服法也与传统中医一致。

四、医药及保管

西夏盛产药材。很多药材是西夏特产，有的用来和宋朝进行贸易，其中有麝脐、源羚角、柴胡、苁蓉、红花等。②特别是枸杞、大黄久负盛名，对当地的医药发展有很大推动作用，至今仍驰誉中外。13世纪初，蒙古军队破西夏灵州后，具有远见卓识的耶律楚材攫取了两驮大黄。后来蒙古军染病者很多，幸得有事先备好的药材大黄，才治好了上万人的疾病。③马可波罗也记载肃州等地之山"并产大黄甚富，商人来此购买，贩售世界"。④

《天盛律令》在记各类配备战具的人员中有"采药"一职⑤，证明西夏有专职的采药工。

西夏医病所用药品种类很多，几乎与中原地区常用医药相差无几。《天盛律令》卷十七"物离库门"记载了在仓库中的药品允许有多大比例的损耗，从中可以看到西夏常用药品和它们的耗减量。在"和合药剂用酒、生药等耗减法"一条中，具体记载232种生药，多为中原传统医药。⑥西夏法典中记载的库存药品不同于一般文献记载的药品，应是备用药，是西夏社会行医时实用的药品，其中很大部分是常用药，也有一部分是贵重药。西夏政府分门别类地规定了对药物的耗损限制，加强了药品的管理，保证合格药品的供应。

西夏汉文本《杂字》"药物部"第十专门罗列了各种药材144味药品。⑦两种文献记载除去重复者外，共有300多种药，可见西夏的用药种类是很丰富的。西夏时期使用这样多种药品，可见当时医疗事业的发展，也可知西夏的医疗风尚和中原地区大同小异。这些药品，对认识和研究西夏的医药提供了宝贵资料。

---

① 史金波《〈甘肃武威发现的西夏文考释〉质疑》。陈炳应《西夏文物研究》第308—311页。
② 《宋史》卷一八六《食货志下八》。
③ 《元史》卷一四六《耶律楚材传》。
④ 冯承钧译《马可波罗行记》第五七章。
⑤ 史金波、聂鸿音、白滨译注《天盛改旧新定律令》第五 "军持兵器供给门"第224页。
⑥ 史金波、聂鸿音、白滨译注《天盛改旧新定律令》第一七"物离库门"第549—552页。
⑦ 史金波《西夏汉文本〈杂字〉初探》。

第二节 养老风俗

一、敬老

党项人从事畜牧，以肉食为主，体魄健壮，史载党项人以长寿著称。"党项……其人多寿，至百五十、六十岁。"[①] 此说可能有些夸张，但当时党项人长寿的说法，已传播至中原。

西夏提倡孝道，有敬老的风俗。《圣立义海》中"子对父母孝顺名义"中有，"子身为父母骨肉"、"（父母）恩功高如天"、"子于父母老时有喜忧"、"孝子侍父母"、"使父母不忧思"、"外出时求指教"、"听从指教"、"老亦不失子礼"、"不说邪语"、"不怀异心"、"父母唤子"、"无行不得孝名"、"出行常思父母"、"言出念父母"、"依义嬉戏"、"勤于差遣"、"敬念父母"、"依行得孝名"、"孝中最上"等很多条目说教有关孝顺的风俗。在"冬夏侍孝"条中解释：

孝子对父母，冬季寻觅暖室，使居暖帐；夏季为寻凉爽，侍居凉帐。父母夜睡，使卧安稳。晨，孝子速起，问父母安也。

孝子持三种礼：父母在时依孝礼尽心侍奉，亡则依礼殡葬，此后时日，孝子不忘供祀。依此三种礼行，则名孝子也。

又"父母患病时"条：

父母患病则孝子忧戚，患病时，不梳头发，不穿新衣，不为嬉唱，不饮酒，不出行，不大笑，不大怒，依病合药，饮时，孝子亲手喂父母。未痊愈时如自身

---

① 《旧五代史》卷一三八《外国传二》。

有病忧戚也。①

由此可以想见，西夏对老人的孝顺和尊敬。

西夏谚语也记载了社会对不孝顺父母的谴责："不孝父母恼祸多，不敬先生福智薄。"②

西夏的敬老报恩还从佛教中吸取有益的说教。佛经中有《佛说报父母恩重经》，西夏不仅将其译为西夏文，还广为流传，现出土的文献中有多种版本。

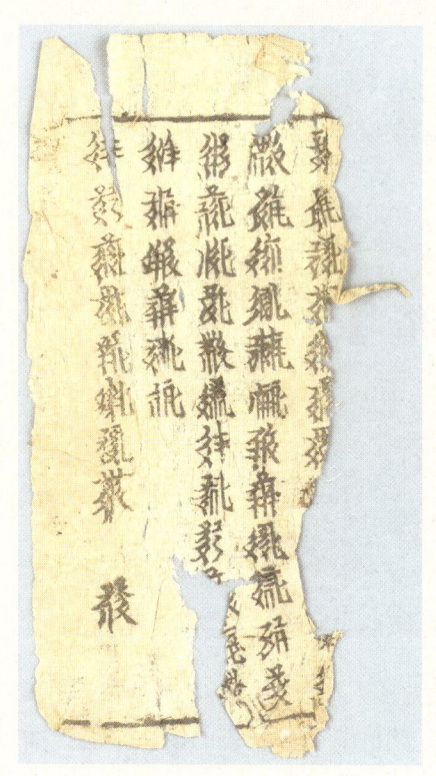

图118 英国国家图书馆藏黑水城出土刻本《佛说父母恩重经》残叶

二、养老

养老是中华民族绵延了几千年的优良传统，不仅是家庭成员的义务和责任，也是维系社会稳定所必须。

西夏政府对生活无着的老幼有所照顾。《圣立义海》"十月之名义"中"觉寒生悯"条："君冬时觉寒，对民庶中老幼贫孤赐衣食也。"③天气寒冷时，皇帝要想到百姓中老幼贫孤的困苦，给予帮助。

西夏把对老幼的关照纳入了法律，《天盛律令》卷十一"管贫智高门"规定："诸父子中老幼人孤寡等不能自养者，自人家中实同亲戚当赡养，当委以杂事。若违律时，有官罚马一，庶人十三杖。"④西夏对老人的照顾，还表现在老人犯罪的减罪方面："老年至九十以上，除谋逆罪外，犯其他各种罪，一律不治罪。七十至八十岁，造意减一等，从犯减二等。八十至九十岁，造意减二等，从犯减三等。"⑤

在西夏主要还是家庭养老。西夏法律严格规定了对家庭成员不敬老、不养老的处罚。在《天盛律令》中与中原地区一样规定了"十恶"大罪，其中的"恶毒门"、"不孝

---

① 克恰诺夫、李范文、罗矛昆《圣立义海研究》第71—75页。
② 陈炳应《西夏谚语——新集锦成对谚语》第12条，8页。
③ 克恰诺夫、李范文、罗矛昆《圣立义海研究》第54页。
④ 史金波、聂鸿音、白滨译注《天盛改旧新定律令》卷一一"管贫置高门"第415页。
⑤ 史金波、聂鸿音、白滨译注《天盛改旧新定律令》卷二"老幼重病减罪门"第150页。

图 119　黑水城出土守将告近禀贴

顺门"、"不睦门"都与家庭中子女的孝顺和养老有关。①

家庭有债不能还时,可出工典押,但法律规定典押时不能典押父母,西夏法律对典押父母有严厉的处罚:"诸人不许因官私债典父母。倘若违律典之时,父母情愿,则典之者当绞杀,父母不情愿而强典之者,依第一卷子殴打父母法判断。"②

黑水城出土文献中有西夏文乾定申年黑水城守将波年仁勇告牒,其提出从边地调回内地鸣沙的理由,就是家有77岁高龄老母,且有重病,故而请求放归老母近处任职。用这种理由提出调职符合西夏提倡孝道、尊重长上的社会习俗和道德规范。③ 总之,在西夏敬老、孝顺已经成为社会风尚。

---

① 史金波、聂鸿音、白滨译注《天盛改旧新定律令》卷一"恶毒门"第117—119页。"不孝顺门"第127—128页。"不睦门"第128页。
② 史金波、聂鸿音、白滨译注《天盛改旧新定律令》第十一"出典工门"第388—390页。
③ 史金波、魏同贤、克恰诺夫主编《俄藏黑水城文献》第一三册第103页。

第八章
丧 葬

丧葬，作为人生旅途的终点，它和当时的经济生活、政治制度、思想观念、宗教信仰以及人们各自所处的社会地位有着密切的关系。西夏的丧葬在诸多因素的作用下，形成了多元的丧葬观念、方式和制度。

【 第一节　丧葬观念和礼仪 】

在人类对人的生死还很无知的时代，对死亡的认识既神秘，又恐惧。随着社会的发展，丧葬不断加入政治、经济、文化因素，并打上时代的烙印。西夏丧葬继承了党项民族的古老习俗，也受到其他民族的影响，形成了自己的丧葬观念和礼仪。

一、重视丧葬

西夏党项族原有丧葬习俗，西夏接受中原地区文化后，同时也接受了汉族的丧葬礼仪和制度。西夏大力提倡佛教，佛教的丧葬也影响着西夏的丧葬观念。一般来说，各民族都重视丧葬，西夏对丧葬从最高统治者到平民百姓，都视为人生的大事。

在保存不多的西夏史料中，早期丧葬都有一些记载。《隋书》记载："人年八十以上死者，以为令终，亲戚不哭，少而死者则云大枉。"[①]李继迁时代，宋成平六年（1003年）李继迁收复绥、宥诸州以后："寻葬其祖于红石峡，障水别流，凿石为穴，既葬，引水其上，后人莫知其处。"[②]这是一种在转徙无常征战时期的特殊丧葬方法。

人死后要表示悲哀和悼念。西夏建国后实行类似中原地区的五服制度为家人亲属服丧。《天盛律令》详细规定了亲戚死后五种服孝的期限。其中有族亲、姻亲等亲属服三年、一年、九个月、五个月、三个月丧的区分。[③]

西夏建国后实行土葬，以政府的名义保护陵墓的神圣不可侵犯。尤其是皇帝的陵墓，那是统治者的象征。《天盛律令》规定："庶民……在宗庙、地墓、碑表、堂殿等上

---

① 《隋书》卷八三《党项传》。"大枉"《北史·党项传》作"夭枉"。
② （清）吴广成《西夏书事》卷七。
③ 史金波、聂鸿音、白滨译注《天盛改旧新定律令》卷二"亲节门"第134—138页。

动手及损坏官鬘金抄等，一律与向官家谋逆者已行为之罪状相同。若未动手则造意绞死，从犯当迁往异地，在守边城军中无期徒刑，做十二年苦役。"宗庙"在西夏文原文中是"祖帝"之意，即皇帝的祖先。损坏皇家祖坟形同谋逆，要判死罪。又规定："以直接贪财，对宗庙、墓地之影像、地墓、殿堂等上动手盗毁，盗窃隐藏毁官鬘金抄等，不分主从，以剑斩杀。"① 对帝陵的破坏与谋逆罪是一样的，政府要判以重刑。

对皇室以外的丘墓也加以维护，但有等级区分："不准损毁地墓、陵、立石、碑记文等。违律时，于殿上座节亲、宰相、诸王等所属地墓上动手者徒六年，至棺椁上则徒十二年，棺椁损坏至尸者当绞杀。以下臣民等所属地墓上动手，徒三年，至棺椁上徒六年，损坏棺椁而至尸则徒八年。又损坏无尸之坛、台、陵、立石、碑文、石兽时，一律当依前比损坏地墓罪减三等。若以暴力进行数次损坏，贪取地墓中物，则按强盗、偷盗法则及毁损罪，依重者判断。"② 生前的等级在死后也明显地反映出来，尊卑贵贱区分严格，丘墓的等级是墓主生前等级的写照。但无论尊卑，墓地是不能侵犯的。

在耕作时，无意而损坏地墓，甚至涉及尸骨，则可以通融，但要求不暴露骨殖，不能抛弃尸骨。《天盛律令》规定："地墓丘场实未损坏，沿其根边耕种者，不治罪。地墓丘场已损坏，痕迹不明，未知所耕，刨土而出人尸，则于无碍妥善处掩埋，骨殖勿暴露。若已见骨尸不埋，随意抛掷时，无论尸主明不明，一律徒二年。"即便是逃难的游民、讨食的乞丐，死后尸体也应给予妥善处理，不能置之不理，更不能任意抛掷。③

对祖上坟茔要加意保护，这既是对西夏提倡"孝"的精神在丧葬中的体现，又是丧葬习俗和制度的要求。如果坟墓遭到损坏，在西夏社会的风俗中是不允许的，墓主的在世儿孙必须追查举告，若不举告则也要受到惩罚。④

西夏统治者重视丧葬，就连皇宫内待命当值的人，其父母、子、兄弟、妻眷等死，有丧葬事，皆可告管事前内侍、内宿司，寻担保，办手续，可以请假。⑤

当然对于那些违反丧葬习俗和制度、不遵守法定孝道的人，如父母、丈夫死不哭，孝礼未毕而除丧服，忘哀寻乐等，都要给予处罚。⑥

---

① 史金波、聂鸿音、白滨译注《天盛改旧新定律令》卷一"失孝德礼门"第114—115页。
② 史金波、聂鸿音、白滨译注《天盛改旧新定律令》卷三"盗毁佛神地墓门"第184—185页。
③ 史金波、聂鸿音、白滨译注《天盛改旧新定律令》卷三"盗毁佛神地墓门"第185—186页。
④ 史金波、聂鸿音、白滨译注《天盛改旧新定律令》卷三"盗毁佛神地墓门"第186页。
⑤ 史金波、聂鸿音、白滨译注《天盛改旧新定律令》卷一二"内宫待命等头项门"第442页。
⑥ 史金波、聂鸿音、白滨译注《天盛改旧新定律令》卷二〇"罪则不同门"第604—605页。

二、厚葬和薄葬

西夏重视丧葬，在丧葬方面所用人力、物力较多，然而，西夏毕竟是一个相对贫弱的国家，生产力水平有限，社会和一般家庭的财产并不富裕，因此其丧葬费用可能难以和中原地区相比。但从西夏皇陵规模的宏伟、建筑物的高大、所用材质的精美、施工的精巧来看，西夏统治者的丧葬应属于厚葬。皇陵占地宽阔，帝陵墓塚高大雄伟，由其表面孔洞可知原有木柁檩椽，上覆琉璃瓦及屋脊兽等，当时应更加雄浑高耸。其建筑构件不乏优质釉瓷、精制琉璃。地表出土的墓碑有的文字涂金，奇特的男女像石碑座，地下出土的精美石马、铜牛，其中硕大的鎏金铜牛造型生动，通体鎏金。这些已不是一般的厚葬，而是奢侈了。

普通平民的丧葬，因受到财力的限制，简略粗疏，可以说是薄葬。《天盛律令》在提到孝日以内必须服孝服时，又规定："若无主贫儿无力服之，及依土地法无麻布等，不须服，勿治罪，当为自然孝礼。"[①]对贫困人无力服孝的，也可以通融。皇陵豪华破费和穷人无力治丧服，既反映了西夏社会巨大的贫富差别，又突出地表现出西夏厚葬和薄葬的对比。

---

① 史金波、聂鸿音、白滨译注《天盛改旧新定律令》卷二〇"罪则不同门"第 605 页。

第二节　丧葬形式

党项族早期的葬俗，《旧唐书》记载：党项人"死则焚尸，名为火焚"。[①] 这种火葬习俗和目前羌系一些民族保留的火葬习俗相近。

前述李继迁在战争中"葬其祖于红石峡，障水别流，凿石为穴，既葬，引水其上"的葬法，应属于水葬，这种特殊的临时葬法，不一定具有普遍意义。实际上党项族的葬法原来可能是火葬，至西夏时期，仍保存着火葬，同时又有土葬，甚至形成火葬和土葬相结合的葬俗。

一、火葬

西夏党项族火葬传统和佛教的火化融为一体，构成了西夏火葬的形式。《文海》有"烧尸"条，其释义为"火上烧化尸体之谓"，又有"丘"条，释义为"烧人尸处土圈之谓"，"墓"条，释义为"烧尸处骨尸所围之谓"。[②] 可见西夏有焚尸火葬的习俗。

甘肃武威西郊林场发现两座砖室西夏墓，据墓中出土的汉文题记得知，是西夏天庆元年至八年间（1194—1201 年）的西夏晚期砖室墓，墓中无尸骨。据题记知男墓主人分别为西经略司兼安排官□西处都案刘仲达和西经略司都案刘德仁。葬具是木缘塔，刘仲达墓题记中，记的是"灵匣"，而不是灵柩。尸体应是焚化，灵匣系装骨灰用，它可能就是木缘塔，但木缘塔内未发现有骨灰，这两个墓似应为火葬墓。两墓题记都有男女主人，可知当时实行合葬制度。据题记知墓主人为彭城人（今江苏省徐州）。两

---

① 《旧唐书》卷一九八《党项传》。
② 史金波、白滨、黄振华《文海研究》第 629、659、598 页。

图 120　甘肃武威西夏墓出土的木缘塔

座墓当是汉人墓葬。① 这里也有西夏党项人的墓葬。武威西郊响水河煤矿家属院发现西夏双人合葬墓，也无尸骨，墓中有木制灵骨匣两具，皆为寿棺状，应也是火葬后再行土葬。在土葬时进行祭祀，并随葬物品。随葬木牍记载死者的儿子为死者买阴宅事甚详，上书时间为乾祐二十三年（1192年），已至西夏晚期，"直祭主男窦依□□，于西苑外咩布勒嵬卖地一段"，窦依、咩布都是党项族姓，可知当时党项族也是实行类似先火葬再土葬的方法。②

著名的意大利旅行家马可波罗在13世纪曾经过"唐古忒州"。"唐古忒"就是原来的西夏国。他记录了西夏一带的火葬葬俗：

> 君等应知世界之一切偶像教徒皆有焚尸之俗。焚前，死者之亲属在丧柩经过之道中，建一木屋，覆以金锦绸绢。柩过此屋时，屋中人呈献酒肉及其他食物于尸前，盖以死者在彼世享受如同生时。迨至焚尸之所，亲属等先行预备纸扎之人、马、骆驼、钱币，与尸共焚。据云，死者在彼世因此得有奴婢、牲畜、钱财等若所焚之数。柩行时，鸣一切乐器。其焚尸也，必须请星者选择吉日。未至其日，停尸于家，有时停至六月之久。其停尸也，方法如下。先制一匣，匣壁厚有一掌，接合甚密，施以绘画。置樟脑、香料不少于匣中，以避臭气。旋以美丽布帛覆于尸上。停丧之时，每日必陈食于柩前桌上，使死者之魂饮食。陈食之时，与常人食时相等。其尤怪者，卜人有时谓不宜从门出丧，必须破墙而出。此地之一切偶像教徒焚尸之法皆如是也。③

马可波罗所记"偶像教徒"即为佛教信徒，其火葬习俗反映了很多西夏人的葬俗。

《天盛律令》对处理盗墓的有关规定，也证明西夏有埋尸体和烧化尸体、葬埋骨灰的习俗："诸人尸已埋及或已烧，尸灰未舍弃，已集土而放置，如彼损毁墓场时，使与前述于地墓棺椁上动手罪同等判断。"④ 可见西夏的火葬是先火化然后葬埋骨灰。

---

① 陈炳应《西夏文物研究》第186—204页。
② 姚永春《武威西郊西夏墓清理简报》，《陇右文博》2002年2月。
③ 冯承钧译《马可波罗行记》第五七章。
④ 史金波、聂鸿音、白滨译注《天盛改旧新定律令》卷三"盗毁佛神地墓门"第185页。

二、土葬

　　西夏在实行火葬的同时，也实行土葬。宋景德元年（1004年）李继迁死后，子德明嗣位于柩前。后来把他父亲葬于贺兰山西南麓。元昊称帝后，号为裕陵。可见那时已使用灵柩，实行土葬。西夏皇帝墓地后来发展成规模宏大的陵园，西夏诸帝及其大臣们便埋葬于此。西夏陵园内有9座帝陵，分别为太祖继迁的裕陵、太宗德明的嘉陵、景宗元昊的泰陵、毅宗谅祚的安陵、惠宗秉常的献陵、崇宗乾顺的显陵、仁宗仁孝的寿陵、桓宗纯祐的庄陵、襄宗安全的康陵。神宗遵顼、献宗德旺的陵失号，西夏末帝睍可能无陵。西夏陵园中还有大量土葬墓塚，证明西夏皇帝、贵族都实行土葬，从中反映出西夏葬俗的特点。

　　从《天盛律令》规定可知西夏有直接埋尸体的土葬。[①] 在提及不准损毁地墓、陵、立石、碑记文等时规定："损坏棺椁而至尸则徒八年"，又有"死人未送往地墓中，暂停放尸，放置时动手损毁，则当比于地墓上动手诸罪行减一等"，表明西夏有普通的土葬。

　　前引《天盛律令》可知，西夏有火化尸体后再行土葬的方法。武威西郊林场两座西夏小型单室砖墓，相距10米，墓室形制为：两墓室长分别为1.3米、1.6米，宽1.2米、1.3米，高1.2米、1.7米，墓室四壁平砖垒砌，以人字形铺平砖，后壁底部设二层台，长60厘米，高14厘米，台上用石灰抹面，墓门高分别为75厘米、80厘米，宽68厘米、90厘米，墓门为单层砖拱形券顶，以卵石封门。墓顶呈圆锥形。出土有木缘塔4座，为灵塔。1号墓二灵塔的盖子上和另一木牍上有汉文题记，2号墓在灵塔的盖子上有汉文题记。随葬品有木板画以及小型木器多件、瓷碗等。[②] 武威西郊响水河西夏双人合葬墓为长方形，长123厘米，宽95厘米，高97厘米，以砖垒砌而成，为单层砖拱形券顶，平地铺砖，墓门向北，呈"人"字形拱顶，高67厘米，宽44厘米，大卵石封门。内有灵匣、木牍，以及其他木器7件。[③]

---

① 史金波、聂鸿音、白滨译注《天盛改旧新定律令》卷三"盗毁佛神地墓门"第184—185页。
② 陈炳应《西夏文物研究》第186—191页。
③ 姚永春《武威西郊西夏墓清理简报》。

第三节　各阶层墓葬

贺兰山东侧的西夏帝陵显示出西夏帝王的丧葬形式和制度。

一、皇陵

（一）皇陵布局

西夏陵园在贺兰山东侧山峦岗阜之下，南起三关口，北至泉齐沟。陵区东为西夏初期开凿昊王渠。这里坡高地阔，居高临下俯视整个银川平原，极目远瞩，可见逶迤流淌的黄河。

西夏皇陵的择定，一方面取决于其地势优越，更重要的是它距离西夏都城兴庆府很近。自宋天圣元年（1023年），李德明城怀远镇为兴州作为新的统治中心，宋明道二年（1032年）元昊正式定都兴庆府后，这里便成了陵园宝地。

西夏陵区南北长10公里，东西宽5公里，总面积约50平方公里，构成了完整的陵区建筑群体。现存帝陵九座，陪葬墓250余座，陵邑遗址1处，还有专为陵区烧制建筑材料的砖瓦窑址和石灰窑址数十座。

由于缺乏历史文献记录，加之目前对帝陵碑亭遗址尚未全部发掘，尚难完全确定各帝陵的主人。目前已知7号陵是仁宗的陵寝，因为其碑亭出土的部分残碑可大体拼合成一方碑额，碑额为西夏文篆书，译文为"大白高国护城神德至懿皇帝寿陵志文"，西夏仁宗尊号为"护城皇帝"，陵号"寿陵"。[①] 近期又有专家依据出土碑文及其他资料考证，认定6号陵为西夏太宗德明之嘉陵，并推测太祖继迁的裕陵为4号陵、景宗元昊的泰陵为3号陵、毅宗谅祚的安陵为8号陵、惠宗秉常的献陵为5号陵、崇宗乾顺

---

① 宁夏回族自治区博物馆《西夏八号陵发掘简报》，《文物》1978年第8期。

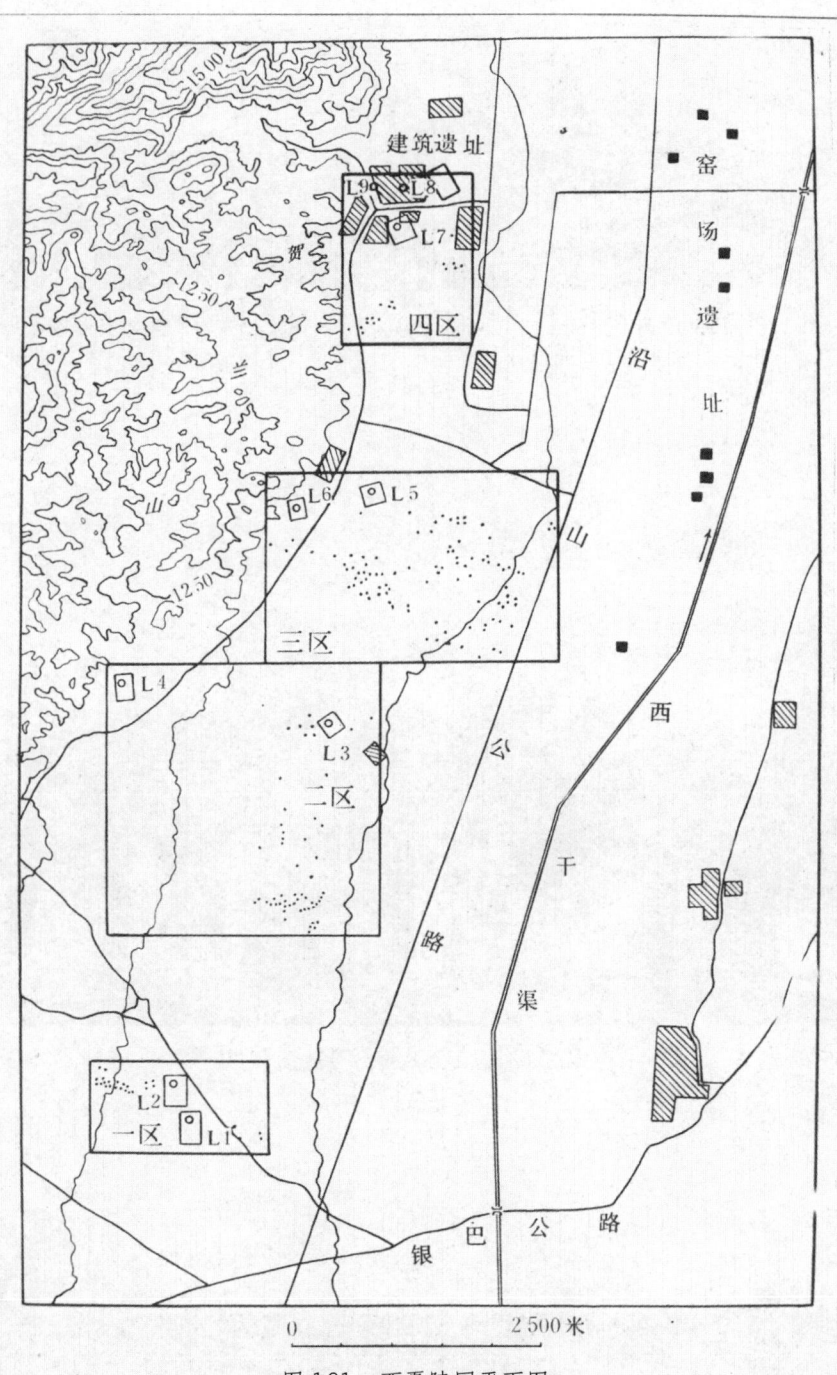

图 121 西夏陵园平面图

图122　西夏陵园6号陵　　　　　　　　图123　西夏陵园3号陵全图

图124　西夏陵园3号陵陵台

图125　西夏陵园1、2号陵

第八章　丧葬

的显陵为9号陵、桓宗纯祐的庄陵2号陵、襄宗安全的康陵1号陵。神宗遵顼、献宗德旺未及修陵。①

从已发掘的7号陵及其他陵园布局分析,西夏陵园平面布局紧凑,月城在内城南面,改变了外城包围内城的格局,陵台台基呈八角形或圆形,不同于唐宋皇陵的方形;陵台在墓室后部,不起封土作用,也不同于唐宋皇陵。墓室形制中,墓道敷设木椽,用圆木或木板封闭甬道,周壁敷设护墙板,而不用砌砖。陵墓皆被盗过,已发掘的陵墓墓室中未出现过丧具。

陵区北部有长方形庭院式殿宇建筑,面积约十万余平方米,应是陵邑遗址,是祭祀活动和管理者及僧侣等人居处的场所。

(二) 皇陵特点

西夏陵区皇陵与陪葬墓,以及其他有关建筑遗址的分布,同中原地区的唐、宋皇陵相比较,在总体上有许多共同之处,但也存在显著的差异。

对于偏安一隅的西夏来说,西夏陵园宏伟宽阔,但其范围较唐、宋皇陵要小。②宋陵比西夏陵复杂,于皇陵之后有祔葬后陵及下宫等建筑。西夏皇陵较为单纯,无论是皇陵之后还是兆域内均无后陵,亦无下宫等附带建筑,绝大多数后陵可能与帝陵同穴。

图126 河南巩县的宋仁宗永昭陵

---

① 孙昌盛《西夏六号陵陵主考》,《西夏研究》2012年3期。
② 郭湖生等《河南巩县宋陵调查》,《考古》1964年第11期。

（三）陵园地面建筑

西夏陵园地面建筑，受到中原地区汉族建筑的巨大影响，但同时也富有自身的民族特色。

1. 陵台

陵园中的主体建筑是陵台，是皇帝墓葬的代表性建筑。在中国古代陵园建筑中，陵台一般为土塚，起封土作用。但是，西夏皇陵的陵台建筑却别具一格。

西夏陵园的灵台位置设在墓室垂直线后部约10余米处，因而实际上不具封土塚的作用。这与中原地区的唐、宋陵园不同。陵台建以塔形，在中国陵园建筑中是极特殊的。陵台以夯土筑成平面呈正八边形的高台，从下至上分作七层，逐级内收，每层收分处出檐木结构，并挂有瓦当、滴水、屋脊兽等建筑构件，夯土台外部砌砖包裹。陵园未破坏前，陵台是一座密檐式的七层实心高塔建筑。

塔是佛教的建筑物，其本义就是坟，是埋葬佛骨的坟墓。西夏陵园修造塔形陵台，反映了西夏统治者崇奉佛教的宗教意识。

2. 碑亭

西夏陵墓建筑中重要的组成部分是碑亭。其建筑结构和布局具有下述三个明显特点：

（1）每座帝陵一般为两座或三座碑亭。它们的位置设在鹊台之后，月城（包括石像生群）之前的两侧。而多数帝陵为三座碑亭，即西边一座，东边两座。这样的布局从局部来看是不协调的。但是，如果纵观陵园全局，就不难发现，由于西夏陵园的陵台和墓道位置都偏离了子午线，而偏于南北中轴线以西，所以东碑亭数多，反倒避免了"西重东轻"的缺陷。

（2）碑亭建筑面积各不相同。有两座碑亭的帝陵，一般都是东碑亭大于西碑亭，而有三座碑亭的帝陵，则在东边的两座碑亭中，位南的一座碑亭建筑面积最小。碑亭建筑的差别，可能反映了立碑人的身份、地位，但就建筑本身而言，显然是打破了中国传统的对称格局。

（3）同一陵园中的各碑亭，建筑形式截然不同。如现已发掘的7号陵园，陵共有东、西两座碑亭，它们的台基虽均呈正方形，但东碑亭的台基高于西碑亭。西碑亭的台基面上除发现有扁平的自然石块作柱础外，还堆积了大量的砖、瓦和鸱吻等大型装饰性建筑材料，在台基的东、西两侧还各有一砖砌的斜坡踏步，它可能是一座穿堂式的殿宇建筑。东碑亭台基面上无一块柱础，仅用方砖铺成圆形地面，周围虽堆积有大量的残砖和整长条砖，却不见片瓦，台基西侧有一砖砌的阶梯踏步，它可能是一座穹隆顶的圆形建筑。碑亭内皆有西夏文和汉文两种文字墓碑，更增添了浓厚的民族色彩。值得注意的是每一碑亭中出土的大量残碑中，不只一种字体，有的残碑中的年号比墓

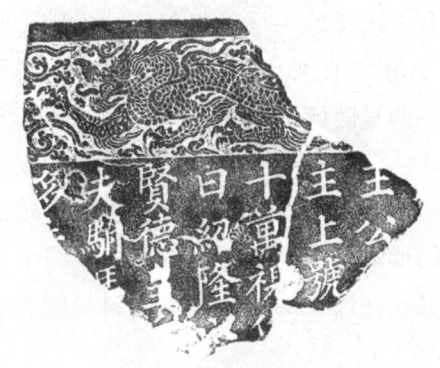
图127 西夏陵3号陵出土带龙形边饰的残碑

图128 西夏陵7号陵出土带龙形边饰的残碑

图129 西夏陵1号陵陵台和角台

主去世时间晚得多，可以推断碑亭中所立非只一方碑刻，有的是后世镌刻建立，这在中国皇帝丧葬建碑方面很有特色。被认为是元昊泰陵的3号陵出土有多块带有龙纹边饰的残碑。特别是7号陵仁宗寿陵出土的残碑，可能是由4方碑座托起的巨大石碑，碑面敷朱色，文图鎏金，碑额篆文，边饰以龙纹为主，显示出皇家盛世的气派和豪华。

3. 角台

每一陵园均有四座角台，其位置建在陵园兆域之外围。后部的两座角台位于陵园的尽北端，前部的两座角台其南端基本上不超过碑亭所在的位置。早期角台与外神墙比较接近；中、晚期陵园由于外神墙逐渐内收，角台成了兆域东、西、北三面的惟一标界。从角台四周堆积的残砖碎瓦等物可以肯定，角台之上原建有阙楼，但周围没有登高的阶梯，它同鹊台上的楼阙一样，仅起装饰作用。而在唐、宋陵园中，只有建筑在神墙四周转角处之上的角阙，而没有角台建筑。西夏陵园的角台为兆域的标界，独具特色。

在陵区东部，沿"昊王渠"两岸，分布了数十座砖瓦窑和石灰窑，这些窑的形制与中原地区所常见的同类窑址基本上相同，证明西夏陵区使用的大量建筑材料是就地取材烧制。

综上所述，西夏陵园吸收了我国秦汉以来，特别是唐、宋时期陵园之所长，同时又受到了佛教丧葬的巨大影响，使汉族文化、佛教文化和党项族文化三者有机地结合在一起，从而构成了我国皇室丧葬制度中别具一格的形式。它不仅为研究西夏时期的丧葬提供了重要的资料，同时也为中国古代丧葬史增添了别开生面的重要一页。[①]

图130 西夏陵出土琉璃鸱吻

二、陪葬墓

陪葬墓是西夏皇亲贵臣的墓葬，分布于各帝陵的周围。每座帝陵的陪葬墓多寡不等，多者十余座，少者二三座。陪葬墓无论在规模上，还是在形制上都与帝陵有显著的差别。从而反映出西夏的丧葬制度同样具有严格的封建等级观念。

在西夏陵区里，除个别陪葬墓规模较大外，绝大多数的陪葬墓规模都比帝陵小得多。在形制上，陪葬墓没有帝陵所必须具有的鹊台、角台、献殿等个体建筑，墓塚的形状也与帝陵有别。此外在城垣石灰墙面的颜色和建筑材料的使用上，都有明显的区别。

西夏陵区的陪葬墓多不在兆域之内，也没有明显的排列规律。陪葬墓综合分为5类：

（一）建筑内容和墓园形制最复杂的陪葬墓，多由两座碑亭、外城、月城、墓城、门址、照壁和墓塚组成。

（二）建筑内容和墓园形制较为简单，多由一座碑亭、月城、墓城、门址、照壁和墓塚组成。

---

① 宁夏回族自治区博物馆《西夏八号陵发掘简报》，《文物》1978年8期。吴峰云《西夏陵园建筑的特点》，载《西夏文物》，文物出版社1988年版。

（三）建筑内容和墓园形制更为简单，多由一座碑亭、墓城、门址、照壁和墓冢组成。

（四）建筑内容和墓园形制再简单，由墓城和墓冢组成。

（五）建筑内容和墓园形制最简单，只有一座墓冢。

像第一、二类那样大型的陪葬墓是少数，多数是较小型、简单的陪葬墓。177号陪葬墓是陵区最大的陪葬墓，西距5号陵300米，由外城、两座碑亭、月城、墓城、门楼、照壁和墓冢组成。茔域面积近2万平方米，东、西碑亭皆成正方形，边长10.5米；月城呈长方形，东西37米，南北41.75米；墓城也为长方形，南北117.4米，东西101.4米；墓冢位于墓城北端西侧，夯土冢，截顶圆锥形，有六排柱孔；墓道长40.5米。这是皇亲国戚的墓葬。

182号陪葬墓规模比前者要小，但结构也很完整。通过此墓碑亭出土的西夏文、汉文残碑知是"尚父太师尚书令知枢密院事梁国正献王"嵬名安惠的墓。据残碑知此人是毅宗、惠宗、崇宗时的朝中大臣，位居枢要，掌管军政大事。但他的名字和事迹不见史书记载。墓门是用三层板封门，内层靠墓道东西壁的两块木板为长方木，上端原雕木板的外侧还垒压了大大小小近百块石头。墓门前墓道底部，还殉葬了一只幼狗，可能是象征着为墓主人看家护院，保护财富。黑水城出土的一幅《西夏皇帝及随员图》中在财宝的旁边有一只狗在看守。此墓中还发现棺钉44枚和一些棺木残块，证明是木棺葬。

图131 西夏陵182号陪葬墓残碑块

三、贵族地主墓

1977年武威西郊林场发现两座墓，其一是西夏西经略司都案刘德仁墓，经略司略低于上等司的中书、枢密，根据《天盛律令》规定上一级承旨、都案、案头分别相当下一级的大人、承旨、都案，刘德仁相当比下等司（如行宫司、择人司、定远县等）大人略高的职位，属官僚阶层。他的墓葬是木缘塔砖室墓，不算豪华，但比同一地区的平民窦依家的墓葬还是铺张不少，夫妻合葬墓中每人都有一座结构复杂的灵塔，且灵塔周边都有朱书梵文陀罗尼经，比平民墓葬的灵匣显得等级要高；更为突出的是此官吏的墓葬中有 29 幅彩绘木板画，有墓主人肖像、驭马图男侍、女侍、童子、老仆、老婢、武士、金乌（太阳）及动物等，反映出当时的现实生活。而平民的墓中只有结构简单的灵匣以及几件随葬木制品。更多的西夏平民墓葬比较简单，没有明显的时代标志，缺少随葬的物品，只有矮小的坟墓和简陋的葬具，或连坟墓也早已成为平地，而湮没难寻。

专家对宁夏银川市南郊永宁县闽宁村的 8 座西夏墓和 4 座碑亭进行了清理发掘，并推论墓地时代似应在西夏建国前后。① 这些墓不仅有封土，还有墓道、墓门和墓室，虽皆经盗掘洗劫，仍出土不少遗物。如二号墓有墓俑，三号墓有铜铃、石雕和瓦当，五号墓有石雕幼狮，七号墓有铜饰物、铁甲片，八号墓有陶俑、木俑、石柱榫头等，可证明这些多不是普通贫民的墓葬，而是有地位人家的墓葬。特别是四号墓出土大量铜器，有铜带扣、铜棺泡饰等，还有多种鎏金银带饰，更证明此墓为官宦贵族家之墓葬。另有墓葬碑亭出土了带文字的残碑块，其中一块有"……郎张陟撰"的字样，这应是墓主人墓志铭的撰写者。此人应是西夏早期主谋议的大臣张陟，他曾于景宗元昊大庆三年撰写《大夏国葬舍利碑铭》，其职称为西夏"右仆射中书侍郎平章事"，正与残碑块相合。② 张陟为死者写墓志铭，死者当为贵族之列。

图 132　宁夏闽宁村西夏墓

这些墓葬没有西夏帝陵墓葬那样的规模和豪华，但也不是普通百姓简单的墓葬，均有高低不等的封土，高者达 3—4 米，其中 4 座墓有墓园建筑，墓葬不在墓园的正中

---

① 宁夏文物考古研究所编著《闽宁村西夏墓地》第 141—142 页。
② 《宋史》卷四八五《西夏传》（上）；《嘉靖宁夏新志》卷八。

而是在西北部，这种布局与西夏陵园建筑一致，具有不同于中原墓葬的特点。此外皆有阶梯式墓道，有 2 座墓道中有天井，墓室以木料封门，墓室为土洞单室墓，多呈方形、平底、平顶或穹隆顶。

在 8 座墓中有 3 座土葬墓：二号、四号、七号墓，有 5 座火葬墓：一号、三号、五号、六号、八号墓，实际是先火化再土葬。再次证明西夏墓葬兼容土葬和火葬习俗。从一号墓西侧碑亭出土残碑上有"……野利公讳……"知墓主人应是西夏党项大族野利氏，又二号碑亭出土残碑有文字"……臣闻野利……"证明一大臣为墓主野利氏撰写墓碑铭文。可以说这些墓葬中至少包含了党项族贵族的墓葬，或许它们就是野利氏贵族的墓葬群。

四、僧人和平民的墓葬

前述青铜峡一百零八塔，是西夏僧人的塔墓，塔均为喇嘛式实心砖塔，第一行一座高 5 米外，其余均在 2.5 米左右。塔体型制有覆钵状、八角形鼓腹尖锥状、宝瓶状、葫芦状，可能是信奉藏传佛教的喇嘛墓塔。

宁夏贺兰山拜寺口也发现大型西夏塔群遗址。共发掘面积 3600 平方米，全部塔基都在贺兰山拜寺沟口一侧的扇形山坡上，清理出塔基 62 座。塔基残高最高的仅 0.6 米，低的只有十几厘米，塔基大的直径有 3.5 米，小的不足 2 米。塔基基座共有三种形制：十字刹角形、八角形、方形。其中十字刹角形最多，有 57 座，方形有 3 座，八角形仅 2 座。佛塔排列没有规律，有的三五座成一组，有的六七座一排。大小排列也无规律可循。可能塔群的兴建经历了一个较长时期的跨度。部分佛塔中筑有塔心室。塔心室有方形、圆形两种，有的与塔基底部在一个平面上，有的则低于塔基。几乎所有塔心室都被盗过或动过后，只有部分发现了塔模、骨灰等遗物。几乎所有佛塔外面都抹有两厘米厚左右的白灰，白灰上均有彩绘图案。这些塔在双塔寺庙的近旁，有可能是寺庙僧人的集中墓地。

贺兰山拜寺沟口塔群与青铜峡一百零八塔有相同之处，两处均是塔群，都建于坡地之上，均为西夏建筑，形制都以十字刹角形为主，皆以白灰抹面，均发现塔模等文物。但青铜峡有 108 座塔，排列有序，而贺兰山塔群目前发现有 62 座，排列无序。

随着西夏的灭亡，寺庙及塔群逐渐衰落、破败，以至被毁被盗。明代安塞王朱秩

---

① 雷润泽、于存海、何继英《西夏佛塔》第 102—127 页。

灵的诗写道:"文殊有殿存遗址,拜寺无僧话旧游。"说明那时就已是僧去寺空了。①

西夏平民的葬俗资料不多。通过西夏文资料可知西夏平民墓葬是夫妻合葬。《圣立义海研究》"夫妇名义"中"世代敬颂"条记载:"夫妇者,生时同枕眠,死后共墓埋。"又"死后共墓"条记载诗中说:"夫妇者,生时居一家,相敬终寿。及亡同地墓,共棺入葬也。"②

---

① 庄电一《贺兰山大型西夏塔群遗志又有新发现》,《光明日报》1999年12月3日。
② 克恰诺夫、李范文、罗矛昆《圣立义海研究》第85页。

【第四节　葬具、随葬品和葬事】

一、葬具

葬具是盛放死者遗体的用具，土葬所用称为棺。宋景德元年（1004年）李继迁死后，子德明嗣位于柩前。可见那时已使用灵柩，实行土葬。景德四年（1007年）德明母亲罔氏死，到宋朝告哀，宋朝派使臣祭吊，德明以鼓乐迎至柩前。① 也证明西夏在建国前就使用灵柩。

西夏政权初创时期，宋太平兴国七年（982年）李继迁欲举兵反宋，诈言乳母死亡，到郊区出葬，事先以兵甲藏放于丧车中，带领其家族数十人逃到地斤泽。说明当时已经有丧车。

由于西夏帝陵皆曾被盗掘，对其葬具难以有全面的认识。经对墓室的发掘和清理，在6号陵出土有带环铁钉。在177号陪葬墓出土松木棺板8块，皆朽坏，其中最长的一块长123厘米，厚5厘米，还发现铁质棺钉34枚。该墓应是一位西夏大臣的墓葬。墓主人尸骨被严重扰乱，据专家分析有四具尸骨，一中年男性，一老年女性，二中年女性。② 墓中出土木棺板和棺钉足证当时的贵族使用木棺为葬具。

前述甘肃武威西郊林场西夏墓的葬具是木缘塔。另武威西

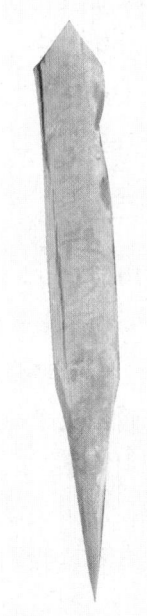

图133　内蒙古额济纳旗出土西夏文祭祀亡者木简

---

① 《续资治通鉴长编》卷六五，真宗景德四年（1007年）五月丁酉条。
② 宁夏文物考古研究所、许成、杜玉冰编著《西夏陵》第102页，东方出版社1995年版。

郊响水河煤矿家属院发现的西夏双人合葬墓中有木制灵骨匣两具，皆为寿棺状，1件大头21.5、23厘米，小头17.5、22.5厘米，匣棺长33.5厘米，盖长43厘米，厚6.5厘米；另1件大头20、21厘米，小头18、19厘米，匣棺长41.5厘米，盖长59.5厘米，厚15厘米，前案头正面书写西夏文两竖行。

内蒙古额济纳旗文物保管所藏有西夏文祭祀亡者木简，上墨书西夏文字。其中一支第一二字为"身转"二字。"身转"译为"转身"，即死亡意。五六两字是西夏党项姓氏"耶和"二字。这些木简应是为祭祀、供奉亡者所用。

二、随葬品

西夏帝陵及陪葬墓的被盗，使绝大部分随葬品遗憾地损失，但从西夏陵园地面建筑的宏伟和遗存文物来看，地下墓室的随葬品也应十分丰富。已发掘的6号墓墓室被盗，考古工作者对墓室和盗坑淤土作了清理，出土了不少随葬品，其中有金银器，如金鞍饰、花瓣形镂孔金饰、金扣边，还有嵌绿松石鎏金银饰、银片饰、鎏金兽面银饰，此外还有珠饰、铜甲片、铜门钉泡、铜副肘板、铜铃，以及精美的竹雕、棋子等。通过这些随葬品可以想见，当时入葬时有琳琅满目的随葬品，其中大宗的金银珠宝随葬品被盗墓者席卷而去，只有一些掉落的、零星的残碎品留在墓室或盗坑淤土中，当然还有当时盗墓者认为不甚值钱的石雕等也幸免于难。此墓残存的随葬品中的金银饰物种类很多，可推测当时有装饰衣服的，有装饰冠帽发髻的，有装饰衣带的，有装饰鞍鞯的，从甲片可知随葬有铜铠甲。

177号陪葬墓甬道出土的大型鎏金铜牛、大石马和石人头，过去被认为是随葬品。依据牛、马形体硕大，加之石人头极类似中原地区的石像生，因此它们很可能不是随葬品，而是地面神道两旁的石像生之类。石像生是陵墓前安设的石人、石兽，又称"翁仲"，其作用主要是显示墓主人的身份等级地位，也有驱邪、镇墓的含义。西夏陵园中的鎏金铜牛突破了中原帝陵中传统石质，令人耳目一新。大铜牛、大石马在西夏墓中占据重要地位，可能与西夏的信仰有关。《天盛律令》就有神马、神牛的记载："有神马、祭牛、神牛一种者，年年四月三日于冬夏分别时，于旧宫内天神下当送马中散茶酒。"① 看来每年四月三日是一个祭神之日，要用特别牧养的神马、神牛，或许这种风俗是丧葬中大铜牛、大石马的最好注脚。

177号墓室中出土石狗、石马、铁狗，以及包括锦、罗在内的丝织品和瓷器等。这

---

① 史金波、聂鸿音、白滨译注《天盛改旧新定律令》第一九"畜患病门"第582—583页。

些动物造型的随葬品应是西夏畜牧业发达和牲畜神崇拜的表现，反映出西夏墓葬的民族和地域特点。墓中的丝织品虽皆是残片，但包括了织物丰满厚实、富有立体感的茂花闪色锦，纬粗经细、斜纹纹路清晰的棕色异向绫，纬纹突起、凹凸效果分明的工字绫以及棕色文罗、烟色素罗等，其中有的是在中原地区都罕见的品类，可以想见墓主人的穿戴和妆饰是豪华的。

前述甘肃武威西郊林场西夏墓随葬品有木条桌、木衣架、小木塔、木笔架、木宝瓶。木宝瓶高13.5厘米，宽肩瘦身，表面涂红色，制作很精细。又银川闵宁村西夏墓出土有一批木俑、木牛、木羊、木鸡等，表现出当时的随葬习俗。①

武威西郊响水河西夏双人合葬墓随葬木牍，为阴宅买地券，是土地私有制在丧葬习俗中的反映。松木质，长31.5厘米，宽17.5厘米，上有朱书汉文16行："维大夏乾祐廿三年岁次壬子二月二十九日壬寅，直祭主男窦依□□于西苑外，咩布勒嵬卖地壹段，殁故龟筮从，相地袭吉安厝宅兆，谨用银钱九万九千九百九十九贯文，兼五綵信币，买地壹段：东西七步，南北七步，东至青龙，西至白虎，南至朱雀，北至玄武。内方勾陈，分擘掌四域丘冢、墓伯、封畔、道路将军，□千秋百万岁，永无殃咎，□于□□禁，将军、亭长收付何伯，今牲牢酒饭香新，共为信契。财地交于分付。工匠修营安厝宅兆，以后永保休吉。知见人岁一。保人，今日直符。故气邪精，不得忏怪。先有居者，永避万里。若违此新（约），地府主使自当其祸，主人内外存亡，悉皆吉安，总如五帝使者如青律令。"②此买地券写明入葬时间为西夏乾祐二十三年（1192年），证

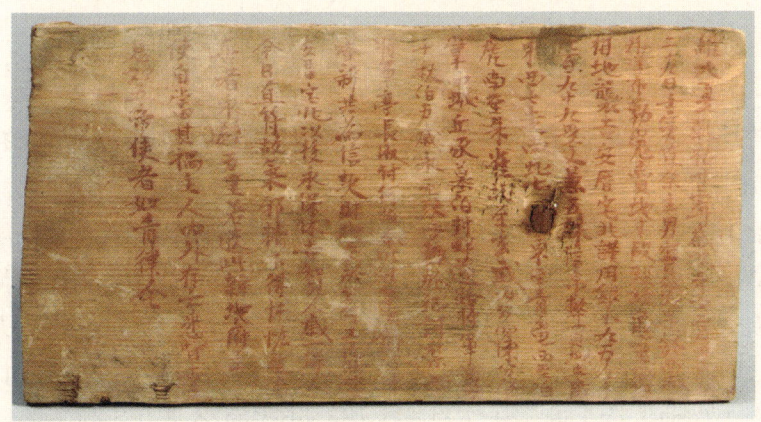

图134 武威响水河西夏墓随葬木牍

---

① 宁夏文物考古研究所《闵宁村西夏墓》第150—151页，彩版7、8，图版25—27，科学出版社2004年版。
② 姚永春《武威西郊西夏墓清理简报》。录文中的□为难以识别者。□内的字为笔者据上下文和宋代此类买地券推补，供参考。

明西夏也有与当时中原地区流行的为死者虚购土地、在墓中放置买地券的习俗。其中有的字迹不清，"直祭主"即为死者买地者，为死者之子，名为"窦依……"，买地者为"咩布勒嵬"是党项人。

在西夏故地宁夏、甘肃、内蒙古等地的西夏墓葬中均发现了大量陶质或泥质的擦擦，多为小塔型，皆模制，外有各种纹饰或经咒，内往往装写有经咒的纸条，有的表面还涂以彩绘。宁夏中卫县出土有擦擦铜范，长9.6厘米，口径9.2厘米，顶部出柱形柄，外壁有连珠纹和覆莲纹，内为覆钵式塔范。

图135　宁夏西夏墓地出土擦擦

图136　宁夏中卫县出土有擦擦铜范

三、葬事

西夏法典规定死者家属亲戚的服孝时间。《天盛律令》又规定官员家有丧事应请假办丧事，特别规定在宫中待命当值者中，其父母、子、兄弟、妻眷等死，则当令寻担保证实，可给予假期。[①]但有人为了得到假期，而谎报亲人死亡者，要给予处罚："诸人自己故意于亲父母、庶母实有时谓其已死而索假期时，与当面出恶语争吵同等判断。"[②]

服丧时期对服丧者有一定的礼仪要求。《天盛律令》规定："父母、丈夫等应服三年丧服者已死，闻之而不哭泣时，徒三年。孝礼未毕而除丧服，忘哀寻乐时，徒六个月。游戏、听乐歌、坐他人筵上时，十三杖。又服一年丧服之节上死而不哭泣时，徒三个月，除丧服、忘哀寻乐□□□□□□。又服自九个月至三个月丧服死而不哭泣时，于前述服一年丧服之罪上，服者是节上则当减二等，是节下则当减一等。孝日以内下葬，

---

①　史金波、聂鸿音、白滨译注《天盛改旧新定律令》第一二"内宫待命等头项门"第442页。
②　史金波、聂鸿音、白滨译注《天盛改旧新定律令》第二〇"罪则不同门"第611页。

则当除丧服。"①

丧葬期间有丧葬宴,《天盛律令》对丧葬宴有限制性规定:"诸人以汉筵、熟食为丧葬宴等,准备食馔,心口菜十五种以内,唇喉二十四种以内,又树果品共二十四种以内行之,依不同次第,一种种分别计算,不许使过之。若违律诸人举报时,举赏钱五缗,当由设宴者出予举者。"②何谓"心口菜"、"唇喉菜"目前尚难作出准确的解释,但从中可以看出,对宴请的食品种类和数量作出如此具体的限制,也是西夏丧葬风尚的一个特点。

西夏律法不主张在丧事中屠宰牲畜:"诸人出葬时以畜作陪葬者当退回,不允屠杀。若违律屠杀时,承诸人屠杀自有牛、骆驼、马之罪。"③丧葬时不得以官马祭葬:"诸人不得以著籍官马祭葬。违律者有官罚马一,庶人十三杖。"④

西夏文《碎金》有"丧葬巫客侍"的诗句。⑤"巫客"即长于占卜术数的人。丧葬时强调要请巫客参加,说明在治丧事时可能在选择墓地、出殡时间等方面,要占卜凶吉。

西夏对于犯罪被杀者,也有特殊收葬习俗。《天盛律令》规定:"诸人已犯罪,经官已杀者,一年以内不允收葬,一年已过时,当由小巫为之。先告都审刑司,当派巫小监者。应翻检头字,当收葬,不允作咒。"⑥可能经巫者作咒死者可以超度托生,不允许则不能托生,若如此则这是对犯罪被杀者的又一种惩罚。

---

① 史金波、聂鸿音、白滨译注《天盛改旧新定律令》卷二〇"罪则不同门"第604—605页。
② 史金波、聂鸿音、白滨译注《天盛改旧新定律令》第二〇"罪则不同门"第608页。
③ 史金波、聂鸿音、白滨译注《天盛改旧新定律令》第二"盗杀牛骆驼马门"第155—156页。
④ 史金波、聂鸿音、白滨译注《天盛改旧新定律令》第六"官披甲马门"第249页。
⑤ 聂鸿音、史金波《西夏文本〈碎金〉研究》。
⑥ 史金波、聂鸿音、白滨译注《天盛改旧新定律令》第一"不孝顺门"第127—128页。

第九章 生产

西夏经济产业包括农业、畜牧业、狩猎业、手工业和商业。党项族在未北迁以前只有畜牧业和狩猎业，尚无农业。《隋书》记载：党项人"牧养牦牛、羊、猪，以供食，不知稼穑"。① 至唐代，党项人仍然"畜牦牛、马、驴、羊，以供其食。不知稼穑，土无五谷"。② 那时，党项族只是从事畜牧业生产，吃、穿、用基本上都取自于牲畜，食畜肉，饮畜乳，衣牲畜皮毛，就连居室都是"织牦牛尾及羊毛覆之"。

---

① 《隋书》卷八三《党项传》。
② 《旧唐书》卷一九八《党项羌传》。

第一节 农业风俗

唐末、五代时期，党项羌逐步进入汉族农业地区，从夏州党项政权形成时起，就开始经营农业。唐大中五年（851年）政府下令给夏州、银州一带的党项人"空闲田地"。① 这样就开始了一部分党项人由游牧到定居、由畜牧业到农业的历史性转变。这些地区早有农业基础，生产力水平较高，对党项社会的发展产生了强大的影响。在党项地方政权管辖范围内，除当地汉族外，一部分党项族也逐步从事农业生产，这是党项人社会生活的一个重大转变。宋至道元年（995年）夏州党项首领赵光嗣向宋朝献嘉禾一函②，看来当时对农业已很重视。

由于西夏人民的生活需要，以及频繁战争中军粮的需求，粮食生产成了西夏的支柱产业。

一、农业生产习俗

西夏的农业继承了当地原有的良好农业基础，其中包括已开垦的土地，已开凿的水渠等农田基本设施，也包括先进的生产工具和长期积累的生产经验等。西夏的农业生产有相当高的水平，其"耕稼之事，略与汉同"。③

（一）农耕习俗

西夏继承了当地汉族的农耕传统。西夏不仅有旱地，还有大量水田。水田的耕作技术更为复杂，表现出更高层次的农作技术水准。

---

① （宋）宋敏求编《唐大诏令集》卷一三〇《洗雪平夏党项德音》。
② 《宋史》卷六四《五行志二下》。
③ （清）吴广成《西夏书事》卷一六。

西夏的农业讲究季节和时令。《圣立义海》第三中有全年十二月各月的"名义",依次记录各月农牧劳作的事项,可惜农事比较繁忙的一月至六月全佚,七月大部残缺。在"八月之名义"中有"糜熟,国人收割";"九月之名义"中"蓄水结果"条"蓄粳稻、大麦春种水,九月取也"。冬天农闲也有农活,"腊月之名义"中"准备农具"条:"修治来年经时使用耕具也。"西夏习俗,腊月就要为来年耕种准备耕具。① 这与汉族的农耕习俗相一致。

在西夏陵园中曾发掘出硕大的鎏金铜牛和小铜牛。② 可以想见,牛作为耕作的主要畜力在西夏受到特殊的偏爱。西夏多使用牛耕田,《掌中珠》中有"耕牛"一词。甘肃敦煌西部的瓜州榆林窟第3窟是西夏洞窟,其中壁画五十一面千手观音变中有《犁耕图》,画双牛驾横杆,横杆连接犁辕,即所谓二牛抬杠式,耕者一手扶犁,一手持鞭,形象地反映了西夏时期役牛犁田的情景。所画的直辕犁是当时习用的农具,说明西夏瓜、沙一带农业具有相当水平。(见第22页图16)

西夏的农业生产工具在文献中有多处记载。在《掌中珠》中记载的农器有:碾碌、簸箕、扫帚、刻叉、子耧、芭罢、镰锄、钁枕、锹、犁铧等。③ 西夏汉文本《杂字》的"农田部第六"中有农具:犁耧、罢(耙)磨(耢)、桔槔、铁铧、碾碌、笤帚、扫帚、锹钁、把杈、蒡箕、栲栳、碓磴、前刀、飏簰、镰刀。④ 另一种藏于俄罗斯圣彼得堡的西夏文蒙书《纂要》中也有关于农业用具的词。其中农具有锹、木锹、芭罢、子楼、耢、锄;储存工具有笆、笆笭;运输工具有车等。⑤ 其中一些农具在上述榆林窟第3窟观音图中被西夏的绘画家描绘下来,保存了当时农具的形象资料,其中有锹、镢、锄、犁、耙等。⑥ 从上述农器可知西夏所使用的农具种类比较齐全,有翻地、犁地工具,有平整耙耢工具,有播种工具,有浇灌工具,有收割工具,有打场、碾场工具,有扬簸、扫除工具。《文海》对一些农具的功用或特性有准确的解释,如"耧"字注释"埋子用,汉语耧之谓"。"犁"字注释"犁铧也,耕用农器之谓"。⑦ 西夏文"犁"字以"木"字合成,"铧"字以"金"字合成,可知西夏使用铁铧犁。这些农具证明西夏农业耕作技术和生产力水平与中原地区相近,达到了当时的先进水平。

---

① 克恰诺夫、李范文、罗矛昆《圣立义海研究》第55页、52页、53页。笔者对译文有改动。
② 史金波、白滨、吴峰云《西夏文物》图217。
③ (西夏)骨勒茂才著,黄振华、史金波、聂鸿音整理《番汉合时掌中珠》第54—55页。
④ 史金波《西夏汉文本〈杂字〉初探》附录。
⑤ 史金波、魏同贤、克恰诺夫主编《俄藏黑水城文献》第十册第38—39页。
⑥ 白滨、史金波《莫高窟榆林窟西夏资料概述》,《兰州大学学报》1980年2期。
⑦ 史金波、白滨、黄振华《文海研究》第522、479页。

（二）灌溉习俗

1. 灌溉渠道

在西夏这样多干旱的地区，水利对农业生产有至关重要的作用。西夏地区的一些地方可借助河流兴灌溉之利。《文海》对"农"字的解释为："农耕灌溉之谓。"对"渠"的解释为："挖掘，地畴中灌水用是也。"①灌溉在西夏农业中有突出地位，成为西夏的农业命脉。特别是在河套一带利用黄河开渠灌溉，是西夏粮食生产的主要基地。在汉代有汉延渠、唐朝有唐徕渠。这些渠道在西夏时期依然被利用，而且还是主要大渠。《天盛律令》涉及灌溉、修渠时多次提到汉延渠、唐徕渠。

西夏为了保障农业的稳定收成，还开辟新渠。早在李继迁时期在有限的地域内就修渠灌田。宋咸平五年（1002年）李继迁攻下灵州后，夏州自上年八月至当年七月久旱不雨，五谷不收。当时党项统治者在并不稳定的局面下，便能认识到农业和灌溉的重要，为长久之计，兴修水利。李继迁下令修筑黄河堤坝，提高水位，引水注入旧渠，灌溉农田。不巧的是，堤坝刚刚筑好，八月适遇大雨，九昼夜不止，河水暴涨，堤防四决，使这次筑堤没有达到预期效果，反而成为水害。②以后西夏曾多次兴修堤防，筑造新渠。元昊时期新修筑了自今青铜峡至平罗的水利工程，即后来著名的昊王渠，至今有的渠段仍在发挥着良好的灌溉效益。《天盛律令》曾提到"唐徕、汉延、新渠诸大渠等"。③其中"新渠"大概就是西夏时期修造的昊王渠，为了有别于旧有的汉、唐水渠，就称为新渠。

西夏政府提倡于荒地上新开垦耕地，在有灌溉条件的地区在新开土地上也可开渠。《天盛律令》规定："诸人有开新地，须于官私合适处开渠，则当告转运司，须区分其于官私熟地有碍无碍。有碍则不可开渠，无碍则开之。"④政府准许开新地、开新渠，但明确规定新开渠道不能妨碍已有的官私熟地。

灌溉时渠水要从大渠通过支渠、小渠逐级细分灌溉到农田中去。大渠水注入小渠时要开设闸口和垫板。闸口和垫板是渠道的关键部位，《天盛律令》中有明确规定："渠口垫板、闸口等有不牢而需修治处，当依次由局分立即修治坚固。"垫板、闸口等不牢，预先不告、不及时修理要给予处罚。⑤

西夏政府还规定沿渠道两旁应种植柳、柏、杨、榆等树种，要保护树木，破坏树

---

① 史金波、白滨、黄振华《文海研究》第633、404页。
② （清）吴广成《西夏书事》卷七。
③ 史金波、聂鸿音、白滨译注《天盛改旧新定律令》第一五"渠水门"第501页。
④ 史金波、聂鸿音、白滨译注《天盛改旧新定律令》第一五"渠水门"第502页。
⑤ 史金波、聂鸿音、白滨译注《天盛改旧新定律令》第一五"渠水门"第499—500页。

图 137　宁夏昊王渠

木者要受处罚，这一方面加固渠道，另一方面还令其成材，增加木材资源。① 由此可见西夏政府注重灌溉、交通、安全、环境等综合性管理，特别提倡植树造林，并采取了有力的法律措施。

汉文本《杂字》中"农田部第六"中有渠河、汉堰、浇灌、堤堑、沟洫、官渠等词。② 表明西夏灌溉技术和水平与中原地区大体相同。

2. 渠道管理

由于西夏政府注重农业，对作为粮食生产命脉水渠的修治十分重视。西夏人编著的西夏文谚语《新集锦合谚语》中有"天雨不来修水渠"的记载。③ 意思是雨季还没有到来时，就要修整水渠；或天不下雨赶紧修渠准备灌溉。

西夏时期对灌溉和水渠的管理已经制定出一套科学、系统、严格的制度，形成了有效保护渠道的社会习俗。西夏的水渠从主干大渠道至供水细渠，有完备的系统。西夏法律对于修整渠道有明细的规定。在《天盛律令》第十五中有"催租罪功门"、"春开渠事门"、"养草监水门"、"纳冬草条门"、"渠水门"、"桥道门"、"地水杂罪门"，其中有很多条目涉及到修渠、灌溉和渠道管理。

西夏把每年春天开渠名为"大事"。开渠大事开始时，由政府部门制定修渠计划，诸司及转运司等部门的官员在宰相面前议定，派胜任人为夫事小监，董理渠事，使

---

① 史金波、聂鸿音、白滨译注《天盛改旧新定律令》第一五"渠水门"第 501 页。
② 史金波《西夏汉文本〈杂字〉初探》。
③ 陈炳应《西夏谚语——新集锦成对谚语》第 10 页。

"好好开渠，修造垫板，使之坚固"。根据农主土地的多少规定了不同的劳役日数。《天盛律令》规定："畿内诸租户上，春开渠事大兴者，自一亩至十亩开五日，自十一亩至四十亩十五日，自四十一亩至七十五亩二十日，七十五亩以上至一百亩三十日，一百亩以上至一顷二十亩三十五日，一顷二十亩以上至一顷五十亩一整幅四十日。当依顷亩数计日，先完毕当先遣之。"①

黑水城出土的税收文书记载了有不同土地的农户出劳役的天数，土地越多，出工天数越多，其负担"佣"的天数与《天盛律令》规定京畿内诸租户春开渠事的役工负担相同。看来此种役工不仅适用于西夏首都畿内一带，也适合属于地边的黑水城地区。②

西夏各户出工修渠最多不超过 40 日，40 日内必须完成。依土地多寡计修渠出工日数，在管理上是比较合理的。利用水渠的农民修渠时，20 人中抽派两名职人，1 名和众，1 名支头，负责组织管理。由西夏法律明文规定和黑水城的基层税帐都可看出西夏对修渠非常重视，规定细致，管理严格。

西夏法典对灌溉的管理也很细致："事始自夏季，至于冬结冰，当管。依时节当置灌水之人。若水险而眼心未至（粗心大意）时，应另派排水之人则当派。"③

在干渠负责管理渠水的是渠水巡检和渠主。自大都督府（府衙在灵州）至定远县（今宁夏平罗县）有渠水巡检、渠主 150 人，"渠水巡检、渠主等当紧紧指挥，令依番（次）灌水"。农民的土地若应得到水而未得到水时，可以上告。若排水有误，要追究责任。若主管受贿徇情也要受到处罚。还规定了要派遣渠头。并明确大渠每千步堆土立石碣，上书责任人名字，渠破后造成人、财、物损失要追究责任。渠道上所用草、木料要按时交纳，妥善保护。

西夏法律还详细规定了夫事小监、渠水巡检、渠主、渠头沿渠干查水的要求和具体责任，管事人要沿线巡行，检视渠口，对渠口、垫板尤注意修治坚固。渠头是管理水渠的最基层负责人。若当值渠头没有昼夜在渠口，放弃职事，渠口破而水断时，将损失折成钱数，依数量大小分别判处 3 个月直至 12 年徒刑乃至死刑。此外，对于挖渠工、头监的职责，违章灌溉等项，都有细则论述，对著名的唐徕渠、汉延渠的管理尤为重视。在法律中还特别规定节亲（亲王）、宰相及其他有地位的任何人不准殴打渠头，依势强行用水而不依次放水。渠断破时，渠头和索水者都要依损失大小受处罚。可见西夏对灌溉的重视，在具体管理上十分细致。

---

① 史金波、聂鸿音、白滨译注《天盛改旧新定律令》第一五"春开渠事门"第 496—497 页。
② 史金波《西夏农业租税考》。
③ 史金波、聂鸿音、白滨译注《天盛改旧新定律令》第一五"催租罪功门"第 494 页。

《天盛律令》在有关渠道管理条款中，多次提到大都督府及其转运司。从大都督府所在地灵州至平罗一段处河套平原，是引黄灌溉受益最大的地区，也是西夏的主要粮仓之一。西夏政府在法典中对这一地区灌溉的特别重视，表明这一带在西夏农业中的特殊地位。①

西夏的灌溉以河套平原为主，但其他地区也有灌溉之利，如黄河上游的一些地段，河西走廊的黑水河流域的灌溉。在黑水城出土的一件户籍手实中，记载了1户有4块地，一块接新渠、一块接律移渠、一块接习判渠、一块场口杂地，四块地中有三块接水渠。另一件户籍手实7893—9号记一个中等军官行监的家庭有地四块，一块接阳渠、一块接道砾渠、一块接律移渠、一块接七户渠。四块地中全部接水渠。②黑水城地区干旱少雨，全靠祁连山雪水融化汇成黑水流经此处，然后开渠引河水灌溉。黑水城地区多数耕地与渠道连接，便于浇灌。

西夏时期还使用在农田中掘井灌田的方法。《掌中珠》中将"渠"和"井"连在一起，连为一个词语"渠井"。③《文海》"垫草"一词注释中有"井壑、渠口垫草之谓也"。④把井和渠连在一起意味着它们有相同的功用，都可以浇水灌田。

西夏汉文本《杂字》有"桔槔"一词，证明西夏利用桔槔汲井水灌田。⑤桔槔是井上汲水的一种工具，俗称吊杆，在一横木上选择适当位置作为支点，置于木柱或支架上，一端用绳挂一水桶，置于井中，另一端系石块等重物，人操作挂桶的木杆或绳使两端上下运动汲取井水。中国的井水灌田产生于比较干旱的北方，普遍使用的时间大约12世纪。西夏也比较早地使用井水灌田。

二、农业生产管理习俗

（一）管理机构

西夏对农业十分重视，政府设有农田司，专门经理农业，主管"仓储委积，平粜利民"，是西夏政府五等机构中的中等司。西夏文《碎金》也明确记载："牧农群牧农田

---

① 史金波、聂鸿音、白滨译注《天盛改旧新定律令》第一五"催租罪功门"、"春开渠事门"、"养草监水门"、"纳冬草条门"、"渠水门"、"桥道门"、"地水杂罪门""收纳租门"第493—509页。
② 史金波、魏同贤、克恰诺夫主编《俄藏黑水城文献》第一四册第256—257、213页。
③ （西夏）骨勒茂才著，黄振华、史金波、聂鸿音整理《番汉合时掌中珠》第25页。
④ 史金波、白滨、黄振华《文海研究》第474页。
⑤ 史金波《西夏汉文本〈杂字〉初探》。

制",意思是牧业和农业由群牧司和农田司来管理,意译为"牧农(群牧、农田)二司管"。① 西夏《天盛律令》记载,农田司设4名正职,4名承旨,4名都案,12名案头。西夏与农业有关的政府机构还有受纳司,主管仓庾贮积及给受之事,也属中等司,设4正职,4承旨,3都案,4案头。另外都转运司参与粮食的征集,修理渠道和粮食运输,也属中等司,设6正职,8承旨,8都案,10名案头。根据西夏法典条文来看,西夏各地方的州、县都有管理农业的职责,特别是各地的转运司以农田、修渠、收租、转运粮食为要务。西夏设置转运司的地方有:沙州、黑水、官黑山、卓啰、南院、西院、肃州、瓜州、大都督府、寺庙山。地方转运司属下等司,其中有的设4名正职,有的设2名正职;有的设4名承旨,有的设2名承旨;各设2名都案,10名案头。②

西夏汉文《杂字》,除有农田司外,还有"提赈"。这应是西夏管理赈济救灾的一个部门。

(二)土地管理

西夏境内可耕土地相对较少,因此西夏政府对土地格外重视,除与邻国争夺边界耕地以外,西夏对境内生产粮食的土地管理也形成了一套严格的制度。西夏政府规定农户耕地要进行详细登记注册:

> 边中、畿内租户家主各自种地多少,与耕牛几何记名,地租、冬草、条椽等何时纳之有名,管事者一一当明以记名。中书、转运司、受纳、皇城、三司、农田司计量头监等处,所予几何,于所属处当为簿册成卷,以过京师中书,边上刺史处所管事处检校。完毕时,依据属法当取之。③

农户的耕地和应纳租税要逐项登记,并逐级上报政府。从黑水城发现的户籍中可以看到农户土地登记的方式和所记具体内容。7893号文书是户主梁行监登记的家庭户籍,其中详细记载了耕地,然后是人口、牲畜和其他重要财物。土地有几块,逐块登记,每

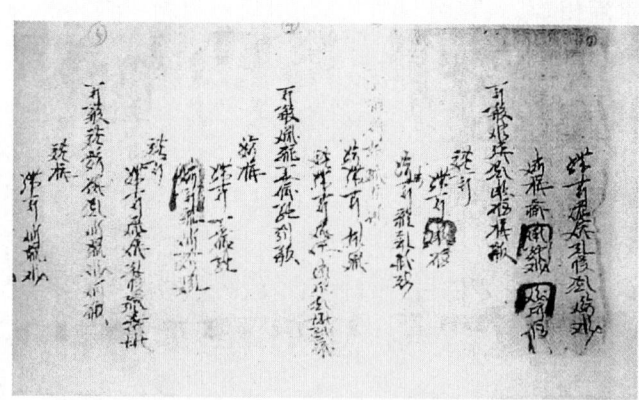

图138 黑水城出土西夏文户籍

---

① 聂鸿音、史金波《西夏文本〈碎金〉研究》。
② 史金波、聂鸿音、白滨译注《天盛改旧新定律令》第一〇"司序行文门"第368—375页。
③ 史金波、聂鸿音、白滨译注《天盛改旧新定律令》第一五"纳领谷派遣计量小监门"第514页。

块有其方位和数量，数量用撒种数量计量。此户在耕地项下有四块，其家中除户主梁行监外还有男女18口人，其中男10口，女8口。① 户籍登记核实后，层层上报，直至西夏最高行政长官中书，这样西夏政府即可宏观掌握全国土地和赋税，以便于管理。

西夏法律规定：境内的耕地尽量耕种，若有人无力耕种租地而放弃，三年已过，不能交租、庸、草者，以及有不属官私之生地，他人有愿种者，如已核实，办好手续，著之簿册就可耕种，三年之后依地之优劣划等交租。② 还进一步规定在租种的地边上，有自属树草、池地、泽地、生地等而开垦为地者，则可开垦为地而种之。开一亩至一顷，不用缴租、庸、草，开地多于一顷者，在一顷之外，告转运司，三年以后，缴纳少数实物地租。③ 这种鼓励耕种荒地、开垦生地的措施，会起到保障或扩大耕地的作用，促进西夏粮食生产的稳定和发展。

无论官地、私地都按核实地亩耕种，不得互相侵犯，西夏法典维护官私农主的土地所有权："官私农主依先自己所执顷亩数当执，不许于地边田垄之角落聚渠土而损之、于他人地处拓地、断取相邻地禾穗等。"④

西夏土地可自由买卖。《掌中珠》"人事下"有"财产无数，更卖（买）田地"一语，说明西夏的田地可以买卖。西夏《天盛律令》第十六有关于土地买卖的规定，虽因此卷完全缺失，难以了解西夏土地买卖的具体规定，但在其他章节如《天盛律令》第十五中有关于诸人买地注册、买地丈量等，仍可看到西夏法律对土地买卖的细致规定。诸人互相买租地时，卖者地名中注销，买者应在自己名下注册，并当告转运司注册，买者当按规定交租纳税。对土地可实地丈量，如与原地册符合，再"予之凭据"。家主人不来索凭据及所告转运司人不予凭据等时，有官罚钱五缗，庶人十杖。⑤

黑水城出土有多件土地买卖契约。其中一件天盛二十二年（1170年）西夏文卖地契，记录了西夏土地买卖的真实情况。文契中记载了寡妇耶和氏宝引将生熟地22亩出卖给同姓族人，卖价为4匹骆驼，文契还记明所卖土地的四至，并强调当事人不能反悔，若反悔要受到处罚，最后有卖者、担保人和知证人的签字画押。⑥ 另一件黑水城出土买卖契约麻祖□父盛将生熟地23亩出卖给梁守护铁，卖价为8石杂粮，文契记明所

---

① 史金波、魏同贤、克恰诺夫主编《俄藏黑水城文献》第一四册第2页。史金波《西夏户籍初探》。
② 史金波、聂鸿音、白滨译注《天盛改旧新定律令》第一五"取闲地门"第492页。
③ 史金波、聂鸿音、白滨译注《天盛改旧新定律令》卷一五"租地门"第495—496页。
④ 史金波、聂鸿音、白滨译注《天盛改旧新定律令》第一五"租地门"第495页。
⑤ 史金波、聂鸿音、白滨译注《天盛改旧新定律令》卷一五"地水杂罪门"第509页。
⑥ 史金波、魏同贤、克恰诺夫主编《俄藏黑水城文献》第一四册213页。黄振华《西夏天盛二十二年卖地文契考释》，《西夏史论文集》，宁夏人民出版社1984年版。

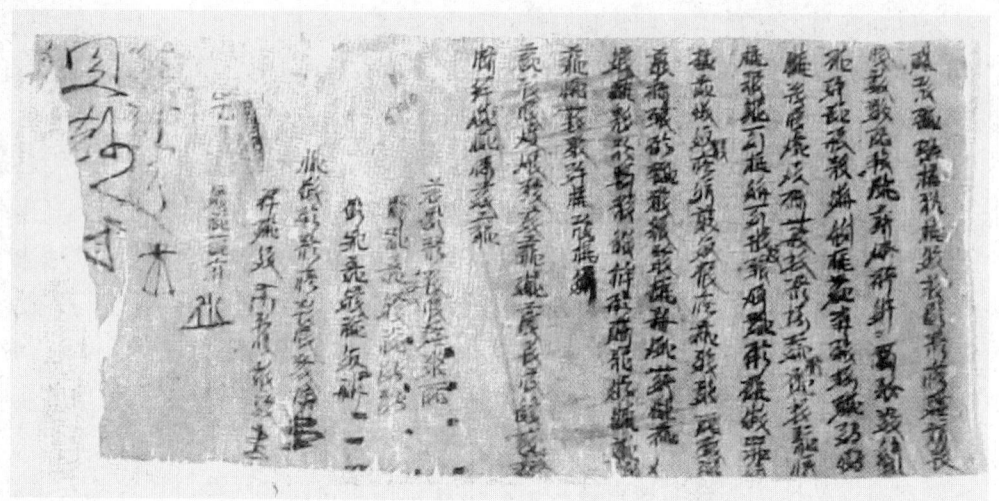

图 139　黑水城出土西夏文天盛二十二年卖地契

卖土地四至及卖者不能反悔，若反悔受罚等语，后有卖者、担保人和知证人的签字画押。① 此外还有天庆寅年（1193年）、天庆丙辰年（1196年）、天庆戊午年（1198年）多件卖地契约。② 这些契约真实地记录了西夏土地买卖的情形，反映出西夏土地买卖不是个别的现象。黑水城土地买卖多是以粮食或牲畜进行交易。这些土地买卖证明西夏土地买卖行为与中原王朝一样有完备的手续，也反映出西夏小土地占有者状况。特别是5124号多件买卖契约，是当地普渡寺在正月、二月时，陆续从农民手中购买土地的文书，卖者多是土地连同房屋、树木一并出售，反映出寺院在青黄不接时大肆兼并土地的情况。③

（三）生产管理

从《掌中珠》和《杂字》所列西夏生产工具来看，有关粮食种植方面的工具，包括大工具，已很齐全。西夏汉文本《杂字》"农田部第六"中除工具外，还罗列了农耕行为，如收刈、锄田、耕耘、耕蓐、壤地、浇灌、垅培、种莳等。④ 水浇地耕作管理更为复杂，需要开畦种植。《文海》中有"畦埂"、"地畴"等。地畴注释"畦也，开畦种田之谓也"。"开埂边上种田之谓也"。⑤ 总之，西夏的农业生产从耕地、平整耙糖、开畦、

---

① 史金波、魏同贤、克恰诺夫主编《俄藏黑水城文献》第一三册第194页。
② 史金波、魏同贤、克恰诺夫主编《俄藏黑水城文献》第一三册第194、199、212页。第一四册第13—22页。
③ 史金波《黑水城出土西夏文卖地契约研究》，《历史研究》2012年2期。
④ 史金波《西夏汉文本〈杂字〉初探》。
⑤ 史金波、白滨、黄振华《文海研究》第398、472、500页。

播种、锄田、薅地、浇灌、培垄，到收割、打场、扬簸，已形成了一整套耕作技术，其生产过程已很完备。

西夏时期已经有选育良种的习俗。《文海》"选种"条："寻种根，欲好，长大经年也。"① 选寻好的种子，使第二年长大。

西夏的气候条件决定了农作物一年一熟，春种秋收。在西夏文中秋天的"秋"字就是由"禾"字加"成"字而成。《圣立义海》"八月之名义"中有"秋中碾谷时节，供养谷神"的记载。②《碎金》中也有"谷麦豆长大，粟黍秋熟迟"的记载。③

在西夏，有的牧场集中，远离农田；有的在同一地区既有牲畜放牧，又有农耕生产，农业和牧业会发生矛盾，主要是牲畜进入农田啃吃、毁坏庄稼。这样就需要用法律来调解农业、牧业的关系。西夏法律规定："诸人故意放牲畜于他人苗地者，当量所食粮食多少，以偷窃法算。""诸人所属牲畜非故意入于他人苗地者，当量所食粮食多少偿还，属者罪勿治，牧者八杖。"属者即牲畜主人，牧人是直接责任者，要承担管理失职的责任。但牲畜入苗地，农民击打或捆绑牲畜而致死时，也要偿还牲畜。④ 可见西夏对农业和牧业都是采取保护措施，尽量调解、处理好关系，使农牧业都不受到损失。

西夏法典把农业的具体管理措施制定得很详细，尽管这样，西夏的粮食生产仍然经常受到影响，甚至造成严重损失，这里除难以抗拒的自然灾害外，主要是频繁的战争使农业生产无法正常进行。文献记载："元昊频年点集，种植不时。"⑤ 乾顺时期的御史大夫谋宁克任总结了西夏多年的经验，提出了十分悲观的看法："自用兵延、庆以来，点集则害农时，争斗则伤民力，星辰示异，水旱告灾，山界数州非侵即削，近边列堡有战无耕。于是满目疮痍，日呼庚癸，岂所以安民命乎？"⑥ 连西夏谚语中也有关于战争妨碍生产的内容："寇来谷中莫撒子。"⑦ 意思是敌人来了不要撒子播种，恐怕将来难以收获。至西夏晚期，蒙古不断入侵，国家屡经兵燹，民不聊生，耕织无时，财用并乏，当时农业管理的困难可想而知。

---

① 史金波、白滨、黄振华《文海研究》第 476 页。
② 克恰诺夫、李范文、罗矛昆《圣立义海研究》第 53 页。
③ 聂鸿音、史金波《西夏文本〈碎金〉研究》。
④ 史金波、聂鸿音、白滨译注《天盛改旧新定律令》卷一一"舍刺穿食畜门"第 391—392 页。
⑤ （清）吴广成《西夏书事》卷一六。
⑥ （清）吴广成《西夏书事》卷三二。
⑦ 陈炳应《西夏谚语——新集锦成对谚语》第 10 页。

三、土地租税的缴纳

农业不仅关系到人民的生计，其税收更是政府收入的大宗。农业税收是供给皇室和官吏支出、维持政府运转、保障军队平时和战争费用的主要经济来源，因此西夏政府特别重视农业税收。西夏的农民在庄稼收获后，都要依照政府规定按时向国家交纳土地租税。

《天盛律令》第十五"收纳租门"、"取闲地门"、"催租罪功门"、"租地门"中对西夏农业税的交纳有具体的规定。西夏农民要依土地数量按时交纳租税，农民不能不交或少交，也不能迟缓延误。《天盛律令》规定："当指挥诸租户家主，使各自所属种种租，于地册上登录顷亩、升斗、草之数。转运司人当予属者凭据，家主当视其上依数纳之。"[1]所谓"租户家主"就是有耕地的纳税农户。纳税迟缓要受法律制裁，同门规定："租户家主有种种地租、佣、草，催促中不速纳而住滞时，当捕种地者及门下人，依高低断以杖罪，当令其速纳。"[2]农民不迅速纳税首先要挨板子，然后仍然要按数缴税。

政府一方面规定农户按时交纳租税，另一方面又敦促有关职事官员加紧催租："诸租户所属种种地租见于地册，依各自所属次第，郡县管事者当紧紧催促，令于所明期限缴纳完毕。[3]律令还对收租人员订出奖惩措施，明确规定如果催租的主管人延误迟滞，收租不足时，则将全部应收租税分成10等，根据所缺份额给予不同处罚，若收到九份不治罪；若收到八份判徒刑6月。这样依次加罪，若全部未收到，要判处10年徒刑；全部收齐，则加官一等，获赏银五两，杂锦一匹。对催租者有赏有罚，目的是增强收税的力度。

《天盛律令》还规定各属郡县于每年十一月一日将种种地租税的簿册、凭据上缴于转运司，转运司十一月末将簿册、凭据引送京师磨勘司，磨勘司应于腊月一日至月末一个月期间审核完毕，若有迟滞延误当依律判罪。[4]

从西夏开垦三年废弃闲地的规定可知西夏土地租税分为五等：

> 诸人无力种租地而弃之，三年已过，无为租佣草者，及有不属官私之生地等，诸人有曰愿持而种之者，当告转运司，并当问邻界相接地之家主等，仔细推察审视，于弃地主人处明之，是实言则当予耕种谕文，著之簿册而当种之。三年已毕，

---

[1] 史金波、聂鸿音、白滨译注《天盛改旧新定律令》第一五"地水杂税门"第508页。
[2] 史金波、聂鸿音、白滨译注《天盛改旧新定律令》卷一五"地水杂罪门"第508页。
[3] 史金波、聂鸿音、白滨译注《天盛改旧新定律令》第一五"催租功罪门"第493页。
[4] 史金波、聂鸿音、白滨译注《天盛改旧新定律令》卷一五"催缴租门"第490—491页。

当再遣人量之，当据苗情及相邻地之租法测度，一亩之地优劣依次应为五等租之高低何等，当为其一种，令依纳地租杂细次第法纳租。①

政府鼓励在自种地附近开垦生地，开始时不收租税，三年以后酌量收取。②

西夏地租形式是实物地租，一般在秋季收获以后交纳，冬季进行严格的核查。而且根据不同的地区交纳不同的粮食："麦一种，灵武郡人当交纳。大麦一种，保静县当交纳。麻褐、黄豆二种，华阳县家主当分别交纳。秫一种，临河县人当交纳。粟一种，治源县当交纳。糜一种，定远、怀远二县人当交纳。"③几处缴纳的农产品种类有麦、大麦、麻褐、黄豆、秫、粟、糜等多种。这里显然没有包括西夏所有主要产粮区，但是仍然可以从中了解到西夏收取地租的情况以及一些产粮区主要出产哪些粮食。

黑水城发现的经济文书中有不少是关于缴纳农业税的文书。其税收形式有多种：

1. 按耕地收取的实物地租。据多件纳税文书推算，知其税率，即每亩地交纳税杂粮0.1斗，即1升，缴纳小麦0.025斗，即四分之一升。可知西夏有以耕地多少缴纳农业税的固定税制。以耕地面积课税是最普通的制度，也是中国历代相传的主要税法，西夏继承了这种税制。④

2. 按耕地摊派的佣工和草。西夏《天盛律令》规定："诸郡县转交租，所属租、佣、

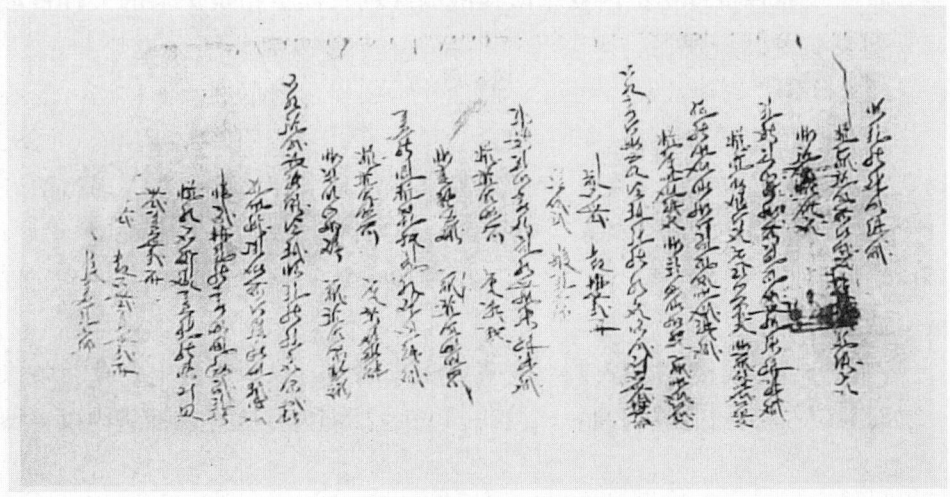

图140　黑水城出土西夏文耕地纳粮账

---

① 史金波、聂鸿音、白滨译注《天盛改旧新定律令》第一五"取闲地门"第492页。
② 史金波、聂鸿音、白滨译注《天盛改旧新定律令》第一五"租地门"第495—496页。
③ 史金波、聂鸿音、白滨译注《天盛改旧新定律令》第一五"取闲地门"第492页。
④ 史金波《西夏农业租税考》。

草种种当紧紧催促，收据当总汇，一个月一番，收据由司吏执之而来转运司。"①

这说明西夏的赋税中除缴纳粮食地租外，还要服劳役和缴纳草。在《天盛律令》第十六"农人利限门"中有"农主纳册法"、"鸣沙京师农主夫事草承担"、"对农主摊派麦草等"条目，应是关于租、佣、草的具体规定，但因此卷全部残失，内容不得而知。西夏社会文书中有关于西夏农民负担租、佣、草的具体数目。4067号文书具体列出了此户须出5日"佣"，并缴纳10捆草。西夏文中"佣"聚，直译是"职"，也可译成"役"，即出役工。这可能和宋朝的差役称之为"职役"一脉相承。西夏《天盛律令》规定："地边、地中行大小役时，当依法派遣役人。若违律不派役人时，有官罚马一、庶人十三杖。"②

关于出役工事在《天盛律令》春天开渠的条目中有具体规定，依据土地多寡分别出劳役有5日、15日、20日、30日、35日、40日，共六等，用于春天大兴开渠之事。③黑水城出土文献中有一件租税文书，共119行，记有户主姓名，耕地数，纳杂粮、麦、佣、草数，有的还记每块地的方位、四至，其中记载地亩和佣工的共11户，其出佣工的日数与上述法典的规定正相符合。④西夏出佣工以土地计算，土地多出工多，对农民来说这样负担比较合理。

西夏租税中还包括比较特殊的"草"。草在西夏有重要用途。西夏畜牧业发达，冬天需要畜草喂养牲畜过冬；西夏军队作战骑兵的马匹、担负运输的大牲畜都需要草；此外西夏农业灌溉发达，修渠和每年春天开渠灌水都需要大量垫草。《天盛律令》在提及家庭财产时除土地、牲畜、粮食外，往往还有草捆。如："诸人无心失误失火，烧毁他人畜物、房舍、人口、粮食、草捆者，当查明实数所值。"⑤《天盛律令》规定："诸租户家主除冬草蓬子、夏荞等以外，其余种种草一律一亩当纳五尺捆一捆，十五亩四尺背之蒲苇、柳条、梦萝等一律当纳一捆。"⑥上述4067号文书中1户有10亩地，应纳草10捆。5067号11户中地亩数和纳草捆数也是一致的，即1亩地纳1捆草。

《天盛律令》又规定："对农主摊派麦草等租户家主自己所属地上冬草、条橡等以外，一顷五十亩一块地，麦草七捆、粟草三十捆，捆绳四尺五寸、捆袋内以麦糠三石

---

① 史金波、聂鸿音、白滨译注《天盛改旧新定律令》第一五"地水杂税门"第507—508页。
② 史金波、聂鸿音、白滨译注《天盛改旧新定律令》第七"行役门"第288页。
③ 史金波、聂鸿音、白滨译注《天盛改旧新定律令》第一五"春开渠事门"第495—496页。
④ 俄罗斯科学院东方文献研究所手稿部藏黑水城文献 Инв.No.5067。史金波《西夏农业租税考》。
⑤ 史金波、聂鸿音、白滨译注《天盛改旧新定律令》第八"烧伤杀门"第292—293页。
⑥ 史金波、聂鸿音、白滨译注《天盛改旧新定律令》第一五"渠水门"第503页。

入其中。"① 这一条款规定150亩地除原摊派的冬草、条椽外，另加37捆麦草和粟草。可能1亩地纳1捆草是原规定，而后者是天盛年间以后附加的。

西夏对草捆的大小以捆绳的长度给予规定。金朝也规定每亩除纳粮外，还纳秸一束，每束15斤。② 所谓"秸"即庄稼的秸秆，西夏的麦草和粟草也是秸秆。只不过西夏农户缴纳的秸秆规定了捆绳的长度，而金朝的秸秆规定的是重量。

3. 按人口摊派的人头税。有些出土的西夏经济文书记录了以各户人口纳税的情况。如4991号文书两纸，为户籍人口纳税账，根据其中男、女，大人、小孩纳税的量可以推算出，纳税标准不论男女，只区分大小，每个大人纳税3斗，每个小人纳税1斗半。③ 这一文书证明西夏有以人口纳税的现象。

从这种人头税的纳税量来看，黑水城地区农民负担不轻。如一户二大人、二小孩需纳人头税9斗，相当于种90亩地的杂粮税。这种按人口而不按土地多少纳税的办法对土地少的贫困农户不利，而有利于土地多人口相对少的地主。

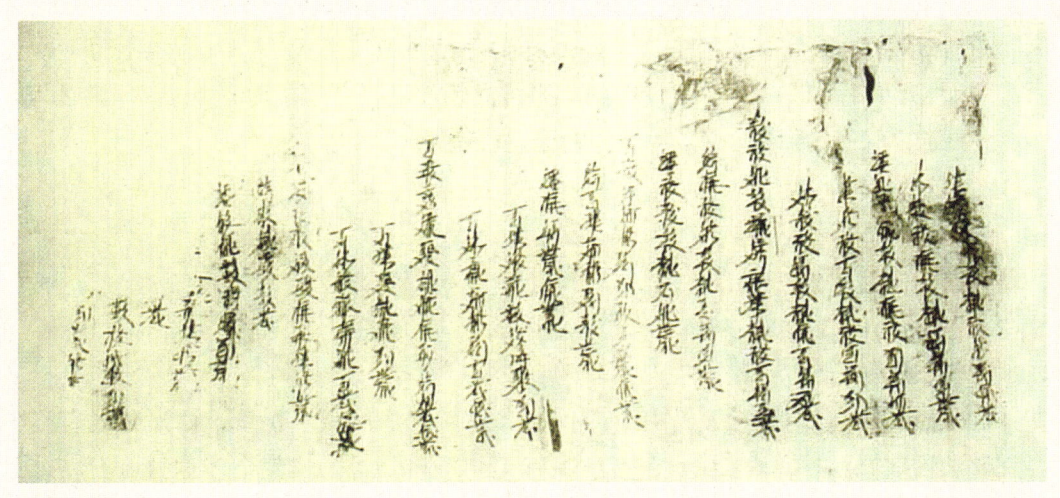

图141 黑水城出土西夏文人口税账

4. 耕地水税。黑水城出土西夏社会文书有征收水税的账籍。如1781-2号文书系残页，14行，有四石地"水税一石"，九石地"水税二石二斗五升"。④ 所谓"四石地"、"九石地"是撒4石种子的地和撒9石种子的地，是西夏农村计算土地的一种方法，通

---

① 史金波、聂鸿音、白滨译注《天盛改旧新定律令》第一五"催缴租门"第490页。
② 《金史》卷四七《食货二》"租赋"。
③ 史金波《西夏农业租税考》。
④ 俄罗斯科学院东方文献研究所手稿部藏黑水城文献 Инв.No.1781。

过计算大约撒 1 石种子的地合 7—10 西夏亩。若以此计算，上述税账表明每 1 石地，即 7—10 亩地应缴纳水税 2 斗五升，每亩是 2 升 5 合至 3 升多。这比起第一项地租税每亩缴纳 1 升杂粮和 1/4 升麦几乎要高出一至二倍。

图 142　黑水城出土西夏文水税账

政府收取农业税是财政的主要来源，然而有时遇到自然灾害，政府也不得不减免租税。夏大庆四年（1143 年）三月地震，四月夏州地裂，仁宗下令遭地震、地陷死者，二人免租税三年，一人免租税二年，伤者免租税一年。①

四、粮食的保存和加工风俗

（一）粮食的保存

西夏很注意粮食的保存，特别是对国家大宗粮食的储藏和保管。西夏各地有不少大型储粮官仓，储备了很多粮食，有的藏粮至 20 万石（斛），甚至多达百万石。可见当时储量之富。

西夏对粮库的管理很严格。《天盛律令》规定："畿内来纳官之种种粮食时，当好好簸扬，使精好粮食、干果入于库内。"还规定管库人任期为三年，交接时当清理粮食。②粮食在收纳和支出时都有严格的程序和管理办法，在库房有专人负责，专人监督，要登录、计量、验看或开计单据。对仓库粮食的损耗有一定的要求："掌粮食库者磨勘处当二等耗减：一等掌库者一石可耗减五升。一等马院予马食者簸扬，则一石可耗减七

---

①　《宋史》卷四八六《夏国传》（下）。（清）吴广成《西夏书事》卷三五。
②　史金波、聂鸿音、白滨译注《天盛改旧新定律令》第一五"纳领谷派遣计量小监门"第 510 页。

升。米谷二种，一石可耗减三升。"① 可知当时普通粮食耗损率为5%，马料耗损率为7%，米谷耗损率为3%。

粮食仓库修建和管理是粮食储藏的关键。如果仓库不合要求，储藏不好，会造成极大的浪费。西夏对粮食仓库的建造和管理特别重视，而且根据当地的具体情况，形成了一套仓库修建和管理办法。《天盛律令》规定："有木料处当为（盖）库房，务需置瓦；无木料处当于干地坚实处掘窖，以火烤之，使好好干。垛囤、垫草当为密厚，顶上当撒土三尺，不使官粮食损毁。"② 由此可知西夏储藏粮食的仓库有两种，一种是库房，一种是地窖。西夏为建立储粮仓库，保管粮食积累了丰富的经验。西夏境内黄土高原地区也是"地既高寒，又土纹皆竖"，适合挖地窖储粮。从西夏储藏粮食库房、地窖的建设足见西夏储粮水平、规模和地方特色。

西夏的粮食仓库大小不等，小的5千石以内，只派两个司吏，多的存粮十万石，要派1名案头，6名司吏。据《天盛律令》可知，食品库中除粮仓外，还有杂食库。现还不能确知杂食库所存具体食物品类。据《天盛律令》记载，粮食仓库有官黑山新旧粮食库、大都督府地租粮食库、鸣沙军地租粮食库、林区九泽地租粮食库。③ 黑水城出土的守将告牒中记载了鸣沙地区也有粮食窖藏。④ 西夏在作战时注意保护窖藏。如夏大安七年（1080年）宋军攻西夏宥州时，"夏兵千骑屯城西左村泽，保守窖粟。"⑤

西夏汉文本《杂字》有仓库、囤笆、镪窟、积贮等词。大型仓库应是国家或贵族、地主家才有，一般普通百姓家多利用囤笆或地窖即可储存粮食。

（二）粮食加工

西夏有当时先进的粮食加工工具。西夏人将原粮制成面粉使用砣磨和碾。《掌中珠》中记载的粮食加工工具有：碾、碓（舂米用具）砣，用于粮食的去皮和制成面粉。西夏汉文本《杂字》中不仅有碓、砣、碾等词，还有表示加工行为的词，如持碾、舂捣、踏碓、拨砣，使西夏的粮食加工更为形象。此外还有关于加工场地的词，如砣舍、碓场等。在《文海》中"砣"条下注释为"粮食制面用也"。⑥ 在《文海》中"面"字条下注释"碾谷物为制面之谓"。⑦ 西夏粮食加工的工具还有簸箕，《文海》对"簸箕"的解

---

① 史金波、聂鸿音、白滨译注《天盛改旧新定律令》第一七"物离库门"第547页。
② 史金波、聂鸿音、白滨译注《天盛改旧新定律令》第一五"纳领谷派遣计量小监门"第513页。
③ 史金波、聂鸿音、白滨译注《天盛改旧新定律令》第一七"库局分转派门"第529—534页。
④ 黄振华《评苏联近三十年的西夏学研究》。
⑤ （清）吴广成《西夏书事》卷二十五。
⑥ 史金波、白滨、黄振华《文海研究》第553页。
⑦ 史金波、白滨、黄振华《文海研究》第554页。

释为"遗坯分离用也","分离皮子用也"。① 西夏还有更先进的分离皮子用的工具。西夏汉文本《杂字》"农田部"中有"扬飑",就是有较高效率的手动机械扇车。

西夏汉文本《杂字》"斛豆部第四"中有原粮,也有经过加工便于食用的粮食。糌米是加工成半熟的米;白米应是稻谷除去稻壳的米;蒸米、炒米应是蒸炒加工的米;秫米是加工好的高粱米,一般是粘高粱米;糠米是不精之米;裁是将麦破碎后的麦渣;麨是炒的面粉或米粉;麦曲可能是用麦制成的酒曲,一般多以大麦作原料;粞子古代又称粥凝,今写作糁子,应是以碾、磨破碎而成;清水曲、百花曲可能是用原粮加工而成的不同类型的酒曲。②

榆林窟3窟中西夏时期绘制的《踏碓图》,图中石臼置于地上,杵柄加横板,板下有轴。踏碓人双手扶架杆,一脚着地,以一脚踏木板,用中间下部木轴为杠杆带动捣杵,在石臼中碓米。前有粮堆和簸箕。在中古时期,用图画把将谷物加工去皮成为米的情景十分生动地表达出来,十分罕见,西夏的《踏碓图》可谓稀世珍品。

图143 榆林窟3窟踏碓图

---

① 史金波、白滨、黄振华《文海研究》第416、514页。
② 史金波《西夏汉文本〈杂字〉初探》。

第二节　畜牧、狩猎业生产风俗

隋、唐时期，党项族从事畜牧业，牧养牦牛、马、驴、羊、猪等，并以这些牲畜作为食物和衣着的主要来源。党项族北迁以后居住的地区，仍然是适宜畜牧或宜牧宜稼地方。

西夏虽然已经迅速发展了农业，但畜牧业在经济生活中仍有很大的比重，是主要的产业之一。畜产品除食用外，西夏对外交往，特别是向强大的邻国进贡时多用畜产品。宋夏贸易时西夏也以畜产品去换取所需物品。如李德明时期恢复互市，党项以驼马、牛羊、玉、毡毯、甘草易宋朝缯帛、罗绮。[①]

一、畜牧风俗

（一）重视畜牧业管理

西夏文《文海》对"牧"字的解释是："管理牲畜，寻找水草也。"[②] 西夏政府机构中有群牧司，专门管理畜牧之事，它和农田司一样属于中等司。群牧司设6正职，6承旨，6名都案，14名案头，比农田司多设两名正职，两名承旨，两名都案，两名案头。此外，西夏对马的牧养尤为看重，政府还特设马院，专事官马的放牧和管理，在畜牧业中是特别重要的门类，属于下等司，设3承旨，2都案，4案头。[③] 西夏的群牧司应是效法宋朝的群牧司而来。然而宋朝的群牧司主要是经管用于军事的马政，所以其首长直接由负责军事的枢密使或副使担任。西夏的群牧司则是掌管全国牲畜马、驼、牛、

---

① （清）吴广成《西夏书事》卷九。
② 史金波、白滨、黄振华《文海研究》第664、554页。
③ 史金波、聂鸿音、白滨译注《天盛改旧新定律令》卷一〇"司序行文门"第368页。

羊四大种群。在西夏参与管理畜牧业的还有各地方的经略司、监军司。具体在地方管理牧场的有牧首领、末驱等：牧首领、末驱，各自当头监，于邻近二百户至二百五十户牧首领中遣胜任人一名为盈能，当领号印检校官畜，当令赏优纯者。①

《天盛律令》中有关畜牧业的规定很多，在第十九中全部13门78条几乎都是有关畜牧业的条款，各门的题目是"遣牧头主要畜力监纳畜册"、"牲畜分配"、"减牧人夫事"、"死畜注销"、"供给驮"、"畜利限"、"官畜驮骑"、"畜患病"、"官畜私畜调换"、"校畜"、"管职事"、"牧场官地水井"、"贫牧逃避无续"。其他如卷二有"杀牛骆驼马门"，卷三有"妄劫他人畜驮骑门"、"分持盗畜物门"、"买盗畜人检得门"，卷十一"射刺穿食畜门"、"共畜物门"等都和牲畜的管理有关。

图144 西夏陵出土大石马

西夏对牲畜的管理很严格。《天盛律令》规定，在西夏对官牧的牲畜要登记编册，死亡要注销。每年从四月一日起由牧首领选拔的基层管理者盈能对所有官畜，包括新生的幼畜要号印登记，十月一日大校检验。②这样能准确掌握牲畜品种、数量，并为确定缴纳畜利提供依据。每年在牧场进行大检校时将登记簿册、注销畜册、诸司证明等与牲畜核对磨勘，有隐匿受贿者，要按律判罪。③

西夏法律对无故损害牲畜的犯罪，处罚十分严酷。尽管西夏盛产牲畜，但由于大牲畜在农耕和军事上的重要作用，西夏政府对屠宰大牲畜作了极为严格的限制："诸人杀自属牛、骆驼、马时，不论大小，杀一个徒四年，杀二个徒五年，杀三个以上一律徒六年。"④可见立法之严。又规定："诸人相恶嗔怒，而以刀剑、弓箭及其他有齿武器刺射、斫杀他人畜时，当比诸人杀自属畜之罪情加一等。"杀他人小牲畜则处罚较轻："诸人刺射、斫杀殺羊、狗、猪等，则有官罚钱五缗，庶人十杖。"⑤还规定："盗窃畜、物、肉等未参与分持，已知为盗、屠而拿所食残肉时，是牛、骆驼、马，徒二年，是骡、驴，十三杖，是羊及别种肉，知为盗物打十杖。"⑥未参与盗窃牲畜，只是吃了盗窃来的

---

① 史金波、聂鸿音、白滨译注《天盛改旧新定律令》第一九"牧盈能职事管门"第595页。
② 史金波、聂鸿音、白滨译注《天盛改旧新定律令》第一九"牧盈能职事管门"第597页。
③ 史金波、聂鸿音、白滨译注《天盛改旧新定律令》第一九"畜利限门"第580页。
④ 史金波、聂鸿音、白滨译注《天盛改旧新定律令》第二"盗杀牛骆驼马门"第154页。
⑤ 史金波、聂鸿音、白滨译注《天盛改旧新定律令》第一一"射刺穿食畜门"第390—391页。
⑥ 史金波、聂鸿音、白滨译注《天盛改旧新定律令》第三"分持盗畜物门"第172—173页。

牛、骆驼、马牲畜肉，也要判处二年徒刑。

法律还规定官私畜不能调换，调换者一律徒二年。放牧者不经过牧主人的同意不得擅自将牲畜借与他人驮、骑、耕作，违者要给予杖刑或徒刑。①

西夏保护大牲畜的法律规定和具体措施，避免了对大牲畜的随意宰杀，可以使畜牧业从简单再生产走向扩大再生产，不仅能起到保障国家和军队战略物资的作用，还能起到利用特殊资源发展生产、促进特色贸易的推动作用。

西夏在处理过失或犯罪时，如犯罪较轻，往往罚马，有官人犯罪可以马抵杖刑或徒刑。以马抵罪时，最多可用七匹马。一般庶人应打十三杖时，有官人罚一匹马。②以牲畜抵罪也是畜牧经济兴盛的反映。西夏法典中对牲畜的重视和在牲畜方面触犯刑律的严厉处罚，以及以马抵罪的作法具有明显的民族和地域特点。

（二）畜牧管理

西夏畜牧的形式主要是游牧。西夏地区一般比较干旱，牲畜饮水是一个很大的问题。《新集锦合谚语》中有"修建祖居狼不掏，凿井草中畜不渴"。③西夏文《碎金》中有"泉源兽奔绕，渠井牲畜饮"。④说明西夏时期牲畜饮水不仅是靠河流、湖泊等自然水源，还能利用人工开凿的水渠或在放牧的草地中凿井，解决牲畜的饮水问题。《天盛律令》对牧场修造水井有明确规定："牧人当依前律令修造水井，倘若水井劣时，断十三杖。又官地方水源泉有诸人凿井者，则于不妨害官畜处可凿井。若于妨害处凿井及于不妨害处凿井而牧人护之等，一律有官罚马一，庶人十三杖。"⑤可见西夏政府提倡凿井，以保畜饮水，发展畜牧。西夏专有井匠⑥，可知凿井已成行业，形成规模。

牧场是畜牧业最重要的生产资料，和农业中的耕地一样受到特别的重视。西夏法律规定官畜和私畜放牧地界要划清："诸牧场之官畜所至住处，昔未纳地册，官私交恶，此时官私地界当分离，当明其界划。"⑦《天盛律令》中的牧场专指放牧官畜之牧地，属群牧司管辖，由大小牧监管理。牧场不准私人放牧，更不准开垦种地。同门规定："诸牧场所属官地方内之原家主家中另外有私地者，不许于官地内安家，皆当弃之。地方无有，及若虽有而草木不生，或未有净水，无供给处，又原家实旧者，可于安家处安家。彼牧场其他诸家主等，不许于牧官畜处于水过处垦耕，原有已耕地旧田地当耕，

---

① 史金波、聂鸿音、白滨译注《天盛改旧新定律令》第一九"官畜驮骑门"第581—582页。
② 史金波、聂鸿音、白滨译注《天盛改旧新定律令》卷二"罪情与官品当门"第138—146页。
③ 陈炳应《西夏谚语——新集锦成对谚语》第10页。
④ 聂鸿音、史金波《西夏文本〈碎金〉研究》。
⑤ 史金波、聂鸿音、白滨译注《天盛改旧新定律令》卷一九"牧场官地水井门"第598—599页。
⑥ 史金波、聂鸿音、白滨译注《天盛改旧新定律令》卷五"军持工具供给门"第224页。
⑦ 史金波、聂鸿音、白滨译注《天盛改旧新定律令》卷一九"牧场官地水井门"第598页。

当依边等法入交纳散黍中。……若天旱□，官牧场中诸家主之寻牧草者来时，一年以内当安家，不许耕种。逾一年不去，则当告于局分而驱逐之。"看来西夏时期已经注意到在草场过度开垦，特别是占用草场牲畜用水垦耕的弊病，并总结经验，提升到法律层面协调保护。

西夏的牧民们对牲畜赖以生存的牧草非常熟悉，有细致的认知。西夏文《三才杂字》中列有"草"一类，其中记明各种草名46种，不少草名尚难以确切地译出它们的汉语名称。

牧草是畜牧业的命脉。若遇大旱，牧草不生或枯死，则牲畜难以觅食。牧草的有无甚至影响到战争的胜负。夏天赐礼盛国庆五年（1073年），西夏发生旱灾，草木枯死，羊、马无可食牧草，监军司不得不下令让牧民到宋朝沿边放牧。

冬春之季，牧草稀少，牲畜往往乏食，如遇雪灾，牲畜会大批死亡。西夏有割刈、储存牧草，以备缺草时喂养牲畜的习惯。西夏谚语中有"牧人睡，草堆摧"。[①] 意思是如果牧人睡懒觉，草堆就不会充实，证明西夏时期已经有秋割牧草以备牲畜冬春食用的生产方法。西夏的畜牧业已经达到圈养和放牧相结合的程度。

西夏法律规定，对官牧场中的牲畜，牧人要好好喂养，不许减少食草。："官牧场之马不好好养育而减食草者，计量之，比偷盗法加一等。未减食草，其时检校失误致马羸瘦者，当视肥马已瘦之数罚之，自杖罪至一年劳役，令依高低承罪。"[②]

前述西夏租税包括政府向农民征收草。草在西夏有特殊重要用途。冬天牲畜过冬，军队骑兵马匹和运输畜力都需大量食草。黑水城出土租税文书表明农户每亩地应纳草1捆，证明西夏法典关于缴纳草捆的规定，在边远地区也得以贯彻实行。国家向农户征收草捆的征税方法，保障了牲畜冬春乏草时有储备的干草食用，是全民支撑畜牧业、保证军需的有效措施。西夏储存畜草已成为政府行为。这种措施使西夏军队的马、驼，官家的牲畜冬春的食草有切实的保证。在西夏不仅政府收取、储存草，家庭也储存畜草。前述《天盛律令》在提及家庭财产时除土地、牲畜、粮食外，往往还有草捆。[③]

在西夏给牲畜喂食畜草时已采用将畜草分段铡碎的方法，《文海》有"铡刀"条，注释为"斩草用也，碎粒之谓也。"[④] 这种铡草饲畜的方法可能以大牲畜为主。

西夏文献记载有西夏官员及随员出差在外，其本人和所骑马匹的粮食供应标准，每匹马每日7升或5升。[⑤] 可见西夏的大牲畜有饲草加料的喂养方法。

---

① 陈炳应《西夏谚语——新集锦成对谚语》第21页。
② 史金波、聂鸿音、白滨译注《天盛改旧新定律令》第一九"畜利限门"第580页。
③ 史金波、聂鸿音、白滨译注《天盛改旧新定律令》第八"烧伤杀门"第292—293页。
④ 史金波、白滨、黄振华《文海研究》第553页。
⑤ 史金波、聂鸿音、白滨译注《天盛改旧新定律令》第二〇"罪则不同门"第612—614页。

牲畜生病是畜牧业的一大祸患。西夏人对牲畜有细致的了解，对牲畜患病十分重视。《天盛律令》规定："马院所属熟马、生马及所与汉、契丹马等中之患疾病、生癞者，当速告局分处，马工当遣医人视之。"①不仅是马，所有诸牧场中的四种官畜（马、牛、骆驼、羊）患病时，都要及时禀报经略司或群牧司，使人验看。若死亡，要留下牲畜带印的耳、皮、疤以备检验。②《文海》中也记载了一些有关牲畜疾病的内容，如牛病、牛疮、马病、马蹄疮等。

牲畜的繁殖是延续畜牧业生产的最重要问题。牲畜配种时期主要是在八月以后。《圣立义海》"八月之名义"中"依时鸣配"条记："八月后始放羊、牛、马鸣配、孕驹（结果）。"③羊是正月左右产羔。《月月娱诗》载：正月"白高风压羊生产"，"白高暖舍羊已生"。④

经过牧人的牧养，使牲畜长大肥壮，并使母畜产仔以增加牲畜的数量，此外还能收获畜毛，从畜乳中提炼酥油。《天盛律令》规定："牧场中牧人放牧时每年要定额交纳仔畜，四大种群中：100大母骆驼1年内30仔，100大母马1年50仔，100大母牛1年内60犊，100大母羖羺1年内60羔羊。牦牛比较特殊：牦牛在燕支山、贺兰山两地中，燕支山土地好，因是牦牛地，年年利仔为10牛5犊。"《天盛律令》规定：四种畜中，牛、骆驼、母羖羺等年年应交毛、酥，不许住滞一斤一两。甚至对骆驼的项绒、腿绒都分类计算：大公驯骆驼等8两，大母驯骆驼等3两，旧驯骆驼公母一律2两。

图145 西夏陵园出土小铜牛

---

① 史金波、聂鸿音、白滨译注《天盛改旧新定律令》第一九"畜患病门"第582页。
② 史金波、聂鸿音、白滨译注《天盛改旧新定律令》第一九"畜利限门"第576—579页。
③ 克恰诺夫、李范文、罗矛昆《圣立义海研究》第52页。
④ 史金波、魏同贤、克恰诺夫主编《俄藏黑水城文献》第一一册第271—274页。西田龙雄教授曾译释研究，见《西夏语〈月月乐诗〉的研究》，日本京都大学文学部研究纪要第二十五，1986年版。笔者在参考西田教授译文时，个别句读和词语有所改易。

乳酥也有具体规定：母骆驼应算1仔2斤酥。对羊也分类交纳：羖羝一春毛绒7两，羊秋毛4两，羔夏毛2两，秋毛4两，羔绒不须纳，母羖羝以羔羊计，1羊羔3两酥。牦牛也要按规定交纳绒毛，大牦牛10两、小牛8两、犊5两春毛，于纳羊绒之日交纳。并规定诸牧场四群畜所属毛、酥除已纳之外，所遗尾数有未能偿之者，依时节按实卖法计价，当交钱。①

西夏政府设置并经营牧场，是为了获得丰厚的收益，在管理牧场中也取得了丰富的经验。

二、狩猎风俗

狩猎业也是党项民族的一个传统生产部门，它和西夏的饮食以及对外交换、贸易有很大关系。党项族在原居住地时就以狩猎为谋生手段之一，北迁以后，新的居住地有很多山林、沙漠，其中有多种野兽。据《圣立义海》记载，西夏的贺兰山中"藏有虎、豹、鹿、麋"，南边大山中"树草丛生，野兽多有"，其他一些山中也是"山密养鹰，有万种树草，野兽多居"。②在西夏文《三才杂字》中"野兽"类内有30个词。

图146　黑水城出土鹿图

狩猎得到的珍贵兽皮是用于贡献和交易的重要物品。狩猎用的鹰犬也是向大国贡献的新奇物品。据记载，早在后唐天成四年（929年），夏州党项政权曾进贡白鹰。③契丹将义成公主嫁李继迁后，李继迁遣使臣致谢，进贡礼品中有沙狐皮一千张，兔鹘五只，犬子十只。④一次进贡沙狐皮一千张，可见当时其地狩猎业之盛。兔鹘和犬子都是狩猎用动物。宋淳化三年（992年）党项首领李继捧（赵保忠）向宋贡白鹘，即名贵的猎禽"海东青"。⑤

党项族的贵族多善于狩猎。李继迁自幼善骑射，曾以猎虎出名。元昊也时常狩猎：

---

① 史金波、聂鸿音、白滨译注《天盛改旧新定律令》第一九"畜利限门"第576—579页。
② 克恰诺夫、李范文、罗矛昆《圣立义海研究》第58页。
③ 《旧五代史》卷四〇《唐书·明宗纪》。
④ 《辽史》卷一三《圣宗纪》。（清）吴广成《西夏书事》卷四。
⑤ 《宋史》卷五《太宗纪》。

"每举兵，必率部长与猎，有获，则下马环坐饮，割鲜而食，各问所见，择取其长。"① 西夏首领利用狩猎之机聚会讨论军政，反映了西夏上层狩猎活动的特点。

西夏中期崇宗时大臣谋宁克仁曾说："吾朝立国西陲，射猎为务。"② 也反映了西夏立国前后狩猎业的盛况。

西夏时期皇帝要按期行围狩猎，在十月和腊月都有狩猎活动。《圣立义海》"十月之名义"中"御敌行猎"条："……君依顺于天，率军行猎也。"又"腊月之名义"中"年末腊日"条："……君出射猎。"③ 皇帝按时节射猎，已成西夏定制。

皇帝的狩猎活动一直延续到西夏的中晚期。西夏天盛七年（1155年）九月仁宗出猎："猎于贺兰原，有骏马损足，命执治道者戮之。（尚食官）阿华侧侍，谏曰：'田猎非人主所宜，今为马多杀，贵畜贱人，岂可闻于四境乎？'仁孝讶而止。"④

西夏政府设置"执飞禽处"，这可能是西夏侍奉皇帝行猎、管理狩猎业的机构。该处是西夏政府机构，但不在西夏五等司以内，政府派遣一至二名大人管理。⑤

更广泛的狩猎活动还是在民间，时间一般在秋后进行，不仅猎物肉肥毛好，而且便于捕获。《圣立义海》"八月之名义"中"秋季中月"条："国内演戏游乐，设网伺鹊、捕兽。""十月之名义"中"黑风兴起"条："风吹茅草，黄羊逃丛林，族地国畜追射。"⑥

西夏人捕猎野兽的方法除弓箭射杀外，还用网捕获猎物。《文海》中释"网"字，"捕黄羊用网之谓"，"捕飞鸟、野兽等用也"。可见西夏使用网罗，既捕飞禽，又捉野兽。此外还有用烟熏捕的办法。《文海》"熏出"条："穴中动物不出时，以火烟令出也。"⑦ 西夏文献中还有钓鱼的记载，西夏文谚语《新集锦合谚语》中有："鱼活深水钓绳短。"⑧ 钓鱼的目的自然是为了食用，西夏人的餐桌上偶尔也会有水产品。

狩猎是党项族的传统，人们喜欢行围打猎。西夏的狩猎活动在人们的饮食、服饰和对外交往中都占有一定地位，但频繁和大规模的狩猎使野生动物大量减少。尤其是像贺兰山这样离中兴府很近、其中又有皇家园林的地区，便于狩猎，对野生动物的生存影响很大。

西夏狩猎所获，一是取肉食用，二是以皮毛穿着。西夏的贵族办婚事时，要以猛

---

① 《宋史》卷四八五《夏国传》（上）。
② 《宋史》卷二一《徽宗纪》。（清）吴广成《西夏书事》卷三二。
③ 克恰诺夫、李范文、罗矛昆《圣立义海研究》第54、55页。
④ （清）吴广成《西夏书事》卷三六。
⑤ 史金波、聂鸿音、白滨译注《天盛改旧新定律令》第一〇"司序行文门"第365页。
⑥ 克恰诺夫、李范文、罗矛昆《圣立义海研究》第52、54页。
⑦ 史金波、白滨、黄振华《文海研究》第427页、488、409页。
⑧ 陈炳应《西夏谚语——新集锦成对谚语》第9页。

兽兽皮为聘礼嫁妆，但有一定限制。《天盛律令》规定：

> 一等殿上坐节亲主、宰相等以自共与其下人等为婚者，予价一律至三百缗以内，其中骆驼、马、衣服外，金豹、虎皮等勿超百五十缗。
>
> 一等节亲主以下臣僚等以自共与诸民庶等为婚，嫁女索妇时，一律予价二百缗以内，其中骆驼、马、衣服外，金豹、虎皮等勿超百缗。①

西夏规定了包括亲王、宰相等官员家庭嫁娶时的婚价，其中豹、虎皮等不准超过150缗、100缗。由此可知当时猎杀野生动物的数量之多，政府不得不采取法律形式给予限制。可能由于历史上这些地区过度狩猎，造成了今天这些地区大型野生动物几乎绝迹。

由于西夏农业和畜牧业的发展，狩猎业逐步退居次要地位，特别是在食品中所占比重很少。然而直到乾顺时期，西夏御史大夫谋宁克任在上疏时还强调"射猎为务"，射猎的传统仍然受到重视。

西夏法律对打猎作出一些限制规定，如不允许私使军卒中笨工行围打猎，若违反规定，视所猎野兽计价，超过十缗钱就要受到处罚。使笨工张网捕鱼者，要判处半年或1年徒刑。② 由此可知，西夏有私使军卒中笨工打猎、捕鱼的现象。

西夏有狩猎传统，对动物非常熟悉，对动物的习性观察十分细致。西夏谚语中有很多对动物特殊习性的描述，如"老狼啼哭不掉泪，大鸟咬物没有牙"；"狐叫起来气欲绝，狗蹲下来尾巴夹"；"引鸽翅膀遮远山，老狼足迹遍山谷"；"鸟蹲，胸对着风，鱼卧，头迎向水"。③ 西夏文《碎金》也用诗歌的语言集中介绍了野生和家养动物的特点，反映了西夏人对这些动物的认识："熊罴食血肉，狐狸寻芳草。鹿獐树深逃，山羊见而出。泉源兽奔绕，渠井牲畜饮。牦牛射杀难，羖㹠屠宰易。运货骆驼强，驮重毛驴弱。鹰雕羽翼窄，顽羊角抵宽。鼠狼唇尖细，口巧齿牙灵。"④

---

① 史金波、聂鸿音、白滨译注《天盛改旧新定律令》第八"为婚门"第311页。
② 史金波、聂鸿音、白滨译注《天盛改旧新定律令》卷六"军人使亲礼门"第253页。
③ 陈炳应《西夏谚语——新集锦成对谚语》第11、12、25页。
④ 聂鸿音、史金波《西夏文本〈碎金〉研究》。

【第三节　手工业风俗】

西夏的手工业很发达，门类也很多。元昊在袭王位后设置职官时，分文武班，置中书、枢密等15司，其中有"文思院"，应是西夏早期掌管制造供统治阶级享用的各种工巧之物的机构。[①] 在西夏中期修订的《天盛律令》中管理手工制作的政府机构主要是工院，京师工院与群牧司、农田司等一样属中等司，但其地位特殊，传导文书与次等司平级，比中等司高一级，设二正、二副、四承旨、四都案。除中央政府的工院外，还有北院、南院、肃州三种工院，皆属下等司，各设一正、一副、二承旨、二都案。关于手工业的具体机构都属于末等司，如：刻字司、作房司、制药司、织绢院、作首饰院、铁工院、木工院、纸工院、砖瓦院、出车院等，分别设头监管理。[②]

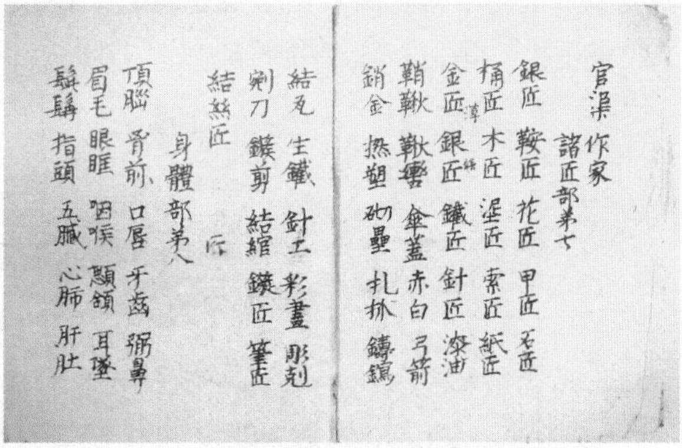

西夏工匠名目繁多，《天盛律令》"物离库门"列有加工金、银、铜、铁、缫丝、织绢、染丝、纺丝线、纺毛线、染毛线、织毛锦、扣丝、造绳索、制毡等行业，当然也有相应的工匠种类。以上只是在生产过程中与库藏有关的工种。此外见于法典各卷的还有井匠、裁量匠、绳索匠、弓箭匠、披铠匠、枪柄匠、砲工、秤工、玉工等。[③] 西夏汉文本《杂

图147　汉文《杂字》中的诸匠部

---

① 《宋史》卷四八五《夏国传》（上）。
② 史金波、聂鸿音、白滨译注《天盛改旧新定律令》第一〇"司序行文门"第366—374页。
③ 史金波、聂鸿音、白滨译注《天盛改旧新定律令》第一七"物离库门"第547—556页；第二十"罪责不同门"第615—616页。

字》中有"诸匠部",记手工业工匠更为详细,竟多达30多种,其中有银匠、鞍匠、花匠、甲匠、石匠、桶匠、木匠、泥匠、索匠、纸匠、金箔匠、银条匠、铁匠、针匠、漆匠、鞘鞴、鞴辔、伞盖、赤白、弓箭、销金、捻塑、砌垒、扎抓、铸钨、结瓦、生铁、针工、彩画、雕刻、剜刀、镞剪、结绾、镞匠、笔匠、结丝匠等等,多方面反映了西夏手工业的行当种类。① 此外还有采盐、制曲、酿造、陶瓷等行业的工匠。

一、陶瓷

党项民族原本并无瓷器制作,直至李继迁时期仍从北宋进口瓷器,以满足需要。宋景德四年(1007年)于宋夏交界的保安军开置榷场后,李继迁从宋朝进口瓷器。当时宋朝"以香药、瓷、漆器、姜桂等物易蜜蜡、麝脐、毛褐、羱羚角、碙砂、柴胡、苁蓉、红花、翎毛"。② 像陶瓷这种沉重、易碎的器物,靠远途贸易绝非长计。西夏有了稳定政权之后,即很快开始瓷器制作。

西夏的瓷器制作在中原地区成熟技术的影响下,很快有了相当规模和很好的制作工艺。在宁夏、甘肃、内蒙古原西夏故地都发现了西夏瓷器。③ 西夏有自己的瓷窑。宁夏灵武磁窑堡窑共发掘了3座西夏窑炉,8座西夏作坊,1座元代作坊,1座清代窑炉,出土瓷器、工具、窑具等三千多件。④ 其中仅完整无损的就有114件,可以复原的更多。

图148 宁夏灵武瓷窑堡外景

---

① 史金波《西夏汉文本〈杂字〉初探》。
② 《宋史》卷一八六《食货志》(下八)。
③ 史金波、白滨、吴锋云《西夏文物》;图272—321。
④ 马文宽《宁夏灵武窑》。中国社会科学院考古研究所编著《宁夏灵武窑发掘报告》,中国大百科全书出版社1995年版。

其中主要有生活用品，如碗、盘、盆、钵、釜、杯、盒、壶、瓶、罐、缸、瓮、豆、灯、铃、钩、纺轮等；文化娱乐用品有砚台、砚滴、瓷埙（牛头埙）、棋子等；建筑材料有瓦当、滴水、板瓦、筒瓦、瓦件等；宗教用品有小泥塔、如意轮、金刚杵等；雕塑艺术品有男女供养人像、力士及马、驼、羊、猪等。此外在银川西郊的缸瓷井和灵武县的回民巷也发现了西夏的瓷窑址。① 可知西夏的瓷器应用相当广泛。

西夏瓷器中黑釉或褐釉剔刻花的瓶、壶很有特色，主要有黑色、褐色，也有白色。其工艺是在器物主体部分开光，刻掉部分釉层，显露出大型花卉图案和其他装饰图案，形成釉色和胎地的鲜明对比，不仅纹饰纯朴雅致，有强烈的艺术效果，其纹样突起又显现出浅浮雕的魅力。这种剔刻瓷器造型大方、端庄，剔刻疏密得当、宾主分明，色泽有较强的对比感，明显不同于同时的宋瓷和辽、金瓷器。特别是刻花系工匠直接在胎体上剔刻釉层，不能出现差错，若剔刻伤及图案则难以修复弥补。可见当时工匠的高超技艺。其中的瓷扁壶更具民族特色，壶体一面或两面有圈足，为放置起平稳作用。壶的两侧有两耳或四系，便于穿绳携带。这种器物适宜游牧民族外出放牧时携带水浆，反映了西夏的生产、生活特点。从器型分析，西夏瓷扁壶的制作技艺高超。因为这种

图149　宁夏灵武瓷窑堡1号窑炉

---

① 宁夏回族自治区博物馆《银川缸瓷井西夏窑址》，《文物》1978年8期。中国社会科学院考古研究所内蒙队《宁夏灵武回民巷瓷窑址调查》，《考古》1991年3期。

图151-2 宁夏灵武瓷窑堡出土黑釉剔刻牡丹花瓷扁壶

图150 宁夏灵武瓷窑堡出土玉壶春瓶

图152 宁夏灵武瓷窑堡出土剔刻花棱足钵

图151-1 宁夏灵武瓷窑堡出土黑釉剔刻牡丹花瓷扁壶

扁壶不像呈圆形的器物那样可以用旋转的机械陶轮制作,而需要用手工成型,其三维度掌握的难度,器型对称的精确,都需要特殊的技巧和成熟的经验才能达到。灵武窑出土的黑釉剔刻花双耳扁壶,残高28厘米,腹径28厘米,底径9.8厘米,器形扁圆,肩两侧有双耳,腹部正中两侧有圈足,壶面开光内剔刻折枝牡丹花和叶,施釉与剔刻胎底对比鲜明,颇具艺术匠心。此外还有黑釉剔刻花经瓶、黑釉剔刻鹿衔花经瓶、褐釉刻花大瓶等。

灵武窑出土的各种器物用釉有白釉、青釉、黑釉、褐釉、茶叶末釉和数量极少的紫釉。不少生活器皿呈白色,如白瓷碗、白瓷盘、白瓷碟,多是通体白釉,内壁光滑,外壁较粗糙,胎细壁薄,有的还在内壁四面和底心绘黑色圆点纹饰。造型与中原地区出土的瓷器相类似。但是其中的高足器,如高足碗、高足盘等,器形很有特色,在西夏瓷器中具有代表性。它们大都内外壁施白釉,釉面光润,胎薄足高,圈足露胎,有的外壁绘鸟枝图案。

从灵武窑遗址的发掘和研究可知,灵武窑的窑炉大体上和宋、金时期的窑炉相似。在窑炉和地层中发现了煤矸和煤块,知当时以煤作烧窑燃料。灵武地区是产煤区,不乏煤炭。窑址作坊中有火炕,用来烘干坯体,这是因为西夏地区干燥,不适宜室外凉坯的缘故。灵武窑装烧方法博采众长,有八种装烧形式,主要有顶碗覆烧法、支圈正烧法、一匣一器的匣钵装烧法、工字形支垫垛烧法、芒口对烧法以及搭烧法等。特别是顶碗覆烧法减轻了胎体厚重的缺点,增加了装烧量,是当时比较先进的烧瓷技术。

大概西夏发展陶瓷业是雇佣了熟悉制瓷的汉族匠人,直接利用了中原汉族地区先进的制瓷技术,使西夏制瓷业一步到位,达到当时最好水平。西夏的制瓷业表现出西夏与中原文化、技术的密切交流。西夏瓷器白釉器似仿定窑,而黑褐釉剔花器受北方最大民间窑场磁州窑影响很深。其器物造型、纹饰、装饰手段和烧制方法都可看出中原磁州窑的影子。①

图153　宁夏灵武窑出土陶钵

灵武窑还出土了小型褐釉瓷卧式骆驼,头颈粗壮,二目圆睁,脊竖双峰,下部露胎,神态喜人。又有青釉瓷羊,头向前伸,长颈粗壮,前肢残,后肢跪卧,短尾上卷,充满活力。除宁夏灵武出土大量西夏瓷器外,原西夏故地很多地方都有西夏瓷器面世。

---

① 于文荣《西夏瓷器研究》,载《大夏寻踪——西夏文物辑萃》,中国社会科学出版社2004年版。

图154 灵武窑出土褐釉瓷骆驼　　　　图155 灵武窑出土青釉瓷羊

宁夏石嘴山市西夏省嵬城遗址也出土了一批有代表性的西夏瓷器。这批出土于西夏腹地的瓷器，釉色都比较深，多呈褐色。有一件玉壶春瓶，高26厘米，喇叭形口，口径8.8厘米，细长颈，圆腹，胎壁较薄，外表和内口沿施绿色釉，造型美观，稳重古朴。又有多件双耳罐，直口，带状耳附于双肩，有的台唇、鼓腹，有的平唇、曲腹，都显露出古朴无华的风貌。另有褐釉瓷碟、棕釉瓷碗、青瓷碟也都具有实用、简洁、耐看的特色。有一个小瓷人头像，颈下部残缺，头发施褐色釉，顶部秃发，其余部分都施白釉，面部圆润光滑，略带笑容，憨态可掬。[①] 灵武出土的西夏瓷器中，也有精制的小瓷人头像，脸长鼻高，秃发，有西夏人物的特征。

内蒙古伊金霍洛旗西夏遗址出土了两件分别高37厘米、33.5厘米的剔花瓷瓶，台唇、直口、折肩、圆腹、平底，胎呈淡黄色，施黑色釉，腹部剔牡丹花纹饰，花纹外侧刻有弧线纹，造型端庄大方，剔刻精细流畅，是西夏瓷器中烧制精美的艺术品。又有褐釉剔花牡丹纹罐，口至上腹施褐釉，下腹和圈足露胎，腹部剔刻两组牡丹花纹，稳重大方。还发现有六瓣花口瓶，高16厘米，口径4.8厘米，底径5厘米，六瓣花口，细长颈，圆肩鼓腹，喇叭形高圈足，釉色光亮，白中泛青，造

图156 宁夏省嵬城出土玉壶春瓶

---

① 宁夏回族自治区展览馆《宁夏石嘴山市西夏城址试掘》，《考古》1981年1期。

图157 宁夏省鬼城出土瓷人头

图158 黑釉剔刻牡丹花瓷瓶

图159 褐釉剔花牡丹纹罐

图160 白釉六瓣花口瓶

图 161　上海博物馆藏西夏文瓷瓶

型别致，制作精巧。①

上海博物馆藏有一件瓷瓶，制作精细，从制瓷技术、质地、器形、釉色看与宋代磁州窑系有关。其腹部划刻有汉字"斗斤"二字，西夏文三字，译为"廉凤实"，十分稀见。

甘肃武威多处出土有西夏瓷器，其中西郊林场西夏墓出土的双耳罐与宁夏省嵬城所出近似；高足白瓷碗、白瓷盘、白瓷碟又具有灵武所出瓷器的特点；黑釉双耳罐和黑釉瓷碗则为其他处所少见；施黄色釉和施豆绿色釉的两个双耳扁瓷壶，分别出土于两地，尽管它们釉色有别，但均为小口、短颈、扁腹、双耳附于肩上，造型极为相似，是两件有地方、民族情调的瓷制艺术品。②近年又在古城乡出土黑釉剔刻牡丹花瓮，器形硕大，高48.5厘米，腹径40厘米，口径24厘米，足径16厘米，圆唇，矮颈，溜肩，鼓腹，腹部剔刻缠枝牡丹，蕊柱突出，线条流畅，活泼大方，刻画精细，疏密得体，是瓷器中少见的作品。③

图 162　黑釉剔刻牡丹花瓷瓮

甘肃省武威市古城乡塔儿湾陆续出土瓷器115件，类型多样，特别是有的瓷器上还有西夏文或汉文西夏年号，值得重视。器物主要有碗、碟、壶、罐、瓮、瓶、釜、钵、灯、流、钩等，其中有白釉、褐釉、黑釉、酱釉、豆绿釉、复合釉等，还有在釉面上彩绘或剔刻的特殊工艺。1件绿豆釉瓮腹外下部有墨书题记："光定四年四月三十日郭善狗家瓮"，证明是西夏晚期神宗遵顼光定四年（1214年）制作。这批瓷器表现出受中原瓷窑的影响，同时也有当地和西夏的民族特色。其中有西夏独特的瓷扁壶和剔刻釉器物。同时还出土了烧制瓷器用的匣钵和支垫，附近还产瓷土，可以推定这些瓷器为当地烧制。④

---

① 高毅、王志平《内蒙古伊金霍洛旗发现西夏窖藏文物》，《考古》1987年12期。
② 宁笃学、钟长发《甘肃武威西郊林场西夏墓清理简报》，《考古与文物》1980年3期。
③ 汤晓芳主编《西夏艺术》第135页。
④ 党寿山《武威文物考述》第83—101页，武威市光明印刷物资有限公司2001年版。

在征集品中也有精美的西夏瓷器。如保存在西夏博物馆的白釉剔刻牡丹花大罐，高 27.8 厘米，短颈、丰肩、鼓腹，腹部三开光剔刻折枝牡丹纹，以弧线及花叶纹衬托，层次分明，手法熟练，是西夏瓷器中的珍品。甘肃省博物馆藏有黑釉剔刻牡丹花纹四系罐，体型大，高 58.5 厘米，瘦长斜肩，腹部鼓出，下部内敛较大，肩部有四系，有三层纹饰，颈部为波浪形花纹，肩部为梯形开光内剔刻牡丹花，腹部近似菱形的开光中各有两朵牡丹花，菱形之间刻满水波纹和牡丹纹，呈现出纹饰饱满、花叶繁茂、线条流畅的艺术效果。

图163　甘肃武威塔尔湾出土荷叶口酱釉罐

前述西夏陵园出土的精美陶瓷器，更表现出西夏的制作工艺水平和规模。西夏《天盛律令》中未见有专门管理陶瓷的机构，但有砖瓦院，是否因砖瓦与陶瓷都是烧制行业，故而由砖瓦院兼管陶瓷业。西夏砖瓦院设4头监管理。西夏官府库藏陶器皿百中可耗减十。①

图164　白釉剔刻牡丹花大罐

西夏地处西部，虽继承了中原的陶瓷工艺，但仍缺乏中原地区的经济实力和文化、科技底蕴，使其陶瓷业发展也受到限制。西夏瓷器中缺乏像中原地区官窑瓷的柔和如玉、钧窑瓷的艳丽多姿，与中原地区的陶瓷技术和水平相比，还有相当的距离。

图165　黑釉剔刻牡丹花纹四系罐

二、铸造

西夏的熔铸、锻造业也直接继承中原技术，达到很高的水准。冶炼是金属制造的基础工序。西夏文字典《文海》中有关于种种矿藏的解释："铁者矿也，使石熔为铁也"；

---

① 史金波、聂鸿音、白滨译注《天盛改旧新定律令》第一七"物离库门"第549页。

"金者金子也，黄金也，石中出，与铁同类"；"银者银也，矿物中出也"。①《圣立义海》载："西边宝山，淘水有金，熔石炼银、铜。"西夏的金属铸造具体方法，疏于记载，但在《天盛律令》的有关条文中可以找到一些当时铸造的线索。如记载制作金器的消耗标准中有：

  金耗减法：
   生熔铸：
    生金末一两耗减一字。
    生金有碎石圆珠一两耗减二字。
   熟再熔一番为熟板金时：
    上等一两耗减二字。
    次等一两耗减三字。
   熟打为器，百两中耗减二钱。②

由此可见西夏对金的加工有用生金熔铸、熔熟板金、熟打金为器三种，熔铸生金后再熔为熟板金，然后才能打制器物，期间各有耗损。熔铸生金、熟板金的损耗以"字"为单位，未知其具体所指，可能是钱以下的衡量单位。熟金打制成金器时耗减量为千分之二。

（一）金银器

内蒙古博物馆藏有临河县西夏城址出土的一批金器，其中有一件莲花盏托，制作极为精巧，造型亦很优美。又有金佛一件，残高7.6厘米，为释迦牟尼跏趺坐像，宽袍袈裟，外被通肩大氅，腰系罗带垂至座下，全身显出秀美自然的神态，表现出高超的

图166　内蒙古临河县出土金莲花盏托

图167　内蒙古临河县出土金佛像

---

① 史金波、白滨、黄振华《文海研究》第626、567、616页。
② 史金波、聂鸿音、白滨译注《天盛改旧新定律令》第一七"物离库门"第547—548页。

制作工艺。另有金碗两件，一件敞口花式碗，碗沿的内外侧、碗心和圈足上都刻有精细的花纹；另一件为敞口浅腹式，喇叭口小圈足，口径10.7厘米，高3.5厘米，碗心刻凤凰团喜，碗腹支生芍药、牡丹、西番莲各一支，碗口一周为连枝牡丹，制作十分精细。另有金莲花盏托，由足、盘、莲花托构成，通高5厘米，最大直径12.8厘米，下为喇叭口圈足，中间为平

图168 内蒙古临河县出土金莲花盘

底浅盘，分十瓣，盘中部接十瓣式空心莲花托，边沿、盘底及花托外沿均刻西番莲花纹，制作十分精美。此外还有美轮美奂的金指剔，长7.2厘米，柄是双鱼柱形，两鱼头尾相连，两鳍相对，尾部束带，双鱼头顶仰荷、仰莲、连珠、瓜轮，顶端为心形花瓣，圆孔穿环，鱼尾下又有连珠、复仰荷、复仰莲、瓜轮，下接双面斜刃指剔，造型美观，工艺尤其精巧。因其有穿环用圆孔，可知其为佩饰。（见图70）这样精致的工艺品反映出西夏工匠丰富的想像力、创造力和精湛工艺。另有雕刻人物、花朵的金耳饰等。西夏陵园也发现葡萄纹金饰、花瓣型金饰、鎏金银饰等，也是饰物中的精品。①

文献记载西夏曾向宋朝献金带、金酒器等，这些记述和出土文物相印证，更可知西夏金器制造工艺水平不低。② 关于银器和铜输，《天盛律令》中也有耗减的相应规定。

宁夏灵武横山出土银钵2件，银碗3件，其中1件残。银钵口径10—10.5厘米，底径5—5.3厘米，一银钵内底墨书西夏文"三两半"，标明自身重量。银碗口径11—11.2厘米，底径4.5—4.6厘米，两银碗内底分别墨书西夏文"二两八"、"三两"，也是标明自身重量。残银碗内底有用细线精刻的卧牛图案，颇具特色。同一地区所出还有银盒，底和盖用活轴相连，可以任意启合，小巧玲珑，十分喜人。

图169 宁夏灵武县横山出土银盒

近年宁夏永宁县闽宁村西夏墓4号墓出土多件鎏金银带饰，包括长方形10件，圭形2件。长约5厘米，宽2厘米多，这些带饰正面鎏金，背面露银，正面用双模凸压中心对称的云头纹，背面两端中

---

① 史金波、白滨、吴锋云《西夏文物》图205、207、209、210、211。中国国家博物馆、宁夏回族自治区文化厅编《大夏寻踪——西夏文物辑萃》第202—206页。
② 《宋史》卷四八五《夏国传》（上）。

部各焊接一铜扣，制作也很精巧。这些贵重的金银带饰证明此墓是贵族墓。①（见图71）

（二）铜器

《文海》中有对铜输的记载，"熔铜撒药为输"。② 输即黄铜，黄铜具有良好的工艺性能、耐蚀性能，又有价格便宜、色泽美丽的优点。

近代发现了大批西夏铜铸器物。特别是中国历史博物馆和西安市文物管理处所藏两盒铜符牌，作用特殊，制作精良，系青铜质，圆形，牌身直径分别为15厘米和14.7厘米，皆由上下两块套合组成，上块正面刻双线卷草纹，上端刻一镀金西夏文"敕"字，下块正面刻双线西夏文楷书"敕燃马牌"四字，下端也刻——镀金西夏文"敕"字，是传达皇帝紧急命令的牌符。铸作细腻平滑，线条刻划流畅，是不可多得的铜铸精品，具有重要的文物价值。③ 西夏文诗歌集中的《敕牌赞歌》中，有"皇宫圣物金牌白"的语句，大约赞颂的就是这类有镀金字的符牌。④ 神宗元丰五年（1082年）宋环庆经略司报告："斩西贼统军嵬名妹精嵬、副统军讹勃遇，得铜印、起兵符契、兵马军书，并获蕃丁头凡三十八级。"⑤ "起兵符契"可能就是上述符牌。

图170 敕燃马牌

西夏政府各司有司印，官员有官印，依据司品和官职的高低有金、银、铜镀银、铜质四种，并规定了不同品类印章的尺寸和重量。⑥ 但从已出土的西夏印章看，尚未发现金、银印，皆为方形铜印，除少量六字、四字印外，绝大多数是二字"首领"印，已超过百枚。西夏"首领"印印文为西夏文"首领"二字，也仿汉字九叠篆法，屈曲迂回，背有印纽，纽中间有圆穿孔，备穿系绳用。铜印铸

图171 西夏正德三年首领印

---

① 宁夏文物考古研究所编著《闽宁村西夏墓地》第37—38页，图版四。
② 史金波、白滨、黄振华《文海研究》第634页。
③ 西安市文物管理处、中国社会科学院民族研究所《西安市文管处藏西夏文物》,《文物》1982年4期。
④ 史金波、魏同贤、克恰诺夫主编《俄藏黑水城文献》第一〇册第298页。
⑤ 《续资治通鉴长编》卷三二七，神宗元丰五年（1082年）六月辛亥条。
⑥ 史金波、聂鸿音、白滨译注《天盛改旧新定律令》第一〇"司序行文门"第357—359页。

造工艺良好，稳重平实，与中原地区铸印水平相当。

西夏小型铜铸品还有钱币，西夏的铜钱形制、大小皆仿中原王朝，全是年号钱，有西夏文和汉文钱两种。西夏也和宋朝一样，都使用铜铁两种钱币。西夏文字钱币成为同一时代钱币的突出特点。出土的西夏文和

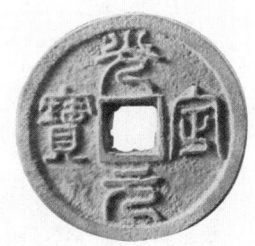

图172　汉文楷书和篆书光定元宝钱

汉文年号钱皆有铸造精致、品相精良的珍品，表现出西夏铸钱的高超水准。如西夏文福圣宝钱、大安宝钱铸造都很精美，汉文钱币种类、数量多，更是精品纷呈，特别是银川滚钟口出土的汉文"乾祐元宝"行书、真书对钱，汉文"光定元宝"篆书、真书对钱更是西夏钱币的珍品。①

西夏陵区出土的鎏金大铜牛是一件精湛的西夏铸造艺术品。这尊卧式铜牛出土于西夏陵园177号陪葬墓，长120厘米，体型硕大，重188公斤，模制浇铸成型，腹内空心，外表通体鎏金，双角耸立，两耳平伸，二目远眺，屈肢安卧，造型生动，比例匀称，形象逼真，是国宝级文物。这样大型的金属铸造，需要集美术、模型、浇铸、鎏金等多方面的技艺于一身，工艺水准的高超。在陪葬墓中还出土有长43厘米的较小铜牛，形象古朴自然，栩栩如生。（见图140）此外还有截椎形的铜铃等。②

图173　西夏陵出土鎏金大铜牛

---

① 牛达生《西夏钱币和官印研究浅述》，《大夏寻踪——西夏文物辑萃》，中国社会科学出版社2004年版。
② 史金波《西夏文化》第156页。

图174 黑水城出土铜金刚铃

黑水城出土有造型精美的铜双金刚和铜金刚铃，是藏传佛教仪式上使用的法器。铜双金刚，内有中核，周围有八个尖头弯曲在中核顶点汇合，中间握柄处有两圆轮，各有四面。铜金刚铃一端为金刚，略同上述，另一端为覆钵式铃体，中间握处层次繁复，有人面造型。①

宁夏永宁县闽宁村西夏墓3号墓出土铜铃4件，其中3件完整，皆圆球状，径3厘米多，分两半铸造再粘合而成，上部有纽，中有穿孔，下部开口，内置圆形实心震珠，小巧玲珑。此外4号墓还出土22件铜泡饰和1件铜带扣。铜泡饰呈半球形，大小不等，直径皆2厘米许，高1厘米左右，内焊接片状环行纽，系用皮革线穿系后附于棺木上的装饰品。②

（三）铁器

西夏时期无论是铸造，还是锻造，铁都是最重要的。由于农耕的发展，铁制农具需要量很大，更由于频繁的战争，刀、剑、枪、甲的需求更为迫切。西夏早期就在夏州东边的铁冶务开始炼铁，制造铁器。西夏设铁工院，属末等司。又有铸铁提点，还有铁柄库，设1案头，2司吏。西夏有专门行业匠人铁匠，又有管理铁匠的部门（铁匠局分）。前述元昊会见宋朝使节时，宋使听到厅东侧有千百人锻造之声。可以想见当时锻造的规模。

西夏制造最多、质量最好的铸造品当是刀剑之类的铁制武器。西夏军人的武器中有枪、剑、长矛杖等，最著名的西夏武器属"夏国剑"。宋朝太平老人著书列举享誉境内外"天下第一"的26种物品和人才中，明确列入夏国剑③，可见西夏的兵器制作精良，连宋朝皇帝也随身佩戴。在宋代文献中记载宋钦宗为表彰臣子，曾"解所佩夏国宝剑以赐"④。宋朝文学家苏轼在广陵（今江苏扬州）曾见到宋将缴获的西夏刀剑，给予很高评价，当

图175 西夏陵出土铁剑

---

① ［俄］米开罗·皮欧特洛夫斯基编《丝路上消失的王国——西夏黑水城的佛教艺术》第250—251页。
② 宁夏文物考古研究所编著《闽宁村西夏墓地》第25页，彩版一；第36—37页，彩版二、三。
③ （宋）太平老人《袖中锦》"天下第一"，丛书集成初编本。
④ （宋）王明清《挥麈后录》卷八，中华书局1961年版。《宋史》卷三七一《王伦传》。

时苏轼请他的好友晁补之作诗赞美。

西夏锻造精良的武器其制作技术来自技术发达的中原地区，由于对武器的重视，其某一项技术可能超过中原地区。夏国剑就是突出的一例。西夏帝陵中出土有长124厘米的铁剑等，仅剑身就长88厘米，刃部最宽处5厘米，厚1.9厘米，管状柄，柄端有鋬，径2.8、长3.6厘米，尽管剑体已经锈蚀，但可看出当时制作精细，作为帝陵的陪葬物，原来很可能是一把名贵的长剑。另在陵园还发掘出铁矛头，一端圆形，径2.5厘米，另一端尖锐，通长57厘米。这可能是《天盛律令》所记长矛杖的矛头。《天盛律令》又记枪的样式，杆部长十一尺，正好配这样长的矛头。①

优良的制作材料和先进的制作技术往往首先使用在军事装备上。西夏的兵器、铠甲等军事装备支撑着战争，反映着当时的科学技术水平，有的在各国中占据头筹。

西夏高超的锻造技术，和它先进的鼓风设备不无关系。榆林窟第3窟东壁西夏壁画五十一面千手观音变，绘有多种生产图，反映了当时的生产习俗。其中有《锻铁图》，图中所绘为锻铁炉鼓风用的竖式双木扇风箱，可连续鼓风，加大鼓风量，能提高炉火温度，增强冶炼强度，是当时颇为先进的鼓风设备。同一壁画中还绘有枪、矛等武器，当是西夏时期武器的写照。②李约瑟博士对这幅画中冶炼炉上鼓风用的木风箱给予高度评价，认为它是日本脚踏木风箱的先导。

《天盛律令》规定了锻铁的耗减法：“铁匠局分生熟铁为打粗细料、实铁如药称之，

图176　榆林窟3窟的西夏锻铁图

---

①　史金波、白滨、吴锋云《西夏文物》图201、202。
②　史金波、白滨、吴锋云《西夏文物》图39。

耗实数所定等级高低，可耗减：打粗事一斤耗八两：镢头、斧头、钉七寸、五寸、四寸、熟勿、铁凿、铁杙、奈杵、斩刀、屠刀。打细事一斤耗减十两：三寸、二寸、常留、灯柱、火炉、火锹、军州□、铁罐、火箸、熨斗、□叶、镰、城叉、锯、推耙、辔衔铁、镫、锁簧、鉤细、铡刀、钥匙、锹头。打水磨事一斤耗十一两：黑铁、锔、刀剑、剪刀、边条、耙叶、锡罐、大小铁叶、金木护胸、辔头钉子、枪下刃。"①由此可知西夏锻铁的品种之多，并根据精细程度不同，分为三类，锻造的器物越精致、硬度越高，耗损越多。西夏制造的铁器包括社会用品、军事用品、生产用品、生活用品。

《天盛律令》中还有铁钱、铁枷、铁索、铁箭（类符牌）、铁绳索、(大小铁叶、辔头钉子、枪下刃,) 铁笊篱、铁蒺藜、种种铁柄、锹镢、铁连枷、凿斧头、(铁索,) 铁锁、铁棍等。《掌中珠》中又列入很多农器，其中有的应是铁制品：镰、锄、钁、锹、犁铧等。内蒙古准噶尔旗准噶尔召乡出土了铁锄、铁铧、铁犁镜等，为西夏时期的生产工具。② 铁锄钩与刃分别锻铸，再以榫卯契合，工艺先进，便于使用。铧和犁镜铸造

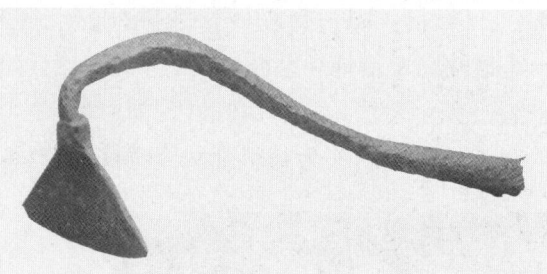

图 177　内蒙古准噶尔旗西夏遗址出土铁锄

图 178　内蒙古准噶尔旗西夏遗址出土铁犁镜

图 179　内蒙古准噶尔旗西夏遗址出土铁铧

---

① 史金波、聂鸿音、白滨译注《天盛改旧新定律令》第一七"物离库门"第 555—556 页。"熟勿"、"奈杵"、"常留"，原皆西夏文二字，不明其意，暂译如此。
② 中国国家博物馆、宁夏回族自治区文化厅编《大夏寻踪——西夏文物辑萃》第 111—113 页。

更为复杂，造型也实用、美观，达到了当时的最好水平。

采矿、冶炼中多数人是强体力劳动，往往由苦役承担，《天盛律令》规定：守边堡、城、州、寨者正军、辅主因弃城一种而犯罪获劳役时，若城内无苦役所作时，则当遣送到官方采金、熔银铁。①

三、兵器制造

党项民族自古善长骑射，狩猎、征战离不开弓箭。史书记载，西夏有竹牛，重数百斤，角甚长，黄黑相间，用以制弓极佳。竹牛即牦牛。而牦牛角是制弓的极好原料。这种弓不仅性能良好，而且美观耐用。当然一般的弓还是"柳干皮弦"所制。文献又记载，西夏都城兴州出良弓，被中原购得，每张弓价值数百千。当时宋朝曾有人买到十数张西夏弓，作为礼物送给权臣童贯。西夏弓的名贵可见一斑。党项人还擅长制作机械性质较为复杂、威力很大的"神臂弓"。据沈括《梦溪笔谈》记载："熙宁中，李定献偏架弩，似弓而施镫。以镫距地而张之，射三百步，能洞重札，谓之'神臂弓'，最为利器。李定本党项羌酋，自投归朝廷，官至团防，诸子皆以骁勇雄于西边。"②沈括和他文中所记的李定差不多是同时代人，又曾领兵与西夏作战，对武器十分熟悉，因而所记很值得参考。这种质地精良的神臂弓，中原久已失传，而由投归宋朝的党项人引入中原，后成为宋朝兵器中很重要的一种。

在兵器制造方面，西夏也注意学习宋朝的先进技术。早在德明时期，西夏就想利用宋朝的武器装备自己，宋大中祥符二年（1009年），德明派往宋朝的使臣白守贵请求买宋朝的弓弩，未得到许可，而使臣就在宋朝京师开封仿造军器带回西夏，宋朝曾下诏禁止。

武器质量的好坏对于作战有重要影响。前述西夏的刀剑制造非常出色。西夏早期就在夏州东边的铁冶务开始炼铁，制造铁器。前述元昊会见宋朝使节时，宋使听到厅东侧有千百人锻造之声，知西夏武器制造规模。

西夏制造的甲胄，采用冷锻工艺，坚滑光莹，非劲弩可人。西夏陵园出土了大量精致甲片，确证史载不虚。

西夏部队中配置了一种旋风砲，这种砲装置在骆驼鞍上，可以发射如拳大的石头。当时这种可以活动的发石砲很有威力。更值得提出的是，在崇宗时，西夏部队进攻宋

---

① 史金波、聂鸿音、白滨译注《天盛改旧新定律令》第二〇"罪则不同门"第611页。
② （宋）沈括《梦溪笔谈》卷一九。

朝的平夏城，使用了一种攻城高车"对垒"，能运载数百人，攻城时填壕堑而进。

总之，西夏由于频繁的军事作战，兵器的制造是比较先进的。

四、纺织品

（一）丝织品

中国精美的丝绸早在汉代就闻名遐迩，并由此开辟了影响深远的丝绸之路。宋朝纺织水平很高，产量也很高。

早在西夏正式立国前，就从宋朝取得赐绢，如宋景德二年（1005年），德明袭位，与宋和约，宋封其为西平王，每年赐予金、帛、缗钱各4万，茶2万斤。此外遇事另有赐予。如天圣六年（1028年）德明卒，宋仁宗派使者祭奠，与皇太后各赠绢700匹、布300匹。特别是宋庆历四年（1044年）宋夏和盟，宋朝每年赐给西夏银、绮、绢、茶25万5千：

> 朝廷岁赐绢十三万匹，银五万两，茶二万斤，进奉乾元节回赐银一万两，绢一万匹，茶五千斤，贺正贡献回赐银五千两，绢五千匹，茶五千斤，仲冬赐时服银五千两，绢五千匹，及赐臣生日礼物银器二千两，细衣着一千匹，杂帛二千匹。①

其中绢数量巨大，共15万3千匹。给西夏的岁赐成为宋朝的沉重负担。西夏则从岁赐中得到大量精美的绢帛，获取很大实惠。

西夏对绢帛的需求量很大，特别是统治者都喜欢穿柔软、漂亮的绢帛。李德明曾对元昊说："吾族三十年衣锦绮，此宋恩也，不可负。"西夏军事法典中规定西夏在赏赐有功的将士时，除赏赐银两、茶外，还赏绢、衣服。②西夏法典规定政府对任职官员三年完毕合格的赏赐中，除升级、赏银、茶外，主要的赏赐品有大锦、绢、杂花锦、紧丝等纺织品，对捕盗有功、追捕逃人的官员赏赐杂花锦、杂锦、唐呢等。

在中原地区先进纺织技术基础上西夏发展起自己的织绢业。西夏政府设置织绢院专管织绢事业，与刻字司、作房司、首饰院、铁工院等同为末等司，设2头监管理，1案头辅助。③西夏政府为了学习中原的丝绢纺织技术，曾多次向宋朝要求派熟悉丝绸纺

---

① 《续资治通鉴长编》卷一五二，庆历四年（1044年）十月乙丑条。《宋史》卷四六六《张崇贵传》。
② 陈炳应《贞观玉镜将研究》第71—78页。
③ 史金波、聂鸿音、白滨译注《天盛改旧新定律令》第一〇"司序行文门"第364页。

织的匠人。西夏的纺织品已具有与中原近似的水平。

西夏的丝织品种类很多,《掌中珠》中就有绫、罗、绣锦、绢、丝、纱、紧丝、透贝、煮丝、尅丝、彩帛等有关的成品或半成品的记载。西夏文《杂字》在"绢"类下列有细线、薄绢、绫罗等十四项。西夏汉文本《杂字》中关于纺织方面的词有"绫罗、纱线、匹段、金线、紧丝、透贝、开机、川纱、縠子、线䌷、绵贝、尅丝、绢帛、刜线、绁金、蟠线、京纱、圈纱、隔织、纈罗、线罗、川锦"。工匠中有结丝匠,可能是编织、纺织工匠,而"销金",即作金线编织品。①

从《天盛律令》可见西夏有缫丝、染色、纺织整套生产流程。规定了缫和生丝、纺织缎匹耗减法:缫生丝一百两时,交九十八两,其中交优质九十一两半,劣质四两,混合二两半,耗减二两。纺线时,纺上等好绢线一两中耗减三钱,纺下等织线十两中耗减六钱,纺不堪织绢用之混丝线渣为马鞍盖者,百两中耗减七两。纺缎匹一百两耗减二两,交一两混线。纺织罗帛,一百两耗减三两。用绒毛所织毛线锦,更为亮丽,耗材更多,百斤毛造毛线时可耗减四十斤,百斤绒毛为织锦事,可耗减三十三斤。

在纺织时要染色,《天盛律令》规定绢丝染色耗减时,熟染色有染生、草染、染杂色三种,染生丝一两无耗,依法交;草染一两时混之一钱交入,(纯)之半钱交入;染杂色一百两生丝时,白、银黄、肉红、粉碧、大红、石黄六种颜色,交七十五两熟丝,其余种种诸色皆本人交八十两熟丝。染匠依照官府规定染制青色时,十斤可耗减一斤。由此可知西夏织物颜色。通过耗减规定还知纺织应用纬线、格子线、经线。②可见缫丝、纺线、织绢、染色是西夏纺织业的主要组成部分。

黑水城出土的西夏文献中,不少有绢帛封面,其中有蓝色、紫色,也有黄地、绿地染花,表明西夏绢帛品种繁多。黑水城和银川附近出土的佛教绘画唐卡所用的画布多数是绢帛。

图180 黑水城出土花绢佛经封套

西夏陵园及其他西夏遗址出土有绢、罗、绫、锦等丝织品,其中的素罗和纹罗轻柔纤细,异向绫花纹若隐若现,是我国当时织物中少见的品种。

---

① 史金波、魏同贤、克恰诺夫主编《俄藏黑水城文献》第六册,138—140页。
② 史金波、聂鸿音、白滨译注《天盛改旧新定律令》第一七"物离库门"第553—555页。

1. 绢

绢是丝织品中平纹织物的通称。拜寺沟西夏方塔中发现的印花绢，采用套印技术，先印棕色簇花，再套印黑色簇花。拜寺口西夏双塔出土的童子戏花印花绢，做工精细，构图精美，以圆形花环和菱形花框交错排列，花环、花框间有一童子，头扎三髻，颈载圆环，胸着彩色背心，舒臂屈腿，手执花枝，如同飞天一样，翱翔于花丛之中。

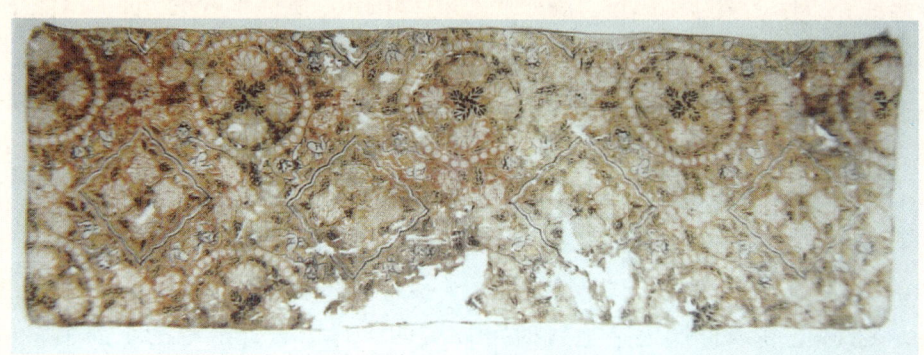

图 181　童子戏花印花绢

2. 纱

纱是丝织品中轻薄而透明的织物，有素纱和花纱。方塔出土有鹊串葵花亮地纱，亮地处两根丝绞在一起，有花处为平纹。

3. 罗

罗是半透明丝织物，有素罗和花罗两类。西夏陵园出土的素罗和纹罗轻柔纤细，是我国当时织物中少见的品种。方塔出土有暗花罗、棕色三棱罗、黄色四经罗、棕色三经罗、黄色四经绞织素罗等。

4. 绫

绫是表面有明显斜纹的丝织物。西夏陵出土有工字绫和棕色异向绫。工字绫，以空心线条组成工字形图案，字形套叠合榫，粗细均匀，富有民族风格。残片表面有敷彩或印金粉的痕迹，说明在花纹上曾印制金粉，原来斑斓绚丽的色彩可以想见。方塔有花绫、米色素纹绫等品种。其中黄地花绫织有上下交错排列的小团花。贺兰山拜寺沟方塔中出土有长 10 厘米的绣花荷包，长方形，地为黄色花绫，正面绣紫色折枝花，上开口可系带，工艺较为复杂。

图 182　拜寺沟方塔出土绣花荷包

5. 锦

锦是以彩色丝线提花织出的丝织用品，质地厚重，是最为艳丽华美的织物。拜寺沟方塔出土有舍利子包，高7.5厘米，内装舍利子和骨灰，由绿绢、花锦四块连缀而成，内衬色绢。

特别值得提出的是西夏陵出土的茂花闪色锦，其经纬组织和织造方法都具鲜明特点：经线分段染色，按设计要求包扎不需染色的部分，染色后使经线呈隔段不同的色彩效果。织物正反两面以经线显花，是一种经密纬疏的织锦，经丝浮线蓬松，显出金黄、黄绿、翠绿等色，色彩鲜艳，层次显明，丰满厚实，波形蜿蜒，富有立体感。这种采用经线结扎的染色工艺，在我国古代为首次发现。

图183　拜寺沟方塔出土舍利子包

6. 缂丝

图184　黑水城出土《绿度母像》

又称克丝、尅丝，是唐代始有的织物，宋代成为著名品种。制作方法是"通经断纬"，先挂好经线，然后用多色丝线用小梭子缀织出似有雕镂状的织物，花纹两面相同，极其精巧。《掌中珠》中有"尅丝"一词。西夏文军法《贞观玉镜统》载，正副将立大功、奇功者，在众多奖品中，有上缝缂丝的衣服一袭。黑城出土的绢画中，有一件藏传佛教唐卡《绿度母》，就是用缂丝法织出的，十分精美。西夏利用彩色织线织成图案，百两线中可耗减五两，耗减率为5%，而织缎耗减率为2%，织罗帛耗减率为3%，可见尅丝织法费工费料。

武威亥母洞出土有双鱼团花纹丝绸衣料，长27厘米，以蓝色颜料镂印双鱼图，中有菊花纹饰，四周有卷云纹及仰覆莲花纹，色泽均匀，质地密致。

西夏织造的丝织品，不仅自用，还用来向上国进贡。西夏每年向辽国进贡的物品中有"锦绮三百匹，织成锦被褥五合"。① 前述仁宗自出新意，命工匠造"百头帐"贡献于金朝。推想此物精工

---

① （宋）叶隆礼《契丹国志》第二一卷"外国贡进物件"，上海古籍出版社1983年版。

物美，工艺高超。①

（二）毛、麻织品

发达的畜牧业使西夏出产大量畜毛，毛织品是党项民族传统的产品。早期党项人的居室是支木为架，上盖毛布、毡片。西夏立国后牧区仍以毡帐为室。西夏部队所用的军帐，名为"幕梁"，士兵三人共一幕梁，织毛为幕。随着社会的发展和技术的进步，质量和品种都不断提高。西夏用畜毛织成毛布。西夏文《文海》对"毛布"的解释是"做褐用也"。②《掌中珠》中有"褐布"当是用毛织成的布，还有"褐衫"应是用毛布作成的衣衫。西夏所产毛褐成为与中原贸易的出口商品。③成吉思汗攻进西夏时，西夏武力不能抗衡，不得不以大量毛织品贡奉给蒙古人，以求罢兵。

图185　武威亥母洞出土丝绸衣料

1. 毛织品

《天盛律令》规定耗减时，染生毛线百斤耗减二十斤。织毛线锦耗损很多，百斤毛已均匀，造为毛线时可耗减四十斤。百斤绒毛为织锦事，三斤线渣、三十斤剪头毛绒、前断碎散落可耗减三十三斤。制毡耗减：秋毛十斤可耗减三斤。羔毛、春毛等一律各自十斤耗减四斤。

制毡应是西夏的传统手工业，由《天盛律令》可知，制毡原料有秋毛、羔毛和春毛之分，耗减也不相同。④

白毡是西夏的特产。据意大利旅行家马可波罗叙述，他在元初途经西夏故地额里哈牙（今内蒙古自治区阿拉善旗）时，见到有一种珍贵的毛织品："城中制造驼毛毡不少，是为世界最丽之毡，亦有白毡，为世界最良之毡，盖以白骆驼毛制之也。所制甚多，商人以之运售契丹及世界各地。"⑤马可波罗所经这一带地方，原是西夏畜牧业发达之地。当时距西夏灭亡仅过数十年。西夏在发展畜牧业的同时，也注重畜产品的加工生产。当时所制毛毡，竟被见多识广的马可波罗誉为世界之最。其制工之精、质量之好是不言而喻的。不仅如此，其产量也很可观，除供本地所用外，还以此进行贸易，"运售契丹及世界各地"。

---

① 《金史》卷七《世宗纪》。
② 史金波、白滨、黄振华《文海研究》第518页。
③ 《宋史》卷一八六《食货志》（下八）。
④ 史金波、聂鸿音、白滨译注《天盛改旧新定律令》第十七"物离库门"第555页。
⑤ 冯承钧译《马可波罗行记》第七二章。

2. 麻布

西夏时期的布主要指麻布。西夏有专门的麻园种麻,《天盛律令》在第十六"园子门"专门规定种麻园子的收益。① 各地种麻园子生产麻应有相当规模,为西夏的衣装提供了重要原料。《文海》"麻"条:"麻草可做纱布也。"② 麻布比较粗疏,也比较便宜,是广大民众通常穿着的衣料。宁夏贺兰县宏佛塔曾出土红彩条麻布。西夏丧事所穿孝衣也是麻布缝制。《天盛律令》记载贫困者实在无麻布时也可通融:"若无主贫儿无力服之,及依土地法无麻布等,不须服,勿治罪,当为自然孝礼。"③ 西夏的褐布还可与革、兽皮一起用于制作军用披、甲、袋等。《天盛律令》中有"织褐"、"织布"的工种。④ 可能织褐、织布是独立于织绢院之外的另外的纺织部门。

图 186 佛塔出土红彩条麻布

(三)棉织品

《掌中珠》中纺织品词语中有一个词名为"白叠"。⑤ "白叠"实际上就是现在所说的棉花,它原多产于中亚。汉文文献最早记载棉花是在汉译印度佛经中,当时称为"吉贝"。至魏晋时期棉布传入中国。我国中原的棉花种植是由东南亚和西域分别传入的。西域高昌一带则早已经种棉织布,棉花称为"白氎"。⑥ 宋代种棉者渐多,但仅限于东南闽岭一带。这时接近西域的西夏可能已种植棉花,纺织成布了。《掌中珠》所列袄子、汗衫、布衫、衬衣或许是棉制品。西夏人早已认识到棉麻织品比毛织品细致,西夏文《碎金》有"棉麻线袋细,毛毡褐囊粗"的语句。⑦

元朝初年陕西已获种棉之利,但仍未能为中原地区普遍接受,以致当时的有识之士,还要为把种植棉花推广到其他地区作出努力。⑧ 西夏所辖的今甘肃、宁夏、陕西地区很可能是把西域的棉花传入中原的过渡地带。

在黑水城出土的一件西夏文钱物账上记绢帛、布匹时,有"四匹布中,三匹番布、

---

① 史金波、聂鸿音、白滨译注《天盛改旧新定律令》第一六"园子门"第 519 页。
② 史金波、白滨、黄振华《文海研究》第 411 页。
③ 史金波、聂鸿音、白滨译注《天盛改旧新定律令》第二〇"罪则不同门"第 604—605 页。
④ 史金波、聂鸿音、白滨译注《天盛改旧新定律令》第五"军持兵器供给门"第 224 页。
⑤ 史金波《西夏名号杂考》。
⑥ 《续资治通鉴长编》卷二二五,神宗熙宁四年(1071 年)七月戊子条。
⑦ 聂鸿音、史金波《西夏文本〈碎金〉研究》。
⑧ 李剑农《宋元明经济史稿》第 36—43 页,三联书店 1957 年版。

一匹汉布"、"六匹番布、四匹汉布"的项目。① 看来当时西夏已有了本民族特色的"番布",并明确区别汉族的"汉布"。这两种布是否棉布与麻布质料的区别,尚难确定。

丝织品、毛织品、麻织品和棉织品构成了西夏纺织品的四大部类,它们相互补充,成为西夏居民衣着、甚至居室的主要构成部分。

西夏民间也有纺织业。武威小西沟岘发现的石纺轮和木刮布刀就是当时民间使用的纺线、织布工具。石纺轮平面近圆形,径10厘米,厚3厘米,中间有孔。至今有的民族仍使用类似的纺轮。木刮布刀一端残,残长60厘米,宽95厘米,背厚刃薄,刃部和靠近织布机的刀面留下明显的经线痕迹,是实用的纺织用具。②

图 187　武威小西沟岘出土的石纺轮

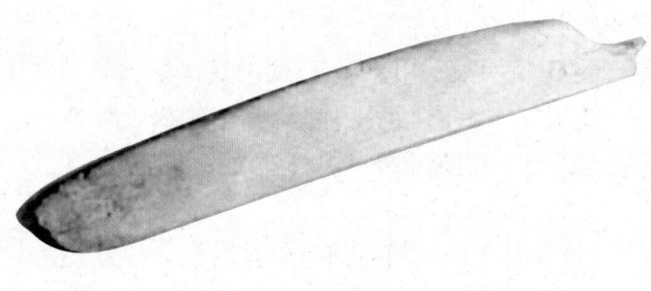
图 188　武威小西沟岘出土的木刮布刀

五、酿酒

党项族饮酒的历史很长,文献中可追溯到北迁前的唐代。当时党项族需要酒,又不产谷物,不得不"求大麦于他界,酝以为酒"。③ 后来党项迁至北方,生产、生活方式逐渐发生变化,自身也能生产粮食作为酿酒的原料。西夏管辖地区早有酿酒的基础,所以西夏时期酒的酿造是手工业的大宗。西夏境内有多种民族,各民族都有饮酒的习惯。酿酒不仅可满足各族喜好饮酒的需求,还能为政府增加酒税。当时不仅是西夏,宋朝的政府收入中,曲酒的税收也占有相当大的份额。

西夏初期境内已有售酒的酒肆。前述元昊时前来投靠西夏的张元、吴昊入西夏境内"相与诣酒肆,剧饮终日"。

---

① 第一三册第194、199、212页。Инв.No.4761。
② 史金波、白滨、吴锋云《西夏文物》图231、264。
③ 《旧唐书》卷一九八《党项羌传》。《新唐书》卷二二一上《党项传》。

（一）管理机构

西夏政府中有专门管理酿酒的机构。西夏汉文本《杂字》"司分部十八"有酒务、曲务。① 这些都是与酿酒有关的机构。《天盛律令》中表明各政府机构等级的"司序行文门"五个司等中没有专门制酒的机构，但从给各种库派遣官吏的规定中，可知与酒有关的机构，其中有踏曲库、卖曲税院、酒库等。

踏曲库应是制曲的机构。《天盛律令》中有关于踏曲库工作的要求："踏曲库每年踏曲事中不好好踏，不细细磨，粗磨致曲劣，又不依时为之等时，管事者局分大小、小监、库监、出纳、局分人等一律徒二年。"② 西夏除中兴府踏曲库外，还有大都督府踏曲库、官黑山踏曲库、鸣沙军踏曲库、黑水踏曲库、富清县踏曲库。中兴府踏曲库设2提举、1头监、2出纳、1掌钥匙、4掌斗、6监库。大都督府踏曲库设2提举、2头监、2出纳、1掌钥匙、2掌斗、2监库。鸣沙军、官黑山、黑水三种踏曲库设2小监、2出纳、1掌秤。京师踏曲库、官黑山踏曲库各有1案头、2司吏。大都督踏曲库，富清踏曲库派2司吏。

卖曲税院应是前述汉文本《杂字》的曲务，是卖曲收税的机构，包括京师卖曲税院、大都督府卖曲税院，以及定远县回定堡、怀远县、临河县、会州、保静县、南山九泽、五原郡、官黑山卖曲税院、宥州、夏州、黑水卖曲税院等各地卖曲税院。各卖曲税院一律设2小监、2出纳、4栏头。③ 另有卖曲库，其中京师卖曲库、官黑山卖曲库，派1案头、2司吏。卖曲税院所得税钱要及时上缴，《天盛律令》规定中兴府卖曲税钱等，每日之所得，每晚一次上告三司。④ 看来西夏的榷曲机构从中央到地方是完备而成系统的。

（二）管理方法

酒对于西夏人的生活有直接影响，政府对酒的生产管理很严格。踏曲库、卖曲税院多设立在人口集中的城镇，特别是京畿地区，说明这些地区是酒的制作中心和酒消耗量大的地区。

政府实行酒的专卖垄断了这一利润很高的行业税收。对酒的专卖主要是对酒曲的专卖控制。曲是加工制酒的重要原料，一般用粮食或粮食副产品培养适当微生物制成。《文海》有"曲"字，解释为："研磨谷物使成面，混以药草为曲，酿酒时撒也。"所谓"药草"即是培养的制曲微生物。⑤ 这说明了制作曲霉及其培养基即酒曲的过程，也指出了酒曲的用途。

---

① 史金波《西夏汉文本〈杂字〉初探》。
② 史金波、聂鸿音、白滨译注《天盛改旧新定律令》第一八"杂曲门"第564页。
③ 史金波、聂鸿音、白滨译注《天盛改旧新定律令》第一七"库局分转派门"第534—534页。
④ 史金波、聂鸿音、白滨译注《天盛改旧新定律令》第一七"库局分转派门"第529页。
⑤ 史金波、白滨、黄振华《文海研究》第580页。

西夏造曲完全由国家控制，《天盛律令》中有"杂曲门"分条规定对曲、酒的管理："诸人不许私造曲。若违律时，当量先后造曲若干斤。一缗以内，造意十三杖，从犯十杖。……八缗以上至十缗，造意徒四年，从犯徒三年。……二十缗以上一律造意无期徒刑，从犯徒十二年。买者知晓，则当比从犯减一等。若买者不知，勿治罪。"①可见西夏对私制曲者治罪之严。从买者不知是私造曲不治罪可知，酒曲当是官卖。酒户买到官曲可以制酒，国家从中收税。西夏为了控制酒曲专卖，当然也不允许买他国之曲："诸人买敌之曲自用时，当比造私曲罪减一等。曲当罚没纳入官。"但宋朝沿西夏边境陕西一带大量制曲，可能是为了向西夏销售，以赚取利润。

曲有多种，其中有小曲，也称酒药或药曲，是酿制白酒、黄酒、酒酿用的一种发酵剂。是中国独特而优良的曲种，约从宋代开始使用。西夏对酒曲的专卖特别强调对小曲的专卖控制。西夏《天盛律令》规定："诸人不许造小曲。若违律造之时，一团当与一斤相等，当量其造私曲量，承罪次第依法判断。"小曲具有用量少、便于保管和便于运输的优点，酿酒时100斤原料用小曲半斤或1斤。西夏不准造小曲，可见当时西夏人已经掌握了造小曲的技术。西夏还特别规定不准酿造、饮用小曲酒："国内诸人不许酿饮小曲酒。若违律酿饮时，先后所酿小曲酒几何，当总计其数，诸都案、案头、司吏、卖糟局分人、其余与平等之司大人、承旨、偏问者遣诸检校，又有位臣僚、种种执事等，因是执法者，一律酿五斗以内者无论小大，徒六年，五斗以上一律八年长期徒刑。以下至溜首领、种种待命、军民，一律酿五斗以内者获徒四年，五斗以上一律当获五年劳役。"②

西夏政府还规定诸人不许造醑酒、普康酒。大约小曲酒、醑酒、普康酒是酒精含量较高的酒，制作这些酒会消耗过多的粮食，饮用这些酒容易酒醉，发生事端。③

踏曲库的酒曲会有损耗，《天盛律令》中分为粗曲和细曲，规定库存的损耗量：

耗粗曲：

　踏曲库：曲百斤中可耗减三斤。曲本粮食一石耗减二升。

　卖曲库百斤耗减法：京师畿内各城一斤半，地边二斤。

耗细曲：

　踏曲库：曲百斤中可耗减一斤半。曲本粮食一石可耗减二升。

　卖曲库百斤中耗减法：京师畿城内一斤。地边一斤半。④

---

① 史金波、聂鸿音、白滨译注《天盛改旧新定律令》第一八"杂曲门"第 565—566 页。
② 史金波、聂鸿音、白滨译注《天盛改旧新定律令》第一八"酒种种门"第 565—566 页。
③ 史金波、聂鸿音、白滨译注《天盛改旧新定律令》第一八"酒种种门"第 564—566 页。
④ 史金波、聂鸿音、白滨译注《天盛改旧新定律令》第一七"物离库门"第 552—553 页。

酒在库中也有耗损：

酒二等耗减：

置库内供给者，一斗可耗减一升。

驮运供给者，一斗可耗减二升。[1]

西夏有贮藏酒的仓库，或称为"酒务仓"，宋代文献记载："环庆副都部署任福等攻西贼白豹城，克之，凡烧庐舍、酒务仓、草场、伪太尉衙，及破荡骨咩等四十一族……"[2] 白豹城（今属陕西吴起县）是西夏一座不大的城池，当时城内有酒务仓。据西夏汉文本《杂字》"斛豆部第四"中记有麦曲、清水曲、百花曲。[3] 这可能是西夏酒曲的主要种类。

西夏造酒的原料是大麦和小麦，这可以从《天盛律令》有关规定中得知："诸处踏曲者，大麦、麦二斗当以十五斤计，一斤当计三百钱卖之。"[4] 西夏一斗大麦或麦制曲合7斤半，而宋朝制曲"凡官曲，麦一斗为曲六斤四两"。[5] 西夏制曲比宋朝稍多。西夏盛产大麦和小麦，黑水城纳税文书显示，当地纳税主要是这两种粮食。秫和糯米性黏，也都是造酒的原料。

西夏时期私人酿酒要经过政府批准，若政府未准许而私自酿酒，则要受到处罚。这也表明经批准后私人可以酿酒。前述榆林窟第3窟西夏《酿酒图》，真实而生动地再现了西夏家庭酿酒的情景。据专家考证图中的酿酒装置，系当时先进的烧酒蒸馏器。

西夏除有粮食酒以外，还有马奶酒。西夏也有葡萄，制酒业发达的西夏也会生产葡萄酒，但还是以粮食酒为主。

西夏结婚要饮酒，丧葬也要饮酒。元昊作战前与首领商议军情要打猎饮酒，西夏妇女复仇也要先饮酒而后趋敌人处复仇。西夏饮酒人众，醉酒者也多。政府不

图189　榆林窟3窟酿酒图

---

[1] 史金波、聂鸿音、白滨译注《天盛改旧新定律令》第一七"物离库门"第549页。

[2] 《续资治通鉴长编》卷一二八，仁宗康定元年（1040年）九月壬申条。

[3] 史金波《西夏汉文本〈杂字〉初探》。

[4] 史金波、聂鸿音、白滨译注《天盛改旧新定律令》第一八"酒种种门"第566页。

[5] 《宋史》卷一八五《食货志》（下七）。

准制作度数高的酒，一方面可能是为了不过多的耗费粮食，因为粮食在灾荒较多、战争频仍的西夏是社会首要物资；另一方面也可能为了减少酒醉滋事。在政府颁布的法律上表明对酒醉的宽容。《天盛律令》规定：诸人酒醉任意相持拿禽畜、物，酒醒后还回，算作无罪，不允旁人告举、接状。若酒已醒，不告隐匿，不将财物还与属者，才按假托酒醉以持盗法判断。① 特别是犯谋逆大罪，只要证实是酒后醉语，便可从轻发落："说讲谋逆语者中，若酒醉，若有疯癫，众民共知，有可信见，则当依时节奏告实行。"② 因西夏人好饮，不仅平时要饮酒，公干时有的也饮酒，官吏因饮酒有时耽误差事，政府不得不规定："官家于殿坐朝时节，朝者于殿阶下饮酒，不立班中，于御前胡乱行时，有官罚钱五缗，庶人八杖。"皇帝坐朝时禁止朝者饮酒胡行要载入国家法典，可见当时饮酒之风甚烈。又规定当值的官吏，特别是在皇宫值勤的人禁止饮酒，当值饮酒时要受处罚。③

西夏的不当饮酒，或酗酒生事不仅受到政府的限制，也遭到社会舆论的谴责。西夏谚语对此有不少记载，如"该学不学学饮酒，该教不教教赌博"，把饮酒和赌博都看成社会不良行为。又如"饮酒量多人不少"、"不让饮酒害于饮"等也都是劝谕少饮酒的警句。④

六、印刷术

西夏文化发达，印刷业十分兴盛。西夏政府机构中设立刻字司，专主刻印事业。在中国历代各王朝中，西夏是惟一在中央政府机构中设置专门掌管刻字事务机构的王朝。西夏也有民间作坊刻印书籍。西夏文《音同》正德六年跋文中有刻字司刻印后"刻工印匠不晓事人等因贪小利，肆开文场，另为雕刻。彼既不谙文字，未得其正，致使印面颠倒，左右混杂，学者惑之"。⑤ 可知《音同》曾为刻工印匠另为雕刻。文中的所谓"文场"就是民间的印刷作坊。西夏的印刷分为雕版印刷和活字印刷两类。

（一）雕版印刷

西夏刻本书籍十分丰富。数量很大、种类繁多的西夏刻本反映着西夏书籍的总体

---

① 史金波、聂鸿音、白滨译注《天盛改旧新定律令》第一七"物离库门"第555页。
② 史金波、聂鸿音、白滨译注《天盛改旧新定律令》第一"谋逆门"第113页。
③ 史金波、聂鸿音、白滨译注《天盛改旧新定律令》第一二"内宫待命等头项门"第426—431页。
④ 陈炳应《西夏谚语——新集锦成对谚语》第120页。
⑤ 史金波、黄振华《西夏文字典〈音同〉序跋考释》，《西夏文史论丛》宁夏人民出版社1992年版。

水平，是西夏文化发达程度的重要尺度。西夏雕版印本从文字种类分有西夏文、汉文和藏文三类。

1.西夏文刻本

西夏刻印书籍有较强的实用性，印刷量较大。语言文字类书籍为推行民族文字，强调民族文化；法典类书籍更是明显地为张扬封建法制，为便于政府统治之用；儒学著作为推行统治者所重视的儒家文化，发展儒学教育；兵书显然是为了借鉴作战经验，以利于频繁的征战；宗教典籍为了推行宗教，特别是大力提倡佛教。

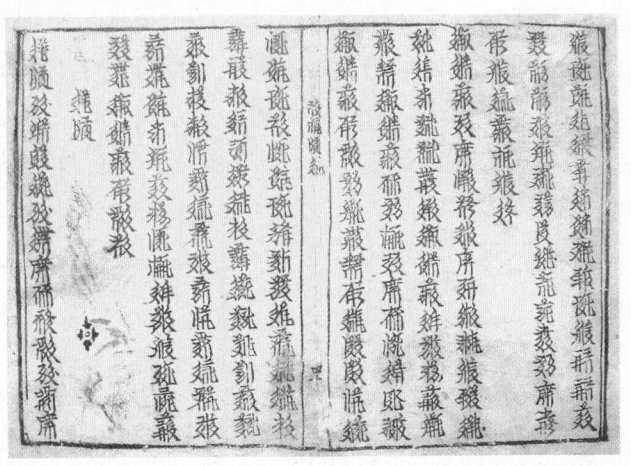

图190　西夏文刻本《十二国》

很多有重要价值的世俗著作都是以刻本行世。目前有年代可考的重要西夏文刻本书籍最早的是大安十一年（1085年）刊印的《佛说阿弥陀经》，从已发现的刻本文献看，以西夏中期特别是仁宗天盛、乾祐年间刻印最多。目前已发现的刻本出版书籍有100余种。如语言文字类《文海宝韵》、《音同》等，法律类有王朝法典《天盛改旧新定律令》、军事法典《贞观玉镜统》、《官阶封号表》，类书有《圣立义海》，

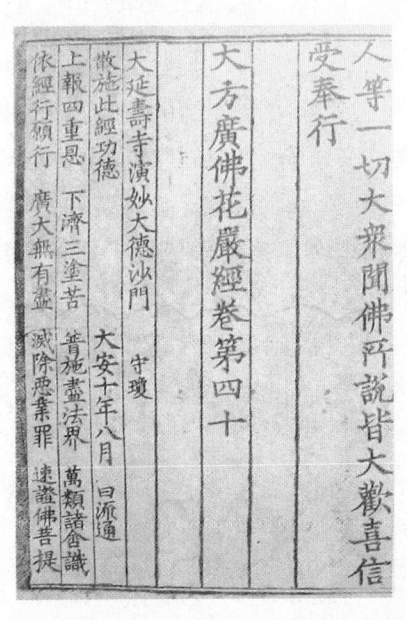

图191　汉文刻本《大方广佛华严经》

识字蒙书有《番汉合时掌中珠》、《三才杂字》，文学作品有谚语《有新集锦合谚语》、《诗歌集》、劝世文《贤智集》，翻译著作有《论语》、《十二国》、《经史杂抄》、《德事要文》、《德行集》、《孙子兵法三注》、《六韬》、《黄石公三略》、《类林》等。

刻印出版的佛教著作更是种类繁多，如《金刚般若波罗蜜经》、《妙法莲华经》、《金光明最胜王经》、《大方广佛华严经》都有多种版本。

2.汉文刻本

西夏汉文刻本借鉴中原，轻车熟路。西夏汉文刻本多为佛经，近代出土保存下来的部分西夏汉文刻本中，不少写刻俱佳，印制精美。

目前已知有年代可考的汉文刻本有天赐礼盛国庆五年（1073年）的《夹颂心经》、大安十年（1083

年)的《大方广佛华严经》等。

有年代可考的西夏汉文刻本世俗书籍发现很少,已知刻本有《西夏乾祐十三年壬寅岁(1182年)具注历》等。①

俄藏黑水城文献中保存着一些中原地区宋朝和金朝出版的书籍,这些书籍流传到西夏,保存于黑水城。如:宋大中祥符九年(1016年)的《金刚般若经抄》卷五、《刘知远诸宫调》等。这些从宋朝、金朝流传进入西夏的刻本汉文书籍,表明当时中原地区与西夏密切的文化交流,以及中原王朝对西夏印刷出版事业的影响。

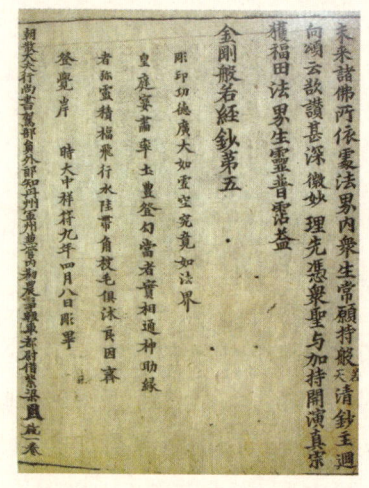

图192 汉文刻本《金刚般若经抄》

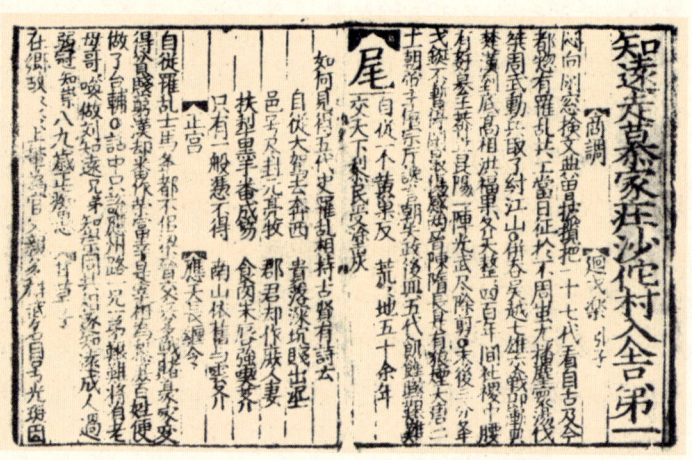

图193 汉文刻本《刘知远诸宫调》

3. 藏文刻本

西夏境内有很多藏族居民,又有发达的印刷事业,这就为藏文佛经的刻印出版创造了条件。在黑水城遗址发现的文献中除西夏文和汉文外,也有一定数量的藏文文献。这些藏文文献中有写本,也发现有刻本。已知的藏文刻本多为佛经,有梵夹装和蝴蝶装两种,雕刊精细,是很成熟的印刷品。如蝴蝶装《胜相顶尊总持功德依经录》。② 蝴蝶装式是一种较古老的书籍装帧方式,从装帧的角度证明这是很早的刻本。

还有多种单叶"护轮图",有的图呈龟形,有的是一张开的猪皮,内有圆圈形、四方形套图,中有藏文和梵文咒语。这些文字咒语是用于消灾祈福,保佑平安的。③

---

① 邓文宽《黑城出土〈宋淳熙九年壬寅岁(1182年)具注历日〉考》,《华学》第四辑,紫禁城出版社2000年版。史金波《西夏的历法和历书》,《民族语文》2006年4期。
② 俄罗斯科学院东方文献研究所手稿部藏黑水城文献XT67。
③ 俄罗斯科学院东方文献研究所手稿部藏黑水城文献XT41。[俄]米开罗·皮欧特洛夫斯基编:《丝路上消失的王国——西夏黑水城的佛教艺术》第274—278页。

以上藏文雕版书籍是目前所知最早的藏文印刷品,反映了藏文早期印刷出版的特点。

西夏刻印书籍的质量优良。从现存的西夏刻本书籍可以看出,西夏的刻印技术和刻本书籍质量均可与当时宋、辽、金相媲美。

（二）活字印刷

中国早在11世纪就由发明家毕昇创造了活字印刷术,后世却难以见到早期的活字印刷品。根据目前所知材料,毕昇发明活字印刷后在中原地区使用可能并不广泛,这与当时中原地区雕版印刷已达精致,而且所用雕版木材也较充裕的缘故。

随着印刷品需求量的增大,西夏在发展雕版印刷的同时,也逐渐寻找更为便利的活字印刷方法,并出现了活字印刷繁荣的局面。目前已发现了十多种西夏文活字印刷品,证实了西夏活字印刷的发展。①

1. 活字印刷品特点

对多种西夏活字印刷品的观察可见,因多人刻活字拼为一版,造成同一页面字体肥瘦不同,笔画粗细不一,大小有别;由于活字聚版不精或活字不规范而造成一部分字歪斜;因版面不十分平,也造成文字以字为单位浓淡有别,经背透墨也往往以字为单位深浅不一;个别字稍微倾斜而造成印文边缘有墨迹,有的空字处印出空活字的边缘印痕,甚至近于墨钉;文中上下字之间距离较宽,无木雕版印本中上下字点画撇捺相接、相触的情况;有边栏线或版心线时,竖线和横线间往往有间隔;边栏线为双线时,栏线交角处不相衔接;版心中的页码同一数字内有西夏文,有汉文;有的印本中有倒字,这是排字时不经心所致,是活字印刷特有的现象。② 以上特点往往是早期活字印刷的"缺点",这些"缺点"成为现在识别早期活字印刷品的依据。

有的活字印本除有上述特征外,还有更直接的证据。有的印本直接记录它是活字印本。如西夏文活字版《三世属明言集文》发愿文末尾有三行题款,明确记载了"活字"二字。这三行题款,最后一行译文是"活字新印者陈集金"。西夏文活字版《德行集》题款中有"印校发起者番大学院学正学士节亲文高",其中"印校发起者",只强调了印、校,而没有提到雕刻者。这反映了活字印刷与雕版印刷不同,其中的活字皆非出自一人之手,而最费时费力的是拣字和印刷,印刷时工序多而复杂。

从发愿题款的形式也可看出雕版印刷和活字印刷的区别。如西夏文活字版《吉祥遍至口和本续》之一《干文》最后一页有题款,译成汉文是:"印本勾管为者沙门释子高法慧"。"印本勾管为者"是该经属于活字印刷品的重要证据,它强调印本的组织者,

---

① 史金波《现存世界上最早的印刷品——西夏活字印本考》,《北京图书馆馆刊》,1997年1期。

② 牛达生:《西夏文佛经〈吉祥遍至口和本续〉的学术价值》。

反映出活字印刷程序复杂，除制作活字外，还有拣字、排版、固版、印刷等工序，符合活字印本的特点。

2. 活字印刷机构

在黑水城出土的西夏文《胜慧到彼岸要论学禁现前解庄严论显颂》经末题款中，记载了西夏活字印刷机构和人员："御前注补印活字都案头监出家功德司承旨云智有、御前注补印活字都案头监、工院正王忠敬。"①云智有是"印活字都案头监"，应是活字印刷的主管，他还有是功德司承旨的官职，应是一名有一定地位、主管活字印刷的僧人。王忠敬是"御前注补印活字都案头监、工院正"，"工院"也是西夏政府中的一个机构，管理工技制作之事，京师工院属中等司，王忠敬是主管活字印刷的工院大人。可见至少在西夏后期，政府机构中的工院已经管理活字印刷，证明西夏的活字印刷有了很大进展，有了一定的规模。

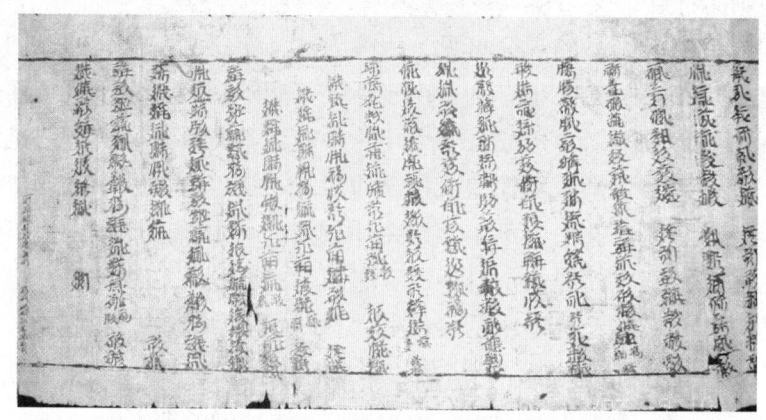

图 194　西夏文写本《胜慧到彼岸要论学禁现前解庄严论显颂》经末题款

3. 西夏文活字印刷品

黑水城遗址出土的西夏文献中有活字版《维摩诘所说经》（上、中、下卷），共 330 余面，藏于俄罗斯。武威市亥母洞遗址也出土了西夏文活字版《维摩诘所说经》（下卷），共 54 面。综合考证此印本可定为 12 世纪 40 年代以后的西夏中期。该经不仅有一般活字印刷的特征，还显现出有泥活字印刷的特点。很多字笔画生硬变形，竖不垂直，横不连贯，有的笔画中间断折，半隐半现。这是由于在尚未干燥的泥活字上刻字时，刀刃挤迫笔画而偏斜变形。有的字有明显的掉边角、笔画缺损痕迹，边缘不整齐，

---

① 俄罗斯科学院东方文献研究所手稿部藏黑水城文献 Инв.No.5130。史金波、雅森·吾守尔：《中国活字印刷术的发明和早期传播——西夏回鹘活字印刷术研究》第 54—56 页，社会科学文献出版社 2000 年版。聂鸿音《俄藏 5130 号西夏文佛经题记研究》，《中国藏学》2002 年 1 期。

笔端圆钝，缺少尖锋，有断残现象。甚至有的字由于缺角而显得近于浑圆。这是因为泥活字虽经烧制陶化，比较坚固，但比起木活字和金属活字来，仍显得性脆，使用中容易破损，特别是边角处更易伤残。从版面看，有些行字列不直，有明显弯曲现象。这是泥活字印刷时行间尚无夹条、聚版又难以紧凑的缘故。印面文字墨色不匀，表现出泥活字吸墨不均匀的特点。文字笔画中有类似气泡、沙眼的痕迹。有的文字模糊，字的边缘形成蜡泪状，这是烧制活字时温度太高，造成流釉现象。① 这些西夏文佛经是目前世界上现存最早的活字印本。

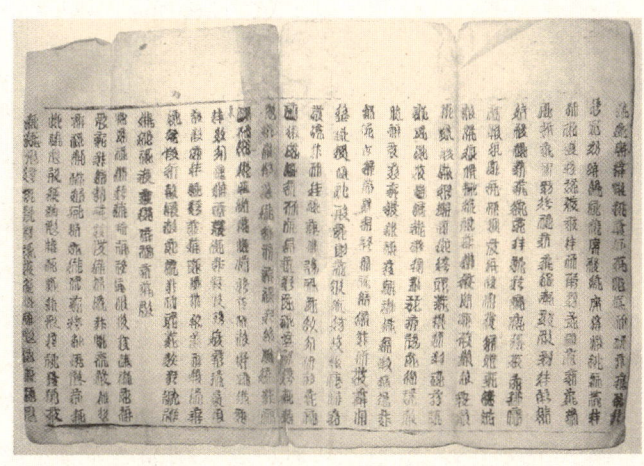

图 195 西夏文泥活字本《维摩诘所说经》

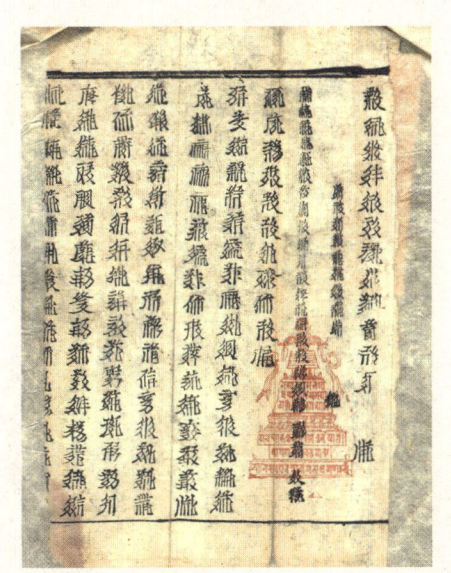

图 196 西夏文泥活字本《大方广佛华严经》

国家图书馆所藏两卷西夏文《现在贤劫千佛名经》背面裱糊用纸，系西夏文《大方广佛华严经》卷第七十一，前后共40余面，虽已残缺，但确系一经，此经也是泥活字印本。此外还有《大方广佛华严经》卷第五十一的2面同样是泥活字印本。此经特点与上述泥活字版《维摩诘所说经》近似，应是泥活字印本。②

宁夏贺兰山东麓山嘴沟石窟发现了一批西夏文献，其中也有活字印本：《妙法莲华经要集义镜疏》第八、《圆觉注之略疏》第一上半和《占察善恶业报经》。其中《妙法莲华经要集义镜疏》第八经卷末有题款，记录了参与印刷该经的人名及其分工情况：

  印面校者 梁释迦喇嘛 嵬古迎

---

① 孙寿岭《西夏泥活字版佛经》，《中国文物报》1994年3月27日。孙寿岭：《武威发现最早的泥活字版本西夏文佛经》，《陇右文博》1997年1期。
② 史金波、陈育宁主编《中国藏西夏文献》第一册综述、第六册第293—316页，甘肃人民出版社、敦煌文艺出版社2005年版。

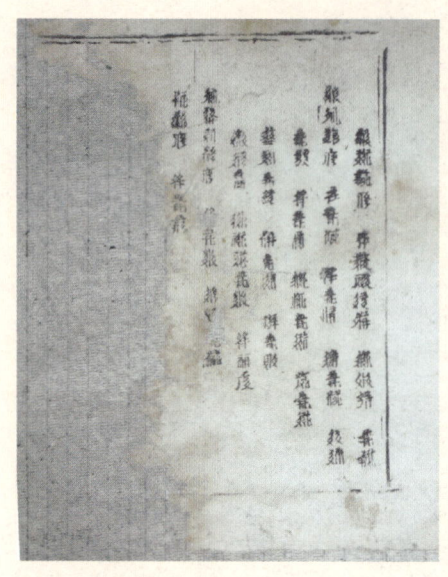

图197 西夏文泥活字本《妙法莲华经要集义镜疏》第八题款

慧治
　　选印字者　毗慧照　梁慧勇　段慧照
庞吉
　　慧盛　梁慧成　苋名慧善　杨慧能
　　妹勒慧盛　魏慧善　勒慧光
　　居地慧胜　贾罗讹慧宝　梁那征
平字为田者　梁慧宝　六梁慧照
印本者　梁慧安

根据过去发现的西夏文雕版印刷品和活字印刷品题款看，雕版印刷品的题款多写书写者和雕刻者，活字印刷的题款则重点记勾管印者、选字者。此经题款也符合这一规律。这一带有重要题款的活字本文献是中国活字印刷史的重要发现。①

此外，英国国家图书馆和德国亚洲艺术博物馆也藏有西夏文活字本佛经，其版面和文字特点与上述几种文献相类似，也是泥活字印本。

西夏在继承北宋泥活字印刷出版技术的同时，还成功创造木活字印刷。毕昇发明泥活字印刷时也实验了木活字印刷，但没有成功。西夏成功地创造了木活字印刷，而且达到很高的水平，成为活字印刷的主流，其印刷质量也大大超过了泥活字印刷。

黑水城出土西夏文《三代相照言集文》是一部禅宗著作，发愿文为僧人道慧和其尊友慧照所作。从此书字型、行款、透墨、补字等方面分析都具有活字印本的特点。最重要的是发愿文末尾有三行题款，明确记载了"活字"二字。② 发愿文题款中记发愿者慧照身份是"节亲

图198 德国亚洲艺术博物馆藏活字本佛经

---

① 孙昌盛《贺兰山山嘴沟石窟出土西夏文献初步研究》，《黑水城人文与环境研究》，人民大学出版社，2007年4月。史金波《泥活字印刷研究的新发现和新进展》，《中国印刷》2007年8期。宁夏文物考古研究所编《山嘴沟西夏石窟》下，图版70，文物出版社2007年版。
② 俄罗斯科学院东方文献研究所的西夏学专家克恰诺夫教授首先发现了此书中的"活字"记载，并认为西夏时期有活字印刷。

主",系皇族。"节亲主"这一称谓只有西夏才有,确切地证明这部活字版书籍属西夏时期。

此外还有黑水城出土西夏文《德行集》①、佛教著作《大乘百法明镜集》卷九、《圣大乘守护大千国土经》等活字版印本。② 内蒙古文物考古研究所在黑水城遗址所获文献资料中有100多纸残页都是活字版印刷品。③ 此外,英人斯坦因于1914年在黑水城遗址所获文献中也有活字印本,2757号《佛说父母恩重经》就是其中的一种。④ 宁夏贺兰县拜寺沟方塔废墟中清理出一批西夏文物,其中有西夏文佛经《吉祥遍至口和本续》等,共9册。⑤ 敦煌研究院在敦煌北区洞窟进行清理、考察时,发现多种西夏文献,其中也有西夏文活字印本,如

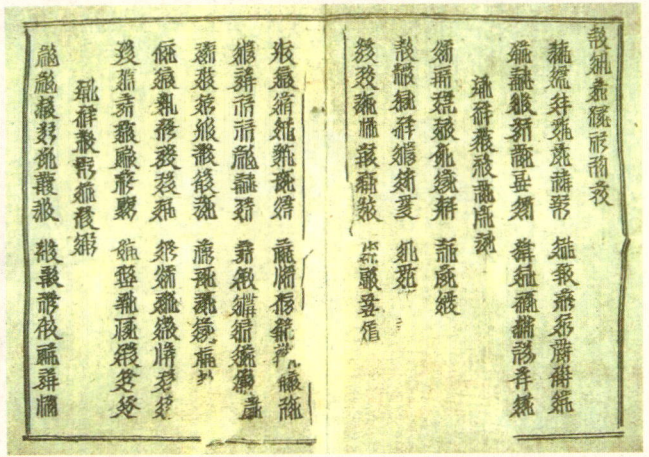

图199 西夏文木活字本《三代相照言集文》

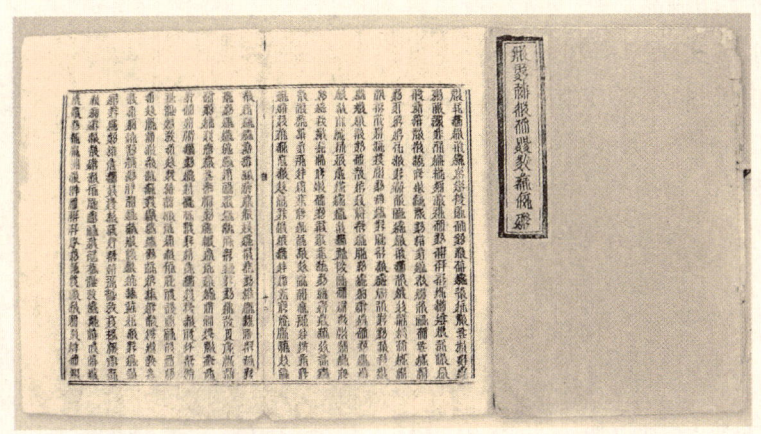

图200 西夏文活字本《吉祥遍至口和本续之喜解补》

---

① 史金波、魏同贤、克恰诺夫主编《俄藏黑水城文献》第十册第42—155页。参见聂鸿音《西夏文德行集研究》,甘肃文化出版社2002年版。
② 俄罗斯科学院东方文献研究所手稿部藏黑水城文献 Инв.No.5133、5892。
③ 史金波、陈育宁主编《中国藏西夏文献》第十七册第201—238页。
④ 史金波《简介英国藏西夏文献》。
⑤ 牛达生《西夏文佛经〈吉祥遍至口和本续〉的学术价值》,《文物》1994年9期。史金波《现存世界上最早的印刷品——西夏活字印本考》。

《地藏菩萨本愿经》、《诸密咒要论》等。此外，在敦煌北区石窟中的 159、464 窟还发现有其他活字版佛经残页。①

图 201　1996 年笔者考察莫高窟北区石窟

4. 汉文活字印刷品

俄藏黑水城文献中有汉文历书残页，系表格式，其中多为活字版，据考查论证可以确定 5285、8117、5306、5229、5469、269 号残历日为活字版印刷品。这些历书有明显的活字版印刷特征。特别是有的文字倒置，如 5469 号第 2 竖行"吉日"二字中的"日"字、14 竖行九月一日栏下"白虎"二字中的"白"字倒置，更证明其为活字版印刷出版。此残历书讳"明"字，且出土于西夏管辖的黑水城，可推断为西夏印制的历书。其时间据残历中的月干支、月大小、月九宫、日干支、以及密日、二十八宿等考证，为西夏神宗遵顼光定元年（1211 年）历书，可称作

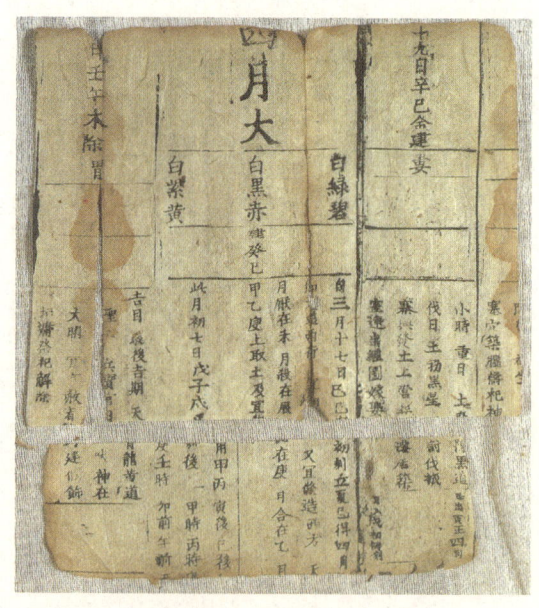

图 202　黑水城出土汉文活字印本历书残页

---

① 史金波《敦煌莫高窟北区出土西夏文文献初探》，《敦煌研究》2000 年 3 期；史金波、雅森·吾守尔《西夏和回鹘对活字印刷的重要贡献》，《光明日报》1997 年 8 月 5 日。

《西夏光定元年（1211年）辛未岁具注历》。在过去出土的文献中还没有见到有确切年代的早期汉文活字印刷品。此残历书上距活字发明印刷术的北宋庆历年间160多年，是现存最早的有确切年代的汉文活字印刷品。①

西夏所印历书，有复杂的表格，至少有四种大小型号的活字，在活字印刷术使用初期就显现出很高的技术水平。尽管其中也带有初始活字印刷品的某些缺陷，但其活字印刷的工艺水准也足以表现西夏文化的发达和科学技术的进步。

5. 回鹘文木活字

西夏境内、境外都有众多回鹘人居住。回鹘人文化事业发达，不仅使用和发展了回鹘文雕版印刷，还创制了回鹘文活字印刷。1908年法国汉学家伯希和在敦煌除掘获大量珍贵遗书外，还在莫高窟北区西夏始建的181窟发现了960多枚回鹘文木活字，收藏于法国吉美博物馆。近些年敦煌研究院又在莫高窟洞窟中发现了数十枚回鹘文木活字。这些活字表明回鹘民族以本民族文字制作活字，排印书籍，成功地使用了活字印刷术。对这些活字研究表明，设计回鹘文活字时充分考虑到回鹘语是黏着语、回鹘文是拼音文字这一特点，创造了包含字母活字在内的混合类型活字，开创了字母活字的先河。敦煌回鹘文木活字是现存世界上最早的、含有以最小语音单位的活字实物，为世界其他地区借鉴和使用字母活字打下了基础。其创造和使用于12世纪下半期和13世纪初，早于德国谷登堡使用字母活字200年左右。回鹘文活字印刷在印刷史上开创了一个新的里程碑。

图203　敦煌研究院藏回鹘文木活字

这一时期正是西夏统治敦煌的时期，因此这也是西夏境内印刷出版的大事。当时西夏境内的党项族、汉族和回鹘族，互相影响，互相促进，大大推动了活字印刷的发展。②

---

① 史金波《黑水城出土活字版汉文历书考》，《文物》2001年10期。
② 参见上海艺术研究所、宁夏民族艺术研究所著，高春明主编、刘建安副主编《西夏艺术研究》第225—259页，上海古籍出版社2009年版。

第十章
商 贸

党项人在隋唐时期原没有商品流通,当然也没有货币,只有简单的物物交换。后随着自身经济的发展,社会的进步,并受中原地区商业的推动牵引,商业逐渐发展。西夏《天盛律令》有不少反映商业买卖的条款,以第十七、十八最为集中,如第十七的"斗尺秤换卖门"、"钱用毁市场门"、"库局分转派门"、"供给交还门"、"急用不买门"、"物离库门"、"派执事门";第十八的"缴买卖税门"、"舟船门"、"杂曲门"、"盐池开闭门"、"能增定税罚贪门"、"派供给小监门"、"减摊税门"、"年食工续门"、"他国买卖门"。不难看出,商业管理十分具体、细致,西夏的商业很发达。

【第一节 买卖、契约和榷禁】

一、买卖

西夏地区原有发达的商贸。党项统治者在这里建立政权后，发展经济，农业、牧业、手工业都有长足的进步，境内、境外都需要通过商贸进行交易。人民需要通过商业沟通有无，政府需要通过征收商业税增加收入。商业税是西夏政府的一项重要收入。

西夏文《文海》有"商"字，其解释为："买卖也，贸易也，贩卖也，买卖也，贷也，等物交换之谓也。"①等物交换可以理解成钱币和物品的交换，也包括物物交换。西夏确实保留着物物交换的买卖形式。

西夏文"买卖"为 。西夏时期已经有商业集中的街巷。《文海》对"街巷"的解释是"市井也，买卖人过处之谓"。②西夏汉文本《杂字》中有街市、市卖等词。可知西夏的重要商业活动在街巷、市井中进行。商业的兴盛发展了城市，城市的发展又为商业进一步发展提供了条件。在西夏比较大的城镇，既是政治中心，也是经济中心。最大的城市当然是首都中兴府，《天盛律令》提到经济商贸时，多次提到"京师"。西夏文"京师"为 。如各种管理财政、商业的政府机构都设在京师，在"敕禁门"中表明商贸的重要中介物铜钱便集中在京师，各国的驿馆都设在京师，对周边国家的贸易也多在这里进行。这说明中兴府在商业方面具有中心地位。河西的武威也是西夏的大城市，"武威当四冲地，车辙马迹，辐辏交会，日有千数"。③不难想见其繁华的景象。

---

① 史金波、白滨、黄振华《文海研究》第 575 页。
② 史金波、白滨、黄振华《文海研究》第 613 页。
③ 史金波《西夏佛教史略》附录《凉州护国寺塔碑铭》，第 241—254 页。

西夏的商业包括食用、穿着、杂物等各项日用物品的买卖，此外牲畜、土地、房屋都是可以买卖的商品。

西夏法典规定，市场买卖要双方自愿，不能强买强卖，即便是买官家用物也是如此："诸司有应派人买种种官之物、杂财产、树草炭等，及临时买畜、物等，诸家主双方情愿，可买卖，不许强以逼迫买取。若违律强以逼迫买取等时，大人、承旨、都案、案头、局分人等之罪，一律以强买取物之价与所予之价相较，令家主所损几何，少则徒一年。"①

西夏法典对政府采买有具体要求，政府官吏为官家购物时，"预先当依时节低价买而置之，用时供给"。若低价时不买，用时无有，则要受到处罚。"若低价时以私买之，公用时高价求利而卖之"，更要受到处罚。②显然这是为了节约政府购物的开支和避免为官家购物的人中饱私囊。

西夏有官商和私商，政府对官商管理很严。官商是专门为公家作买卖者，这些官商经营政府控制的专卖行业，如盐、酒曲等。《天盛律令》规定："因公所派买卖者，当合并买卖本利，一并年年交纳，不留尾数。若违律本利皆不交时，大人、承旨、都案、案头、局分人不交者等一律徒一年。"为了维护正常交易的进行，政府对市场实行保护。《天盛律令》对扰乱市场者给以处罚，如"诸人于市场沿途驰骋入人群"而致人伤死等，都要判刑。③

凡盗窃来的物品不准买卖，若已知是盗窃物品而买卖时，要按盗窃法给予处罚。同卖者、中间人知为盗窃物，也要受到处罚，处罚程度比前者较轻。④禁止寄存、买卖、典当盗窃物品是禁限盗窃的一种综合措施。

西夏由于社会制度的特殊性，出现了特殊的商品，那就是人口买卖。买卖的对象是作为半奴隶身份的使军家属和奴仆。黑水城出土的西夏文文书中有多件买卖人口的契约。有一件买卖人口契约记卖主为讹一吉祥宝，他将自属的奴仆6人以450贯铁钱出卖，文契后列被卖者的性别、姓名、年龄，最后是卖主（文状为者）、相卖者（卖主之子）及知人（证人）的署名画押。还有一件是天庆乙丑年（1205年）二月卖人口契约，卖主姓苏（名字不清），卖自属使军家属4人，价100贯，文契后有卖主、相卖者（卖主妻子）及知人的署名画押。以上两件是以钱为价，有的则以粮为价。⑤西夏将人口作

---

① 史金波、聂鸿音、白滨译注《天盛改旧新定律令》第一七"急用不买门"第540页。
② 史金波、聂鸿音、白滨译注《天盛改旧新定律令》第一七"急用不买门"第540—542页。
③ 史金波、聂鸿音、白滨译注《天盛改旧新定律令》第一七"杀低官门"483页。
④ 史金波、聂鸿音、白滨译注《天盛改旧新定律令》第三"分持盗畜物门"第172页。
⑤ 史金波、魏同贤、克恰诺夫主编《俄藏黑水城文献》第一四册第91、221—222页，第一三册第223页。

图 204　西夏文买卖人口契

为商品买卖，反映了西夏封建社会内部保留着奴隶制的残余。

除使军、奴仆外，西夏不准买卖人口，即便是子女、妻子都不准买卖，凡买卖者都要判徒刑，若被卖者乐意，则适当减刑。对卖自己上辈人者处罚很重，特别是对卖自己祖父母、父母者，要判斩刑。[①]

西夏规定，人口不准卖入敌界。当时人口相对稀少的西夏地区，人口也是重要资源。西夏也曾买过宋朝的人口。元昊为得到宋朝宫中的内幕，于天授礼法延祚二年（1039年）以重币购得宋仁宗所放宫人数人，置于左右，宋朝"刑赏宫讳阴事，纤细具知"。[②]

西夏境内的贸易也有不平衡性，在较大的城市商贸繁盛，而在农村或牧区就会囿于自给自足的经济局限而显得冷清。就是像黑水城这样的城市也因地处边远而商业不盛。马可波罗路过亦集乃城时，见当地"颇有骆驼牲畜，视农业牧畜为生。盖其人不为商贾也"。[③] 亦集乃城即西夏的黑水城。尽管当时已是元代，但该城仍是亦集乃路的首府，其产业结构不会有大的变化。又黑水城发现的西夏时期的典当、借贷文书中多是典衣物贷粮食，或借粮还粮，实际上属于物物交换的范畴，在商业中十分活跃的货币使用相对较少。这也是西夏商业不平衡的证明。

西夏汉文本《杂字》的"司分部"为政府机构和官名，其中有"街市"、"市卖"、"商税"等，还有"平准"一词。"平准"是中国封建社会运用贵时抛售、贱时收买的方式，以求稳定市场价格的一种经济措施。西夏设置平准机构可能是受到宋朝的直接影响，为起到平抑物价的作用。但在西夏文文献中尚未见到记载，《天盛律令》中的职司中也未见类似平准的机构，它可能是三司的一个下属部门。前述西夏法典中规定政府

---

① 史金波、聂鸿音、白滨译注《天盛改旧新定律令》第六"节上下对他人等互卖门"第258页；第一"不睦门"第128页。
② （宋）赵汝愚编《诸臣奏议》卷一三一《富弼上仁宗论西夏八事》，上海古籍出版社2005年版。《续资治通鉴长编》卷一二四，仁宗宝元二年（1039年）九月丁巳条。
③ 冯承钧译《马可波罗行记》第五七章。

部门购物时,"预先当依时节低价买而置之",可能与平准有关。

二、买卖契约

　　普通的买卖,钱货两清,交易完毕,但一些价值高的商品,特别是固定资产像土地、房产买卖等重大交易,都要有契约文书。西夏法律提倡买卖、借贷等民事订立"文据",即契约,这样可规范民间经济事务,避免民事纠纷,起到保持社会稳定的作用。《天盛律令》载明:"诸人将使军、奴仆、田地、房舍等典当、出卖于他处时,当为契约。"①《天盛律令》对订立契约有具体规定:"诸人买卖及借贷,以及其他类似与别人有各种事牵连时,各自自愿,可立文据,上有相关语,于买价、钱量及语情等当计量,自相等数至全部所定为多少,官私交取者当令明白,记于文书上。以后有悔语者时,罚交于官名下则当交官,交私人名下则当交私人取。变者有官罚马一,庶人十三杖。"②上述条款规定了契约的主要项目,买价、钱数以及相关情况,特别是对违反契约规定而反悔者要给以处罚。这种买卖契约是买卖双方订立,但它已经有了法律效力。

　　在黑水城发现的大量西夏文社会文书中,就有买卖文书。如5010号土地买卖契约记天盛二十二年(1170年)寡妇耶和氏宝引将生熟地22亩出卖给同姓族人,卖价为4匹骆驼,文契还记明当事人不能反悔,若反悔要受到处罚,又有2行文字记所卖土地的四至,最后8行是卖者、相接状者和知证人的署名、画押。中间也有朱印。(见

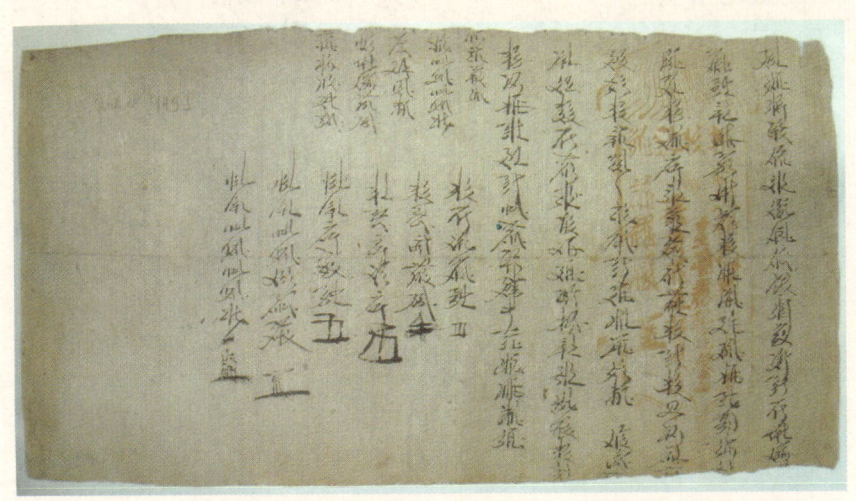

图 205　西夏文天庆戊午五年卖地契

---

① 史金波、聂鸿音、白滨译注《天盛改旧新定律令》第一一"出典工门"第390页。
② 史金波、聂鸿音、白滨译注《天盛改旧新定律令》第三"催索债利门"第188—190页。

图139）表明是经官纳税后的红契。① 又4193号文书为土地买卖契约，记天庆戊午五年（1198年）正月五日，立契约者麻祖□父盛将自己接渠土地23亩连同房屋卖与梁守护铁，售价8石杂粮，地价成交，此地官私人等若有交涉或反悔时，按售价1石罚2石，此外有其他未尽事宜按律实行。后6行是当事人署名、画押，第一名是卖者老父子，第二、三名是"相卖"，即同卖者，其中包括卖者的弟弟，后3名是"知人"，即知证人。在相关人名、画押的上部有5行较小的字，记明土地的四至。特别重要的是在这张契约上还盖有一朱印，印为长方形上覆荷叶，下托莲花，莲花下有西夏文4字"买卖税院"。② 证明此契约为缴纳了买卖税、经公家认可、加盖买卖税院印章的红契。

黑水城出土文书中有多件卖牲畜契约。如一件天庆亥年（1203年）二月十四日的契约中，卖主梁白讹将自属的1匹骆驼以6石杂粮的价钱卖出，文契后也有卖主、相卖者和知人的署名画押。③ 在黑水城还有交换牲畜、差价补粮交易行为，也要书写、签订契约。

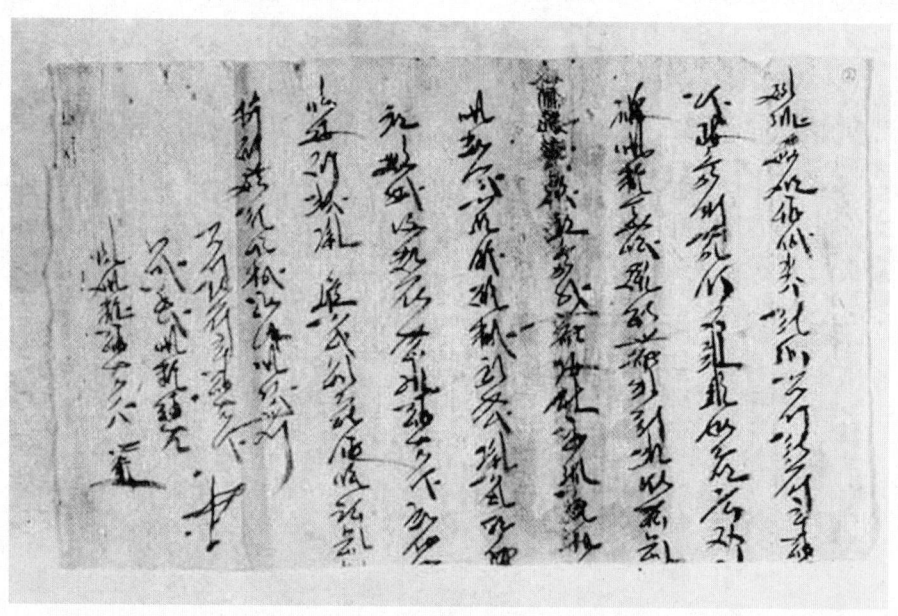

图206　西夏文天庆亥年卖骆驼契

---

① 史金波、魏同贤、克恰诺夫主编《俄藏黑水城文献》第一四册第2页。黄振华《西夏天盛二十二年卖地文契考释》。
② 史金波、魏同贤、克恰诺夫主编《俄藏黑水城文献》第一三册彩图四、第194页。
③ 史金波、魏同贤、克恰诺夫主编《俄藏黑水城文献》第一三册第84页。

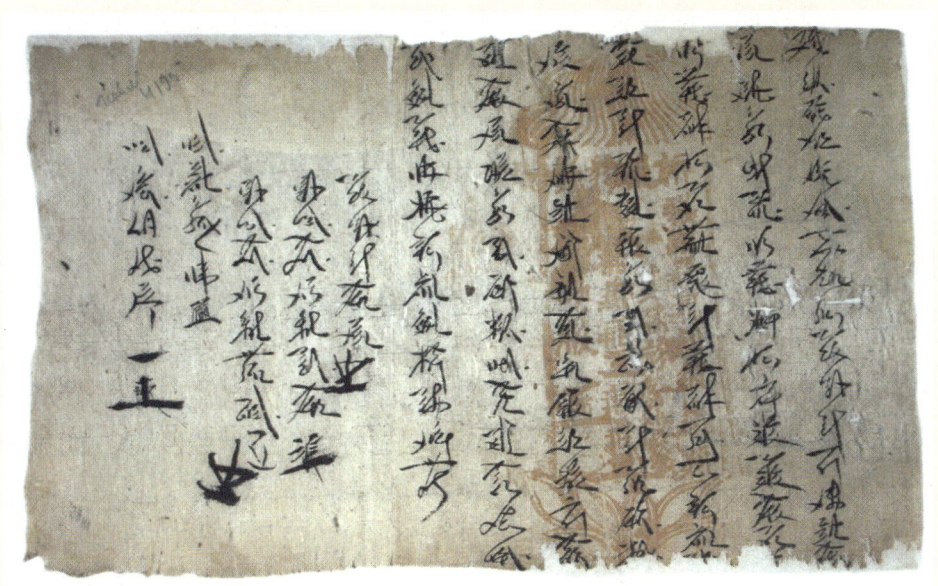

图 207　西夏文天庆午年换畜契

契约当事人和关系人在名字下画押由来已久，西夏契约也继承了画押传统。画押是在契约名字下写画出表示认可、特殊的专用文字或符号。西夏买卖和借贷契约中的画押形形色色，多在名字下画一个繁简不同符号，简单的用一横，类似汉字的"一"，有的类似汉字的"二"、"工"、"天"、"田""日"、"井"，有的则形体复杂，难以描绘。[①]这些规范性的文契形式与中原地区基本一致。

三、榷禁

西夏市场有国家专卖商品，形成政府的榷禁制度。榷禁商品有国家掌控的盐、酒等。西夏盛产优质池盐，由国家统一开采销售。前述《天盛律令》规定即便是关闭盐池，也要保护，不准盗采。[②]西夏在各盐池设置司吏、小监等官吏，实际上也是实行国家专卖。

西夏还实行酒的专卖，据前述酿酒业可知，西夏不准私造酒曲，当然也不准私卖

---

① 史金波、魏同贤、克恰诺夫主编《俄藏黑水城文献》第一三册第 223 页，第一四册第 13—225、146 页。

② 史金波、聂鸿音、白滨译注《天盛改旧新定律令》第一八"盐池开闭门"第 566 页。

酒曲。①西夏对盐和酒的榷禁主要是通过掌握生产、控制销售和税收，增加国家财政收入。对酒的专卖还有控制粮食消费，以保障人们必需的食品供应的用意。

西夏禁止屠杀大牲畜，包括自己养牧的大牲畜，病死、老死的大牲畜要有证明才能出售，因此市场上一般不准售卖大牲畜肉。对大牲畜的榷禁主要是保障战争、运输和农业生产使用大牲畜的需要。这可以说是西夏重要的战略物资，关乎到西夏的军事、经济命脉，必须要由国家控握，并在法律上给以明确的规定。

黑水城出土的西夏文《大方广佛华严经》封套的裱糊残纸中，发现15件有关西夏商贸的文书，系榷场使兼拘榷西凉府签判检验商人货物，依例收税的文书。这些文书记明商人有本府人、镇夷郡人，首先他们的货物要"依法搜检"，确认"并无违禁"，才一一按例收税，并发放凭证。这些物品包括：川绢、淮河北绢、川缬、小晕缬、小絁缬、罗、纱、紫、绦、生押丝、黄褐、白褐、水獭皮、小鞯、茶、生姜、干姜、椒、连抄纸、墨、笔、瓷碗等。②看来这些日用品皆不属违禁品。其中一件后有"右仰三

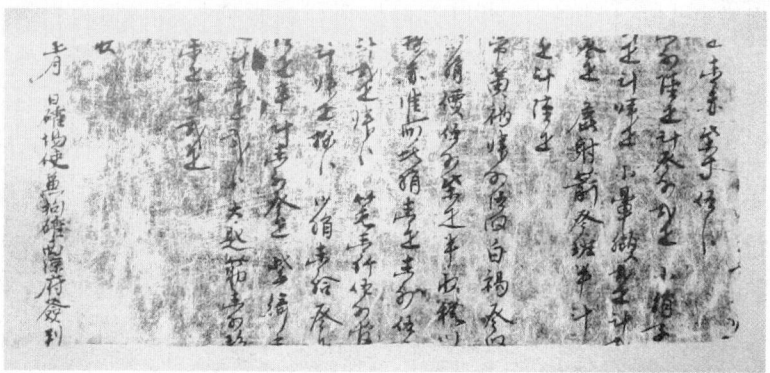

图208　西凉府签判检验商人货物收税文书

司""大庆三年"字样。③大庆三年（1142年）系西夏仁宗时期，当时西夏经济已达繁荣，贸易往来也很频繁。这些货物中没有铜、铁、盐、酒等。这类文书向"南边榷场使"申报，具体由"榷场使兼拘西凉府签判"上呈。在《天盛律令》中未见西夏有"榷场使"的职官，而有"转运司"掌管经济诸事，或许转运司的转运使即"榷场使"之西夏文称谓。

---

① 史金波、聂鸿音、白滨译注《天盛改旧新定律令》第一八"杂曲门"第564页。
② 史金波、魏同贤、克恰诺夫主编《俄藏黑水城文献》第六册第279—286页。
③ 原释读为"天庆三年"（1197年），今改。

第二节 度量衡

度量衡是人类认识自然、生产劳动、进行交换的重要手段。中国的度量衡源远流长，达到相当高的水准。宋朝初期，统一了一度混乱的度量衡。[①]

西夏境地在西夏未立国前属宋朝管辖，当行宋朝的度量衡制。宋初虽重视并统一度量衡，但后来"商贾佃民私制斗称"，度量衡渐显混乱。西夏立国前后一方面承袭宋朝制度，另一方面又对宋制修改更张。因此与西夏社会生活息息相关的度量衡制既有对中原地区的继承，也显现出自己特点。

有关汉文史料中对西夏的度量衡几乎没有记载。西夏文文献中倒可以发现一些关于西夏度量衡的线索。西夏文《碎金》反映了西夏当时的社会生活，其中所辑语句有："斛豆衡斗升，錀铁称斤两。褐绢量尺寸，大数估算得。分别号独一，结合千百亿。"[②] 可见西夏的度量衡和中原地区一脉相承，也是以尺寸、斗升、斤两来计量的。

西夏法典《天盛律令》对度量衡器具斗、尺、秤有专门规定，在第十七有"斗尺秤换卖门"，其中包括三条："斗尺秤交旧换新"、"边中用斗尺秤"、"斗尺秤价增"。[③] 可惜原文已残失，从条目标题可知西夏的斗、尺、秤也曾改制，经历了新旧更替的过程，或许京畿与边中（京畿以外的地区）度量衡有所区别。

根据有关西夏文献和文物的间接资料推算和考证，也能比较清晰地了解西夏的度量衡。

---

① 《宋史》卷六八《律历志一》。
② 聂鸿音、史金波《西夏文本〈碎金〉研究》。
③ 史金波、聂鸿音、白滨译注《天盛改旧新定律令》卷一七，第523—524页。

一、度

西夏的长度计量在《掌中珠》中也有所反映,有"一寸、一尺、一(丈)"等词。① 其尺、寸具体长短不得而知。至今也没有出土西夏尺之类的标准物。随着对西夏文献的解读,可以将文献中有长度记载的物件,结合出土文物间接推定。

恰巧有出土的西夏首领印在《天盛律令》中记录了长度,规定最低的司印"僧监、副、判、权首领印一寸七分"。② 已发现的西夏首领印很多,这些印都属于最低的司印,它们的边长 5—6 厘米不等,多数在 5.2—5.5 厘米左右。经过对几十枚首领印边长测算,平均边长约为 5.3 厘米,按一寸七分算,当时一寸约合 3.12 厘米。中国的尺度代有变迁,据专家考证唐代为 3.11 厘米,宋代为 3.16 厘米。③ 看来西夏的尺寸接近唐制,与宋制也相去不远。

西夏时期的绢、帛以及衣服、披甲部件等都以尺寸计算。同样,西夏的尺上有丈,丈上有匹。西夏赏罚锦、绢常以匹为单位。但宋朝每年岁赐绢给西夏,单位长度大约一致,也是每匹四丈。

二、量

西夏的计量粮食之类的体积也取自中原制度。从《天盛律令》知西夏农户纳粮缴税要记明石、斗、升、合。规定:"各租户家主各自地何时种、耕牛数、租种数、石、斗、升、合、条草当明之,当使书一木牌上。一户当予一木牌。"④ 黑水城出土的西夏文光定卯年(1219 年)借贷文书中,借麦一石五斗,每石利五斗,一石五斗的利是七斗五升,本利共二石二斗五升。⑤ 黑水城出土汉文典当文书有"共本利大麦一石九斗五升"、"共本利二石七斗"等语。⑥ 可知西夏石、斗、升皆十进位制。

西夏还有更小的量的单位,《文海》"撮"字条:"十粟一粒,十粒一圭,十圭一撮,

---

① (西夏)骨勒茂才著,黄振华、史金波、聂鸿音整理《番汉合时掌中珠》第 53 页。
② 史金波、聂鸿音、白滨译注《天盛改旧新定律令》第一"官军敕门"第 359 页。
③ 吴承洛《中国度量衡史》第 74 页,上海书店 1937 年版。丘光明《中国度量衡》第 121—125 页,新华出版社 1993 年版。
④ 史金波、聂鸿音、白滨译注《天盛改旧新定律令》第十五"纳领谷派遣计量小监门"第 514 页。
⑤ 史金波、魏同贤、克恰诺夫主编《俄藏黑水城文献》第一四册第 146 页。
⑥ 陈国灿《西夏天庆间典当残契的复原》,《中国史研究》1980 年 1 期。

十撮一抄，十抄一合，十合一升，算量起处是也。"①一合为10万粟，1万粒。《宋刑统》规定："量，以北方秬黍中者，容一千二百为龠，十龠为合，十合为升，十升为斗，三斗为大斗一斗，十斗为石。"②一合为一万二千秬黍。《文海》所记粒大约相当《宋刑统》中的秬黍，但较之稍小。实际在日常生活中计量时，"合"以下实用价值很小。

三、衡

西夏衡制也是一斤十六两。《文海》"斤"字条"秤星十六两一斤也"。③《天盛律令》规定锻打铁器时，打斧头等粗事一斤耗八两，打三寸钉等时一斤耗减十两，打水磨事一斤耗减十一两。④更可证一斤十六两制。

在衡器推算方面西夏出土文物起了重要作用。宁夏灵武县石坝发现的银器中有银钵、银碗，其中有一银钵、一银碗上以墨书西夏文标明自身重量，一为"三两"，另一为"三两半"。《天盛律令》规定西夏制作金银器要标明重量："一置种种金银器皿者，本处两数当明之，写字刻其上。其中使用、清洗而残破者，前两数字为实当过，则衡量，两数所不足者为耗减。刻字不明显者勿计。"⑤据测量，三两的银碗重114克，一两合38克；三两半的重137.9克，一两合39.3克。可以推定西夏每两约为38—39克，一斤约为600—620克。⑥1975年湖南湘潭出土宋朝嘉祐铜则（砝码），根据实测重量重每斤合640克。金代每斤也是640克。可知西夏与唐、宋朝衡量单位值相差不多。

图209　宁夏灵武出土西夏文银碗

《文海》"镒"和"铢"字条解释："十黍一镒，十镒一铢，六铢一钱，四钱一两，此者称算用是。秤算用也。十黍一镒，十镒一铢，六铢一钱，四钱一两，十六两一斤算。⑦

---

① 史金波、白滨、黄振华《文海研究》第288、514页。
② （宋）窦仪等撰《宋刑统》卷二六，薛梅卿校点本，法律出版社1999年版。
③ 史金波、白滨、黄振华《文海研究》第597页。
④ 史金波、聂鸿音、白滨译注《天盛改旧新定律令》第一七"物离库门"第555—556页。
⑤ 史金波、聂鸿音、白滨译注《天盛改旧新定律令》第一七"物离库门"第557页。
⑥ 宁夏回族自治区文物管理委员会《宁夏古代文物》第61页。
⑦ 史金波、白滨、黄振华《文海研究》第452、602页。

其中"六铢一钱,四钱一两",即1两合24铢,或4钱,这是秦汉古制的记录,在西夏天盛年间社会生活中可能并不实行。《天盛律令》规定打造银耗减法,"上等、次等者,一律百两中可耗减五钱。中等、下等者,一律百两中可耗减一两",绣院耗减"掌绣线库者,百两中可耗减四钱",纺好绢线,"上等好绢线一两中耗减三钱。下等织线十两中耗减六钱",① 都可证明钱至两不是四进位。

四、面积

西夏土地要依面积纳税,又依面积买卖计价,因此需要丈量土地面积。西夏的土地面积单位仍是亩、顷。《文海》"亩"字条"一边各五十尺,四边二百尺算一亩"。"顷"字条"百亩为一顷也"。② 西夏每亩为2500平方尺,25平方丈,100方步。按上述推测西夏1寸合3.12厘米计算,每亩约合243平方米。唐宋亩制以240方步为1亩,约为600平方米。因此宋朝一亩约为西夏2.4亩,是知西夏亩小。若《文海》所记是西夏实际亩的计量,西夏亩、顷制和宋朝差别很大。西夏的度、量、衡制多借鉴宋朝,差别不大,在西夏以汉族农民为主的农业生产中,对计算土地面积的重要单位亩作出这样的重大改易,这在社会生活中是否方便,能否普遍实行,很值得研究。

牵涉西夏农户缴纳麦草、粟草时也以地亩计算,以一顷五十亩一块地即150亩地

图210 西夏文户籍手实

---

① 史金波、聂鸿音、白滨译注《天盛改旧新定律令》第一七"物离库门"第548、549、554页。
② 史金波、白滨、黄振华《文海研究》第316、534、341、342、550页。

为单位计算。西夏灌溉放水的时日也以耕地顷亩数量为准。① 西夏150亩为一整幅耕地。这可能是西夏特殊的计量耕地单位。

西夏还有一种计量土地数量的方法，就是依据种子计算土地的面积。黑水城出土的一件户籍手实记录一个前内侍正军一家8口人，是一个较大的家庭，有地4块，共有可撒27石（种子）的地，其中3块各撒7石，1块撒6石。② 另一件纳粮文书记一个中等军官行监的家庭，男女19人，有地4块，共有撒52石种子的地，其中1块撒20石，1块撒15石，1块撒10石，1块撒7石。③ 中国少数民族也有以种子数量来计算耕地面积的实例。如旧时藏族有重量单位"克"，各地每克重量不等，约在25—28市斤之间。藏族又以"克"为耕地面积单位，1克地就是1克子种所播的耕地，约合1市亩。西夏以石计算耕地面积，也是以种子播种的面积来计量的，因此上述纳粮账中记土地面积时在"石"字后加"撒处"二字，如"七石撒处"、"六石撒处"等，可译为"撒七石处"、"撒六石处"，更可证明是以种子播种的数量来计量耕地面积的。这反映了西夏计量方面不同于中原地区的民族特点。

撒一石种子的地应合多少亩，可在论证重量标准的基础上，作进一步推算。前述宋朝或西夏1升小麦约为现在的0.98斤重，1石为98斤，接近100斤。若每宋亩撒25—30斤种子，撒1石种子的地为3或4宋亩，已知1宋亩为西夏2.4亩，因此撒1石种子的地约合7至10西夏亩。黑水城出土的西夏文卖地契约记"十石撒处七十亩地"，与此推算大体吻合。④ 上述第一纳粮账1户8人，共有27石种子的地，人均耕地约合23至32西夏亩。第二纳粮账1户18人，共有52石种子的地，约合西夏亩21—29亩。数据表明西夏人均耕地面积较多，但黑水城地区地处西北，人稀地旷，可耕土地较多是可以理解的。再者这两户都是殷实的官吏，土地占有自然比贫苦农民要多。同是黑水城出土的一份买地契记载了一个寡妇党项人耶和氏一次卖掉了22亩地，其价值是四峰骆驼，⑤ 也可作为参考。

---

① 史金波、聂鸿音、白滨译注《天盛改旧新定律令》第十五"春开渠事门"第496—497页。
② 史金波、魏同贤、克恰诺夫主编《俄藏黑水城文献》第一四册第256—247页。
③ 史金波、魏同贤、克恰诺夫主编《俄藏黑水城文献》第一四册第213页。
④ 史金波、魏同贤、克恰诺夫主编《俄藏黑水城文献》第一三册第199页。
⑤ 黄振华《西夏天盛二十二年卖地文契考释》。

【第三节 钱币、物价和税收】

一、钱币

在商业中充当一般等价物的钱币起着极为重要的作用,它是一种特殊的商品。西夏文"钱"为𘜶。西夏的钱币使用有比较长的过程和复杂的情况。

（一）铜铁钱

党项人北迁建立夏州政权后,随着社会的发展,特别是受到中原地区的强大影响,交易也会不断进步,除以物易物以外,也会有货币贸易。西夏文《文海》对"钱"的解释是"钱也,买卖种种价值用是也"。① 这种解释很贴切。西夏和宋朝一样1贯为1000钱。贯也可称为吊或缗。武威小西沟岘发现的汉文欠款条残存两行汉字:"李伴初欠钱叁吊伍佰文","刘的的欠钱贰吊贰佰伍拾文。"② 同在武威的凉州重修护国寺感通塔碑汉文碑铭中记:"特赐……钱一千缗,用为佛常住。又赐钱千缗,谷千斛,官作四户,充番汉僧常住。"③ 证明西夏时期的汉语中缗、吊并用。

当时西夏使用的是中原王朝的钱币。德明于宋景德元年（1004年）初即位时,宋朝除招抚德明外,还诏谕党项豪族、将领脱离德明,归顺宋朝。其奖励条件是授团练使,给银万两、绢万匹、钱五万缗、茶五万斤。后德明归顺宋朝,景德三年（1006年）宋朝授德明特进检校太师兼侍中、充定难军节度等官职,并派使臣赐德明袭衣、金带、银鞍勒马、银万两、绢万匹、钱三万缗、茶二万斤。赐钱三万缗无疑是宋钱。可见当

---

① 史金波、白滨、黄振华《文海研究》第650页。
② 甘肃省博物馆《甘肃武威发现一批西夏遗物》。
③ 史金波《西夏佛教史略》第252页。

图 211　西夏汉文、西夏文钱币

时自德明时期，宋朝每年给党项政权岁赐中有钱币一项。当时西夏普遍使用宋钱。在西夏故地调查所见，不仅宋夏交界的陕西北部、宁夏南部有大量宋钱出土，在西夏腹地，甚至在宋朝势力从未到达的河西走廊地区也出土了很多宋钱，这些宋钱以北宋为主，北宋历朝钱币都有发现。特别是发现的西夏钱币窖藏，主要是宋钱，西夏钱币极少，说明西夏地区宋钱广泛流通。王安石变法时曾罢铜禁，铜钱流入西夏更多。宋朝苏轼指出："王安石为政，始罢铜禁，奸民日销钱为器，边关海舶，不复讥钱之出，中国钱日耗而西南北三敌皆山积。"① 所谓西敌即指西夏。宁夏灵武窑出土的钱币绝大多数是自北宋初至南宋初的钱币，共449枚，西夏钱币只有天盛元宝4枚。贺兰山三处西夏窖藏钱币北宋钱竟达85%以上，而西夏钱则不超过1.5%，其余为两汉、北朝、隋唐、五代、辽金的钱，唐"开元"钱数量也不少。②

除宋钱外，西夏也开始自己铸造钱币。《宋史》载，绍兴二十八年（西夏天盛十年，1158年）西夏"始立通济监铸钱"。③ 从已经发现的西夏钱币看，西夏铸币并非始于天盛年间。其中西夏文福圣宝钱（西夏毅宗福圣承道1053年－1056年），比天盛年间约早一百年。推想元昊时期既已开始铸造本国钱币。西夏很多建国举措都出自这一时期，铸造钱币并不复杂，元昊应会铸造本国钱币。只不过在天盛年间设立了通济监，开始大规模铸钱。在《天盛律令》中有"钱监院"④，大约就是"通济监"之别称。西夏缺铁，常以青白盐换宋朝陕西大铁钱使用。宋室南渡后，西夏与宋朝来往减少，宋币缺乏。又金朝占据关右后，设置兰州等处榷场，若西夏以宋钱贸易，则价格倍增，损失巨大。天盛年间通济监大规模铸钱就是在这种形势下出现的。当时仁孝命监察御史梁惟忠掌此事，铸天盛钱，与金正隆钱并用。当时金帝并不允许，仁孝一再请求，方许通行。⑤西夏的货币先依赖于宋，后受制于金。

其实宋朝早就实行铜铁钱并用，为防止铜钱大量流入西夏，便制作铁钱，在临近西夏的陕西、河东铜铁钱兼用区使用。而西夏人便利用宋朝两种钱币通用的机会，大肆以铁钱兑换铜钱："陕府系铜铁钱交界之处，西人之来，必须换易铜钱，方能东去。即今民间以铁钱千七百，始能换铜钱一千，遂致铁钱愈轻，铜钱愈重，百物随贵，为害最深。"⑥ 所谓"西人"即西夏人。西夏人兑换钱币，使铁钱贬值，影响到宋朝的物价。

---

① （宋）苏轼《东坡全集》卷八八《张文定公墓志铭》，上海古籍出版社1987年版。
② 中国社会科学院考古研究所内蒙队《宁夏灵武回民巷瓷窑址调查》。牛达生《西夏钱币和官印研究浅述》。
③ 《宋史》卷四八六《夏国传》（下）。
④ 史金波、聂鸿音、白滨译注《天盛改旧新定律令》第五"军持兵器供给门"第224页。
⑤ （清）吴广成《西夏书事》卷三六。
⑥ 《续资治通鉴长编》卷四五七，哲宗元祐六年（1091年）四月甲午条。

图212　西夏文福圣宝钱　　　图213　汉文乾祐元宝和西夏文乾祐宝钱

宋朝为此采取了具体措施，兑钱时以西夏人所纳税钱为限，十分许兑换二分，每名不得超过五千；另在陕州并硖石镇两驿站兑换铜钱者，每铁钱一千支换铜钱八百。

西夏崇宗后期，金灭北宋，宋朝钱币无法再像过去那样流入西夏，所以在仁宗朝不得不大量铸造铁钱，以供贸易燃眉之急，并划分了铜铁钱的专用区。《天盛律令》对此有所反映："诸人不允将南院黑铁钱运来京师，及京师铜钱运往南院等，若违律时，多寡一律徒二年。"① 这样西夏的钱币也有铜钱、铁钱两种，在首都使用铜钱以保证货币的稳定，在南院使用铁钱以开展对外贸易。然而钱币是在商贸中流通的，不可能绝对限制。近些年来，在原西夏京师今银川附近也有西夏铁钱发现。在内蒙古河套地区的临河、包头、达拉特旗、准噶尔旗一带的西夏钱币窖藏中出土了大量铁钱，一次多达数千斤，甚至上万斤。其中天盛钱和乾祐钱都分铜质、铁质，而以铁质最多。

西夏既同时使用宋、金钱币，其钱币重量约与宋、金略同。但夏、宋铸钱的损耗率不尽相同，宋朝的耗损率为十分之一左右，② 而西夏熔铸铜鍮耗损量为"种种铸事则一两中可耗减二钱"，为十分之二。③

西夏对钱币管理甚严："诸人不允去敌界卖钱，及匠人铸钱、毁钱等。假若违律时，一百至三百钱徒三个月，五百钱以上至一缗徒六个月，二缗徒一年，三缗徒二年，四缗徒三年，五缗徒四年，六缗徒五年，七缗徒六年，八缗徒八年，九缗徒十年，十缗徒十二年，十缗以上一律绞杀，从犯依次当各减一等。"④ 政府对私自铸钱、毁钱判罪极严，十缗以上即是死刑。

西夏还不允许由水上运钱到敌界买卖："诸人由水上运钱，到敌界买卖时，渡船主、掌检警口者等罪，按卖敕禁畜物状法判断以外，其余人知闻，受贿则与盗分他人物相

---

① 史金波、聂鸿音、白滨译注《天盛改旧新定律令》第七"敕禁门"第287页。
② （宋）庄绰《鸡肋篇》卷中，中华书局1983年版。
③ 史金波、聂鸿音、白滨译注《天盛改旧新定律令》第一七"物离库门"第548页。
④ 史金波、聂鸿音、白滨译注《天盛改旧新定律令》第七"敕禁门"第287页。

同，未受贿当与不举告等各种罪状相同。"①

西夏政府对钱的储存损耗也有规定。西夏的官钱有专门库房保管，由于钱朽烂、绳索断，一缗可耗减二钱。②其耗损率是千分之二。

已发现的西夏的钱币数量大，种类多，分西夏文和汉文两种。西夏文钱有：福圣宝钱、大安宝钱、贞观宝钱（有部分为"贞观宝本"钱）、乾祐元宝、天庆元宝。以上5种皆为铜钱，旋读。

汉文钱有：大安通宝、元德通宝（有隶书、真书2种）、元德重宝、大德通宝、天盛元宝（有铜、铁2种）、乾祐元宝（铜质有真书、行书2种，铁质有小平、折二2种）、天庆元宝、皇建元宝、光定元宝（有真书、篆书2种）。

西夏铜钱贯彻始终，铁钱只出现在仁宗朝；西夏汉文钱币又有旋读、直读之分，直读出现在惠宗、崇宗朝，旋读在仁宗及其以后三朝。

在西夏十代皇帝中已经发现了六代皇帝的钱币。西夏钱币多为小平钱，也有少数折二钱，直径2.3—2.5厘米，文字多为真书，间或有隶书、行楷、行书。钱币中以天盛钱为最多。③

钱币是西夏人财产的重要组成部分。《天盛律令》提及家庭财产时多是"畜、谷、钱、物"并提。④西夏使用钱币的范围很广，诸如市场买卖、借贷、典当、发放俸禄、举报赏钱、施舍寺庙、交纳商业税等。另外钱币用来计人工价，部分刑事处罚也可以钱代罚，可以折杖，"七八杖交二缗钱，十杖交五缗钱，十三杖交七缗钱"。⑤处理部分经济犯罪时往往以钱数为依据，如处罚盗窃、枉法受贿，"视钱量、罪情"而定轻重。比如用钱币数量作为审查、处理官员受贿量刑定罪的标准："因诸事局分另外人等受贿时，……视钱量、罪情，按以下所定判断：一等枉法受贿者自一百钱至一缗，造意十三杖，从犯十杖。……三十五缗以上至四十缗，造意徒十二年，从犯徒十年。四十缗以上一律造意绞杀，从犯徒十二年。"⑥

在西夏，各地区货币的使用也不平衡。前述武威出土的钱会单和汉文借钱欠条都以货币计算，而黑水城出土的很多买卖契约、众会条约则是用实物粮食计算。可能当时凉州货币经济比偏远的黑水城要发达。

（二）银钱及其他货币

---

① 史金波、聂鸿音、白滨译注《天盛改旧新定律令》第七"敕禁门"第287页。
② 史金波、聂鸿音、白滨译注《天盛改旧新定律令》第一七"物离库门"第549页。
③ 牛达生《西夏钱币和官印研究浅述》。
④ 史金波、聂鸿音、白滨译注《天盛改旧新定律令》第一七"物离库门"第549页。
⑤ 史金波、聂鸿音、白滨译注《天盛改旧新定律令》第二"罪情与官品当门"第139页。
⑥ 史金波、聂鸿音、白滨译注《天盛改旧新定律令》第二"贪状罪法门"第147—148页。

作为钱币使用的除铜铁钱以外，还有金银。中国自宋朝逐渐使白银货币化，银两和铜铁钱币一样成为商品买卖的重要媒介。西夏建国前后，都从宋朝得到大量岁赐，其中包括大量白银。特别是宋夏庆历和盟后，宋朝每年要给西夏银五万两，数量巨大。西夏时期也已使用白银作为货币，白银已经有明确的价值尺度。

西夏处罚人时多使其缴纳铜钱，而奖赏有功人时往往以银两赏赐。如《天盛律令》规定在边地巡检时，若能侦察入境敌军并报告，当为立功，可根据所侦察敌军人数多寡得到不同的奖赏，如："查觉五百人以上至一千人来时，主管升二官，银五两、杂锦一块、茶绢十，检人一块緾、银三两、茶绢五。查觉一千以上人来，一律检主管升三官，银七两、杂锦一块、茶绢十五，检人银五两、绫一块、茶绢七。"① 以上赏赐之物中的锦、绢、茶，皆为实用，而赏赐的银只有作为货币才能体现出赏赐价值。同样，追寻逃跑者也会得到赏银。

官员任职三年，无失误则根据其表现，除中书、枢密、经略等别计官赏者外，其余依次赐次、中、下、末四等人得官赏分别获银十五两、银十两、银七两、银五两以及锦、绢、茶等。② 又捕获盗贼及其余罪犯，也根据犯人的罪刑轻重和人数得到奖赏，其中所得银两有1两、2两、3两、5两、7两、10两不等。③ 又催促租之大人，在国家规定的期限内全部完成催缴任务也要受到褒奖，不仅可升官，还可得5两赏银。④ 若国家符牌、兵符丢失，有人拾得，并于十日内交官方，也能得5两赏银。⑤

其实早在崇宗贞观年间（1101—1113年）的军法《贞观玉镜统》中，为奖励立功将帅而给予的奖品中就有银锭、银碗甚至金碗。其中对有功将帅的奖赏，银碗中有10两、20两、30两、40两、50两、70两、80两、100两等8种不同的重量，一同赏赐的还有银锭等，而银锭并未标明重量。⑥ 银碗是否可作为货币流通还不得而知，但它们在当时应有固定的对比价值。而银锭则无疑是流通的货币。宋朝对有战功的奖励也包括银碗，如宋神宗元丰七年（1084年）褒奖守卫兰州将士："又诏（李）宪：'羌贼坚悍凶恶如此，若非官吏、军民人怀忠义，安能卒保无虞？除已赍赐官吏银合茶药及士卒银碗外，仍据城上城下、用力轻重等第支所给绢去外，宜速编排诸司所有绢十万疋，以备使臣到日宣赐，并具功状火急报明以闻，当与优赏。'"⑦

---

① 史金波、聂鸿音、白滨译注《天盛改旧新定律令》第四"边地巡检门"第205—206页。
② 史金波、聂鸿音、白滨译注《天盛改旧新定律令》第十"续转赏门"第349页。
③ 史金波、聂鸿音、白滨译注《天盛改旧新定律令》第一三"派大小巡检门"第457—458页。
④ 史金波、聂鸿音、白滨译注《天盛改旧新定律令》第一五"催租罪功门"第493页。
⑤ 史金波、聂鸿音、白滨译注《天盛改旧新定律令》第一三"执符铁箭显贵言等失门"第475页。
⑥ 陈炳应《贞观玉镜将研究》第71—75页。
⑦ 《续资治通鉴长编》卷三四二，神宗元丰七年（1084年）正月。

图214 天庆四年银锭

武威署东巷一地下窖藏中发现大小两种银锭21件，一种约50两，另一种约25两，皆前后两端呈外弧状、左右两侧呈内弧状，除5件外，其余17件锭面均錾刻文字和戳记，铭文有银锭的成色、重量、秤银人，戳记有官府押印、作坊字号及类似画押的符号。与此同时出土的还有6枚西夏时期通用的宋朝钱币，专家认为这批银锭是西夏时期的遗物。① 另有西夏文银锭1件，形制与上述武威市出土银锭相同，重约20两，正面錾刻西夏文字2行，有的文字不甚清晰，译文为："司造"和"嵬那赏盛"，前者表示为官造银锭，后者应为人名；背面左有西夏文1行，译文为"天庆四年"，右方依稀见汉字3行，可见文字为"……元年春……""……匠""……百平"。这是迄今唯一一件有西夏年号的银锭。其时已至西夏晚期。由上可见西夏是中国使用白银货币较早的地区之一。

西夏是否使用纸钞，未见明确记载，宋朝宰臣韩琦曾提出："'秦州永宁寨以钞市马。自修古渭寨在永宁之西，而蕃、汉多互市其间，因置买马场，凡岁用缗钱十余万，荡然流入敌境，实耗国用。'诏复置场永宁，罢古渭寨所置场，蕃部马至，径鬻于秦州。"② 宋朝的秦州（今甘肃省天水）接近西夏边境，这里的"以钞市马"是否表明宋朝与西夏在马的交易中使用纸钞，或西夏使用纸钞还难以断定。在西夏文献和文物中目前尚未见到使用纸钞的证明。

二、物价

物价反映一个社会的生活和商贸状况。对西夏商品的价格，过去基本上全无了解。现随着西夏文献的发现，可以从一些零星的记载中考证出一些主要商品的价格。

（一）粮价

了解西夏的大致粮价对认识西夏社会农业和商业具有重要意义。国家图书馆藏黑水城出土文献封皮的衬纸中发现有西夏文卖粮账一纸010号（7.04X–1），各行多不完

---

① 黎大祥《甘肃武威发现一批西夏通用银锭》，《中国钱币》1991年4期。党寿山《武威文物考述》。
② 《续资治通鉴长编》卷一九八，仁宗嘉祐八年（1063年）正月戊辰条。

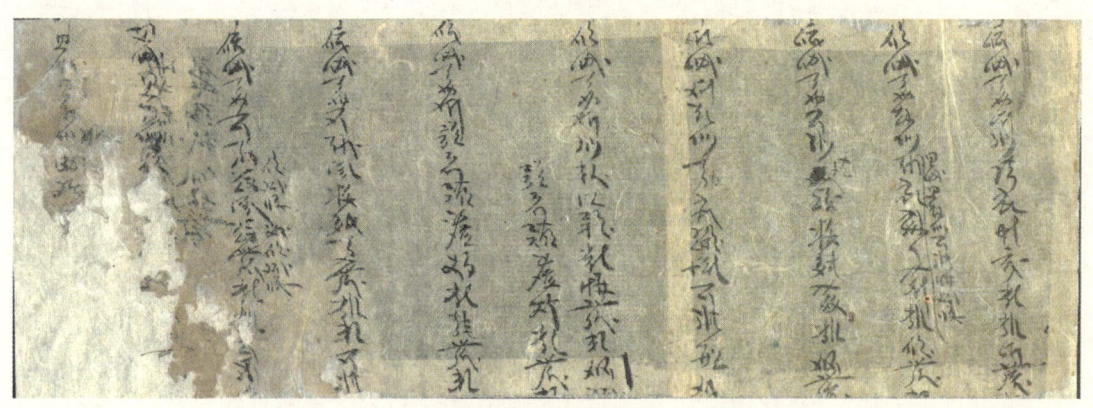

图 215 西夏文卖粮账

整,有的缺粮数,有的缺价钱,其中第6行和第9行的粮、价大体保留。第6行"麦二斗价四……""四"后缺字应是"百"字,二斗麦价等于或超过400钱,而不会超过500钱。由此可推断出当时当地麦价每斗最低200钱,最高不超过250钱,每升麦价20—25钱。第9行"七斗糜价一贯……"可知每斗糜价格在100多至200多钱之间,每石在1缗多至2缗之间。糜比麦价钱低,7斗价钱等于或超过1贯,但绝不会超过1贯750钱,因为超过1贯750钱,每斗价250钱,已达到最高麦价,便不合理。推断每斗糜价在150—200钱左右,每升15至20钱。①

又黑水城出土的社会文书中有一钱粮账残页2042号,其中有"五斗糜一缗……"的记载。②糜属杂粮。此件文书也证明黑水城地区的杂粮每斗价格在200钱左右。

元昊时期,不断点集军兵,民穷财困,物价飞涨。大庆三年(1142年)九月"西夏饥,民间升米百钱"。③西夏灾荒时粮价大幅度上涨,几乎高出平时4—5倍。

北宋仁宗时期每石米约600—700钱,后增至1缗250文,南宋时每石1缗—1缗500文,有时上涨到2缗左右。看来西夏的粮价和宋朝相近。

(二)盐价

盐是西夏的特产,又是对外贸易的主要商品。前述《天盛律令》记载乌池之盐,一斗一百五十钱,其余各池一斗一百钱。可知其盐价。乌池盐质优,每斗150钱,其他盐池每斗100钱,仅相当乌池盐价的三分之二。天授礼法延祚六年(1043年)元昊附表请每年售给宋朝青盐,宋朝谏官孙甫给皇帝所上书中说:"元昊复称臣,然乞岁卖青盐十万石,兼欲就京师互市诸物,仍求增岁给之数。臣以为西盐数万石,其直不下钱

---

① 史金波《国家图书馆藏西夏文社会文书残页考》,《文献》2004年2期。
② 史金波、魏同贤、克恰诺夫主编《俄藏黑水城文献》第一三册第17页。
③ (清)吴广成《西夏书事》卷三五。

十余万缗。"①所谓"西盐"就是西夏的盐。这里"数万石"是一约数,若推想在5万石至7万石间,5万石则每石2缗钱,7万石则每石1缗400钱,以此可推知一斗西夏青盐约为140至200钱。与上述西夏本地的盐价相近或稍高。

（三）酒价和酒曲价

酒是西夏人民生活的重要物品。前述黑水城出土的西夏文文书中有4696号中有一卖酒账,可知,每斗酒的价格合1斗5升大麦（杂粮）。前已推定黑水城每升糜（杂粮）15至20钱,可推定每斗酒约合250钱－300钱之间。又黑水城文书1366号是酒价钱账残页,其中有"一斗酒二百五十"、"四斗酒一（缗）"、"十二斗酒三缗钱"、"七斗酒价一缗七百五十钱",直接以酒售钱,每斗价250钱,与上述以酒换粮价相同。

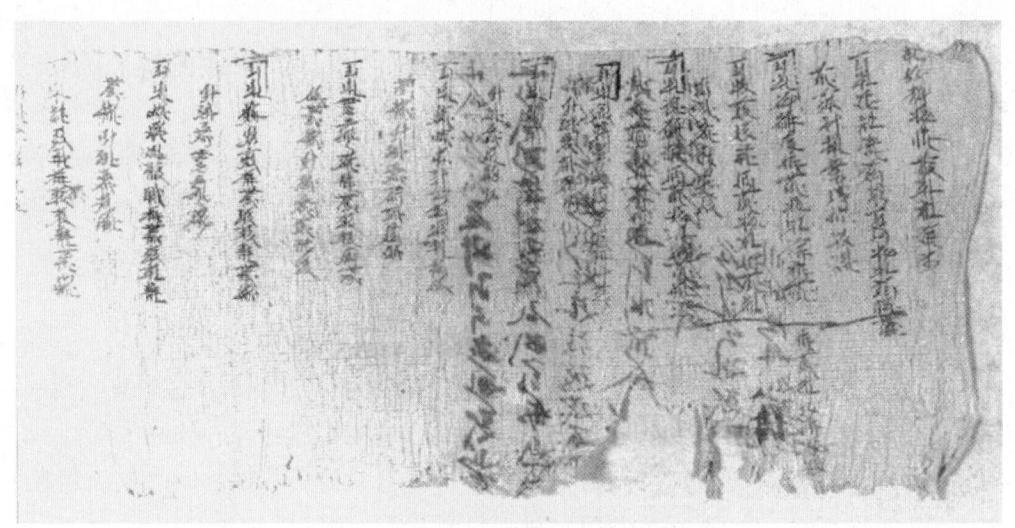

图216　西夏文卖酒账

（四）牲畜价

牲畜也是西夏的特产,西夏的党项马是出口的大宗商品。《天盛律令》又规定在犯罪罚马时:"诸人因罪受罚马者,自驯旧马至有齿好马当交。倘若不堪罚马是实,则当令寻担保者,罚一马当折交二十缗钱。"②可知一匹马价值约20缗钱。一般来说折价马价钱,应比市价高,市价一匹马当低于20缗钱。从西夏社会实际交易中更可确切地知道牲畜物价。黑水城出土的卖牲畜契约中有一件天庆未年（1199年）卖马契,一匹马价5石杂粮,合10缗左右。另一件天庆子年（1204年）卖马契约,一匹马价4石杂粮,

---

① 《宋史》二九五《孙甫传》。
② 史金波、聂鸿音、白滨译注《天盛改旧新定律令》第二〇"罪则不同门"第602页。

合8缗左右。①

与西夏相比，宋朝马价很高。北宋时每匹30—50缗，名马达到70、80缗，乃至100缗。南宋时期则达到每匹300—400缗。由马价可知西夏将大量马匹卖给宋朝可获得丰厚的回报。

黑水城西夏文文书中有卖骆驼契约。自前述天庆亥年（1203年）卖骆驼契约，可知一峰骆驼价6石杂粮②，约合9—12缗钱。

西夏文文书中也有买牛契约。一件光定酉年（1213年）卖牛契中，记一头牛价4石杂粮③，约合6至8缗钱。

黑水城文书中有数件买卖价钱账目，从中可知羊价。如一残件中记"羊七十价六十四石"，其中大小羊价钱不等，大羊50只，每只1石，小羊20只，每只7斗，分别合1缗500文—2缗钱，或1缗—1缗400文钱。另一件残页记"羊三十皆大母（羊），各一石五数，共四十五石。"可见大母羊价高，约合2缗250钱—3缗钱。④

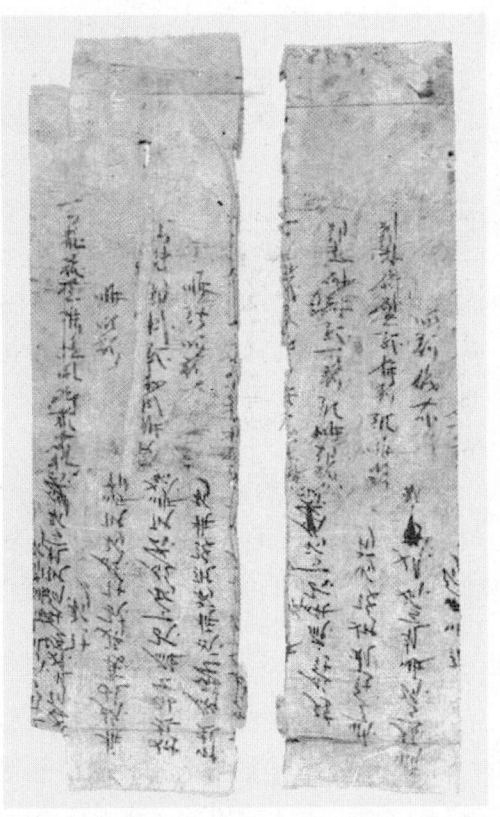

图217 西夏文卖羊文书

西夏末年可能随着国内外形势的紧张，造成了物价飞涨。武威出土的一件乾定酉年（1225年）卖牛契表明，一条牛的价格已经达到65缗钱，比十多年前的黑水城牛价几乎上涨了10倍；另一件乾定戌年（1126年）卖驴契记载1头驴的价格也达到50缗钱。这时离西夏灭亡只有一二年的时间了。

（五）铁价

西夏有铁矿，但后期为敌所占有，铁是西夏的紧俏商品。《天盛律令》对不按时上任的官员处罚时规定："超一二日罚五斤铁，三四日十斤铁，五日十三杖。"⑤超三四日罚十斤铁，比超五日罚十三杖低一级，罚十斤铁相当于十杖。又《天盛律令》多次提到

---

① 史金波、魏同贤、克恰诺夫主编《俄藏黑水城文献》第一四册第35页。
② 史金波、魏同贤、克恰诺夫主编《俄藏黑水城文献》第一三册第84页。
③ 史金波、魏同贤、克恰诺夫主编《俄藏黑水城文献》第十四册第187页。
④ 史金波、魏同贤、克恰诺夫主编《俄藏黑水城文献》第一二册222—223页。
⑤ 史金波、聂鸿音、白滨译注《天盛改旧新定律令》第一〇"失职宽限变告门"第351页。

庶人犯罪罚十杖时，有官罚钱五缗。据此推算一斤铁大约价值五百钱。可知当时铁价昂贵。

（六）绢、布价

绢是贵重的织物，在西夏一般贫民难以享用。宋代绢价前后差异很大。北宋时期绢价较低，北宋时每匹在500文至1缗钱之间。南宋时期增高，绢价在2缗至8缗之间。① 但西夏的绢价比南宋还要高得多。宋翰林学士苏轼奏称前朝时，"贼（指西夏）亦困弊，不得耕牧休息，房中匹布至五十余千"。西夏前期财物乏困之时，一匹布价高至五十余缗。苏轼上疏中又称说：两国关系和好后，西夏使臣在宋朝购得大量绢帛，回国售给百姓，"匹五六千，民大悦"。② 这西夏每匹绢的价格只有五六缗钱，相当原来的十分之一。

黑水城出土的西夏文文书中有一件物价账残页，中有"绢一尺二（斗）七升数杂"。③ 按上述每斗杂粮在150—200钱之间，每尺绢价约为400—540钱之间。当时每匹绢合四十尺，推算每匹绢价约在16—21缗之间，价钱比较昂贵，这可能是西夏后期绢的价格。

（七）工价

人工劳力的工值也是商品价格的参照物。前述《天盛律令》规定不同人工的价格大男人、小男、小妇每人每日工价分别70钱、50钱、30钱不等。黑水城出土的文书中有一光定卯年（1219年）典工契约，一人典工9个月工价5石粮，另有少许衣布等。推算每日工价不足2升粮。④ 据前知每升粮15—20钱，每日工价合30至40文钱。黑水城契约中反映的工价比《天盛律令》的规定要低。

官吏的禄食也是当时物价的参考。《天盛律令》规定中兴府、大都督府等租院、踏卖曲院的提举头监的禄食价钱一律三百，出纳二百，掌钥匙一百，司吏、指挥等七十。⑤ 300钱、200钱、100钱、70钱是不同职务的每日禄食。一个租院司吏的禄食相当于一个男壮劳力的工值，而一个提举头监的禄食超过四个男壮劳力的工值。

因西夏通用宋钱，可以比较一下宋朝的物价和普通人的收入。宋朝开封夜市中"间有灌肺及炒肺，酒店多点灯烛沽卖，每分不过二十文"。⑥ 都城街市中的食品比乡村百

---

① 漆侠《中国经济通史》（下）第1242—1243页，经济日报出版社1999年版。
② 《续资治通鉴长编》卷四〇五，哲宗元祐二年（1087年）九月丁巳条。（宋）苏轼《苏轼集》卷五十四。
③ 史金波、魏同贤、克恰诺夫主编《俄藏黑水城文献》第十三册第173页。
④ 史金波、魏同贤、克恰诺夫主编《俄藏黑水城文献》第十四册第87页。
⑤ 史金波、聂鸿音、白滨译注《天盛改旧新定律令》第一七"物离库门"第558页。
⑥ 《东京梦华录》卷二《州桥夜市》。

姓自做的饭菜要贵得多。西夏一个壮劳力每日70文的工价，自己食用有余，可补家用。开封的鱼市，冬月贩黄河诸远处鱼进京，"每斤不上一百文"。①宋朝一个卖猪羊血为羹的小商户，养有妻子，日所得不过200钱。②北宋"民间每夫日雇二百钱"。③他的收入相当于西夏出纳的禄食，或相当3个壮劳力的收入。

从黑水城文书中计算出的粮价比《天盛律令》反映的粮价要低，这可能是作为西夏中心地区的粮价要高于边远地区黑水城粮价的缘故。

西夏文《碎金》中有"成色虽迷惑，价钱参差明"④，说明西夏的货物成色各不相同，但价钱也随货物的质量而高低参差不等。西夏物品多样，商品繁杂，以上探讨只是部分重要西夏商品的物价，但也可以从中了解西夏人当时的社会生活状况。

三、买卖税

西夏王朝行政的运转和官吏的俸禄、军队的建设和官兵的给养以及对文化、宗教发展的投入，都仰仗税收，除农业税收外，商业税收是一大宗。西夏文《碎金》有"诸城收商税"的记载，证明商税主要在商贸集中的城市收缴。《天盛律令》第十八有"缴买卖税门"，内有19条，都是有关买卖税收的条款，可惜条文已经残失。好在还保留着这些条目的名称，可借以了解西夏商业的一些情况。这些条款有：隐买卖税、开铺者等先后纳税法、免税开铺、地方不同处纳税、告奏索税、官买本物行过法、船上畜税、卖价取量不纳税、地界以外不纳税、与敌大使买卖、诸边商人过京师、重复出卖免税、畜物逼换、因典当等量取物、媒人弃妻价不纳税、寻求免税供上虚谎量取、税谁管未语共著、能定领簿纳租、官验等买卖。⑤从中可知，西夏有店铺，买卖、开铺要纳税，不能隐税，地方不同纳税不同，有时可以免税。

西夏管理国家财政的机构有三司、转运司和受纳司。具体管理收税的有中兴府税院、大都督府税院。中兴府税院设1案头、4司吏、2小监、2出纳。大都督府税院即灵武郡税院设2司吏、2小监、2出纳。此外有诸卖曲税院共18种，一律设2小监、2出纳。由此可见西夏对酒曲的税收很重视。

西夏的买卖皆收取税，西夏的税收量在过去的汉文和西夏文文献中都没有记载，

---

① 《东京梦华录》卷四《鱼行》。
② （宋）洪迈《夷坚志》支癸卷八，四部丛刊本。
③ （宋）苏辙《苏辙集·栾城集》卷三七《乞废官水磨状》，中华书局1990年版。
④ 聂鸿音、史金波《西夏文本〈碎金〉研究》。
⑤ 史金波、聂鸿音、白滨译注《天盛改旧新定律令》"名略下卷"，96—97页。

由于《天盛律令》有关税收条文的残失也难得其详。不过从其他一些条款中也记载了一些西夏税收的情况。其大项如盐池卖盐要收取盐税，前述《天盛律令》规定乌池之盐，一斗一百五十钱税，其余各池一斗一百钱税，当计税实抽纳，不许随意偷税。这是以货币计算缴税。盐池有池税院，其负责人与盐池巡检共监护盐池。①

俄藏黑水城文献 6377 号是西夏文买卖税收记账文书，从中可知买一匹布要缴税 1 斗 6 升，买一只羊要缴税 6—9 升多。而每只大母羊价 1 石 5 斗，大羊价 1 石，小羊价 7 斗，买卖税约为羊价的 5%—10%。买一头牛要缴税 3 斗 2 升。前述牛价每头 4 石杂粮，买卖税约为 8%。买一只羊殁缴税 4—6 升，买一只死羊要缴税 4 升。② 可见西夏的买卖税收很高。

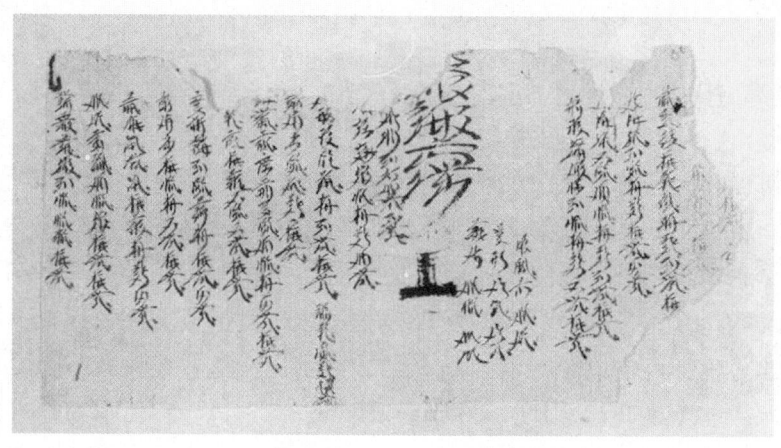

图 218　黑水城出土西夏文买卖税账

国家图书馆藏黑水城文献纸有 3 件西夏文税账残片，其中 125 号（7.17X—43）号记载"买一牛？税二斗四（升）"、"增一骆驼税三斗"。127（7.17X—45）号记载"一人金？万牛肉税一斗八升杂，一人洪罗金铁买牛骆驼皮税一斗二升杂"。这一文书也证明在西夏买牲畜、买肉、买牲畜皮等都要缴税。

黑水城文书表明，西夏买卖人口也要缴税。4790—3 买卖税帐有"高吉祥犬买人税一石三斗？及白绢帛有"。另国家图书馆藏 126 号（7.17X—44）也记载："买奴仆税六斗"。这反映出西夏买卖奴仆的真实情况。在西夏人口买卖交易完成后，和买卖牲畜一样要缴纳税，只不过所缴税款要比牲畜买卖高。③

---

① 史金波、聂鸿音、白滨译注《天盛改旧新定律令》第一七"库局分转派门"第 535 页。
② 史金波、魏同贤、克恰诺夫主编《俄藏黑水城文献》第十四册第 144 页。
③ 史金波《国家图书馆藏西夏文社会文书残页考》。

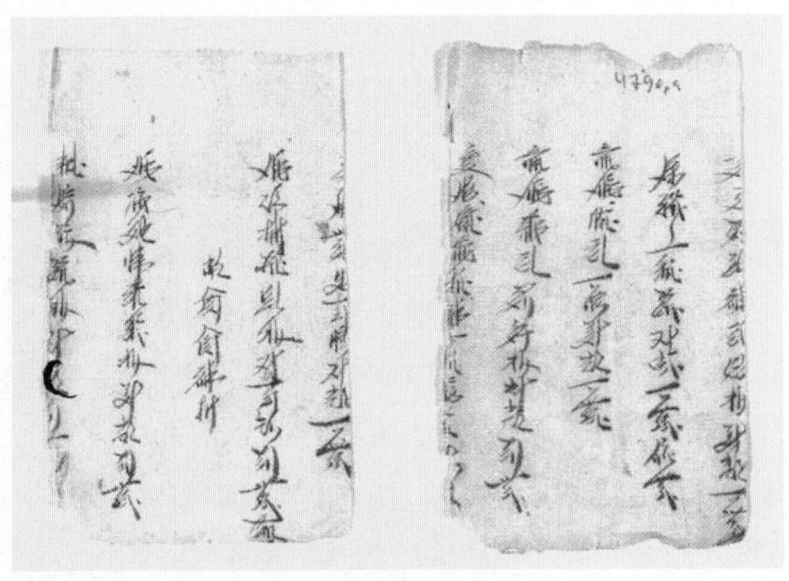

图219　中国国家图书馆藏西夏文买卖税账

图220　西夏文买卖人口税账

由上述酒、牲畜、绢的买卖可知，西夏有些地区买卖时不使用钱币，而是实行物物交换。另外交易所纳税也多是实物粮食。这些以粮食缴纳买卖税的做法，反映出西夏货币的流通远不如中原皇朝广泛，至少在黑水城一些地区缴纳实物税。

【 第四节　典当、借贷和偿还 】

西夏的典当和借贷都很发达。从西夏《天盛律令》和大批有关契约可知西夏典当、借贷以及偿还的实际状况。

一、典当

《天盛律令》卷三《当铺门》有七条，具体规定了典当的程序、本利、时限、知证、中间人等，颇为详细。其中规定：诸人到当铺放物典当时，十缗以下，对当物了解不了解都典给，十缗以上的当物，了解则令典给，未了解则当另寻了解者，不是盗窃物，令其典当。又规定：典当时，物主人及开当铺者两厢情愿，商定因物值多而当钱少，本利相等亦不能卖出；或物值少而当钱多，过典当规定日期不来赎时可以卖出等，可据二者所议实行。其他一般典当各种物品，所议日限未定明时，本利已相等，物主人不来赎时，开当铺者可随意卖。对于居舍、土地典当，《天盛律令》有更详细的规定。①

最能反映西夏典当实际的是典当契约。已发现的契约有汉文、西夏文两种，多出土于黑水城遗址。

俄藏黑水城文献中有 12 残纸汉文天庆年间典当文契，其中典当数目可识者 5 件。②其中 1 件："天庆六年四月十六日立文人胡住儿囗……裴松寿处取到大麦六斗加五利，共本利（九斗），其大麦限至来八月初一日交还。如限日不见交还时，每一斗倍罚一斗。"此件当物不清，当值 6 斗大麦，"加五利"即 50% 的利息。斯坦因所得同类文书

---

① 史金波、聂鸿音、白滨译注《天盛改旧新定律令》第三"当铺门"第 186—188 页。
② 史金波、魏同贤、克恰诺夫主编《俄藏黑水城文献》第一册第 37—38 页。

15 件，典当数目可识者 11 件。① 其中 1 件"（天庆十一年五月）初三日，立文人兀女浪粟，今（将自己）□□袄子裘一领，于裴□处（典到大麦五）斗加三利，小麦五斗加四利，共本利大麦（一石三）斗五升。起典不充。限至来八月（一日不赎来时，一）任出卖，不词。立文人兀女（浪粟）（后有画押）。知见人讹静□（后有画押）。" 此件当铺主人裴松寿简写成"裴"，当物为袄子裘一领，典到大麦 5 斗、小麦 5 斗，但利率有别，大麦加三利，小麦加四利。裴松寿的典当至少从天庆六年（1199 年）到十一年（1204 年）6 年的时间长期典当，收利很高，天庆六年加五利，天庆十一年加三或四利。每年四五月份，旧粮吃尽，新粮未熟，只好典当因已过寒冬而暂时不用的冬衣，俟收割后加利赎回。穷人所受盘剥之苦、高利贷商人获利之多于此可见。

黑水城出土西夏文文献中又新发现多件典当契约，有的典牲畜，有的典房屋、土地，以高额利息换取粮食，有的以典出工劳力换粮食。如天庆子年二月二十四日酩布驴子盛以自己的牲畜典 15 石杂粮。②

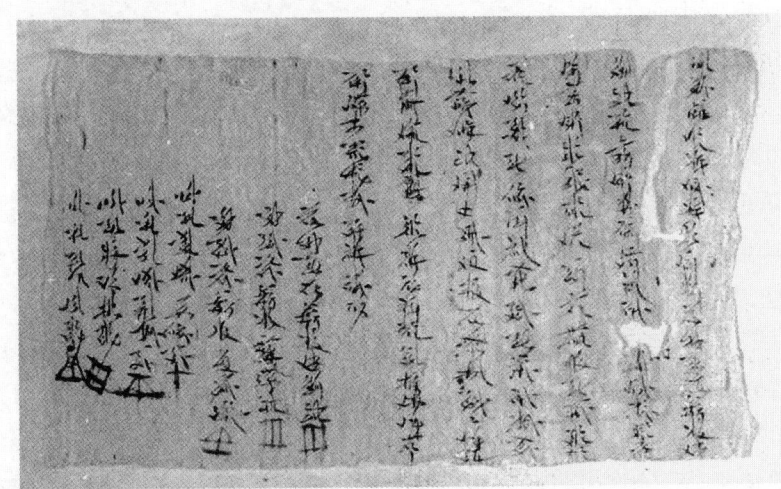

图 221　西夏文天庆子年典牲畜契

西夏文很多典当契约反映出西夏典当的普遍。反映出西夏社会底层的穷困状况。

二、借贷

《天盛律令》"催索债利门"有十五条，详细规定了借贷、典当的偿还、催索和利

---

① 陈国灿《西夏天盛典当残契的复原》。
② 史金波、魏同贤、克恰诺夫主编《俄藏黑水城文献》第十四册第 8 页。

息等,是西夏法律保证封建社会经济秩序的重要规范。

黑水城西夏文文书中发现了大量借贷契约,其中又可分为粮食借贷、钱物借贷和牲畜借贷。其中以粮食借贷契约数量最多,有110多号,计300多件契约。

敦煌石室发现的社会文书中有从唐代、五代至宋初的借贷契约70余件,称为"便麦契"、"便粟契"等。① 新发现的黑水城出土借贷契约数倍于敦煌借贷契约。这些新发现的契约使西夏成为明、清以前各代留存契约最多的朝代。

西夏借贷契约格式,包括立契约时间、立契约者即借贷人姓名、出借者即债权人姓名、借贷粮食种类和数额、偿付期限及利率、违约处罚、当事人和关系人姓名、画押等主要内容。可见西夏契约形制与传统汉文契约形式相近。②

(一)粮食借贷

粮食借贷是西夏社会底层经常发生、影响很大的经济活动。西夏黑水城地区的粮食借贷时间大多集中在春夏。黑水城一带是典型的大陆性气候,春种秋收。春夏之间在收获季节之前,正是青黄不接时期。

借贷者有党项人,也有汉人,从这些契约中我们可以看到西夏黑水城地区是多民族杂居的地区。债权人主要是党项人。引人注目的是寺庙在从事大规模的借贷活动。西夏境内寺庙可占有土地和农户。根据现存契约统计,寺庙是放贷的主力。黑水城寺庙大量放贷可见当地寺庙和僧人趁粮荒之机,参与了剥削贫困百姓的高利贷活动。如5870号19件契约表明普渡寺共借粮129石9斗5升,平均每笔借粮6石8斗多;7741号20件契约也是普渡寺出借,共借粮147石;4384-09号也是普渡寺出借,只有2件,共借出粮食6石。3个编号41件都是普渡寺在同一年即天庆寅年(1194年)出借粮食,共借出282石9斗5升。这仅仅是保存下来的部分契约,普渡寺在当年总共借出多少粮食就不得而知了。

黑水城粮食借贷契约全是有息借贷,而且大都是高额利息。所有借贷都以本粮数为基础,但计息方式不同,大致可分为三种。

1. 总和计息。一般借粮三四个月,利息是本粮的一半。有的契约中记为"半变",即变为增加一半,并将本利共计粮数写明,至七或八月一次付清。这是50%的利率,如4596-1号借2石麦,还3石,短短的三四个月利息达50%,实属高利贷性质。还有比这更高的利息,如2158号借贷契约残页中有借2石麦,每石6斗利,共还3石2斗麦,利率60%。又7889-1号借麦6斗,每斗8升利,本利共还1石8升,利率

---

① 唐耕耦、陆宏基《敦煌社会经济文献真迹释录》第76—147页,全国图书馆文献缩微复制中心1990年版。

② 史金波《西夏粮食借贷契约研究》。

80%。武威讹国师放贷1石有8斗利,利率也是80%。最高的利率是100%,相当于中原宋朝高利贷的"倍称之息"。如4696-1号借8石麦,本利共还16石麦,利息高达本粮一倍,利率100%。

有的借粮利息是50%,但借期很短,实际上利率很高。如5949-16号五月二十九日借杂粮8斗,七月一日还本利1石2斗,一个月的利息是50%。若按这种利率多借一个月,利率将是100%。

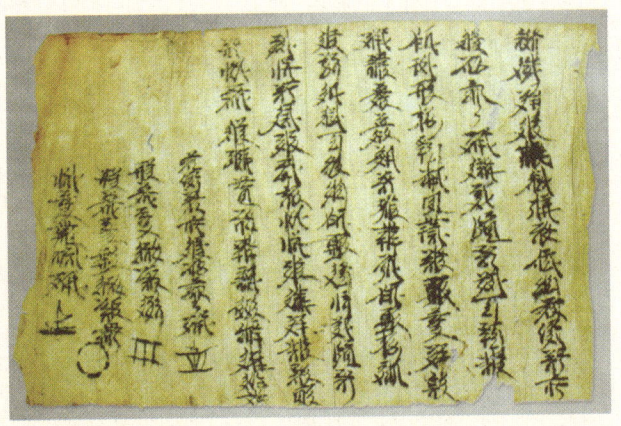

图222 武威出土西夏文贷粮契

2. 按月计息。在本粮的基础上,每月按比例计息。如俄藏黑水城出土文书中4762-6号借10石麦、10石大麦,正月二十九日立契,二月一日始算,每月1斗中有2升利,即月息20%,至七月一日共五个月,利息可达100%。又如内蒙古考古所在黑水城出土文书中也有借贷文书,其中一件(84H.F135:W75/2026)乙亥年二月五日贷麦契,借贷利率很高:每月一石中有一斗半利,即月息15%,如借半年即高达90%,至八月偿还本利就要二石八斗五升,差不多翻了一番,这是典型的高利息。按月计息时利息也可达100%。①

3. 按日计息。在本粮的基础上,以日按比例计息。如俄藏黑水城文书5812-1号①借粮1石5斗,"每石日一升利",即借1石粮每日1升利,合日息1%,100天利率可达100%。5812-2号借粮1石杂,"五日中有半升利",即借1斗粮五日半升利,合日息1%,100天利率也可达100%。

有的利息超过100%,如7892-3号③中记"借七斗麦有八斗利",利率达到114%。

国家图书馆藏黑水城出土贷粮账十多纸,记载了放贷主的名字,借贷粮食的品类,原本数量以及利息等项。这类账目可能是经营放贷的质贷铺的底账。大约一些有余粮的放贷主将粮食放到质贷铺之类的放贷场所,然后统一对外放贷。从贷粮账可见无论是何种粮食:麦、大麦、荜豆、豌豆,无论贷粮多少,利率都是50%。②

可以将贷粮契约与这些贷粮账对照研究。贷粮契约的主体是借贷者,反映了借贷

---

① 史金波、陈育宁主编《中国藏西夏文献》第一七册第153页。
② 史金波《国家图书馆藏西夏文社会文书残页考》。

第十章 商贸

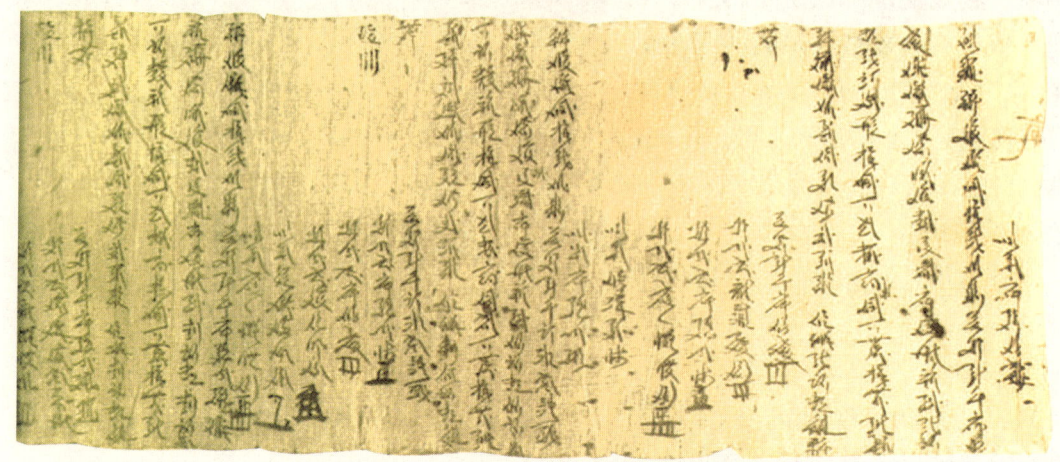

图 223　黑水城出土西夏文贷粮契长卷

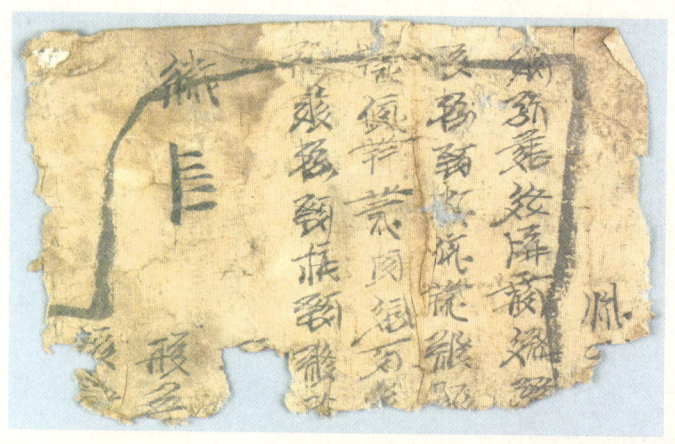

图 224　英国国家图书馆黑水城出土藏西夏文贷粮契

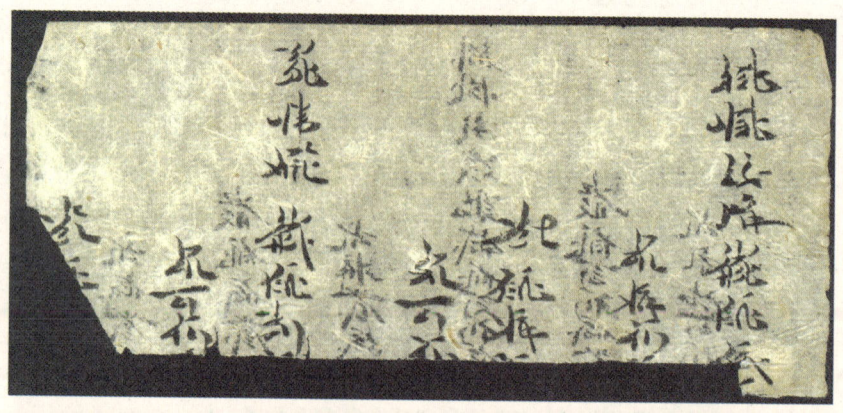

图 225　中国国家图书馆藏西夏文贷粮账

者和债权人的关系；上述贷粮账则记载债权人及其放贷行为，反映出债权人和中介者的关系。中介者会在50%利率基础上增加利率出借，做不用本粮的借贷生意，以牟取利润。

《天盛律令》规定："全国中诸人放官私钱、粮食本者，一缗收利五钱以下，及一斛收利一斛以下等，依情愿使有利，不准比其增加。"① 其中 "一缗收利五钱以下" 应是一缗每日收利五钱，日利率0.5%，月利率15%。"一斛收利一斛以下" 应是指全部利息不能超过原本，即最多达到100%。这种对放贷钱、粮利率加以限制的规定，使放贷者不能无限制地盘剥，相对有利于借贷者。

《天盛律令》还规定："前述放钱、谷物本而得利之法明以外，日交钱、月交钱、年交钱、执谷物本年年交利等，本利相等以后，不允取超额。若违律得多利时，有官罚马一，庶人十三杖。所超取利多少，当归还属者。"② 这里载明借钱、借粮收取利息可按日、按月、按年等多种形式，这些形式都是政府法律允许的。已发现的上述契约也证实在西夏的借贷活动中确实存在着这三种借贷形式。所定债主取利最高止于本利相等，即获利不得超过一倍，利率不能高于100%，也由已出土的多种不同类型契约所证实。实际上契约中收取利息的情况远比法律规定复杂。有的契约利率已经超过100%，说明仍有违反法律、超额取利的现象，也证明此种法律规定并非无的放矢。这里不仅再一次明确规定对利率加以限制，而且还对超额收利者给以处罚，并退还超收的利息，在一定程度上照顾到借贷者的利益。

借贷虽缓解了贫困缺粮者免成饿殍的命运，但借粮者不仅是提前消费了未收获的秋粮，秋后还要将收成中的相当部分加成归出贷者所有，属于自己的粮食大打折扣，会走上更贫困的道路。若遇灾荒，稼禾不稔，处境更为凄惨。倘若借贷者粮食不够种子和食用，第二年春夏难免走上再行借贷的老路。高利贷对借贷者无异于饮鸩止渴，往往走向破产，造成贫富更加悬殊，容易引起社会动荡。

（二）货币借贷

在已发现的借贷契约中货币借贷比较少见。黑水城出土的西夏文贷钱文书1523—24号，记乾祐壬辰三年（1172年）六月五日一人借钱七百缗，每日一缗利息八文钱，借一百日为限，届时本利一齐还清。③ 推算出百日利息高达80%。

除西夏文契约外，还有汉文契约，其中一件残，但大体保留主要内容。从 "癸未十五年" 可知是西夏天盛十五年（1163年）。借贷人王受借钱应为100贯，每日至少1

---

① 史金波、聂鸿音、白滨译注《天盛改旧新定律令》第三 "催索债利门" 第188—189页。
② 史金波、聂鸿音、白滨译注《天盛改旧新定律令》第三 "催索债利门" 第189页。
③ 史金波、魏同贤、克恰诺夫主编《俄藏黑水城文献》第十二册第265页。

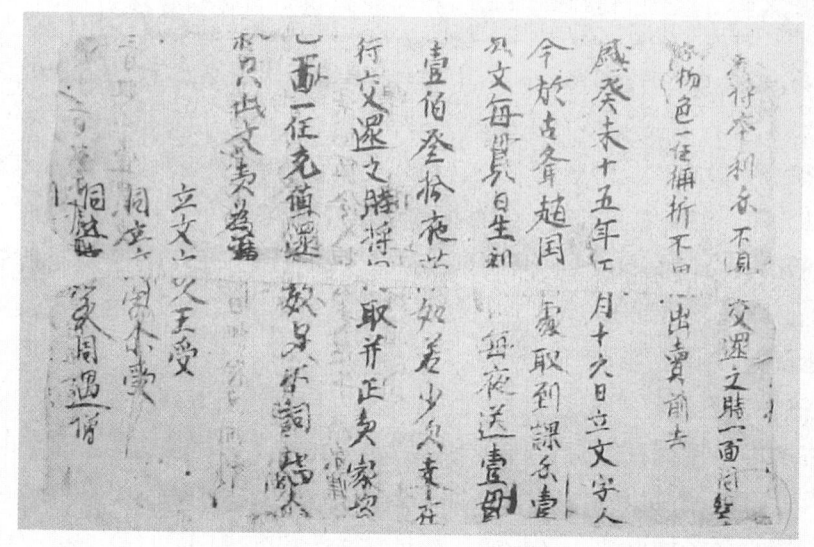

图 226　黑水城出土汉文天盛癸未十五年借钱契

贯利息，合日息 1%，100 天利率可达 100%，这与前述粮食借贷以日计息的利率相同。据此文契可知，借贷 130 天，总利息为 130 贯，总利率高达为 130%，可谓货币的高利贷。后记立文人王受，同立文家人小受及同立文人周遇僧，人名下无画押，此契尚不是具有法律效力的正式契约。①

三、偿还

《天盛律令》"催索债利门"中的条文主要是保护出借者的本利，维护债主的权益。第一条开宗明义直接规定对负债人要强力逼债："诸人对负债人当催索，不还则告局分处，当以强力搜取问讯。因负债不还给，十缗以下有官罚五缗钱，庶人十杖，十缗以上有官罚马一，庶人十三杖，债依法当索还。其中不准赖债。若违律时，使与不还债相同判断，当归还原物，债依法当还给。"②"局分处"即政府有关当局。到时不还债，债主要将负债者告到官府，强力搜寻审问，并要罚款。所谓"有官人"是有官位的人，相对于普通百姓的"庶人"是有特权的人。③对负债的"有官人"和"庶人"处罚不同。

---

① 史金波、魏同贤、克恰诺夫主编《俄藏黑水城文献》第六册第 321 页。
② 史金波、聂鸿音、白滨译注《天盛改旧新定律令》第三"催索债利门"第 189—190 页。
③ 史金波《西夏的职官制度》，《历史研究》1994 年 2 期。

对"有官人"主要是罚款、罚马,对"庶人"则是打10杖或13杖,处罚后仍然要还债。"催索债利门"第二条则对负债者网开一面,对无力还债者留有余地,规定:"诸人因负债不还,承罪以后,无所还债,则当依地程远近限量,给二三次限期,当使设法还债,以工力当分担。一次次超期不还债时,当计量依高低当使受杖。已给三次宽限,不送还债,则不准再宽限,依律令实行。"①无力还债者可出工抵债,屡次超期不还债时再量情行杖。宽限期不能超过三次。这种法律的通融似乎对负债者有所照顾,但最终还是最大限度地保证债主能收回本利。

西夏黑水城地区七八月收获,因此粮食借贷契约所记偿还期也是七八月。偿还日期记载具体,一般是七月一日或八月一日。如5820-2号记明"日限同年八月一日当全部现谷聚集偿还来","日限"即偿还期限。又5949-16记明"日限所至七月一日谷数聚集偿还"。借粮契约中在规定偿还日期后,随后写明对过期不还的处罚。有两种处罚方法。

一种处罚的方法是根据借粮多寡,罚不等的粮食。如4384-1号借2石麦,1石杂,契约规定:"日过时依官罚交二石麦,服。"即过偿还日期仍不偿还时,按官法罚交2石麦,借贷者心服同意。这种处罚是出贷者倚仗粮食所有权的优势和官府的法律保护而规定的,借贷者只有"服"的选择。这属这种类型,是一种定量的处罚。

另一种处罚的方法是按比例罚粮。如4596-4号③规定"日过不还来时,一石还二石,没有,谁已得人分别偿还,本心服。"意即到期不还,则要受到加倍偿还处罚,1石还2石,如果没有粮食,需要所谓"谁已得人"即相与借贷者偿还,对此规定本人心服。5949-18号等契约也有类似的规定。契约中所谓"日过时依官罚交"若干,并非嘘声恫吓,而是有上述王朝法律明确处罚作为强力支撑。

敦煌契约中往往规定借贷到期不还,则加倍偿还,"仍任掣夺家资,用充粟直"。②西夏的借贷契约与敦煌契约不同,没有这种难以操作的规定。西夏契约有的明确规定有质典物品、牲畜、房地、人口的内容,对质典物的种类、数量、品相规定很具体,过期不还,债权人收取契约规定的质典物。这比笼统地提出"任掣夺家资"要规范得多。同时也可透视出随着时间的推移,社会经济的发展,契约之类的经济合同也在不断的规范和完善。但在上述天盛十五年的借钱契约中仍有"将同取并正契家资","一任充值还数足"的词语,说明西夏借贷契约也非千篇一律。

《天盛律令》还规定:"借债者不能还时,当催促同去借者。同去借者亦不能还,则

---

① 史金波、聂鸿音、白滨译注《天盛改旧新定律令》第三"催索债利门"第188页。
② 唐耕耦、陆宏基《敦煌社会经济文献真迹释录》第76—147页。

不允其二种人之妻子、媳、未嫁女等还债价，可令出力典债。"①意思是借贷者不能还债时，不许以借贷者和同借者的妻子、儿媳和未嫁女抵债，但可以让她们出工抵债。典押人地位低下，债未还完不得随意回家。前述《天盛律令》规定典押时不能典押父母，若出典父母或绞或斩，都是死罪。②

契约末尾有当事人和相关人的签字画押，它标志着契约的正式确立和法律效力的形成，是履行契约的保证，特别是为了保障借贷的偿还。所有契约中契尾第一个签字画押的是借贷者，和契约开始一样，写"立契约者×××"。姓名可以是全名，也可以只用名而省略姓。

第二种签字画押的是借贷连带责任人。为了保证本利的归还，债主除要求借贷者本人签字画押外，还要家属或至亲人签字画押。签字名义是"相接状借者"等，实际上是同借者。这些同借者类似担保人，当直接借贷者发生无力还债、死亡、逃亡等意外时负有借贷连带责任，负责偿还。同借者可以是一个人，也可以是两个人或两个人以上。同借者往往是包括妻子、儿子在内的家属。5870-13号契尾的立契约者后有"状相接妻子梁氏宝善乐"。以借贷者的妻子做同借人，可能反映出西夏妇女在西夏经济生活中有较高的地位，家庭主妇可以承担偿付债务的责任。5949-16-1号契尾的立契约者后有"状相接者子罗没宝"，明确指出同借者的身份是借者的儿子，儿子是当然的还债者，这也符合"父债子还"的法律规定和封建社会的传统。4762-6-3号契尾的立契约者梁羌处犬签字画押后有同借者禅定宝的签字画押，引人注意的是在契尾的立契约者梁羌处犬后、"相接状子禅定宝"前还有第一位相接状者的签字画押，即"相接状妻子苏氏五乐"。可见在西夏农村的一些家庭中，男主人妻子的经济地位高于儿子。在汉文天盛十五年借钱契约中后记立文人王受和同立文家人小受，"同立文家人"与贷粮契中的"相接状借者"相当。王小受可能是王受的儿子。

有的"相接状者"似乎不一定是家人，可能是至近亲朋。如5147-1-3号在契尾立契约者后有"相接状契罗阿势子、相接状契罗禅定宝"。借贷者名梁寿长势，相接状者姓契罗，不是他的本家兄弟子侄，也不像借贷者的妻子。

分析7741号契约的契尾还可以见到一种引人注目的现象，即一个契约中的借贷者，在另一个契约中他又成为担保人即相接状者。如7741-10号的借贷者是梁那征犬，在同号-11中成为借贷者积力般若的担保人，他又是同号-12借贷者梁那征有的担保人，又是同号-13借贷者积力善犬的担保人，也是同号-16借贷者梁那征宝的担保人。

债权人借贷后的目的是要借贷者按期归还本利，《天盛律令》完全满足了债权人的

---

① 史金波、聂鸿音、白滨译注《天盛改旧新定律令》第三"催索债利门"第189页。
② 史金波、聂鸿音、白滨译注《天盛改旧新定律令》第一一"出典工门"第388-390页。

愿望，不但有上述强制办法，还特别规定"借债者不能还时，当催促同去借者"。① 实际上同借者类似担保人，当直接借贷者发生无力还债、死亡、逃亡等意外时有借贷连带责任，负责偿还。这样进一步使债权人的利益得到保障。

法典还规定："同居饮食中家长父母、兄弟等不知，子、女、媳、孙、兄弟擅自借贷官私畜、谷、钱、物有利息时，不应做时而做，使毁散无有时，家长同意负担则当还，不同意则可不还。借债者自当负担。"② 共居的一家人中，不通过家长、不告知兄弟而去借债，若不能还债时，家长可还，也可以不还，即没有必然的连带义务。但又规定同去借者应负担还债。从这里可以体味到契约的法律效力。家长和借贷者虽同为一家人，因不知情，当然也未签字画押，就不负连带法律责任；而借贷者的同借人尽管他可能不是借贷者的家人，但因在契约上签字画押，而负有法律连带责任，需要为借贷者还债。

契尾第三种关系人是见证人、证明人。在契约中一般用两个西夏文字表示，译成汉字为"知人"。"知人"往往是二人或二人以上，多的可以达到六人。有的人可以在多笔借贷契约中做证明人。证明人，即知人在契约上签字画押与同借者签字画押在性质上有本质不同。证明人仅仅是证明契约行为，而不负契约实施的连带责任，而相借者有时要履行实质性、连带性的担保人责任。

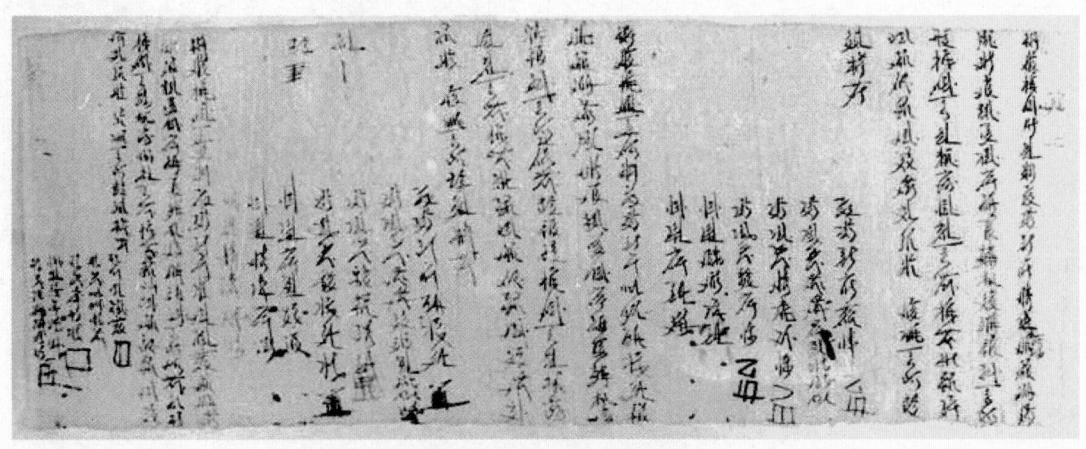

图 227　西夏文借贷契中的同借者和见证人

在黑水城发现的契约中，当事人和关系人签署名字的笔体往往相互一致，且与契约正文笔体也相雷同，应是同一书写者一人的手笔。看来契尾各种签字系由书手包办，

---

① 史金波、聂鸿音、白滨译注《天盛改旧新定律令》第三"催索债利门"第189页。
② 史金波、聂鸿音、白滨译注《天盛改旧新定律令》第三"催索债利门"第190—191页。

或许当地能用西夏文书写自己名字的人是少数，多数借贷人和相借人自己只会画押。

在黑水城借贷契约中契尾都没有出借者即债权人的签字画押。唐末债权人的名字还出现在契尾，至十世纪债权人及其代称不再出现于契尾。^①西夏契约契尾中没有债权人正是时代发展的结果。这反映了债权人在合同中的优势地位和单方合同的性质。因为债权人凭借手中的物质资本在契约中占有主动和优势，他本人就是契约的保存者，没有必要签字画押。

放贷者追逐高额利息，利用贫困人缺粮进行盘剥，而贫困借贷者为求得生存，不得不冒着高额利息忍痛借贷粮食，凄苦无奈的处境显而易见。前述西夏谚语中有"二月三月，不吃借食；十一腊月，不穿贷衣"的记载。这是积历史经验得出的教训。然而很多西夏确实无粮的贫民，仍难逃年复一年的借高利贷的厄运。西夏文《碎金》也用诗句记载了高利贷的可怕："贷支手勿入，禁亦不可偏。增者足加倍，获利独满贯。"^②

---

① 唐耕耦、陆宏基《敦煌社会经济文献真迹释录》，第76—147页。[法]童丕著，余欣、陈建伟译《敦煌的借贷：中国中古时代的物质生活和社会》第12—13页，中华书局2003年版。
② 聂鸿音、史金波《西夏文本〈碎金〉研究》。

第五节　对外贸易和管理

西夏在建国前就与临近经济发达的王朝，特别是宋朝发展贸易。西夏地域偏小，有的物产资源丰富，如牲畜、盐、药材等，境内所用有余，销往他国则可获取丰厚的利润；有些十分必要的物品则缺乏资源，如茶等，必须靠进口满足需要。此外西夏的生产技术水平总体上低于中原王朝，产量较低，如粮食、绢帛等，也需通过贸易补充。从整体上看西夏与中原王朝的贸易是西夏有求中原多，因而一般是西夏主动要求，宋朝往往限制或拒绝，借以控制。

一、对外贸易

（一）对宋贸易

早在唐、五代时期分布在河西陇右一带的党项族，就利用物产之利，向中原地区售马而获得中原王朝大量回赐，取得所需，还利用地理之便，在西部各国商队必经的丝绸之路上居间得利。接续党项族与邻国贸易的传统，李继迁时期就与宋朝开展正式贸易。宋淳化三年（992年）李继迁财用渐乏，请求通陕西互市，上书给宋朝，态度恭顺："王者无外，戎夷莫非赤子。乞通互市，以济资用。"[①]德明于宋景德四年（1007年）进表请求在宋京师开封贸易，得到允许。同年又请求在保安军（今陕西省志丹县）设置榷场，准许蕃、汉贸易。《宋史》称："西夏自景德四年，于保安军置榷场，以缯帛、罗绮，易驼马、牛羊、玉、毡毯、甘草；以香药、瓷漆器、姜桂等物，易蜜蜡、麝脐、毛褐、羱羚角、硇砂、柴胡、苁蓉、红花、翎毛。非官市者听与民交易，入贡至京者

[①]（宋）曾巩《隆平集》卷二〇。

纵其为市。"①

西夏使节出使宋朝，带有浓厚的贸易性质。德明通过使者的往还，在开封以及途中私下贸易，沟通有无，获利不少。宋朝设"都亭西驿及管干所，掌河西蕃部贡奉之事"。②为了从贸易中多得利益，德明还常在边境私设榷场，或派人在沿边一带贩卖禁物，进行走私活动。西夏发生灾荒时，宋朝特令榷场准许西夏采购粮食。

西夏使人在宋朝交易也受到限制，宋大中祥符二年（1009年）"诏夏州进奉外有以私物贸易久而不售者，自今官为收市"。五年"闻夏州贡人在道市物，颇或扰民，宜令所在官司严示约束"。③宋仁宗初年于陕西置二榷场，沟通了双方的贸易。宋朝大臣富弼描述当时情状："自与通好，略无猜情，门市不讥，商贩如织，纵其来往，盖示怀柔。"④当时西夏不少人到宋京师开封贸易，宋人曾描绘当时情景："夏贼称藩日久，岁遣人至京师贸易，出入民间如家。"⑤元昊称帝后，宋夏断绝互市："及元昊反，即诏陕西、河东绝其互市，废保安军榷场；后又禁陕西并边主兵官与属羌交易。"⑥这样基本断绝了宋夏之间的贸易。元昊则急于恢复与宋朝的贸易，在称帝的第二年即天授礼法延祚二年（1039年）请求宋朝在延州再建榷场，宋仁宗未允。宋夏议和后，元昊上书要请十一事，其中包括弛盐禁、至京师贸易等贸易条款。"久之，元昊请臣，数遣使求复互市。庆历六年，复为置场于保安、镇戎二军。"⑦

天授礼法延祚九年（1046年）恢复宋夏互市，在保安军及镇戎军的安平寨开设榷场。宋夏的贸易通道又打开了。后随着两国关系的好坏或停榷场，或通和市，或开边售粮，或禁绝私市，双方贸易就在需要和防范当中进行。如夏毅宗时因西夏侵耕屈野河地，宋朝采用知并州庞籍的建言，杜绝互市。又惠宗天赐礼盛国庆二年（1070年）宋朝复禁陕西河东路私市。后西夏请通互市，宋神宗令售铜、锡以买西夏的马匹，其纤缟与急须之物皆禁。⑧西夏每年仅通过榷场向宋输出马达数千匹。当时虽有边贸管理，但因双方人民各有所需，贸易依旧盛行，宋司马光曾上书言及当时宋夏贸易情况："旧制官给客人公据，方听与西人交易。传闻近岁法禁疏阔，官吏弛慢，边民与西人交易

---

① 《宋史》卷一八六《食货志下八》。
② 《宋史》卷一六五《职官志五》。
③ 《续资治通鉴长编》卷七二，真宗大中祥符二年（1009年）十月庚戌条；卷七七，真宗大中祥符五年（1012年）二月丙辰条。
④ 《续资治通鉴长编》卷一二四，仁宗宝元二年（1039年）九月丁巳条。
⑤ （宋）苏舜钦《苏学士集》卷十六《推诚保德功臣赠太子太保韩公行状》，中华书局1927年版。
⑥ 《宋史》卷一八六《食货志下八》。
⑦ 同上。
⑧ 同上。

者，日夕公行。彼西人，公则频遣使者，商贩中国，私则边鄙小民，窃相交易。"①后宋朝采取司马光之策，对西夏实行更严厉的禁绝私市的举措，有与夏国人私相交易一钱以上者，皆配江淮州军牢城，妻子诣配所。②总的来说是西夏要求多，而宋朝防范严。

宋元祐二年（1087年）苏轼上言西夏通过宋朝的岁赐和贸易受益很大，而对宋朝不利。苏轼还认为，西夏不仅通过贸易赚取经济上的好处，还因此使西夏民众感德，"饱而思奋"，"轻犯边陲"，从而得到政治资本。③但实际上这种互通有无的贸易双方均会获利。

（二）对辽、金贸易

西夏与契丹也有贸易。元昊时期经常与宋朝作战，军民死伤创痍过半，国中困于点集，才用不给，牛羊悉卖契丹。辽是西夏的宗主国，双方有政治、军事的相互利用和摩擦，也有经济的往来。《契丹国志》曾记录西夏向辽国贡进物件："细马二十匹，粗马二百匹，驼一百头，锦绮三百匹，织成锦被褥五合，苁蓉、甜石、井盐各一千斤，沙狐皮一千张，兔鹘五只，犬子十只。契丹回赐除羊外，余并与新罗国同，惟玉带改为金带。契丹国每次回赐新罗国物件：犀玉腰带二条，细衣二袭，金涂鞍辔二匹，素鞍辔马五匹，散马二十匹、弓箭器仗二副，细锦绮罗绫二百匹，衣着绢一千匹，羊二百口，酒果子不定数。"④这种进贡与回赐实际上是一种变相的双向贸易。

西夏对宋、辽贸易很重视，《天盛律令》对商队驮运的骆驼都做出具体规定："皇城、三司等往汉、契丹卖者，坐骑骆驼预先由群牧司分给，当养本处，用时驮之。"⑤其中"汉"当指宋朝，"契丹"当指辽朝。辽朝是西夏仅次于宋朝的贸易伙伴。西夏对外贸易由皇城司、三司管理，并派出商队，以骆驼为主运输，所用骆驼由群牧司供给。《天盛律令》又规定："马院所属熟马、生马及所予汉、契丹马等中之患疾病、生癞者，当速告局分处，马工当遣医人视之。"⑥西夏政府规定，要对准备给宋、辽的马匹患病者及时治疗。

值得注意的是仁孝天盛时期，与宋朝贸易因地域阻隔而难以进行，契丹所建辽国已灭亡，并在西夏西部建立了西辽。《天盛律令》中有关对外关系、对外贸易时多次提到契丹，而没有提到女真。辽朝灭亡、西夏对金朝称藩在崇宗时期，至仁宗天盛初年已过20多年。新修改成的《天盛律令》没有反映出当时各国之间的形势变化和实际关

---

① 《续资治通鉴长编》卷三六五，哲宗元祐元年（1086年）二月壬戌条。
② 《续资治通鉴长编》卷三六五，哲宗元祐元年（1086年）四月庚午条。
③ 《续资治通鉴长编》卷四〇五，哲宗元祐二年（1087年）九月丁巳条。
④ 《契丹国志》第二十一卷"外国贡进物件"。
⑤ 史金波、聂鸿音、白滨译注《天盛改旧新定律令》第一九"供给驮门"第576页。
⑥ 史金波、聂鸿音、白滨译注《天盛改旧新定律令》第一九"畜疾病门"第583页。

系，没有提到与其关系密切的金朝或女真的贸易，仍然反映前朝对邻国的称呼。所以这里的"汉"、"契丹"仍指与宋朝、辽朝马的贸易。

西夏后期基本与南宋隔绝，贸易对象主要是金国。崇宗时期曾两次要求与金朝开设榷场，皆未得应允。仁宗大庆二年（1141年）再次申请开设榷场，金熙宗同意了西夏的请求，在边境设置兰州、保安、绥德榷场。① 其后甚至在金国市场中，开放铁禁，以满足西夏的不足。乾祐三年（1172年）金世宗完颜雍提出"夏国以珠玉易我丝帛，是以无用易有用也"，认为用生活用品换西夏的奢侈品，很不合算，下令停罢了保安、兰州两处榷场。其实这些所谓"珠玉"可能多从大食、西州而来，并非西夏自产，西夏只是转手贸易从中获取利益而已。夏仁宗请求开放榷场，金朝不允。在这五年之后，金朝又罢绥德榷场，尚书奏："夏国与陕西边民私相越境，盗窃财畜，奸人托名榷场贸易，得以往来，恐为边患。使人入境与富商相易，亦可禁止。"于是，"复罢绥德榷场，只存东胜、环州而已"。② 至此金、夏之间的三个榷场都已关闭，影响了两国的正常贸易往来，但在东胜、环州仍可进行贸易。乾祐十二年（1181年），仁宗上表于金请恢复兰州、保安、绥德三处榷场，并要求准许西夏使人入金贸易日用物品。金国只许在绥德建立关市，以通货财。金承安二年（夏天庆四年，1197年），金国才又答允开放了兰州、保安榷场。③

西夏和金国通过使节往来也开展贸易。当时贡品和回赐也是物资交流的重要方面。西夏对金的贡品有"礼物十二床，马二十匹，海东青七，细狗五。"④ 金朝对西夏的回赐有金、银、布、衣、绫罗、绢帛、貂裘、金带等。金朝对西夏使节来金朝后的礼仪、日程有明文规定，其中规定西夏使团到金国"或许贸易于市二日"。⑤

（三）对大食、西州贸易

大食在中国西方，是中国对外贸易的重要国家。在黑水城出土的一西夏文文书残片，记载在南瞻部洲内有四大仁王，其中有"大食宝王国"⑥。大食盛产珠玉等宝物，享誉遐迩，西夏是其宝物向东贩运的必经之路。其路线是入西夏，经沙州，过河西走廊，再进入宋朝的秦州。德明上表请求宋朝希望大食的贡使、商队路经西夏，以抽取赋税，甚至勒索贡物，从中得经济上的好处。然而宋朝并未允许："大食国每入贡，路由沙州西界以抵秦亭。乾兴初，赵德明请道其国中，不许。於是入内副都知周文质言，虑为

---

① 《金史》卷四《熙宗纪》。
② 《金史》卷一三四《西夏传》。
③ 《金史》卷一〇《章宗纪二》。
④ （清）吴广成《西夏书事》三八。
⑤ 《金史》卷三八《礼志十一》。
⑥ 俄罗斯科学院东方文献研究所手稿部藏黑水城文献 Инв.No.292。

西人所掠，乞令取海路由广州至京师，诏可。"①宋朝让大食贡使索性改行海道，货船先到广州，再陆路北上赴开封。

西夏占据西北地区，阻碍了传统的中原地区和中亚及其以西地区的丝路贸易，但却刺激了宋朝海上贸易的兴盛。而拥有河西走廊的西夏却继承了丝绸之路的陆上贸易，和大食、西州回鹘互通有无。比如《天盛律令》规定不准向他国使人及商人等出卖敕禁物时，其中特别提到大食、西州国。②可见当时西夏和大食、西州有密切的贸易往来。

西州，也即西州回鹘，也是西夏贸易的重要伙伴。西夏早期，由西域各国东来的贡使和商人，在通过西夏途中，有时还要遭遇邀劫或勒索的扰害。例如："回鹘土产，珠玉为最。帛有兜罗绵、毛叠、戎锦、注丝、熟绫、斜褐；药有腽肭脐、硇砂；香有乳香、安息、笃耨。其人善造宾铁刀、乌金银器。或为商贩，市于中国、契丹之处，往来必由夏界。夏国将吏率十中取一，择其上品；贾人苦之。"③这样影响了其他国家的商人来中原贸易，有的只能走别的路线，于是西夏不能得到商贸之利。后来西夏在对外贸易方面十分重视，对他国贸易也采取了保护措施，并提供种种方便。比如《天盛律令》规定："大食、西州国等买卖者，骑驮载时死亡，及所卖物甚多，驮不足，说需守护用弓箭时，当告局分处，按前文所载法比较，当买多少，不归时此方所需粮食当允许卖，起行则所需粮食多少当取，不允超额运走。"④

二、外贸管理

仁宗时期修订的《天盛律令》第十八卷专辟"他国买卖门"，规定有关事宜，保护正常贸易，另在第十七卷"库局分转派门"中也有关于与他国买卖的内容。可知西夏重视对外贸易。外国使臣来西夏的一项重要活动是贸易，这种贸易由西夏政府直接进行："他国来使，住于京师馆驿，依官买卖，未住诸人不许随意买卖。若违律买卖不纳税，则承诸人买卖逃税之罪。"⑤其他国家使人做生意必须住在馆驿，必须与西夏官商交易，必须要纳税。这也是一项保证国家获得更多利益的措施。

对外贸易有官物和私物贸易两种，官物往往由随出使他国的使者的官商驮运，进

---

① 《续资治通鉴长编》卷一百一，仁宗天圣元年（1023年）十一月癸卯条。
② 史金波、聂鸿音、白滨译注《天盛改旧新定律令》第七"敕禁门"第284—285页。
③ （宋）洪皓《松漠纪闻》卷上，丛书集成初编本。（清）吴广成《西夏书事》卷十五。
④ 史金波、聂鸿音、白滨译注《天盛改旧新定律令》第七"敕禁门"第285页。
⑤ 史金波、聂鸿音、白滨译注《天盛改旧新定律令》第一一"使来往门"第397页。

行交易。买卖中有严格规定,有相关的手续:"往随他国买卖者,所卖官物而载种种畜物者,往时当明其数,当为注册。往至他国时,官物当另卖之,所得价及实物当于正副使眼前校验,成色、总数当注册,种种物当记之,以执前宫侍御印子印之。"①官物和私物要分开卖,不能混淆,不许以官之好物调换私之劣物。如混淆并调换官私物,则要处罚,比盗窃罪稍轻。

对外贸易运货时,为不使官物受损失,防止盗抽,物品要加盖封印。《天盛律令》规定:"他国买卖者之物已施印记时,擅自毁御印子,解而盗抽时,依边等库局分于官物入手法,当比偷盗罪加一等判断。"②

对外贸易的仓库有严格的管理:"诸沿库贮藏放置种种官物,铠甲、武器、杂物,当好为垫盖,下方勿使透湿,上方勿过雨水。局分处当常常视之,依时节晾晒。若不晾晒致损毁时,当计损毁几何,局分大小库局分等当共偿之。"③

西夏法律对盗窃他国使者来西夏买卖物品者,明确规定要加重处罚:"他国为使者已出,若盗窃其持载所买卖物时,当比偷、强盗伤人物量罪状所示加一等,所加勿及于死。沿边上有卖处,对盗敌国人卖者,依在外盗法判断。"④这种规定表明西夏确有盗掠外贸商人者,同时也表明西夏政府为开展对外贸易加大了对不法行为的打击力度。

三、对外禁卖

对外贸易主要是互通有无,双方获利,与此同时,都会防止有利于对方而不利于己方的货物交易,因此出现了对外贸易的禁榷。国内的禁榷主要是保障官方专卖赢利,如盐、茶、酒、矿产等。国外的禁榷除维护国家的经济利益外,还有对战略物资的有效控制。宋、辽、金朝对西夏实行禁榷,西夏和中原王朝对外贸易主要是官商性质,也有严格的榷禁制度。

据《天盛律令》可知有关敌界往来、到敌界卖敕禁畜物属于刑案。当时和西夏来往的国家有汉、契丹、西番、西州、大食诸国。⑤《天盛律令》规定:"人、马、披、甲、牛、骆驼,其余种种物等,敕禁不允敌界卖。"若违律时,都要给予处罚。⑥可见西夏

---

① 史金波、聂鸿音、白滨译注《天盛改旧新定律令》第一八"他国买卖门"第569页。
② 同上。
③ 史金波、聂鸿音、白滨译注《天盛改旧新定律令》第一八《他国买卖门》,第570页。
④ 史金波、聂鸿音、白滨译注《天盛改旧新定律令》第三《杂盗门》,第164页。
⑤ 史金波、聂鸿音、白滨译注《天盛改旧新定律令》第九"事过问典迟门"第319—320页。
⑥ 史金波、聂鸿音、白滨译注《天盛改旧新定律令》第七"敕禁门"第281—287页。

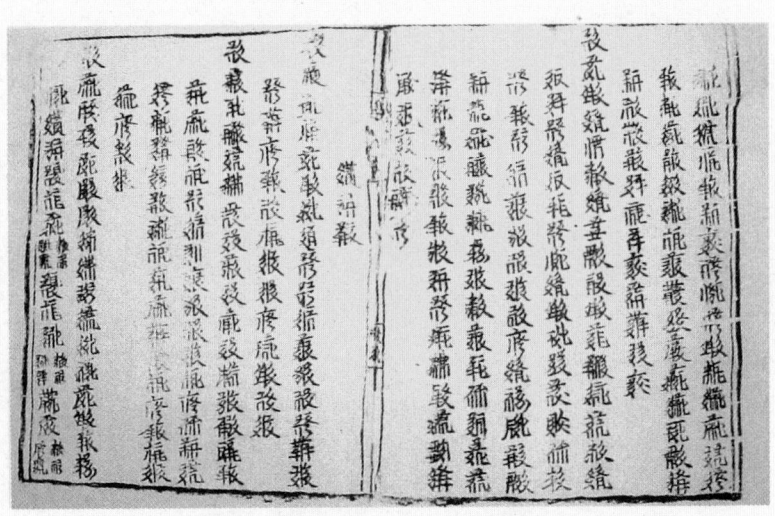

图 228 《天盛律令》中的"敕禁门"

法律对到他国卖敕禁处罚之严。西夏可以买卖人口,但不允许卖给敌国。过界卖人,等同故意杀人罪。大牲畜和作战用的披、甲都是战略物资,卖到敌界就是死罪。卖其他杂物也是按强盗等论罪。如果是官员卖敕禁,则获罪更重。

西夏缺少铜铁,对钱币管理甚严,而宋、辽、金的金属对西夏控制也很严。如早在辽重熙二年(1033年)"禁夏国使沿路私市金铁"。[①]30年后,辽道宗清宁九年(1063年)"禁民鬻铜于夏"。[②]辽不准金属流入西夏,同样西夏钱币也不准流入他国。《天盛律令》规定,到敌界卖钱10缗以上便是死罪,从重处罚,意在杜绝。西夏对卖敕禁者国家提倡举报,举报者可得到相当举报强盗的奖赏。

---

① 《辽史》卷十八《兴宗纪》;卷一一五《西夏传》。
② 《辽史》卷一一五《西夏传》。

第十一章
信 仰

西夏是一个多种信仰流行的王朝。党项人原来是自然崇拜和鬼神信仰,巫术流行。西夏建国前后,统治者大力提倡佛教,佛教成为西夏最主要的宗教。同时也有道教流传,形成以佛教为主,佛教与道教、原始宗教并存的局面。

第一节 自然崇拜和神鬼信仰

一、自然崇拜

据《隋书》记载，古代党项族"三年一聚会，杀牛羊以祭天"。[①] 至十世纪左右，尚未出现党项族信奉鬼、神的记载。可见，早期的党项族曾处于自然崇拜的阶段，还没有发展到对鬼、神的信仰。

党项族由自然崇拜发展到多神信仰的原始宗教，是与党项族向原始社会晚期逐步发展相适应的。在社会发展的初期阶段，由于生产力水平低下，人们对各种难以理解、难以抗拒的自然现象认识十分模糊。他们认为这种现象统归于"天"的支配。"杀牛羊以祭天"，正是处于这一阶段的反映。随着人类社会的发展，人们尽管还不能正确认识自然和社会现象，但他们对自然的认识逐渐具体化了，由笼统地崇拜"天"变为对各种自然现象的具体崇拜，并进而把这些自然现象人格化为各种善神和恶鬼。

二、神鬼信仰

党项族宗教生活也逐渐发生变化，北迁后他们已经由自然崇拜发展到鬼神崇拜。元昊称帝后不久，即从都城兴庆府不远千里亲自到西凉府祠神。《宋史》也明确指出，西夏的党项人"笃信机鬼，尚诅祝"。[②] 《辽史》也记载党项人有"送鬼"之俗："病者不

[①] 《隋书》卷八三《党项传》。
[②] 《宋史》卷四八六《夏国传》（下）。

用医药，召巫者送鬼，西夏语以巫为'厮'也；或迁他室，谓之'闪病'。"①沈括在《梦溪笔谈》记载了当时党项族的信仰风尚："盖西戎（即党项）之俗，所居正寝，常留中一间，以奉鬼神，不敢居之，谓之'神明'，主人乃坐其旁。"②

西夏文字典《文海》中关于神鬼的条目有20多条。从有关条目的释文可以清楚地了解到，当时在党项人的心目中神鬼神通广大，主宰着一切，并且有着明确的分工。鬼主恶，谓之"损害"；神主善，谓之"守护"。鬼有饿鬼、虚鬼、孤鬼、厉害鬼、杀死鬼；神有天神、地神、富神、战神、守护神、大神、护羊神等。③此外还有山神、水神、龙神、树神。可见，党项族这时是信仰多神的。对起守护作用的神要尊崇、供奉、祭祀、祷告；对有损害威胁的鬼则要用迷信的方法驱逐、诅咒。西夏人认为得到善神的呵护，人可以得益成名。《圣立义海》"人立成名"中"鬼神守护"条："寻觅德行，善神守护，莫得损害。"④党项人的鬼神信仰深入到日常生活。对战死者要"杀鬼招魂"。

西夏的鬼神信仰一直延续了很久，在推行佛教以后的很长一段时间，仍信奉不替。直到西夏中期，多神信仰仍有不衰之势。

《文海》"祭"条："祭祀也，烧香也，祷也，供祭地神大神之谓。"⑤仁宗于乾祐七年（1176年）在甘州黑水河边立黑水河建桥碑，碑文两面分别用汉文和藏文书写，汉文如下：

> 敕镇夷郡境内黑水河上下，所有隐显一切水土之主，山神、水神、龙神、树神、土地诸神等，咸听朕命。昔贤觉圣光菩萨哀悯此河年年暴涨，漂荡人畜，故以大慈悲，兴建此桥，普令一切往返有情咸免徒涉之患，皆沾安济之福。斯诚利国便民之大端也。朕昔已曾亲临此桥，嘉美贤觉兴造之功，仍蠲虔恳，躬祭汝诸神等。自是之后，水患顿息。固知诸神冥歆朕意，阴加拥护之所致也。今朕载启精虔，幸冀汝等诸多灵神，廓慈悲之心，恢济渡之德，重加神力，密运威灵，庶几水患永息，桥道久长。令此诸方有情，俱蒙利益，佑我邦家，则岂椎上契十方诸圣之心，抑亦可副朕之弘愿也。诸神鉴之。毋替朕命。⑥

碑文记载仁宗敕告黑水河诸神，反映出西夏时期仍保留着多神信仰。这里的诸神，虽然都在被祈祷之列，但须听从皇帝敕命。而备受仁宗赞扬的贤觉圣光菩萨又是具有帝

---

① 《辽史》卷一一五《西夏外纪》。
② （宋）沈括《梦溪笔谈》卷十八。
③ 史金波、白滨、黄振华《文海研究》第500、624、402、562页。
④ 克恰诺夫、李范文、罗矛昆《圣立义海研究》第62页。
⑤ 史金波、白滨、黄振华《文海研究》第465页。
⑥ 叶昌炽《语石》卷一，29页，宣统元年刊本。王尧《西夏黑水桥碑考补》，《中央民族学院学报》1978年1期。史金波、白滨、吴锋云《西夏文物》。图105—107。

师称号的西夏佛教高僧,在西夏世俗的天子与神、佛已融合在一起。

西夏《天盛律令》中多次提到神和祭神之事,但未提及"鬼"。在卷一提到"护神、天神",卷三、卷十一提到"神帐",卷六提到"设筵祭神",卷九提到"祭地神",卷十九提到"神马、祭牛、神牛"。可见西夏信神不是某一个民族、某一时段的事,而是载之国家法典的全国风俗。①

西夏信仰神灵,设有神帐,祭祀神祇,但也有限制,《天盛律令》规定:"诸人不许谓见佛神明光以迷惑家门,亦不许说有将降恩之语。倘若违律时,言重有疑患,则应处何罪当奏报实行,若言轻无疑患则徒一年。有屡屡不停言之者,应处何罪及应不应迁转住地等,视其言状,依时节奏报实行。"②这样的规定是对宗教信仰管理成熟的表现,有益于社会的稳定。

图 229　黑水河建桥碑汉文拓本

---

① 史金波、聂鸿音、白滨译注《天盛改旧新定律令》第一"大不恭门"第 127 页;第三"盗毁佛神地墓门"第 184 页;第十一"为僧道修寺庙门"第 411 页;第六"军人使亲礼门"第 235 页;第九"事过问典迟门"第 319 页;第十九"畜患病门"第 582—583 页。
② 史金波、聂鸿音、白滨译注《天盛改旧新定律令》第一二"无理注销诈言门"第 417—418 页。

第二节　佛教的传播和发展

一、信仰基础

河西走廊是中国佛教信仰很早的地区，自凉、魏经隋、唐，佛教在这一地区已经流行了六七百年，有很大影响，对迁到这一地区来的党项族，有着潜移默化和直接继承的关系。党项族周围的民族多已信仰佛教，居住在西夏境内和境外的汉族自不必说，就是住在北面和东面的契丹族也早就信奉佛教。西部的回鹘是西域和内地之间佛教传播的媒介，佛教信仰有更长的历史。9世纪中叶，吐蕃赞普郎达玛在西藏禁佛，很多虔诚的佛教徒外逃。后来居住在甘、青一带的藏族成了信仰佛教的中坚。吐蕃人与党项人或毗邻而住，或交错杂居。这样，处于汉族、契丹、回鹘、吐蕃几个信仰佛教民族中间的党项族，比较快地接受佛教的影响，是顺理成章的事。

佛教在党项族中流行有适宜的土壤。党项族经历了长途迁徙，唐末安史之乱的动荡，藩镇割据的战乱，加上本民族上层统治者的压迫剥削，人民生活十分痛苦。他们渴望安定的生活。佛教关于人生无常、充满痛苦的基本观点和人们的悲观情绪相适应。佛教因果报应的理论，以及经过信佛行善可以进入"极乐世界"的说法，为在现实生活中饱受煎熬的劳动人民提供了精神上的慰藉。

党项族在长时间的社会发展中逐步由分散的部落向着更为统一的民族共同体发展。个别强大的部落首领，权力越来越大，渐次出现了凌驾于一般部落首领之上的"节度使"、"夏国王"、"夏国主"乃至"皇帝"。佛教的主宰释迦牟尼使原来党项人所信仰的众神降于次要地位，这正与世俗生活中西夏国王、皇帝使各部落首领，降为从属地位相适应。西夏统治者率先接受佛教，并推动它迅速发展。他们利用手中优越的政治、经济条件，大力提倡佛教，希图借助佛门保佑皇权，并以佛教大力宣扬忍耐，来维护其封建统治。同时,他们也想通过虔诚地信仰佛教在世消灾享福,来世可进入西方极乐世界。《文海》解释"佛"字的意思说"是梵语,蕃语觉之谓,教导有情(众生)者是也"。①《圣立义海》"人立成名"中"上和佛法"条:"上与诸佛、圣贤品行气性顺和。"②显然西夏统治者把"佛"当作精神统治的重要支柱之一。于是在党项族中,乃至于在西夏全境,佛教迅速地传播和发展了。

二、传播和发展

(一)德明、元昊时期

西夏最早的佛事活动记载是宋景德四年(1007年)。当时党项族首领、夏州节度使、西平王德明的母亲罔氏下葬时,德明要求到宋朝北部佛教中心五台山修供十寺(唐以后五台山有大寺10所),并派致祭使护送供物到五台山:"(德明)母罔氏薨,……及葬,请修供五台山十寺,乃遣阁门祗候袁瑀为致祭使,护送所供物至山。复献马五百匹,助修章穆皇后园陵。"③可见当时佛教已成为党项王室的重要信仰了。

德明时期与其父继迁时期相比,势力范围扩大,有了稳定的统治中心,与宋、辽关系趋于和好。这种相对稳定的局势为求取大藏经的佛事活动提供了有利条件。宋天圣八年十二月(1031年),德明派使臣去宋朝,献马七十匹作为工值,乞求宋朝赐佛经一藏。宋朝答应了这一请求。④这是西夏第一次向宋求赐佛经。

元昊在佛教的发展方面也有重要建树,他通晓"浮图学"(即佛学),在继位后的第三年,即宋景祐元年十二月(1035年),又向宋求赐佛经一藏。⑤次年印度僧人善称等一行9人,来到西夏管辖的夏州。原来善称等人经长途跋涉至宋京师汴梁(今河南开封市),贡献梵经、佛骨及铜牙菩萨像,归途中路过西夏。元昊把他们留在驿馆之中,求索贝叶经,没有得到,就把他们关押起来。宋宝元元年(1038年)元昊又向宋朝提出要求,希望派使臣到五台山供佛:"春正月癸卯,元昊请遣人供佛五台山,乞令使臣

---

① 史金波、白滨、黄振华《文海研究》第577页。
② 克恰诺夫、李范文、罗矛昆《圣立义海研究》第63页。
③ 《宋史》卷四八五《夏国传》(上)。《续资治通鉴长编》卷六七,真宗景德四年(1007年)十月庚申条与《宋史》有异:"德明又请诣五台寺修设,追荐其母。陈尧叟欲令张崇贵谕以路由河东,多涉军垒不便,听由镇州路往。上曰:'宜令崇贵答以不敢闻奏,若诚愿则听致施物於鄜延,委崇贵差人送五台也。'"依此说西夏使并未至五台山。
④ 《续资治通鉴长编》卷一九○,仁宗天圣八年(1030年)十二月丁未条。
⑤ 《续资治通鉴长编》卷一一五,仁宗景祐元年(1035年)十二月癸酉条。

引护，并给馆券，从之。元昊实欲窥河东道路故也。"① 元昊派人前往宋朝管辖的著名佛教圣地五台山朝圣供佛，宋人以为其真实目的是想窥探河东道路。但可看出，元昊在筹备立国称帝的前夕，仍与宋朝保持着佛教的往来。这是因为当时西夏的统治者十分信奉佛教，但境内又缺乏佛教圣地的缘故。

前述元昊立国之初，就广泛搜集舍利，并大兴土木，建佛舍利塔。可知元昊时注重佛寺的修饰。这是西夏建塔最早的记载。

要在一般不懂得汉语的党项族群众中发展佛教，只有汉文佛经而没有党项族自己民族文字的佛经是难以为继的。西夏文字创造不久，大规模翻译佛经的事业就开始了，这就为佛教在西夏境内进一步流传、发展打下了坚实的基础。

西夏的佛教发展，可以从西夏与宋的交往看出一些端倪。北宋知清涧事种世衡派僧人王光信（后改名王嵩）潜入夏国行反间计，以蜡丸书送交西夏大将野利旺荣，使元昊对旺荣产生怀疑，终于杀掉旺荣。又北宋知渭州王韶、总管葛怀敏也使僧人法淳持书信前往西夏活动。北宋两次派僧人去西夏，应是考虑到尊崇佛教的西夏境内，僧人有便于活动的有利条件。

宋、夏议和的第二年，西夏派僧人吉外吉、法正等到宋朝，感谢宋朝第二次赐给佛经。显然，这种友好的宗教往来，也带有浓厚的政治色彩。

天授礼法延祚十年（1047年）元昊下令以每一季的第一个月的朔日（初一）为"圣节"，让官民礼佛："曩霄（即元昊）五月五日生，国中以是日相庆贺。旧俗止重冬至，曩霄更以四孟朔为圣节，令官民礼佛，为己祈福。"这种用行政命令扶植佛教的做法，把佛教推上了更高的地位。元昊又兴建规模宏大的高台寺。② 寺内存贮宋朝所赐大藏经，并且请回鹘僧人演绎经文，翻译成西夏文。显然此次建寺和贮藏汉文佛经、翻译西夏文佛经有直接关系。

又据《嘉靖宁夏新志》记载，元昊时还曾在西路广武营建大佛寺，可见元昊时期建寺不止一次。

（二）毅宗、惠宗和崇宗时期

西夏第二代皇帝毅宗谅祚幼年继位，母后没藏氏专权。这个曾经一度出家为尼的皇太后十分好佛。她推动了西夏佛教的进一步发展。就在她执政的第三年，即西夏天祐垂圣元年（1050年）开始兴建著名的承天寺，历时近六年于西夏福圣承道三年（1055年）建成。③（见图90）

---

① 《续资治通鉴长编》卷一二一，仁宗宝元元年（1038年）正月癸卯条。
② （清）吴广成《西夏书事》卷一八。
③ （清）吴广成《西夏书事》卷一九。

修建宏伟的承天寺，是一次浩大的工程，以至要动用"兵民数万"。前引当时所作《新建承天寺瘗佛顶骨舍利碣铭》描绘了兴建承天寺和埋葬佛顶骨舍利的情景。没藏氏耗费巨额资财，修盖大型寺庙，对于战乱不已的西夏来说，是十分沉重的负担。寺庙修成后，其中也贮藏宋朝所赐大藏经，并延请回鹘僧登座演经，没藏氏本人和小皇帝谅祚有时还来听讲。

在承天寺建成的当年，即宋至和二年（1055年）三月，"庚子，赐夏国大藏经"。① 当时没藏氏派遣使臣到宋朝，得到宋朝所赐大藏经，这是西夏第三次从宋朝得到大藏经。不久，西夏又得到宋朝赐予的第四部大藏经。宋嘉祐二年十二月（1057年）"赐夏国主赎大藏经诏"对此事记录甚详。②

西夏毅宗亲政后的第二年，即西夏奲都六年（1062年）西夏第五次向宋朝赎经。③ 此次宋朝颁赐大藏经印造时间较长，自嘉祐七年下诏，十一年给付。④ 与此同时，西夏也向辽朝进贡回鹘僧、金佛、《梵觉经》。当时回鹘一部分地区为西夏所有，回鹘僧人不仅用来为西夏演经、译经，还用来作为友好往还的"礼品"送往他国。另据记载，谅祚时期还在鸣沙州（今宁夏中宁县）城内建安庆寺。⑤（见图97）

最后一次赎大藏经的活动是在惠宗初期。宋熙宁五年十二月（1073年）。⑥ 这六次赎经都在西夏前期，频繁的求取佛经，应与当时大规模将佛经译为西夏文有直接关系。惠宗秉常和崇宗乾顺在位前期，都是母后专权，她们都是大力推崇佛教的统治者。

当时作为佛教圣地的莫高窟、榆林窟也已留下了西夏佛教信徒的足迹。莫高窟有天赐礼盛国庆二年（1070年）西夏文题记。据榆林窟十六窟题款记载，天赐礼盛国庆五年（1073年）阿育王寺僧人惠聪等人，曾修弥勒大像。至少在此时已经刻印汉文佛经，黑水城所出汉文刻本佛经中有"天赐礼盛国庆五年岁次癸丑八月壬申朔陆文政施"的题款。⑦

前述乾顺时期有两次重大佛事活动。一为天祐民安四年（1093年），由皇帝、皇太后发愿，动用了大量人力、物力和财力，凉州重修护国寺感通塔及寺庙，第二年完工后立碑赞庆。护国寺原为东晋十六国时的前凉张天锡所建造，原名宏藏寺，唐初改名

---

① 《续资治通鉴长编》卷一七九，仁宗至和二年（1055年）四月庚子条。
② （宋）欧阳修《欧阳文忠全集》卷八六《内制集》卷五。（宋）释志磐撰《佛祖统纪》卷四五载：宋嘉祐三年（1058年）"西夏国奏：国内新建伽蓝，乞赐大藏经典。诏许之。"
③ （清）张鉴《西夏纪事本末》卷二〇，光绪十年（1884年）江苏书局印本。
④ 宋嘉祐八年仁宗死，英宗即位改元，依时推算诏书中的嘉祐十一年，当是后来的至平三年。
⑤ 《嘉靖宁夏新志》卷八。
⑥ 《宋史》卷四八六《夏国传》（下）。
⑦ 史金波、魏同贤、克恰诺夫主编《俄藏黑水城文献》第四册第7页。

图230 清末时期的凉州护国寺及感通塔

为大云寺,西夏时期统治者以为多有灵异出现护国,更名为护国寺,因地震塔寺受损,西夏政府重修,并立夏、汉两种文字碑,以旌盛事。1927年武威又遭8级地震,寺庙严重损坏,唯留寺内的古钟楼及西夏碑。另一件大规模修建寺庙的活动是在甘州建筑卧佛寺。该寺于崇宗永安元年(1098年)修建,经清代翻修,仍保留西夏时期特点,是河西地区所存最大的古建筑之一。

图231 2011年笔者重访西夏护国寺遗址

图232 2011年笔者重访张掖卧佛寺

西夏前期由政府直接组织的活动主要有：先后六次向北宋求取大藏经；用自己的民族文字西夏文有组织地翻译佛经；兴建兴庆府的高台寺、承天寺、甘州的卧佛寺等重要佛教建筑，逐步形成佛教传播中心。

（三）仁宗时期

自仁孝时期佛教比前代有了新的发展，其影响进一步扩大。这一阶段突出的佛事活动有西夏文佛经的校勘，还有刻经和施经。由于这时佛教的主要经典基本上都译成了西夏文，校勘这些佛经就成了一件繁难而重要的任务。西夏文佛教文献表明，所校经典大都出自这一时期。西夏的刻版印刷事业逐步发展起来，当时政府设刻字司，专主刻印。这为佛经的大量刻印和广泛流行创造了极为有利的条件。

从所见文献看，仁孝一朝印施佛经很多。较早的有仁宗人庆二年（1145年）印施番、汉《大方广佛华严经普贤行愿品》。较晚的是乾祐二十年（1189年）有一次规模宏大的施经活动。在《观弥勒菩萨上生兜率天经》后的一篇汉文发愿文中记载了这一重要史实。这一活动是在大度民寺举行的，从9月15日开始，请了宗律国师、净戒国师、大乘玄密国师、禅、法师等，作一大法会，供养施食，并念佛诵咒，读藏文、西夏文、汉文佛经，散施西夏文、汉文《观弥勒菩萨上生兜率天经》10万卷，汉文《金刚经》、《普贤行愿经》、《观音经》各5万卷，作各种法事，长达10昼夜。会上散发20万卷佛经，反映了仁孝时期佛教的高度发展。

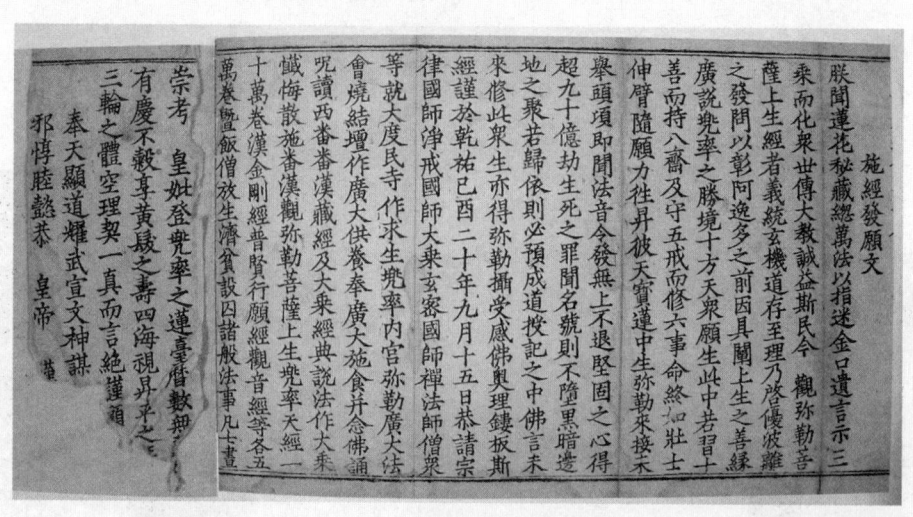

图233　西夏汉文刻本《观弥勒菩萨上生兜率天经》发愿文

仁宗朝也有官员和私人刻经。如天盛十九年（1167年）"太师上公领军国重事秦晋国王"任得敬作发愿文施《金刚般若波罗蜜经》。

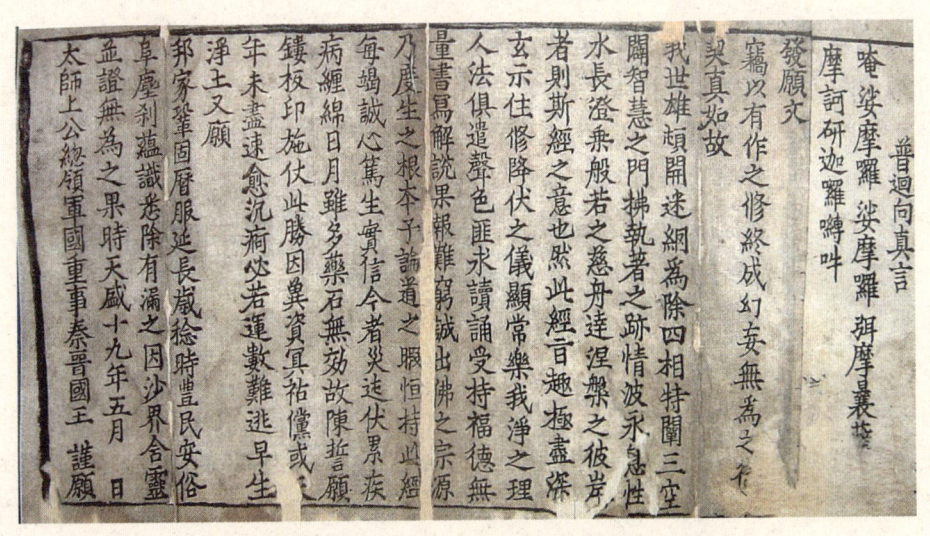

图 234　西夏汉文刻本《金刚般若波罗蜜经》发愿文

乾祐十六年（1185年）一篇刻本西夏文施经发愿文残页中，记叙了印施佛经的"善事"。同年比丘智通印施汉文本《六字大明王功德略》。

（四）晚期

仁孝死后，桓宗纯佑继位。罗氏被尊为太后，她发愿令人抄写全部西夏文大藏经，记载这一活动的是《佛说宝雨经》和《佛说长阿含经》上的木刻押捺题款。①

桓宗天庆元年（1194年）皇太后罗氏印施番、汉文《仁王护国般若波罗蜜多经》；天庆二年（1195年）皇太后罗氏印施番、汉文《佛说转女身经》。

这一阶段也有私人刻经。如天庆七年（1200年）仇彦忠等人印施汉文《圣六字增寿大明陀罗尼经》600余卷。同年，西夏僧人智广、慧真编辑《密咒圆因往生集》1卷，这是后来列入汉文大藏经的西夏人著述。集前有西夏中书相贺宗寿所作序。西夏人自己编辑的这部佛教著作，虽不过万言，但还要请西域和西夏的僧人，用汉本和梵本反复校译。皇建元年（1210年）众圣普化寺僧人李智宝印施汉文《佛说大乘圣无量寿决定光明王如来陀罗尼经》。

西夏晚期佛教虽受到朝代频繁更迭和战乱破坏的影响，但有佛教信仰传统的西夏皇室，在艰难喘息之间，还要顾及佛事，祈求佛的保护以挽救必败的颓局。西夏光定四年（1214年），神宗遵顼在内外交困、国力衰微之际，以皇帝的名义缮写金泥字《金光明最胜王经》。此经末附一篇重要的御制发愿文，明确提出这次写经是为了求得佛力

---

① 俄罗斯科学院东方文献研究所手稿部藏黑水城文献 Инв.No.87、150。

的保护。①

同年，西夏右枢密使、吐蕃路都招讨使万庆义勇以书信约宋夹攻金朝，派去联络的是蕃僧减波把波，他带着蜡丸书，前往西和州（今甘肃省西和县）的宕昌寨进行联络。这是西夏晚期利用僧人进行政治活动的一例。此外，神宗遵顼的太子德任因为和父亲政见不合，于光定十三年（1223年）请求避太子位，出家为僧，触怒遵顼，被囚禁在灵州。这是西夏灭亡之前的一段插曲。

看来，在西夏后期，佛教曾得到进一步传播。至晚期受到战乱的影响，渐有衰落的趋势。

西夏前后近两个世纪，佛教一直兴盛不衰。元代第一位帝师、藏族高僧八思巴认为西夏是广兴佛教的国家，在他所著《彰所知论》中记载："广兴佛教：梵天竺国、迦湿弥罗国、勒国、龟兹、捏巴辣国、震旦国、大理国、西夏国等，诸法王众，各于本国兴隆佛法。"②

三、译校佛经

以党项族为主体的西夏王朝，其佛教发展最富影响的是用西夏文翻译佛经。向党项族推行佛教，必须要以党项人能听得懂、看得懂的语言、文字宣传教义。以西夏文翻译佛经，在西夏建国前后是西夏统治者的大事之一，翻译西夏文佛经也是创制西夏文字的重要催生剂。

由前述可知，元昊时期西夏已向宋朝求到两部汉文大藏经，为西夏译经准备了汉文底本。在开始译经的前两年，创造了西夏文，这样就可以使翻译佛经变为现实。西夏文文献表明，就在元昊称帝当年，已开始把汉文佛经译成西夏文。当时的译经主持人是国师白法信。西夏文《过去庄严劫千佛名经》发愿文中记有："重千七年，汉国 [稀尼] 岁中，夏国风帝新起兴礼式德，戊寅年中，国师白法信及后禀德年臣智光等，先后三十二人为头，令依番译。"③"风帝"即指元昊，"戊寅年"为元昊称帝的1038年。此时，宋朝刻印完毕的大藏经只有《开宝藏》一种。可知西夏把佛经译为西夏文的底本当是《开宝藏》。

传世的西夏文佛经中，一部分卷首有译者题款，题款表明译者是西夏的皇太后、

① 西安市文物管理处、中国社会科学院民族研究所《西安市文管处藏西夏文物》。
② （元）八思巴著、沙罗巴译《彰所知论》卷上，《大正新修大藏经》卷三二第226—237页。
③ 史金波《西夏文〈过去庄严劫千佛名经〉发愿文译证》，《世界宗教研究》1981年1期。

皇帝。其中主要有两类。第一类如《慈悲道场忏法》、《过去庄严劫千佛名经》、《佛说菩萨修行经》等，题款为："天生全能、禄番佑圣、式法皇太后梁氏御译，就德主世、增福正民、明大皇帝嵬名御译"。第二类有《佛说宝雨经》、《地藏菩萨百八名经》等，题款为："胜智广禄、治民集礼、德圣皇太后梁氏御译，神功胜禄、习德治庶、仁净皇帝嵬名御译"。第一类题款中的明大皇帝和皇太后梁氏，是惠宗秉常和他的母亲。第二类题款中的仁净皇帝和皇太后梁氏为崇宗乾顺和他的母亲。①

国家图书馆所藏《金光明最胜王经》流传序中有关此经传译经过时记载："后始奉白高大夏国明盛皇帝、母梁氏皇太后敕，渡解三藏安全国师沙门白智光，译汉为番。"②这就是说，皇帝、皇太后只是下令让译经大师白智光翻译《金光明经》，他们自己并未直接参加译经。

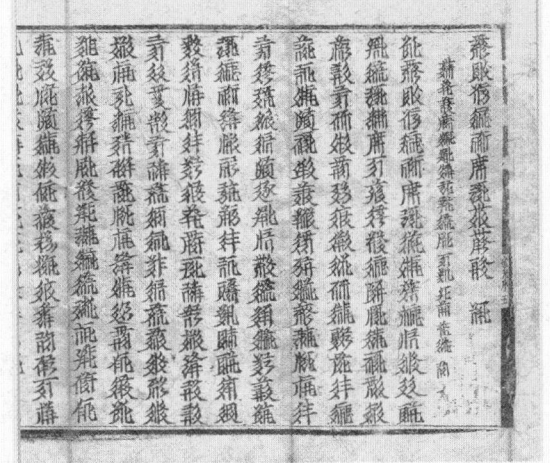

图 235　西夏文《金光明最胜王经》流传序

根据西夏文《过去庄严劫千佛名经》发愿文的记载，至天祐民安元年（1090年），西夏前四朝53年共译经362帙、812部、3579卷。其后虽然有所增译，但大都属于补充性的译经和翻译藏传佛教的经典。到仁宗仁孝时期，已经进入以校经为主的时期。

前述国家图书馆所藏西夏译经图描绘了西夏惠宗时期译经的真实情况。上部正中的高僧为"都译勾管作者安全国师白智光"。旁列16人为"助译者"，其中8僧人分别有党项人或汉族人名题款，后排世俗官员8人。图中绘西夏惠宗秉常和母梁氏皇太后亲临译场的坐像，显示出西夏时期译经的生动情景。（见图374）

仁孝在位时期采取了佛、儒并重的政策，推动佛教进一步发展，其中最值得称道的是佛经校勘。《过去庄严劫千佛名经》发愿文中，在叙述了西夏译经的情况后，接着提到了西夏校经的史实："后奉护城皇帝敕，与南、北经重校。"护城皇帝即仁宗。"南经"当指西夏之前的宋本，即《开宝藏》。西夏以北的辽、金先后刻印了汉文大藏经，一为《契丹藏》，一为《赵城藏》。此时均先后完工，所以"北经"应是辽、金的《契丹藏》或《赵城藏》。西夏系统地校勘佛经，同时以南、北两种藏经的版本为底本进行核正，标志着西夏文佛经的翻译整理更加规范、准确、细致。

---

① 史金波《〈西夏译经图〉解》。
② 史金波《西夏文〈金光明最胜王经〉序跋考》，《世界宗教研究》1983年3期。

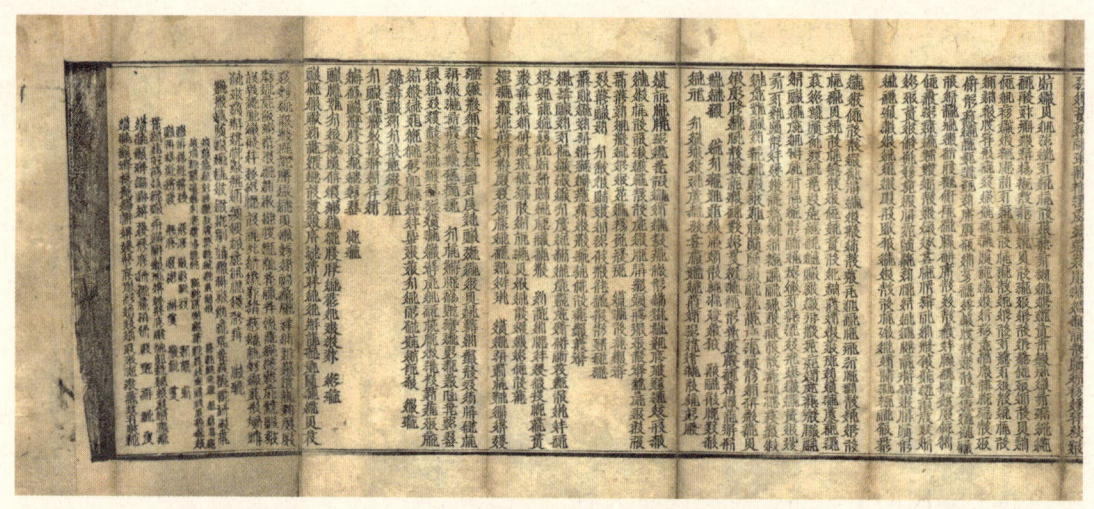

图236　西夏文《过去庄严劫千佛名经》发愿文

　　传世的西夏文佛经中,在卷首明确记载进行过校勘的,绝大多数是仁宗时所校。其中又可分为几种。一种是在惠宗及其母梁太后为译者的题名后,多一条以仁宗尊号为校者的题名:"奉天显道、耀武宣文、神谋睿智、制义去邪、谆睦懿恭皇帝嵬名御校"。另一种是在崇宗及其母梁太后为译者的题名后,多一条以仁宗尊号为校者的题名。第三种是只有仁宗为校者的题名。这种题名又分为两类。一类与上述仁宗尊号相同,一类题名为"奉白高大夏国仁尊圣德珠城皇帝敕重校","仁尊圣德珠城皇帝"也是仁宗的一种尊号。国家图书馆所藏《金光明最胜王经》即为此类。

　　除仁宗一朝校经外,也还有另外的皇帝在位时校过佛经。《佛说佛母出生三法藏般若波罗蜜多经》卷首有西夏文题款:"天力大治,孝智净广、宜德纳忠、长平皇帝嵬名御校"。"长平皇帝"又出现在西夏陵园的残碑中。据这一尊号不同于已知的惠宗、崇宗、仁宗尊号,而校经又不可能很早,估计为仁孝以后的一位皇帝,很可能是桓宗的尊号。

第三节 佛教政策和管理机构

佛教在西夏社会思想和社会生活中占有特别重要的地位，佛教是西夏上自皇室下及平民的主要信仰。西夏统治者对佛教实行特殊的优容政策，并设有专门的机构管理。

一、佛教政策

西夏大力提倡儒学和佛教，使之成为西夏社会思想的两大精神支柱。尽管西夏并不排斥民族原始宗教和道教，但佛教始终是西夏的第一宗教。西夏佛教发展的一大特点是皇室的直接参与。不少重要佛事活动以皇帝、皇太后的名义实施。在皇权至上的封建社会里，皇室直接参与佛事活动对推动佛教发展的作用很不寻常，它自然带有政策导向作用。目前所能见到的西夏皇帝、皇太后御制的或大臣奉敕撰写的碑铭、发愿文、佛经序等有很多，在中国历朝中占首位。此外，西夏皇帝还仿唐宗、宋帝，御制西夏文《新译三藏圣教序》，因此序残缺，只知其为景宗后的一位皇帝所写，不能确知是哪一代皇帝。① 一个朝代有这样多的皇帝、皇太后所作佛经序和发愿文，在中国佛教发展史上十分突出。由于朝廷的倡导，西夏境内形成了上下崇佛、寺庙林立、僧人众多、信徒广布的局面。西夏后期刻印佛经很多，有时一次刻印、散施佛经超过25万卷。不难想见西夏王朝有意识地大力推行佛教的总政策。

西夏政府为发展佛教，在很多方面对佛教实行加意保护和优容照顾的政策。这些政策往往是僧、道并提，但因佛教寺庙多，僧人众，对宗教优惠政策的受益也多。《天盛律令》规定："诸人佛像、神帐、道教像、天尊、夫子影殿等不准盗损灭毁。若违律

---

① 史金波《西夏佛教史略》，附录一《西夏碑碣铭文、佛经序、跋、发愿文、石窟题记》。

时，造意徒六年，从犯徒三年。"①西夏政府以法律手段保护佛教、道教和儒学，其中把保护佛像置于首位。此条中又规定："若非损坏，盗而供养者，则有官罚马一，庶人十三杖。"盗窃佛像后持归礼拜供养者，则法律上网开一面，处罚大大减轻。西夏统治者为了贯彻推行佛教这一总政策，在法律上把为了供养佛像而行盗窃的罪行淡化了。

《天盛律令》中还规定："诸寺庙、道观等所属设置常住中，大小局分擅自拿取盗持时，加罪之法，当与前述盗官物同。"②"大小局分"指西夏政府大大小小的各种机构。西夏把寺庙财物比同官物，可知西夏寺庙地位之高。又规定："诸寺庙、观堂、神帐等中，穿墙壁、凿井、取土时，当报职管处，寻求谕文，依应何为实行。若违律不寻谕文，自行穿墙、凿井、取土时，依诸人于寺庙中住宿法判断。"西夏政府对寺庙的保护具体而微，即便是皇使也得遵循："皇使及大人随缘者居于他人诸寺庙、观堂、神帐等内，不许居宿拴缚驮马牲畜。"③

入教以后，成为出世人，应与世俗家庭了断关系。因此僧人、道士不再是家庭成员，他们犯罪不应连累原家庭，原家庭成员犯罪也不应连累本人。比如僧人、道士亲属犯谋逆罪时，《天盛律令》作出了免于连坐处罚的规定，对欲谋逆官家，触毁王座者："有为僧人、道士等者，莫入连坐中。应连坐人早已为僧人、道士，已出家与家院不往来，于彼处谋逆后，原主父母、节亲等勿连坐，父母等犯逆罪，亦依前所示出家人勿入连坐中。"④

西夏由于长期崇佛的政策，形成了庞大的僧侣阶层。虽然他们当中也有尊卑贫富之分，但总的来说，这些僧人都需要百姓供养，在法律上还享有特权。有些僧人犯罪时甚至有减免之法。在《天盛律令》中有以下规定："诸有官人及其人之子、兄弟，另僧人、道士中赐穿黄、黑、绯、紫等人犯罪时，除十恶及杂罪中不论官者以外，犯各种杂罪时与官品当，并按应减数减罪。"⑤西夏的僧人、道士被赐服黄、黑、绯、紫者，他们在犯有杂罪时，就与有官人及其儿子、兄弟一样，获得了以官品抵罪的特权。其下条目又规定有一定地位的僧人犯罪可比普通百姓犯罪减一等，被判徒刑时可用赐黄、赐黑、赐绯、赐紫的待遇抵罪。⑥西夏政府在政策上给予佛教、寺庙和僧人以特殊地位，这对西夏佛教制度的具体内容以及实施情况有重要影响。

---

① 史金波、聂鸿音、白滨译注《天盛改旧新定律令》第三"盗毁佛神地墓门"第184页。
② 史金波、聂鸿音、白滨译注《天盛改旧新定律令》第三"杂盗门"第164页。
③ 史金波、聂鸿音、白滨译注《天盛改旧新定律令》卷一一"为僧道修寺庙门"第410—411页。
④ 史金波、聂鸿音、白滨译注《天盛改旧新定律令》第一"谋逆门"第113—114页。
⑤ 史金波、聂鸿音、白滨译注《天盛改旧新定律令》第二"罪情与官品当"第138—139页。
⑥ 史金波、聂鸿音、白滨译注《天盛改旧新定律令》第二"罪情与官品当"第145—146页。

寺院可属有土地，而这些土地可能并不纳税。从《天盛律令》有关规定中可见端倪："僧人、道士、诸大小臣僚等，因公索求农田司所属耕地及寺院中地、节亲主所属地等，诸人买时，自买日始一年之内当告转运司，于地册上注册，依法为租佣草事。若隐之，逾一年不告，则所避租佣草数当计量，应比偷盗罪减一等，租佣草数当偿。已告而局分人不过问者，受贿徇情则依枉法贪赃罪判断，未受贿徇情则依延误公文法判断。"① 大约农田司所属耕地、寺院中地、节亲主所属地，不同于普通纳税耕地。农田司所属耕地的收获除留种子、耕种者所用外，全部上缴国家；节亲主所属地类似赏赐地，收获全归节亲主；寺院中地收获全归寺院，都是不纳税的耕地。国家对寺庙的经济给予很大照顾。从黑水城文书中看到寺庙以大批粮食放高利贷、出租土地的情况，可知当时寺庙经济的特点和影响。

西夏政府为制止贵族在丧葬方面的铺张行为，对使用僧、道的活动也有严格的规定，《天盛律令》规定："诸男女有高位等，死亡七七食毕，官方应为利益时，所赐僧人、道士数依谕文所出实行，此外，不许自求僧人、道士。倘若违律而求之，报、取状者一律有官罚马一，庶人十三杖，僧人、道士勿获罪。"②

二、管理机构

西夏政府把佛教管理完全纳入政府手中。西夏佛教对世俗权利极力适应，与世俗政权紧密配合，而西夏政府对佛教及其上层也给以很高的地位，并请他们直接参与佛教的管理，这是西夏佛教制度的另一个重要特点。西夏佛教管理，可分为几个层次：

（一）中央级僧署

在《天盛律令》显示的西夏政府机构中，次等司中有两个管理佛教事物的机构，即僧人功德司、出家功德司。该门中有时又将二功德司记为在家功德司和出家功德司。③

在汉文本《杂字》司分部十八中有各种司职，其中也有"功德"、"道德"。"功德"当为佛教二功德司的简称。

西夏设功德司统管佛教，应该说是继承了唐代衣钵，而功德司又分为僧人功德司和出家功德司两种，则是西夏王朝的新创。

《天盛律令》中规定佛教两种功德司各设6位国师、2位合管。西夏国师在功德司

---

① 史金波、聂鸿音、白滨译注《天盛改旧新定律令》卷一五"租地门"第496页。
② 史金波、聂鸿音、白滨译注《天盛改旧新定律令》卷一一"为僧道修寺庙门"第410页。
③ 史金波、聂鸿音、白滨译注《天盛改旧新定律令》第一〇"司序行文门"第363、367页。

中都任正职。看来，两功德司同时可以有十几位正职。此外在家功德司各设2名都案，分别设6名、2名案头。两功德司由政府颁发司印，为铜上镀银15两。①

近些年来，在西夏资料中发现任功德司职务的人不少。在译自藏文的西夏写本《胜慧到彼岸要论教学现前解庄严之注》译者、校者题款中有"出家功德司正禅师沙门㕸智满证义、出家功德司正副使沙门没藏法净合文、出家功德司承旨沙门云智有与吐蕃本校"。②以上第一僧人㕸智满任出家功德司正，第二僧人没藏法净任出家功德司副使，第三僧人云智有任出家功德司承旨。他们的职务都与《天盛律令》所载相合。

在北京房山云居寺发现的明刊本汉藏对照佛经《圣胜慧到彼岸功德宝集偈》，系西夏时期译校，首页说法图下有汉文题款，最后一条是西夏仁宗皇帝的尊号。其余5人中有3人涉及功德司职务。显密法师有职缺名，任功德司副使，嗲也阿难捺和波罗显胜皆任功德司正。③俄藏黑水城文献有该经的西夏文刻本，其经末题款与汉文本大体一致，只是顺序不同。另云居寺刻本题款漏刻了显密法师、功德司副使的人名，在西夏文本录有其名为"周慧海"。此外汉文题款中多了汉译者鲜卑宝源，西夏文本题款中则多了西夏文译者。④

此外在在黑水城出土文献中有西夏文写本《如来一切之百字要论》、《道之间休止顺要论》、《大般若波罗蜜多经》卷二以及西夏人编集的经典《密咒圆因住生集》有僧人出任功德司正、副和承旨的职务的题款。⑤

西夏的两种佛教功德司属中央级政府机构，负责管理全国的佛教事务，地位十分重要。目前发现西夏担任功德司内职务人中，尚未发现俗人，可能功德司的正、副、承旨等职务不是由世俗人担任，而是概由僧人担任。西夏僧人中的上层，

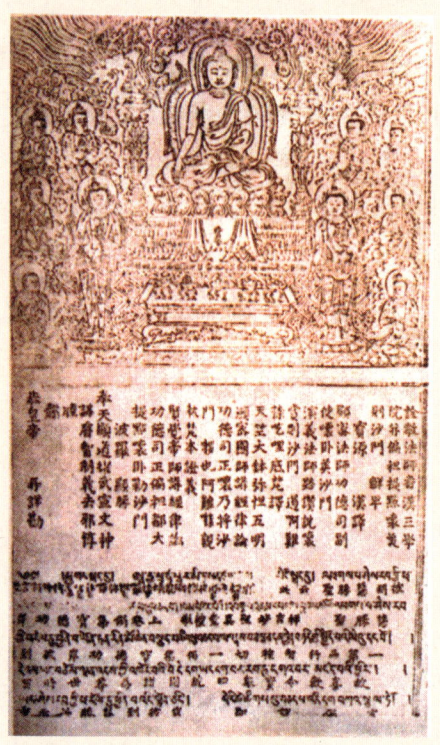

图237 汉藏文合璧《圣胜慧到彼岸功德宝集偈》

---

① 史金波、聂鸿音、白滨译注《天盛改旧新定律令》第一○"官军敕门"第358—379页。
② 俄罗斯科学院东方文献研究所手稿部藏黑水城文献 Инв.No.5130。
③ 罗炤《藏汉合璧〈圣胜慧到彼岸功德宝集竭〉考略》，《世界宗教研究》1983年4期。
④ 俄罗斯科学院东方文献研究所手稿部藏黑水城文献 Инв.No.598。
⑤ 俄罗斯科学院东方文献研究所手稿部藏黑水城文献 Инв.No.7165。《大正新修大藏经》第四十六卷第1007页。

与官府关系过从甚密，不少人居官任职，有的已经成为西夏统治阶级中的要员。

西夏有三学院，"三学"在佛教中指戒、定、慧三种学问，它不同于西夏的番汉大学院。在佛经《医药光海生金刚王文》有卷末题款：功德司正副使三学院提点沙门慧照李番译，李慧照是将此经译为西夏文的僧人，他有功德司正副使、三学院提点的官衔。① 又西夏诗歌集有题款：刻字司头监番三学院百法博士骨勒善源，骨勒善源也是僧人，它有刻字司头监、番三学院百法博士的头衔。② 据此知三学院可能有番、汉两种，其中有百法博士。

（二）地方和寺院僧职

俄藏黑水城文献中的汉文本《杂字》官位部中，有僧官、僧正、僧副、僧判、僧录等官位名称。尽管未明确其具体为哪一级僧职，但他们应不是中央级僧官，而是西夏地方或寺院中的僧职。又西夏乾祐十五年（1184年）印施《佛说圣大乘三归依经》，其经后仁宗御制发愿文中载有："朕适逢本命之年，特发利生之愿。恳命国师、法师、禅师暨副、判、提点、承旨、僧录、座主、众僧等，遂乃烧施结坛，摄瓶诵咒，作广大供养，放千种施食。"③ 其中所记副、判、提点、承旨也应是中央级僧署功德司内的职务。文中未记功德司正，可能是因为国师必然要担任功德司正之职，前已有国师之名，就省略了"正"。而文中的僧录、座主当是地方和寺庙的僧职。

管理好寺院是推行佛教，并使佛教和社会相适应、协调的最重要措施。西夏寺庙中的僧职可以从《天盛律令》中寻找到一些线索。其中有一条规定成为在家僧人的程序时，提到"所属寺僧正、检校等当转"，"所属寺僧正、副、判、检校、行童首领、知信等"。④ 由此可以确知西夏寺庙中设有寺僧正、副、判、检校、行童首领、知信等职。

西夏寺院中的僧职，还能从西夏的佛教碑刻和佛经款识中得到新的资料或印证。西夏凉州重修护国寺感通塔碑西夏文、汉文碑铭中都记录了参与重修塔寺的有关人员，其中有寺庙提举、僧正和僧副的职称，现移录汉文有关部分如下："庆寺监修都大勾当行宫三司正兼圣容寺感通塔两众提举律晶赐绯僧药乜永诠，………修塔寺小监崇圣寺僧正赐绯僧令介成庞，护国寺感通塔番汉四众提举赐绯僧王那征遇，修寺诸匠人监感通塔汉众僧正赐绯僧酒智清，修塔寺监石碑感通塔汉众僧副赐绯僧白智宣……"⑤

由碑文可知"提举"是西夏寺庙中的重要僧职，一为圣容寺感通塔两众提举药乜

---

① 俄罗斯科学院东方文献研究所手稿部藏黑水城文献 Инв.No.2543。
② 俄罗斯科学院东方文献研究所手稿部藏黑水城文献 Инв.No.121。
③ 史金波《西夏佛教史略》第262页。
④ 史金波、聂鸿音、白滨译注《天盛改旧新定律令》第一一"为僧道修寺庙门"第402—403页。
⑤ 史金波史金波《西夏佛教史略》，附录一《西夏碑碣铭文、佛经序、跋、发愿文、石窟题记》。

永诠,他还有行宫三司正的头衔,一为护国寺感通塔番汉四众(西夏文碑文作"二众")提举王那征遇。在西夏碑文正文第一行还有"典礼司正功德司副圣赞提举……"此人也是圣容寺提举,他有典礼司正、功德司副的职务。这不仅说明提举一职有较高的地位,也证明同一寺中可能有两名提举。此处西夏寺塔提举当是总管、主管之职。提举不是每个寺院都有,只有特殊的大寺院才能设。《天盛律令》有严格规定:"国境内有寺院中圣容一种者,当遣常住镇守者正副二提举,此外不许寺中多遣提举。倘若违令,不应遣而遣时,遣者、被遣者一律有官罚马一,庶人十三杖。"①"提举"一词在凉州碑文中是意译。此职应由上司派遣。

"僧正"是西夏寺庙中又一重要僧职。碑文中的僧正有崇圣寺僧正令介成庞,感通塔汉众僧正酒智清。西夏碑文中将僧正译作僧监。从"感通塔番汉二众提举"和"感通塔汉众僧正"来分析,可能提举比僧正所司范围要宽,地位要高。碑文中还有僧副,他是感通塔汉众僧副白智宣。显然僧副是西夏寺庙中比僧正地位低、辅助僧正的僧职。

西夏僧职中有"座主",西夏文为"小监"、"主人"意。前述西夏《佛说大乘三归依经》御制发愿文中已经提及。佛教中的座主意为大众一座之主,统理一山一寺者,与上座、首座同义。在西夏文一些佛经题款中也多次出现座主。如西夏文《维摩诘所说经》题款有"贞观丙戌六年九月十五日刻毕,审义行笔座主耶未智宣",又如西夏文《十王经》题款有"番(西夏)本译者座主赐绯沙门□□(两字不清,似姓氏)法海",西夏文《阎魔成佛受记经》有与上述内容大致相同的题款,再如西夏文《大方广佛华严经依疏义干补》题款中有"寺座主退臣乃法明"。②以上三位座主都与译传佛经有关,看来西夏座主多为有佛学造诣的僧人。

《天盛律令》规定了地方寺庙住持的任职办法:"诸寺观堂等所属僧、道小监、副、判、寺主等中,已有缺时,大众共议,实有,则依次□□新遣人当为,若一寺所属人中无堪升用,则遣他寺中堪任之人。"对选择座主有具体而明确的规定:"国境内番、汉、羌中僧人、道士所属居士、行童中,及前僧人、道士等中有为座主者时,能完整解说《般若》、《唯识》、《中道》、《百法》、《华严》、《行信》等之一部,解前后义,并知常为法事者,国师及先任座主,另有巧智师傅等,当好好量其行,真知则居士、行重可入僧人中,衣绯为座主,勿得官。先前僧人、道士□道士者为僧人,彼等一律先衣黄者当衣绯而为座主,好者可得官爵。其中番汉僧人不知切韵不许为座主。"③此条将僧

---

① 史金波、聂鸿音、白滨译注《天盛改旧新定律令》第一一"为僧道修寺庙门"第403页。
② 俄罗斯科学院东方文献研究所手稿部藏黑水城文献 Инв.No.119、4976、819、7211。
③ 史金波、聂鸿音、白滨译注《天盛改旧新定律令》第一一"为僧道修寺庙门"第403页。

人、道士混为一谈，或许僧、道都有座主，或许道士还能转为僧人，这可能是西夏特殊的僧道关系。从此条可知当座主是有一定条件的，番、汉僧人必知切韵才能当座主，亦可证座主与传译佛经的关系。[①]

---

① 史金波《西夏的佛教制度》，《首届西夏学国际学术研讨会论文集》，1998 年 11 月。

【 第四节　僧人和度牒 】

僧人作为出家修行的佛教信徒，他们的民族成分、数量和出家度牒反映着社会上佛教信仰状况。

一、僧人的民族成分

西夏是多民族的王朝，其僧人也是多民族的成分。包括主体民族党项族、汉族、藏族、回鹘以及印度（天竺）僧人。其中党项族僧人和汉族僧人人数最多。回鹘僧人在西夏佛教史上占有重要地位，他们是西夏前期译经的主力。然而目前在文献中尚未找到在名字前标明民族成分的回鹘僧人。白法信、白智光两位著名僧人，他们是汉文文献中反复提到的"回鹘僧"的代表人物。汉朝班超通西域后，龟兹国王为白姓。后世从龟兹来到内地的传法僧人，多以白（帛）为姓。回鹘兴起后，其地为回鹘所有。后世称西域一带的少数民族僧人为"回鹘僧"。白法信和白智光分别是西夏元昊和秉常时代译经的主持人。而汉文文献记载西夏建高台寺、承天寺时，演绎经文、译为蕃字的正是回鹘僧人。[①]

藏传佛教在西夏的影响颇深，因此，在西夏的藏族僧人数量一定较多。西夏文献中记载了不少藏族僧人，其中有地位崇高的帝师、上师、国师、法师，有传译佛经的高僧。在西夏文佛经题款中记载这些藏族僧人时，往往在他们的法号前冠有"中国"字样，有的在"中国"前还有"羌"〔季〕或"西羌"字样，使其族属更加明确，有的法号前没有"中国"字样，但有"羌国"的字样。[②] 宁夏贺兰山拜寺沟方塔出土的活字版

[①] 史金波《西夏佛教史略》第78—79、148—149页。
[②] 俄罗斯科学院东方文献研究所手稿部藏黑水城文献 Инв.No.781、4772、8324、2517、7909、5112、2265。

《吉祥遍至口和本续》的羌译者为"中国大宝胜路赞讹库巴啦捹"。①在西夏文献中有"中国"头衔的藏族僧人，是否都来过西夏应具体分析。凡有西夏官职、住西夏寺庙的都可以确定是在西夏的藏族僧人；而有的则只是藏族僧人的著作被译成西夏文，其本人未必来到西夏。以上都是从仅存的出土西夏文文献中找出的传著、集作佛经的吐蕃高僧，还会有一些高僧因文献的缺漏仍不得而知。当然可以推想，在西夏的普通吐蕃僧人数量更多。

11世纪末以后，伊斯兰教在印度强力推行，对原来的佛教造成重大威胁。不少印度僧人为躲避灾难，并弘扬佛法，来到西藏传法。同时一些印度僧人也到佛教兴盛的西夏传法。在西夏时期印度正流行密宗佛教。在西夏早期，景宗时镌刻的《大夏国葬舍利碣铭》中记载进献舍利的有"东土名流，西天达士"，这里的"西天达士"当指印度僧人。②《圣胜慧到彼岸功德宝集偈》的题款中有高僧嚩也阿难捺（胜喜），题款"天竺大钵弥怛、五明显密国师、讲经律论、功德司正、嚷乃将沙门嚩也阿难捺亲执梵本证义"，不难看出他有很高的宗教地位，同时也有了相当高的官位"乃将"，此官位是可赐予中书位的高官。③他还传译过《佛说阿弥陀经》等多种佛经。在黑水城出土的文献中还有一些冠有"西天大师"的僧人，他们是在印度撰著密教经典，还是来西夏传法，也需分别考察。

汉文文献记载，西夏护国寺沙门释不动，本天竺人，遍游五天竺，显密俱彻，及来西夏，栖止护国寺，翻译密部，弘扬般若金刚。后迁四川，不测所终。④宁夏贺兰山拜寺沟方塔出土西夏文活字版《吉祥遍至口和本续之干文》的传经者为"四续巧健国师波罗不动金刚王师"⑤。以上所叙二者皆名不动，一者弘扬般若金刚，一称金刚王师，也相符合，二者或同为一人，系自印度来西夏的高僧。

二、僧人的数量

西夏政府大力提倡佛教，在政治上有一定特权，在经济上有特殊照顾，出家成为僧人除有宗教信仰的依托外，还有种种实惠，僧尼基本上是不劳动、不纳税的阶层。这就使不少人踏入空门，成为僧人，西夏僧人数量因此庞大。

---

① 宁夏文物考古研究所《拜寺沟西夏方塔》第19—20页，文物出版社2005年版。
② 史金波《西夏佛教史略》第30页、附录231—232页。
③ 俄罗斯科学院东方文献研究所手稿部藏黑水城文献 Инв.No.598。
④ 喻谦《新续高僧传四集》，上海古籍出版社1991年版。
⑤ 《拜寺沟西夏方塔》第77—79页。

西夏桓宗天庆二年（1195年）皇太后罗氏于仁宗去世二周年之际，作了多种佛事活动，在汉文《大方广佛华严经入不思议解脱境界普贤行愿品》发愿文中对这些活动有详细记载：

> 谨于大祥之辰，所作福善，暨三年之中通兴种种利益，俱列于后……大法会烧结坛等三千三百五十五次，大会斋一十八次，开读经文藏经三百二十八藏，大藏经二百四十七藏，诸般经八十一藏，大部帙经并零经五百五十四万八千一百七十八部，度僧西番、番、汉三千员，散斋僧三万五百九十员……①

所记度西番（藏）、番（党项）、汉三族僧人共三千员，应是三年内西夏度僧的总数。在西夏这样一个国家中每年新增加一千僧人，是很可观的；又散斋僧平均每年一万余人也可见西夏僧人数量众多。

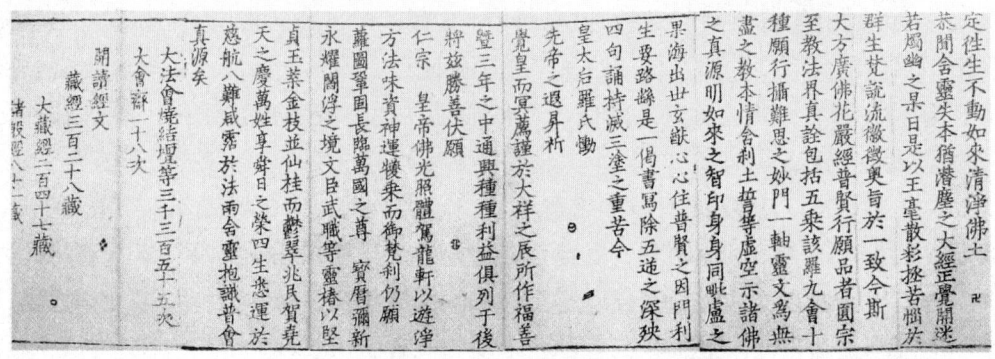

图238　汉文《大方广佛华严经入不思议解脱境界普贤行愿品》发愿文

黑水城出土的西夏文刻本《拔济苦难陀罗尼经》发愿文记述，仁宗死后"三七日"西正经略使在护国塔下作佛事，"延请禅师、提举、副使、判使、住家、出家诸大众等三千余员"。②西经略司应在西凉府，为西夏辅郡，那里作法事活动可集中延请三千僧人，规模可谓宏大，可见当地僧人众多。

西夏中书相贺宗寿亡故后，其子作种种佛事，请僧众等七千余员作法事活动。③因死者的地位崇高，延请大量僧人作法事是可以理解的，但以七千多人作法事，是何等盛大的规模，确难以玄想。

---

① 史金波、魏同贤、克恰诺夫主编《俄藏黑水城文献》第二册第272—273页。
② 俄罗斯科学院东方文献研究所手稿部藏黑水城文献 Инв.No.117。
③ 史金波、魏同贤、克恰诺夫主编《俄藏黑水城文献》第三册第47—49页。

更有甚者，襄宗应天四年（1209年）作广大法事，令众僧等六万七千一百九十三员作斋会。① 可见西夏僧人数量是多得惊人的。

从已经发现的包括黑水城在内的西夏城遗址看，当时西夏城内寺庙很多，占地面积宽大，由此亦可推知其僧人数量众多。

西夏僧人的总数，目前尚无从详细统计，但可以推断，西夏有一个庞大的僧团。

三、度僧

西夏政府不得不采取措施控制僧人数量，以免引起社会劳动力过度丧失，社会负担过重。

佛教对僧尼有戒律要求，加入僧尼行列都有必要的考核制度和一定的手续，不能够随意成为僧尼。西夏沿袭前朝成例，实行试经度僧，并且要求更加严格，规定更为具体。西夏度僧分为两种，一种是在家僧人，一种是出家僧人。《天盛律令》规定："僧人、道士所属行童中，能诵《莲华经》、《仁王护国》等二部及种种敬礼法，梵音清和，则所属僧监、副、判、寺检、行童首领、知信等，令寻担保只关者，推学于册，实是行童根，则量其行，前各项晓，则当奏而为在家僧人。此外，居士及余类种种，虽知其有前述业行也不许为僧人。"② 顾名思义，在家僧人是要住在家中的，他们可能在度牒、徭赋方面与出家僧人有区别。西夏政府专设在家功德司统辖，亦足见这种僧人不在少数。从上述条款知成为在家僧人要经过试诵经典、考核礼法、逐层报批等繁杂手续。本门中又规定："番、汉、羌（藏）行童中有能晓颂经全部，则量其业行，中书大人、承旨当造一二口（人），令如下诵经颂十一种，使依法诵之。量其行业，能诵之无障碍，则可奏为出家僧人。"同时对番、羌人所诵经颂和汉人之所诵经颂做出了具体要求。③ 显然对出家僧人比在家僧人的佛学水平要求要高。分别开列番、羌（藏）人和汉人所应诵读的11种经颂的目录，其中有相同的经典，也有不同的经典，很多是经名简称，多是西夏境内最受重视、最流行的佛经。

对那种不应为僧人而随意剃度为僧人者也有严厉的处罚，本门中又规定："于种种善时剃度使为僧人时，僧人行童、室下常住二种行童等，以及道士行童等中，可使为僧人。此外种种诸类中，不许使为僧人。若违律时，使为僧人者及为僧人者等之造意

---

① 俄罗斯科学院东方文献研究所手稿部藏黑水城出土文献 Инв.No.5423。
② 史金波、聂鸿音、白滨译注《天盛改旧新定律令》第一一"为僧道修寺庙门"第402—403页。
③ 史金波、聂鸿音、白滨译注《天盛改旧新定律令》第一一"为僧道修寺庙门"第404—405页。

当绞杀，从犯徒十二年。若为僧人者未及丁，则勿治罪。使为僧人者依法判断。为僧人处之师傅与造意罪相同。担保者知觉则当比从犯减一等。其中受贿者与贪赃枉法罪比较，从重者判断。"① 从中又见道士行童可成为僧人，亦证西夏僧、道之间有特殊关系。西夏政府对于假冒僧人状，私自为僧人者，有严厉、具体的处罚。还是本门中规定："有僧人、道士之实才以外诸人，不许私自为僧人、道士。倘若违律为僧人、道士貌，则年十五以下罪勿治，不许举报。自十五以上诸人当报。所报罪行依以下所定判断。"

此条以下又列十三款，具体阐明为伪僧人、道士者要判6年徒刑甚至绞刑，对知情者、主管者都要追究责任，给以处罚。② 归纳起来大体内容是：为伪僧人、道士情节严重的绞杀，情节较轻的判徒刑6年。大小臣僚、僧正、副、寺主等知情不报者，都依法治罪。境外僧人来投时，百日内要如实上报，若不报而隐匿者，也要判罪。为伪尼僧者，处罚相对较轻。

四、度牒和簿籍

西夏和中原地区一样，为了加强对度僧的管理，实行度牒制度。即给合法僧人发证书，称为度牒。持牒僧人可免徭赋。此外，西夏还实行将僧尼登记于册的簿籍制度。本门中规定："僧人、道士有出家牒而寺册上无名，不许其胡乱住。诸妇人不许无牒为尼僧。诸僧人、道士本人已亡，有出家牒，彼之父、伯叔、子、兄弟、孙诸亲戚同姓名等涂改字迹，变为他人出家牒而为僧人、道士者，按为伪僧人、道士法判断。"③

西夏也采取以僧隶寺，以寺隶官的办法。牒和簿籍是西夏管理、控制僧人的重要手段。持牒者有经济方面的利益，至少可免除徭役赋税。度牒已成为有价值的证券。因此，西夏规定度牒不能私相授受，人死后也不准由至亲承袭。本门中有具体规定："国境内僧人、道士中虽有官，儿子、兄弟欲求袭出家牒时，不许取状使袭之。若违律时，报、取状者等一律有官罚马一，庶人十三杖。"④ 条款中的"儿子"可能指僧人出家前已有的儿子，不一定证明僧人出家后仍能娶妻生子。度牒和簿籍制度对投奔西夏的他国僧人也不例外。他们由西夏监军司考查后，"应记簿当记簿，应予牒当予牒"。⑤

僧人、道士都要注册。注册有时限，以百日为期："自为僧人、道士之日起百日期

---

① 史金波、聂鸿音、白滨译注《天盛改旧新定律令》第一一"为僧道修寺庙门"第406页。
② 史金波、聂鸿音、白滨译注《天盛改旧新定律令》第一一"为僧道修寺庙门"第407页。
③ 史金波、聂鸿音、白滨译注《天盛改旧新定律令》第一一"为僧道修寺庙门"第409—410页。
④ 史金波、聂鸿音、白滨译注《天盛改旧新定律令》第一一"为僧道修寺庙门"第410页。
⑤ 史金波、聂鸿音、白滨译注《天盛改旧新定律令》第一一"为僧道修寺庙门"第408—409页。

间当告局分处，于本处所属寺册上注册。若违律不注册时，徒一年。已判断后仍不注册，则当免为僧人，而入于行童中。"又规定："僧人、道士、居士、行童及常住物农主等纳册时，佛僧常住物及僧人、道士等册，依前法当纳于中书。居士、行童、农主等册当纳于殿前司，并当为磨勘。"①僧道不仅要登记纳册，其登记册还要上报，并应按时磨勘检查。

西夏为了限制僧人数量，对剃度僧人控制很紧，有十分严格的规定，对度僧极力限制，能省即省，不使过滥，而且把度僧和经济收入紧紧连在一起。收到常住钱多即可多度僧人，收到钱少只能少度僧人。②凉州重修护国寺感通塔碑记载了西夏崇宗天祐民安五年（1094年）为重修塔寺而作的法事活动，其中有度僧和舍常住事："诏命庆赞，于是用鸣法鼓，广集有缘，兼起法筵，普利群品，仍饭僧一大会，度僧三十八人，曲赦殊死五十四人，以旌能事。特赐黄金一十五两，白金五十两，衣着罗帛六十段，罗锦杂幡七十对，钱一千缗，用为佛常住。又赐钱千缗，谷千斛，官作四户，充番汉僧常住。俾晨昏香火者有所资焉，二时斋粥者有所取焉。"③这次庆赞活动是在皇室的支持、倡导下进行的，权臣中书正梁行者乜（梁乞逋）亲自前往主持仪式，十分隆重。当时施舍的常住分佛、僧二种。常住中不仅有大量钱物，还有专为寺庙僧人劳作的"官户"，可以说是待遇优厚。其中仅钱就有两千缗，其他金银、财物更多。据《天盛律令》规定舍"三千缗以上者一律当得五僧人"，也就是说，舍钱再多一次度僧也不能超过5名，可这次却一次度增38人。因这次活动是《天盛律令》修订前50多年进行的，当时的法律对度僧有何规定，是否可多度僧人不得而知。也许因这次活动十分特殊，皇室特允多度僧人也未可知。

除修寺庙可按规定度僧外，有高位的统治者去世时，为祭奠、超度其亡魂，也可度僧。前述西夏桓宗天庆二年（1195年）皇太后罗氏许愿，三年度西番（藏）、番（党项）、汉三族僧人共3000员。为了超荐信仰佛法、大力推行佛教的仁宗皇帝，西夏皇室发宏大愿，所作各种佛事活动规模都很大，超常规度僧就是特殊的一例。

黑水城出土的一件应天四年（1209年）六月刻印的西夏文发愿文，其中记载了大量佛事活动，内有剃度僧人324人。当年三月蒙古军队已经进入河西，西夏都城岌岌可危，此时皇室仍在大作法事，剃度僧人，可见西夏皇室佞佛到何种地步。

---

① 史金波、聂鸿音、白滨译注《天盛改旧新定律令》第一一"为僧道修寺庙门"第408页。
② 史金波、聂鸿音、白滨译注《天盛改旧新定律令》第一一"为僧道修寺庙门"第403—404页。
③ 史金波《西夏佛教史略》第252页。

第五节　封号和赐衣

佛教在中国流传过程中，逐渐形成了封号和赐衣制度。西夏不仅继承了前代的封号制度，而且有了新的发展，形成了一套复杂的封号体系，对后世影响很大。《天盛律令》有皇帝、皇太子、诸王等师名："皇帝之监承处上师、国师、德师，皇太子之师仁师，诸王之师忠师。"[①]这些师号中的主要名号，如上师、国师、德师等皆是授予高僧的名号。在西夏文献中有不少冠有上述名号的高僧，为了解西夏的封号制度提供了丰富的素材。

一、帝师和上师

西夏佛教封号制度中最重要也是最高的师号是帝师，西夏文为𘕿𘂜。以前都认为，这种封藏族高僧为帝师的制度是从元世祖忽必烈至元七年（1270年）封八思巴为帝师开始，此后元代累朝皇帝都供奉帝师，各帝师都是乌思藏佛教流派之一萨迦派的高僧。其实在元朝封设帝师一个世纪之前，西夏早已有帝师之设，目前从文献资料中发现的西夏的帝师至少已有五位。西夏帝师的发现改写了中国佛教史上关于帝师的记录。

（一）贤觉帝师

西夏仁宗时期的贤觉帝师，名为波罗显胜。在北京房山云居寺的汉藏文合璧《圣胜慧到彼岸功德宝集偈》的汉文题款为"贤觉帝师、讲经律论、功德司正、偏袒都大提点、怀卧勒沙门波罗显胜"。不难看出他在西夏的宗教地位极高，官位也很高。所授官位"卧勒"是皇帝以下的最高封号，相当于大国王的地位。西夏汉文本《杂字》官位第

---

① 史金波、聂鸿音、白滨译注《天盛改旧新定律令》第一〇"司序行文门"第365页。

十七中列有帝师、法师、禅师，更确证了西夏帝师的存在。①

在黑水城出土文献中可见贤觉帝师有更多的佛事活动。其中西夏文刻本《圣胜慧到彼岸功德宝集偈》经末题款中有与上述房山云居寺汉文佛经题款相对应的西夏文题款，贤觉帝师的职称、官位、封号、人名完全一致，证明

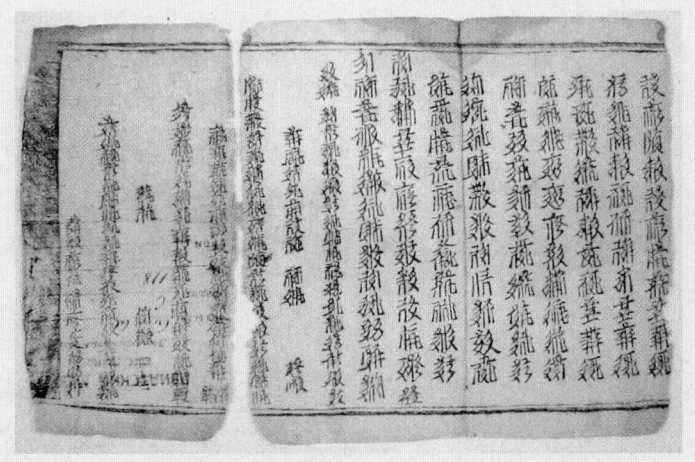

图 239　西夏文《圣胜慧到彼岸功德宝集偈》题款

云居寺所藏汉、藏合璧佛经，原有西夏文本。在刻本西夏文《佛说阿弥陀经》题款中有"贤觉帝师沙门显胜"。"显胜"即帝师波罗显胜的简称。贤觉帝师在西夏传著了多部经典，这些著作中都有"贤觉帝师传"的字样。有的文献署名"贤觉菩萨传"或"贤觉菩萨作"，②贤觉菩萨即贤觉帝师。

贤觉帝师名波罗显胜，不会是汉人。其撰著要经过别的高僧译成西夏文，如德慧国师曾译贤觉帝师的《忏罪千种供养奉顺中已集当许文》、《奉敕修行者现在及转身利缘佛顶尊胜佛母依千种供养奉顺中共依略忏悔文》等，可见贤觉帝师也不是党项人。贤觉帝师所传译的佛经皆为藏传佛教经典，他应是西夏的吐蕃族高僧。

前述乾祐七年（1176年）立甘州黑水河建桥碑的汉、藏文合璧碑铭中，也有贤觉菩萨的记载："昔贤觉圣光菩萨哀悯此河年年暴涨，飘荡人畜，故以大慈悲，兴建此桥，普令一切往返有情咸免徒涉之患，皆沾安济之福。……朕昔已亲临此桥，嘉美贤觉兴造之功，仍馨虔恳，躬祭汝诸神等。"③贤觉圣光菩萨应是贤觉菩萨，也就是贤觉帝师。贤觉菩萨曾在藏族人较多的甘州黑水河上建桥，后与贤觉帝师关系密切的仁宗亲临此桥，嘉美贤觉兴造之功，仁宗又于乾祐七年立碑撰文。碑文一面汉文，另一面藏文，也可作贤觉帝师是吐蕃人的参证。

---

① 史金波《西夏汉文本〈杂字〉初探》。
② 俄罗斯科学院东方文献研究所手稿部藏黑水城出土文献 Инв.No.598、6761、7165、6778、5989、7196、6213、816。参见［俄］克恰诺夫《俄罗斯科学院东方学研究所西夏佛教文献目录》，No.292、507、566、567。
③ 史金波、白滨、吴峰云史金波、白滨、吴锋云《西夏文物》图 105—107。史金波《西夏佛教史略》第 19—20 页。

（二）慧宣帝师

在黑水城出土的俄藏西夏文文献中新发现另一个帝师，法名慧宣。慧宣帝师撰著的佛经也不少，有其题名的如《风息入于心法》中有5种要论，每一种要论的名称后都有"中国……帝师沙门慧宣"的题名。[①]慧宣也有大波密坦（即博通五明学者）的头衔。他的著作也由智明国师德慧译成西夏文。慧宣帝师的题名前都有"中国"二字。前述"中国"二字是专指吐蕃人。他是在西夏的吐蕃人，所接受的封号是西夏的封号，应把他视为西夏人。

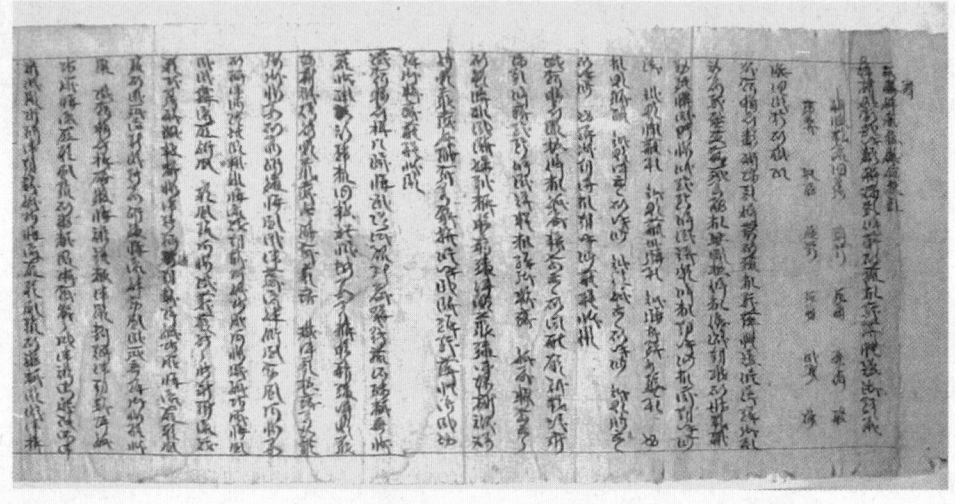

图240　西夏文《风息入于心法》题款

（三）大乘玄密帝师

由清宫流传出来的汉文本《大乘要道密集》，经专家考证，里面有一些文献是西夏时译传的。其中第6篇《解释道果语录金刚句记》，题款为"北山大清凉寺沙门慧忠译，中国大乘玄密帝师传，西番中国法师禅巴集"。[②]大乘玄密帝师是西夏的帝师。在俄藏黑水城文献中虽未见大乘玄密帝师的题名，但有大乘玄密国师的记载。西夏文、汉文两种乾祐二十年（1189年）印施的《观弥勒菩萨上生兜率天经》御制发愿文中，记在大度民寺作大法会的高僧有宗律国师、净戒国师、大乘玄密国师，这些都是藏族僧人。[③]在天庆元年（1194年）为刚刚去世的仁宗皇帝所作法会中，又有大乘玄密国师参与。他的名称前面也冠有"中国"二字。大乘玄密国师后来升号为

[①]　俄罗斯科学院东方文献研究所手稿部藏黑水城出土文献 Инв.No.3708、6344。
[②]　陈庆英《西夏大乘玄密帝师的生平》，《西藏大学学报》2000年3期。陈庆英《西夏及元代藏传佛教经典的汉译本》，《西藏大学学报》2000年5期。
[③]　史金波、魏同贤、克恰诺夫主编《俄藏黑水城文献》第二卷第47—48页。

大乘玄密帝师。①在汉文本《大乘要道密集》第66篇《大手印伽陀支要门》的师承次第中，也记载着大乘玄密帝师，他是噶举派著名祖师米拉日巴的再传弟子。上述"北山大清凉寺"应是北五台山大清凉寺，为西夏的五台山。

（四）真国妙觉寂照帝师和新圆真证帝师

在夏末、元初僧人一行编辑的《大方广佛华严经海印道场十重行愿常遍礼忏仪》（简称《华严忏仪》）关于华严宗系谱中特别提及大夏国弘扬华严诸师，其中有《大方广佛华严经》中令观门增盛者真国妙觉寂照帝师、《大方广佛华严经》中流传印造大疏钞者新圆真证帝师。二位帝师在西夏华严宗中有先后的传承关系。②其中寂照曾为国师，传藏传佛教的经典《净土求生顺要论》，此要论被译成西夏文，并刻印流传。③

前述五位帝师未在同一传作的文献中出现过。可能西夏王朝同时只封一名帝师，帝师圆寂后，再封一位帝师。西夏的帝师之设已经制度化。这种封藏族高僧为帝师的制度对以后元朝从世祖开始各代皆封藏族僧人为帝师有直接影响。

西夏封设帝师不仅对西夏佛教的发展，而且对中国佛教制度的发展产生了重大影响。但在西夏法典《天盛律令》正文中尚无关于帝师的明确记录，只是在作为条文题目的"名录"中有"帝师等之司等"的条目名称。④其中"上师"可能是后来"帝师"的前身。

除《天盛律令》所记最高师号为上师外，西藏萨迦派第三代祖师札巴坚赞（1149—1216年）的弟子迥巴瓦国师觉本，曾被西夏主奉为上师。载有"上师"名号的有黑水城出土文献中的西夏文手写本《心习顺次》，其题款中有"三乘知解须弥上师□善行慧明番译"，又有西夏文《金刚王默有随智烧施为顺要论》，其题款中有"按上师语传"。⑤又据《嘉靖宁夏新志》记载："永济尚师，河西人，通五学，为

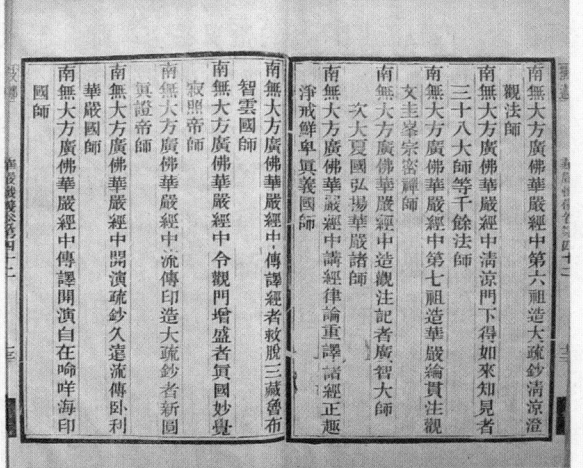

图241 《华严禅仪》有关西夏帝师的记载

---

① 俄罗斯科学院东方文献研究所手稿部藏黑水城出土文献 Инв.No.592。史金波《西夏的藏传佛教》，《中国藏学》2002年1期。
② （元）一行慧觉录《大方广佛华严经海印道场十重行愿常遍礼忏仪》卷四二。
③ 俄罗斯科学院东方文献研究所手稿部藏黑水城文献 Инв.No.6904。
④ 史金波、聂鸿音、白滨译注《天盛改旧新定律令》卷一○"司序行文门"第365页。
⑤ 俄罗斯科学院东方文献研究所手稿部藏黑水城文献 Инв.No.5923、8011。

西夏释氏之宗，称为祖师。"①"尚师"也即上师，永济尚师的佛学水平甚高，正与作为夏皇帝之师的师名相等。成吉思汗征服西夏时，曾向西夏王的上师、后藏人通古娃·旺秋扎西请问佛法。

二、国师及其他师号

（一）国师

国师，西夏文为𘜶𘓺。国师不仅是西夏皇帝之师名号，还是西夏管理佛教的机构两种功德司正的正职。天盛年间每一功德司设6国师，可知当时国师较多。在存世西夏文、汉文文献记载中发现不少西夏国师。目前共辑录到28位西夏国师，30种封号，其中有景宗时主持译经的国师白法信，惠宗时主持译经的安全国师白智光，崇宗时建卧佛寺的嵬名思能国师，仁宗时参加传译佛经的天竺僧人五明显密国师胜喜（拶耶阿难捺），校译佛经的兰山觉行国师沙门德慧，集经的兰山通圆国师沙门智冥，在大度民寺作大法会的宗律国师，净戒国师，大乘玄密国师，大度民寺的觉照国师法狮子，翻译《胜相顶尊总持功德依经录》的国师周慧海，大度民寺的慧照国师，译经的慧净国师法慧，西夏晚期译经的番汉法定国师，奉敕译经的讲经律论国师德源，大度民寺的法显国师鲜卑宝源，传译《佛说阿弥陀经》的至觉国师慧护，校《圣慧到彼岸要论教学现量解庄严之注》的藏解国师杨智幢，传译《身中围上依以四主受顺广典》的觉照国师任集立，榆林窟二十九窟绘有供养像的西夏高僧真义国师鲜卑智海，武威亥母寺洞遗址乾定申年典糜契约中放贷的讹国师，传佛经的苏木国师，《大方广佛华严经》中传译经者救脱三藏鲁布智云国师，大方广佛华严经中开演疏钞久远流传卧利华严国师，《大方广佛华严经》中传译开演自在喻咩海印国师，《大方广佛华严经》中开演流传智弁无碍颇尊者觉国师等。

这还不是西夏国师的全部。中原地区早有国师，但西夏国师之多，在历朝国师封号中十分突出。从这部分国师的部分传法、译经活动中已经可以了解到他们或管理佛教功德司事务，或传译佛经，或主持法事，在西夏佛教事务中有举足轻重的地位。

黑水城出土的西夏文《鲜卑国师劝世集》前有木版画一页，仅余半幅；又有西夏文《鲜卑国师贤智集》，前有木版画，也仅余半幅。两图正好组成一完整的《鲜卑国师说法图》，左角刻西夏文"鲜卑国师"四字。②榆林窟真义国师鲜卑智海像、黑水城出

---

① 《嘉靖宁夏新志》卷二。
② 俄罗斯科学院东方文献研究所手稿部藏黑水城出土文献 Инв.No.3706、2538。

土鲜卑国师说法图大概是中国保存至今最早的国师像。（见图62）

（二）德师

德师，西夏文为𘓞𘓄。此称号目前只见到一例。西夏文字典《音同》序言中记载主持重校《音同》的是节亲主、德师、中书，知枢密事嵬名德照。① 这位德师是皇族，从其职务看已是位极人臣了。他应是位僧人，而德照为其法名。

在西夏文《官阶封号表》中国师、德师皆为师位，与中书、枢密同为上等司位。而仁师、忠师属次一等的谏师位。② 至今还未在其他文献中见到使用仁师、忠师等名号的实际例证。

西夏有"大德"称号。唐代设大德统管僧尼，著名的译经高僧也被尊称为大德。目前西夏大德称号仅一见。西夏惠宗大安十年（1083年）主持散施汉文《大方广佛华严经》的是"大延寿寺演妙大德沙门守琼"③。此称号出现于西夏前期。西夏后期佛教文献数倍于前期，但未见此号。

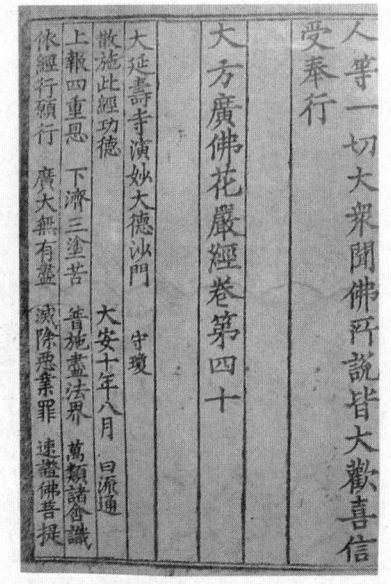

图242 大安十年汉文刻本《大方广佛华严经》

（三）大师

大师西夏文为𘓞𘓄，在黑水城出土的佛典中出现了多次：如作《到彼岸门依胜住令顺法事》的西天五明大师须摩底屹哩底，作《番语圣观自在千眼千手之供顺》的西天大师嚩得啰各名，集《正理滴之句义显用》的行善慧势大师，作《四十种空幢要论》的西天大师抽巴鸠啰，传《令欲乐全混顺要论》的大师那居巴，传《治净自承顺法事》西天大师波弥坦义有金刚王，作《金刚王亥母之烧施法事》的西天大师……迦大拔师，作《施食法事》的西天大师真空金刚王，集《集毕一乘凡明心义》义达大师，演说《瑞相察顺最中得问□要论》的西天大师宝金刚王，作《烧施法事意》的西天大师黑色小足，作译《默有者随胜住令顺要论》、《圣星母依总持中围法事》的西天大师波密坦五明大师，传《番语胜相顶尊总持功德依经录》、《圣观自在大悲心恭顺》的西天大师大波密坦五明国师功德司正（授）安式沙门嚩也阿难捺。④ 以上有大师称号的有十数人，多为

---

① 史金波、黄振华《西夏文字典〈音同〉序跋考释》。
② 史金波《西夏文〈官阶封号表〉考释》。
③ 史金波、魏同贤、克恰诺夫主编《俄藏黑水城文献》第二册第325页。
④ 俄罗斯科学院东方文献研究所手稿部藏黑水城文献 Инв.No.810、7195、861、871、5116、3708、5139、2848、2552、8019、4523、5488、6502。末2条可能为同一大师。

天竺或吐蕃高僧，他们深通佛理，熟悉经典，诸习梵文、藏文，为西夏传译佛经作出了重大贡献。或许大师这一称号主要授给远道而来的印度高僧和西夏境内外的藏族高僧。有的大师同时还有国师的封号，可能大师是对高僧大德的尊称，而国师等是国家法定的封号。

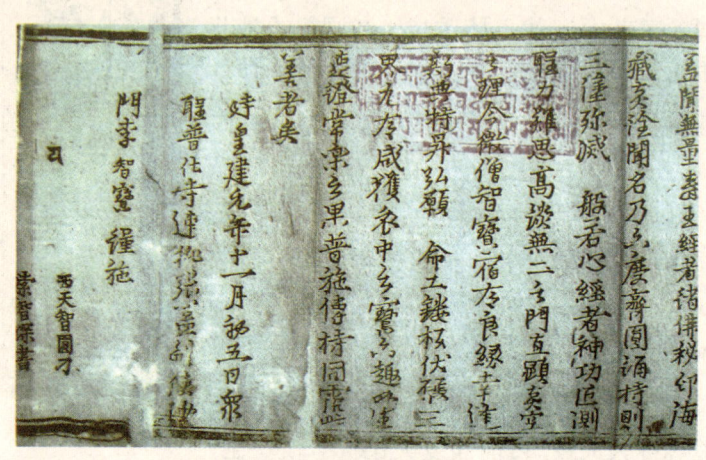

图 243　有梵文印记的西夏汉文《般若心经》

（四）法师

法师，西夏文为𗏇𗡞。根据目前所见到的资料汇集了如下几位西夏法师：《圣胜慧到彼岸功德宝集偈》的汉译者诠教法师鲜卑宝源（后被封为法显国师），《圣胜慧到彼岸功德宝集偈》蕃译者显密法师周慧海（后被封为国师），《圣胜慧到彼岸功德宝集偈》梵译者演义法师遏啊难捺屹哩底，汉文《大方广佛华严经普贤行愿品疏序》中的诠义法师，作《三十五佛随忏悔要论》、参加传《佛说阿弥陀经》的觉行法师德慧（后被封为国师），参与传《佛说阿弥陀经》的圆混法师，译《如来一切之百字要论》的义干法师，译《伏藏变化解键》的知解三藏番羌语才法师郭法慧[①]，对译西域、东土《大方广佛华严经》十种法行动赞随喜一切法师，贺兰山云岩寺流通忏法护国一行慧觉法师（后为国师）[②]。

法师的地位低于国师。在同一题款中，国师任功德司正，而法师任功德司副，另法师可进封为国师。

此外还有"大法师"。西夏文《最乐净土求生颂》的集传者为讲经律论著（吐蕃）

[①] 史金波《西夏佛教史略》第 145 页。俄罗斯科学院东方文献研究所手稿部藏黑水城文献 Инв.No.880、6761、7165、2821。

[②] （元）一行慧觉录《大方广佛华严经海印道场十重行愿常遍礼忏仪》卷四二。

国大法师龙幢。① 大法师之称仅此一见。龙幢可能是从吐蕃王朝来的高僧。

（五）禅师

禅师，西夏文为𘜶𗼨（定师）。如译定《密咒园因往生集》的兰山崇法禅师金刚幢②。西夏文《如来一切之百字要论》题款中有"功德司正至觉禅师李汉译"，李禅师有功德司正的职务，其地位当接近国师。③ 另一例即前述证义佛经的彭智满，他也有功德司正的职衔。西安市藏汉文《大方广佛华严经》的押捺题款中有贺兰山佛祖院的平尚重照禅师，他是夏末元初的西夏高僧。④

三、赐衣

在中国佛教史上早有赐紫、赐绯制度，即对那些有学问、有德行的高僧，由政府赐给红袈裟、紫袈裟以示荣崇。西夏对僧人有赐衣制度，赐衣范围很宽，前述《天盛律令》中规定僧人、道士中赐黄、黑、绯、紫者可以减罪。其中提及"若革职位等后，赐黄、黑徒五年，赐绯、紫及与赐绯、紫职位相等徒六年者当除僧人、道士"。⑤ 赐黄、黑者判五年徒刑就除去僧道籍，而赐绯、紫者要判六年徒刑才除却僧道籍，可见赐绯、紫者地位高。然而我们在西夏碑文和佛经题款中赐紫者仅见一例，榆林窟第15、16窟有长篇汉文题记，为"阿育王寺释门赐紫僧惠聪俗姓张主持窟记"。题款末有"……国庆五年岁次癸丑十二月十七日题记"。⑥ 撰写时间应为西夏惠宗天赐礼盛国庆五年（1073年）。可见西夏早期已有赐衣制度。

文献中赐绯僧比较多见，前引凉州重修护国寺感通塔碑所记赐绯僧有庆寺都大勾当卧屈皆、庆寺监修都大勾当药乜永诠、修塔寺小监令介成庞、护国寺感通塔番汉四众提举王那征遇、修寺诸匠人监酒智清、修寺诸匠人监石碑白智宣。黑水城出土文献中也有赐绯僧的记载。如西夏文刻本《维摩诘所说经》经末题款中有"赐绯移讹平瑞吉"，又如《十王经》和《阎魔成佛受记经》题款中记翻译者赐绯沙门法海等。还有写《大乘圣无量寿经》的赐绯僧人柔智净，书写刻本《慈悲道场忏法》印面的赐绯僧人裴

---

① 俄罗斯科学院东方文献研究所手稿部藏黑水城文献 Инв.No.2265。
② 《大正新修大藏经》第四六卷，第1007页。
③ 俄罗斯科学院东方文献研究所手稿部藏黑水城文献 Инв.No.7165。
④ 西安市文物管理处、中国社会科学院民族研究所《西安市文管处藏西夏文物》。
⑤ 史金波、聂鸿音、白滨译注《天盛改旧新定律令》第二"罪情与官品当门"第145—146页。
⑥ 史金波《西夏佛教史略》第304—305页。

慧净，为《佛说佛母出生三法藏般若波罗蜜多经》书写印面的赐绯和尚刘德智。①

从所见赐绯僧的职务和他们在修建塔寺、传译佛经的作用看，赐绯僧有的有较高的地位，属于西夏僧人的上层。他们对这种特殊待遇是重视的，愿意刻在碑上，写在纸上。在题款中至今尚未见到赐黄、赐黑者。可能赐黄、赐黑者较为普通，不值得炫耀。

中原王朝对西夏佛教及其高僧知之甚少，西夏著名僧人虽然很多，如已知西夏有多位帝师，20余国师，但能入中原人编著的《高僧传》的僧人寥寥无几。可能是西夏地处西偏，还有语言、文字阻隔的原因。个别人传的僧人主要是与中原佛教有来往的僧人。西夏僧释吉祥（智吉祥、法吉祥，一说本天竺人），游方至西夏，居住很长时间，始来中原，于天圣五年（1027年）偕金总持、日称等5人至宋朝东京，献梵书，并在译经院分别译出《佛说大乘智经》五卷、《佛说法乘义决定》三卷、《事师法五十颂》二纸等，时称西夏僧。②

僧人不仅在佛教经典的撰著、翻译、校勘方面起着主导作用，甚至在世俗著作撰著、编辑、印刷出版中也发挥了重要作用。很多僧人参与编著西夏重要图书，说明他们有很高的文化造诣。有的僧人兼通番学、汉学，有的谙熟儒释音律。还有的善于文字书法、雕刻，也是有一技之长的文化人才。西夏有多种类型的世俗学校，在西夏培养文化人才方面堪称主力，但寺庙在培养文化人才上的作用也不可低估。寺庙不仅是传播佛教的场所，也是掌握文化知识的基地之一。西夏的寺庙和僧人在文化事业中做出了重要贡献。③

---

① 俄罗斯科学院东方文献研究所手稿部藏黑水城文献 Инв.No.2311、119、4976、819、953、7714、238。
② 《新续高僧传四集》卷一。
③ 史金波《西夏出版研究》第112—137页，宁夏人民出版社2004年版。

第六节　佛教宗派和藏传佛教

佛教通过西域传入中原后，陆续把佛教的一些派别也带了过来。同时，又结合中国特点和社会发展的需要，创造了一些新的宗派。西夏所接受汉传、藏传佛教基本上皆属于大乘，同时也接受了大乘佛教的宗派影响。

一、佛教宗派

西夏文佛经和其他文献记载表明，在西夏影响较著、特点明显的则是华严宗、净土宗、禅宗和密宗，这些佛教宗派对社会风俗影响很大。

（一）华严宗

华严宗因奉《华严经》为最高经典而得名。华严宗立宗的主要经典为《大方广佛华严经》。该经宣说"顿入佛地"的思想。在西夏华严宗影响很大。存世的西夏文《大方广佛华严经》有众多版本，有刻本，也有写本。西夏也刻印汉文本《大方广佛华严经》，现存以大安十年（1083年）刻印最早。甘肃省定西县发现有泥金字书写《大方广佛华严经》。

在一幅西夏地图上标明贺兰山中有北五台山寺，证实西夏仿宋朝五台山在贺兰山建立北五台山寺。原来五台山被认为是《华严经》中所指称的"清凉山"是文殊师利的道场。西夏的五台山寺和山西五台山寺一样，也是寺庙群，其中都有清凉山寺，可见也是华严宗的道场。汉文《大乘要道密集》里面有一些文献是西夏时译传的。其中第6篇《解释道果语录金刚句记》，题款为"北山大清凉寺沙门慧忠译，中国大乘玄密帝师传，西番中国法师禅巴集"。① 这里的"北山大清凉寺"即指西夏北五台山寺的清凉寺。

---

① 陈庆英《西夏及元代藏传佛教经典的汉译本》。

在夏末元初的高僧一行著的《大方广佛华严经海印道场十重行愿常遍礼忏仪》，不仅是关于《华严经》的重要著作，其中还记录了华严宗在西域流传、东土传译各祖师，特别是连续记载了大夏国弘扬华严诸师：

　　大方广佛华严经中讲经律论重译诸经正趣净戒鲜卑真义国师

　　大方广佛华严经中传译经者救脱三藏鲁布智云国师

　　大方广佛华严经中令观门增盛者真国妙觉寂照帝师

　　大方广佛华严经中流传印造大疏钞者新圆真证帝师

　　大方广佛华严经中开演疏钞久远流传卧利华严国师

　　大方广佛华严经中传译开演自在唅咩海印国师

　　大方广佛华严经中开演流传智弁无碍颇尊者觉国师

　　大方广佛华严经中西域东土依大方广佛华严经十种法行动赞随喜一切法师

　　大方广佛华严经中兰山云岩寺流通忏法护国一行慧觉法师①

高僧一行所作关于西夏弘扬华严诸师的记载，十分珍贵。从中可见，华严宗在西夏传承有序，有众多高僧参与译介流传，在西夏王朝自始至终都是重要佛教宗派。

　　宁夏方塔出土西夏文写本《圆觉道场礼忏》是华严宗所设的修行忏法，《大方广圆觉修多罗了义经略疏》是华严宗的重要经典。这为华严宗在西夏的盛行找到新的依据。②

（二）天台宗

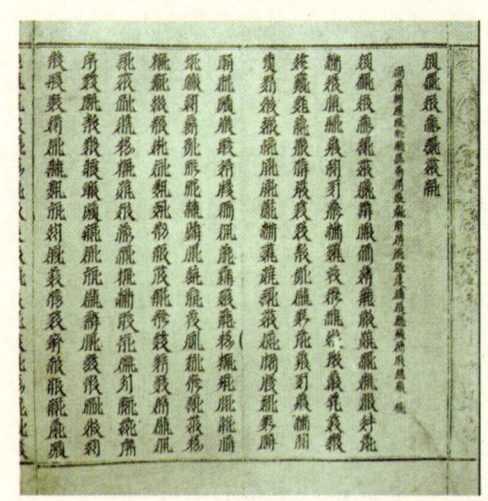

图244　西夏文《妙法莲华经》序

天台宗又称法华宗，提倡定、慧双修，可以见佛性，入涅槃。天台宗的宗经是《妙法莲华经》（简称《法华经》）。西夏不仅流传此经，而且在传世的西夏文佛经中，以《法华经》的版本种类最多。其中有金银字写本西夏文《妙法莲华经》、西夏文《妙法莲华经》、出图本西夏文《妙法莲华经观世音菩萨普门品》、蝴蝶装写本西夏文《妙法莲花经》、汉文刻本《妙法莲华经》等。西夏人旺普信在西夏文《妙法莲华经》序中说："《妙法莲华经》者，如来之秘藏也。因其法显，佛出世间，集二藉乘，入一真中。文才高广，与须弥山等，义趣幽深，

---

① （元）一行慧觉录《大方广佛华严经海印道场十重行愿常遍礼忏仪》卷第四二。
② 宁夏文物考古研究所《拜寺沟西夏方塔》第163—172、200—204页。

与大海水同。先演三周,诸乘一乘中集;后宣七喻,五性独性中入。"①此经译于西夏前期。当时把《法华经》奉为高于一切的经典。

西夏人庆三年(1146年)刻印的汉文《法华经》施经发愿文中,也强调了此经的高妙,称其为"人不思议之妙法"、"诚释门之扃钥,真苦海之津梁"。②

此宗的重要论著《大智度论》也被译成西夏文。此外,僧肇所著《宝藏论》也翻译为西夏文。③总之,在西夏的佛教中天台宗的影响是不小的。

(三)净土宗

净土宗也称莲宗,主张只要一心专念阿弥陀佛名号,死后当能往生净土。由于修行简易,在西夏这样的地区容易流传。西夏的佛经中有大量净土宗经典。如提倡念佛往生、快速成佛的净土宗重要经典《无量寿经》、《阿弥陀经》等都有西夏文译本。《无量寿经》有西夏文本,有汉文本,有刻本,有写本。其中刻本《大乘圣无量寿经》为崇宗时刻印,有皇太后、皇帝发愿文,印一万卷。④净土宗主要经典《佛说阿弥陀经》也是多种版本,惠宗、崇宗、仁宗时期都有刻本。另一部净土宗主要经典《观弥勒菩萨上生兜率天经》有西夏文、汉文多种刻本,乾祐二十年(1189年)仁宗为印施《观弥勒菩萨上生兜率天经》作规模宏大的法会,散施此经十万卷。在御制发愿文中说此经"义统玄机,道存至理","闻名号,则不堕黑暗边地之聚;若归依,则必预成道授记之中"。⑤已发现的西夏佛经发愿文中不乏提到"早生净土"的语句,也证明了净土宗在西夏番汉各族中有广泛流传。

西夏绘画中有多幅《阿弥陀佛来迎图》,绘阿弥陀佛作接引之势,下绘被接引人,寓意人死后被阿弥陀佛接入西方极乐世界。又有敦煌莫高窟、瓜州榆林窟、东千佛洞、酒泉文殊山石窟的绘画中,都有西夏时期的西方净土变,按佛经的内容,以华丽的建筑、欢乐的人物渲染西方极乐世界,更加证

图245 阿弥陀佛来迎图

---

① 史金波《西夏佛教史略》第234—236页。
② 史金波、魏同贤、克恰诺夫主编《俄藏黑水城文献》第一册第270页。
③ 俄罗斯科学院东方文献研究所手稿部藏黑水城文献 Инв.No.46。
④ 俄罗斯科学院东方文献研究所手稿部藏黑水城文献 Инв.No.812、953。
⑤ 史金波、魏同贤、克恰诺夫主编《俄藏黑水城文献》第二册第47—48页。

明西夏的净土宗信仰的普遍。①

宁夏方塔出土的汉文本《众经集要》是摘录多种净土宗的论述编辑而成。这证明净土宗在西夏操汉语的人群中也非常流行。

(四) 禅宗

禅宗提倡以心印心,即所谓"直指人心"、"见性成佛",而不重视佛教经典的钻研。在西夏所流行的西夏文、汉文都难学、难记,因而禅宗这种不重视经典的佛教宗派,反而容易传播发展。禅宗是西夏佛教中影响较大的一个宗派。由于禅宗势力的扩展,西夏也出现了精通禅学的高僧。例如乾祐二十年(1189年)在大度民寺举办的大法会上,恭请了禅师到会。又如印行汉文《大方广佛华严经》的僧人李慧月的师父,就是贺兰山寺庙的平尚重照禅师。

禅宗在西夏也有重要典籍。如《六祖坛经》就有西夏文译本。《六祖坛经》系禅宗六祖慧能口述,弟子法海集录。目前所见到的西夏文《六祖坛经》仅存十数纸残页,另一面书写《瓜州审案记录》,分别保存在国家图书馆、国家博物馆、北京大学等处,有的流失到海外。与传世的四种不同系统汉文版本相比较,它与敦煌所出唐朝法海集录的古写本相近。西夏手写译本各残页中都有不少改译的痕迹,可能是译校的底本。②

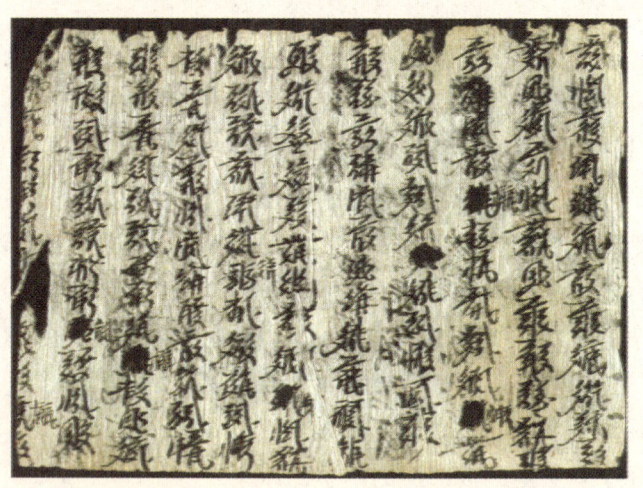

图 246　西夏文《六祖坛经》

西夏还用西夏文翻译唐宗密所撰《禅源诸诠集都序》以及《禅源诸诠集都序之解》、《禅源诸诠集都序择炬记》、《禅源诸诠集都序干文》,另有《中华心地传禅门师资承袭图》

---

① [俄] 米开罗·皮欧特洛夫斯基编《丝路上消失的王国——西夏黑水城的佛教艺术》第 181、183、185、187、189 页。
② 史金波《西夏文〈六祖坛经〉残页译释》,《世界宗教研究》1993 年 3 期。

以及《修禅要论》等。汉文文献除《中华传心地禅门师资承袭图》外，还有《坐禅仪》等。

西夏僧人中有坐禅之法。武威下西沟岘是发现西夏佛经、佛像等文物的山洞，可能即为西夏僧人的修禅窟。①西夏的人名中有的也受禅宗影响，如莫高窟464窟西夏文题记有"……中……五日敬礼者那征禅定宝铁……"榆林窟29窟比丘尼供养像旁的西夏文榜题为"出家禅定……氏那征一心归依"。

（五）法相宗

法相宗因讲唯识无境法义，也称唯识宗，又称慈恩宗。经典以《瑜伽师地论》为本，而以《显扬圣教论》、《摄大乘论》、《辨中边论》、《唯识二十论》、《唯识三十颂》等十论为支。

黑水城出土有译自中原传入的西夏文《瑜伽师地论》、《二十唯识论》译本，西安市文物考古研究所也保存有西夏文《瑜伽师地论》残卷，证明此宗也在西夏流行。

（六）密宗

密宗，又名真言宗，传入西夏可能有两个途径：一是从中原传入，一是从西藏地区传入。西夏文《百千印陀罗尼经》、《拔济苦难陀罗尼经》、《药师琉璃光王佛本愿功德经》、《不空绢索神变真言经》、《甘露经陀罗尼咒》、《佛说圣佛母陀罗尼经》等密宗经典，都译自汉文。西夏译自藏文的密宗经典相当多，其中有《圣大乘守护大千国土经》、《大寒林经》、《圣八千颂般若波罗蜜多经》等。前述在在宁夏贺兰县宏佛塔、甘肃敦煌莫高窟、瓜州榆林窟、甘肃武威亥母洞、内蒙古黑水城遗址都发现了很多西夏密宗绘画和塑像，证明密宗在西夏有广泛影响。②

图247 敦煌莫高窟465窟喜金刚像　　图248 武威亥母洞出土米拉日巴像

---

① 陈炳应《西夏文物研究》第57—63页。
② 谢继胜《西夏藏传绘画——黑水城出土唐卡研究》第351—414页，河北教育出版社2002年版。

党项族跨入封建社会的过程较短，还保留着不少本民族较为原始的信仰和风俗习惯。这些因素使西夏更容易接受密宗神秘特殊的仪俗。密宗在西夏有较深厚的根基。仁宗在大度民寺恭请的宗律国师、净戒国师、大乘玄密国师，可能都与密宗有关。《圣胜慧到彼岸功德宝集偈》的译者题款中有"显密法师"和"显密国师"的称号，天梯山石窟所出西夏文残经中也有"显密法师"的称号，证明在西夏佛教中，密宗有着与显宗同样重要的地位。

其实佛教各宗派之间既有判教的分歧，又有相互的融通，华严宗、净土宗、禅宗甚至密宗都在不断地融会贯通，并相互促进发展。

二、藏传佛教

西夏接受并发展藏传佛教有其民族渊源和历史基础。两族族源较近，语言同系，地域衔接，山水相连。经过长期交往、迁徙，形成你中有我、我中有你的犬牙交错的居住形式，相互自然地进行着密切的经济、文化交流。

早在吐蕃王朝时期，党项族就和吐蕃有政治、经济和宗教的往来。唐初，吐蕃赞普松赞干布曾娶弥药王之女茹雍妃洁莫尊为妃。弥药是党项族的一部分。有的弥药人，如咱米桑杰查巴等，被列入吐蕃著名译师的行列。可见吐蕃佛教前宏期对党项族已经有一定的影响。

西夏在发展佛教时，除主要吸收中原佛教外，对吐蕃佛教也兼收并蓄，形成佛教的多源情况。西夏时期两族的关系在新形势下有了新的发展。西夏的西、南部与吐蕃邻近，境内吐蕃人也较多，因而这一带藏传佛教的传播比其他地区更为广泛。藏传佛教在西夏的发展大抵以河西走廊为重点，瓜州、沙州、甘州、凉州等地是受吐蕃佛教熏陶较深的地区，并逐渐向西夏腹地今宁夏一带延伸。

西藏噶玛噶举派高僧都松钦巴（1110—1193年），是该派的初祖法王，他不仅在吐蕃有很大影响，也很受西夏仁宗皇帝的崇敬。仁宗遣使入藏专程迎请，虽然都松钦巴未能前来，但还是派遣弟子藏索格西来到西夏。藏索被西夏王尊为上师后，组织力量大规模翻译佛经，很受宠信。后来，都松钦巴所创有名的楚布寺建白登哲蚌宝塔时，西夏仁宗又献赤金璎珞及幢盖诸种饰物。都松钦巴死后，在其焚尸处建造吉祥聚米塔，藏索又自西夏作贡献，以金铜包饰此塔。后来，西藏萨迦派第三代祖师札巴坚赞（1149—1216年）的弟子迥巴瓦国师觉本，也曾被西夏主奉为上师。成吉思汗征服西

---

① 巴卧·祖拉陈哇著，黄颢译注《贤者喜宴》，《西藏民族学院学报》1981年2期。

图249　西藏堆龙德庆县楚布寺

图250　1992年笔者到西藏堆龙德庆县楚布寺考察

夏时，曾向西夏王的上师、后藏人通古娃·旺秋扎西请问佛法，此人是蔡巴噶举的一位喇嘛。由此可见，至少在西夏中后期，吐蕃佛教中的噶玛噶举派和萨迦派都已传入西夏。

在西夏人的心目中，吐蕃人是笃信佛教的典范。西夏文《碎金》中有"弥药勇健行，契丹步行缓，羌多敬佛僧，汉皆爱俗文"的记载。[①]这里明确指出藏族的特点是"敬佛僧"。在黑水城出土的另一件西夏文文献中称"东汉礼王国，西（羌）法王国"。[②]西夏人认为西部藏族地区是信奉佛法的王国。

西夏中期以后更加迅速地从藏传佛教吸收了丰富的营养。莫高窟、榆林窟中众多的西夏洞窟中，早期各窟显然承袭了五代、宋初的风格，而晚期洞窟则带有浓厚的藏传密宗色彩。

除前述西夏洞窟中壁画的藏传佛教内容外，西夏洞窟顶端的藻井也受到藏传佛教的巨大影响。榆林窟第3窟藻井所绘的曼荼罗图案中坛城方、圆叠套，中间绘有佛、菩萨、明王像等，显示出典型的藏密艺术风格，周围又绘有中原地区藻井风格的各种花边图案，将藏密风格和汉地风格巧妙地结合起来。

在宁夏方塔中出土了西夏文密教经典《吉祥遍至口和本续》以及汉文藏传佛教经典《圣妙吉祥真实名经》、《吉祥上乐轮略文等虚空本续》、修持仪轨、藏传佛教木刻本佛画、朱红捺印佛画等。[③]贺兰县宏佛塔内发现了比较多的藏传佛教的佛画，如《上乐金刚图》、《千佛图》、《千手观世音图》、《坐佛图》、《大日如来图》、《护法力士图》、《八

---

① 聂鸿音、史金波《西夏文本〈碎金〉研究》。
② 俄罗斯科学院东方文献研究所手稿部藏黑水城文献 Инв.No.292。
③ 宁夏回族自治区文物考古研究所、宁夏回族自治区贺兰县文化局《宁夏贺兰县拜寺沟方塔废墟清理纪要》，载《文物》1994年9期。

相塔图》等。①在贺兰山拜寺口双塔的西塔各层外表的影塑也是按藏传佛教的风格布局的。②青铜峡市黄河岸边的一百零八塔，都是受藏传佛教建筑形式影响的宝瓶式白塔，同时在其附近也发现了西夏时期的藏传佛教佛画。

在甘州曾译藏传佛教经典。前述仁宗乾祐七年（1176年）在甘州立黑水河建桥碑，系汉文、藏文合璧书写。此碑不仅表明在甘州一带藏族居民较多，碑文内的贤觉菩萨就是弘扬藏传佛教的帝师。③

黑水城出土大量西夏文献和文物，其中包括大批藏传佛教文献和带有藏传佛教内容的佛画（唐卡）。在黑水城发现的中古时期藏传佛教文献无论从数量上，还是从种类上都是其他地方无法相比的。出土的数以百计的佛画中有很多反映了藏传佛教的特点，有的完全继承了藏密传统，有的将藏密和中原的风格熔于一炉。黑水城是藏传佛教影响很深的地区。

除莫高窟、榆林窟外，西夏境内的酒泉文殊山、肃北五个庙、永靖炳灵寺、玉门昌马下窟、裕固马蹄寺、武威天梯山、宁夏固原须弥山等石窟中，也有藏传佛教的遗迹。即便在西夏北部鄂尔多斯高原西部的阿尔寨也有西夏藏传佛教石窟。阿尔寨石窟也称百眼窑石窟，屹立于一座高约80米、宽约300米、状似平台的红砂岩小山上。石窟始凿于北魏中期，以西夏、蒙元时期最盛行。可以说西夏藏传佛教遗物遍布西夏地区。

西夏后期吐蕃僧人的地位也显著上升。如前述两篇发愿文中提到读诵经典和度僧时，都把西番放在番、汉之首。另仁宗时在大度民寺所作大法会上，同时诵读西番（即藏文）、番、汉藏经，把西番经列于首位，表明藏传佛教已占相当重要的地位。

西夏封设的帝师也是吐蕃族僧人，这就更加提高了藏传佛教和吐蕃人的地位。有的寺庙中还设有管理吐蕃僧人的官员。如凉州重修护国寺感通塔碑西夏文碑铭中记有"感通塔下羌汉二众提举赐绯和尚臣王那征遇"的职称和人名，可知该塔寺中有羌（吐蕃）族僧人。

《大乘要道密集》是一部历经元、明、清朝，由宫廷流传的密藏佛法珍本。此集经整理后共有83篇，其中有传、译者的36篇中八思巴集撰的只有4篇，其余是他人所作。

---

① 宁夏回族自治区文物管理委员会办公室、贺兰县文化局《宁夏贺兰县宏佛塔清理简报》，载《宁夏贺兰县拜寺口双塔勘测维修简报》，载《文物》1991年8期。雷润泽、于存海、何继英《西夏佛塔》第55—75页。

② 何继英、于存海《西夏拜寺口双塔影塑释读》，台湾《历史文物》第10卷第8期，2000年8月。

③ 史金波《西夏佛教史略》第四章。王尧《西夏黑水桥碑考补》。

图251 阿尔寨石窟

图252 2008年笔者和专家一起考察阿尔寨石窟

据考证该集中有多种西夏时期的藏传佛教著作。①

吐蕃佛教的传入,在很大程度上改变了西夏佛教的格局和西夏佛经的比例构成。藏传佛教对西夏佛教乃至整个西夏文化影响很大,而西夏对于藏传佛教的发展和元代藏传佛教的继续东传又起到非常重要的作用。

---

① 陈庆英《西夏及元代藏传佛教经典的汉译本》,《西藏大学学报》2000年5期。史金波《西夏的藏传佛教》,《中国藏学》2002年1期。

【第七节 佛 经】

西夏境内，西夏文、藏文、汉文、回鹘文四种文字的佛经同时流传。目前已发现西夏文佛经约400种左右，西夏时期的汉文佛经有八九十种，藏文佛经数十种，此外还有少量回鹘文佛经。当时西夏境内的各种文字佛经当更为丰富。

一、西夏文佛经

在西夏党项人是主体民族，所以西夏文佛经在翻译、刻印、流传等方面，便理所当然地受到更多的重视。现在所说的西夏文大藏经，西夏时期被称作"蕃大藏经"。这部大藏经共有820部，3579卷。它在中国佛教史，乃至中国文化史上占有重要的、特殊的地位。西夏文大藏经形成的时间，在我国少数民族文字佛经中，仅晚于藏文佛经。

西夏仁宗皇后曾发愿请人精工缮写全部西夏文大藏经，黑水城出土的西夏文《佛说宝雨经》和《佛说长阿含经》卷首经图押捺朱文题款记载了这一重大佛事活动。题款5行，译文为："大白高国清信弟子皇太后罗氏全增新写番大藏经契一藏，已入皇居报庆寺内经藏中，当为永远诵读供养"。

目前已出土西夏文佛经数千卷，被收藏于国内外各有关单位，包含了经、律、论三藏。

经藏一般又分为宝积、般若、华严、涅槃、阿含等部类。这几大类佛经，在现存的西夏文佛经中都能找到，不少还是该部的主要经典。如宝积部中的《大宝积经》，是一部长达120卷的重要佛经，由现存的西夏文《大宝积经》的卷数看，已全部译成西夏文。般若部中的《大般若波罗蜜多经》是该部类的经典总汇，共600卷，是佛经中数量最大的一种，已发现的西夏文本已有前450卷，内蒙古文物考古研究所在黑水城遗址出土的西夏文佛经中有《大般若波罗蜜多经》卷第二百二十三、三百二十九刻本残页，

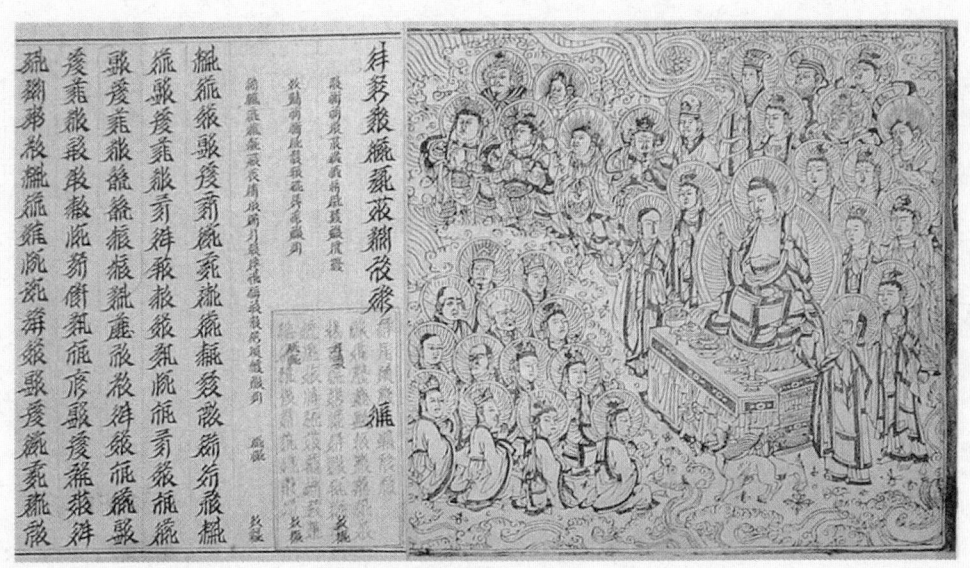

图 253　西夏文写本《佛说宝雨经》

证明这一大部头佛经也曾在西夏地区刻印流行；另有《摩诃般若波罗蜜多经》、《金刚般若波罗蜜经》等。华严部中的重要经典《大方广佛华严经》版本众多，多为80卷本，也有40卷本。涅槃部的主要经典是《大般涅槃经》共40卷，西夏译有此经；还有《金光明最胜王经》10卷，西夏对此经似乎特别重视，前期即已译成西夏文，仁孝时期重新校勘，晚期再次校订，并译经疏，甚至还以泥金字书写流传。在小乘经的阿含部中，22卷的《长阿含经》有西夏文刊本传世。

西夏文佛经中也有律藏经典。如《根本说一切有部百一羯磨》、《日光菩萨经》、《生经》等。

论藏中有长达百卷的《大智度论》，西夏文也残留有刊本，像这样重要的经典论著，西夏应是以足本翻译、流行于世的。唐玄奘所译长达百卷的《瑜伽师地论》，译成西夏文后名为《瑜伽师地本母》。此外，还有玄奘所译80卷本的《阿毗达磨顺正理论》。①

从出土的西夏文献得知，藏传佛教经典很多。如西夏文《圣大乘守护大千国土经》、《佛母大孔雀明王经》、《大寒林经》、《圣大明王随求皆得经》、《大密咒受持经》、《圣八千颂般若波罗蜜多经》、《佛说圣大乘三归依经》、《圣大乘胜意菩萨经》、《圣胜慧到彼岸八千颂经》、《圣胜慧到彼岸功德宝集偈》、《圣观自在大悲心总持功德依经

---

① Е.И.Кычанов.Каталог тангутских буддийских памятников［俄］克恰诺夫：《俄国科学院东方学研究所西夏佛教文献目录》第756、757页，京都大学1999年版。史金波、王菡、全桂花、林世田《国内现存出土西夏文献简明目录》，《国家图书馆学刊》增刊《西夏研究专号》2002年8月。

录》、《圣摩利天母总持》、《无量寿宗要经》等。有不少是藏传佛教的法事仪轨，如《聚轮供养作次第》、《菩提心及应常作法事》、《心习顺次》、《风气心上入顺》等。此外，还有很多要论，如《白伞盖随母施食要论》、《四十种空幢要论》、《中有身要论》、《诸密咒要论》等。

藏族的因明学也传到了西夏，西夏文因明著作也有不少，如《正理滴之句义显用》、《正理意暗除之文略释》、《正理滴特殊造他利比量品》、《正理滴特殊造》、《正理空幢要论》、《正理滴第一义释记》、《正理滴第三义释记》等。[①]

二、汉文佛经

西夏境内流传的汉文佛经也很多，其中有《大方广佛华严经》、《妙法莲华经》、《金刚般若波罗蜜经》、《佛说圣佛母般若波罗蜜多心经》、《圣大乘胜意菩萨经》、《佛说圣大乘三归依经》等多种。此外，传世的还有前面提到的西夏僧人纂辑的《密咒圆圈往生集》。西夏三藏金总持译的《法大乘义决定经》3卷，其目录载于《至元法宝勘同录》，现虽未见此经，但证明元朝有汉译本流传。西安市文物管理处藏有带西夏文押捺题款的汉文《大方广佛华严经》。乾祐二十年（1189年）在大度民寺散发的汉文《观音经》等都以万卷计，同时还施放有西夏文、藏文佛经。天庆二年（1195年）印施番、汉文《转女身经》共3万余卷。天庆三年（1196年）的一次佛事活动则散施番、汉《转女身经》、《仁王经》、《行愿经》共93000部。

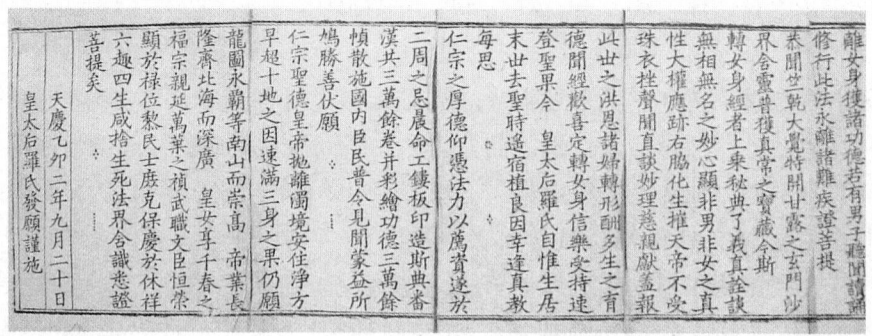

图254 汉文《转女身经》发愿文

西夏时期还有不少藏文佛经转译成汉文。把藏文佛经译为汉文也具有十分重要的意义。这样藏传佛教在西夏境内进一步扩大影响，同时也使我国汉文佛经增添了新的

---

① 史金波《西夏的藏传佛教》。

内容，对于后世藏传佛教进一步向中原地区传播，起了重要作用。黑水城发现的汉文藏传佛教经典很多，如《密咒圆因往生集》、《六字大明王陀罗尼》、《仪轨后记》、《金刚剂门》、《念一切如来百字忏悔剂门仪轨》、《佛眼母仪轨》、《梦幻身要门》、《甘露中流中有身要门》、《舍寿要门》、《金刚亥母禅定》、《圆融忏悔法门》、《密教念颂集》、《黑色天母求修次第仪》等。此外还有上述方塔所出汉文藏传佛教经典。

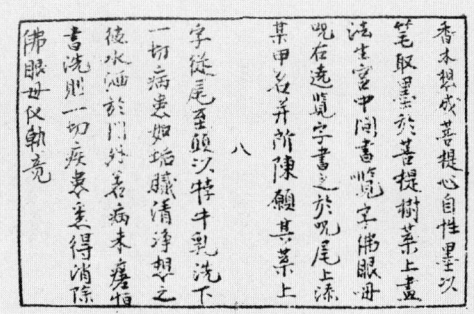

图 255　汉文《佛眼母仪轨》

前述斯坦因还在黑水城遗址发现有"汉文而用西藏文注释"的残页，由此可以推想当时西夏境内汉族和藏族也有直接的文化交流。

三、藏文佛经和回鹘文佛经

西夏还流传藏文佛经。前述乾祐二十年（1189年）印施西夏文《观弥勒菩萨上生兜率天经》的御制发愿文中，记载了在大法会上读西番佛经；乾祐二十四年（1193年）西夏文《拔济苦难陀罗尼经》的发愿文也提到诵读番、汉、羌（藏）三藏经各一遍；应天四年（1209年）的一佛经发愿文中有诵读大藏经文番、羌（藏）、汉一百八藏，都提到作法事活动要读诵藏文佛经。汉文佛经《佛说父母恩重经》的发愿文记述法事活动时也有"开阐番、汉大藏经各一遍，西蕃大藏经五遍"的记载。①

在目前已经发现的大量西夏文献中，藏文佛经较为少见。西夏在散施大量佛经时，往往只有西夏文和汉文佛经，未提到大量散施西番（吐蕃）文经。俄藏黑水城文献中，发现藏文经典有数十种，有写本，也有刻本。藏文写本如《大般若波罗蜜多经》、《辩证法性论》等。②藏文刻本也陆续有所发现，从黑水城出土的藏文文献中找到了早期藏文印刷品，其中有梵夹装《般若经》封面残页，有蝴蝶装式《胜相顶尊总持功德依经录》等经。③

---

① 史金波、魏同贤、克恰诺夫主编《俄藏黑水城文献》第二册第47—48页；第三册第48—49页。又见史金波《西夏佛教史略》第262、267、274页。
② 史金波、魏同贤、克恰诺夫主编《俄藏黑水城文献》第一册彩图59、60。
③ 史金波《中国历代少数民族文字印刷考略》，《中国印刷》2004年10、11、12期。

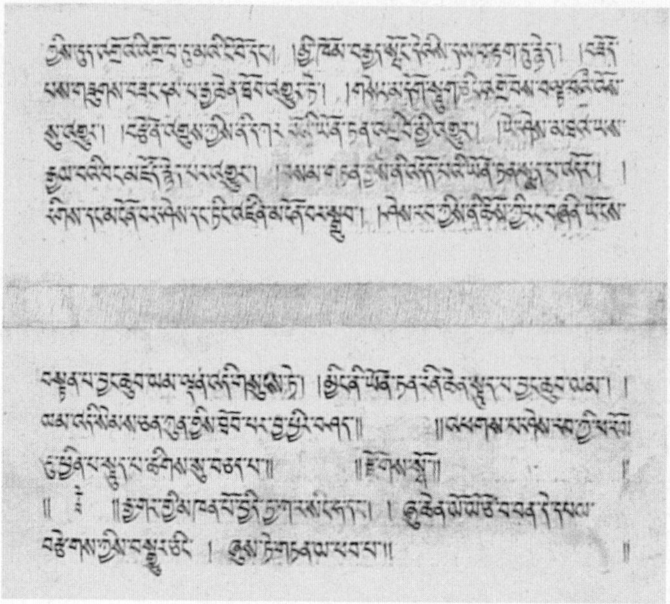

图 256 黑水城出土写本藏文佛经

西夏文佛经中，凡译经时代明确的，大都在西夏前期。而译自藏文的佛经，多未注明翻译时代。在所见西夏文佛经中，有的明确标记"蕃［勃］本翻译"的字样，当可知其译自藏传，但多数没有这种标志。译自藏文的西夏文佛经，一般在后期译成。西夏文佛经除主要译自汉文外，还有一部分译自藏文，个别的还可能直接译自梵文。前述北京房山云居寺所藏石刻佛经中，有一种明朝镌刻的藏汉合璧的《圣胜慧到彼岸功德宝集偈》，首列题款二十二行，最后四行是："奉天显道、耀武宣文、神谋睿智、制义去邪、淳睦懿恭皇帝再详勘"，此皇帝尊号是西夏仁宗尊号。此经曾经西夏译、校，题款中还罗列了参加译经的高僧名、职称和分工。其中有"梵译"者、"亲执梵本正义"者，此经的翻译底本可能是梵文原本，至少可以说梵本为其所用底本之一。[1]

在黑水城和敦煌莫高窟北区出土的文献中都有少量的回鹘文佛经，从当时回鹘在西夏社会的具体状况、佛教流行时间和文献发现地点分析，应有西夏时期的回鹘文佛经。在敦煌石窟北区发现的一千余枚回鹘文木活字，也应是西夏时期用来印刷回鹘文佛经的实物。

---

[1] 史金波《西夏佛教史略》第138页。

第八节　佛教寺庙

寺庙是佛教活动的中心，历来提倡佛教的统治者，无不重视寺庙的建设。西夏大力发展佛教，除利用原来的佛教建筑设施外，又重修建了很多寺庙以及佛塔，使西夏地区塔寺众多。

前面已介绍了西夏部分寺庙的建设缘起和盛况，其实西夏的寺庙数量很多，远不止上述所列。通过多种资料汇集以及对西夏遗址的考察，可以大致了解西夏寺庙的规模、数量、分布以及内部结构等。在西夏寺庙中，有的是西夏时期新建，有的是前已有之，而为西夏所继续利用。其中可以归纳为几个寺庙中心：

一、兴庆府—贺兰山中心

兴庆府位居西夏首府，既是西夏政治中心，也是文化中心。这里不仅有笃信佛教并在全国大力提倡佛教的皇室，也是管理西夏佛教的行政机构功德司的所在地。兴庆府集中了很多著名的寺庙。贺兰山位于都城兴庆府之西，早就是僧人修行之所，唐朝就有僧人驻足。贺兰山被列为西夏三大神山之一，备受西夏政府的重视。明代尚有"颓寺百余并元昊故宫遗址"。① 这些寺庙遗址多应是西夏时期的遗物。宁夏的考古工作者对贺兰山勘察后发现其中有多处西夏寺庙遗址，说明贺兰山一带确是西夏佛教寺庙比较集中的一个地区。兴庆府、贺兰山一带的著名寺庙有：戒坛寺、高台寺、承天寺、海宝寺（建于前代）、大度民寺、报庆寺②、周家

---

① 《嘉靖宁夏新志》卷一。
② 此寺存藏皇太后罗氏全增新写番大藏经契一藏，可能是首府中兴府的一座寺庙，甚至是皇宫中的佛寺。

寺①、贺兰山佛祖院②、五台山寺③、慈恩寺④、方塔、田（定）州塔寺、康济寺、大佛寺⑤、安庆寺⑥。

兴庆府一带的寺庙各具特色。戒坛寺当是僧人受戒之所，这种性质的寺庙历来都居重要地位。高台寺、承天寺都曾贮藏宋朝所赐汉文大藏经，高台寺又是译经的中心。贺兰山的五台山寺是西夏佛教圣地，具有崇高的地位。贺兰山佛祖院也是名副其实，高僧辈出。

二、凉州—甘州中心

凉州是西夏的西凉府，位居辅郡，地处要冲，历来佛教浸盛。西夏时期这里党项族、汉族、吐蕃、回鹘族人民杂居一处，逐渐受到藏传佛教的巨大影响。留存于世的凉州重修护国寺感通塔

图257　宁夏银川市海宝塔

碑是凉州佛教隆盛的历史见证。在小西沟岘禅洞、亥母洞中和景泰县的寺庙墙壁中都先后发现了西夏佛教文献。⑦甘州是"佛法所从入中国"之地，位于河西走廊的中心。西夏时期为番和郡，也是党项、汉、吐蕃、回鹘等民族共居之地。莫高窟西夏文题记中有"甘州众宫（寺）"。当指甘州的大寺庙，或专指卧佛寺。西夏曾于甘州译经，更显示出此地在西夏佛教发展中的地位。这一带寺庙有：卧佛寺、护国寺、圣容寺⑧、崇

---

① 在西夏汉文《大方广佛华严经普贤行愿品》题款中记"京市周家寺僧雕字僧王善惠"。
② 寺院僧人李慧月曾印施十二部汉文大藏经及54部《华严经》，又抄写金银字佛经等。他的师父平尚重照禅师驻锡于此。此寺可能是存世的拜寺沟双塔所在寺庙。
③ 《西夏纪事本末》所载《西夏地形图》中，在贺兰山内记有"五台山寺"。
④ 在贺兰山石台岩云谷。西夏灭亡后不久，兰山（即贺兰山）石台岩云谷慈恩寺中一行沙门慧觉曾为重刻西夏文《金光明最胜王经》写序。
⑤ 据《嘉靖宁夏新志》记载，景宗元昊时建，明嘉靖年间栋宇尚存。
⑥ 在宁夏中宁县鸣沙，据《宁夏新志》记载"寺内浮屠相传建于谅祚之时"，至今尚保存着重修的佛塔。
⑦ 甘肃省博物馆《甘肃武威发现一批遗物》，《考古》1974年3期。
⑧ 凉州碑铭记有"圣容寺感通塔两众提举"。甘肃省永昌县城北10公里处的御山峡有圣容寺，凉州碑所记圣容寺与永昌圣容寺可能是同一寺宇。

图 258　甘肃永昌圣容寺塔

圣寺、亥母寺、崇庆寺①、诱生寺②、十字寺③、禅定寺④、马蹄寺⑤等。此外，天梯山石窟西夏期间也有扩建，石窟中也发现了西夏文佛经。⑥

以凉州、甘州为主形成了河西走廊的西夏寺庙群，这里是汉传佛教、藏传佛教最早交汇之处，呈现出多民族僧人同住一寺庙、不同民族文字碑文合璧于同一寺庙碑石中的复杂情况，更显出多民族信仰佛教的事实。

三、莫高窟—榆林窟中心

举世闻名的敦煌莫高窟和瓜州榆林窟被誉为佛教圣地。两窟群对西夏佛教发展有着重要影响，西夏统治者对两窟群投入了很多人力物力。莫高窟始建于前秦建元二年

---

① 在甘州，崇宗永安元年建。见《甘州府志》卷五。
② 西夏僧人辑录《密咒圆因往生集》题款记"甘泉师子峯诱生寺出家承旨沙门智广编集"。"甘泉"在甘州。《大正新修大藏经》卷四六。
③ 在甘州，西夏时建。《甘州府志》卷四。
④ 在甘州，该寺可能是将藏文佛经译为西夏文的一个寺庙。始建时间不详。见［日］西田龙雄《西夏文华严经》第 13 页，京都大学文学部 1975 年版。
⑤ 在甘肃肃南裕固族自治县马蹄山中，马蹄寺石窟规模宏大，共有 70 多窟，其中有西夏时代的佛教洞窟。黑水城出土西夏文经题款有"马蹄山大觉寺（众宫）"。见俄罗斯科学院东方文献研究所手稿部藏黑水城出土文献 Инв.No.5112。
⑥ 陈炳应《天梯山石窟西夏文佛经译释》，《考古与文物》1983 年 3 期。

（366年），至西夏也已有600多年的历史。

西夏统治敦煌地区达191年，是自始建佛窟以来，统治这里时间最长的王朝。西夏文《圣立义海》第二"山之名义"中有"沙州神山"，其释文为："凿山，多有佛像、寺庙、圣众住处。"① 沙州神山当指敦煌石窟所在的鸣沙山，西夏时不仅有佛像，还有寺庙。敦煌172窟出土残页一纸，是敦煌寺庙中僧人职事名单，为西夏时期敦煌有寺庙的佐证。榆林窟又名万佛峡，与莫高窟同属一个系统，其中有很多西夏洞窟，特别是西夏晚期窟洞更具典型性。

经过对莫高窟、榆林窟的考察，发现了100余处西夏文题记和西夏时期的汉文题记。当时从洞窟形制、壁画、文字题记等各方面进行综合排比分析，发现莫高窟和榆林窟的西夏洞窟相当多。当时初步确定莫高窟有77窟，榆林窟有11窟。②

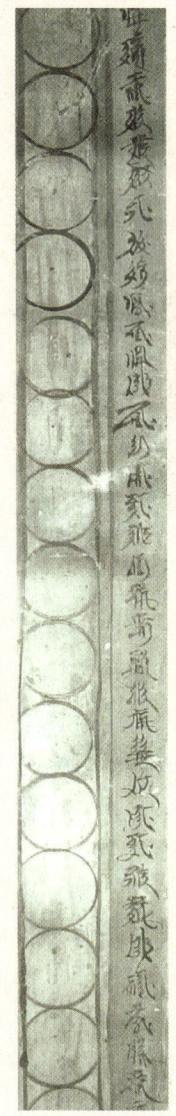

图259 莫高窟西夏文乙丑年清理积沙题记

另有敦煌附近瓜州县桥子乡峡谷中的东千佛洞、瓜州县城南榆林河下游的水峡口下洞子石窟、肃北蒙古族自治县的五个庙石窟、一个庙石窟、玉门市玉门镇东南祁连山麓的昌马石窟，都有西夏石窟。③

莫高窟北区主要是敦煌僧人居住、坐禅的场所。近些年来发现了很多重要文物、文献。其中在不少洞窟中都发现了西夏文文献，证明西夏时期有很多僧人在这里生活。④

图260 1964年笔者与同事白滨随常书鸿、王静如先生在西千佛洞考察

此外，位于内蒙古鄂托克旗阿尔巴斯苏木的阿尔寨石窟（百眼窑石窟），有洞窟65个，山崖上还浮雕有24座覆钵式塔和一座楼阁式塔。

---

① 克恰诺夫、李范文、罗矛昆《圣立义海研究》第59页。译文有改动。
② 刘玉权《敦煌莫高窟、安西榆林窟西夏洞窟分期》，《敦煌研究文集》1982年3期。史苇湘《关於敦煌莫高窟内容总录》，文物出版社1982年版。史金波、白滨《莫高窟榆林窟西夏文题记研究》。
③ 张宝玺《东千佛洞西夏石窟艺术》，《文物》1992年2期。
④ 史金波：《敦煌莫高窟北区出土西夏文文献初探》，《敦煌研究》2000年3期。

石窟分大、中、小三种，中型石窟最多，多为西夏石窟。

四、黑水城中心

黑水城是西夏北部重镇，黑水镇燕监军司驻所。此城为西夏始建，城中有很多寺庙遗址。城外的佛塔中出土了震惊学坛的大量文献，其中绝大多数是西夏文、汉文、藏文等佛教文献，还出土了大量不同风格的佛画。[①]这里出土的西夏文佛经木雕板，证明此处可能印刷过西夏文佛经。近年来在黑水城遗址又发掘出一批西夏文佛教文献，其中有一纸残页上书写有20余个僧人的姓名，可能是黑水城等寺庙的僧人名册的一部分。近年在黑水城附近清理寺庙时，还见到内有大型佛像和彩色壁画。

在黑水城附近还有绿城遗址，其中还出土过西夏彩塑佛像和供养人像，这些塑像又具有显教的风格。[②]总计城内外有佛塔20余座。可知此地不仅寺庙集中，佛塔也很多。

除以上寺庙外，还有不少西夏寺庙只知其名，尚不知其寺址方位。如：

众圣普化寺　襄宗皇建元年（1210年）印施《佛说大乘圣无量寿决定光明王如来陀罗尼经》的张盖利、李智宝为此寺僧人。[③]

温家寺　仁宗皇后罗氏印施汉文《金刚般若波罗蜜经》，经末押有"温家寺经院"印记。该寺应是一个印经的场所。[④]

仁王院　该僧人惠善在西夏灭亡后，曾远游至丰州（今属内蒙古自治区呼和浩特市）。[⑤]

大延寿寺　西夏惠宗时刻印汉文《大方广佛华严经》的演妙大德沙门守琼为该寺高僧。

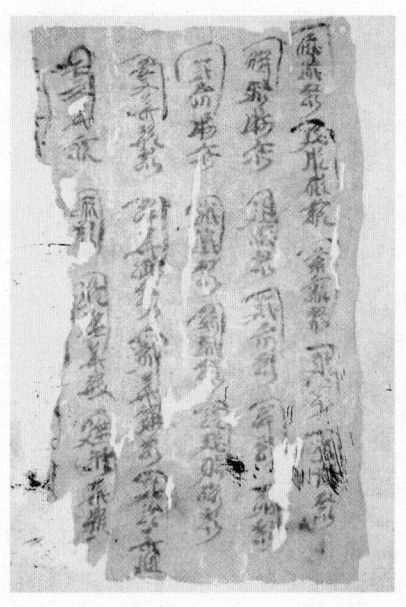

图261　黑水城出土西夏文僧人名单

---

① 罗福苌《俄人黑水访古所得记》，《国立北平图书馆刊》（西夏文专号）4卷3号，1932年版。
　向达《斯坦因黑水获古纪略》，《国立北平图书馆刊》（西夏文专号）4卷3号，1932年版。
　史金波、魏同贤、克恰诺夫主编《俄藏黑水城文献》第一册至第六册，第一五册至二五册。
② 史金波、翁善珍《额济纳旗绿城新见西夏文物考》，《文物》1996年10期。
③ 史金波、魏同贤、克恰诺夫主编《俄藏黑水城文献》第二册第7页。
④ 史金波、魏同贤、克恰诺夫主编《俄藏黑水城文献》第一册第309页。
⑤ 李逸友《呼和浩特市万部华严经塔的金元明各代题记》，《文物》1977年5期。

图 262 内蒙古额济纳旗绿城遗址

阿育王寺 榆林窟第十五、十六窟的《榆林窟记》中赐紫僧人惠聪为该寺高僧。

德法茂盛 西夏文《等持集品》记载僧人在德法茂盛寺中译经。①

五明出显寺 在西夏文《菩提勇识之业中入顺》、《到彼岸门依使胜在顺法事》题款中都有该寺僧人名。②

妙喜寺 西夏文《注华严法界观门深入记》经末题款有该寺僧人名。③

国忍寺 西夏文《隐藏变化解锁》卷末题款有该寺僧人名。

以上所列寺庙及佛塔计 50 余座，当然这远非西夏寺庙的全貌，可以说寺塔遍及西夏全境。因为寺庙本身就是信仰、传播佛教的基地，所以这些寺庙的中心也是西夏佛教的中心。

在西夏文《亥年新法》中规定寺庙依耕地负担佣、草时，罗列了西夏"诸寺"的名称：大德皇敬寺、旺气寺、会州寺、帝师寺庙、大觉普渡寺、五月遍显寺、孝诚普贤寺、吉祥净碧寺、度民众宫寺、保靖金刚座寺、救拔佛母④寺、五台⑤观音普贤殿寺、普净记□寺、五台文殊殿、弥勒广长寺、祐国宝塔寺、番汉五台福盛寺、兹古先生寺、能胜[萨鹅]寺⑥、乃令公主寺、大安众宫（寺）番汉宝塔、大法天（塔）寺、番汉太皇安、皇天广长众宫寺、耶玉国师寺、皇种（汉）寺、广长羌寺、圣遍慈恩寺、普照悲聚寺、普明众宫、马三仓寺、神方羌寺、酒观音寺、罗萨弥勒寺、讹留尼寺、大觉寺、承天众宫（寺）、法器寺、文殊殿、有禾寺、顺生（纯生）寺、大德众宫、大菩提金刚座寺、度国宝塔、罔氏娘娘寺、神方众宫、大上师众宫、五智菩提寺、金太师寺、灵

---

① 俄罗斯圣彼得堡东方学研究所手稿部藏黑水城出土文献 Инв.No.2852。
② 俄罗斯圣彼得堡东方学研究所手稿部藏黑水城出土文献 Инв.No.944、810。
③ 俄罗斯圣彼得堡东方学研究所手稿部藏黑水城出土文献 Инв.No.942。
④ 此二字甲种本为"佛道"，辛种本为"佛母"，从辛种本。
⑤ 此二字甲种本为"五净"，辛种本为"五台"，从辛种本。
⑥ 辛种本无此寺。

州影殿寺、长安众宫、车尼寺、万善祐圣寺　牛郎姑子寺。①

　　以上50多座寺庙中有的尚留有塔寺建筑，有的还可找到遗址，如承天寺；也有很多既无建寺记载，也无遗址可寻。其中有的记明所在地点的可知其大体方位，如会州寺、保靖金刚座寺、五台观音普贤殿寺、五台文殊殿、番汉五台福盛寺、灵州影殿寺；很多寺庙甚至连其所在地点也难以确定。这些寺庙使我们了解到很多前所未知的西夏寺庙，为研究西夏寺庙和佛教增添了新的资料，但这些寺庙还不能说包含了西夏所有的寺庙，因为文献记载和文物考古所知的一些西夏重要寺庙并未在其中。

　　西夏政府制定法律保护寺庙殿宇、宗教建筑、佛像及圣地。规定偷盗、破坏圣物、毁坏圣地的人要坐牢6年，而僧人则要加重处罚，坐牢8年。西夏寺庙内的职务要由政府批准任命。寺庙享有种种特权，但它们仍需要向政府申报寺内财产、寺内人员（常住）和寺奴的多少。法律规定一个新建或重建的寺庙，依据经费设常住的标准。② 在西夏，国家不仅要修缮寺庙，寺庙重修后，国家还要施舍钱物，以为庆赞。如凉州护国寺及感通塔重修后，赐给一批钱物。

　　总之，西夏境内有数量可观的寺庙。这些寺庙主要分布在作为各地政治、文化中心的城镇和名山胜地。不难想见，在当时西夏管辖的范围内，金碧辉煌的寺庙、作为寺庙显著标志的佛塔，以及其中千姿百态的塑像和壁画，形成了显示西夏社会佛教信仰兴盛的图景。

---

① 史金波、魏同贤、克恰诺夫主编《俄藏黑水城文献》第九册，《亥年新法》甲种本第197—198页；辛种本第317页。
② 史金波、聂鸿音、白滨译注《天盛改旧新定律令》第一一"为僧道修寺庙门"第408页。

【 第九节　佛教法事 】

在以佛教信仰为主的西夏，由僧俗大众参与较多的佛教节日和法事活动，是备受关注的社会活动，对社会有直接、巨大的影响。

一、佛教法事的兴盛

西夏初期，元昊就规定以每一季的第一个月的朔日（初一）为"圣节"，让官民礼佛。元昊用行政命令推行佛教的作法，使佛教在西夏有了更为广泛的影响，有了更高的社会地位。

七月十五日是中元节，即佛教的盂兰盆节，原是中原地区节日，主要是追荐祖先而举行的佛教节日，是时结水陆道场，诵读佛经，放焰口、河灯，演《目连救母》杂剧。西夏也将七月十五日作为重要节日，并作法事。《圣立义海》"七月之名义"中"贤僧会聚"条："七月十五目连报父母之恩，供盂兰，结道场，贤圣僧人聚日是也。"① 正是这一重要佛教节日在西夏社会的真实情景。

由于西夏佛教的传播和普及，西夏的佛事活动也呈现发展的趋势。因西夏早期的文献资料较少，佛事活动多见于赎经、建寺、译经等，至于法会等很少涉及。至西夏中期以后，随着密宗的发展，特别是藏传佛教的兴盛，法事活动在佛教信仰中占据越来越重要的地位。在新见的西夏文献中，记载了更多的西夏佛教法事活动。在这些活动中往往进行大型集会，除刻印、散施佛经，请高僧讲解经义外，还作"结道场"、"作忏悔"、"作焰口"、"饭僧"、"设贫"、"打截截"、"放生命"、"喂囚徒"等活动。所谓"结道场"即设置法会场所并作法事；"作忏悔"是在法会上诵戒，给犯戒者说过、悔

---

① 克恰诺夫、李范文、罗矛昆《圣立义海研究》第 52 页。对原译文有所改易。

改的机会;"焰口施食"是密宗的法事,即在法会上供饮食于饿鬼,并按仪轨念诵相关经咒,以追荐死者,避免灾难;"饭僧"即施斋饭给众多僧人,以为崇佛善事;"设贫"即在法会上资助穷人;"放生命"即放生,把要屠宰的羊等放掉不杀,作慈悲善事以祈福;"喂囚徒"是通过给身处囹圄的罪犯以饭食这样的善事,来宣扬佛教的慈悲。这些佛事活动在中原地区已很流行。

二、佛教法事的规模

在西夏,很多法事活动多以皇室、贵族举办,规模都很宏大。

崇宗时重修凉州护国寺和佛塔,竣工时大兴庆祝,由当时的中书令梁乞逋领衔。①同年梁太后和崇宗皇帝印施西夏文《圣大乘无量寿经》一万卷,手绢(彩绘)一万帧,施诸民庶。②

仁宗人庆二年(1145年)为使已故崇宗生入净土,而印施番、汉佛经五千卷。③

仁宗天盛十九年(1167年)于罔氏"皇太后周忌之辰",大兴法事,印造番汉佛经二万卷,散施臣民。请觉行国师等烧结灭恶趣中围坛仪,并拽六道,及演讲佛经,作法华会、大乘忏悔,放神幡,救生命,施贫济苦等。④

仁宗乾祐十五年(1184年)仁宗"适逢本命之年",烧施结坛,摄瓶诵咒,作广大供养,放千种施食,读诵大藏等经,讲演上乘等妙法,打截截,作忏悔,放生命,喂囚徒,饭僧,设贫等诸多法事,印施番、汉佛经,并发放彩绘功德、数珠等。⑤

乾祐二十年(1189年)仁宗66岁,就大度民寺作求生兜率内宫弥勒广大法会,烧结坛,作广大供养,奉广大施食,并念佛诵咒,读西番、番、汉佛经,说法作大乘忏悔,散施番、汉佛经二十五万卷,以及饭僧、救生、济贫、设囚诸般法事,凡七昼夜。⑥

乾祐二十四年(1193年)仁宗去世,印施《拔济苦难陀罗尼经》,聚会文武臣僚,

---

① 史金波《西夏佛教史略》第252页。
② 俄罗斯科学院东方文献研究所手稿部藏黑水城出土文献 Инв.No.953。
③ 俄罗斯科学院东方文献研究所手稿部藏黑水城出土文献 Инв.No.3780。
④ 史金波、魏同贤、克恰诺夫主编《俄藏黑水城文献》第三册第76—77页。
⑤ 史金波、魏同贤、克恰诺夫主编《俄藏黑水城文献》第三册第52—53页。俄罗斯科学院东方文献研究所手稿部藏黑水城出土文献 Инв.No.7577。
⑥ 史金波、魏同贤、克恰诺夫主编《俄藏黑水城文献》第二册第47—48页。俄罗斯科学院东方文献研究所藏手稿部黑水城出土文献 Инв.No.2315。

恭请高僧、大众等三千余员，做法会七日七夜，命读诵番、汉、西番三藏经各一遍，救贫、放生、施放神幡，请匠雕印施此经番、汉文二千余卷。①

仁宗去世周年，天庆元年（1194年）皇太后罗氏印施《仁王护国般若波罗蜜多经》，印番、汉经三万部，请高僧作广大法会七日七夜，作水陆不拒清净大斋法事三日三夜。②

仁宗去世后两年，即天庆二年（1195）罗太后印施《佛说转女身经》番、汉文共三万余卷，并彩绘功德三万余帧。③

仁宗去世后三年，即天庆三年（1196年）罗氏又发愿印施佛经，许愿在三年之中，作大法会烧结坛等3355次，大会斋18次，开读大量经文，度僧西番、番、汉三千员，散斋僧，放神幡，散施番、汉佛经、数珠，消演番、汉佛经，皇太后宫下应有私人尽皆舍放并作官人，另散囚、设贫、放生，并大赦一次。④

襄宗应天四年（1209年）散施佛经并作广大法事，作烧施道场等作1758遍，读诵经：大藏经番、西番、汉108藏，诸大部及余杂经等共20056部，剃度僧人324员，令高僧及其余众僧等六万七千多人作斋会，放幡56条，散施番汉佛经等共五万卷，消演番汉大乘经五部，大乘忏悔181遍，饭囚、设贫、放生，大赦二次。⑤

除皇室外，有能力作大法会、印施佛经的，还有高官显宦。如天盛十九年（1167年）太师上公总领军国重事秦晋国王任得敬，因疾病缠绵，日月虽多，药石无效，印施《金刚般若波罗蜜经》。

天盛二十一年（1169年）孝子枢密、内宿等承旨，殿前、甄匣司正库瑞忠茂，为去世父亲已过"七七"，印施《佛说父母恩重经》千卷，令作其余法事，演说此经，施舍净物⑥

如西夏中书相贺宗寿亡故后，其子刻印《佛说父母恩重经》，并在七七之日，敬请高僧及出在家僧众等七千余员，烧结灭恶趣坛各十座，开阐番汉大藏经各一遍，西番大藏经五遍，作八种经会各一遍，修设水陆道场，作无遮大会，圣容佛上金，放神幡，救放生羊。此法事活动极为盛大。⑦

---

① 俄罗斯科学院东方文献研究所手稿部藏黑水城出土文献 Инв.No.298。
② 俄罗斯科学院东方文献研究所手稿部藏黑水城出土文献 Инв.No.683。
③ 史金波、魏同贤、克恰诺夫主编《俄藏黑水城文献》第一册第292页。
④ 史金波、魏同贤、克恰诺夫主编《俄藏黑水城文献》第二册第372—373页。
⑤ 俄罗斯科学院东方文献研究所手稿部藏黑水城出土文献 Инв.No.5423。
⑥ 俄罗斯科学院东方文献研究所手稿部藏黑水城出土文献 Инв.No.117。聂鸿音《俄藏西夏本〈拔济苦难陀罗尼经〉考释》，《西夏学》第六辑，上海古籍出版社2010年版。
⑦ 史金波、魏同贤、克恰诺夫主编《俄藏黑水城文献》第三册第48—49页。

安亮在其母亲死后百日，刊印佛经一万余卷，绘弥陀主伴尊容，在终七之时，请高僧转大藏及四大部经，礼千佛与梁武忏法，演大乘忏悔，放神幡，请寿僧诵《法华经》，命西番众持《宝集偈》，燃长明灯，读《大般若》数十部。终七之辰，请三位法师、禅师作法事。①

综上可知，西夏佛教法事活动后期较多，规模很大。应天四年的大法会竟有六万七千余僧人参加斋会。当年蒙古再次入侵，西夏兵败，国势危急，或许此法会为国家免灾祈福而设。

皇室的法事往往请有名高僧主持，集印经、施经、读经、设道场、作善事等多种活动为一体。皇室的法会可请国师、法师、禅师，而其他人虽位居宰辅，作法会时大约只能请法师、禅师，而没有资格请国师了。值得注意的是目前所知法会都没有帝师参加。可以看到，密宗的科仪忏法也成为西夏佛教法会的重要内容。

一些西夏佛经，特别是不少藏传佛教的经典专门对佛教仪轨法事作了规定。如烧施法事、忏罪法事、普贤七堂法事、过去未来现在贤劫千佛之广大供养为顺法事、圣观自在大悲心依烧食法事、圣观自在大悲心依烧食法事、佛说一切如来总悉摄受三十五佛忏法事等。

西夏对宗教法事活动也有严格的规定，《天盛律令》规定："诸男女有高位等，死亡七七食毕，官方应为利益时，所赐僧人、道士数依谕文所出实行，此外，不许自求僧人、道士。"②可见有高位者死亡可作"七七"，官方还要赐给僧、道，但数量应按谕文规定实行。在西夏佛、道皆受法律保护，而上述重大法事活动只有僧人参加，无道士活动，反映西夏自上而下以佛教信仰为主流。

---

① 俄罗斯科学院东方文献研究所手稿部藏黑水城出土文献 Инв.No.8106、6843。
② 史金波、聂鸿音、白滨译注《天盛改旧新定律令》第一一"为僧道修寺庙门"第410页。

第十节 道 教

西夏也有道教流传。《文海》解释"仙"为"仙人也，山中住求长寿道者之名是"。①《掌中珠》中有"天一贵神"和"天官贵神"，这都是道教的神祇。在西夏常用词语集中出现道教神祇，说明道教在西夏有一定的影响。元昊笃信佛教，但也受道教影响。史载他常携《太乙金鉴诀》。②唐代王希明编撰《太乙金镜式经》十卷，是受道教影响的术数类推演历日、推算占卜的书，其中有推演敌情等法。经常用兵征战的元昊所持《太乙金鉴诀》应即为此种道家书籍。③又元昊太子宁明也向道士学习道教："(元昊)凡七娶……五曰野利氏……生三子，曰宁明，喜方术，从道士路修篁学辟谷，气怍而死。"④"辟谷"即练习不食五谷而食药物并加导引的功夫，以求成仙。西夏皇帝的儿子也修习仙道之术，可见道教在西夏宫廷内也有信徒。惠宗时，宋朝五路大军进攻西夏，当逼近灵州时，西夏人纷纷逃避，灵州城仅留"僧道数百人"。⑤这也证实西夏僧、道信徒皆有，道教在西夏也有一定地位和影响。

一、道教政策和管理

道教在西夏是合法宗教，在《天盛律令》中往往把它与佛教相提并论，一般佛教在前，道教在后。西夏对道教的政策大体与佛教相当。

西夏政府专门有管理道教的机构名为"道士功德司"，简称道德司。在西夏政府职

---

① 史金波、白滨、黄振华《文海研究》第 414、570 页。
② 《宋史》卷四八五《夏国传》(上)。
③ (唐)王希明《太乙金镜式经》卷九，文渊阁四库全书本。
④ 《续资治通鉴长编》卷一六二，仁宗庆历八年(1048年)正月辛未条。
⑤ 《续资治通鉴长编》卷三一八，神宗元丰四年(1081年)十月庚午条。

司中属次等司，与僧人功德司、出家功德司等同级。西夏文"道士"为𘆙𘃸二字，原意为"护法"意。《天盛律令》对该司官员职数有明确规定："道士功德司一正、一副、一判、二承旨"。其下还设2都案，2案头。相比在家功德司、出家功德司所设官员，其官员要少得多。这说明道教势力远逊于佛教。道士功德司作为次等司，由政府颁发司印，为铜上镀银十五两。①

和佛教徒一样，道士不再是家庭成员，他们犯罪不应连累原家庭，原家庭成员犯罪也不应连累本人。②政府对道教及道士本身实行优容政策。这首先表现在凡道士被赐衣者犯罪时，可以和有官人以官品当一样，以自己在宗教中的不同地位当罪。③说明道教和道士在西夏有与佛教和僧人相同的地位。

道教和佛教一样，在西夏受到社会尊重和法律保护。道教的设施，包括道观、影像等与佛教一样不容许破坏。④道观财产被视为官物不可侵犯。⑤

道士也要按政府规定登记纳册。《天盛律令》规定："僧人、道士之居士、行童，若册上无名，或册上有名而落之，不许为免摊派杂事，还为变道之学子。若违律册上注销及不注册而为伪道士，转寺院时，与前时现已死未及注销、及不注册为伪僧人、同类自相为转院等之罪情相同。"注册有时限，和僧人一样，以百日为期，并上报中央政府的中书或殿前司。⑥

除纳册外，道士和僧人一样也要有度牒。《天盛律令》规定，僧人、道士有出家牒而寺册上无名，不许其胡乱住。不注册者要判徒刑。作伪僧人、道士者更要判6年徒刑。⑦僧、道之牒管理很严，不能转让，甚至儿子、兄弟也不能承袭。

二、入教和赐衣

西夏对佛、道的提倡以及优惠政策，使不少人想方设法加进佛寺、道观，这也成了西夏的风俗。然而，国家对不劳而获的僧人、道士的容量有限，因而在法典中不得

---

① 史金波、聂鸿音、白滨译注《天盛改旧新定律令》第十"官军敕门"、"司序行文门"第358—379页。
② 史金波、聂鸿音、白滨译注《天盛改旧新定律令》第一"谋逆门"第112页。
③ 史金波、聂鸿音、白滨译注《天盛改旧新定律令》第二"罪情与官品当门"第138—146页。
④ 史金波、聂鸿音、白滨译注《天盛改旧新定律令》第三"盗毁佛神地墓门"第184页。
⑤ 史金波、聂鸿音、白滨译注《天盛改旧新定律令》第三"盗亲门"第164页。
⑥ 史金波、聂鸿音、白滨译注《天盛改旧新定律令》第一一"为僧道修寺庙门"第408页。
⑦ 史金波、聂鸿音、白滨译注《天盛改旧新定律令》第一一"为僧道修寺庙门"第407—409页。

不加以限制。

世俗人加入道教，成为道士，需一定条件和相关手续。《天盛律令》规定："为道士者，道士行童中，有能诵条下所示十四卷经，则依出家变道法量其行，能诵无碍，则可奏为道士。"①

地位低下的依附人使军一般不得为僧道。《天盛律令》规定："诸人所属使军，除属者头监情愿纳入于辅主而外，不许令为僧人、道士。"②

西夏的道教和佛教一样，有赐衣制度，以服色区分道士职位的高低。前述《天盛律令》僧道犯罪赐衣者减罪中提到"僧人、道士中穿黄、黑、绯、紫者犯罪时，除十恶及杂罪中不论官者以外，犯各种杂罪时与官品当"，可知西夏道士中有赐黄、黑、绯、紫衣的制度。

然而到目前为止，只在有关西夏的文献、碑刻中见到佛教的赐绯、赐紫的实例，未见道士的赐衣例证。

三、道教的经典和绘画

作为中国本土宗教，道教也形成了大量经典，至宋朝时已汇集5400余卷，政和年间（1111—1118年）雕版印行，成《政和万寿道藏》。后来金朝也刊印道藏，辑成6400余卷。西夏流行道教，并且得到政府的保护，因此也会有很多道藏经典。上述《天盛律令》中规定欲成为道士应熟悉的13种道教经典，应是西夏流传的道藏的重要部分。但是至今发现的众多西夏文献中，道教文献为数很少。

图263　汉文刻本《太上洞玄灵宝天尊说救苦经》

从黑水城所出西夏文献中的道教文献，可以窥见西夏道教经典一斑。其中汉文本有《吕观文进庄子内篇义》卷第一、二、三，《外篇义》卷第四、五，文中也有缺笔避讳字，系避宋太祖及先世讳，而不避南宋钦宗"桓"字讳，知为北宋刻本。又有汉文本《南华真经》第八、九、十卷，后刻"郭象注"。郭象，晋人，其注

---

① 史金波、聂鸿音、白滨译注《天盛改旧新定律令》第一一"为僧道修寺庙门"第405—406页。
② 史金波、聂鸿音、白滨译注《天盛改旧新定律令》第一一"为僧道修寺庙门"第403页。

释文辞简丽，会通大旨。因文中有缺笔避讳字系避宋太祖及太祖祖父、父亲讳，知为宋刻本。还有汉文本《太上洞玄灵宝天尊说救苦经》首尾有经题，可能也是宋版，流传于西夏。另有汉文本《六壬课秘诀》。六壬法内容为道教占验法，中原起源甚早，以占吉凶祸福。此西夏地区出土六壬书内容和形式与中原地区同。此书应是目前最早的《六壬课秘诀》版本。复有汉文本《六十四卦图歌》，写本，存57卦，另有遘卦残页，也属此书。《六十四卦图》系由《易经》八卦演化而来，用于觇卜。① 这些道教经典虽是宋刻本，但它们在西夏流传，也说明道教在西夏的影响。

在黑水城出土西夏文文献中，也有关于道教的文献。有一种西夏文写本文献，名为《孔子和坛记》，内容是孔子、子路和一位"老人"之间的问答。老人用道家思想批评儒家的主张，最后使孔子折服。这是一部道家俗文学著作，原是汉文著述，后译为西夏文。汉文本早已失传。②

西夏不仅有道家经典，也有道教雕塑和绘画。前述《天盛律令》规定不准盗毁佛神像中，包括道教像、天尊像等，证明西夏时期道观中供奉道教神像。西夏的道教塑像未见遗存，而西夏道教画像在出土遗物中已发现多种。

上述黑水城出土的《太上洞玄灵宝天尊说救苦经》中有十天尊像，像下有西夏文天尊名称。黑水城还出土有一幅丝质彩《玄武大帝图》。玄武是道教天上五宫的北宫主神。图中玄武赤足，披发，右手持剑，内穿盔甲，外有黑色斗篷，坐于岩石之上，头部罩光圈，上有男女侍从，下有下跪求来世幸福的施主。③ 此像与中原文献记载的玄武形象一致。另宁夏贺兰县宏佛塔出土有彩绘《玄武大帝图》，主尊披发，身穿黑色铠甲，右手持剑，席地而坐，头后有光圈，左右两侧侍立男女官员、侍女12人。④ 此图与上图虽主旨相同，但风格迥异。

图264 黑水城出土《玄武大帝图》

---

① 史金波、魏同贤、克恰诺夫主编《俄藏黑水城文献》第一册第55—159页；第二册第332—359页；第三册第346—348页；第四册第85—118页，382页；第五册第37—80页。
② 俄罗斯科学院东方文献研究所手稿部藏黑水城文献 Инв.No.3781。Е.И.克恰诺夫、聂鸿音《西夏文〈孔子和坛记〉研究》，民族出版社2009年版。
③ [俄]米开罗·皮欧特洛夫斯基编《丝路上消失的王国——西夏黑水城的佛教艺术》第244—248页。
④ 雷润泽、于存海、何继英《西夏佛塔》第61页、191页。

第十一节 巫术和禁忌

一、巫术

党项人在崇拜鬼神的同时，还崇尚诅咒和巫术。西夏原始宗教的主持者是大大小小的巫。西夏文字典《文海》中有关于诅咒和巫术的条目。其中对"巫"的解释是"驱灾害鬼者用是也"。① 巫术的职责之一是驱鬼、咒鬼。驱鬼的专职人员是巫师。《文海》释文表明巫师有驱鬼作用，对驱鬼有更具体的解释。其方法之一是挖一个坑，把所谓"鬼"送入坑中，在坑边上骂詈，以达消灾祛祸的目的。

西夏信仰巫术，并驯养神兽以便祭祀。前述《天盛律令》提及死亡和患病时，已死之畜有神字迹，要派一官巫，当往本土地上，于彼畜所产幼子之色美好者穿耳以祭祀。②

西夏由巫者为犯罪被杀者处理尸体，可能是党项族特有收葬习俗。其手续很复杂，前述《天盛律令》规定诸人犯罪被杀，一年内不允收葬，一年已过，当由小巫收葬。这种规定不能违反，违反后要判刑。③ 可能西夏的习俗，人死后请巫者送葬，并作咒，但对于犯罪被杀者巫者只有按时收葬的责任，不能履行作咒的任务。

西夏在政府设置"巫提点"一职，应是专门管理佛、道教以外的民间宗教信仰、以及宗教仪式等问题，派遣一二名大人。④ 西夏政府任命的巫师称为"官巫"。⑤

占卜是巫术的又一职能，其目的是问凶吉，决疑难。占卜在党项人的社会生活中

---

① 史金波、白滨、黄振华《文海研究》第 277、507 页。
② 史金波、聂鸿音、白滨译注《天盛改旧新定律令》第一九"畜患病门"第 582—583 页。
③ 史金波、聂鸿音、白滨译注《天盛改旧新定律令》第七"杀葬赌门"第 290 页。
④ 史金波、聂鸿音、白滨译注《天盛改旧新定律令》第一〇"司序行文门"第 369、372 页。
⑤ 史金波、聂鸿音、白滨译注《天盛改旧新定律令》第一一"矫误门"第 385 页。

占有重要地位。它既渗透到人们的日常生活，也影响着一些重大事件，特别是军事作战的行止。文献记载：西夏出兵作战之前先行占卜，其方法有四种：一种叫"炙勃焦"，用艾草烧羊胛骨，看其征兆；一种叫"擗算"，擗竹于地上以求数，类似于汉族的折蓍草进行占卜；一种叫"咒羊"，晚上牵羊，烧香祷告，又在野外烧谷火，第二天早上杀羊后，肠胃通则表示吉利，羊心有血则表示要吃败仗；一种是"矢击弦"，即用箭击打弓弦，听其声音而占算战争胜负和敌人到达的日期。① 不难看出，这种占卜带有浓厚的民族色彩。所用物品多与畜牧生活有关。陕西靖边县的白城子，是西夏时期的夏州遗址，在那里的西夏文化层中，发现有羊肩胛卜骨，可与文献记载相印证。

后来随着与其他民族的交往增多，特别是创造了文字以后，又从中原传入了易卜。西夏著名学者斡道冲曾作西夏文《周易卜筮断》一书。在武威小西沟岘山洞中发现了西夏文占卜辞，其一记载："卯日遇亲人，辰日买卖吉，巳日□□□，午日求财顺，未日出行凶，申日万事吉，酉日与贼遇，戌日有倍利，亥日心欢喜。"② 这种以地支计日的占卜方法，显然是受了汉族文化的影响。

黑水城出土文献中有一幅相面图残件，图中以墨线绘制了一男子半身侧面像，脸部露出左侧脸颊及面部，脸部标注各部位名称，有的还注明该部位在相面中代表的含义，如在额中间记"天庭骨斜至耳大贵"。"天庭骨"西夏文为"天中骨"。在图中正面和反面脸部以外部分，也记载了相面中代表的含义，如"天庭骨斜而高至耳则有大贵也"，"明堂角骨高则长寿并富贵"。由其标注文字可知此图面部名称和在相面中代表的

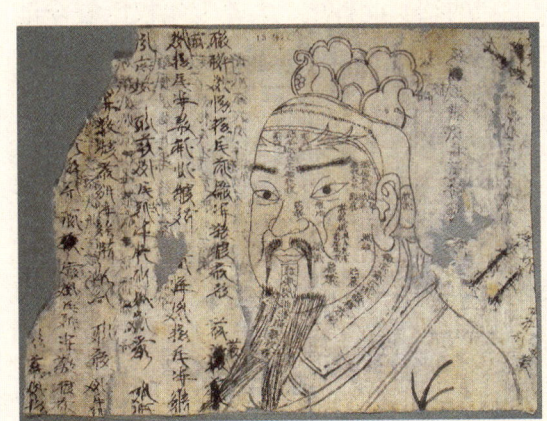 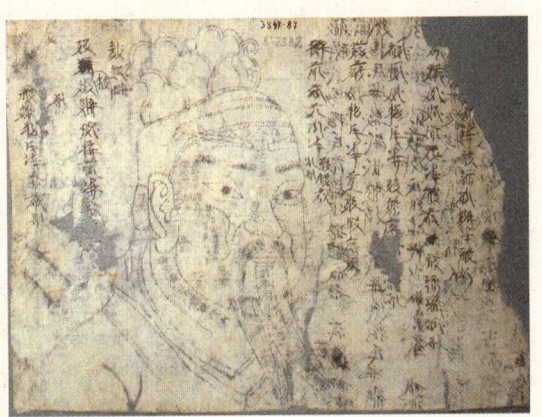

图265　黑水城出土西夏文相面图

---

① 《宋史》卷四八六《夏国传》（下）。《辽史》卷一一五《西夏外记》。
② 史金波《〈甘肃武威发现的西夏文考释〉质疑》。

含义都来自中原的相书，与中原相面术一脉相承。①

西夏在政府设置"卜算院"，和医人院一样"依事设职，大人数不定"。②除在中央政府有以上机构外，地方还有"卜算"和"官巫"。③

黑水城遗址出土有西夏文占卜文书残片一纸（F220：W2），楷行书，存西夏文6行，第1行上残，译文如下：

……命男癸丑岁十月二十四夜丑时承庆也，三命依本根四柱
年癸丑木　自身成柱
月癸亥水苗　日戊午火花
时癸丑木果　胎甲寅水根
大轮七年权巨蟹今记酉木宫住

其中"自身成柱"、"苗"、"花"、"果"、"根"字较小。④此占卜文书残片为一生于癸亥年的

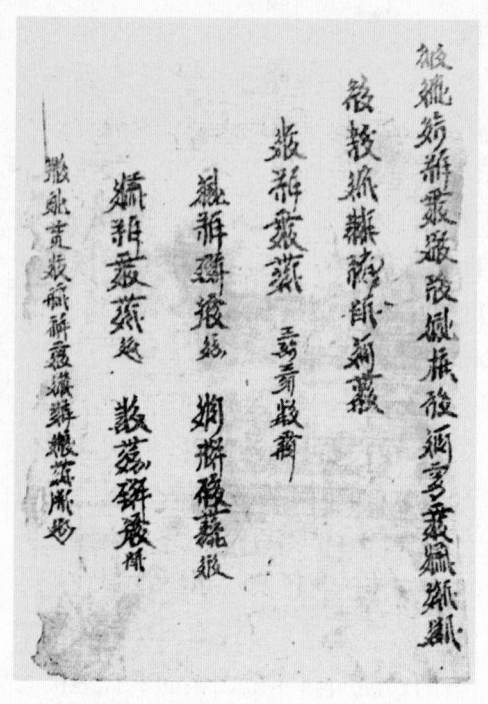

图266　西夏文四柱推命术文书残片

男子算命，其中"四柱"是星命家以年、月、日、时的干支为八字排成四柱，即年柱、月柱、日柱、时柱，用以推断人的命运，称为八字推命术或四柱推命术。占卜时以每12年按照大轮出现相同的宫，按照小轮出现不同的行。此件中"大轮七年权巨蟹今记酉木宫住"即12年中的第七年，是巨蟹星宫，住酉木宫。此法源自中原，西夏沿用。

二、禁忌

每一个民族在日常生活中都会有不少禁忌，西夏也不例外。西夏还往往把民间的习俗经过规范上升到法律，在法典上固定下来。西夏的禁忌包括很多方面。

在饮食方面，如《天盛律令》规定："诸人设宴、下葬、家来大□客等，其间行饮

---

① ［俄］米开罗·皮欧特洛夫斯基编：《丝路上消失的王国——西夏黑水城的佛教艺术》，第254—255页；马雅伦、郑炳林：《西夏文〈相面图〉研究》，《国际西夏学学术研讨会论文集》，宁夏人民出版社1998年版。
② 史金波、聂鸿音、白滨译注《天盛改旧新定律令》第一〇"司序行文门"第369、372页。
③ 史金波、聂鸿音、白滨译注《天盛改旧新定律令》第一一"矫误门"第385页。
④ 史金波、陈育宁主编《中国藏西夏文献》第一七册第154页。

食时，不许将臀部尻骨全置。若违律置者，当出钱五缗，以予举报者，食者勿治。其中主人不愿，食者强以令置之者，举赏由食者出，主人勿治。"①

在服饰方面，如前述《天盛律令》规定：包括节亲主在内诸人禁止穿戴石黄、石红、杏黄，绣花、饰金、有日月，及原已纺织中有一色花身、有日月，及杂色等上有一团身龙，禁止官民女人冠子上插以真金之凤凰、龙样一齐使用。这些只能是皇帝、皇后极少数人使用。又规定除皇室外，只允许节亲主、及其夫人、女、媳，宰相本人、夫人，及经略、内宿骑马、驸马妻子等穿鎏金、绣金线衣服，其他人则不允许穿。

佩饰方面，大小官员、僧人、道士、诸人等不许有金刀、金剑、金枪、金骑鞍、玉骑鞍。

居室方面，官民的居帐只允许上头盖青，下为白，不允许全为青或白。诸人装饰屋舍时不许用金饰。除佛殿、星宫、神庙、内宫以外民舍不许装饰大朱、大青、大绿。

又规定不准向宫内射箭，不准在宫内打斗、声高，不准当值饮酒，不许在内宫与杂妇行淫，不准上朝时不穿朝服，不准跳跃宫墙，不准在内宫墙上涂写，不准随意在宫内栓缚牲畜，不准穿二卷靴、系革腰带等，不许于内宫服丧服、披发、头中有白、冬冠夏笠，不许在内宫擅自燃火等等。②

在商贸方面，人、马、披、甲、牛、骆驼等，属于敕禁品，不允许卖给敌国。若违反给予很重的处罚。如到敌界卖人，过界按有意杀人、未过界按有意伤人罪判断。③

《天盛律令》规定："全国内不允诸人藏武器。若违律持时，持者徒十二年，打者匠人徒十年。"西夏作战也有忌讳，"出军用单日，避晦日"。④

西夏对皇帝的名字有避讳。在西夏仁宗朝的一些文献中对德明的"明"、仁孝的"孝"字用缺笔处理。西夏的皇宫内的禁忌很多。有的是为了安全，有的是限于等级，有的则出于信仰。西夏和中原王朝一样，反对蛊术，认为蛊术是扰乱社会的歪门邪道。《天盛律令》规定不准行蛊术，若违律时，令学者、教师及学习者，主犯、从犯不论有无官，皆绞杀。⑤

---

① 史金波、聂鸿音、白滨译注《天盛改旧新定律令》第二〇"罪责不同门"第608页。
② 史金波、聂鸿音、白滨译注《天盛改旧新定律令》第一二"内宫待命等头项门"第423—442页。
③ 史金波、聂鸿音、白滨译注《天盛改旧新定律令》第七"敕禁门"第281—287页。
④ 《辽史》卷一一五《西夏外纪》。
⑤ 史金波、聂鸿音、白滨译注《天盛改旧新定律令》第一一"矫误门"第387页。

第十二章
岁时节日和交际

　　岁时节日是在人们的社会生活中约定俗成的、具有某种风俗活动内容的特定时日。中国的岁时节日包含着内容宽泛、涵盖面很广的民俗，其中有祭祀节日、宗教节日、民族传统节日等。西夏的节日风俗一方面保留着民族的传统节日，另一方面也着重接受中原地区的节日习俗。

　　交际风俗是人与人之间的种种交往，透视着人们通过语言、行为等表达方式进行交流意见、情感、信息的过程，是人们传递信息、交流思想、联络感情的社会活动。西夏的交际、互助以及称谓同样具有多民族的内涵。

第一节　历法和岁时节日风俗

岁时节日往往固定于每年的一定时日，因此与历法有直接关系。在了解西夏岁时节日时，应先了解西夏的历法。

一、历法和历书

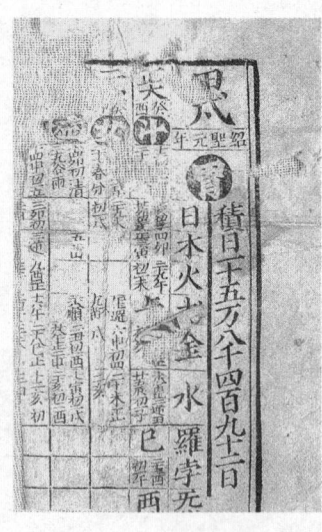

图 267　宋绍圣元年刻本历书

党项羌北迁后建立的夏州政权是中原王朝的一部分，奉中原正朔，采用汉地历法。西夏前期所用历法为宋朝颁赐的历法。李德明时期，请求宋朝颁给历书，宋朝景德四年（1007年）真宗命赐以《仪天历》："诏赐赵德明冬服及仪天历。"①《宋史》载：宋乾兴元年（1022年）曾向西夏"遣阁门祗候赐冬服及颁《仪天具注历》"。②中原王朝向周边王朝或地方政权颁赠历法，不仅说明中原王朝的科学发达、历法精审，更重要的是表明了政治上的隶属关系。

元昊称帝，宋朝视为叛逆，自然停止了颁历。这时，元昊"自为历日，行于国中"。③宋、夏双方至宋庆历四年（1044年）双方和盟，西夏向宋称臣，宋朝承认西夏的实际地位。翌年宋朝于十月"辛未，颁历于夏国"。④

---

① 《续资治通鉴长编》卷六十七，真宗景德四年（1007年）十月庚申条。
② 《宋史》卷四百八十五《夏国传》（上）。
③ （清）吴广成《西夏书事》卷十八。
④ 《宋史》卷十一《仁宗纪三》。

后西夏又不断攻宋，宋哲宗于绍圣四年（1097年）"诏罢赐夏国历日"。[①]哲宗去世，徽宗继位后又下诏赐给夏国次年历日。[②]

南宋绍兴元年（1131年）因宋夏失和，宋高宗"诏以夏本敌国，毋复班（颁）历日"。[③]至绍兴十四年（1144年）夏仁宗"心慕正朔"，又派使臣入贺宋朝天中节，致送贺礼，并"自是岁如之"，自此西夏和宋朝又恢复往来。[④]从存世的当时西夏历书和中原历法完全一致来看，西夏可能又从中原得到历书。宋夏之间颁赐历书因两国关系的弛紧而时颁时停。

西夏汉文本《杂字》"司分部十八"有"天监"，可能是"司天监"的简称。[⑤]在《天盛律令》中有卜算院，是掌管天文历法的政府机构。[⑥]或许12世纪30年代以后南宋不再向西夏正式颁赠历书，西夏在元昊立国后曾有"自为历日，行于国中"的基础，这时更可以自己设立机构编印历书。

上述汉文文献记载，西夏永安元年（1098年）月犯东井，太史奏"主兵丧"。大德五年（1139年）正月太白、荧惑合于井，司天谓不利用兵，崇宗不听。[⑦]也证明至少在西夏崇宗时已有太史、司天之设。黑水城出土的文书中有一纸西夏文历书残页，其中有3行小字，有的字迹不清，译文为：

光定甲戌四年十月日太史令及卜算院头监大书修纂者□□授□臣杨师裕

  卜算院头监　　　　　　　　臣时国胥

  卜算院头监　　　　　　　　臣□□□[⑧]

这证实卜算院是西夏官府观测天象、修纂历书的机构。据此知西夏和中原王朝一样，也是前一年的十月由历算部门进呈下一年的历书，西夏政府为满足社会需求，在境内印刷流行。

编制历书需要精确的天象观测和复杂的历法运算。《圣立义海》在"闰月之名义"中记载："季转闰月：三年以内日少，大时亏损，为闰月也。"[⑨]是说农历与回归年相比，每年约少10日，三年积累1月，加在一年中为闰月。在西夏官修类书中这样阐述历法的基本知识，说明当时西夏社会中有历法知识基础，西夏自己编制历书是完全可能的。

---

① 《续资治通鉴长编》卷四百九十，哲宗绍圣四年（1097年）八月丙申条。
② 《宋大诏令集》卷二百三十六《赐夏国主并南平王李乾德历日诏》，中华书局1962年版。
③ 《宋史》卷四百八十六《夏国传》（下）。
④ （宋）宇文懋昭著《大金国志》卷十一，扫叶山房本。
⑤ 史金波《西夏汉文本〈杂字〉初探》。
⑥ 史金波、聂鸿音、白滨译注《天盛改旧新定律令》卷十"司序行文门"第369页。
⑦ （清）吴广成《西夏书事》卷二七、三十。
⑧ 史金波、魏同贤、克恰诺夫主编《俄藏黑水城文献》第十册第143页。
⑨ 克恰诺夫、李范文、罗矛昆《圣立义海研究》第55页。

从黑水城等地发现的西夏历书不下十余件，跨越时间175年，且种类多，各具特色。目前已经发现的西夏历书有写本西夏文－汉文合璧历书、刻本西夏文历书和汉文刻本历书、汉文写本历书。

（一）写本西夏文—汉文合璧历书

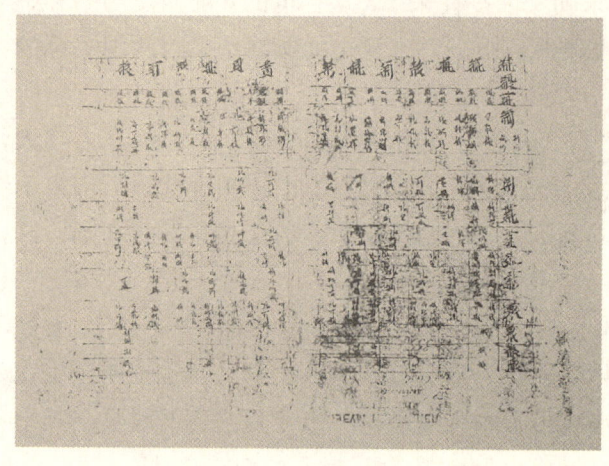

图268　西夏文写本历书

英人斯坦因在黑水城发现的文献中有一西夏文－汉文合璧历书残片，是每年一页、每月一行的历书，为表格式。每年一表占一页，缺年干支。表中每月占一竖行，各行分为上下很多横格，自上而下为月序、该月朔日干支、大小月、二十八宿、节气日等。此件不仅是现存西夏最早的历书，也是目前所知最早有二十八宿的历书。①

俄罗斯所藏黑水城出土文献有更多的西夏文—汉文合璧历书，也为表格式。每年一表占一页，分左右两面，右上角有该年的干支。其中8085号历时最长，从庚子年至西夏第二乙丑年共86年的历书，也即从西夏元德二年（1120年）至天庆十二年（1205年），中缺戊午年历书，又有647号残页，正为戊午年历书，补上所缺。此历书经西夏崇宗、仁宗、桓宗三朝，时间跨度大。这是一种每年一页、每月一行的简单历书。它虽没有具注历日那样详备，但只要具有一定的历法知识，也能推算出每日的干支等必要的内容，特别是对一年的历法能一目了然，还可总览多年历法，这对研究历法具有特殊意义。推断这种历书可能是事先编写、推演后世历法的稿本。这是目前所知中国保存至今连续历时最长的古历书。时间跨度这样长的历书原

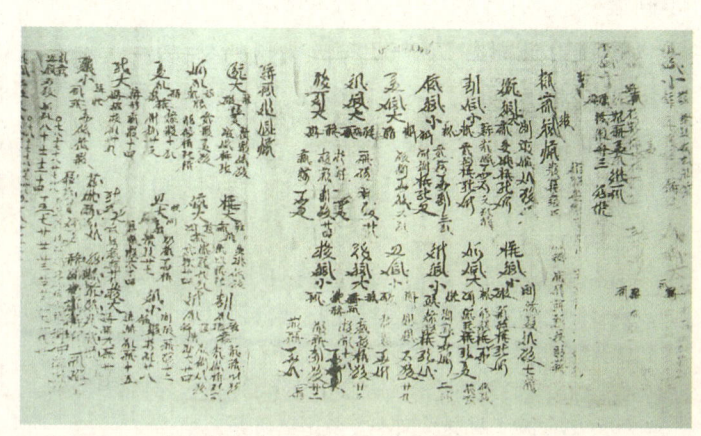

图269　西夏文—汉文合璧历书

---

① 陈炳应《西夏文物研究》第318—323页。

件，绝无仅有。

（二）刻本西夏文历书

黑水城出土 8214 号刻本西夏文残历书一纸，四周有栏线，页中行有隔线，有时根据需要还设横线。仅存光定甲戌四年末尾和光定乙亥五年历日序，且有残失。光定乙亥五年（1215 年）序第一行字较大，译文为："大白高国光定五年乙亥岁御制皇光明万年注历□"。虽然其中有的字因残损或模糊而难以识别，但很明显，这是皇家的御制历书，俗称"皇历"。其历日名称应是"光明万年历"。此历书证明西夏所用历法与宋朝历法一致。

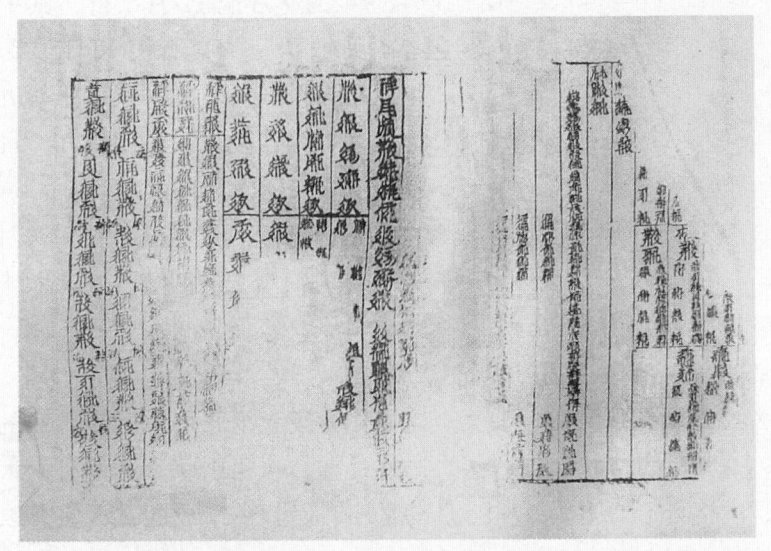

图 270　西夏文刻本光定五年御制光明万年历

（三）汉文刻本、写本历书

黑水城出土文献中有汉文历书残页，为雕版印刷，原编号 TK297，前、后、上、下均有残失，残存有 17 日的具注历和两行月序文字的内容，从上至下有五栏：①日期、干支、六甲纳者和建除十二客，②二十八宿，③望日、密日、沐浴、归忌，④物候，⑤神煞和选择宜忌。① 该残历书有二十八宿，比原认为最早使用二十八宿的南宋宝乾四年（1256 年）历要早 75 年；此残历所注入的一些神煞内容，如七圣、天魁、玉堂、民日、天喜、天马、伐日、小时、土府、土符等，在敦煌所有的历日中都未找到，说明中国传统历书中术数文化内容在这里得到发展。② 又该历书残片一第 5、8 竖栏，残片

---

① 史金波、魏同贤、克恰诺夫主编《俄藏黑水城文献》第四册第 385—386 页。
② 邓文宽《黑城出土〈宋淳熙九年壬寅岁（1182 年）具注历日〉考》。

二第3、4竖栏内"明"字缺笔避讳。而西夏诸帝的名讳中，被追谥为太宗的李德明名字中有"明"字，他的后辈避其名讳。此残历书讳西夏太宗德明的"明"字，且出土于西夏管辖的黑水城，当是西夏刻印的历书，应称为《西夏乾祐十三年壬寅岁（1182年）具注历》。

另有汉文的写本历书。1972年在武威小西沟岘发现的文献中有一纸汉文历书残片，也是每月一行的历书，仅存一年的9月至12月7行，其中11月闰月，内容包括月序、大小月、该月朔日干支、二十四节气、二十八宿以及与日、木、火、土等九曜星宿与该月时日的关系，为西夏人庆乙丑二年（1145年）的历书，亦皆与中原宋朝历日相合。①

此外，还有俄藏黑水城文献中的《月将法》、《九宫法》、《八卦法》、《二十四节气》、《六十甲子歌》等

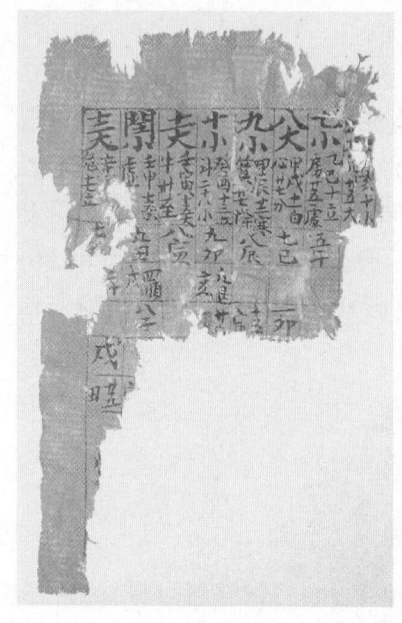

图271　武威出土写本汉文历书

也是与历书有关的文献。②

（四）活字版汉文历书

俄藏黑水城文献中有汉文历书残页，原作为废弃纸张用作西夏佛经的裱纸，已被裁剪成残片，书皆呈表格状。据这些历书残片知，一年中每月开始有一大竖格，又分为若干横格，横格自上而下为1—12月的月序、以颜色组成的月九宫、以干支表示的月建、该月的节气时刻等。1月中每日占1竖格，也分为若干横格，横格自上而下为各日日期、日干支、以金木水火土五行表示的纳音、建除十二客、有以星名表示的二十八宿、有表示月亮盈亏的上下弦、有类似星期的7日一注的蜜日注、有与节气对应的动植物变化的物候、有载明当日行为利弊的吉凶注、有当日日出日入时刻、有表明当日人神在身体的哪一部位的人神所在等，内容十分丰富。这与敦煌发现的宋代具注历日的形式基本上一样，并且增加了二十八宿。推断残历书的年代，为《西夏光定元年（1211年）辛未岁具注历》。因历书是为新的一年使用的，所以此历书印刷年代应是西夏襄宗安全皇建元年（1210年），属13世纪初期。这些历书残页还是目前所知最早的汉文活字印本，在中国活字印刷史上占有重要地位。③

---

① 陈炳应《西夏文物研究》第314—318页。
② 史金波、魏同贤、克恰诺夫主编《俄藏黑水城文献》第五册第120—122页。
③ 史金波《黑水城出土活字版汉文历书考》。

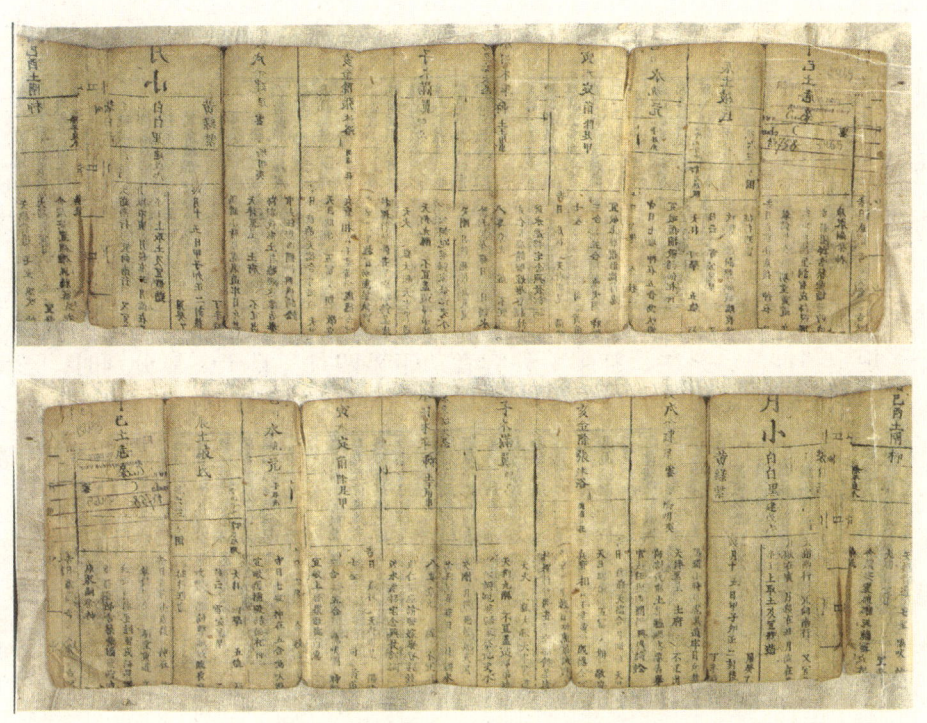

图 272　黑水城出土汉文活字印本历书残页

从西夏行用的历书看，所行历法与中原王朝一致，是阴阳合历。西夏也行用二十四节。西夏文历书中有的写本和刻本中在相应的月份下记有二十四节。二十四节的名称基本译自汉文，字义小有出入（括弧内为西夏文二字字义）：

立春（春立）、雨水（水雨）、惊蛰（虫惊）、春分（春分）、清明（离丁）、谷雨（稻雨）、立夏（夏立）、小满（草稠）、芒种（土耕）、夏至（夏季）、小暑（小热）、大暑（热大）、立秋（秋立）、处暑（稍热）、白露（露寒）、秋分（秋分）、寒露（寒霜）、霜降（露白）、立冬（冬立）、小雪（雪小）、大雪（雪大）、冬至（冬季）、小寒（小寒）、大寒（大寒）①

其中"清明"用"离丁"，"离"是八卦中的"离"，火意，"丁"是十天干中的丁，也是火意。"白露"用西夏文"露寒"表示，寒露以"寒霜"表示，"霜降"以西夏文"露白"表示，但此词在《番汉合时掌中珠》中译成汉文"白露"而不是"霜降"。按字义看，"白露"应用西夏文"露白"，"寒露"应用西夏文"露寒"，"霜降"应用西夏文"寒霜"更符合原意。但上述译法在西夏文写本历书中多次反复出现，可能西夏译者有自己的理解。

---

① 史金波、魏同贤、克恰诺夫主编《俄藏黑水城文献》第十册第143—148页。

二、传统节日

西夏的节日，有的可能与传统信仰有关，有的是后来北迁后设置，后沿袭成节日。

西夏以每一季的第一个月的朔日（初一）为"圣节"，让官民礼佛。礼佛圣节一年四次，在正月、四月、七月、十月的初一。这种节日始自元昊时期。

西夏每年于四月三日祭祀。祭祀用牲畜，有所谓"神马"、"祭牛"、"神牛"，《天盛律令》规定："神马、祭牛、神牛一种有者，年年四月三日于冬夏分别时，于旧宫内天神下当送马中散茶酒。"①西夏人对神畜的崇拜表明了神畜在西夏人心目中和社会生活中的作用。这可能是和党项民族的原始宗教节日。《月月娱诗》记载西夏在四月夏季开始，树草青绿而设国宴。

十月有国宴日，《圣立义海》"十月之名义"中"季初国宴"条："十月冬季国宴，臣僚献慧，牵马，国人射击。"这一节日可能是庆祝西夏开国，即国庆日。西夏第一代皇帝元昊正式立国是在天授礼法延祚元年（1038年）十月十一日，西夏相沿庆祝，成为节日。《月月娱诗》也记载西夏在十月因收获储藏、心情安定又开国宴。

九月十五日又是西夏的一个重要节日。《圣立义海》"九月之名义"中"善月中会"条："九月十五贤圣聚日，禅僧兴日，君德民孝，敬爱皇王。"乾祐十五年（1184年）九月十五日仁宗"适逢本命之年"，乾祐二十年（1189年）九月十五日仁宗66岁，都举行重大庆祝活动。仁宗时所刻《圣立义海》将此日列为"敬爱皇王"之日，看来这是仁宗的生日。

三、继承中原王朝节日

西夏接受了中原王朝的文化，也接受了中原王朝的历法，其中也包括了一些传统节日。

正旦节，即每年的大年初一。西夏很重视新年，这是一年的开始。正旦节是西夏传统节日。西夏文"正月"𘜶𘎑的"正"𘎑字由"年𘊄、正𘏒、起𘊅"三字的各一部分组成，中间𘏒 [正] 字表示音，从汉字音，遵从汉制；"年、起"表示一年的起始。在正月国家也开设宴会，西夏文《月月娱诗》记载"正月中黑头、赤面年初安稳设国宴"。②

---

① 史金波、聂鸿音、白滨译注《天盛改旧新定律令》一九"畜患病门"第582页。
② 史金波、魏同贤、克恰诺夫主编《俄藏黑水城文献》第一〇册第271页。

黑头、赤面是番人始祖的代名词。西夏至少在宋元祐五年（夏天祐民安元年，1090年）就派遣使者去宋朝贺正旦。① 在金天会三年（夏元德七年，1125年）西夏开始贺金朝正旦，后每年去金朝贺正旦成为常例。同年十二月派出使臣前往南宋贺正旦，此时南宋高宗刚刚即位。

前已述七月十五日中元节，原是中原地区节日，即佛教的盂兰盆节，西夏也将其作为自己的重要节日。《圣立义海》"七月之名义"中"贤僧会聚"条有具体记载，反映西夏时期这一重要节日供盂兰，结道场，贤圣僧人聚会的主要内容。②《月月娱诗》记载西夏在七月中谷物长大、牲畜长肥而设国宴。③

八月十五是中国的传统的中秋节，内容丰富多彩。《圣立义海》"八月之名义"中"秋季中月"条："八月属酉，全国演戏聚会"。看来西夏的中秋节也是很热闹的全国性节日。

九月九日是中国传统的重阳节，也称登高节，有登高、赏菊等活动。《圣立义海》"九月之名义"中"寒花迎霜"条有："九月九日酎酒饮，民庶安乐祥和也。"《掌中珠》

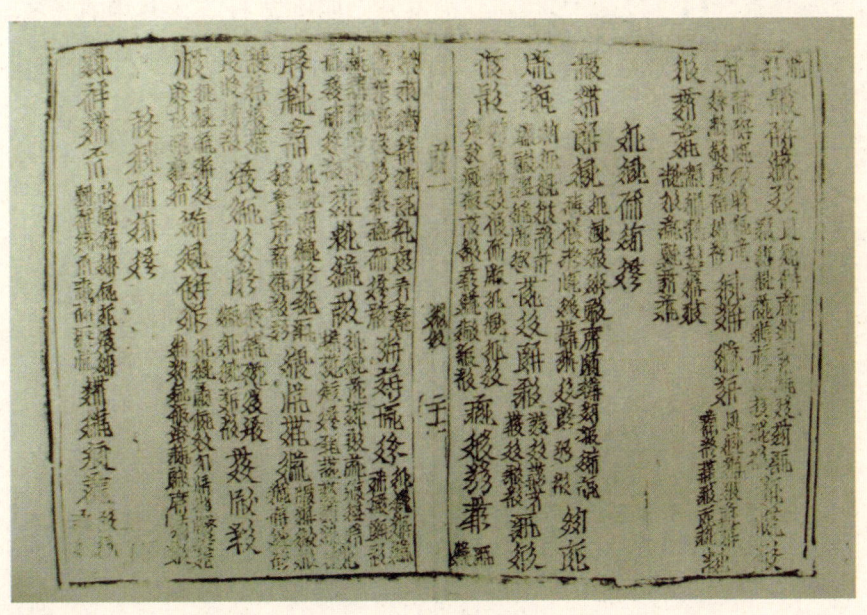

图273　西夏文《圣立义海》有关节日部分

---

① 《宋史》卷四八六《西夏传》（下）。
② 克恰诺夫、李范文、罗矛昆《圣立义海研究》第52页。对原译文有所改易，原译文为"七月十五，[茂陵]报父母之恩，供神石，设具场，乃众神会聚之日也"。今改译为"七月十五日连报父母之恩，供盂兰，结道场，贤圣僧人聚日是也"。
③ 史金波、魏同贤、克恰诺夫主编《俄藏黑水城文献》一○册第273页。

中列不少花名，但无菊花，疑西夏文中的"寒花"就是菊花。

腊月三十是除夕，《圣立义海》"腊月之名义"中"旧新分别"条："腊月三十夜，狐祟驱除，辞别旧岁，迎接新年也。"这是传统节日新年的前夕。①

西夏的节日很多，因《圣立义海》一月至六月的"名义"残缺，可能会有遗漏，如西夏是否有五月五日的端午节，不得而知。西夏的节日有传统节日，有时令节日，也有宗教节日。

此外，宁夏方塔出土汉文佚名"诗集"，共有75首诗，内容主要描写自然山水、风花雪月、四季节日等，其中有《冬至》、《重阳》、《打春》、《元日》、《人日》、《上元》等节日。②

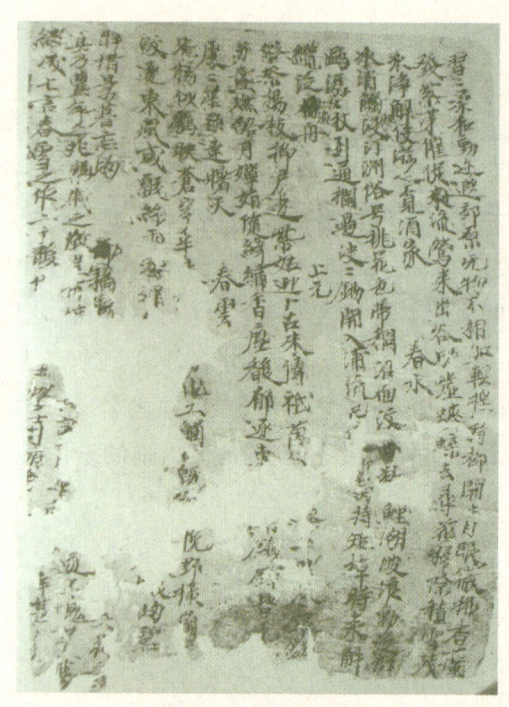

图274　宁夏方塔出土佚名诗集中的节日诗篇

---

① 克恰诺夫、李范文、罗矛昆《圣立义海研究》第52—55页。
② 宁夏文物考古研究所编著《拜寺沟西夏方塔》第265—286页。

第二节　交际风俗

一、相见风俗

西夏社会中，自远祖拓跋赤辞臣属唐朝时，开始讲求上下尊卑、学习跪拜的礼仪。元昊是草创革新时期，既接受汉文化影响，又突出党项民族文化传统；既裁改中原的礼仪，又继承、革新党项沿袭的旧俗。其改革主旨是简化。

相见的礼仪，最讲究的当然是大臣们朝见皇帝。元昊在立国前夕已经对原效法中原地区的繁缛礼节大大简化，"裁礼之九拜为三拜"[1]。在西夏立国后的第二年五月，正式制定朝仪。西夏统治者熟悉唐宋朝贺仪式："于正朔朝贺杂用唐宋典式，而见官署以六日为常参，九日为起居，均令番宰相押班，百官以次序列朝谒，舞蹈，行三拜礼。有执笏不端、行立不正，趋拜失仪并罚。"[2] 宋承唐制，有皇帝在正殿会见群臣的礼仪，称为常参，朝五日一常参，西夏改为6日。又唐宋每五日群臣入见皇帝，称为起居，西夏改为9日。西夏简化了上朝仪式。

在当时国与国之间也有严格的礼仪。西夏先后作为辽、宋、金的属国，应按规定给上国贺正旦、贺皇帝生辰、贺新帝登基。但两国关系破裂时，这些礼仪也就停止了。宋元祐元年（1086年）司马光给哲宗上表，希望在宋改元之际改善宋、夏关系，涉及两国礼仪问题："陛下诚能于此逾年改元之际，特下诏书，数其累年不来贺正旦、生辰及登宝位等不备之礼，嘉其吊慰祭奠、告国母丧、进遗物之勤，旷然推恩，尽赦前罪。"[3]

---

[1]《续资治通鉴长编》卷一二三，仁宗宝元二年（1039年）正月辛亥条。
[2]（清）吴广成《西夏书事》卷十二。
[3]《续资治通鉴长编》卷三六五，哲宗元祐元年（1086年）二月壬戌条。

西夏重视礼仪，对外国使节很尊重，以礼相待。《天盛律令》规定："他国使来者，监军司、驿馆小监当指挥，人马口粮当于近便官谷物、钱物中分拨予之，好好侍奉。使人原有上谕可来京师者当来，不应到来及曰我返回等，当住其处，奏报京师以待上谕。……不侍奉使人时，有官罚马一，庶人十三杖。"①

宋人记录出使宋朝的西夏使节在正旦朝见时"叉手展拜"，这可能是西夏人的礼俗。②西夏人讲求礼貌，见面要唱喏。③党项人豪爽好客。对客人用茶酒、饮食。西夏文《碎金》有"姻友茶酒先，近食米面堪"的诗句。西夏设宴在食馔的种类上有具体的限制，目的是为了避免铺张浪费。西夏中期以后曾有奢侈之风，西夏法典提出了针对性的措施。

二、交友、待客风俗

西夏人交友讲求心意相投。西夏谚语有"心不同则不为伴，意不同则不同坐"。西夏社会尊敬有德行、有知识的人。西夏谚语中记载："有物不贵有智贵，无畜不贱无艺贱"，"山中积雪者高，人中有德者尊"，这里强调重德行，重才艺，而不重财富。又有"爱美丽不会贵，作威仪莫如德"，也表达了对内在美的欣赏态度。④

亲戚、朋友之间的往来馈赠本来是私人的事情，但西夏政府对一些交往也有具体规定。《天盛律令》中规定："国中诸人转送宴筵礼、亲戚礼物法：殿上坐节亲主、宰相等三十缗，诸节亲主、次、中等臣僚等二十缗，此外任职有官者十缗，庶人五缗，同品价者赠筵礼时，依此法之内计量送。""其中婚姻彩礼，食物馈赠及本族至亲互相帮助等，勿算转送筵礼。"⑤

送礼也要以等级加以限制，这很有特点，反映出当时可能有厚赠的习俗，政府要给予限制。西夏谚语中有"饮剩余酒不多心，穿补纳衣不变丑"，也反映了当时朴素的民风。⑥

元代党项人余阙，其父沙剌藏卜从甘肃武威到庐州做官，他本人进士及第官至淮

---

① 史金波、聂鸿音、白滨译注《天盛改旧新定律令》卷一三"执符铁箭显贵言等失门"第471页。
② 孟元老《东京梦华录》卷六"元旦朝会"。
③ 史金波《西夏汉文本〈杂字〉初探》。
④ 陈炳应《西夏谚语——新集锦成对谚语》第11、9、24页。
⑤ 史金波、聂鸿音、白滨译注《天盛改旧新定律令》卷六"军人使亲礼门"第252—253页。
⑥ 陈炳应《西夏谚语——新集锦成对谚语》第8页。

西宣慰副使,他著有《青阳先生文集》,其中记录了西夏故地党项人的风俗习惯:"其性大抵质直而上义,平居相与,虽异姓如亲姻。凡有所得,虽簟食豆羹,不以自私,必招其朋友。朋友之间有无相共,有余,即以与人,无,即以取诸人,亦不少以属意。百斛之粟,数千缗之钱,可一语而致具也。岁时往来,以相劳问。少长相坐,以齿不以爵,献寿拜舞,上下之情怡然相欢。醉,即相与道其乡邻亲戚,各相持涕泣以为常。予初以为,此异乡相亲乃尔,及以问夏人,凡国中之俗,莫不皆然。"①余阙以质朴无华的文字,生动地记录了党项人质直尚义、浑朴忠厚,对朋友有无相共、自然融洽的风俗,描绘了西夏党项族人民质直笃实的品格。

西夏也有娱乐、消遣风俗。下棋在西夏可能较为普遍。西夏文中有表示棋弈的两字为𘂀𘂁。宁夏灵武瓷窑堡出土有多种围棋子和象棋子。②最近甘肃武威又发现西夏文的象棋子。

图 275　宁夏灵武窑出土多种类型瓷围棋子

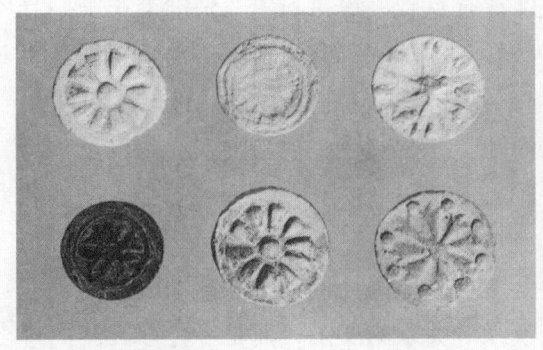

图 276　宁夏灵武窑出土刻花围棋子

图 277　宁夏灵武窑出土象棋子

---

① (元)余阙《送归彦温赴河西廉使序》,载《青阳先生文集》卷四,四部丛刊本。
② 马文宽《宁夏灵武窑》第 75—76、133 页。

三、民间互助风俗

西夏民间也有为解决临时困难,请亲戚、朋友、邻里集钱入会的借贷方法。武威小西沟岘山洞出土一份西夏文钱会单,译文为:"天庆虎年正月十五日,于讹喻犬宝处汇集,集出者数:讹劳娘娘出一百五十钱,袜墨阿辛记出一百,令介小屋玉出一百五十,讹喻小狗宝出五十,苏小狗铁出五十,酩布小屋宝出五十,讹六氏舅金出五十,讹劳氏舅导出五十,吴氏狗牛宝出五十,讹喻娘娘出五十,共计七百五十钱,入众钱中。"①西夏天庆虎年(1194年)为西夏晚期。集钱的10个人中有女有男,有番族,有汉族,可见在民间番族和汉族经济往来是很密切的。集钱时分别出150钱、100钱、50钱不等,共集750钱,于入会人来说负担不重,集钱总数也不多,合15个妇女劳动日的工值。

出土文献表明,西夏民间有互助性社会组织——众会组织。众会有条约,是与敦煌文书中的社条一样的民间互助性的社条。其中No.5949-31西夏光定寅年众会契基本完整,以据之考察西夏众会条约的具体形制和包含内容。

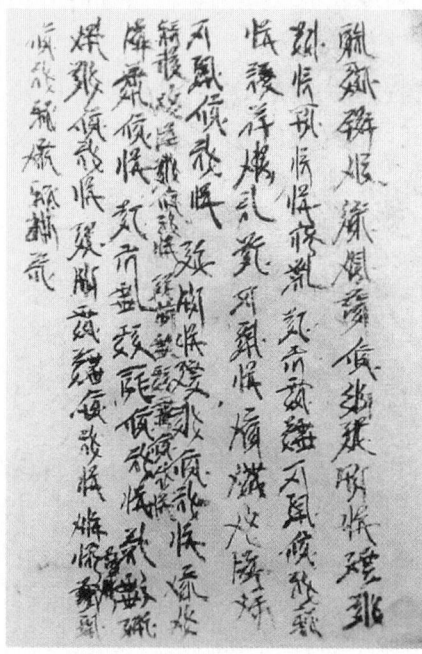

图278 西夏文会款单

此件首有总叙,第一行有"光定寅年十一月十五日"(1218年)年款;其后记载了名称为𗹙𗢳(众会),此文书前后出现𗹙𗢳7次之多。后列条规11条,中间又以小字加添2条,共13条,间有涂改。每条前有𘉅𗑈(一条)二字。条中记众会的活动为𗢳𘝞(会、聚,即"聚会"意)。参加众会的成员称为𗖵𗹙(大、众,即"大众"或可译为"会众"),也出现3次。最后有每位与会人的署名和画押,因后残难以知晓全会共有多少人。

此众会条约是一种特殊的契约。作为西夏黑水城地区社邑组织和活动的规约,它不像一般经济契约主要是证明当事人双方某项经济关系的文书,而是一种多人共同遵守的互助保证书契,是民间结社组织及其运行的条规。

从众会契的总叙可知,众会的成员是自愿参加的,并规定于每月十五日聚会。这

---

① 史金波《〈甘肃武威发现的西夏文考释〉质疑》。

是一个每月定期聚会的会社。会社要求众会成员实行其下规定的条款。

第一条就规定每月十五日会聚时，除有疾病、远行等不能前来者外，都要聚会，无故不来者要罚交五斗粮。看来这种众会社邑组织比较严密，管理比较严格。

从具体条规看，此众会以互助为主要目的。如第二条规定会众有得严重疾病者要求其他会众看望，并具体规定"十日以内不来，则当送病药米谷一升。若其不送时，罚交一斗"。第三条规定会众中有死者时，其他人都要前来送葬，"有不来者时，罚交一石杂粮"。第六条规定会众妻子死亡办丧事时，其他会众应送一斗杂粮，"若其不送时，罚交三斗杂粮"。第七条、第八条也是有关人员死亡、发丧时，要求其他会众给予关怀和物质帮助的条款。人有疾病，众人前来看望、安慰，对病人是一种精神上的抚慰，有利于治疗和修养；人有死亡，同为会众，应前来送葬吊唁，怀念死者，安慰家属，甚至要伸出援手，补贴一些粮食。这实际上是会社内部的一种人文、精神以及物质上的相互关怀和帮助。这种关怀是在提倡邻里、亲朋之间的友爱、互助，体现出当时的社会公德的教化，有利于社会的和谐。这种关怀在参加众会的人中，不仅是一种可做可不做的一般道德要求，而且是一种必须要切实执行不能违反、若要违反则给予经济上的处罚的规定。

第四条中有的字尚难释读，但可以大体了解其文义。它可能指会众若惹上官司，被诸司问罪，这时要对当事会众罚一斗杂粮，若有不付者，缴五斗杂粮。这样的规定旨在要求会众不要做违反法律的事，若作奸犯科，在会社中也要受处罚。这在客观上是为政府维护社会秩序，做政府的辅助工作。社会以道德和法律规范民众行为。西夏的众会契表明众会对违法的人给予处罚是以民间社团的形式对违法会众的处分，也是对所有会众的警告和约束，成了维护封建法制的助手，起到了稳定当时封建社会秩序的作用。

众会契第十条规定每月聚会时，要送一升米谷、二升杂粮，并指出若不送时，罚交五斗杂粮。最后的署名、画押，表明的此文书的契约性质。在契约前面的总叙中没有记录会首的名字，也许契尾签字的第一人就是会首。因条约后部残失，署名画押者可能不全，可见署名、画押者8行共17人。

西夏的众会条约与敦煌文书中的社条一样是民间互助性的社条，从其总叙和各条内容

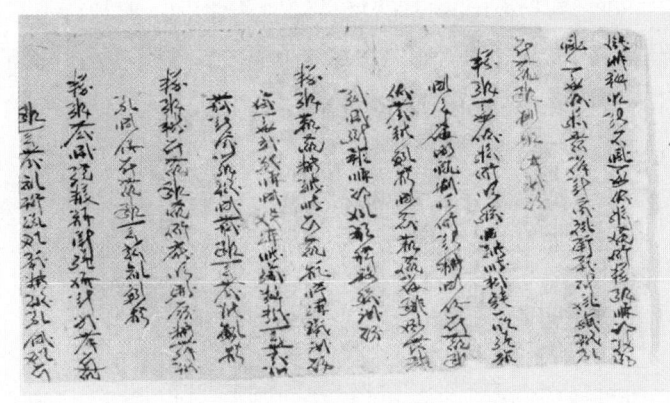

图279-1　黑水城出土西夏光定寅年众会条约卷首

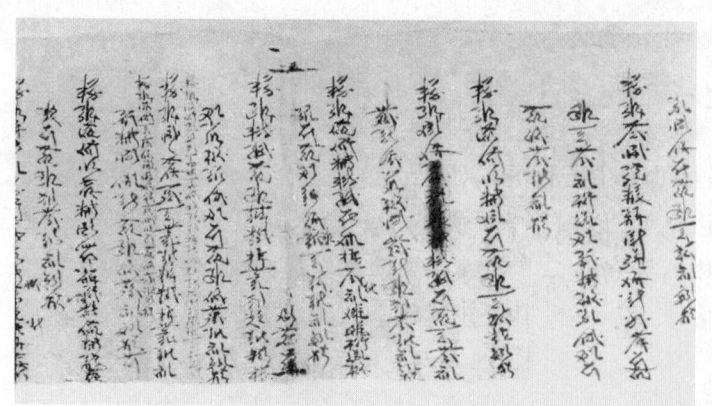

图 279-2 卷中

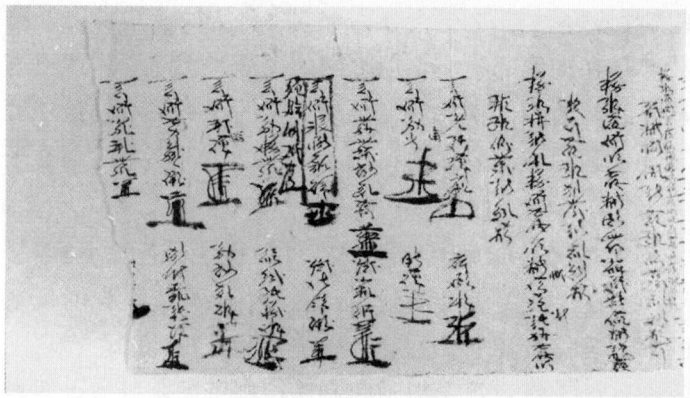

图 279-3 卷末

看，没有铺陈结社目的和立条缘由，没有道德伦理的说教，继承了中原王朝社条的维护封建法制、民间互助的传统，弱化了伦理纲常的说教，而趋向于简约、实用。

从文书末尾 17 人签名中已能识别的姓名中，没有典型的党项族姓，较多的是汉姓，如杨姓 2 人，张姓 2 人，还有王、葛、梁等姓，此外还有 1 名契丹人。[①] 或许当时入会者以汉人为主，因为汉族早有民间结社的传统。从有契丹人来看，或许当时西夏的众会突破民族的界限，融入多民族成分。西夏会众条约给中国社邑研究增添了新的、多民族元素。

西夏民间盛行借贷，包括粮食、牲畜、钱都可借贷。在黑水城等地发现的大量借贷契约表明，这些借贷都不是无偿借贷，而是要付利息，普遍属于高利借贷。在青黄不接的春天，不少贫困农民无粮可食，不得不去借贷，一般从春天借贷至秋收还贷，要付 50% 以上利息，有的高达 80%，甚至 100%。借贷虽解燃眉之急，但却背上了沉重的还债负担。有的放贷者竟是寺庙或寺庙的高僧。武威一件贷粮契放贷者是讹国师。（见图 223、224、225）

---

① 史金波、魏同贤、克恰诺夫主编《俄藏黑水城文献》第一四册第 92—93 页。

第三节　称谓风俗

作为一个多民族的国家，西夏的称谓也是复杂、多样的。国家有国名，各朝有年号，皇帝也有专门称谓。因为党项族是统治民族，其称谓的特点在西夏影响大。

一、国名

西夏的国名繁多，为历代王朝所少见。

（一）大夏国和西夏

元昊称帝于宋宝元元年（1038年），当时在给宋朝所上表章中明确表示"国称大夏"。① 可见大夏国是正式国名。这一国名有其历史渊源。西夏建国600年前，匈奴人赫连勃勃建立大夏国，都城为统万城，在今陕西、内蒙古交界的靖边县境，俗称白城子。北魏时期在统万城置夏州。党项族北迁后，其重要一支活动在夏州一带，后形成以夏州为中心的党项割据政权，势力逐渐壮大，节度一方。李继迁与宋朝分庭抗礼，势力壮大，契丹先封为夏国王，德明继统后也被封为夏国王、大夏国王。可见西夏建国称大夏国渊源有自，顺理成章。元昊建国后，在境内称帝，但辽和宋仍视其为臣属，

图280　1976年笔者在夏州遗址调查

---

① 《宋史》卷四百八十五《夏国传》（上）。

契丹封其为夏国王，宋夏庆历和议后宋封元昊为夏国主。

西夏自己所出汉文文献记录了大夏国的国名，如黑水城出土的汉文《妙法莲华经》记"时大夏国人庆三年……"大夏国是西夏人自己对国家的称呼。

"大夏国"又简称"大夏"。如西夏皇后罗氏印施汉文《金刚般若波罗蜜经》的题款为"大夏乾祐二十年岁次己酉三月十五日　正宫　皇后罗氏谨施"。汉文《大方广佛华严经入不思议解脱境界普贤行愿品》发愿文也有同样的记载。① 金朝末年封西夏皇帝为大夏皇帝，两国兄弟相称。西夏使节赴金国时礼仪繁琐，见金朝皇帝仪式上称："弟大夏皇帝致问兄大金皇帝，圣躬万福"。②

"大夏国"又可简称为"夏国"。西夏是宋、辽属国，给宋、辽上表奏时一般不称"大夏"，而称"夏国"，如西夏大安九年（1082年）西夏西南都统嵬名济给宋边将移书中有"为夏国方守先誓……"自称夏国。③ 夏国一称比较中性，可自称，也可他称。在西夏陵园的汉文残碑中有"皇夏"之称，这是西夏臣僚对自己国家的尊称。④ 有时国名在境内可以省略，而代之以"皇朝"。如汉文《注华严法界观门》卷下末尾题款中有"皇朝天盛四年岁次壬申八月望日……"⑤

西夏地处西陲，宋、辽、金三朝又往往称之为"西夏"。"西夏"的称呼比较随意，是中原王朝对非主导方位王朝的称呼。当时对西夏人称为"夏人"。夏人自己不用这种国名，显然这是他称。敌对的王朝对西夏的军队往往带有敌对情绪，称为"夏贼"。

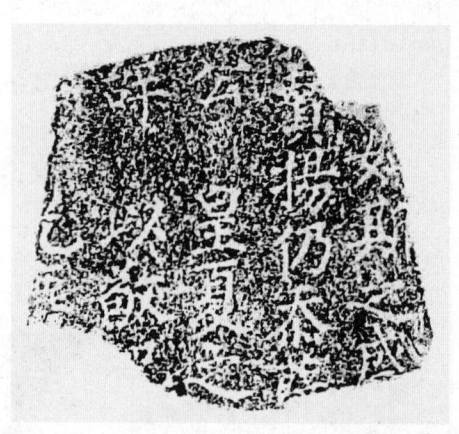

图281　西夏陵中刻有"皇夏"字的残碑拓片

西夏这一国名并非正式称呼，但使用频率最高。后世多用此称，并一直延续至今，成为比正式国名更为普遍的称呼。

（二）大白高国和白高大夏国

"大白高国"是西夏一个特殊的称呼。在凉州重修护国寺感通塔碑中，西夏文碑铭中的碑题就是"大白高国土凉州感通塔之碑文"，前四个西夏文字的顺序为"白、高、国、大"，西夏语音为"庞喻领令"。西夏陵园7号陵（原2号墓）碑亭出土的西夏文

---

① 史金波、魏同贤、克恰诺夫主编《俄藏黑水城文献》第一册第309页；第2册61页、90页。
② 《金史》卷三十八《礼志十》。
③ 《宋史》卷四百八十六《夏国传》（下）。
④ 宁夏博物馆发掘整理、李范文编释《西夏陵墓出土残碑粹编》，图版九八。
⑤ 史金波、魏同贤、克恰诺夫主编《俄藏黑水城文献》第四册，TK242，295页。

篆字碑额中也有"大白高国"。它出现在仁宗皇帝陵墓的碑额上，可见是十分郑重的国名。这种称呼在西夏境内比较普遍，如西夏文《德行集》、《佛说阿弥陀经》、《佛说宝雨经》、《佛说长阿含经》、《金刚般若波罗蜜经》等都有此国名。特别是西夏文《文海宝韵》①的书名全称为《大白高国文海宝韵》，此书是官修书，又有皇帝作御制序，书名前冠有国名，彰显出该书的特殊地位。《续资治通鉴长编》记西夏开国皇帝元昊称帝时向宋朝上表时，自称"男邦泥定国兀卒曩霄上书父大宋皇帝"。②司马光所著《涑水纪闻》则记为"邦面令"。"白高国"三字的西夏语读音是"庞喻令"，与《涑水纪闻》所记相符，而《续资治通鉴长编》可能误将"令"记为"定"。

在西夏文献记录国名时，往往把"白高"和"大夏"叠合在一起，组成国名，称为"白高大夏国"。如西夏文《金光明最胜王经》的题款就有此称号，西夏文顺序和汉文顺序相同。③又汉文佛经的题款中也有这样的国名，如《佛说大乘三归依经》、《圣大乘胜意菩萨经》经末题款中有"白高大夏国乾祐十五年岁次甲辰九月十五日"。④一佛经发愿文中称"白高国中玉身佛"。⑤

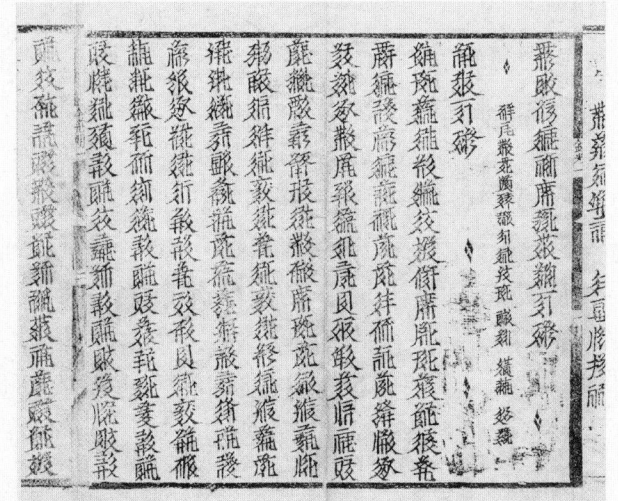

图 282　西夏文《金光明最胜王经》中"白高大夏国"题款

---

① 西夏文韵书《文海宝韵》，全称《大白高国文海宝韵》，简称《文海宝韵》或《文海》。见史金波、魏同贤、克恰诺夫主编《俄藏黑水城文献》第七册第 206 页。史金波《西夏文写本〈文海宝韵〉》，《民族语文》1999 年 4 期。史金波、中嶋幹起等：《电脑处理〈文海宝韵〉研究》第 82、849 页，日本国立亚非语言文化研究所 2000 年版。
② 《续资治通鉴长编》卷一三九，仁宗庆历三年（1043 年）正月癸巳条。
③ 王静如《西夏研究》第二集第 2 页，中央研究院历史语言研究所，单刊甲种第十一 1933 年版。
④ 史金波、魏同贤、克恰诺夫主编《俄藏黑水城文献》第三册，TK121，第 53 页；TK 145，第 237 页。
⑤ 俄罗斯科学院东方文献研究所手稿部藏黑水城文献 Инв.No.5189。

"南瞻部洲大白高国"也是西夏的一种称呼。一件西夏文祭祀文记有"南瞻部洲大白高国"。① 有时直接称呼"白高国",另一件西夏文星象书中有"南瞻部洲中白高国嵬名皇帝"的记载。② 南瞻部洲是佛教中的四大部洲之一,包括西夏在内的中土皆在南瞻部洲之中。这种国名增加了佛教色彩。有时则径称"白高",如一件黑水城出土的西夏文刻本佛经发愿文末尾题款"白高乾祐癸丑二十四年十月"。③

作为国名"白高"的来源和内涵值得研究。西夏文资料中不止一处记有"白高河"。西夏文谚语称:"白高河,应当不呼名,地灰唇;十级陵(墓),应当没有头,峰头缺。"④ 这里"白高河",与"十级陵"相对应,皆与蕃族祖先有关。《圣立义海》在"山之名义"中更明确记载:"白河本源:白高河水源出,本源白坡,民庶根也。"⑤ 这里虽然记载简略,但从中可知"白高"确是河名,它发源于白坡,是蕃族民庶的根基。看来"白高"与党项民族的起源有直接关系,由此可知西夏以"白高"作国名的缘由。

大白高国或白高国的国名可能只在境内使用,目前尚未见西夏对宋、辽、金等王朝使用。更未见其他国家用此称呼西夏。

(三)番国和梅那国

西夏也称为"番国"(𘚥𘓺)。番(有时写作"蕃")是西夏主体民族的族称,音弥。如著名的双语双解语汇集《番汉合时掌中珠》中的"番"即指西夏主体民族而言。西夏人编著的西夏文类书《圣立义海》第四卷"山之名义"中,至少两次出现"番国",在"冬夏降雪"一条中释文为"番国三大山冬夏降雪,日晒不融常在:贺兰山、积雪山、胭脂山"。⑥ 在西夏文佛经《等持集品》的题款中也记有"番国长平皇帝"。⑦ "长平"是西夏皇帝的尊号,皇帝尊号前冠置"番国"也应是正式国名。在俄藏西夏文《佛说佛母出生三法藏般若波罗蜜多经》的护封衬纸的文书残片中,也记载"番国"。在《天盛律令》中规定到其他国家买卖者,回国要到相关部门核校,条款中也出现"番国"的称呼:"往随他国买卖者……已归,来至番国时,当引导于局分处,于彼视之,核校种种物成色数目,当敛之。"⑧

以统治民族的族名称其国家,在中国历史上早有先例,如早于西夏建立的"契丹

---

① 俄罗斯科学院东方文献研究所手稿部藏黑水城文献 Инв.No.7560。
② 俄罗斯科学院东方文献研究所手稿部藏黑水城文献 Инв.No.6501。
③ 俄罗斯科学院东方文献研究所手稿部藏黑水城文献 Инв.No.117。
④ 史金波、魏同贤、克恰诺夫主编《俄藏黑水城文献》第十册第765,336页。参见陈炳应《西夏谚语——新集锦成对谚语》第196条,16页。
⑤ 史金波、魏同贤、克恰诺夫主编《俄藏黑水城文献》第十册第243—267页。
⑥ 克恰诺夫、李范文、罗矛昆《圣立义海研究》第58页。
⑦ 俄罗斯科学院东方文献研究所手稿部藏黑水城文献 Инв.No.2852。
⑧ 史金波、聂鸿音、白滨译注《天盛改旧新定律令》第十八"他国买卖门"第569页。

国"就是以族称国。以"番国"作为夏国国名,更可见番族在西夏的统治、主体地位。

榆林窟15窟外室甬道北侧通道东有墨书西夏文题记:"南方阁普梅那国番天子国王大臣……"①所谓"南方阁普"即前述南瞻部洲,"梅那"即minyak。在藏文文献中称建立西夏的主体民族为minyak,即木雅。"梅那国"也是以族称国,这种称呼极少见,目前仅见上述一例。

二、年号

年号是封建王朝的一种象征,有没有自己的年号往往成为是否一个主权王朝的标志。西夏在正式立国前就仿照中原王朝自建年号,只不过有一个由暗到明的过渡时期。原来党项政权是宋朝的一部分,当然使用宋朝统一年号,但随着党项政权的势力膨大,特别是一心想与宋朝分庭抗礼的元昊,在其父德明去世后,便紧锣密鼓地作正式立国的准备,除其他重要的政治举措、军事部署、服饰定制外,还注重年号的更张。

在宋仁宗改元明道年号(1032年)后不久,德明去世,元昊借口明道年号中的"明"与其过世的父亲德明的"明"字相同,为避父亲的名讳,将"明道"改为"显道"。②这种扭扭捏捏的改号似乎是一种试探,两年多以后,在显道三年(1034年)七月元昊自建年号开运,旋改广运,史书称元昊:"是岁春,始寇西边,杀掠居人,下诏约束之。居国中,益僭窃,私改元曰开运。既逾月,人告以石晋败亡年号也,乃更广运。"③实际上开运元年和广运元年(1034年)是同一年。宋朝称西夏"私改年号",并视为"僭窃",证明宋朝不承认西夏的年号,已经把年号问题提到政治层面。无论宋朝承认与否,元昊仍我行我素,自此开始使用自建年号。两年多以后又改为大庆年号。

又过二年,在宋宝元元年(1038年)十月元昊筑坛称帝,在给宋朝所上表章中明确提到:"遂以十月十一日郊坛备礼,为世祖始文本武兴法建礼仁孝皇帝,国称大夏,年号天授礼法延祚。"④"天授礼法延祚"应是西夏正式立国的第一个年号。自此西夏10代皇帝各有年号,多数都不止一个。为年号问题,宋、夏之间不断出现风波。如宋熙宁八年(1075年)宋朝熙河路经略司上言称,夏国移牒河西路言事,牒称"大安二年",宋朝廷下诏鄜延路经略司,令保安军传牒西夏宥州:"责以夏国久禀正朔,今妄称

---

① 史金波、白滨《莫高窟榆林窟西夏文题记研究》。
② 《宋史》卷四八五《夏国传》(上)。
③ 《续资治通鉴长编》卷一一五,仁宗景祐元年(1034年)十月丁卯条。
④ 《宋史》卷四八五《夏国传》(上)。

年号，又移牒非其地分，邀边臣会议，皆违越生事，必是夏国不知，未欲申奏。请闻知国主，其首领严加诫断以年号署牒移熙河。"可见两国对年号的重视和敏感程度。

西夏各帝年号如下：

景宗

    明（显）道 2 年（壬申 1032 年—甲戌 1033 年）

    开运（仅 1 月，甲戌 1034 年，开运元年与广运元年共 1 年）

    广运 2 年（甲戌 1034 年—乙亥 1035 年）

    大庆 2 年（丙子 1036 年—丁丑 1037 年，大庆三年与天授礼法延祚元年共 1 年）

    天授礼法延祚 11 年（戊寅 1038 年—戊子 1048 年）

毅宗

    延嗣宁国 1 年（己丑 1049 年）

    天祐垂圣 3 年（庚寅 1050 年—壬辰 1052 年）

    福圣承道 4 年（癸巳 1053 年—丙申 1056 年）

    奲都 6 年（丁酉 1057 年—壬寅 1062 年）

    拱化 5 年（癸卯 1063 年—丁未 1067 年）

惠宗

    乾道 1 年（戊申 1068 年）

    天赐礼盛国庆 5 年（己酉 1069 年—癸丑 1073 年）

    大安 11 年（甲寅 1074 年—甲子 1084 年）

    天安礼定 2 年（乙丑 1085 年—丙寅 1086 年）

崇宗

    天仪治平 3 年（丁卯 1087 年—己巳 1089 年）

    天祐民安 8 年（庚午 1090 年—丁丑 1097 年）

    永安 3 年（戊寅 1098 年—庚辰 1100 年）

    贞观 13 年（辛巳 1101 年—癸巳 1113 年）

    雍宁 5 年（甲午 1114 年—戊戌 1118 年）

    元德 8 年（己亥 1119 年—丙午 1126 年，雍宁六年与元德元年共 1 年）

    正德 8 年（丁未 1127 年—甲寅 1134 年，元德九年与正德元年共 1 年）

    大德 5 年（乙卯 1135 年—己未 1139 年）

仁宗

    大庆 4 年（庚申 1140 年—癸亥 1143 年）

---

① 《续资治通鉴长编》卷二六六，神宗熙宁八年（1075 年）七月丁亥条。

人庆 5 年（甲子 1144 年—戊辰 1148 年）

　　　天盛 21 年（己巳 1149 年—己丑 1169 年）

　　　乾祐 24 年（庚寅 1170 年—癸丑 1193 年，天盛二十二年与乾祐元年共 1 年）

桓宗

　　　天庆 12 年（甲寅 1194 年—乙丑 1205 年，天庆十三年与应天元年共 1 年）

襄宗

　　　应天 4 年（丙寅 1206 年—己巳 1209 年）

　　　皇建 1 年（庚午 1210 年，皇建二年与光定元年共 1 年）

神宗

　　　光定 13 年（辛未 1211 年—癸未 1223 年）

献宗

　　　乾定 3 年（甲申 1224 年—丙戌 1226 年，乾定三年与宝义元年共 1 年）

末帝

　　　宝义 1 年（丁亥 1227 年）①

　　西夏自天授礼法延祚至宝义共 190 年。中国历史上的年号多为二字或四字，西夏的"天授礼法延祚"和"天赐礼盛国庆"为六字，创下了中国使用年号以来最长的记录。

　　西夏除新帝即位改元外，其他在一朝之内改元往往与当时的政局变化、发生重大事件有关，如景宗创制西夏文当年改元大庆②，正式称帝改元天授礼法延祚，仁宗大庆五年九月见彗星改元人庆等，铲除任得敬谋乱集团改元乾祐等。

　　《宋史》记载西夏年号比较完整，但也有误记之处。加之西夏改元并不都在岁首，特别是朝代更替时，有的在当年仍使用前代皇帝年号，有的则当年改用新的年号，后世记录易造成混乱。好在近代发现和出土了很多带有年号的西夏文物和文献，其中不少记有干支，如官印、碑刻、序跋、发愿文、契约文书等。这些西夏时期由西夏人自己记录的年号对考证、确定西夏年号起到了关键作用。然而在利用这些文献时仍需谨慎，因为在西夏边远地区，朝廷年号已改变，可能因信息不灵，当地仍不免使用过时年号的现象。如黑水城有天盛庚寅二十二年卖地契③，此处的庚寅年为乾祐元年，当年西夏发生重大政治变故，即仁宗粉碎了外戚权臣任得敬的分国阴谋。很可能在清除了任得敬篡国集团后，当年将天盛改为乾祐。此买地契是当年改为乾祐之前所写，抑

---

① 陈炳应《西夏文物研究》，《西夏纪年考》第 458—480 页。李华瑞：《西夏纪年综考》，《国家图书馆学刊》，2002 年增刊《西夏研究专号》。关于西夏年号本书有所调整。

② 《续资治通鉴长编》卷一一九，仁宗景祐三年（1036 年）十二月辛未条。

③ 史金波、魏同贤、克恰诺夫主编《俄藏黑水城文献》第一四册第 2 页。

或尚不知朝廷已改年号尚待研究。

过去对西夏年号只知汉文写法,自西夏文献被发现并陆续解读后,西夏文年号逐渐露出真面目。现在虽不能尽知西夏文年号,但也已洞悉大半,且知这些年号西夏文和汉文是意译的。如西夏文"福圣"二字意"福、圣","贞观"二字意"德、观",天赐礼盛国庆六字意"天、赐、礼、盛、国、安","雍宁"二字意"和、安","应天"二字意"天、依","皇建"二字意"皇、立","光定"二字意"定、显"。

由上可见,西夏早期的西夏文年号少见,景宗元昊时期未见,毅宗时期只有一种福圣年号,仅见于钱币铸文,这和西夏文献、文物的存世状况相一致,目前所见西夏文文献、文物多属中、后期。最后的宝义年号因仅存1年,且西夏朝廷风雨飘摇,所存文字记载当更少,未见其年号并不意外。

三、皇帝称谓

(一)皇帝和官家

对皇帝的称呼是最有代表性、最重要的。西夏称皇帝为"兀卒"或"吾祖",是西夏党项语"皇帝"二字的读音。

元昊在已继承王位尚未正式称帝时,就自称"兀卒",汉文史籍记为"青天子"或"可汗"。后来元昊向宋朝提出把"兀卒"二字改为"吾祖",宋朝的大臣们认为这是元昊想占宋朝皇帝的便宜,双方关系趋于紧张。

其实元昊早有称帝之意,只是开始势力不够强大,慑于宋朝的压力,对宋往来只用西夏语"兀卒"之音,不译成汉语"皇帝"。

西夏皇帝自称也用"朕"。如前述元昊在张贴的露布中有"朕欲亲临渭水,直据长安"的语句。又前述仁宗甘州立黑水河建桥碑碑文汉文中有6次以朕自称,如"咸听朕命"、"朕昔已曾亲临此桥"、"固知诸神冥歆朕意"、"今朕载启精虔"、"朕之弘愿也"、"毋替朕命"。再有西夏乾祐十五年(1184年)印施《佛说圣大乘三归依经》的发愿文中载有"朕适逢本命之年"之语。

西夏又称皇帝为"官家",如《天盛律令》第一条规定"欲谋逆官家,触毁王座者"皆斩。这里的官家系专指皇帝而言,《天盛律令》中多次出现这种以官家指称皇帝的

图283 西夏文"皇帝"二字

条文，如"不许诸人于殴打争斗中高声呼喊汉语'我要△△△△诛官家'"，"官家驿驾出"，"官家于殿坐朝时节"等。① 有时官家又泛指公家、官府。

（二）尊号、庙号、谥号和城号

西夏皇帝在世时有尊号，死后有庙号。西夏的皇后、皇太后有的也有尊号。关于西夏皇帝的尊号，汉文文献中有记载，有的在新发现的西夏文资料中得到印证，有的又有新的补充。特别是一种特殊的皇帝称号，即"城号"，为西夏所独有。

太祖李继迁的尊号为宋大中祥符五年（1012年）其子李德明追上："应运法天神智仁圣至道广德孝光皇帝"。元昊立国后上继迁谥号"神武皇帝"，庙号太祖，其妻野利氏为"顺成懿孝皇后"。

元昊又上德明谥号"光圣皇帝"，庙号太宗，其妻卫慕氏为"惠慈敦爱皇后"。在西夏文史书残卷中德明又有"德歌皇帝"（𘓺𗟭𗀔𗖊）的称号。②

第一代皇帝元昊，《宋史》载尊号为"世祖始文本武兴法建礼仁孝皇帝"，谥号"武烈皇帝"，庙号景宗。③ 在西夏文《文海宝韵》序言和题款中有"世祖始文本武兴法建礼仁孝皇帝"尊号的部分内容"……本武𘜶法建礼仁孝皇帝"（……𘜶𗉧𘟙……𗴂𘊲𗤒𘏨𗖊）。④ 在汉文《大夏国葬舍利碣铭》中元昊还有"圣文英武崇仁至孝皇帝"的尊号。⑤ 在西夏文历史文书中又称元昊为"风角歌皇帝"（𗊱𘃡𗟭𗀔𗖊）。⑥

第二代皇帝谅祚，《宋史》载谥号"昭英皇帝"，庙号毅宗。在黑水城发现的西夏文史书残卷中宗谅祚为"迫歌皇帝"（𗉔𗟭𗀔𗖊），这可能就是他的尊号。⑦ 谅祚时期尊母没藏氏为"宣穆惠文皇太后"。

第三代皇帝秉常《宋史》载谥号"康靖皇帝"，庙号惠宗，尊母梁氏为"恭肃章宪皇太后"。西夏文献中，特别是一些佛经卷前的题款中记录着皇太后和皇帝译经、校经的题款。国家图书馆藏西夏文《悲华经》等文献中，秉常尊号为"救德主世增福正

---

① 史金波、聂鸿音、白滨译注《天盛改旧新定律令》第一四"误殴打斗门"第483页；第一九"供给驮门"第575页；》第一二"内宫待命等头项门"第431页。
② 《俄藏黑水城文献》第10册，194页。史金波《西夏出版研究》第41页，宁夏人民出版社2004年版。
③ 《宋史》卷四八五《夏国传》（上）。
④ 史金波《〈文海宝韵〉序言、题款译考》，《宁夏社会科学》2001年4期。
⑤ 牛达生考证应为大庆三年，见《〈嘉靖宁夏新志〉中的两篇佚文》，载《宁夏大学学报》1980年第4期。
⑥ 《俄藏黑水城文献》第10册，194页。史金波《西夏出版研究》第41页，宁夏人民出版社2004年版。
⑦ 《俄藏黑水城文献》第10册，194页。史金波《西夏出版研究》第41页，宁夏人民出版社2004年版。

民大明皇帝"（𗼃𘜶𘓐𘐥𘅍𗖨𗷅𗊁𗼓𗤻𘓺），母梁氏为"天生全能禄番佑圣式法皇太后"（𗸯𗊢𘜶𗢳𗵃𘏨𗖻𗆐𘜶𗣼𘑨）。在国家图书馆藏西夏文《金光明最胜王经》流传序和《现在贤劫千佛名经》的《西夏译经图》中有"明盛皇帝"（或译为"盛明皇帝"），皆为秉常的一种尊号，或是"大明皇帝"的异写。

第四代皇帝崇宗乾顺《宋史》载谥号"圣文皇帝"，庙号崇宗。在国家图书馆藏西夏文《经律异相》题款中乾顺尊号为"神功胜禄习德治庶仁净皇帝"（𗈪𗵃𘏨𘏨𘌾𗤒𗧊𗈪𘏨𘘒𘓺）。其母第二梁氏尊号为"胜智广禄治民集礼德盛皇太后"（𘏨𘏨𘏨𗵃𘏨𗤒𗹦𗢳𘓺𗣼𘑨）。在凉州碑中乾顺尊号简化成"仁净皇帝"，其母梁太后尊号简化为"德盛皇太后"。①

第五代皇帝仁孝，《宋史》载谥号"圣德皇帝"，庙号仁宗。国家图书馆藏西夏文《金光明最胜王经》流传序中"仁尊圣德皇帝已承宝座"②，系仁宗尊号，与汉文记载相合。在西夏文佛经题款中仁宗的尊号还有"奉天显道耀武宣文神谋睿智淳睦懿恭皇帝"、"奉天显道耀武宣文神谋睿智制义去邪淳睦懿恭皇帝"（𗸯𘗽𗵒𗈁𗤄𗖻𘓺𗊢𗈪𗢳𗈪𗒛𘏨𗤒𗣼𘑨𗼓𘓺），后者增加"制义去邪"四字，为大庆二年（1141 年）八月群臣上尊号所加。③可知无此四字的尊号应在此时之前。

第六代皇帝纯佑，《宋史》载谥号"昭简皇帝"，庙号桓宗。另在黑水城出土的西夏文《佛说佛母出生三法藏般若波罗蜜多经》等文献中，还有一尊号为"天力大治孝智净广宣德拒邪纳忠长平皇帝"（𗵒𘜶𘌾𗤒𘏨𗤒𗣼𗵃𗢳𘏨𗢳𘓺𗼓𘓺）。④这一尊号属校经皇帝，应为仁孝以后的一位皇帝，最大可能是桓宗纯佑的尊号。此"长平皇帝"还出现在西夏陵园的残碑中。

最后四位皇帝共有 22 年，多无尊号，有的有谥号、庙号，有的只有庙号。第七代皇帝安全《宋史》载谥号"敬穆皇帝"，庙号襄宗。第八代皇帝遵顼《宋史》载谥号"英文皇帝"，庙号审宗。第九代皇帝德旺未见谥号，《宋史》载庙号献宗。末帝睍无既无谥号，也无庙号。

西夏皇帝特有的"城号"，出于西夏文文献中，即在皇帝称号后都有一"城"（𗆐）字。元昊有"风角城皇帝"（𗵒𗆐𘓺）的称号。在西夏文《妙法莲华经》序中有"风角城皇帝以本国语言，建立蕃礼，创造文字，翻译经典，武功特出，德行殊妙，恤治民庶，无可伦比"的语句。⑤其中"风角城皇帝"即为元昊的一种尊号。前述西夏文历

---

① 史金波《西夏文〈金光明最胜王经〉序跋考》，《世界宗教研究》1983 年 3 期。
② 史金波《西夏文〈金光明最胜王经〉序跋考》，《世界宗教研究》1983 年 3 期。
③ （清）吴广成《西夏书事》卷三五。
④ 俄罗斯科学院东方文献研究所手稿部藏黑水城文献 Инв.No.261。
⑤ 史金波《西夏社会》第 354 页，上海人民出版社 2007 年版。

史文书中有元昊的"风角歌皇帝",应与其城号相关联。此城号又可简化为"风帝",如国家图书馆藏西夏文《过去庄严劫千佛名经》发愿文中有"夏国风帝新起兴礼式德"的记载。①

在《凉州碑》的西夏文碑文中有"珍陵城皇帝"(𘟩𘝞𘃽𘋢𘂪),为惠宗秉常城号。又在西夏陵西夏文残碑中有"珍陵帝",也应是指同一位皇帝秉常。②

西夏陵西夏文残碑中有"明城皇帝",据专家考证为崇宗乾顺尊号,也带有"城"字。③

国家图书馆藏《金光明最胜王经》校经题款有:"奉白高大夏国仁尊圣德珠城皇帝敕重校"。"仁尊圣德珠城皇帝"(𗾇𘝞𗄻𗢳𗯨𘃽𘋢𘂪)为仁宗的城号。仁宗还有"护城皇帝"的尊号,西夏文《过去庄严劫千佛名经》发愿文有:"奉护城帝敕,与南北经重校"。④西夏陵7号陵残碑碑额有西夏文篆书"大白高国护城圣德至懿皇帝寿陵志文"字样。《德行集》的序言中有"护城皇帝"。

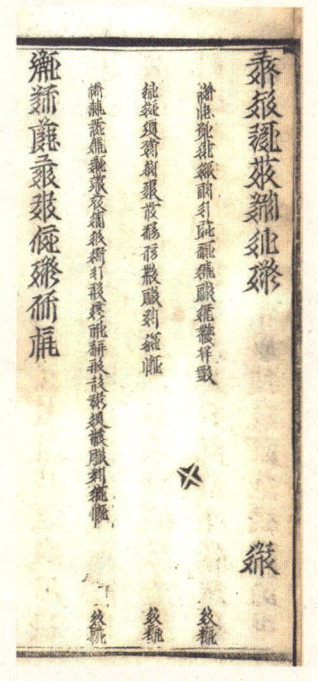

图284 《悲华经》卷第九卷首梁太后、惠宗译经及仁宗校经题款

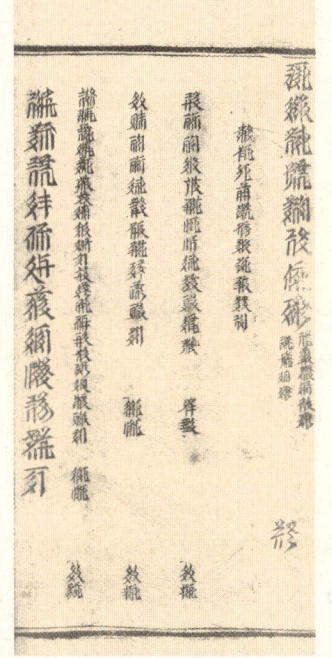

图285 《经律异相》卷第十五卷首第二梁太后、崇宗译经及仁宗校经题款

---

① 史金波《西夏文〈过去庄严劫千佛名经〉发愿文译证》,《世界宗教研究》1981年1期。
② 史金波《西夏陵园出土残碑译释拾补》,《西北民族研究》第一集,1986年6月。
③ 李范文《西夏陵墓出土残碑粹编》,13页,图版82,文物出版社1984年版。
④ 史金波《西夏文〈过去庄严劫千佛名经〉发愿文译证》,《世界宗教研究》1981年1期。

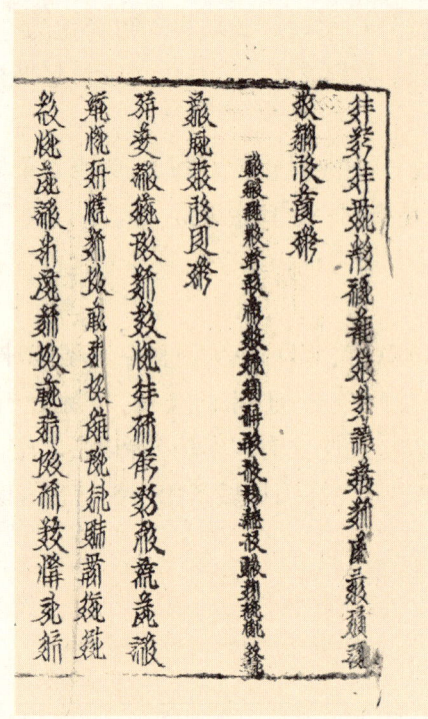
图 286 《佛说佛母出生三法藏般若波罗蜜多经》卷第十七卷首长平皇帝校经题款

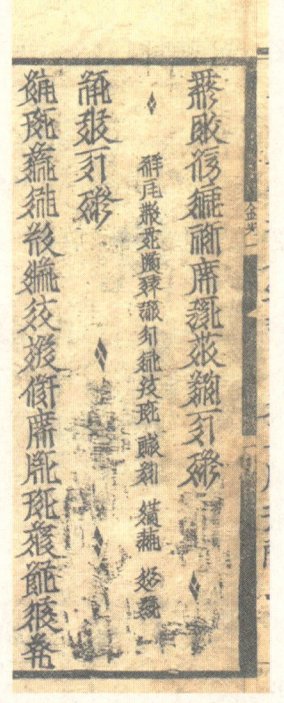
图 287 《金光明最胜王经》卷第一卷首仁尊圣德珠城皇帝校经题款

（三）避讳

在众多的西夏文献中未见有直接称呼西夏皇帝名字者。西夏有对皇帝避讳的习俗。西夏和中原王朝一样，社会上也有避讳制度。目前所能见到反映避讳的文献主要是对皇帝名讳的规避。

黑水城出土俄罗斯所藏有数页汉文活字版历书残叶，为《西夏光定元年（1211年）辛未岁具注历》，在 5285 号第 3 竖行，8117 号第 4 竖行，5306 号第 1 竖行、第 4 竖行，5229 号第 2 竖行，5469 号第 5 竖行、第 8 竖行、第 11 竖行、第 12 竖行、第 21 竖行，269 号第 3 竖行的"明"字的右部的"月"明显缺中间两横笔，也即此字的最后两笔。这显然是避讳字。宋朝有严格的避讳制度，金灭辽后与宋人接触频繁，受宋熏陶，避讳渐盛。查宋朝和金朝诸帝名讳，未见有"明"字，目前尚未见讳"明"的记载和例证。[①] 而西夏诸帝的名讳中，被追谥为太宗的李德明名字中有"明"字，他的后辈确实避其名讳。元昊在即位之初为避父德明讳，将宋"明道"年号，改为"显道"。[②] 前述

---

① 陈垣《史讳举例》第 152—158 页，科学出版社 1958 年版。
② 《宋史》卷四八五《夏国传》（上）。

西夏残历书讳"明"字,是西夏避讳太宗德明名字的重要例证。①

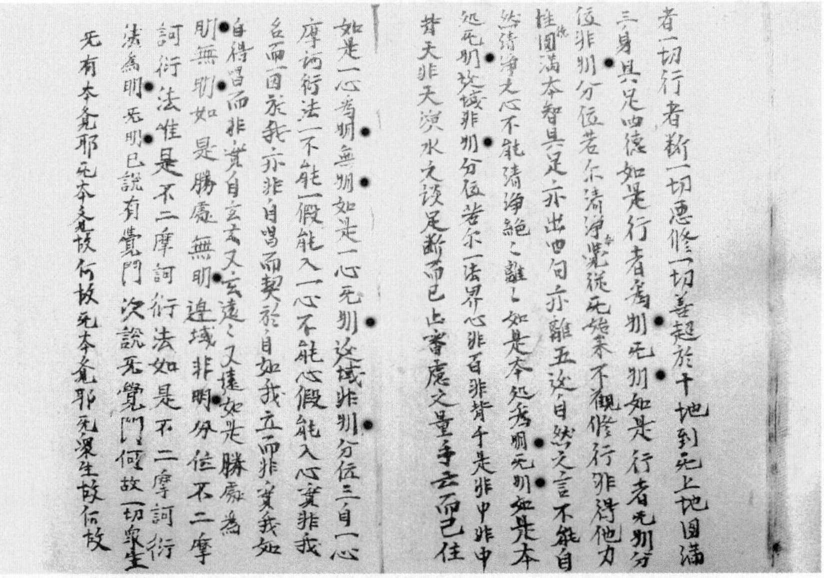

图 288　西夏文《释摩诃衍论》中讳"明"字

俄藏黑水城文献中尚有木刻版历日 297 号,共有 3 残片,存 8 日历日。② 据该历书残片 1 第 5、8 竖栏,残片 2 第 3、5 竖栏内"明"字依然缺笔避讳,说明这些残历书也是西夏历书,时在西夏仁宗乾祐十三年,比上述活字版历书早 29 年。

黑水城出土的其他西夏汉文文献中也能找到讳"明"字的例证。如 TK327《中有身要门》、A4V《照心图》、A15《梦幻身要门》、A19《金刚亥母禅定》、A38 Ⅱ《释摩诃衍论》等文献中都有"明"字明显缺最后两笔的现象。但有的文献避讳并不严格,同一文献甚至同一页中,有的"明"字缺笔,有的"明"字不缺笔。③

西夏汉文刻本文献中也能见到避讳"明"字的例证。如桓宗时罗太后印施《大方广佛华严经入不思议解脱境界普贤行愿品》发愿文中有"示诸佛之真源,明如来之智印",其中"明"字缺最后两笔,即"月"字中的两横。④

在俄藏黑水城文献中发现仁宗仁孝时期的西夏文文献中"孝"字缺笔,如西夏文

---

① 史金波《黑水城出土活字版汉文历书考》。
② 史金波、魏同贤、克恰诺夫主编《俄藏黑水城文献》第四册第 385—386 页。邓文宽《黑城出土〈宋淳熙九年壬寅岁(1182 年)具注历日〉考》。
③ 史金波、魏同贤、克恰诺夫主编《俄藏黑水城文献》第五册第 106—111、130—134、244—246、256—258、338—375 页。图中"明"字旁的黑点为笔者所加。
④ 史金波、魏同贤、克恰诺夫主编《俄藏黑水城文献》第二册第 372 页。

刻本《论语》"孝"字缺最后一笔，这是对西夏仁宗仁孝名字的避讳。但文中"仁"字并未缺笔避讳，而有的"孝"字也未缺笔。[①] 仁宗时刊印的《番汉合时掌中珠》西夏文和汉文"孝"字都不缺笔。看来西夏的避讳不似宋朝那样严密。

西夏在文献行文时，一般有"帝"（𘝯）、"皇帝"（𘓺𘝯）或"先圣"（𗼃𗰜，即先帝）时，往往要采取特殊方式以表示尊敬。有时要提行，如国家法典《天盛律令》颁律表中提及前朝皇帝"先圣"时，自"先圣"另起一行。有时在"帝"、"圣"前面空一格，以示尊崇。甚至写"官"（𗤶）字时，也须在前空一格。如《天盛律令》第一"谋逆门"中提到"没收入官"时，在"官"字前空一格。即便在私文书中也须遵守这样的格式。如黑水城出土西夏文天庆庚申年卖地契中，第9行提到"依官罚三两金"时，在"官"字前就明显空出一格。

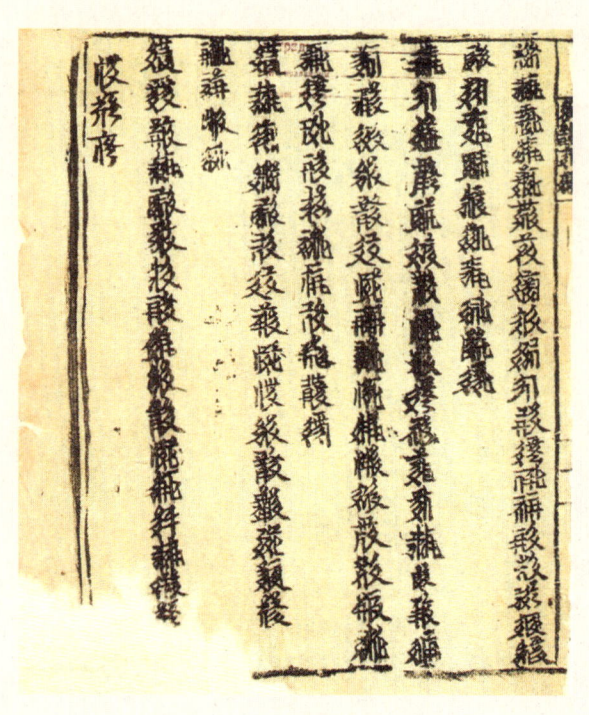

图289 《天盛律令》颁律表

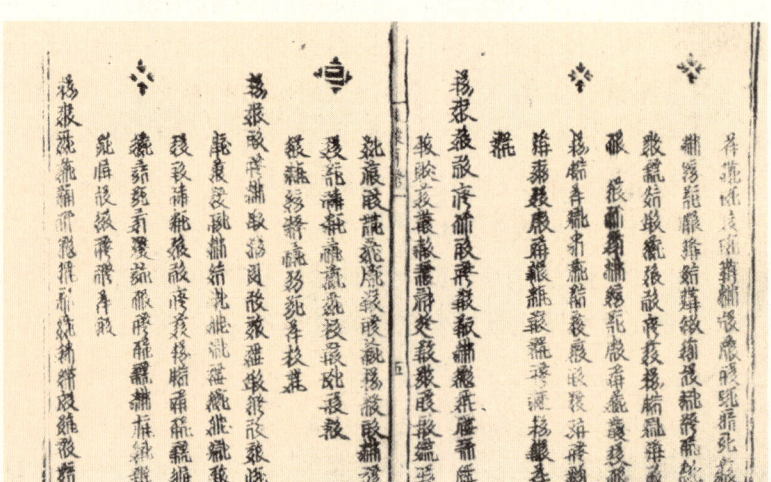

图290 《天盛律令》"谋逆门""官"字前空格

---

① 史金波、魏同贤、克恰诺夫主编《俄藏黑水城文献》第十一册第47—59页。

图291　黑水城出土西夏文天庆庚申年卖地契"官"字前空格

四、家庭亲属称谓

西夏党项族的家庭亲属称谓也较复杂，并有显著特点。《掌中珠》的"人事"部分记载了一些，爹爹、娘娘、阿耶、阿娘、阿哥、阿姐、兄弟、女妹、妻眷、男女、阿舅、外甥、叔、姨、姑、舅。但一部分主要称谓未能收入。现综合几种文献材料，把党项族的主要亲属称谓和它们的读音介绍如下：党项族称父亲音[鞲]，母音[麻]，父、母也可分别称为[芭不]、[麻没]或[阿芭]、[阿麻]。称儿子为[哆]或[由]，称女儿为[名]。孙子称[吕]。叔叔称[永]"，姨称[郎]"，姑称[能]"。

西夏语中称丈夫音[窝逆]，此称又作"主人"解，如"物主人"、"畜主人"、"地主人"的"主人"二字即是"丈夫"二字。西夏语对妻子的称呼也有多种，除一般常用的称呼[逆命]外，还有一种[罨刻]，意为"户脚"，可能是对妻子的俗称。西夏允许纳妾，所以有"庶母"之称，西夏语称[五郎]，第一字"内"意，第二字"姨"意。意即母亲的姐妹，此称谓反映出姊妹共夫的传统习俗。

西夏称谓中一个显著特点是男子称呼兄弟、姐妹和女子称呼兄弟、姐妹是不同的。如男子称兄为[°浪]，称弟为[多]。女子称兄弟为〔没〕。男子称姐妹为[囊]，女子称姐妹为〔皆〕。男称、女称不能混淆，这和汉语是很不相同的。哥哥、姐姐又可分别称为"阿哥"、"阿拶"。

西夏语中姑音〔能〕，《文海》释为"父之姐妹也"；姨称[郎]，母之姊妹。岳父、公爹称〔圪讹〕。《文海》释义为"媳、婿等之公爹、岳父也"。婆母、岳母称为〔能勿〕。第一字与"姑"同音。亲家翁称为〔夷波〕，亲家母称为〔夷磨〕。媳称〔耶〕，另一"媳"

字称〔勒耶〕与此字互注。婿称〔摩〕。皇帝之婿称〔尼顷〕，即驸马。《文海》释为"官家之婿是，汉语驸马之谓"。

西夏有"夫妻"合称，音[哆则麻]，两字连用。第一字与"子"同音，并以"子"和"户"各一部分组成，第二字与"果"字同音，并以"果"和"户"各一部分组成。夫妻还可泛称〔鼋悟〕，与"户共"同音，表示夫妻共同组成家庭。

舅舅称[乙]或[乙波]，外甥音[哆合]。舅、甥合称又有"为婚"或"结婚"意。表明了党项族姑舅表婚的习俗。西夏称呼舅父和岳父为同一字，音[波]，姑母和岳母虽然以不同的字表示，但系同音。可知当时西夏的亲属称谓中，还保留着姑舅表婚的痕迹。《文海》"爸"字条下注释："爸者，长辈舅也，爹爹也，上辈也，爸爸也，又亲翁之亦谓也。"这里把父、舅、岳父视为同义语，表明党项族亲属称谓中残留有更为原始的婚姻关系。

西夏有养子和养女。养子称〔成哆〕，第一字"索"意，第二字"子"意。养女称〔成名〕，第一字"索"意，第二字"女"意。[1] 意为找来的子、女。

在西夏的社会中随着民族间的交往，亲属称谓也在互相交融、渗透。《掌中珠》中一些汉族称谓也被党项族所接受，进入了西夏语。如阿爸、阿妈、阿哥、阿姐等。

---

[1] 史金波《西夏党项人的亲属称谓和婚姻》，《民族研究》1992年1期。

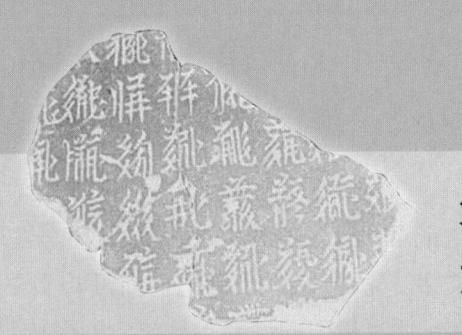

第十三章
文 化

西夏所在的中国中古时期,文化繁荣,走在世界的前列。西夏接受中原文化的滋养,发展儒学,提倡佛道,兴办科举,又能弘扬民族精神,使用番语,创制番文,在语言、文字、教育、文学、艺术等方面都有很多建树。

第一节 语言文字风俗

文字是记录语言的符号,它是人类社会发展到一定阶段才产生的,并不是所有的民族都有文字。党项族在11世纪前尚没有文字,只是在西夏正式立国前夕才创制了本民族的文字。西夏境内的汉族、藏族、回鹘族却早已有自己的文字。

一、西夏语

所谓"西夏语",指的是西夏主体民族党项民族的语言。党项族自称番族,称自己的民族语言为"番"〔弥〕语,因为党项族自称"弥"。"弥"语一般译成汉文为"番语"或"番言"。它是西夏文化特别是党项族文化的重要组成部分。包括嵬名氏在内的番族都把番语视为自己的民族语言。作为主体民族的语言,番语由于使用人口多,使用领域广,使用层次高,在西夏境内成为强势语言。

西夏灭亡后党项族又经历了几个世纪的衰退,渐被其他民族同化,最后于明清之际消亡。西夏灭亡后,西夏语如西夏文成为死文字一样,它也成了一种无人会说的死语言。

党项族在建立西夏王朝前曾创造了记录党项语的文字。至近代又从地下陆续发现了大量西夏文献,通过对这些文献的解读人们又能见到纸面上的党项语言。因为党项族是西夏的主体民族,人们便称这种语言为西夏语。

西夏人给后世留了多种类型的、反映番语音韵的字典、辞书。如韵书《文海宝韵》、字书《音同》、韵图《五音切韵》等[1],此外还有大批记录西夏语言的文献材料。《掌中珠》也是研究西夏语言的重要文献。其序言就提到:"今时人者,番汉语言可以俱备,

---

[1] 史金波、魏同贤、克恰诺夫主编《俄藏黑水城文献》第七册。

不学番言则岂和番人之众；不会汉语则岂入汉人之数。"①

经过几代西夏学家的努力，西夏语的秘密也逐渐被揭开。专家们从语音、词汇、语法各方面进行分析研究，已经得出一个基本结论：番语（即西夏语）属汉藏语系藏缅语族。它除了有汉藏语系各语言都具备的共同特征，如每个音节有固定的声调、单音节词根占大多数、词序和虚词是表达语法意义的主要手段等，还具有这一语系中藏缅语族的重要特点。至于西夏语在藏缅语族中属彝语支，还是属羌语支，抑或是一个单独的语支，还在研究探讨之中。一般认为操藏缅语族语言的民族属羌系民族，西夏语的特点反映了党项族为羌系民族。

随着西夏文文献资料的发现和整理，西夏语的特点可以描绘得比较具体。

（一）语音

据西夏文字典《音同》、《文海》和《五音切韵》所载西夏语有以下特征：

1. 西夏语声母共分 9 大类：重唇音、轻唇音、舌头音、舌上音、牙音、齿头音、正齿音、喉音、来日舌齿音。其中，舌上音音节最少，来日舌齿音音节最多。西夏语声母有鼻冠音，可能还有轻化鼻音。

2. 西夏语韵母有单元音韵母、复元音韵母。复元音韵母较为丰富，有的韵母后有鼻韵尾或半鼻音。韵母中复韵母有开口、合口之别。元音有松紧喉音的对立。

3. 西夏语有平、上、入 3 个声调，平声 97 韵，上声 86 韵，入声字很少，只有 20 个字左右。② 韵母间有成系统的音韵转换现象。③

（二）词汇

1. 西夏语词汇和汉藏语系其他语言一样，分为单纯词和合成词两大类。单纯词如：人、天、打、吃、红、青、我等，合成词如：民庶、今日、勾管、牵连人等。

合成词的构词方式是复合法，即通过修饰、联合、支配表述等关系复合构成新词。由于对西夏语这一死亡了的语言了解不深，区分一个词是单纯词还是合成词有时会发生误解。如西夏文中有时用发音为[阔 危]的两个字称呼"汉人"。这两个字不与任何其他字搭配组成新词，很像是双音节单纯词。其实在西夏语中"汉人"和"布衣"发音同为[阔 危]。西夏人用[阔 危]称呼汉人，是"布衣"词意的引申。可知[阔 危]实为合成词。与此同类的还有前述西夏语中的"结婚"二字，以及发音为[那啰]的"明

---

① （西夏）骨勒茂才著，黄振华、史金波、聂鸿音整理《番汉合时掌中珠》序。
② 史金波、中嶋幹起等《电脑处理〈文海宝韵〉研究》，日本国立亚非语言文化研究所 2000 年版。张竹梅《西夏语音研究》，宁夏人民出版社 2004 年版。
③ 龚煌城《西夏语若干韵母转换的起源——重叠复合词》，原载《中国境内语言暨语言学》第四辑，1997 年。又见《西夏语文研究论文集》，2002 年。

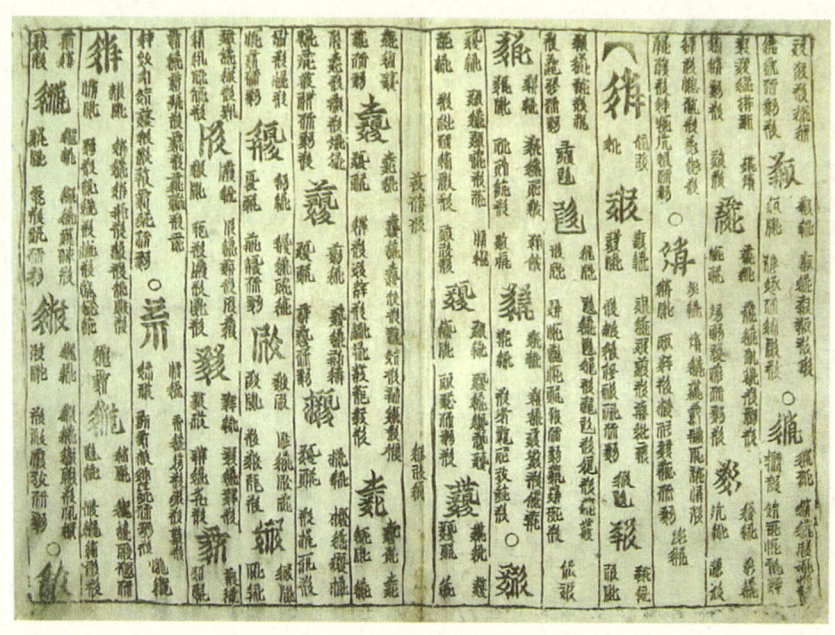

图 292　西夏文韵书《文海宝韵》

"天"等词。①

2. 西夏语中一词多义和词义引申的现象逐渐丰富。比如"瘦"引申出"枯"意，"看"引申出"尝"意，"渡"引申出"船"意，"色"引申出"染"意，"津润"引申出"平光"意等等。这种多义现象逐渐发展成为同源的近义词。西夏人为本义词和引申词都分别造了字，因此不容易看出它们之间的联系，往往被人忽略。

3. 西夏语借词数量很大，主要借自汉语。不仅一般词语，而且基本词也大量借入。其中一部分是由于新事物的传入而产生的借词，如官、经略、郎君、府、州、县、堡、寨、关车、簸箕、圣、璎珞、箜篌等。很多借词和本语中的同义词同时流行使用，如山、海、功、沙等，都分别有一个借汉语词和一个本语词。不仅名词有汉语借词，动词、形容词、量词也有汉语借词，如赶、拦、过、使、知、散、分、大、粗、细、正、完、全、羞、寸、卷、双等，这反映出当时党项族和汉族人民的密切交往。此外，西夏文还有部分藏语借词，主要是佛教用语。② 借入的词被收入了各类字典，可见它们已成为西夏语词汇中的有机组成部分。

---

① 史金波《西夏语构词中的几个问题》，《民族语文》1982年2期。史金波《西夏语的"买""卖"和"嫁""娶"》。

② 史金波《西夏语中的汉语借词》，《中央民族学院学报》，1982年4期。

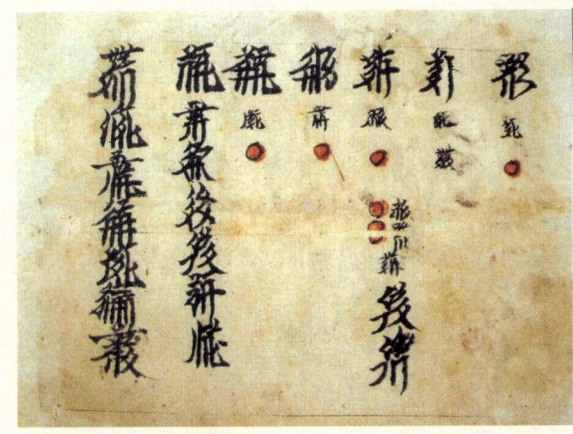 

图 293　俄罗斯东方文献研究所藏黑水城出土西夏文写本《五音切韵》　　图 294　英国国家图书馆藏黑水城出土西夏文音韵书残叶

4. 西夏语有固定词组。四音联绵词就是其中的一种类型，如"相合聚集"、"各自分享"、"有水有草"、"杀生斩命"、"身体康宁"等。四字格的组成往往以对仗的格局，连成骈俪的形式。

5. 动词加辅助成分可构成名词。这种形式构词能力很强。例如动词后加词意为"所"的词［勒］，可构成名词。"吃"加"所"组成"所吃"，意为"食物"；"穿"加"所"组成"所穿"，意为"衣服"。

6. 同义词和反义词联合、对照使用的情况较多。如"打拷"、"斗争""、"死生"等。

（三）语法

1. 西夏语词类可划分为名词、动词、形容词、代词、数词、量词、副词、介词、助词、连词、叹词等 11 种。前 6 种为实词，后 5 种为虚词。

2. 句子中主要以虚词和词序表达句子成分的各种关系。一般主语在前、谓语在后，宾语在动词之前。如"我修造屋舍"一句，西夏语中词序是"我—屋舍—修造"。

3. 西夏语的代词、名词修饰名词时在名词之前，形容词修饰名词时，在名词之后，如"红花"在西夏语中词序为"花—红"。可能由于受汉语的影响，也有了形容词在前、名词在后的使用方法，如"瑞雪"在《掌中珠》中为"瑞—雪"。形容词在被修饰的名词之后，是藏缅语族语言的重要特征。

4. 西夏语有时以助词表示句子成分和语法关系，如有表示主语的助词"𘜶"、表示定语的助词"𘕿"、表示宾语的助词"𘕿"、表示介词结构的助词"𘟣"等。

5. 在动词之前表示各种语法范畴的助词很多，也称为动词前缀。动词前缀分为两类，一类是过去式或进行式，一类是未然式或希求式。这些动词前缀有表示动作趋向的意义，后这种功能有弱化的趋势。如表示过去式有向上趋势的动词前缀𘟣，表示未然式或希求式有向下趋势的动词前缀黐，这也是西夏语归为藏缅语族的重要依据。①

6. 西夏语的存在动词比较丰富，有明显的类别范畴，与汉语"有"对应的词较多，如表示珍贵存在的"有"孋，表示固定物的"有"𢁑，表示内中存在的"有"䘆，表示悬挂的"有"䄄，表示所属的"有"䌽，表示并列的"有"翢，表示竖直的"有"䃼，也有使用范围较宽、表示一般的"有"𢏛。这和藏缅语族一部分语言很相近。②

7. 西夏语动词有人称呼应现象，其中主语呼应常伴随着动词的音韵变化，而动词后的人称词尾有时被省略。③

8. 有些动词的重叠可表示互动、全部。这些也是藏缅语族语言值得重视的特征。

有的专家经从语音、词汇、语法方面比较研究认为，西夏语更接近藏缅语族的羌语支，应属于羌语支语言。④

前些年有的专家在国家图书馆发现了一部清抄本《译语》，其中有《河西译语》5页，有225个词，用汉字记录其音。⑤因西夏地处河西，西夏灭亡后，有时便用"河西"称西夏或西夏主体民族。有的专家认为《河西译语》反映的是西夏主体民族的语言，还有的专家以《河西译语》中反映出某些阿尔泰语成分来证明西夏的统治者拓跋氏为阿尔泰语系民族鲜卑人。根据现存的《河西译语》的词语译音材料看，其中确有某些阿尔泰语成分。但是《河西译语》是一种晚近的材料，其中含有更为复杂的多民族成分，所记录的语言，可能是党项族在消亡过程中部分党项后裔的语言，是番族的大部分已经混杂在各地区、各民族之后的一种语言，已不

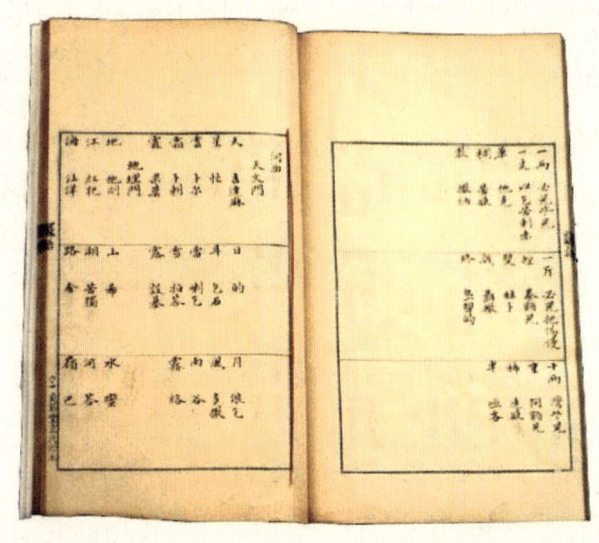

图295　中国国家图书馆藏《河西译语》

---

① ［俄］克平《西夏语的动作趋向范畴》，《语言研究》1984年第2期。
② 史金波《西夏语的存在动词》，《语言研究》1984年1期。
③ 龚煌城《西夏语动词的人称呼应与音韵转换》，原载《语言暨语言学》，2001年。又见《西夏语文研究论文集》，2002年。史金波《西夏语人称呼应和动词音韵转换再探讨》，《民族语文》，2010年5期。
④ 孙宏开《从词汇比较看西夏语与藏缅语族羌语支的关系》，《民族语文》1991年2期。
孙宏开《关于西夏语的发生学分类问题》，《国家图书馆学刊》增刊《西夏研究专号》2002年8月。
⑤ 冯蒸《"华夷译语"调查记》，《文物》1981年2期。

能代表西夏时期的党项语。《河西译语》仅仅有部分词汇材料,缺少语言中最稳定的部分语法方面的材料。

在西夏,各民族之间互相懂得对方语言的人可能不少,即有明显的双语现象。在西夏还出现了党项人和汉人互相学习对方语言的词语对照读本《掌中珠》,前引其序言强调了"番汉语言,可以具备"的现实和期许。南宋晁公武记载当时宋朝有《蕃尔雅》一卷,失撰者姓名,该书"以夏人语依《尔雅》体译以华言"①,或为《掌中珠》之属。

更值得提出的是由于与邻国交往很多,邻国也有懂西夏语的人。如《宋史·郑文宝传》载:"文宝前后自环庆部粮越旱海入灵武者十二次,晓达蕃情,习其语。经由部落,每宿酋长帐中,其人或呼为父。"②看来北宋抵御党项的将领郑文宝懂得西夏语。西夏的邻国因与西夏交往,也培养懂得西夏语言的翻译人员。如金国有"高丽、夏国、回纥译史四人,左右各二人"。③宋、辽、夏、金时期,既是民族交往频繁的时期,也是民族语言扩大交流的时期。

二、西夏文

西夏统治者为了与宋、辽相匹敌,除在政治上、军事上加强力量以外,还注意在文化上多所建树,使文化相对落后的党项族尽可能取得与汉族相等的地位。其中最突出的就是元昊在立国前创制番书,也称番文或番字。

(一)西夏文的创制

西夏社会发展较快,文化素养不断提升,民族文化需要记录和传播,从政府到社会都发展文化的强烈要求,而文字是文化的载体,没有文字不仅不便于人们之间的交际,也妨碍文化的发展和传承,这是创制西夏文字的文化因素。西夏周边王朝和民族政权宋朝、吐蕃、契丹、回鹘都先后创制了不同形式的民族文字。自认为可以和宋、辽相抗衡的西夏,希望能有自己的文字。元昊把创制民族文字看作立国的一个基本条件。这是创制西夏文字的政治和民族情感的需要。作为主体民族的党项族要传习佛经,用党项人能听懂、看懂的西夏文翻译佛经是信仰、推行佛教所必需。这是创制西夏文字的宗教因素。总之,西夏文字随着党项民族的快速发展而诞生,而它又成为催生西夏立国、发展西夏文化的积极因素。

---

① (宋)晁公武《郡斋读书志》卷七,四部丛刊本。
② 《宋史》卷二七七《郑文宝传》。
③ 《金史》卷五五《百官志一》。

关于西夏文字的创制，史书不乏记载。然而由于几种主要文献所记相互抵牾，在创制时间和创制人的问题产生了歧说。汉文史籍记载西夏文创制的时间，大体可分为两类，一类认为西夏文创自德明时期。[①]第二类认为西夏文是元昊时期所创造。如《宋史》记载："元昊自制蕃书，命野利仁荣演绎之，成十二卷，字形体方整类八分，而画颇重复。"[②]除《宋史》外，距创造西夏文字时间更近的北宋、南宋的几种著作中，也都认为是元昊时创造西夏文。如沈括所著的《梦溪笔谈》，[③]曾巩所著《隆平集》[④]，李焘所撰《续资治通鉴长编》[⑤]等。

记载德明时期创造西夏文的文献，仅为《辽史》一种，而《辽史》对史料的处理有不少模糊紊乱之处，所记西夏文的创造时间就是其中的一例。关于西夏文创制的时间，西夏人的记载比较可信。在西夏人撰写的《妙法莲华经序》中记载："此后，风角城皇帝，以自国语言，兴起蕃礼，创造文字，翻译经典，武功出众，德行殊妙，治理民庶，无可比喻。"[⑥]创造文字的风角城皇帝即是元昊。另西夏早期所建《大夏国葬舍利碣》为西夏正式建国（1038年）前两个月所立，其铭文中有："我圣文英武崇仁至孝皇帝陛下，敏辨迈唐尧，英雄□汉祖，钦崇佛道，撰述蕃文……"[⑦]"圣文英武崇仁至孝皇帝"即是元昊。"撰述蕃文"，即创制西夏文字。其铭文为西夏右仆射中书侍郎平章事张涉奉制撰，当属可信。

真正具体创制西夏文字是大臣野利仁荣主持完成的。野利仁荣是元昊称帝的谋主，被封为"莫宁令"（天大王），是西夏第一文士。他创造文字，翻译典籍，主办蕃学，为西夏文化事业的开创和发展作出了不朽的贡献，他死后，元昊曾三次前往哭吊，给以厚葬，赠为富平侯。其实，《宋史》中就有一段文字明确记载造字者是野利仁荣："始封制蕃字师野利仁荣为广惠王。"[⑧]追封野利仁荣的是西夏仁宗仁孝，他十分重视文治，对西夏文的创制者自然明了。在西夏文诗歌《颂师典》中，也明确记载造字者是"野利"。[⑨]因此，说西夏建国前由元昊提议、下令，野利仁荣主持创制西夏文是可信的。

西夏文的创制和使用，使党项族历史上第一次有了记录自己民族语言的文字，大大提高了党项族的文化素质，加强了党项族与其他民族、西夏与其他王朝的联系，适

---

① 《辽史》卷一一五《西夏传》。
② 《宋史》卷四八五《夏国传》（上）。
③ （宋）沈括《梦溪笔谈》卷二五"杂志二"。
④ （宋）曾巩《隆平集》卷二〇。
⑤ 《续资治通鉴长编》卷一一九，仁宗景祐三年（1036年）十二月辛未条。
⑥ 史金波《也谈西夏文字》，《历史教学》，1980年11期。
⑦ 《嘉靖宁夏新志》卷八第44—45页。乾隆四十五年修《宁夏府志》卷十九。
⑧ 《宋史》卷四八六《夏国传》（下）。
⑨ 聂鸿音《西夏文〈新修太学歌〉考释》，《宁夏社会科学》1990年3期。

应了党项族政治、社会、宗教、心理上的要求，强化了党项族的主体地位。元昊创制并推行西夏文，其间所表现出的对番族的民族认同感以及民族自我意识十分明显。

宋朝对西夏创制文字则持反对态度，西夏给宋朝的文书若以西夏文书写，宋朝则拒绝接受，宋朝大臣甚至称西夏文为"妖书"。①

（二）西夏文及其构造

西夏文属于表意性质的方块字，文字形式和汉字相近，共有6000多字。西夏字有横、竖、点、拐、撇、捺等笔画构成，斜笔较多，一般四角饱满，字体匀称。西夏文字的笔画多在10画上下，5画以下的字仅有一个，20画以上的字也很少。西夏文书写自上而下成行，自右而左成篇。因文字笔画比较适中，笔画过多、过少的字较少，通篇看来字画均匀，舒展大方。其文字构成受汉字影响，有规律可循。

西夏文字可分为单纯字和合体字两大类。

单纯字一般笔画较少，从音和义的角度上不宜再分解。若再分解成更小的单位，这些更小的单位都不能独立地表示与本字相关的音和义。单纯字构成新字的机会较多，是组成文字的基础。

合体字包括合成字、互换字和对称字三类：

合成字是由两个字、三个字，有的甚至由四个字组成一个字。组字时一般只用一个字的一部分，如左部、右部、上部、下部、中部；有时也用一个字的大部分或全体。组合方式有60多种。合成字又可分成会意合成，音意合成、音兼意合成、间接音意合成、反切合成、长音字合成数种。会意合成和音意合成两类字占西夏文字总量的百分之八十左右，构成了西夏文字的主干，表现出西夏文字构成的主流。反切上下字合成是西夏文字构造中一种特殊现象。尽管用这种方法构成的字仅占西夏文字总数很少，但这是由表意文字向表音文字方向发展的可喜尝试。

互换字是把一个字中的两个部位交换位置组成新字。新组成的字和原来的字往往在字义上有密切的关系，它们常连起来共同组成一个词或词组。这类字在西夏文中占有相当的比重，也是西夏文构字中一个特殊的类别。其中也可分为几类：左右两部分互换；中间不动，左右两部分互换；上部不动，下部左右互换；右边不动，左边两部分互换；左边不动，右边的两部分互换；大部不动，一个侧角的两部分互换。

对称字是西夏文中另一种合体字，也很有特色，即一个字的左右两部分相等。这类字中有"双"的意思，如"唇"、"双"、"分"等字。又有的字不仅左右两边相等，中间还有一竖，这种字往往有"中"、"间"、"均衡"的意思，如"称"、"中"、"畦"等字。

在西夏文中象形字和指事字少见。如西夏文"人"字像人形，"虫"字像一条多足

---

① 《续资治通鉴长编》卷一三二，仁宗庆历元年（1041年）五月甲戌条。

西夏文字构造表

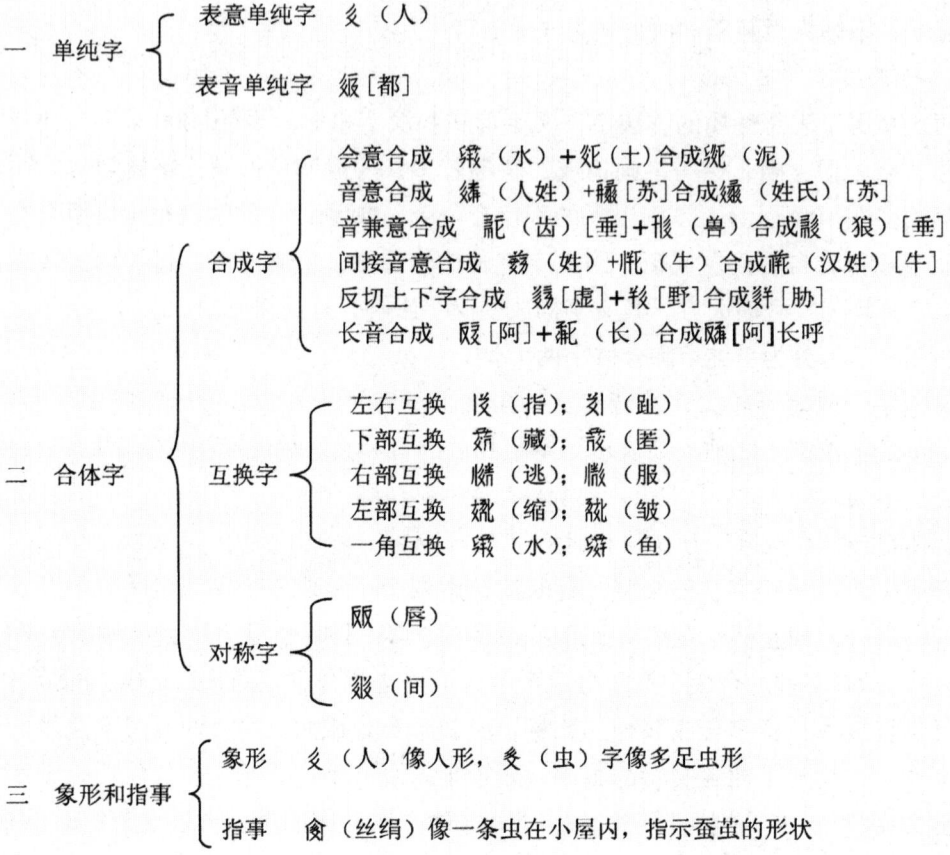

的虫子,"丝绢"像一条虫在小屋内,指示蚕茧的形状。只是这类字极少,还不能说已成为系统的一类。①

西夏文有楷书、行书、草书、篆书。楷书方正匀称,多用于书写和刻印;行书自由舒展,多用于日用和抄写;草书云龙变换,多用于文书和医方;篆书屈曲婉转,用于印章和碑额。

---

① 史金波《略论西夏文字的构造》,《民族语文论集》,中国社会科学出版社,1981年。龚煌城《西夏文字的结构》,台湾《中研院历史语言研究所集刊》第五十二本第一分,1981年。

三、西夏文的使用

西夏创制文字后,十分重视其使用。前述西夏创制之始,元昊便"下令国中,悉用番书、胡礼"。① 又《西夏书事》也记载:"元昊既制蕃书,尊为国字,凡国中艺文诰牒尽易蕃书。于是立番汉二字院。汉习正、草;蕃兼篆、隶。其秩与唐、宋翰林等。汉字掌中国往来表奏,中书汉字,旁以蕃书并列;蕃字掌西蕃、回鹘、张掖、交河一切文字,并用新制国字,仍以各国蕃字副之。以国字在诸字之右,故蕃字院特重。"② 将西夏文"尊为国字",这就确立了其文字的主导地位,成为西夏社会的强势文字,被国家大力推行。设立的"番汉二字院"应是番学院和汉学院,类似中原王朝的翰林院,其中又以番学院为重。政府设置机构并率先使用西夏文,为其实际应用奠定了基础。西夏还在建国第二年建立"蕃学":"元昊思以胡礼、蕃书抗衡中国,特建蕃学,以野利仁荣主之。译《孝经》、《尔雅》、《四言杂字》为蕃语,写以蕃书。"③ 至崇宗乾顺时,西夏由"蕃学"出身而作官的人各州多达几百人。西夏创制文字后立即把汉文典籍《孝经》、《尔雅》等译成西夏文,这是最早翻译成西夏文的汉文典籍。

已经发现的大量西夏文文献表明,其使用和传播有以下几个特点:

(一)应用范围宽

仅目前已知的西夏文文献种类非常多,其中有官署文书、法律条令、审案记录、买卖文契、官私账目、文学著作、历史书籍、字典辞书、碑刻、印章、符牌、钱币以及译自汉文的典籍和译自汉、藏文的佛经等。

(二)使用地区广

从已出土的西夏文文献看,不仅西夏的腹地宁夏和甘肃河西走廊出土了很多西夏文文物,西夏的一些边远地区也有西夏文文献的遗存。东至内蒙古的巴林右旗、陕西北部,西至甘肃敦煌,北至内蒙古额济纳旗,南至甘肃南部的兰州附近,都发现有西夏文文献。上述地区差不多刚好囊括了当时西夏的全境。

(三)延续时间长

已经发现的大量西夏文文献表明,整个西夏存在的近两个世纪,从未间断过西夏文的使用。在西夏灭亡后的蒙、元时期,西夏文的使用并未立即停止,仍继续在一定的范围内流行、使用。明朝中期在保定所刻西夏文经幢,距创制西夏文的时间,已有

---

① (宋)沈括《梦溪笔谈》卷二五。
② (清)吴广成《西夏书事》卷一二。
③ (清)吴广成《西夏书事》卷一三。参见《宋史》卷四八五《夏国传》(上)。

四百六十余年了。

（四）与其他文字同时流行

西夏境内，西夏文与汉文、藏文、回鹘文同时并行。就连西夏皇帝陵墓的碑亭中，也是西夏文碑和汉文碑并立。王朝法典《天盛律令》不仅有西夏文版本，还翻译成汉文。还有两种文字合璧的文献、文物传世，如夏、汉合璧的凉州碑，汉、藏合璧的甘州黑水河建桥碑。

（五）有很多掌握双语的人

在西夏一部分人懂得两种语言、文字。很多汉文典籍翻译成西夏文，特别是数千卷佛经也有西夏文译本，这些都需要大量掌握两种语言、文字的翻译人才。当时的宗室濮王仁忠、舒王仁礼"俱通蕃汉字"。西夏后期宰相斡道冲，曾译《论语注》，又撰写论语解义二十卷，名为《论语小义》，还著作《周易卜筮断》。

（六）语文研究水平高

西夏时期对西夏文和西夏语的研究，达到了相当高的水平。当时编印了多种不同类型的西夏文字典、辞书，有些书籍显然是学习了中原地区"小学"的成就，有些书籍的编写则是中原地区也未见到。

（七）存世文献相当丰富

西夏文虽早已变成死文字，数百年来由于朝代更迭、战乱破坏和自然风化腐蚀，损失惊人，但由于用西夏文记录下来的文献数量很大，加之西夏文文献中印本较多，所以保存至今的文献依然相当丰富，总计不下数千万字。这些文献丰富了我国民族古文字的文献宝库。

西夏文的创造是成功的，适应了当时番族对文字的实际需求，其广泛使用促进了西夏社会政治、经济的发展，繁荣了党项族的民族文化，为我国古代灿烂夺目的文化史册增添了光辉的一页。从历史研究的角度看，至今还可以通过用西夏文记录的宝贵文献透视当时那一段纷繁曲折的历史篇章和社会图景。从文字学研究的角度看，这种死文字资料对文字学的研究可以做出特别有益的贡献。

四、西夏文文献

西夏文典籍的面世更有不同寻常的故事。一般都把 1908 年、1909 年黑水城出土大批西夏文文献，看成是最早的西夏文典籍重光于世，其实在此之前已有西夏文典籍面世。1900 年八国联军攻入中国北京后，很多地方遭到抢劫，法国使馆官员毛利瑟（G.Morisse）、费尔南·贝尔多（Fernand Berteaux）和伯希和（P.Pelliot）在北京白塔下得到了六卷西夏文泥金写经，由毛利瑟和费尔南·贝尔多各分得3册。这是西夏文典籍自湮没后的第一次面世。至今3册藏于法国巴黎吉美博物馆，另3册流入德国。两年后其中的1卷曾在越南河内展示过。①

在著名的敦煌藏经洞被发现不久，1909年以科兹洛夫（П.К.Козлов）为首的俄国探险队，于中国的黑水城遗址城外的古塔中发现了大量文献和文物，仅文献就有数千卷，其中绝大部分是西夏文文献，也有相当数量的汉文及部分其他民族文字文献。俄国探险队将我国这批珍贵遗物席卷而走，至今仍藏于俄罗斯科学院东方文献研究所和爱尔米塔什博物馆。其中的文献主要藏于前者，在该所的手稿部用12个大书柜藏储这些文献，共有八千多编号。黑水城遗址文献的发现是20世纪继甲骨文、汉魏简牍、敦煌文书以后又一次重大文献发现。②

图296　坐落在涅瓦河畔的俄罗斯科学院东方文献研究所

英人斯坦因（A.Stein）1914年也到黑水城寻找发掘，得到不少西夏文文献，藏于英国国家博物馆。③法国的伯希和（P.Pelliot）、瑞典的斯文赫定（Sven hedin）和贝格曼（F.Bergman）也先后在中国获得数量不等的西夏文献。

---

① 伯希和《评〈西夏研究小史〉》，孙伯军编《国外早期西夏学论集》，民族出版社2005年版，175—177页。
② 史金波《西夏古籍略说》，《传统文化与现代化》1996年3期。
③ 史金波《简介英藏西夏文献》，《国家图书馆学刊》（西夏研究专号），2002年增刊。

图297　俄罗斯科学院东方文献研究所该所手稿部藏西夏文献　　　图298　英国国家图书馆藏西夏文文献

图299　笔者2010年在英国国家图书馆考察西夏文献　　图300　笔者在瑞典斯德哥尔摩民族学博物馆考察西夏文献

　　1917年在灵武县（今属宁夏灵武）也发现了不少西夏文佛经，使西夏文文献更加丰富。这些文献有百余卷，共几千页面，大部分入藏中国国家图书馆，使该馆成为国内入藏西夏文文献最多的地方。另外一部分则藏于故宫博物院、宁夏、甘肃，一部分流失日本。①1952年在甘肃省天梯山发现了一些西夏文残片。1972年在甘肃省武威张义下西沟岘发现了一批西夏文物，其中有多种西夏文献，共100余面，今藏甘肃省博

---

① 张思温《活字版西夏文〈华严经〉卷十一—卷十五简介》，《文物》1979年10期。
　史金波、黄润华《北京图书馆藏西夏文佛经整理记》，《文献》1985年4期。

物馆。①1958年在敦煌莫高窟附近一塔中出土了3种西夏文佛经，共170多面。近些年敦煌研究院对莫高窟北区进行系统考察时新发现了不少文物，其中有不少西夏文文献，百余纸，多为残页，这些文献都藏于敦煌研究院。②1976年西安市文物管理处入藏一批西夏文文献、文物，计130余面。③

图301　中国国家图书馆藏西夏文文献　1 包裹、2 书册

1883年、1984年内蒙古自治区文物考古研究所对黑水城进行系统清理发掘，又收获一批西夏文文献残页，有数百叶。④1991年中央电视台拍摄记录片《望长城》时，在内蒙古自治区额济纳旗绿城也发现了多种西夏文文献，约近100面，入藏内蒙古自治区博物馆。⑤1987年5月，甘肃武威市新华乡缠山村亥母洞遗址出土了一批西夏文佛经文书和唐卡等文物。⑥其中有多种西夏文文书，共百余面。1991年宁夏贺兰县拜寺沟方塔废墟中清理出一批西夏文物，其中有西夏文文献500多面，今藏宁夏回族自治区文物考古研究所。⑦在修缮贺兰县宏佛塔时也出土部分西夏文文献，还发现了很多西夏文

---

① 甘肃省博物馆《甘肃武威发现一批西夏遗物》。王静如《甘肃武威发现的西夏文考释》。史金波《〈甘肃武威发现的西夏文考释〉质疑》。
② 刘玉权《本所藏图解本〈观音经〉版画初探》，《敦煌研究》1985年3期。史金波《敦煌莫高窟北区出土西夏文文献初探》。
③ 西安市文物管理处、中国社会科学院民族研究所《西安市文管处藏西夏文物》。
④ 内蒙古文物考古研究所、阿拉善盟文物工作站《内蒙古黑城考古发掘纪要》，《文物》1987年7期。
史金波、黄振华《黑城新出西夏文词书〈音同〉初探》，《文物》1987年7期。
⑤ 史金波、翁善珍《额济纳旗绿城新见西夏文物考》。
⑥ 孙寿龄《武威亥母洞出土一批西夏文物》。
⑦ 宁夏回族自治区文物考古研究所、宁夏回族自治区贺兰县文化局《宁夏贺兰县拜寺沟方塔废墟清理纪要》。

残碎经版。①

综观国内外所藏西夏文文献，以俄罗斯所藏黑水城出土为最多，约有15万面之多，英国所藏虽多属零散残页，数量也很可观。国内所藏约有1万面。

图302　笔者在圣彼得堡东方学研究所调查西夏文文献

图303　笔者在圣彼得堡东方学研究所整理西夏文文献

综观西夏文文献数量巨大，类型繁多，价值珍贵。其中主要有：

1.西夏文字典、辞书。兼有《说文解字》和《广韵》特点的西夏文韵书《文海宝韵》、以声母分类的字书《音同》、西夏文韵图和韵表《五音切韵》、同义词典《义同》等。

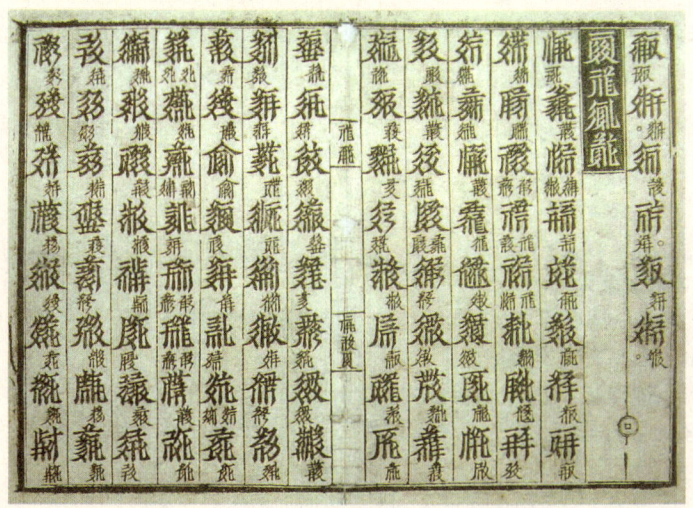

图304　西夏文字书《音同》

---

① 宁夏回族自治区文物管理委员会办公室、贺兰县文化局《宁夏贺兰县宏佛塔清理简报》。

2. 法律著作。有 20 卷的西夏王朝法典《天盛改旧新定律令》、军事法典《贞观玉镜统》以及《亥年新法》、《新法》等法律著作。

3. 类书、蒙书。有西夏文——汉文双解语汇集《番汉合时掌中珠》，有反映西夏自然地理、风俗民情的大型西夏类书《圣立义海》，西夏千字文《碎金》，西夏蒙书《三才杂字》等。

4. 文学作品。有谚语《新集锦合谚语》，西夏宫廷诗歌集，民间诗歌《五更转》等。

5. 医书、历书。有多种药方，还有针灸著作，有连续 80 多年的珍贵历书。

6. 社会文书。如户籍薄、纳粮文书、买卖契约、典当契约、借贷契约、军抄文书、告牒等，共有 1500 余件，其中很多记有西夏的年号。

7. 译自汉文的典籍。如《论语》、《孟子》、《孝经》等经书，《十二国》、《贞观政要》等史书，《孙子兵法三注》、《六韬》、《黄石公三略》、《将苑》等兵书，《类林》等类书，以及《新集慈孝传》等。

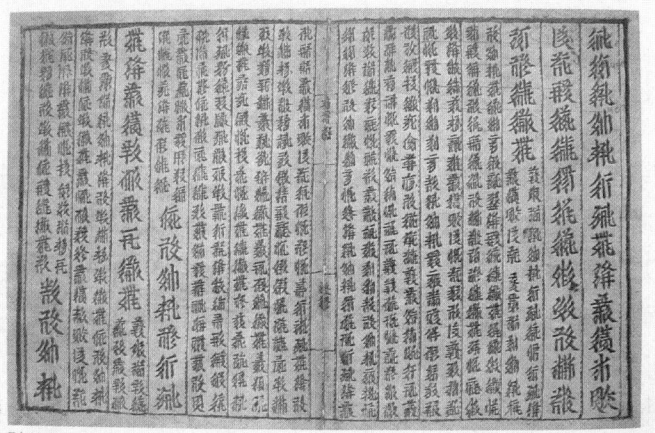

图 305　西夏文刻本《孙子兵法三注》

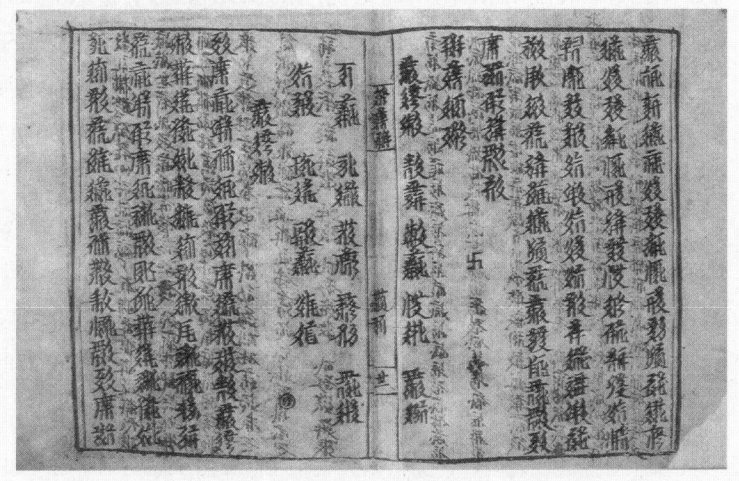

图 306　西夏文刻本《六韬》

8. 佛教经典。这部分占西夏文文献的最大宗，共有4百余种，数千卷册。有的译自汉藏，有的译自藏传。

出土的西夏文文献十分珍贵，有特殊的文献价值和文物价值。西夏未列入正史，汉文史料相对缺乏。新发现的文献可弥补历史典籍的严重不足，推动西夏研究的新进展。宋版书传世甚少，皆成善本。与之同时代的大量西夏文文献其版本价值可想而知。

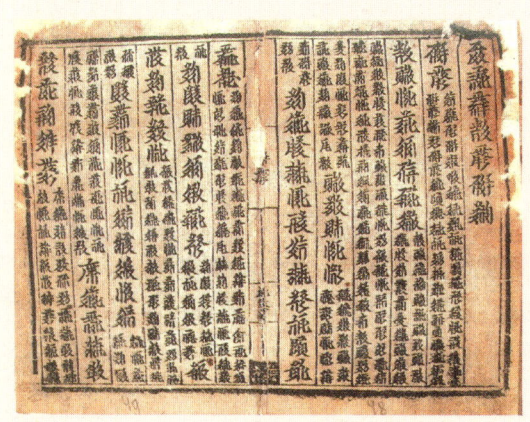

图307　西夏文刻本《黄石公三略》

五、汉语文、藏语文和回鹘语文

西夏社会使用番语外，还使用汉族、藏族、回鹘等民族的语言。

（一）汉语文

西夏对汉文化十分重视，这与汉族在西夏的人数和地位相适应。在西夏境内生活有很多汉人，他们在西夏社会生活中起着重要作用。汉语和西夏文在西夏同时并用，两种文字都是使用范围很宽的应用文字。西夏设有类似中原王朝翰林院职能的番、汉二学院。据《天盛律令》颁律表知西夏番大学院、汉大学院都设博士。西夏还有番学士、汉学士。

记录汉语的汉字是世界上最古老的文字之一，是一种表意兼表音的文字，也是创制西夏文时借鉴的依据。西夏境内的汉语应是中古时期的西北方言。番汉语言、文字对照的词语集《掌中珠》中的注音汉字反映了当时西夏境内的汉语语音。汉语在西夏的影响普遍存在。《掌中珠》的作者骨勒茂才认为"不会汉语则岂入汉人之数"，他是在充分认识到番汉语言在西夏社会中的地位后，才著成这部重要著作的。在西夏故地多处都发现了这部书的刻本，证明它曾经广泛流传。

西夏人还别出心裁地编撰了一部奇特的西夏文辞书《纂要》。该书以事门分类，残本存第五类"器皿"，第六类"乐器"，第七类"花名"。其中每一个西夏文词语都用汉语注释，但这种注释并不用汉字，而是用为汉字注音的西夏字。① 编辑出版这样的辞书显然是当时西夏境内番、汉语言同时使用、互相交流的需要，也反映了编著者的匠心。

---

① 史金波、魏同贤、克恰诺夫主编《俄藏黑水城文献》第一〇册第38—39页。

黑水城出土有西夏汉文本《杂字》，以事门分类编辑西夏社会常用词。①

西夏国家大法《天盛律令》有西夏文和汉文两种文本，在《颁律表》中有"合汉文者"、"译汉文者"、"译汉文纂定律令者"可证。特别是《天盛律令》规定禁止臣民男女穿戴的颜色和花样时，在一些词下特意以小字标明汉语读音，如"鸟足黄"下注："汉语石黄"，"鸟足赤"下注："汉语石红"，"杏黄"下注："汉语杏黄"，"团身龙"下注：

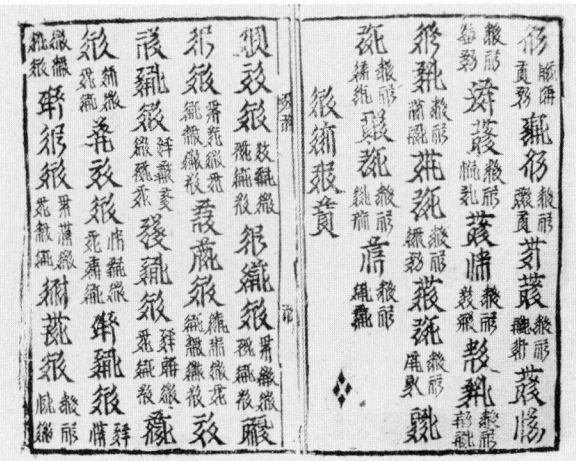

图308　西夏文《纂要》

"汉语团身龙"，"冠子"下注："汉语冠子"。对其他的词有时也加汉语注释，如"舆辇"下注："汉语轿子"。②

西夏境内西夏文和汉文大藏经同时流行。出土的西夏时期的文献中有大量西夏文和汉文佛经充分证实两种文字佛经的流传。《天盛律令》规定出家僧人诵读的佛经中有"番羌所诵经颂"和"汉之所诵经颂"各11种。

在西夏虽然操番语的党项族是主体民族，但由于汉族在经济、文化和科学技术上的优势，在语言上也有很大影响。经长时间的接触、渗透和融汇，汉语不断影响着番语，一些成分进入番语。特别是不少词进入番语，这些借词成为番语的一部分。

在多民族国家中为沟通各民族事务，语言翻译人员是必不可少的。特别是像西夏这种番、汉势力相当的国度，"译语"更显得不可或缺。《天盛律令》中记录西夏政府职员中有"译语"一职；西夏汉文本《杂字》"论语部"中也有"译语"一词。在民间相互懂得对方语言的人应该更多。黑水城出土户籍表明西夏农村有党项族、汉族杂居于同一社区。这些居住、生活在一起的不同民族的人，会有相当多的人懂得对方语言。

（二）藏语文

西夏时期的藏族称"吐蕃"或"蕃"，"蕃"音"字"，不同于称呼党项的"蕃"（音"弥"）。西夏地区的藏语也称"蕃"（字）语。藏语属汉藏语系藏缅语族藏语支，一般认为分为3个方言，即卫藏方言、康方言和安多方言。西夏邻近的藏语应属于安多方

---

① 史金波《西夏汉文本〈杂字〉初探》。
② 史金波、聂鸿音、白滨译注《天盛改旧新定律令》第七"敕禁门"第282页；第十二《内宫待命等头项门》第432页。

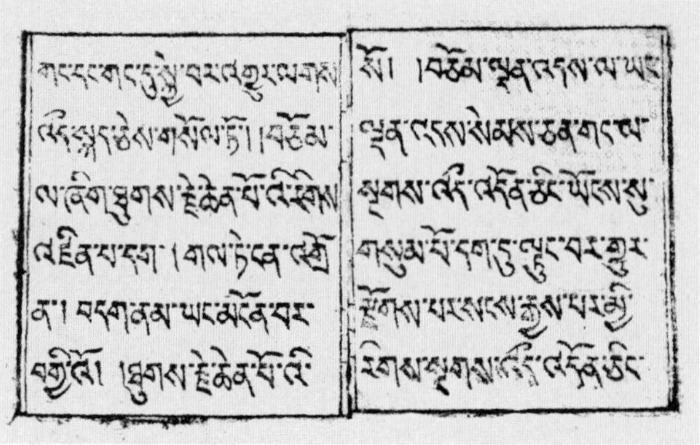

言范围。

藏族有发达的文化事业，早在7世纪就创制了藏文。据藏文史书记载，藏文是7世纪时著名藏族学者屯米桑布扎参照当时梵文体系的一种字体创制的。

在黑水城遗址也发现有一定数量的藏文文献，其数量不如西夏文和汉文书籍多，一般无年款记载。这些藏文文献中有写本，也发现有刻本。黑水城出土的藏文文献至少有60多个编号，近300页。其中多数是佛教文献，也有少量世俗文献。

图309 藏文刻本《胜相顶尊总持功德依经录》

黑水城出土的藏文文献丰富了早期藏文文献，增加了重要内容，为藏族历史文化研究提供了新的资料。黑水城出土文献中，有一些是卷子装式。卷子竖放，藏文自左而右横写，自上而下列行，与敦煌唐代写卷一脉相承。

已知的藏文刻本出版书籍多为佛经，藏文刻本佛经有梵夹装和蝴蝶装两种，雕刊精细，是很成熟的印刷品。[1] 蝴蝶装式是一种较古老的书籍装帧方式，从装帧的角度证明这种藏文刻本是很早的刻本。

这些藏文雕版图籍形成于西夏时代，发现于西夏的故城，它们却反映着当时、当地的藏族文化。它们是12世纪至13世纪初的藏文印刷品，比永乐版藏文大藏经要早两个世纪，属于迄今为止最早的藏文印刷出版物，反映了藏文早期印刷出版的特点。他证明藏族也较早地将印刷技术应用于出版事业，与西夏文、汉文雕印出版书籍相映成辉。此外，把蝴蝶装应用与横写的藏文书籍，是西夏时期的一项创造，在中国出版史上独具特色。[2]

西夏中后期是藏传佛教大发展的时期，前述一些重大法事活动中念诵西番、羌（藏）佛经，皆为使用藏语

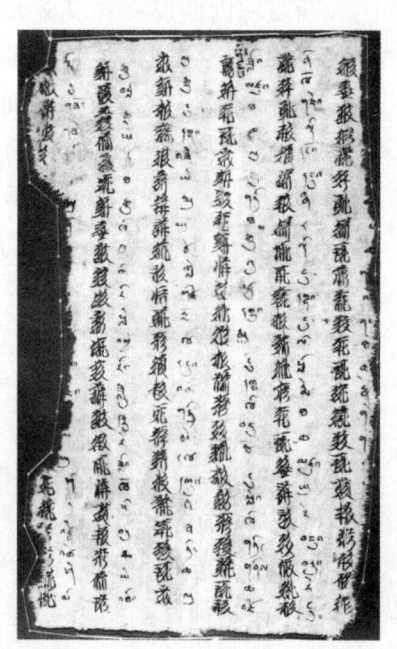

图310 黑水城出土以藏文注音的西夏文佛经

---

① 俄罗斯科学院东方文献研究所手稿部藏黑水城文献 XT67。
② 史金波《最早的藏文木刻本考略》，《中国藏学》2005年4期。

例证。

由于要在西夏地区传播藏传佛教经典,需要将藏文佛经移译成西夏文和汉文,这就要有通晓藏传佛教经典的党项人、汉人和吐蕃人的译者。当时懂得藏语的党项人和汉人不少。

前述西夏黑水城还出土用藏文注音的写本西夏文佛经,又有"汉文而用西藏文注释"的残页。由此可以推想当时西夏境内几种主要民族在文化交流中的密切关系。

(三)回鹘语文

西夏的西部地区有很多回鹘人,他们是现在维吾尔族的先民,操回鹘语,属阿尔泰语系突厥语族,属黏着型语言。其语言特点是在词干的后面按一定顺序附加不同的语法或构词词缀,每一个词缀表示不同的词义或语法关系。

回鹘族也是古老的民族,有发达的文化,有自己的文字——回鹘文。回鹘文是依据粟特文创造的音素文字。在黑水城出土的文献中也有少量回鹘文文献。[①]

前述敦煌莫高窟北区石窟中先后发现了1000余枚回鹘文木活字,其中960枚为法国人伯希和发现,今藏法国吉美博物馆。这些木活字应属于12世纪晚期,最迟不晚于13世纪前期。这段时间正是敦煌属于西夏的时间。以阅读这些活字印刷的回鹘文献的人,应是西夏境内的回鹘人。因为在西夏灭亡以后,敦煌地区的回鹘已经衰落,就其政治、文化和宗教状况已无可能在那里制作活字,印刷回鹘文佛经。这批回鹘文木活字当为世界上现存最早的木活字实物。

图311　法国吉美博物馆藏敦煌出土回鹘文木活字

---

① 史金波、魏同贤、克恰诺夫主编《俄藏黑水城文献》第一册彩图61。

回鹘人在西夏的文化发展上曾起过重要作用。西夏早期翻译大藏经是由回鹘僧人主持。①。国家图书馆藏《西夏译经图》中间端坐主译者为白智光。白智光和西夏文《过去庄严劫千佛名经》中提到的西夏前期参与主持翻译西夏文大藏经的白法信应是回鹘僧人。②前述白智光和白法信的祖先原来可能是西域龟兹人，龟兹国王为白姓，从龟兹来到内地的传法僧人多以白或帛为姓，后其驻地为回鹘所有，西域一带的僧人被称为回鹘僧。回鹘僧人主持将汉文佛经移译成西夏文，就涉及三种语言，反映出当时西夏境内多种语言、文字同时流行，互相补充，交错影响的事实。

六、书法

西夏长期倡导文教，也发展了书法艺术，并且达到很高水平。

（一）西夏文书法

西夏流行的西夏文和汉文文字性质相近，在书写方法如执笔、运笔、笔画、结构等方面也基本相同。然而西夏文又是不同于汉字的特殊文字，在书法上有独特之处。在结构上，西夏文字笔画适中，臃肿繁复的字很少，20画以上的字属凤毛麟角；而稀疏简约的字更少，甚至没有5画以下的字。这使西夏文笔画匀称，美观大方。其文字斜笔多，撇捺丰富，书写时舒展潇洒，看起来饱满严谨。特别是撇、捺的连接，似断似续，藕断丝连，体现出西夏字的特点和韵味。这一重要特质往往为学写西夏文字的人所忽略。

西夏文是典型的方块字。一部分字仅有一个简单的形体，笔画较少；多数字往往由多个形体左右、上下结合而成。西夏文字形方正，但书写并不死板，往往上下略长，左右稍紧，使文字显得秀丽。有的文献中文字右上角稍提，左下角略展，更显精神。

西夏文教发达，书法艺术很受重视，显然继承了中原地区书法传统，很多作品可以看到唐宋书法家的重要影响。西夏文书体也有楷书、行书、草书、篆书。

1. 楷书

西夏文刻本《音同》是以声分类的字书，包括所有的西夏字，该书有多种版本，书法、刻印也有高低之分。其中的甲种本用笔遒健，颇见骨力；乙种本笔画厚重，端庄森严；丙种本结构严谨，刚柔相济；丁种本清劲紧凑，内藏劲险。③此书因是供学习、

---

① （清）吴广成《西夏书事》卷一八。
② 史金波《西夏佛教史略》第66、77—79页。
③ 史金波、魏同贤、克恰诺夫主编《俄藏黑水城文献》第七册第1—121页。

备查寻的常用书，所以都以标准正书书写，功力深厚。

西夏文刻本《三才杂字》是流行较广的蒙书，其字体平正凝重，深稳流畅。而作为国家大法的《天盛律令》刻本有数百页之多，也非一人手笔，故书法随意自然，但缺乏严谨细致。

西夏陵园中的碑文也是西夏书法的代表作品。① 西夏文碑文书体各异，风格不一，有的端正大方，有的字势豪迈，有的温淳婉丽，有的圆熟深沉，有的似瘦金，有的类院体，有的镌刻后再涂金色，使文字熠熠生辉。同一帝陵碑亭出土的残碑也有不同的字体类型，显示出非同一碑石、非同一时代文字。这些碑文虽各具特色，文字都是正书，成熟练达。因是在帝陵中立碑，书写者当是名家或高手。文字书写认真，雕刊精细。这些碑文是西夏文字的多方位、高水平的展示。

图 312　西夏陵园出土西夏文残碑拓片

西夏崇宗天祐民安五年（1094 年）立于武威的凉州护国寺感通塔碑，其西夏文碑铭楷书端庄朴实，自然飘逸，是西夏前期的书法作品。②

西夏文书法作品，大部分是佛经。西夏统治者一方面把佛经的缮写作为发展佛教、传布佛法的手段，另一方面也把缮写佛经作为自己信仰佛教、崇经行善的功德。佛经的抄写和刻印，融书法的修养和佛教的虔诚于一炉，产生了不少精美的书法艺术品。罗氏皇太后曾令人抄写西夏文大藏经一藏数千卷佛经，就是典型的一例。黑水城出土的《佛说宝雨经》、《佛说长阿含经》就是其中的两种，皆墨书小楷，书法婉丽遒逸，工整秀美，是西夏书法上品。③

藏于西安市博物馆的西夏文泥金字《金光明最胜王经》以昂贵的泥金精工缮写于绀纸上，正文楷书，后有西夏第八代皇帝神宗遵顼的御制发愿文，文末有"光定四年"（1214 年）年款，书写精绝，字体娟秀，配以光彩夺目的金色，为写本佛经的上乘。④ 藏于甘肃定西县的西夏文泥金字《大方广佛华严经》书法精美，至今色泽如新。⑤ 法国吉美

---

① 宁夏博物馆发掘整理、李范文编释《西夏陵墓出土残碑粹编》。史金波《西夏陵园出土残碑译释拾补》，《西北民族研究》试刊号，1986 年。
② 史金波《西夏佛教史略》第 246 页。
③ 俄罗斯科学院东方文献研究所手稿部藏黑水城文献 Инв.No.87、150。
④ 西安市文物管理处、中国社会科学院民族研究所《西安市文管处藏西夏文物考》。
⑤ 陈炳应《金书西夏文〈大方广佛华严经〉》，《文物》1989 年 5 期。

博物馆藏西夏文泥金《妙法莲华经》也是书法的精品。柏林图书馆所藏《妙法莲华经》字体俏劲有力，气韵隽秀，刚柔相济，也是西夏文书法的精品。西夏刻印的佛经和书籍都是正楷。

图313　西安市博物馆藏光定四年西夏文泥金写经发愿文

图314　法国吉美博物馆藏西夏文泥金字《妙法莲华经》

2. 行书和草书

西夏的书法艺术在行书、草书中也承袭中原，达到较高的意境。

行书是在文字实际应用中为了书写便捷而在楷书的基础上产生的书体，在世俗文献和佛教文献中都使用，较楷书生动简约，较草书清晰易识。如手写的《黑水城守将告近禀帖》潇洒如意，衔接流畅。

图 315　2011 年笔者在法国吉美博物馆考察西夏文献

西夏文草书也是在实际应用中为了书写更加快速、便捷而形成的书体。草书笔画更为简化，潦草连绵，如行云流水，书写时省时，但往往不易识读。草书也形成一定的书写规律，有时两三笔、甚至数笔化成一笔，同一形态往往有相同的简化形体。但因人写人异，繁简不一，同一形体又可能出现不同的变体。现代人识别这些云龙变换的草书就更加困难。西夏文草书也有很精致的作品，如草书《孝经》笔画简洁流畅，结构均匀自然，布局疏密有致。① 又如西夏早期天赐礼盛国庆年间西夏文写本《六祖坛经》，字体变化多端，豪迈而有气势，笔画活泼自如，又有较强的规律。（见图 246）

西夏文在民间实用时，为了快捷省时，习惯上都用草书。西夏社会底层中常用的户籍、账目、契约、药方等社会文书，往往以草书和行草写就。行草介于行书和草书之间，行笔不停，柔缓自然，浓纤间出。这些社会文书很多，表现出西夏草书的多种风格，多种类型。（见图 205、206、207）

3. 篆书

西夏文篆书与宋代汉文篆书一样，也只用于窄小

图 316　凉州重修护国寺感通塔碑

---

① 史金波、魏同贤、克恰诺夫主编《俄藏黑水城文献》第十一册第 2—46 页。

的特殊场合。西夏文篆书大致可分成两种，一种类似汉文的小篆，如西夏前期的《凉州碑》西夏文篆额双行竖写，每行 4 字，共 8 字："敕感通宝塔之碑文"，笔画简约严整，细匀清秀，疏密得当，婉转有力，圆润而显筋骨刚健。又有西夏陵园的寿陵碑额，竖刻 4 行，每行 4 字，共 16 字："大白高国护城神德至懿皇帝志文"，笔画匀称畅达，结构严谨整齐，字形方正典雅，屈曲变形有致，弯转曲折较寿陵碑额篆文更甚。

图 317　凉州重修护国寺感通塔碑西夏文篆额

另一种是西夏官印用篆字，类汉文九叠篆文，笔画屈曲折叠，填满印面，变化多端，庄重美观。其中以"首领"印最多，印文铸西夏篆文"首领"二字，笔画多上下叠转，避免交叉。有的一笔可转折 12 次，同样一笔在另外的印上只转折 8 次；有时交叉的 5 笔则用叠转的一笔和一横或两点代替。（见图 171）而四字和六字的官印更为复杂，至今尚未有可信的解释。①

此外，西夏文铜符牌"敕燃马牌"上下两块皆镌刻一西夏文篆书"敕"字。（见图 170）

西夏有时用竹笔书写。武威小西沟岘山洞中，与西夏文文献同时被发现的就有两支竹笔。一种

图 318　仁宗寿陵西夏文篆书碑额拓本

----

① 罗振玉《西夏官印集存》，1927 年版。罗福颐等《西夏官印汇考》，宁夏人民出版社 1982 年版。史金波、白滨、吴锋云《西夏文物》图 144—183。

西夏文《孟子》写本，字体粗黑整齐，刚健有力，显示出硬笔书写平直工整的特点。

西夏文继承了汉字的优秀书法传统，在使用文字的早期就已经有了比较成型的书法作品。西夏文作为一种使用时间不太长的文字，有这样成熟的书法作品，是与西夏文化发展快速、西夏人的创新才能分不开的。

（二）汉文书法

西夏佛经主要用汉文和西夏文写、刻。西夏的汉文书法直接继承了中原地区汉字书法，出现了很多精美的作品。

西夏陵园碑刻中的汉文碑文也十分丰富，代表了西夏汉文书法的水平。特别是崇宗所作的《灵芝颂》，其字体具有柳体书法的风格，用笔遒健，结构劲紧，是西夏汉文书法的精品。又有梁国正献王神道碑铭文稍有欧体特征，含蓄蕴藉。① 陵园出土其他残碑也都是书体纯正、用笔谙熟的正楷作品。因残碑多种多样，文字风格也各不相同，有的富丽端庄，有的银钩铁画，是西夏汉字楷书的大展台。②

黑水城遗址所出大安十年（1083年）刻本汉文《大方广佛华严经》卷第四十，是极工整的楷书，平整稳重，可以说是颜筋柳骨。刻工也十分讲究，刀法娴熟，为精彩的书法增色不少。其他如天盛四年（1152年）刻印的《注华严法界观门》等都是西夏写经中的上乘。③ 皇建元年（1210年）所刻汉文《般若心经》发愿文为行书，运笔随意，变化自如，流利雅致，妩媚多姿。④

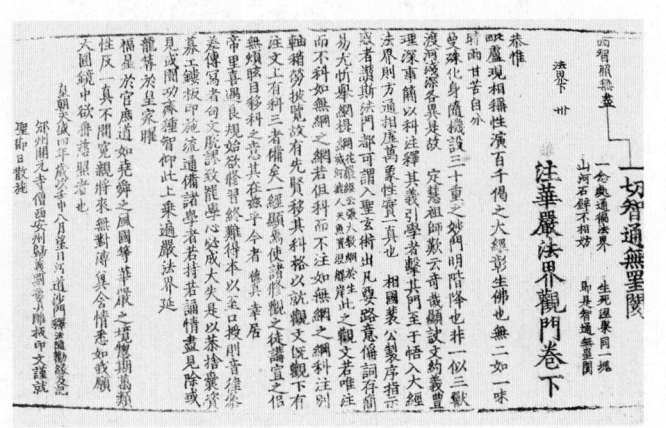

图319 汉文《注华严法界观门》

西夏的佛教碑刻中也反映了西夏的书法艺术，《凉州碑》汉文篆额圆润流畅，碑铭楷书淳厚古朴，外柔内刚。

（三）藏文和回鹘文书法

出土的西夏时期藏文文献应属11至13世纪，仍保留着厘定前古藏文的一些特征。甘州的黑水河建桥碑是西夏仁宗乾祐七年（1176年）所立，一面汉文，一面藏文。

---

① 卢桐《西夏文书法研究初探》，《宁夏社会科学》1986年4期。
② 宁夏博物馆发掘整理、李范文编释《西夏陵墓出土残碑粹编》。
③ 史金波、魏同贤、克恰诺夫主编《俄藏黑水城文献》第二册第317—325页；第四册第250—295页。
④ 史金波、魏同贤、克恰诺夫主编《俄藏黑水城文献》第二册，TK21，7页。

藏文已很规范，书法整饬秀丽，与吐蕃时期碑刻中见方见棱的笔法明显不同，可见文字改革的成效。在此碑文的字里行间仍能见到改革前吐蕃时期的文字遗风，显现出古藏文的特点。比如仍保留着某些与语音不合的古旧成分，有时还有独体字 va，有时有反书元音 i。①

黑水城出土的藏文文献表现出多种书法风格。多数仍延续传统的书写规则，类似敦煌出土的藏文卷子，佛经则多为长条书式。如一种《般若波罗蜜经》以非常正规的楷体字抄写，笔力坚挺，如刀刻斧削，书法优美，耐人寻味。可推知系以木笔或芦茎笔为书写工具。②

藏文有无头字和有头字。有头字顶上有一短横，写起来清晰整齐；无头字无此短横，书写起来简洁方便。西夏的藏文刻本，发展并强化了有头字，使之更加严整。黑水城文献的藏文刻本中，有梵夹装，其中有 XT-40 号，为《般若经》封面残页，右残，为有头字，可以见到全书开始时使用书首符，文字书法严整，刻印精良，已是成熟的印刷品。

目前所见到的西夏时期回鹘文献不是很多。从黑水城发现的回鹘文写本文献残页可见当时的书法流利，字画整齐。③当时回鹘文不仅有写本，还有刻本和活字本。由前述敦煌发现的 1000 多枚回鹘文木活字，可见是由硬笔书写，镌刻于木上而成。其中有单个元音、复音的活字，有若干字母组成词的活字，有动词词干的活字，还有词缀活字，也有页面版框线和标点符号，从中不仅可以了解回鹘人对回鹘语的认识，还可以看到回鹘人书写的习惯。

（四）书法家和写经手

保存至今的西夏文书法作品不少，但书法家的名字流存至今的却寥寥无几。《凉州碑》记载，碑中西夏文系浑嵬名遇所书，他是西夏切韵学士、阁门司官员，是一位西夏文书法家。张政思是书写《凉州碑》汉文部分的书法家，他的职务是"供写南北表章"，也应是训练有素、造诣很高的书法家。④

西夏文刻本书籍和碑刻一样是展示书法艺术的重要领域。刻印书籍需要相当的财力，要请擅长书法的人写底，请刀法纯熟的刻工雕印。有的西夏文刻本记载了书写者的名字。这些书写者是精美的西夏刻本的重要创造者。

据西夏出版书籍题款知《大白伞盖母之总持诵顺要论》、《佛说圣星母陀罗尼经》、

---

① 王尧《西夏黑水桥碑考补》。
② 俄罗斯科学院东方文献研究所手稿部藏黑水城文献，XT.16。
③ 史金波、魏同贤、克恰诺夫主编《俄藏黑水城文献》第一册彩色图版 61。
④ 史金波《西夏佛教史略》第 246 页。

《大乘默有者道中入顺大宝聚集要论》上卷、《大密咒受持经》等，都记载着"印面写者执笔李阿显"。看来李阿显是当时一名为刻本佛经写底的写经手。① 因是刻本写者，书中专门记载"印面写者"或"执笔"。此外，还有《现在贤劫千佛名经》卷末记"印面写者裴阿势成"，《佛说圣佛母般若波罗蜜多心经》经末题款有"印面写者罗瑞那征讹"，裴阿势成和罗瑞那征讹都是仁宗前期人。《新集锦合谚语》的题款有"印面写者切韵晓博士王仁持"，王仁持有"切韵博士"的称号，亦是仁宗时期人。《贤智集》卷末题款记有"印面前面执笔罗瑞忠持写"。《佛说佛母出生三法藏般若波罗蜜多经》末行题款为"印面写者赐绯和尚刘德智"。②

图320 《凉州碑》汉文部分局部

书写印本版面文字的有很多僧人，如上述罗瑞忠持、刘德智。另僧人梁习宝也曾书写原刻本《义同》、《大乘默有者道中入顺大宝聚集要论》中卷、《夜五更》等。梁习宝不仅写佛经，也书写世俗著作。此外还有《诗歌集》的书写者僧人刘法雨、《慈悲道场忏法》书者赐绯僧人裴慧净、《大乘圣无量寿经》的书写者僧人柔智净、《佛说阿弥陀经》的书写者僧人马智慧、《维摩诘所说经》的书写者僧人移讹平玉等。

从书写者的名字看，其中有番人，有汉人。比如裴慧净所写《慈悲道场忏法》，通篇整齐美观，功力深厚，字体工整耐看，是书法的上品。③ 特别是作为汉人来说，要学习和熟悉比较繁难的西夏文字，还要掌握书法艺术，没有一番苦功夫难以达到熟练而高超的书写水平。

在西夏写本中有的记有书写者。如《新集碎金置掌文》的写者是耶酉般若茂，耶酉为番姓，书写者当是党项族人。《义同》中记有书写者讹清舅茂势，讹清也是党项姓。

佛经的写本多，能找到的书写者也比较多。西夏文《大般若经》总数近2000卷，是众多不同写者的成果。其书法水平参差不齐，有的卷末题款记有写者人名，如卷

---

① 俄罗斯科学院东方文献研究所手稿部藏黑水城文献 Инв.No.7589、705、5031、6054。
② 俄罗斯科学院东方文献研究所手稿部藏黑水城文献 Инв.No.5536、7036、6740、2567、3706。
③ 俄罗斯科学院东方文献研究所手稿部藏黑水城文献 Инв.No.7714、2267。

九十三记"写者王伟德";卷九十九"写者居地老家",居地是党项姓;卷三百六十四记"书者讹劳那征双",讹劳是党项姓。40卷本的西夏文《大般涅槃经》的写本也记有书写者,卷二十末尾题款"写者禅定布斗",布斗为党项姓。①

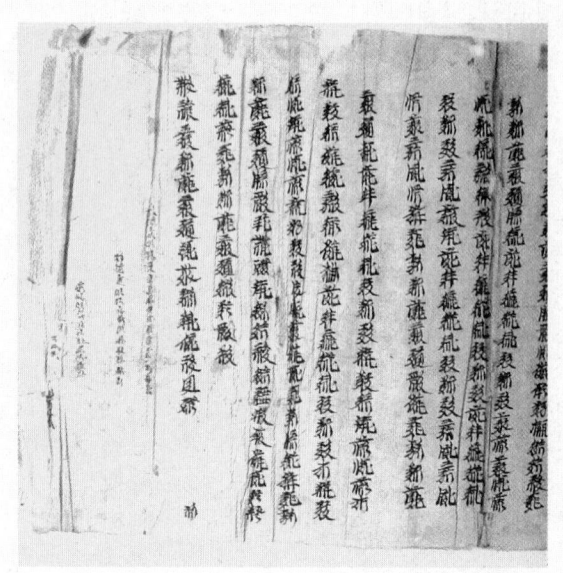

图321　西夏文《大般若波罗蜜多经》卷尾写者题款

有的人抄写过不少佛经。如卷装《圣大乘守护大千国土经》、《种咒王阴大孔雀明王经》、贝叶式写本《大方广佛华严经》都记有写者为王吉祥合。在现存的西夏文佛经中,至少有4种不同装式的佛经由王吉祥合书写,也许他是一个职业的写经手。②

此外,还有很多从事佛经的写者。如《大悲心总持》、《大密咒受持经》的书写者是却地房舍宝,却地也是党项族姓;《秘密供养典》的写者是只移舅舅势,只移是党项族姓;《正理滴之句义显用》写者移㝵讹吉祥铁,《正理空幡要论》的写者移㝵讹黑铁,移㝵讹是党项族姓。《菩提心及常作法事》的写者嵬移师,嵬移是党项族姓。

注明书写者的西夏写本仅是其中的一小部分。书写者有党项族,也有汉族,其中以党项人居多;有僧人,也有俗人,可能僧人所占比例很大。僧人和佛教信徒在西夏书法中起了很大作用。

仁宗朝的翰林学士刘志直工于书法,他利用黄羊尾毫作成笔,质量很高,国内有很多人仿效他的作法。③刻本汉文《般若心经》发愿文记载了雕刊者为"西天智圆刁(雕),索智深书",索智深是汉字书法家。西夏神宗遵顼"端重明粹,少力学,长博通群书,工隶篆。"④他也是一个善于写隶书和篆书的书法家,后来他考中进士,唱名第一,最后做了皇帝。

---

① 俄罗斯科学院东方文献研究所手稿部藏黑水城文献 Инв.No.7774、1076、2320、6613。
② 俄罗斯科学院东方文献研究所手稿部藏黑水城文献 Инв.No.5757b、6399、4271。
③ 《金史》卷六一《交聘表》(中)。(清)吴广成《西夏书事》卷三七。
④ (清)吴广成《西夏书事》卷三九。

七、书籍装帧

西夏社会不仅流行多种文字,形成了很多文献,还有多种多样的书籍装订形式。[①] 现存的西夏书籍几乎囊括了中古时期流行的所有装式,如卷装、蝴蝶装、经折装、缝缋装、粘叶装、包背装、长条书式(贝叶装)等,还有一些属于两种形式之间的过渡形式。

(一)卷装

卷装又称卷轴装,将纸张粘连成长幅,以木棒等做轴,是唐、宋时期流行的书籍装式。西夏也盛行此种装式。西夏卷装书多是佛经写本。一些刻本佛经因有表、图,难以按固定页面折叠,也采用卷装形式,如《诸说禅源集都序干文》。刻本世俗著作中有表格形式、不便分页的也采用卷装形式,如《官阶封号表》。这些长卷由一张张裁好的纸按顺序粘连而成,有很多现在还保存着完好的长卷形式,有的则因年代久远粘连处脱落而变成一页一页的单张。有的卷装书有轴,有的则没有轴。有些写本世俗著作也有卷装形式,如西夏文写本《孙子兵法三注》、《诗歌集》、草书医方以及《音同文海宝韵合编》等。有的户籍账册也是卷装形式。

西夏的汉文卷装刻本有《大方广佛华严经》等,还有雕刊复杂、押有"翠野楼记"印记的《观无量寿佛经甘露疏科文》等文献。汉文书籍卷装写本有《金刚般若波罗蜜经》等。[②]

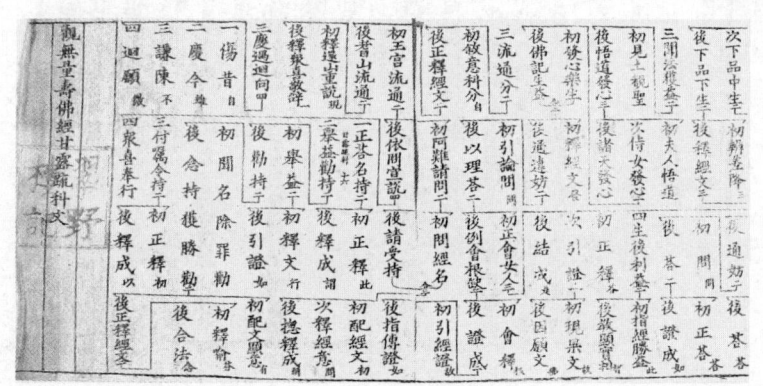

图 322　汉文刻本《观无量寿佛经甘露疏科文》

---

① [俄]捷连提耶夫-卡坦斯基著,王克孝、景永时译《西夏书籍业》第 33—36 页,宁夏人民出版社 2000 年版。
② 史金波、魏同贤、克恰诺夫主编《俄藏黑水城文献》第二册第 317—325 页;第三册第 49—56、171—173 页、174—175 页;第四册第 250—295 页;第五册第 112—115 页。

黑水城出土的部分藏文文献中也有一些是卷子装式。卷子竖放，藏文自左而右横写，自上而下列行，与敦煌唐代写卷一脉相承。

（二）蝴蝶装

蝴蝶装式是册页装订的最早形式，是宋朝才开始出现的一种新的装订方法。将书页有字的一面沿中缝向内对折，将全书书叶排好为一叠，再将中缝背面戳齐，以胶料粘连，用厚纸包裹做书面。蝴蝶装很快流传到西夏。据存世的西夏书籍看，蝴蝶装是当时流行的基本装帧形式之一，写本和刻本都不少，尤以刻印的世俗著作为最多。写本中世俗文献有西夏文《文海宝韵》略抄本等，佛教文献有西夏文小本《妙法莲华经》、西夏文《佛说父母恩重经》等。

西夏文世俗文献的刻本多是蝴蝶装，其中有《番汉合时掌中珠》、《文海宝韵》、《音同》、《天盛改旧新定律令》、《贞观玉镜统》、《三才杂字》、《纂要》、《圣立义海》、《新集锦合谚语》、《诗歌集》、《论语》、《孙子兵法三注》、《六韬》、《黄石公三略》、《十二国》、《贞观政要》、《类林》、《德行集》、《贤智集》等，佛教著作有《大方广佛华严经普贤行愿品》等，活字本《三代相照言集文》也是蝴蝶装。有的蝴蝶装书脊松散后为防止书籍散乱，页面颠倒，便修整加线钉，如《圣妙吉祥真实名经》。① 西夏的汉文也有刻本蝴蝶装式，如《圣观自在大悲心总持功能依经录》、《佛说父母恩重经》等。②

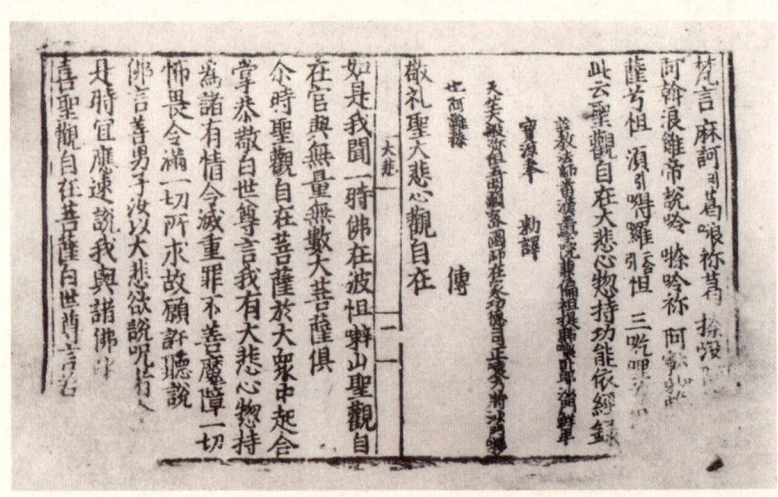

图323　汉文刻本《圣观自在大悲心总持功能依经录》

---

① 俄罗斯科学院东方文献研究所手稿部藏黑水城文献 Инф. № .728。
② 史金波、魏同贤、克恰诺夫主编《俄藏黑水城文献》第三册第198—201页；第四册第29—51、375—376页；第五册第106—111、236—240页。

西夏的藏文书籍中也采用了蝴蝶装形式。如黑水城出土的《胜相顶尊总持功德依经录》，版心有汉文页码，只是这种蝴蝶装适应了藏文的书写方式，与汉文、西夏文蝴蝶装自右而左成行、自上而下书写、先书写右半面、后书写左半面不同，而是自左而右书写、自上而下成行，更为特殊的是每行写到版心时，不是移到下一行书写，而是越过版心继续书写，也即同一页左右两面的同一行是通读的。这是蝴蝶装的灵活运用，是新的发展。[①]

宋代是蝴蝶装书籍的黄金时代，现存的宋版书中的蝴蝶装多数已由后人改成线装形式，原始面貌已不多见。在与宋朝同时的西夏古籍中，有这样多蝴蝶装刻本，显得十分珍贵。

（三）经折装

经折装也是当时常见的装帧形式，将长卷按统一版面宽度反复折叠成册，多用于佛经。西夏文的经折装式也很流行，皆为佛经。存世的西夏经折装写本最多的是西夏文《大般若波罗蜜多经》，此书共有几种写本，约两千卷。西夏文写本《大宝积经》、《大方广佛华严经》也有很多经折装本。

西夏文刻本佛经中经折装也很多，如《仁王护国般若波罗蜜多经》等。西夏的汉文经折装刻本也很多，主要是佛经。如《妙法莲华经》、《金刚般若波罗蜜经》等。[②]

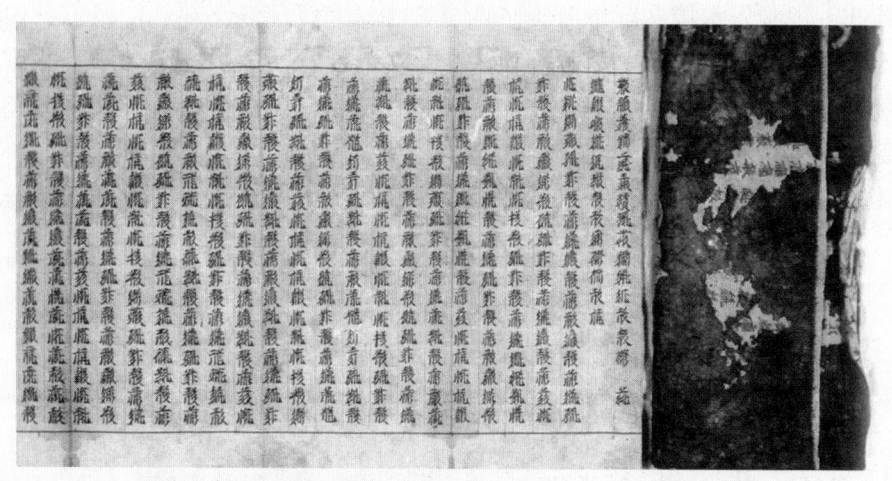

图324　西夏文经折装写本《大般若波罗蜜多经》卷第九十三

---

① 俄罗斯科学院东方文献研究所手稿部藏黑水城文献 XT.67。
② 史金波、魏同贤、克恰诺夫主编《俄藏黑水城文献》第一册第1—49、225—270、337—354、198—224页；第二册第1—12、41—55、55—66页；第三册第16—23、36—38、47—49、77—81、205—216页。

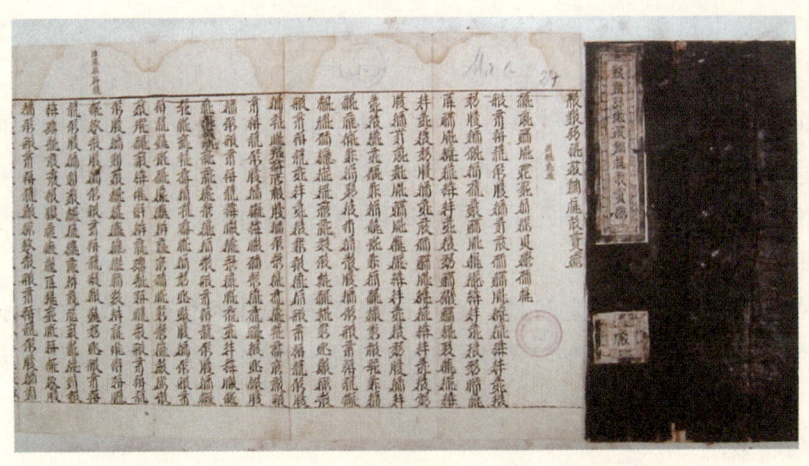

图 325　西夏文经折装写本《大宝积经》卷第二十七

（四）缝缋装、粘叶装和包背装

缝缋装是写本中的一种装帧形式。其装帧方法是把单页纸左右对折再上下对折，或上下对折再左右对折，将若干折叠好的单页在中缝线订成叠，然后根据需要将数迭缝缀成册。装订后再书写。这种装订形式只能是单面书写。藏于英国国家图书馆的黑水城文献中，将缝缋装折叠页展开，其折叠方式和线缝孔眼清晰，很便于了解缝缋装的装帧样式。俄藏黑水城文献中有很多西夏文和汉文缝缋装书籍。宁夏贺兰山拜寺沟方塔出土汉文《诗集》、《修持仪轨》是汉文缝缋装。[①] 黑水城出土西夏文《大乘默有者道中入顺大宝聚集要论》、《灭时要论》、《治净语取法事》、《平等施食放顺要论》等也是西夏文缝缋装。[②]

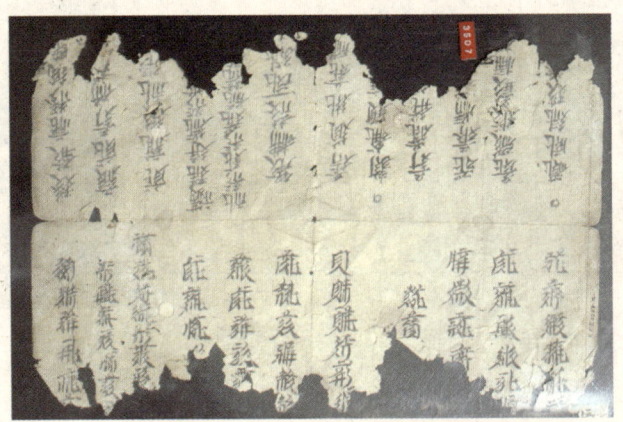

图 326　英国国家图书馆藏黑水城文献中的缝缋装

---

① 牛达生《从拜寺沟方塔出土西夏文献看古籍中的缝缋装》，《文献》2000 年 2 期。
② 俄罗斯科学院东方文献研究所手稿部藏黑水城文献 Инф. № .2519、7102、8210。

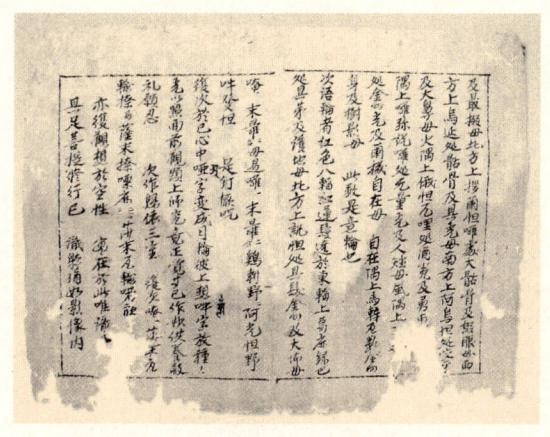
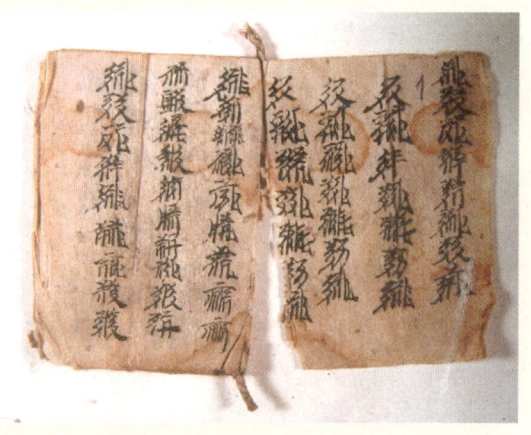

图327　西夏文缝缋装写本《修持仪轨》　　图328　西夏文缝缋装写本《平等施食放顺要论》

　　粘叶装也是一种写本装帧形式。其装帧方法是将双叶纸对折后逐叶粘贴折缝的边缘，有时加粘单叶纸，一般纸质较厚，双面抄写。西夏写本中有粘叶装式，如黑水城出土西夏汉文《金刚亥母集轮供养次第录》、《拙火能照无明》等。后者书中"明"字缺最后两笔，讳西夏太宗德明名字，知为西夏时写本。①

　　在蝴蝶装的基础上又发展成一种新的册页装订形式包背装。其特点是书页正折，版心朝外，在与版心相对的书页余幅处打眼用纸捻穿钉，然后用一张厚纸对折后粘于书脊，把书背包起来。在西夏这种装订形式已很流行，但多数没有包背，应是简陋的毛装形式。如西夏文写本《圣六字增寿大明陀罗尼经》、《大悲心陀罗尼经》等。②

　　有的写本原为蝴蝶装，后于书右侧上下穿钉毛线绳而成为蝴蝶装向包背装过渡的形式。西夏的刻本书尚没有包背装，只有在刻本佛经由于长期使用书脊粘贴处脱落，为使其不致散乱，才在靠近书脊处打眼后用线捻穿钉。如《诸说禅源集都序》、《维摩诘所说经》等。这可以看成是由蝴蝶装到包背装的一个过渡形式。

　　还有一种原是经折装，大约也是长时间使用折页处断裂，不得已在右边的一行靠折线的空余处打眼穿钉线捻。这又是一种从经折装向包背装过渡的装订形式。如西夏文《拔济苦难陀罗尼经》、《圣佛母般若心经诵持顺要论》等。还有一种原为刻本经折装，因折页处部分断裂，后从背面托裱，而成为卷装形式，如《菩提勇识之业中入顺》。又有的原为经折装，后为使其牢固，将叶面的背面粘贴，形成顺序相连的经文，如《慈悲道场忏法》。

（五）梵夹装

　　梵夹装起源于印度的贝叶书，后来藏族借鉴这种书籍装帧方式。梵夹装由很多规

---

① 史金波、魏同贤、克恰诺夫主编《俄藏黑水城文献》第五册第241—244、252—256页。
② 俄罗斯科学院东方文献研究所手稿部藏黑水城文献 Инф. No.570、619、4805。

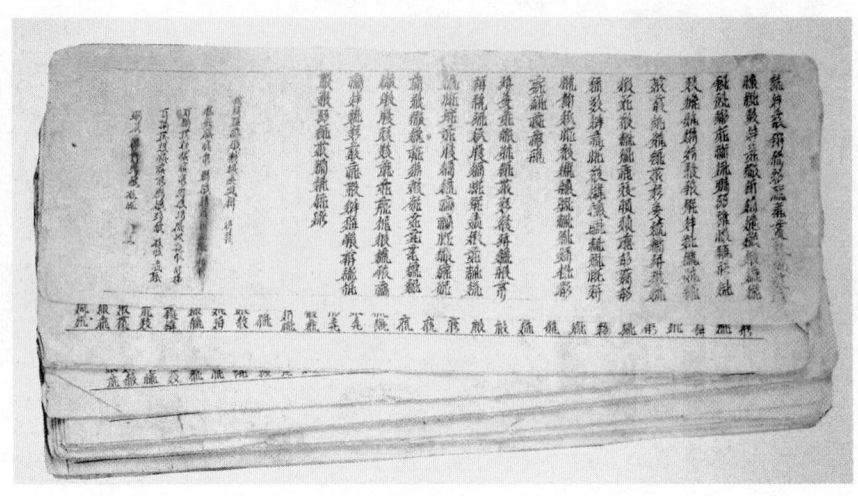

图 329　西夏文梵夹装写本《大宝积经》

格相等的长条纸页组成。藏文的长条书是自左向右横写、自上而下排行的。在西夏书籍装帧中梵夹装很有特点。西夏文书籍的梵夹装不同于藏文的长条书，它是自右向左排行，自上而下竖写，这是由于两种文字书写方式不同的缘故。西夏文《大宝积经》、《佛说遍照般若波罗蜜经》等皆有梵夹装本。这种书纸质较厚，皆为两面书写。一种是写完第一面后，向上旋翻，在背面继续书写；另一种是写完第一面后，向右旋翻，在背面继续书写。目前这种装式只在黑水城出土的俄藏文献中保存。如《慈悲道场忏法》，向上旋翻；《圣大悟阴王随求皆得经》，向右旋翻。

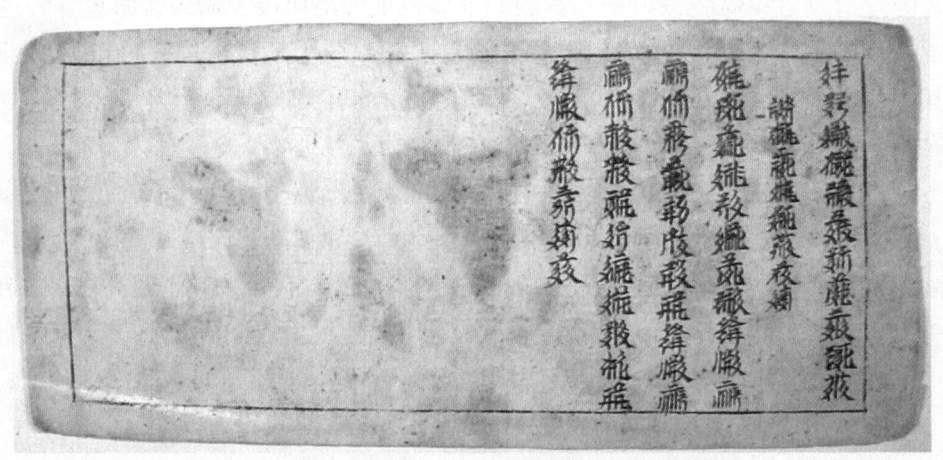

图 330　西夏文梵夹装写本《佛说遍照般若波罗蜜经》

这种把用来书写横行拼音文字的长条书式改进成书写竖行方块字书籍的装帧形式，是西夏人的一种创造，它丰富了中国书籍的装帧形式。

黑水城出土的藏文书籍中多数为仿贝叶装式的梵夹装。如写本《圣般若波罗蜜经》、《辩法法性论》。有的叶中还有仿贝叶经用于穿绳线的圆孔。①

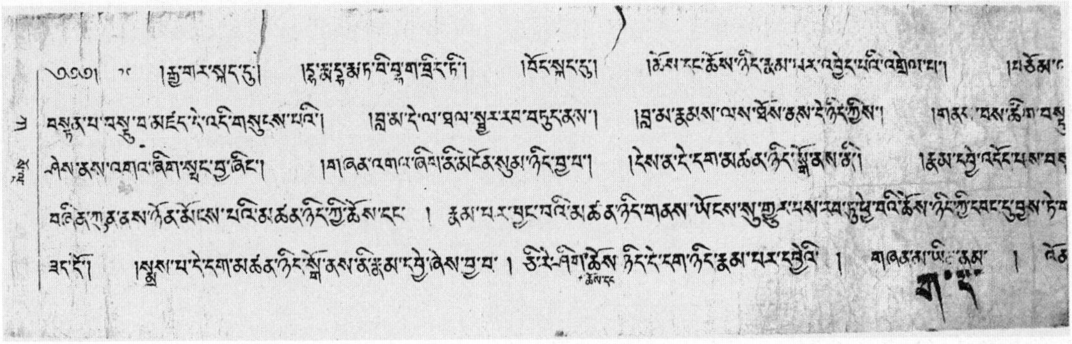

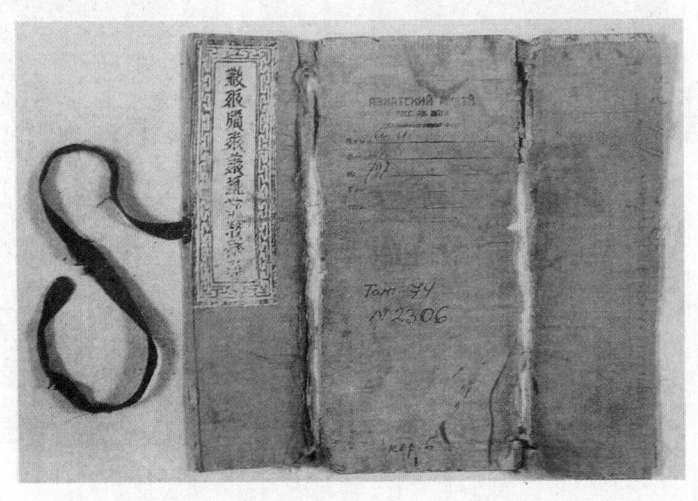

图331　藏文写本《辩法法性论》

由上可见，西夏的书籍装帧形式丰富多彩，不但有中古时期几乎所有的装帧形式，而且有多种过渡形式和经过改造、特有的装帧形式。

西夏书籍和其他中国古书一样，有附带物件。这些附件有各种功能：有的为了使用方便，如卷轴；有的为了保护书籍，如书皮、封面、系带；有的为了便于查找、翻阅，如书皮上的签题。这些附件也可以起到装饰和美化书籍的作用。

图332　黑水城出土佛经封套

西夏书籍为研究中古时期的写本和印本书籍形式提供了大量的实物资料，在古籍装帧形式中占有极为重要的地位。

---

① 俄罗斯科学院东方文献研究所手稿部藏黑水城文献XT24。

八、笔、墨、纸、砚

作为文房四宝的笔墨纸砚，其制作既表现出文化的底蕴，也彰显出科学技术水平。特别是纸张往往反映着一个国家文教和科技的双重水平。

（一）纸

纸是中国四大发明之一。西夏时期敦煌为沙州，20世纪初在敦煌藏经洞中出土了大量隋、唐、五代、宋朝的文献，这些文献使用了多种类型的纸张。西夏时期因文化发展的需要，无论是作为西夏一隅的敦煌，还是西夏全境，都继承用纸的传统，形成了大量纸质文献，显示出西夏大力发展造纸事业。

西夏境内使用西夏文、汉文、藏文、回鹘文等多种民族文字，社会各种文书的流通、书籍的形成、出版和流行，都离不开最基本文字载体——纸张。西夏境内纸张显得十分重要。

西夏设纸工院，是政府机构中专从事管理造纸的部门。纸工院内设4个头监。[①]西夏有专门从事造纸的手工业匠人，在西夏汉文本《杂字》的"诸匠部"中有"纸匠"。[②]宋朝有造纸局，金朝有抄纸坊负责纸张制造。[③]

图333　2011年笔者和樊锦诗教授访问法国巴黎图书馆

图334　2011年笔者与彭金章教授考察法国巴黎图书馆西夏文文书

---

① 史金波、聂鸿音、白滨译注《天盛改旧新定律令》第十"司序行文门"第364、371页。
② 史金波《西夏汉文本〈杂字〉初探》。
③ 《宋史》卷一七八《食货下二》，《金史》卷五六《百官一》。

西夏存留下来的纸张数量很多，种类也很多。仅流失在俄罗斯的黑水城遗址出土的文献就有数千卷册，近20万面，此外北京、宁夏、甘肃、内蒙古以及英国、法国、日本、瑞典也分别藏有数量不等的西夏文献，国内外现有西夏纸张总计不下20多万面。

藏于中国国家图书馆、中国国家博物馆、北京大学等部门的西夏文《瓜州审案记录》，属西夏早期文献，其用纸经专家分析，系"木本韧皮纤维，粗帘纹，纸较薄，透眼较多"。[1]

苏联专家于1966年曾对列宁格勒东方学研究所藏黑水城出土西夏纸张的化验分析，都是以破亚麻布或棉布做纸浆。在14种纸样中多为白色和灰褐色，个别是黄绿色。各种纸薄厚不一，薄的0.04—0.07毫米，厚的0.12—0.18毫米，中等的0.08—0.09毫米。纸的帘文多为每厘米横7道，有的8道，竖帘文间距在1.2—5.2厘米之间。白纸一般纸质很好，没有纤维结片或硬块；薄灰纸多数很柔软，表面稍涩滞，有大量纤维结片或硬块；浅褐色纸很薄，有纤维硬块，是廉价的纸，常用来书写公文；也有人工染成黄色的纸，多是粘在其他较厚实的纸上，主要是抄写、印刷信徒敬奉的佛经，这种成本较高的纸张可能专用于皇室和贵族抄印佛经。[2]最近国家图书馆专家对黑水城出土的西夏文献进行纸张分析也证明是麻纸。

1992年拜寺沟方塔出土了一批西夏文献，对其中的7种纸通过外观观察、显微镜及电子显微镜分析、能谱分析等方法，进行了更为科学细致的分析。表明西夏造纸原料首先经过切断和净化等备料处理。造纸原料是破布和树皮，破布中的纤维以苎麻、大麻为主，也混有亚麻，此外还有棉花纤维。纸中有石灰、草木灰成分，证明使用了沤煮制浆技术，起到增白和均匀纤维的作用。造纸纤维都经过适度的春捣打浆和打槽匀浆，使纸更加细匀。使用了多种造纸助剂，如染黄、防蛀的黄柏汁，提高强度和抗水性的淀粉，以及碳酸钙、滑石粉、分散剂等，还使用火墙之类的人工干燥技术。总之，西夏的造纸技术与中原地区大体一致，达到了较为先进的水平，远远超过了其他少数民族地区的造纸水平。[3]

西夏的纸张原未加工的纸多是白色，西夏文"纸"（𗼇）字是由"白"（𗼃）和"净"（𗤊）两个字合成的。现在所见的西夏纸张有的历经七八百年而色泽如新，有的则因年长日久而逐渐发黄。

《文海宝韵》对"纸"字的解释是"白净麻布、树皮等造纸也"[4]。西夏的造纸方法

---

[1] 潘吉星《中国造纸技术史稿》第141页，文物出版社1979年版。
[2] ［俄］捷连提耶夫－卡坦斯基著、王克孝、景永时译《西夏书籍业》第10—30页。
[3] 牛达生、王菊华《从贺兰拜寺沟方塔西夏文献纸样分析看西夏造纸业状况》，《中国历史博物馆馆刊》1999年2期。
[4] 史金波、白滨、黄振华《文海研究》第497页。

图335-1　英国国家图书馆藏黑水城出土纸张　　图335-2

继承了中国传统的生产过程，将破布、树皮等用水浸泡，剁碎，用锅煮熬，晾干后再行浸泡，舂捣，使纤维细碎，再掺入辅料，制成纸浆，最后用竹帘之类的抄纸器抄捞，晾干或烤干即制成了纸。黑水城和宁夏方塔出土的西夏纸都证明了这一解释。它们的原料多是大麻、苎麻布和棉布，当然也有的直接用植物纤维造纸。西夏有专门的麻园种麻，同时也种植棉花。麻和棉是西夏穿着的重要原料。用麻或棉织成布、作成衣服，衣物穿破后，再将破布用来造纸。在造纸资源缺乏的情况下，这是节约资源的好办法。西夏纸张中的棉纤维成分，再次证明西夏时期已经有棉织品，西夏是使用、种植棉花很早的地区。

西夏的纸张除部分来自宋朝外，多是西夏人自己生产制造的，因西夏有纸工院。从已出土的西夏纸张看，品种很多，但这也只反映了一部分类型。在西夏汉文本《杂字》的"器用物部"中有表纸、大纸、小纸、三抄、连抄、小抄、折四、折五、金纸、银纸、蜡纸、京纸，还有和纸有关的纸马、账簿、扇子等，这些比较全面地反映了西夏纸张的情况。上述名称有的容易理解，有的尚待考察。表纸是否为把多层纸粘在一起用来做书籍封面的纸张。[①] 大纸和小纸是指纸幅大小不同的纸。三抄、连抄、小抄也应是不同类型的纸，其区别与抄纸器有关。折四、折五应与纸的长度有关，折四纸可折成经折装的四页，折五纸可折成经折装的五页。西夏既有不经加工的生纸，也有经过加工的熟纸，比如上述用黄柏汁加工的黄纸，还有染黄再涂蜡熨平的蜡纸，这些制

---

① 史金波《西夏汉文本〈杂字〉初探》。

作精良、成本很高的熟纸，一般供皇室或贵族用来抄写佛经。此外，也有特殊用处的金、银纸。京纸是指宋朝东京的纸，还是指西夏京都中兴府出产的纸，不得而知。

西夏有泥金纸，是用金字抄写佛经的纸，紫蓝色，平滑厚实，如西安市博物馆所藏西夏文《金光明最胜王经》、法国巴黎吉美博物馆藏西夏文《妙法莲华经》、甘肃省定西县文化馆藏《大方广佛华严经》、敦煌研究院藏《高王观世音经》以及俄藏文献中的西夏文、藏文泥金写经等。

数量巨大、种类繁多的西夏纸不大可能出自同一个造纸作坊。西夏的纸工院可能生产大量国家用纸，各地区还有大小不同的造纸作坊。西夏又有纸工库，负责纸的保存和出入库，内设2小监、2出纳。①《天盛律令》规定纸在库中可以有损耗，"纸大小一律百卷中可耗减十卷"，耗损率10%。②可知西夏纸张以卷为单位。在西夏，好的纸张多用来书写或印刷佛经，特别是皇室储藏或散施的佛经大多纸质厚韧，或加黄、涂蜡，或用绀纸金书。而西夏民间的文书用纸，如契约、账目等，则多是比较薄的白麻纸。

由于纸张用量越来越大，特别是西夏中后期，佛经的印施动辄数万甚至一二十万卷，再加上西夏地处植被较少的干旱地区，造纸原料有限，西夏纸张的生产不能完全满足社会的需要。因此西夏对纸张的使用管理很严。政府明令诸院簿册用纸不许超出。"诸院主簿、司吏每年纳簿时，写簿用纸，按簿上所有抄数，各自当取纸钱二十钱，由大小首领各自收取，当交主簿、司吏，不得超予。若违律超敛，则敛者以枉法贪赃判断，所超敛者应还原主。"③要求各司及地方军政府衙"种种簿籍当好好藏之"，"纸当依时总计成卷"。④在已发现的西夏纸张中不乏两面书写者。如

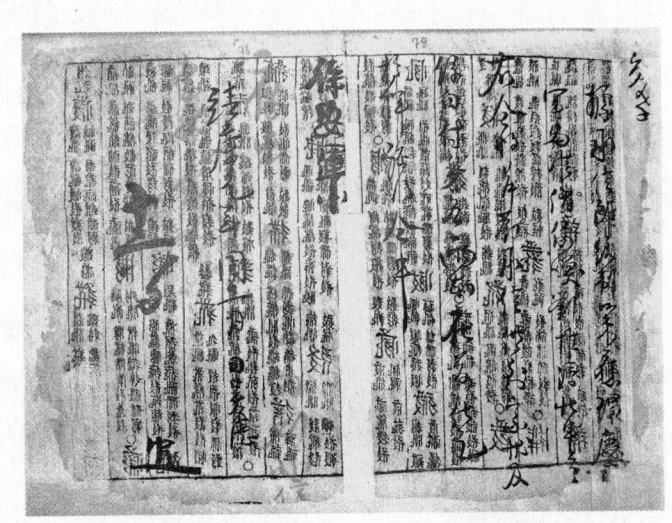

图336 西夏文刻本《文海宝韵》背面宋朝边境军事文书

---

① 史金波、聂鸿音、白滨译注《天盛改旧新定律令》第十七"库局分转派门"第534页。
② 史金波、聂鸿音、白滨译注《天盛改旧新定律令》第十七"物离库门"第549页。
③ 史金波、聂鸿音、白滨译注《天盛改旧新定律令》第六"纳军籍磨勘门"第257页。
④ 史金波、聂鸿音、白滨译注《天盛改旧新定律令》第十七"库局分转派门"第533页。

西夏文《瓜州审案记录》的背面是西夏文《六祖坛经》。西夏文诗歌集的两面一面是刻本，一面是写本。西夏文刻本《文海宝韵》的另一面是宋朝的边境军事文书。《文海宝韵》的页面是完整的，而宋朝文书往往被裁断，证明宋朝文书是第一次使用，印《文海宝韵》是第二次使用。这说明西夏的纸张缺乏，有时不得不利用得自宋朝用过的纸张。在黑水城出土的文献中有多种习字纸，大都是一行中重复写一个字，这种习字也都是利用正面已使用过的纸。有的纸背面透墨较深，在书写时还要写在两行中间才能看清字迹。

俄罗斯所藏大量西夏文献多从黑水城外佛塔中发现，其中绝大多数是佛教文献，有少部分世俗文献。为什么在佛塔中出现这些世俗文献，是一个令人费解的问题。我们发现很多西夏文经册的封面和封底，皆用多层纸张作为衬纸粘贴成为厚纸板，裁剪后再裱褙绢或净纸而成，目的是为使护封牢固、厚实，起到保护内中经文的作用。而所用粘贴封面的纸张并非新纸，而是废弃的佛经或世俗文献。在封面、封底中发现有刻本《天盛律令》、《音同》、《类林》等书籍的残片，也有写本户籍、契约等社会文书的残片。由此也可见西夏纸张的不足和用纸的节省。很可能当时寺庙为制作佛经封面、封底，需要大量衬纸，为节省纸张，就搜罗废弃的佛经和世俗文献作为衬纸。俄藏文献中那些相对完整、内容十分重要的世俗文献，可能是准备用作衬纸、尚未粘贴使用的文献。

西夏因纸张不足需要，可能部分来自宋朝。宋朝孙沔在并州为官时，"私役使吏卒，往来青州、麟州市卖纱、绢、绵、纸、药物"。[①]麟州靠近西夏，上述物品多为西夏所缺，可能从麟州转卖至西夏。孙沔曾在宋夏边界为官，三次知庆州，并任陕西转运使，知西夏所缺物品，纸是其中之一。

（二）笔

西夏文字的"笔"（𗏁）字是由西夏文"字"（𘝞）和"做"（𘌺）的一部分合成，造字的原意是"制作字"的为"笔"。西夏流行最广的西夏文和汉文都是用毛笔书写。毛笔一般使用竹子作笔杆，以兽毛（主要是羊毛）做笔头。羊毛是西夏的特产，这种造笔的原料不缺，西夏地处北方，作笔杆的竹子可能缺乏，好在这种细竹并不难从宋朝取得。

西夏制笔也有著名专家。西夏翰林学士刘志直于乾祐元年（1170年）曾以武功大夫的身份出使金国："使人为武功大夫刘志直、宣德郎韩德容。志直，志真弟，官翰林学士，工书法。西北有黄羊，志直取其尾豪为笔，国中效之，遂以为法。"[②]刘志真、刘

---

① 《宋史》卷二八八《孙沔传》。
② 《金史》卷六一《交聘表中》，（清）吴广成《西夏书事》卷三十。

志直兄弟二人都以武功大夫的官衔出使过金国。刘志直以黄羊尾毫制笔，为国中人仿效，是对毛笔制作的发展。黄羊尾毫较为挺拔、耐用，产自北方草原，西夏可就近获取。刘志直对西夏后期的制笔有重要影响。

此外，西夏还有用竹笔书写的作品。武威小西沟岘山洞中，与西夏文文献同时被发现的就有两支竹笔。一件长 13.6 厘米，未使用过；一件长 9.5 厘米，笔尖有墨迹。笔尖约为笔长的四分之一。①

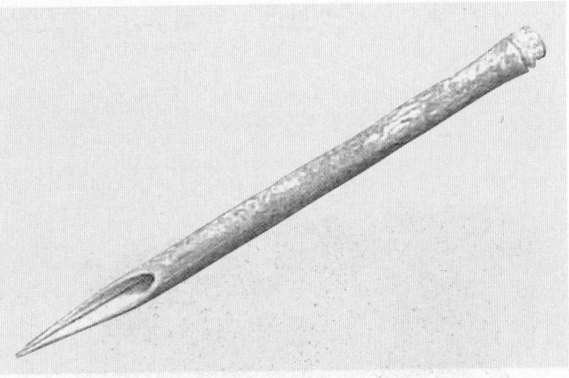

图 337　武威小西沟岘发现的竹笔

（三）墨

所见到的大量西夏书籍和文书绝大多数是以墨书写或印刷的。西夏文"墨"字在《文海》中的解释是："墨者，写文字用墨之谓，复炭墨之亦谓也。"② "墨"字本身也是由"炭"字和另外一个与"墨"字发音相近的字组成。在西夏炭是制墨的主要原料。中国古代的墨都是水墨，有石墨、油烟墨和松烟墨之分。前两种皆为石油或燃油的烟炱所制，而松烟墨则是燃烧松木之炭所制。看来西夏的墨应是松烟墨之属。好的墨制作工艺程序繁复，由多道工序方能制成各种各样的墨锭。

西夏文献中的文字一般呈黑色，特别是精美的印刷品墨色浓深，光亮美观，不浸纸，不褪色。直至近世已经过数百年时间，不少西夏文献仍保持着鲜亮、黝黑的墨色。手写的西夏文献字迹则墨色深浅不一。西夏文献中有极少数文献是朱笔或泥金书写。

（四）砚

作为研墨用的砚也必不可少。近代考古陆续发现西夏的砚台。宁夏灵武县发现的西夏窑址有瓷砚台、瓷砚滴。瓷砚台为素烧，圆形，直径 7.5—8 厘米，高 2 厘米，砚内一侧有圆形突起以便蘸笔，上有墨迹，水池呈月牙形。砚底有汉字"黑儿"，下有图案，类似画押记号。据其器形较小、素面简朴及人名看，可能是儿童所用。③ 宁夏石阻山市庙台乡附近的省嵬城遗址也出土了一长方形瓷砚，一端残缺，残长 7.8 厘米，宽 9.8 厘米，高 3.8 厘米，十分雅致，砚面施褐色釉，水池作曲形莲瓣状，砚足呈纵向拱

---

① 史金波、白滨、吴峰云《西夏文物》图 265。
② 史金波、白滨、黄振华《文海研究》第 665 页。
③ 马文宽《宁夏灵武窑》图 30。

形,不挂釉,是很少见的一种器形。[①]宁夏灵武瓷窑堡也出土有方形和圆形瓷砚。

图338 宁夏石嘴山崴城遗址出土瓷砚

图339 灵武瓷窑堡出土方形瓷砚

图340 宁夏灵武瓷窑堡出土圆形瓷砚

一般来说,石砚使用较为广泛。西夏山多石广,石料丰富。宁夏盛产的红、黄、蓝、白、黑[②],其中蓝即指贺兰山石,是制砚的上好材料。西夏时期是否开发了这种石料有待考察。

---

① 宁夏回族自治区展览馆《宁夏石嘴山市西夏城址试掘》,《考古》1981年1期。史金波、白滨、吴峰云《西夏文物》图306。中国国家博物馆、宁夏回族自治区文化厅编:《大夏寻踪——西夏文物辑萃》,第99页。
② 宁夏五宝中"红"指枸杞,"黄"指甘草,"蓝"指贺兰石,"白"指二毛皮,"黑"指发菜。

第二节　文学风俗

西夏立国以后，一方面注意发展本民族的文化，同时也大力吸收周围各民族的优秀文化，逐渐使其文学园地呈现出繁荣的景象。尽管西夏文学作品留存下来的十分有限，但从我们能见到的部分作品中，可以看出西夏文学作品有很高的水平。其中，汉文作品多受到中原汉族文学传统的影响，留下了一些值得欣赏的作品。以西夏文创作的文学作品则更多地表现了党项族文学固有的特点和风格。特别是民族特色较浓的西夏文诗歌，寓意深刻，哲理性强，凝聚着西夏文学的精华。在这一过程中，西夏也造就出一批造诣较高的文学家。

一、表奏、愿文等

夏州党项政权给中原王朝所上的表章，都用汉文，其文体多仿效中原王朝对仗工整的骈体文。比如李继迁在宋至道元年（995年）为向宋朝索要夏州而写的表章，就是一篇层次清楚、以情动人的文章，其中有这样的语句："臣先世自唐初向化，永任边陲；追僖庙勤王，再悉国姓。历五代而恩荣勿替，入本朝而封爵有加。……臣虽拓拔小宗，身是荩臣后裔。十世之宥，义在褒忠；三代之仁，典昭继纪。聿维夏州荒土，羌户零星，在大宋为偏隅，于渺躬为世守。……恭惟皇帝陛下，垂天心之慈爱，舍兹弹丸；矜蓬梗之飘零，俾以主器。诚知小人无厌，难免僭越之求。"[①]这份表奏态度恭顺，文字佳美。

元昊在强调本民族特点的同时，也接纳汉族的文士，吸收汉族文化，而且他本人就通汉文字。在以他的名义写成的表奏中也接受了中原地区的文风。他正式登基称帝的时候，给宋朝所上的表章就是一篇说理透彻、不卑不亢、用典恰当的文章。尽管这

---

① 王偁《东都事略》卷一二七《西夏传》，武英殿聚珍本。

份表章不一定是元昊亲自作成，但是反映了当时西夏较高的文学水平。其中一段文字为："臣祖宗本出帝胄，当东晋之末运，创后魏之初基。远祖思恭，当唐季率兵拯难，受封赐姓。祖继迁，心知兵要，手握乾符，大举义旗，悉降诸部。临河五郡，不旋踵而归；沿边七州，悉差肩而克。父德明，嗣奉世基，勉从朝命，真王之号，凤感于颁宣，尺土之封，显蒙于割裂。臣偶以狂斐，制小蕃文字，改大汉衣冠。衣冠既就，文字既行，礼乐既张，器用既备，吐蕃、塔塔、张掖、交河莫不从服，称王则不喜，朝帝则是从。辐辏屡期，山呼齐举。伏愿一垓之土地，建为万乘之邦家。"① 奏文气势磅礴，一气呵成，脍炙人口。

仁宗在乾祐二十年（1189年）所作的一篇施经发愿文中，把《观弥勒菩萨上生兜率天经》的玄机奥理，用文学语言美化得天花乱坠："具阐上生之善缘，广说兜率之胜境，十方天众，愿生此中。若习十善而持八斋，及守五戒而修六事。命终如壮士伸臂，随愿力往生彼天。宝莲中生，弥勒来接。未举头顷，即闻法音。令发无上不退坚固之心，得超九十亿劫生死之罪。闻名号，则不堕黑暗边地之聚；若归依，则必予成道授记之中。"② 这确实是把文学和佛学溶为一体的佳作。

二、诗歌

诗歌代表着一个时代的文学水平。元昊时的重臣张元，当宋、夏好水川之战宋军全军覆灭时，作为西夏的谋臣，兴奋不已，在两军交界的寺庙墙壁上题诗："夏竦何曾耸，韩琦未足奇，满川龙虎辇，犹自说兵机。"夏竦和韩琦是当时宋军的主帅。这首即兴诗风趣自然，朴实无华，反映了张元胜利后的得意心情。

崇宗时期的《凉州碑》西夏文部分和汉文部分尽管内容相近，但并不雷同，不是刻板的翻译，而是各有自己的风格和特点。比如西夏文有一段四、七言对偶的骈文，现翻译如下："五色瑞云，朝朝更复金光飞；三世诸佛，夜夜必绕圣灯现。一节完毕，先地获道心欢喜；七级悉察，福智人得佛宫到。天下黑首，苦乐二种求福处；地上赤面，势力并立是柱根。"塔寺修成后的美丽庄严以及作者联想到的神秘情景，被这种特殊格律的诗文描绘得神采飞扬，具有明显的浪漫主义色彩。这种大体对仗工整的文体，显然也受到汉文化的影响，但对具体事物的观察和描绘又显示出民族特点。

大德五年（1139年）四月在西夏一官员家中有灵芝出生，百官上表向皇帝祝贺，

---

① 《宋史》卷四八五《夏国传》（上）。
② 史金波《西夏佛教史略》第267—268页。

崇宗特作《灵芝歌》一首，中书相濮王仁忠等互相唱和，并把歌词刻在石碑上表示祝贺。在西夏陵园仁孝陵的碑亭遗址中，发现刻有《灵芝颂》部分内容的残碑，其中有"俟时效址，择地腾芳"，"德施率土，赍及多方"的语句，每句四言，似有韵律。

最能反映西夏诗歌文学特点的，还是黑水城出土文献中用西夏文撰写的一些西夏文诗歌和曲子词。有多卷诗歌集，其中包括《赋诗》、《大诗》、《月月乐诗》、《道理诗》、《聪颖诗》等，诗歌集背面是歌集，包括《盛德天顺歌》等28首歌。还有一诗歌集中保留有《有智无碍歌》等七首有作者署名的诗歌。①

此外还有赞歌，如《蕃圣本赞歌》、《新修太学歌》等，在一些西夏文诗歌中，以对偶的词语述及其先祖有关的名称和地域。②

  黑头石城旷水边，赤面父陵白河上。
  皇天下千黑头福高下，大地上万赤面智不同。
  天下黑头苦一乐二种求福处，
  地上赤面势力两类是往根。

图341　西夏陵园出土有《灵芝颂》的残碑

以上诗句中都有所谓"黑头"、"赤面"，看来像是党项人对自己的民族的一种称呼，联系到"旷水"、"白河"可能和党项人的民族来源有很大关系。

《比邻国夏德高歌》有300多字，内容是赞扬西夏的德行高于邻国，其中译文有：

  契丹国建百族朝，赵皇为帝五十寿。
  顶天中兄弟国，陆地上一方王。
  八方为臣昆虫敬，与四海王庆使传。
  尽高坡已建障，高坡建障祖功德；

---

① 史金波、魏同贤、克恰诺夫主编《俄藏黑水城文献》第一〇册第267—327页。
西田龙雄《西夏语月月乐诗研究》，日本京都大学文学部研究纪要第二十五，1986年版。
② 聂鸿音《西夏文〈新修太学歌〉考释》，载《宁夏社会科学》1990年3期。

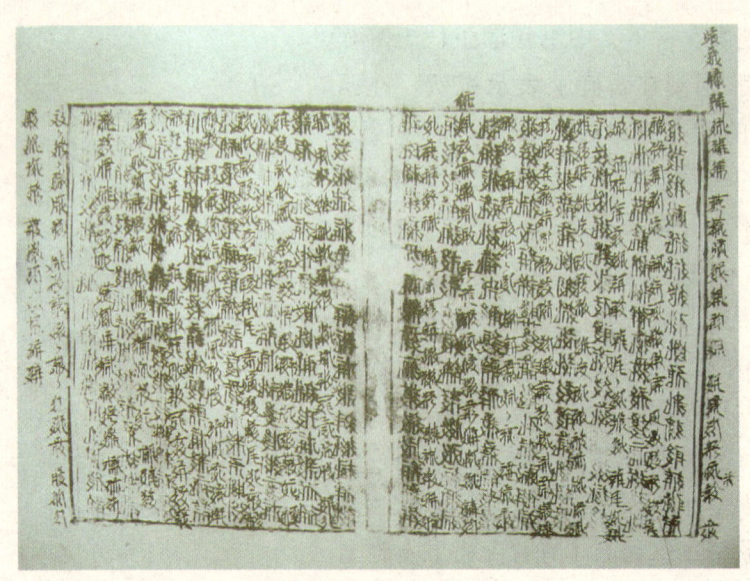

图 342　西夏文诗歌《比邻国夏德高歌》

所有沟已攻城，有沟攻城子皆戚。

整个歌词内容显示，契丹、宋朝建国后，开始很强大，为所欲为，以射猎、兴兵打仗为务，喜好女色和声乐，有功不赏，谗臣幸进，人民离心离德，失地亡国，财宝流失，子女离散，宫殿毁坏，玉玺不存，总结对比，西夏皇帝德行高远。诗歌形式上为歌行体，每句有六言、七言、八言、九言、十一言不等，多为上下句对仗的格式。诗句中长于比喻，将义理蕴于叙事之内，偶发感慨，使褒贬寓在所言之中。

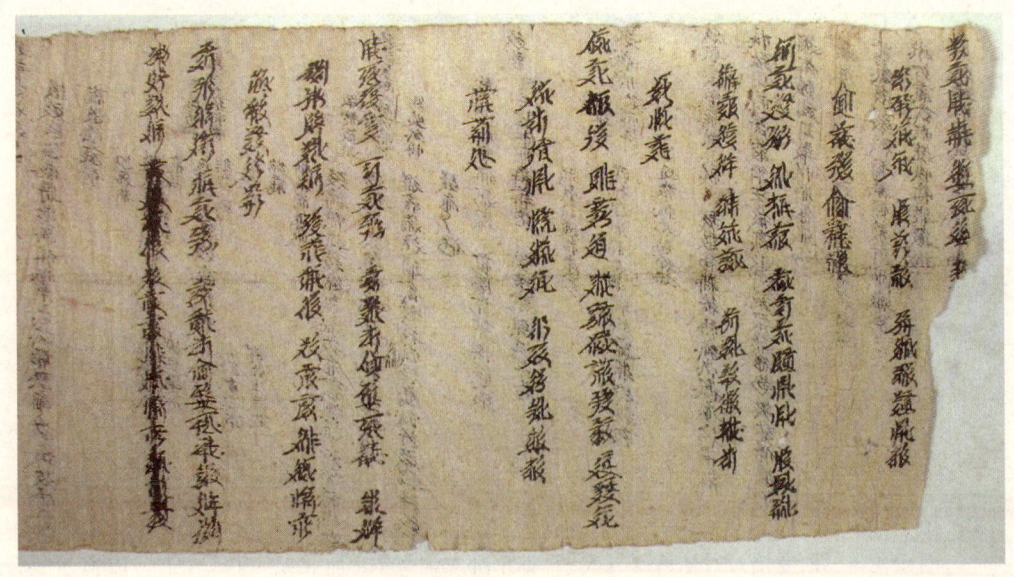

图 343　西夏文《五更调》

另有民间流行的词曲多种，如《五更调》，句子长短不一，表达男女之间的思慕情感。

三、谚语

西夏文谚语集名为《新集锦合谚语》，是由西夏学者梁德养纂集而成的，共364条谚语，每条谚语由字数相等的上下两联句子组成，多数对仗工整，每句从三言到十八言不等。这些谚语是很有特色的诗句，现节译几条如下："善心等，为德同"，"冰融水现，云散月显"，"红鹰鸣叫下贱，媳妇逃跑丑恶"，"权者宅门设恶人，富者院中闹恶犬"。① 这些富有哲理性的文句中，包括了不少具有民族特点、充满生活气息的内容，特别是一些与游牧生活有关的内容更具有浓厚的地方特点，有些诗句反映了贫富悬殊的现象以及对道德和金钱的朴素认识。

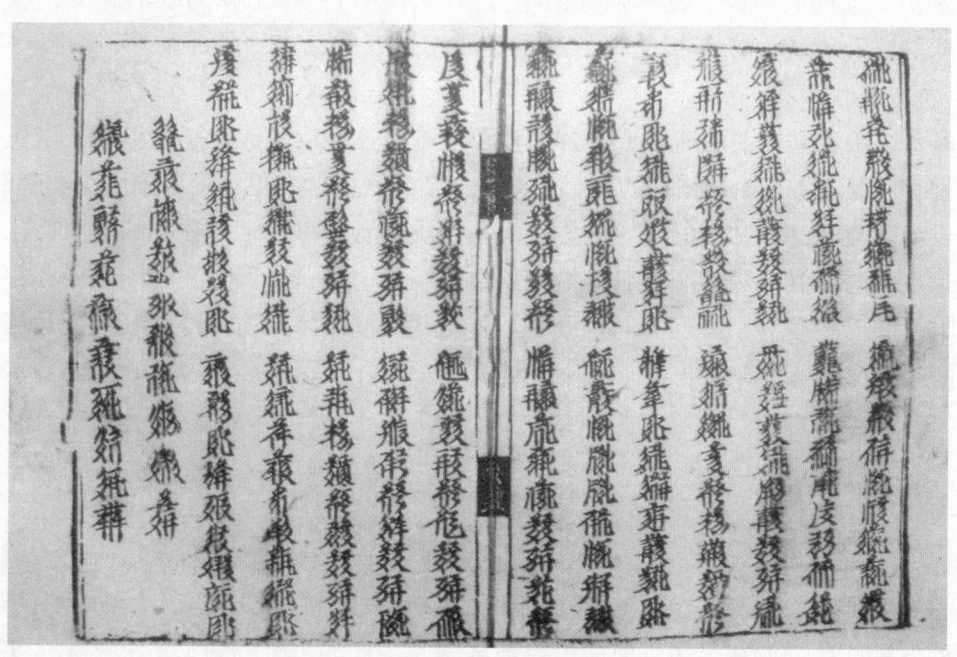

图344　西夏文《新集锦合谚语》

西夏文《圣立义海》中也有一些很精彩的谚语。如："聪明人珍视妇女品行，愚蠢人注意妇女容貌"，"占有牲畜不富，怀有智慧才富"。

---

① 陈炳应《西夏谚语——新集锦成对谚语》第21、25页。

第三节　儒学风俗

在中国漫长的封建社会中，儒学不断发展，成为封建社会的思想基础和精神支柱。西夏主体民族党项族在北迁后，更多地接触中原汉族文化，特别是自唐末、五代至宋初，党项族形成了逐渐强大的地方政权，实行中原王朝的政治制度，吸收中原王朝的文化素养，渐渐接受并熟悉儒学。李继迁时已经"曲延儒士，渐行中国之风"。[1]

西夏统治者立国前后所采取的各项重要措施，往往以民族特点相标榜，以民族感情相号召。但若考察西夏社会的各个方面，又会发现儒学在更大的范围内影响着西夏，逐渐成为西夏社会和文化的主导思想。西夏的统治者对以儒学为核心的中原文化心悦诚服。惠宗时西夏西南都统嵬名济给宋朝边臣写信时说："中国者，礼乐之所存，恩信之所出，动止猷为，必适于正。"[2]尽管这是与宋朝辩理时的铺垫语，但仍可看出当时对中原高度文明的认可。

一、以儒治国

元昊为脱离宋朝正式建立新的国家而尽力突出民族特点，但当时为了政治、经济、文化的发展，还是要在很多方面向中原地区学习。比如当时创制了与汉字无一字相同的西夏文，但创制文字后首先翻译的文献主要是儒家典籍："元昊自制蕃书，……教国

---

[1]《续资治通鉴长编》卷五〇，真宗咸平四年（1001年）十二月丁卯条。
[2]《续资治通鉴长编》卷三三一，神宗元丰五年（1082年）十一月。《宋史》卷四八六《夏国传》（下）。

人纪事用蕃书,而译《孝经》、《尔雅》、《四言杂字》为蕃语。"①《孝经》是儒学九经之一。《尔雅》是中国最早解释词义的专著,后世经学家常用以解释儒家经义,唐宋时成为儒学十三经之一。第二代皇帝毅宗对中原文化更是情有独钟,奲都五年(1061年)向宋朝求儒家书籍:"毅宗……表求太宗御制诗章隶书石本,且进马五十匹,求《九经》、《唐史》、《册府元龟》及宋正至朝贺仪,诏赐《九经》,还所献马。"②西夏早期就正式向宋朝求索《九经》等儒家经典,而中原王朝也乐得赐予,这既是友好往来,又可对"外蕃"宣扬教化。

在西夏,儒学思想渐成为行事准则,甚至在宋夏关系中西夏还利用儒家思想与宋朝理论。惠宗天赐礼盛国庆元年(1069年)宋朝欲趁惠宗新立,年纪幼小之机分散西夏势力,拟对西夏首领封授官爵:"初,朝议欲官爵夏之首领,计分其势,郭逵以为彼必不受诏,且彼既恭顺,宜布以大信,不当诱之以利。秉常果不奉诏,遣都罗重进来言曰:'上方以孝治天下,奈何反教小国之臣叛其君哉!'于是前议遂罢。"③

仁宗朝推崇儒学力度加大,建树更多。仁宗母亲曹氏,是汉族,"性温柔贞静,动以礼法"。另一母任氏是汉臣任得敬之女,颇懂礼法。仁宗所受熏陶、教育当以汉学影响至大。仁宗继位后的第二年立罔氏为皇后。罔氏出自西夏大族,聪慧知书,虽是蕃族,却爱行汉礼,协助仁宗发展儒学。前述西夏时期最突出的事件是在仁宗人庆三年(1146年)尊孔子为文宣帝。在漫长的中国封建社会中,孔子的地位不断攀升,至唐朝追谥孔子为文宣王,后诸朝代有封谥,尊号最高也只是文宣王,唯有西夏的仁宗朝尊为文宣帝,这是中国历史上对孔子空前绝后的尊号。这一尊号的封谥发生在少数民族当政的西夏王朝,证明西夏崇儒之盛,实不亚于中原。

当时修订的西夏国家法典《天盛律令》,其基本内容受到以儒家思想为基础的唐、宋法典的重要影响。西夏与其他封建王朝一样,极力保障统治阶级权利、保护皇室的绝对权威,并大力推行孝义,以维护统治秩序。如其中的"十恶"大罪与中原王朝法典如出一辙,处刑极严,动辄死罪。《天盛律令》第一条规定"欲谋逆官家(皇帝),触毁王座者"皆是斩罪。这就奠定了皇室神圣不可侵犯的地位,宣示了上下有序的封建儒家思想。

天盛六年(1154年)仁宗派使臣到金国,要求购买儒学和佛教书籍,得到金朝皇帝的允许。④其时西夏与南宋关系基本上处于隔绝状态,西夏已经停止了对宋朝的进贡,

---

① 《宋史》卷四八五《夏国传》(上)。
② 同上。
③ 《宋史》卷四八六《夏国传》(下)。
④ 《金史》卷六〇《交聘表》。

自然不可能向南宋求儒、释书籍，只能转向宗主国金朝求取。

西夏与当时的中原王朝一样，以孝治天下。《天盛律令》把"失孝德礼"定为十恶之一。前述《圣立义海》载"孝有三种：上孝帝之行也，天下扬德名，地上集孝礼，孝德遍国内；次孝臣僚，持以德忠礼，不出恶名，以帝之赏，孝侍父母；出力干活，孝侍父母，国人之孝"。西夏统治者把"孝"和对皇室的"忠"连在一起，强化了"孝"对维护封建统治的作用。①

仁宗朝外戚任得敬不满仁宗尊崇儒学，于天盛十二年（1160年）上言，认为儒学是中原王朝的统治方法，不适合西夏。②儒学的纲常说教、忠君思想与其篡权谋国的行为水火不容，是他篡权的极大障碍。仁孝没有答应他的意见，并且于第二年设立翰林学士院，以著名文人王佥、焦景颜等为学士，命王佥等掌管史事，负责修纂实录。这样进一步确立了儒学在西夏王朝政治生活中的主导地位。

西夏仁宗时期大力发展儒学，目的是加强统治，以利于政权的巩固。在抵制晋王察哥的腐败和权相任得敬分国等重大政治事件中，一批大臣以儒学礼教为理论基础，不惧权臣迫害、甘冒政治风险，挺身直谏，起到了重要作用。

仁宗朝有一批儒士在朝，代表人物是斡道冲。他先世灵武（今宁夏吴忠）人，世代掌修夏国史。年5岁时以《尚书》中童子举，精通五经，译《论语注》，作《论语小义》20卷，又作《周易卜筮断》，以蕃字写成，流行夏境。天盛三年（1151年）为蕃汉教授。在朝刚介直言，与御史中丞热辣公济、翰林学士兼枢密都承旨焦景颜共同抵制任得敬的专权和分国，长期未被重用。任得敬伏诛后，于乾祐二年（1171年）被擢为中书令，后又任国相，辅佐仁宗稳定政局，发展文化，很多重要典籍即在此时刊印。他为相十数年，家无私蓄，藏书甚多。死后仁宗图画其像，从祀于学宫，并使郡县遵行。斡道冲成了西夏儒学的一代宗师。西夏灭亡后，斡道冲的后代在凉州还见到斡道冲的画像，并临摹下来，请当时著名文人虞集为画像作赞。赞语颂扬斡道冲的业绩，同时描绘了西夏的崇儒之风。③

仁宗去世后西夏步入晚期，皇室内乱，外敌入侵，儒学的发展也受到社会动乱的严重影响。但仍有人进行儒学著述的编译。如天庆年间番大学院教授曹道安译传的《德行集》、《新集慈孝传》，都是宣扬儒学礼教孝道的书籍。西夏崇尚儒学也受到史家的赞赏，《宋史·夏国传》结语有："乾顺建国学，设弟子员三百，立养贤务；仁孝增至三千，尊孔子为帝，设科取士，又置宫学，自为训导。观其陈经立纪，《传》曰：'不有君子，

---

① 克恰诺夫、李范文、罗矛昆《圣立义海研究》第74—75页。
② （清）吴广成《西夏书事》卷三六。
③ （元）虞集《道园学古录》卷四《西夏斡公画像赞》，四部丛刊本。

其能国乎?'"《金史·西夏传》赞语说西夏:"能崇尚儒术,尊孔子以帝号,其文章辞命有可观者。"①

二、儒学著述

西夏立国初期已经翻译《孝经》、《尔雅》、《四言杂字》,又从斡道冲的经历中得知西夏已流行《尚书》、《论语》、《周易》,知西夏已经了翻译不少儒家经典。黑水城遗址发现的大批西夏文献中,有多种用西夏文翻译汉文儒学典籍和西夏人编撰的儒学著作。

(一)西夏文《论语全解》为十卷本,原宋陈祥道诠释,乾祐年间西夏刻字司刻本。②

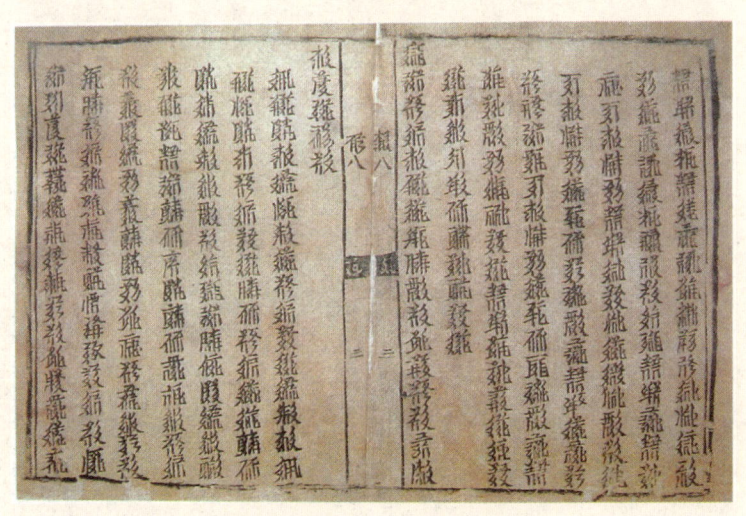

图 345　西夏文刻本《论语全解》

(二)西夏文《孟子》为十四卷抄本。另有一种卷装本,卷末题款:天盛丁丑九年(1157年)。③

(三)西夏文《孝经》系宋绍圣二年(1095年)吕惠卿注,仁宗年间译稿,草书,前5页为吕惠卿注《孝经》序的译文。吕卿注释的《孝经》汉文本已失传,其内容却完整地保存在西夏文文献中,使此西夏本具有独特的文献价值。④英国国家图书馆也藏有

---

① 《金史》卷一三四《外国上·西夏》。
② 史金波、魏同贤、克恰诺夫主编《俄藏黑水城文献》第一一册第47—59页。
③ 史金波、魏同贤、克恰诺夫主编《俄藏黑水城文献》第一一册第60—82页。另见俄罗斯圣彼得堡东方学研究所手稿部藏黑水城文献 Инф. No .6850。
④ 史金波、魏同贤、克恰诺夫主编《俄藏黑水城文献》第一一册第2—46页。

图 346　西夏文写本《孟子》

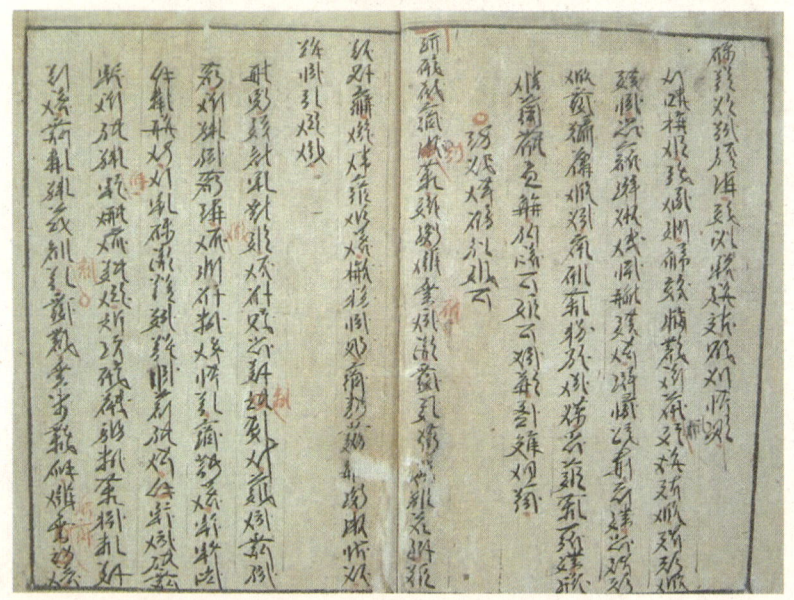

图 347　西夏文草书《孝经》

西夏文《孝经》写本。

（四）西夏文《礼记》摘句1纸。[①]

（五）唐朝吴兢撰写的《贞观政要》也节译成西夏文本，名为《德事要文》。

---

① 史金波、魏同贤、克恰诺夫主编《俄藏黑水城文献》第一一册第1页。

（六）西夏文《太宗择要文》，论君王治国方略，似译自唐宋某大臣奏章。①

（七）西夏文《德行集》，系夏桓宗天庆年间（1194—1206年）番大学院教授曹道安译传。有节亲讹计奉敕序，内述修身齐家治国平天下的儒家方略，系摘译自中原典籍而成。②

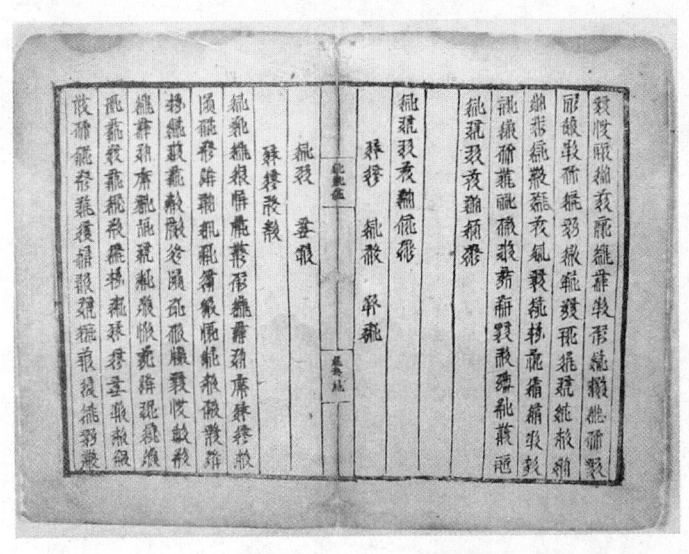

图 348　西夏文刻本《德事要文》

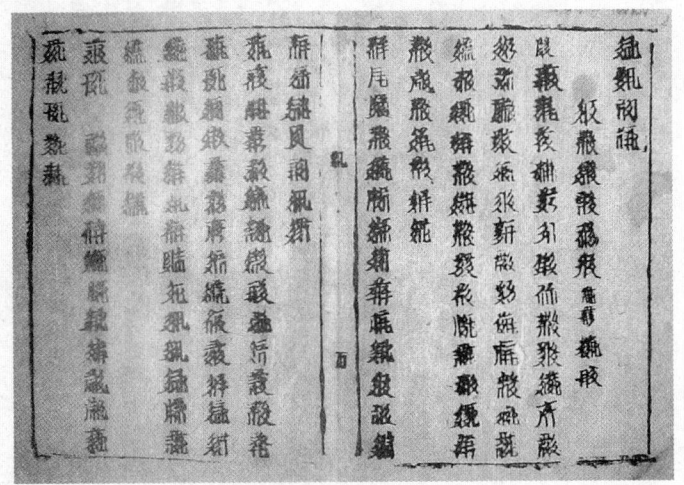

图 349　西夏文活字本《德行集》

---

① 史金波、魏同贤、克恰诺夫主编《俄藏黑水城文献》第一一册第 112—116 页。
② 史金波、魏同贤、克恰诺夫主编《俄藏黑水城文献》第一一册第 142—154 页。聂鸿音《西夏文德行集研究》。

（八）西夏文《新集慈孝传》，为桓宗天庆年间（1194—1206 年）曹道安新集译，以儒家之理念记古人孝悌故事。①

（九）西夏时期《类林》被全部译成西夏文，乾祐十二年（1181 年）刻字司刻印出版，现存全书约十分之七。《类林》是唐代于立政编撰的一部重要类书，分十卷五十

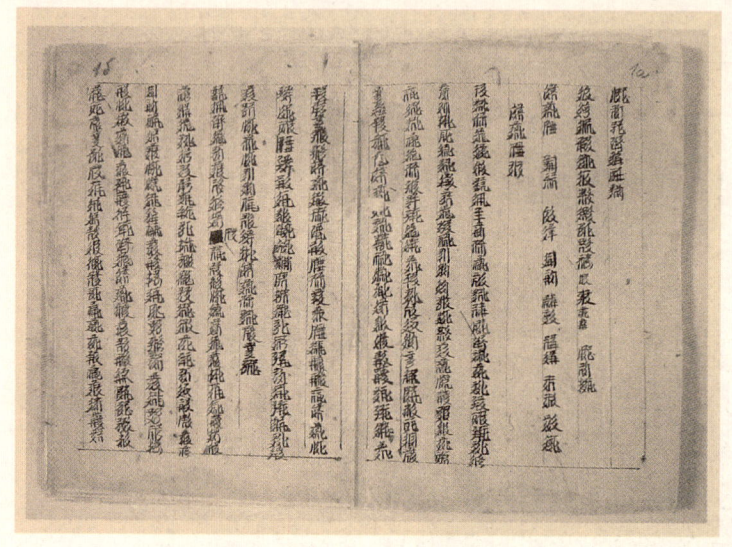

图 350　西夏文写本《新集慈孝传》

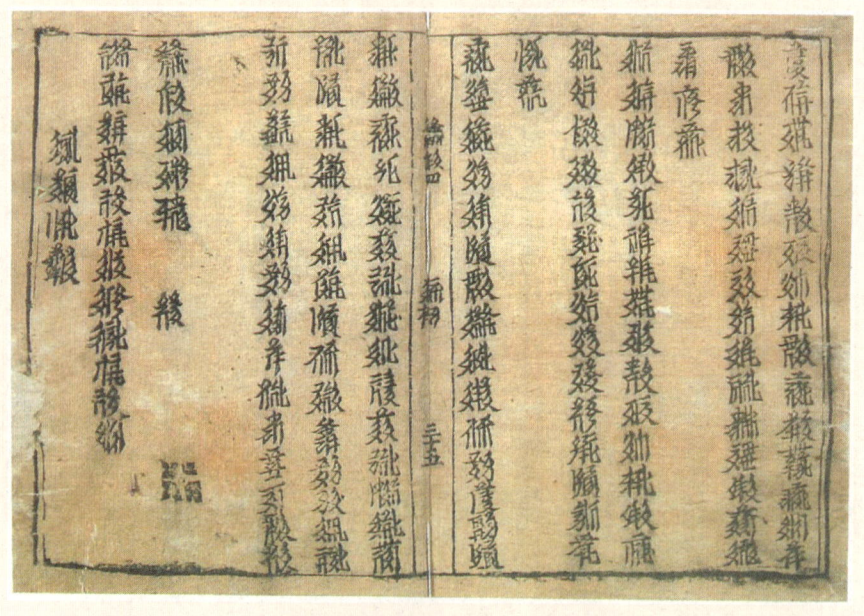

图 351　西夏文刻本《类林》

---

① 史金波、魏同贤、克恰诺夫主编《俄藏黑水城文献》第一〇册第 121—138 页。

目，早已失传。近代在敦煌石室出土了汉文本《类林》残卷，但内容很少。西夏文本《类林》补充了这一缺失。现该书已转译成汉文本，恢复了古《类林》本。①

（十）西夏人所撰《圣立义海》，分门别类地记录了西夏的自然状况、现实社会制度与生活习俗以及伦理道德，是一部西夏的特殊类书。该书乾祐壬寅十三年（1182年）刻字司印制，存有残刻本，仅存原书四分之一左右。②其中的制度和习俗释义既反映出西夏的民族和地域特色，也多方面体现出儒家的忠孝节义精神，如书中关于君臣关系、立人九等、家庭婚姻都贯串着儒家的道德精神。③

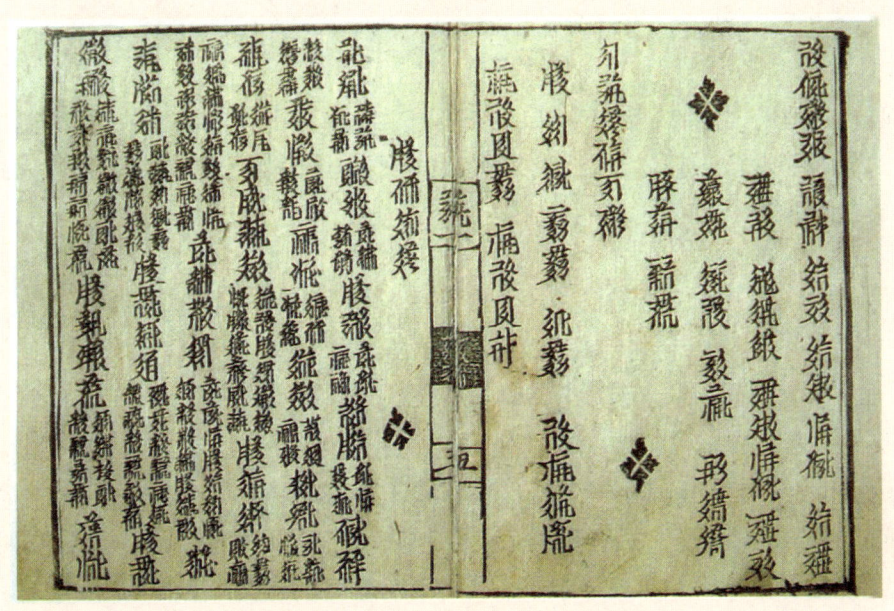

图352　西夏文刻本《圣立义海》

黑水城出土的文献中还有汉文《论语》、《礼记》等儒经残件④，虽不一定是西夏写刻，也在西夏保存、流传，从另一方面证明西夏儒学影响的广泛存在。

---

① 史金波、魏同贤、克恰诺夫主编《俄藏黑水城文献》第一一册第217—332页。史金波、黄振华、聂鸿音《类林研究》。
② 克恰诺夫、李范文、罗矛昆《圣立义海研究》。
③ 史金波、魏同贤、克恰诺夫主编《俄藏黑水城文献》第一〇册第243—267页。
④ 史金波、魏同贤、克恰诺夫主编《俄藏黑水城文献》第四册第354页；第5册第11页。

第四节　教育风俗

在西夏法典《天盛律令》中，有关于教育、选举法的内容集中在卷第十"官军敕门"中，有"番汉学子选拔"、"依位得官法"、"学士选拔官员"等条，但因残损过多，或完全缺失而不得其详。

一、学校和科举

元昊想以蕃礼、蕃书抗衡中原宋朝文化，便于称帝的第二年特建蕃学，以创制文字之师、重臣野利仁荣主其事："于蕃、汉官僚子弟内选俊秀者入学教之，俟习学成效，出题试问，观其所对精通，所书端正，量授官职。并令诸州各署蕃学，设教授训之。"[①] 看来，"蕃学"不仅是培养西夏文人才，同时更是造就、选拔官吏的基地。

西夏前期虽然受汉族文化特别是儒学的强大影响，但西夏境内的系统儒学教育仍很不正规。60多年以后，至崇宗时国中由蕃学进而为官者诸州多至数百人，而汉学则很不景气，士人风气日坏，乾顺感到忧患。贞观元年（1101年）御史中丞薛元礼上书，建议重汉学："士人之行，莫大乎孝廉；经国之模，莫重于儒学。昔元魏开基，周齐继统，无不尊行儒教，崇尚《诗》、《书》，盖西北之遗风，不可以立教化也。景宗以神武建号，制蕃字以为程文，立蕃学以造人士，缘时正需才，故就其所长以收其用。今承平日久，而士不兴行，良由文教不明，汉学不重，则民乐贪顽之习，士无砥砺之心。董子所谓'不素养士而欲求贤，譬犹不琢玉而求文采也'，可得乎？"[②] 此论正合崇宗之

---

① （清）吴广成《西夏书事》卷一三。
② （清）吴广成《西夏书事》卷三一。

意，于是命当年于蕃学外特建国学，设弟子员三百，立养贤务以廪食之。① 西夏地处西偏，虽是少数民族当政，也和中原王朝一样，将最高学府称为国学，其主旨是弘扬汉学。此举不仅是西夏文化史上一件划时代的大事。从此西夏教育走上蕃、汉并重之路，为仁宗大力发展儒学，开办多种类型的儒学教育打下了基础。

仁宗即位后，于人庆元年（1144年）在皇宫内建立小学，凡宗室子孙7岁至15岁都可以入学，专门请教授讲课，仁宗和皇后罔氏也常前往训导。仁宗又令各州县立学校，弟子员增至三千人，等于崇宗最初建立国学时设弟子员的十倍。翌年西夏又建立大汉太学，仁宗亲临太学祭奠先圣先师孔子。从国中普遍设立学校，再于宫中建立小学，继而建成教授汉文化的最高学府，这些推进儒学的盛事仅在短短的两年内完成，可见仁宗时学校教育之兴盛。人庆三年（1146年）尊孔子为文宣帝，这证明西夏和中原地区一样，也在推行庙学，使庙学一体，以达到推行儒学教育的目的。

西夏在甘州所立黑水河建桥碑的立碑相关人员中有"都大勾当镇夷郡学教授王德昌"，可见甘州有郡学之设，并有总管郡学的学官教授。大约西夏其他州郡也有郡学及学官。

西夏推行尊师重道，西夏法典把学校老师和学生的关系定位为上下关系，把杀害老师定为"十恶罪"："弟子、学生等对官家所派师傅、先生打斗而杀时，当与杀诸司局分人上属大人、承旨之罪相同。"即处以死刑。②

人庆四年（1147年）西夏进一步接受了中原王朝的科举制度，实行唱名法，仿中原选举制度立进士科。文献记载西夏著名学者和宰相斡道冲5岁时中童子举，天盛三年（1151年）为蕃汉教授，推想他中童子举时至少要在15—20年前，由此可知西夏在仁宗以前的崇宗时就已经有童子科之设了。

文献中还记载一些西夏重要人物为进士及第或进士出身。如桓宗天庆十年（1203年）三月西夏册进士，宗室子弟遵顼进士及第，唱名第一。遵顼是齐王彦忠之子，博通群书，长于隶篆书法，后来成为西夏第八代皇帝。官至吏部尚书的权鼎雄也是天庆年间的进士出身。西夏乾定三年（1225年）高智耀等人进士及第。此时离西夏灭亡仅差两年时间。高智耀见国事不堪收拾，便隐居贺兰山中，元初为宪宗、世祖所用。西夏平章政事曲也怯律之子、元初大将察罕之兄曲也怯祖也曾考中西夏进士。元代文学家虞集在为斡道冲画像写赞语时说西夏"学校列于郡邑，设进士科以取士"，这是西夏灭亡前教育、科举的真实写照。③

----

① 《宋史》卷四八六《夏国传》（下）。
② 史金波、聂鸿音、白滨译注《天盛改旧新定律令》卷第一"失义门"第129页。
③ 《道园学古录》卷四《西夏斡公画像赞》。

西夏早有蕃学院、汉学院，有蕃学士、汉学士。汉文文献记载西夏天盛十三年（1161年）设翰林学士院，应是对蕃学院、汉学院的发展。

西夏还有殿、阁学士。这是地位较高的儒臣称号。如历经桓宗、襄宗、神宗、献宗的西夏名臣罗世昌，是观文殿大学士，地位极高；献宗时与金朝谈判互市的使臣李弁，是徽猷阁学士。①

二、蒙学教育和蒙书

学校教育除具有学习文化、求取知识的作用外，更重要的是可由此走上仕途。而民间教育则在于学习实用文化，以求在社会实践中应用，不求高深，更重实效。由于这种社会的需要，西夏社会中除官修的经、史等书籍外，多种初学文字的启蒙书籍应运而生。蒙书具有知识浅显，篇幅短小，容易学习，便于记忆的特点，在民间流传很广。

（一）《番汉合时掌中珠》

西夏蒙书中最重要的是西夏文—汉文双解词语集《番汉合时掌中珠》，此书为党项人骨勒茂才编纂于乾祐二十一年（1190年），后有修订，在黑水城、银川、敦煌等地都有发现。该书蝴蝶装，共37页。以天、地、人分类，每类又分上、中、下三品，其中以人事下内容最多。正文半页三栏，栏中每一词语都有四项，中间两项分别为西夏文和相应意义的汉文，左右两项分别为中间西夏文和汉文的相应的译音字。其译音字的标注是科学、系统的，合乎语音体系的规范。西夏文字和汉字都是表意字，达到准确的互相注音有很大困难。为了译音的准确，作者采用了一些特殊的标注符号。

懂汉语文不懂西夏语文的人可通过此书的词语学习西夏语文，而懂西夏语文不懂汉语文的人也可通过此书的词语学习汉语文。西夏提倡番汉人民互相学习对方语言文字。《掌中珠》就是番人、汉人互相学习对方语言文字的一部工具书。作者在序言中阐明编纂此书的目的：

> 然则今时人者，番汉语言，可以具备。不学番言，则岂和番人之众；不会汉语，则岂入汉人之数。番有智者，汉人不敬；汉有贤士，番人不崇。若此者由语言不通故也。如此则有逆前言。故茂才稍学番汉文字，竭敢默而弗言，不避惭怍，准三才集成番汉语节略一本，言者分辨，语句昭然，言音未切，教者能整。语句

① 《金史》卷六一《交聘表中》；卷一一〇《云翼传》。

虽俗，学人易会，号为《合时掌中珠》。①

此书内容丰富，包括日月星辰、雷雨风云、四季五行、天干地支、日月年岁、四方四隅、大地山海、江河沟洫、宝物矿藏、花果蔬菜、五谷杂粮、野兽家畜、禽鸟鱼虫、人体部位、人事生活等。特别是书中第九部分"人事下"占了全书差不多一半的篇幅，内容更加接近社会日常生活。从人的出生、作佛法、作活业、买田地、学文字、被加官、审案件、作消遣、宴宾客、为婚姻、明世事、归佛法等一系列社会活动，系连到亲属称谓、佛教用语、房舍结构、造房工具、屋内陈设、炊事餐具、衣服妆饰、农耕用具、文房四宝、职官称谓、审判程序、乐器名称、食物种类、马具鞍辔、婚姻嫁娶等词语，囊括了绝大多数常用社会词语。

西夏文有 6000 余字，而《掌中珠》中不重复的西夏字只有 1000 多字，学会了这些字即掌握了绝大部分西夏社会实用文字。据目前所知，它是中国最早的双语双解四项词典，在中国辞书史上具有重要地位。

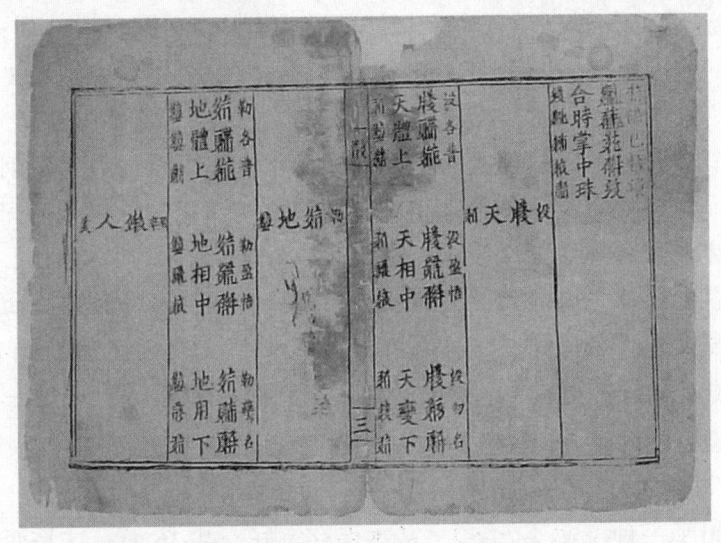

图 353　西夏文汉文对照词语集《番汉合时掌中珠》

（二）西夏文《三才杂字》

宋代教育出现大众化的趋势，在官学之外发展了私学教育，《杂字》之类的蒙书在基层流行。元代明令限制使用《杂字》用作乡塾教材，导致其地位的跌落。此后除明清官方组织编纂的"译语"类字书外，《杂字》到了清代均已亡佚殆尽。敦煌石室出土汉文本《杂字》，有 10 种，都是残缺不堪的散页，难见《杂字》类书籍的全貌。

---

① 史金波、魏同贤、克恰诺夫主编《俄藏黑水城文献》第一〇册第 1—37 页。（西夏）骨勒茂才著，黄振华、史金波、聂鸿音整理《番汉合时掌中珠》。

西夏文《三才杂字》简称《杂字》。黑水城出土有多种版本。在武威张义乡下西沟岘也发现了两张西夏文《杂字》刻本残页。莫高窟北区洞窟也发现西夏文《杂字》残片。可见西夏文《三才杂字》是应用很广的一部通俗读物，它适应了西夏社会民间的需要。俄藏本中一种刻本，蝴蝶装。其内容包括了西夏语的常用词语，以天、地、人分为三品，每品分为若干部，共40多部，每部又包括若干词。通过书中的字词可以了解自然现象、动物、植物和西夏社会、风俗状况。其各部目录为："上天第一"，包括天、日、月、星宿、闪、雷、云、雪、雹、霜、露、风、天河；"下地第二"，包括地、山、河海、宝、绢、男服、女服、树、菜、草、谷、马、骆驼、牛、羊、飞禽、野兽、爬虫昆虫；"中人第三"包括族姓、人名、汉族姓、节亲与余杂义合、

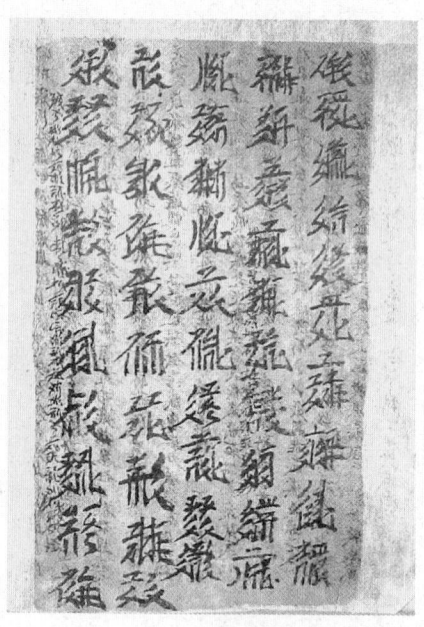

图354　西夏文写本《三才杂字》序

身体、舍屋、饮食器皿、□日略类、诸司与余用字合、军杂物。书中刻写时每行中都以二言为一小节，除二言词语外，一字的汉姓使之两两相连，四字的词语要从中间断开。其序言中强调此书为民庶学习而作：

>　　彼村邑乡人，春时种田，夏时力锄，秋时收割，冬时行驿，四季皆不闲，又岂暇学多文深义！愚怜悯此等，略为要方，乃作《杂字》三章。此者准三才而设，识文君子见此文时，文缘志使莫效，有不足则后人增删。①

可见这是给普通百姓的成人识读教本。

（三）汉文《杂字》

西夏还编辑了一种汉文《杂字》，基本保存完好，共36面。这是西夏保存至今为数不多的几种汉文世俗著作之一。该书是以事门分类的词语集，分为二十部，有汉姓名、番姓名、衣物、斛豆、果子、农田、诸匠、身体、音乐、药物、器用物、屋舍、论语、禽兽、礼乐、颜色、官位、司分、地分、亲戚长幼，反映了西夏社会生活的方方面面。所反映西夏的名物制度，既有汉族的，也有党项民族的，证明在西夏汉文化和党项文化有机地融合在一起。②

---

① 史金波、魏同贤、克恰诺夫主编《俄藏黑水城文献》第一〇册第39—69页。参见聂鸿音、史金波《西夏文〈三才杂字〉考》。
② 史金波《西夏汉文本〈杂字〉初探》。

此汉文本《杂字》有其特点。如"汉姓"列在第一部,"番姓"为第二部,这和西夏文《杂字》"番姓"在"汉姓"前不同。"汉姓"前残,约缺几十个姓,尚余138个姓,而西夏文《杂字》"汉姓"中只有84个汉姓。书中对农业、手工业和商业的词语反映较多。又第十七部"官位",第十八部"司分"集中了有关西夏职官的词语,与《天盛律令》比照也有不同。《杂字》"官位"中有三公:太师、太傅、太保;有三少:少师、少傅、少保。《天盛律令》只是在授官印时提到"三公",但未列具体名称,而未见"三少"。《杂字》中"王"的类别比较多,有国王、平王、郡王、嗣王等,而《天盛律令》中只有国王、诸王。《杂字》有尚书、令公之称,而《天盛律令》则不见记载。汉文本《杂字》官位第十七中列"帝师",而"帝师"在《天盛律令》中尚无明确记录,可推知汉文本《杂字》的出版在西夏后期。

(四)西夏文《新集碎金置掌文》

《新集碎金置掌文》简称《碎金》,约成书于12世纪初期前,西夏宣徽正息齐文智编。既为"新集",此前当有旧本。其一种为耶酉般若茂抄本,蝴蝶装,首有"碎金序"一篇。《碎金》全文将1000字个不重复的西夏字,编成长200句、100联的五言诗,其编排方法和叙事列名的顺序与梁周兴嗣撰著的汉文《千字文》相仿。不过《千字文》每句四言,而《碎金》是每句五言,并且多结合西夏社会生活的实际。其序言记:

> 夫人者,未明文采,则才艺不备;不解律则,故罪乱者多。今欲遵循先祖礼俗,以教后人成功,故而节略汇集眼前急用要义一本。不过千字,说释总摄万义。……五字合句,四二成章。睿智弥月可得,而愚钝不过经年。号为《碎金置

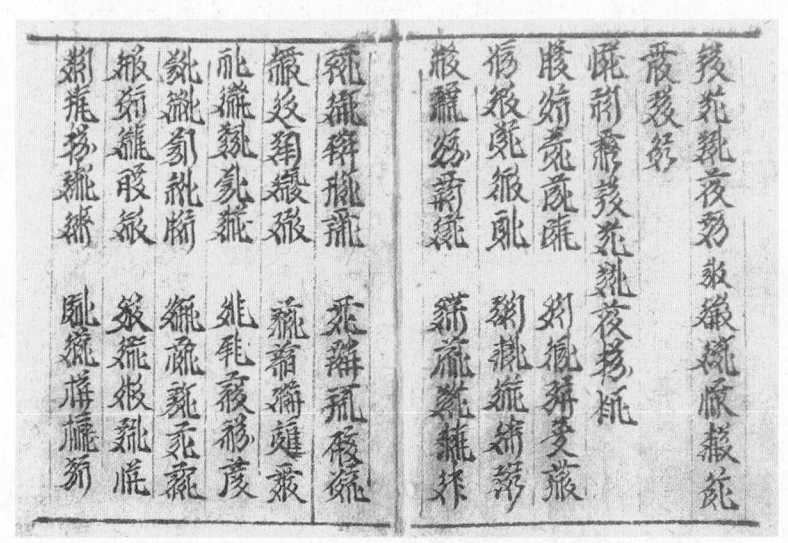

图355 西夏文《新集碎金置掌文》卷首

掌文》。①

可见这是一本速成识读西夏文的蒙书，反映了民间教育的特点。

《碎金》中都是社会习用词语，正文开始是自然现象、时节变化等，后为人事，包括帝族官爵、番姓和汉姓、婚姻家庭、财务百工、禽兽家畜、社会杂项等，反映了西夏的社会、民族、习俗、文化状况。如其中有的语句描绘了西夏主要民族的特点："弥药（党项族）勇健行，契丹步履缓。羌（藏族）多敬佛僧，汉皆爱俗文。回鹘饮乳浆，山讹（党项族一支）嗜荞饼。"西夏人对各民族的看法跃然纸上。特别是在第39联后有12联120个汉姓，不仅有姓氏本身的意义，还有隐含的双关意义。如"金严陶萧甄，胡白邵封崔"，隐含着"金银大小珍，琥珀少翡翠"；"曹陆倪苏姚，浑酒和殷陈"，隐含着"秋露宜酥油，浑酒和茵陈"。作者于此匠心独运，形成该书一大特点。

该书流传很广，目前已经发现多种版本。除黑水城出土写本外，敦煌北区56窟也出土了经人剪裁为鞋样的《碎金》残片，可知此书在民间传抄流行。②

（五）西夏文《纂要》

西夏人还别出心裁地编撰了一部奇特的西夏文辞书，名为《纂要》。该书以事门分类，残本蝴蝶装，存第五类"器皿"，第六类"乐器"，第七类"花名"。其中每一个西夏文词语都用汉语注释，但这种注释并不用汉字，而是用为汉字注音的西夏字。此书对懂得汉语又粗通西夏文的人了解西夏词语的准确含义很有帮助。这样的书也表明当时西夏境内番、汉语言同时使用、互相交流的需要。（见图308）

---

① 聂鸿音、史金波《西夏文本〈碎金〉研究》。
② 史金波《敦煌莫高窟北区出土西夏文文献初探》。

【 第五节　绘画风俗 】

西夏绘画早有传统。元昊祖父李继迁率领众人出奔地斤泽时，便拿出祖先拓跋思忠的画像，招纳追随者。①李继迁出示的先祖人物画，证明那时已有了一定水平的绘画艺术。

建国后西夏绘画作品达到了很高的水平，留下了不少艺术精品。在西夏汉文本《杂字》"诸匠部"中有"彩画"，证明当时绘画已是专门的行当。又"颜色部"内记颜料多种，颜色多达20余种，有绯红、碧绿、淡黄、梅红、柿红、铜青、鹅黄、鸭绿、鸦青、银褐、银泥、大青、大绿、大碌、石青、沙青、粉碧、缕金、贴金、黑绿、杏黄、铜绿等。②

一、壁画

西夏绘画集中反映在洞窟壁画。西夏建国前就占领沙州、瓜州，沙州境内的敦煌莫高窟和瓜州境内的榆林窟为西夏管辖。西夏隆盛佛教，修葺洞窟，使两窟群再次呈现出新的辉煌。

（一）莫高窟壁画

敦煌莫高窟和瓜州榆林窟的西夏壁画比较全面地反映出西夏绘画水平和特色。两窟西夏壁画中以佛像、说法图、经变图、菩萨像等为主。西夏早期壁画在题材、布局、人物形象、衣冠服饰、技法等方面都接受了北宋的影响，其画风与五代归义军时期相

---

① 《续资治通鉴长编》卷二五，太宗雍熙元年（984年）九月初条。记"出其祖彝兴像以示戎人"，误，应为"其祖思忠像"。
② 史金波《西夏汉文本〈杂字〉初探》。

衔接，具有严谨、写实的作风，构图往往程式化。中期以后，在学习宋代艺术成就和吸收回鹘壁画风格的同时，逐渐形成本民族的特点，发展成具有西夏民族风格和特点的壁画艺术。其明显的特点是人物形象逐渐接近党项族的面部特征和体质特点，衣冠服饰也发生了很大变化，西夏流行的服饰占据了壁画。西夏晚期，壁画所反映的民族风格和民族特点臻于成熟。中后期藏传佛教的影响进入洞窟，藏式佛画开始流行。在晚期的壁画上金和南宋的画风也有一定影响。①

　　莫高窟的西夏壁画以西夏早、中期为多。其风格承袭五代、宋初的壁画传统画法，在花饰图案上有不少精美之处。以龙或凤为图案的藻井在西夏壁画中十分普遍。如莫高窟310窟顶部的团龙藻井，中央是栩栩如生的团曲龙形，四角配以朵云，构图新颖。245窟顶部的团龙藻井，则又由团龙和周围的卷草纹组成美丽的图案。234窟五龙藻井，中塑描金彩绘飞腾戏珠盘龙，周围有橘黄色卷云纹组成的带状圆环，四角各绘彩塑描金飞腾的游龙，龙首两两相对，空间填绘多种云气纹，色彩斑斓，动感强烈。方井四周装饰简练，达到凸显五龙的艺术效果。16窟的藻井更显现出绚丽多姿的色彩，覆斗形长方形藻井井心浮塑彩绘一团凤、四游龙。中间为浮塑描金的凤凰，两翅展开做翱翔状，自然舒展而有力，凤尾自然盘卷，外围卷瓣莲花，四角各有一浮塑描金的游龙。龙、凤是中国传统艺术的装饰图案，而用描金、堆金等手法装饰窟顶，使之更加艳丽、

图356　莫高窟234窟五龙藻井

图357　莫高窟16窟团凤四龙藻井

---

① 刘玉权《西夏对敦煌艺术的特殊贡献》，《中国国家图书馆馆刊》（西夏专号）2002年版。

华贵，则始于西夏。根据前述《天盛律令》不准民间以龙、凤作装饰的规定，推定这些西夏洞窟是为皇室修造。莫高窟第400窟窟顶中心藻井绘制了两条凤首龙形的怪兽，这种奇特的复合式造型，表现了西夏的艺术家们的丰富想象力和创新精神。或许以凤为中心的藻井和凤首龙形的藻井与西夏太后执政有关。其他如团花图案、宝相花图案、交枝卷草图案也都很精美。莫高窟432窟窟顶有大面积团花图案。还有一种波状卷云纹边饰，构图简单朴素，是西夏时期流行的一种装饰图案。97窟西壁盝顶帐形龛龛壁菩提宝盖两侧的童子飞天像中，两童子左右对称，在红、白相间的云朵中飞行，头顶秃发，带有西夏党项民族秃发的社会习俗。在敦煌飞天中童子飞天十分少见，而这一幅童子飞天画则更有特点。①

图358 莫高窟432窟盝顶团花图案

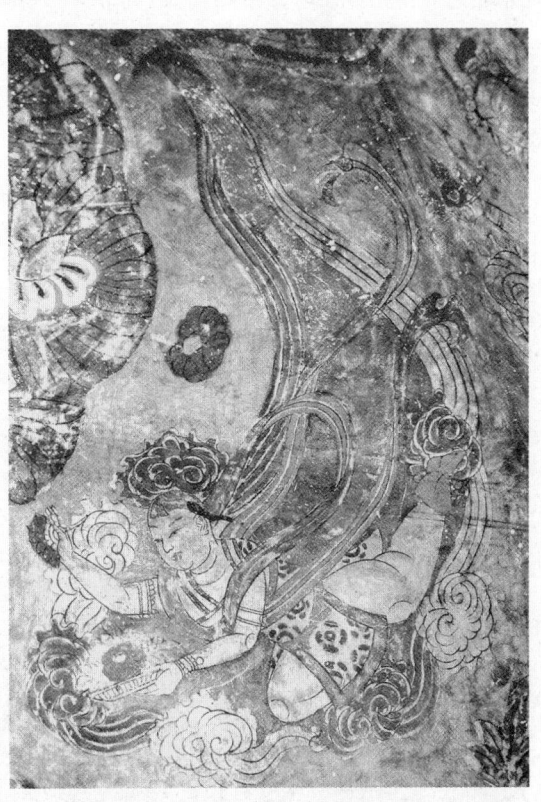

图359 莫高窟97窟童子飞天

西夏早中期壁画中，供养人较少，人物造型面部宽短，眼似小鱼，鼻高唇薄。如409窟东壁的皇帝供养像，高167厘米，可能是一幅等身像，面形浑圆、柳叶形眼，

---

① 史金波《西夏文化》第144—152页。

头戴高冠，可见额头秃发，冠后垂带，身着圆领窄袖团龙袍，袍上可见11团龙图案，腰束带，带上垂解结锥、短刀、火镰、荷包等物件，手持长柄香炉，足穿白色毡靴。他是重修此窟的施主，因榜题字迹消褪，名字不能确知。（见图44）西夏法典《天盛律令》规定包括国王（节亲主）在内的诸大小官员一律敕禁男女穿戴上有一团身龙。[①]因此敦煌西夏壁画中此图应是西夏某一皇帝供养像。前立一童子，高70厘米，手捧托盘，服饰华丽，当系眷属。男像后有侍从七身，分别持华盖、翚扇、弓箭、宝剑、金瓜、盾牌，均戴毡冠，着圆领窄袖袍，腰束带，服色均为青、绿色，与史书记载西夏"民庶青绿，以别贵贱"相符。他们的身材仅为施主的一半左右。画面人物身材比例悬殊，显然是想表现出身份尊卑的差别，这种违反现实生活，却迎合封建统治阶级意识的人物画，反映了当时供养人画的风俗。画中有后妃像二身，其服饰受回鹘装饰的影响。这一时期普通供养像较小，男像多西夏装，女像多受汉装影响。[②]（见图47）

（二）榆林窟壁画

榆林窟第2窟是西夏晚期壁画，西壁南北两侧各有一幅《水月观音图》，都很精彩。原敦煌莫高窟的水月观音图为小幅，西夏晚期发展成大幅。在透明的圆光中，观音披绿色大巾，下穿红蓝二色双裙，珠宝为饰，雍容华贵，在珞珈山岩金刚宝石座上斜依岩壁而坐，仰望天空明月，悠然自若，仪态闲适。对面有踏云而来的善财童子，在右下角隔水的岸上，穿宽袖袈裟的玄奘双手合十朝观音膜拜。孙悟空猴头人身，圆领短衣，腰系带，足穿高勒靴，左手牵着驮经的马匹，仰望观音。此唐僧取经图是中国现存最早的有唐僧、孙行者形象的图画。它成功地塑造了孙悟空这个人、猴统一于一身的艺术形象，对研究这一题材的绘画艺术发展有重要价

图360　榆林窟第2窟水月观音图

---

① 史金波、聂鸿音、白滨译注《天盛改旧新定律令》第七"敕禁门"第282页。
② 史金波《敦煌学和西夏学的关系及其研究展望》，《敦煌研究》2012年1期。

值。整幅图画巧妙的构思、杰出的造型和精湛的画技,达到纯熟的水平,将山水和人物有机地结合,运用勾描、皴擦、点染等技法,使画面达到了很高的意境。在宋元时期的同类壁画中堪称佳品,是西夏绘画艺术的代表作。

榆林窟3窟的大铺《文殊变图》、《普贤变图》是西夏晚期绘画的优秀代表作品。《普贤变图》中部普贤手持经卷,半跏趺坐于六牙白象背的莲座上,神态安详沉静,仪表风度雍容华贵;白象四足皆蹬莲花。象奴光头,紧拽缰绳,行走于象侧后。上部峨眉山山峰层峦叠嶂,亭台楼阁掩映,林木葱郁,气势雄浑;下部有梵天、天王、菩萨、罗汉等十余人,姿态各异,栩栩如生。左侧也有唐僧取经图,唐僧隔水向普贤菩萨合十礼拜,牵白马的孙悟空立于身后,白马背上驮着取回的佛经。图中人物与山水主次分明,相互衬托,融山水画于佛教画之中,表现出中原传统山水画的影响,达到良好的艺术效果。

该窟中还有《五十一面千手观音变》、《十一面观音图》、《观无量寿经变》、《天请

图361 榆林窟第3窟普贤变图

图362 普贤变图中的唐僧取经图

问经变》以及观音、五方佛、胎藏界、金刚界曼荼罗图，表现出同一窟中汉传、藏传佛教绘画内容的共存，绘画风格的各自展示，同时也可以看到不同题材、风格协调互补的审美效果。

西夏时期所绘壁画中，经变画品种较少，只有《西方净土变》和《药师变》等几种，画面比较简单，模式相似，不似前代那样品种多，构图复杂，刻画细腻。

西夏晚期的人物画在榆林窟表现得很有特色，形成党项族型，长圆脸、小嘴、细眼、高鼻。其中以榆林窟第29窟西夏供养人群像最富有代表性。壁画南侧和北侧各有男女供养人像两列，窟主及其眷属皆以西夏文题记标明职官、姓名、身份。男供养人上列以高僧鲜卑智海为先导，后有施主沙州监军赵麻玉等供养人7身，后三身为侍者，下列是施主的长子等供养像。人物面部丰满而微长，鼻梁较高，身材魁梧，与史料记西夏人面部特征"圆面高准"正相吻合。表明当时人物画的写实风格。武官都穿着窄袖紧身服，也与文献记载相符。北侧女供养人像两列皆以比丘尼为先导。其余为施主的女眷，她们神态端庄，服饰华丽，再现了贵族女供养人虔诚礼佛的形象。①（见图49、66）

图363 莫高窟61窟比丘像

西夏晚期壁画中，莫高窟第61窟甬道北壁的供养比丘群像很有特色。图中错落排列半身比丘供养像12身，每人近旁有汉文、西夏文合璧榜题，记载着他们的姓名。其中人物衣纹表现使用了"折芦描"糅合"丁头鼠尾描"的新画法，这种富有表现力和感染力的新画法，为元代线描艺术的大发展打下了良好的基础。

在榆林窟第3窟的《五十一面千手观音变》，则表现出西夏绘画反映现实生活的特点。在观音像的法光中左右对称地画有《犁耕图》、《踏碓图》、《酿酒图》、《锻铁图》各两幅。此外，还有《行旅图》和锹、镐、锄、犁、耙、斧、锯、镑、剪、尺、规等农业、手工业生产工具。画师把当时社会生活折射于笔端，充满浓郁的生活气息和时代特点，生动具体地再现了西夏社会的农业、手工业生产的场景，为研究西夏社会经济生活提供了难得的形象资料。

---

① 敦煌研究院《中国石窟·安西榆林窟》。

图364 榆林窟第3窟的《五十一面千手观音变》

（三）其他洞窟壁画

敦煌的东千佛洞、玉门的昌马石窟、酒泉的文殊山石窟、张掖的马蹄寺石窟、银川的须弥山圆光寺石窟、内蒙古的百眼窑石窟等也有西夏的佛窟，留下了西夏画匠们的作品。

东千佛洞距甘肃省瓜州县城98公里，保存有壁画和塑像的有9窟，其中西夏5窟。其中第2窟规模最大，保存最完整，壁画内容风格与榆林窟诸西夏窟基本相同，一窟之内多种风格并存，其中绿度母体型优美，穿着短裙，是少见的藏传佛教印刷品；两幅《水月观音》图，绘画精湛，图中还绘有玄奘取经图，十分珍贵。文殊山石窟位于甘肃省肃南裕固族自治县，其中万佛洞有西夏时绘制的大型《弥勒经变》画及"四天王"像，都是功力很深的精美壁画。其门壁左右两侧绘供养人，并残存西夏文、回鹘文题记。① 内蒙古额济纳旗绿城的寺庙遗址也残留有西夏壁画。

西夏寺庙也绘有壁画，《凉州重修护国寺感通碑铭》中，赞美塔寺修成后庄严美丽的情景时提到："壁画菩萨活生生"，证明凉州寺庙中的壁画绘有生动的菩萨画像。

图365　笔者考察西夏遗址壁画

（四）壁画技法和特点

西夏的壁画在技法上也达到相当高度。在线描艺术方面，除上述莫高窟第61窟具有创造性的衣纹线描外，晚期建筑界画的线描也很有功力。榆林窟第2、3、29窟是线描艺术中的优秀作品。尤其是第3窟南、北壁画中央的西方净土变，图中有大规模的

---

① 张宝玺《文殊山万佛洞西夏壁画的内容》，《1983年全国敦煌学术讨论会文集》，甘肃人民出版社1985年版。张宝玺《东千佛洞西夏石窟艺术》。

建筑画，运用中国画的传统，以精致流畅的线描，增强了建筑画的表现力。

西夏壁画在线描方面突出的成就是运用多种线描塑造人物形象，用细而圆润的铁线描表现人物的肉体轮廓，以纤细而飘忽的游丝描表现须眉头发，以挺拔有力的折芦描表现衣纹褶皱。几种线描配合使用，是绘画技法上的一大进步。

在敷彩方面，早、中期往往在整窟或大面积千佛、供养菩萨画中，以石绿色打底。另有一些说法图、经变图又多用红色打底。这在其他时代的壁画中是少见的。西夏壁画的装饰部分，如藻井图案中的团龙、盘凤，平棋图案、团花图案或边饰上的花蕊，人物装饰上的璎珞、耳环、手镯、臂钏之类，往往有浮塑贴金或沥粉堆金。在晕染方面，一般比较清淡，所染颜色，边界清晰，有较好的装饰效果。

莫高窟和榆林窟的西夏壁画，集中地反映出西夏佛教绘画艺术水平和各时期的艺术特点。西夏壁画艺术早期承继北宋，创新不多。中期融入了高昌回鹘的艺术营养，逐渐探索创造本民族的风格，晚期在吸收中原绘画传统的同时，又接收了吐蕃传来的密宗绘画艺术的影响，在构图、造型、线条、敷彩等方面，都有所创新，使西夏壁画呈现出多民族绘画艺术特点。近人谢稚柳在《敦煌艺术叙录》一书中认为西夏壁画"其画派远宗唐法，不入宋初人一笔，妙能自创，俨然成一家"，又指出其"画颇整饬，但气宇偏小，少情味耳"。①

二、卷轴画

（一）黑水城出土的卷轴画

黑水城遗址所出大批绘画多是绘在绢帛或纸上的卷轴画。它们现保存在俄罗斯圣彼得堡爱尔米塔什博物馆，约有200多幅。这批绘画反映出中原地区和藏族地区宗教和绘画的巨大影响，也反映出西夏在吸收各民族绘画艺术成就的同时，逐渐形成了自己的艺术风格。

黑水城出土的西夏卷轴画中，有受中原宋朝绘画艺术影响而创作的，如《阿弥陀佛来迎图》，形象

图366　黑水城出土阿弥陀佛来迎图

---

① 谢稚柳《敦煌艺术叙录》概述，古籍文学出版社1957年版。

高大的阿弥陀佛立于右方，身披袈裟，手结来迎印，一道光芒自佛头顶射至两个施主身上，施主一男一女，男手持如意，女双手合十。其画风是中原佛画风格，但人物是西夏党项族的特征。另两幅《接引男正行者于阿弥陀佛净土途中图》和一幅《接引女正行者于阿弥陀佛净土途中图》，施主在地上或站、或坐，但其化身婴儿已上升天空，在去阿弥陀佛净土的途中，画虽有不同风格，但确是继承了中原画风。①

《文殊图》、《普贤图》中的菩萨恬静端庄，衣饰华丽，侍从童子生动活泼，两菩萨的坐骑狮子和象步履矫健。画面静中有动，动静相宜，给人以美的感受。②《大势至菩萨图》中菩萨慈眉善目，珠光宝气，稳坐在祥云托浮的莲华座上，红色飘带随风摆动，藕荷色的衣裙舒卷自如，上覆鲜花，下流碧水，整个画面色泽艳丽，线条流畅，面部用铁

图367 黑水城出土大势至菩萨图

图368 黑水城出土十一面八臂观音像

线描，衣纹用丁头鼠尾描和折芦描。它有唐代遗风，是绘画的精品。③

黑水城出土的绘画品中还有大量具有藏传佛教风格的密宗画，这些藏传佛教唐卡有：《金刚座上的佛陀图》、《金刚座佛与五大塔图》、《药师佛图》、《十一面八臂观音图》、《绿度母图》、《佛顶尊胜曼荼罗图》、《金刚亥母图》、《胜乐金刚图》、《不动明王图》等。这些绘画作品多为浓彩重墨，色调深沉，反映了藏传佛教密宗"唐卡"风格。其中《十一面八臂观音像》观音端坐在正中莲花

---

① ［俄］米开罗·皮欧特洛夫斯基编《丝路上消失的王国——西夏黑水城的佛教艺术》第180—189页。
② 同上，第210—213页。
③ 同上，第216—217页。

座上，11种面孔分别表示出慈悲相、愤怒相，最顶上一面则为佛面。图上部有5身坐佛像，左右和下方分格画有8幅图像作为中心观音像的陪衬。又如《不动明王图》，不动明王单腿跪于一莲花座上，火焰背景中又有小不动明王，三眼、二臂，系虎皮腰裙，头戴附有头盖骨的王冠，一大蛇盘绕其身，也是典型的藏密风格。《绿度母图》缂丝锦画，绿度母端坐于蓝色莲花上，右腿踏一莲花，左腿弯曲。右臂向外伸展，姿势优美，左手持莲花。（见图184）唐卡上下两端各加缝宽幅长条，内有空行母奏乐。这些绘画色彩浓重，背景多平铺蓝色和绿色，冷暖色调对比强烈；布局饱满，结构繁复，表现出明显的藏传佛教绘画特点。① 黑水城出土《水月观音图》，图中观音偏左侧以游戏座坐法，闲适自然；四西夏舞者在右下方或歌或舞或奏乐，活泼热烈；布局巧妙，疏密得当。

图369　黑水城出土《水月观音图》

黑水城的绘画艺术品还有世俗画，如《西夏皇帝和随员图》、《相面图》等，可看出西夏的人物肖像画都是依据"面相学"画成的。②

（二）其他地区的卷轴画

近些年，宁夏和甘肃等地也出土了多幅西夏卷轴画。

宁夏拜寺口双塔中西塔的天宫内发现了《上乐金刚图》、《上师图》。《上乐金刚图》绢质，周围绸缎装裱。中间绘上乐金刚双身像，裸体，呈蓝色，面有三目，双臂拥抱明妃，头戴五骷髅冠，身

图370　银川拜寺口双塔上乐金刚图

---

① ［俄］米开罗·皮欧特洛夫斯基编《丝路上消失的王国——西夏黑水城的佛教艺术》第105—236页。
② 同上，第242、255页。

挂五十骷髅串。明妃亦裸体，头戴五骷髅冠，颈部佩带骷髅串珠。主尊双脚分别踩仰面魔鬼和伏面魔鬼。主尊上部横置五个小框，框内均绘有一尊上乐金刚双身像，主尊下部也分为五个小框，正中为三个护法金刚像，左右为祖师像。整个画面表现出浓重藏传佛教气氛，是西夏藏传佛教绘画的精品。[1]其中的《上师图》则表现出明显的中原肖像画特征，人物表情含蓄，神态自然。[2]青铜峡一百零八塔出土了《大日如来佛图》，甘肃武威亥母洞也出土了西夏唐卡。这些唐卡多是藏传佛教的绘画作品，是按照密宗造像仪轨绘制，表明藏传佛教艺术嫁接于西夏艺术之中。[3]

贺兰县宏佛塔出土的西夏绘画更为丰富多彩。胶彩画唐卡有《胜乐金刚图》、《千佛图》、《护法力士图》等。《千佛图》画面中心绘一坐佛，身着朱红袈裟，施降魔印，结跏趺坐，佛像上方绘有一覆钵式灵塔。

图371　贺兰县宏佛塔出土《炽盛光佛图》

佛像周围划分成六列、三十五个长方形塔龛，每一塔龛中绘一结跏趺的坐佛像，佛身披朱红袈裟，每尊坐像都在一座覆钵式塔内。画面色泽深重，以红、黄、蓝色为主。[4]彩墨绢画有《炽盛光佛图》、《玄武大帝图》。《炽盛光佛图》有两幅。其中一幅炽盛光佛结跏趺端坐于仰莲须弥座上，顶部有十二行宫图，每一图绘于圆圈内。宫图间有祥云四朵，每朵内有七尊人物像，为二十八宿。主尊下部及两侧有十一曜星官，土星为一老者，似为婆罗门，水、金星皆为女像，日、月星为帝、后装束，木星、紫炁为文臣像，火星、月孛、罗睺、计都，皆为武士像。图画构图繁复，人物形态各异，表现了西夏时期高超的绘画艺术风格。

---

[1]　雷润泽、于存海、何继英《西夏佛塔》第251页。
[2]　雷润泽、于存海、何继英《西夏佛塔》第189页。
[3]　谢继胜《西夏藏传绘画——黑水城出土西夏唐卡研究》，河北教育出版社2002年版。
[4]　雷润泽、于存海、何继英《西夏佛塔》第184页。

三、木刻版画

木刻版画是木雕版印刷的绘画，是绘画与雕版技术相结合的艺术。因其是印刷品，流通量大，社会影响也很大。西夏时期也有不少木刻版画，主要是佛经卷首前的佛画。中国所藏和科兹洛夫、斯坦因所掘走的西夏文献中都不乏木刻版佛画，其中以佛、菩萨画像居多。

黑水城出土西夏文本经折装《观弥勒菩萨上生兜率天经》卷前有经图，占经折装8页，在这一大型木刻版画中有栩栩如生的佛、菩萨、天王、神、僧、人等像100余身，形象各异，衣纹流畅。图中有华丽的宫殿，简朴的房舍，一柱一石，线条清晰。图内多处以文字注明场所或人物的名称，有西夏文、汉文两种，分别冠于该种西夏文和汉文佛经之前。

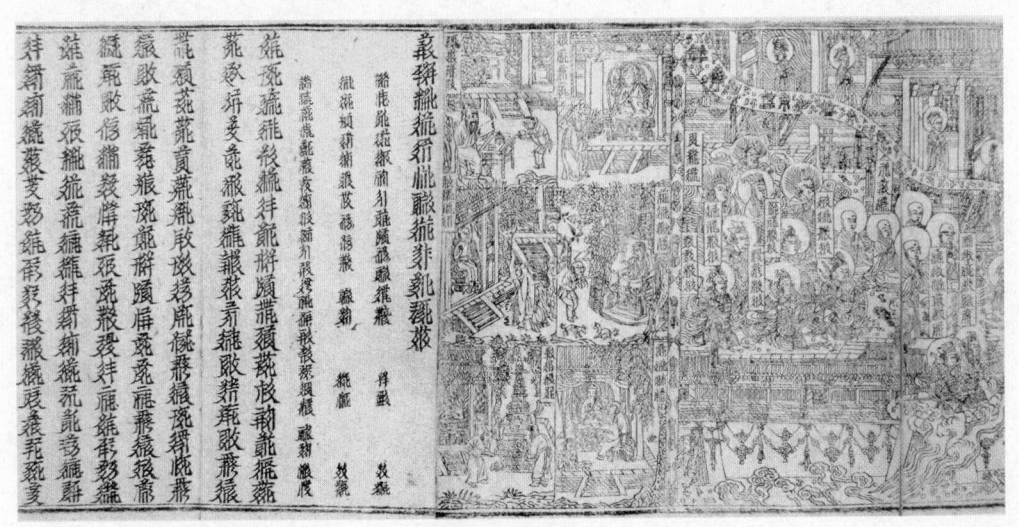

图372　西夏文《观弥勒菩萨上生兜率天经》卷首经图（部分）

西夏文经折装《妙法莲华经》卷首有刻版变相经图，右部双线刻西夏文"妙法莲华经契变相"八个字，上覆荷叶，下托莲花，莲花下有一童子顶承，画面十分生动。图中人物众多，上部有地藏菩萨、妙音菩萨、文殊菩萨，下部有八龙王等，人物神态、形象、衣着各有特点，线条流畅，构图谨严。

西夏文刻本《中华心地传禅门弟子承袭图》，首页有图有文，人物图画简练生动，比例适当，形态传神。此书书名标题、版心正常写刻，但大概为了以图表示禅门的承袭，在书名后将书逆时针方向旋转90度书写，而所绘人物也需从两种角度观看，若从一个方向观看，则似有站有卧。① 这是一种形式上非常奇特的书。

敦煌出土有出图本西夏文《妙法莲华经观世音菩萨普门品》，卷首有扉画一幅2面，系呈方形构图的水月观音图，由海浪承托、冉冉升起的大月轮中观世音菩萨安详而坐，左上角善财童子奉宝飞来，左下角一文职官员模样的人向观音礼拜，构图简练，是难得的优秀木刻版画。后为上图下文、图文并茂的经文和图解版画，共54面。经文上部约三分之一处分段绘图55幅。第一幅是经题上的题图，以莲花、卷云和栏柱组成，后每幅图为下面经文的图解，全部图画类似连环画。图中有佛、神、鬼、怪、僧、俗人物70多身，因图高仅有4厘米，构图十分简约，人物，突出特性，粗犷朴实，是现存最早的佛教连环画。②

图373　出图本西夏文《妙法莲华经观世音菩萨普门品》卷首

俄藏黑水城出土的同一类型的佛经，刻经题款中有"殿前司西比丘阿心计尼印赎"。③

西夏的汉文刻本插图也有很高的水平。除《观弥勒菩萨上生兜率天经》卷前有经图外，还有汉文刻本《佛说转女身经》卷首有经图一幅6面，画面繁复，汉字榜题很多，以图画的形式表现经文内容，其中有释迦牟尼佛在王舍城耆阇崛山中讲经，日净夫人

---

① 俄罗斯科学院东方文献研究所手稿部藏黑水城文献 Инв.No.2261。
② 刘玉权《本所藏图解本〈观音经〉版画初探》。
③ 俄罗斯科学院东方文献研究所手稿部藏黑水城文献 Инф. No .6544。

腹中胎儿听讲，从母右胁中出生，变为菩萨等复杂故事情节。内中绘僧俗人物 80 余身，人物与建筑界画刻画细腻，是一幅结构复杂，绘制、雕印精细的版画。[①]

黑水城出土汉文本经折装《大方广佛华严经》卷首有大毗卢遮那佛说法图，佛跏趺而坐，法光圈外有朵朵祥云，菩萨、弟子错落安坐于左右听讲，佛像端庄慈祥，菩萨典雅秀美，是一幅出色的说法图。

除佛经卷首扉页外，西夏还有单幅木刻版画。黑水城出土的佛经发愿文记载，天庆三年（1196年）皇太后罗氏为去世的仁宗发愿印施《大方广佛华严经入不思议解脱境界普贤行愿品》，许愿在三年之中，作种种佛事活动，其中"散施八塔成道像净除业障功德共七万七千二百七十六帧"[②]，为宣扬佛教的佛画，施放7万多帧，应是木刻板印刷。黑水城出土的佛教木版画有一幅大黑天神像，大黑天双臂、上身和双腿裸露的神像，叉腿站立于莲花座上，足踏一人身，背后有火焰纹，画上部绘 5 佛，下部绘 5 人舞蹈。画面简约粗犷，注重人物整体造型。此画今藏圣彼得堡艾尔米塔什博物馆。

又西夏仁宗乾祐十五年（1184年）刻印《佛说圣大乘三归依经》发愿文中，记载做种种法事时，"印施经番、汉五万一千余卷，并彩绘功德五万一千万余帧"[③]；天庆二年（1195年）印施《佛说转女身经》做种种佛事时，印"番、汉文共三万余卷，并彩绘功德三万余帧"[④]。这些彩绘功德也应是木刻印本佛画，目前尚未见到西夏彩印画的实物。

中国国家图书馆藏西夏文刻本《现在贤劫千佛名经》卷首有《西夏译经图》，占两面篇幅，正方形，边长 27 厘米，图中刻僧俗人物 25 身，有西夏文题款 12 条，记图中主要人物的身份和姓名。上部正中的高僧为译主"都译勾管作者安全国师白智光"，身着右衽交领短袖花袍，左肩斜披袈裟，跏趺而坐。旁列 16 人为"助译者"，其中前排 8 僧人分别有党项人或汉族人名题款，形象各异，姿态不同，前桌案上置经书和文房四宝。图下部人身较大者，左为"母梁氏皇太后"，右为"子明盛皇帝"，即西夏惠宗秉常。皇帝头戴尖顶圆花冠，内穿圆领内衣，外套交领绣花宽袖大衣，手持鲜花，富贵华丽。太后戴凤冠，上穿交领宽袖衫，下系裙，外穿宽袖大衣，手持香炉，威严端庄。两边侍从各有所持。中间桌案上有贝叶、卷装、册页装经书。下有黑白二犬围绕象征财富、系有花带的钱币戏耍。此图形象地描绘了西夏时期译经的独特场面和皇太后、皇帝亲临译场的生动情景，是现存惟一一幅译经图。此图当是元代刻印。[⑤]

---

① 史金波、魏同贤、克恰诺夫主编《俄藏黑水城文献》第一册第 198—199 页。
② 史金波、魏同贤、克恰诺夫主编《俄藏黑水城文献》第二册第 372—373 页。
③ 史金波、魏同贤、克恰诺夫主编《俄藏黑水城文献》第三册第 52—53 页。俄罗斯科学院东方文献研究所手稿部藏黑水城出土文献 Инв.No.7577。
④ 史金波、魏同贤、克恰诺夫主编《俄藏黑水城文献》第一册彩色图版 29。
⑤ 史金波《〈西夏译经图〉解》。又见《国家图书馆学刊》2002 年增刊《西夏研究专号》图版 3。

图 374 中国国家图书馆藏《西夏译经图》

国家图书馆藏10卷本西夏文佛经《慈悲道场忏法》，各卷卷首有版画忏法本事图一幅，即《梁皇宝忏图》，占4面篇幅。绘梁武帝初为雍州刺史时，夫人郗氏生前狠毒，死后化为蟒蛇，夜入宫求梁武帝超度的故事。图中在关键之处有西夏文注释。图左下部有一屈曲盘卷的巨蟒似在仰首叙述，旁边西夏文字为"郗氏变蛇身处"。上部梁武帝戴帝冠，着交领宽袍，与手持禅杖的僧人志公对话，似在谈论超度郗氏事。众官员站立阶前，官服捧笏，形态各异。从蟒蛇头部化出云气升腾为云朵，上立一女子，旁有西夏文为"郗氏天生（升天）处"。右部佛坐于中央，双足踏莲花上。前下跪一女子，

图 375　中国国家图书馆藏西夏文《慈悲道场忏法》中的梁皇宝忏图

即生为天人的郗氏。全图结构复杂，有不同类型的人物 44 身。画面以浪漫主义手法使不同时间的几个情节集于一图，互相衔接，已具有连环画的雏形。[①] 在卷第一正文前，有元代在建康奉敕集此经的西夏文小字刻款，证此经及经图为元代刊印。[②]

国家图书馆藏西夏文《金光明最胜王经》为西夏灭亡不久刻印，卷首也有木刻版画，构图复杂，仅人物就有 50 多身。

西夏向中原王朝学习并熟练地掌握了雕版绘画技术，制作出大量质量精美的艺术品。特别是结构繁复、人物众多的木刻版画给人留下了深刻的印象。

西夏木刻版画也吸纳了多民族艺术的营养。黑水城出土有金朝刻印的《四美图》上标明"平阳姬家雕印"，此外还有《关羽图》。[③] 与西夏邻近的山西平阳（今山西临汾市），在金代印刷作坊林立，是当时北方的刻印中心。金朝出版的精美印刷品也流传到了西夏。

---

① 《国家图书馆学刊》2002 年增刊《西夏研究专号》图版 1。
② 史金波、陈育宁主编《中国藏西夏文献》第四册，彩图五。
③ 史金波、白滨、吴峰云《西夏文物》图 79、80。

图 376　中国国家图书馆藏《金光明最胜王经》卷首版画

图 377　黑水城出土四美图

图 378　黑水城出土关羽图

西夏大量绘画作品的创造，必然造就出一批画家画匠。实际上，历史文献记载西夏景宗元昊本人就"善绘画"。榆林窟 19 窟一条西夏时代的汉文题记："乾祐廿四年……画师甘州住户高崇德小名那征，到此画秘密堂记之。"乾祐二十四年（1193年）是仁宗朝，画师高崇德是甘州人，他所画秘密堂当指西夏晚期的密宗洞窟。①

四、木板画及其他

木板画是直接用颜料画在木板上的绘画。甘肃武威西郊西夏墓中一次发现了 29 块木板画，每幅画一般长 10—28 厘米，宽 5—10 厘米。其中既有佛教的内容，也有超出宗教的题材。板画内容有重甲武士、侍从、牵马人以及家禽、家畜等。有的板画背面或侧面还有墨书汉文榜题。这些木板画构图简练，线条流畅，人物神态很有特点，如武士的威严、年迈人的老男女侍从的不同形象等都很逼真，生活气息很浓。②

黑水城出土的两幅大型坛城木板画引人注目。③木板画为《佛顶尊胜曼荼罗图》，一幅高 130 厘米，宽 108 厘米；一幅高 111 厘米，宽 131 厘米。分别由六、七块木板拼成，木板外有细木框。坛城正中为佛顶尊胜，有三脸，每脸有三眼、八臂，由里向外面有圆、方、圆三层坛城，坛城外书写西夏文陀罗尼。两画面右角下分别绘有男、女供养人各一人，男供养人西夏文榜题译文为"发愿者耶和松柏山"，耶和为西夏党项族姓。女供养人榜题不甚清晰，译为"行愿者梁……"，二人可能是夫妻。此图是典型的藏密画风，而发愿者是党项族。

岩画是西夏绘画的一个方面。在西夏东部，鄂尔多斯草原以北的那仁乌拉山中发现的岩画中有的属于西夏时期。这些岩画的内容多与当时的生活、生产有密切关系，如羊、马、太阳、磨盘和骑者等，绘画粗犷，构图简单，未脱原始绘画风格。在贺兰山中也发现了数处岩画，有的画面与带有佛教内容的西夏文字"佛"、"当兴盛佛法"相毗邻。一幅有羊形和人形的画面旁有墨书西夏文"黑石"二字。在西夏，原始的民族艺术依然有活力。常年在草原、山中生活的牧民，没有受过传统的教育，但他们仍然用民族的传统艺术，顽强地表现自己的生活。这种岩画也反映了西夏党项族早期的绘画传统，是一种活的原始民族文化的遗存。

---

① 史金波、白滨《莫高窟榆林窟西夏文题记研究》。
② 宁笃学、钟长发《甘肃武威西郊林场西夏墓清理简报》。
③ 史金波、白滨、吴锋云《西夏文物》图 84—87。

图379 木板画《佛顶尊胜曼荼罗图》（男供养人）　图380 木板画《佛顶尊胜曼荼罗图》（女供养人）

图381 贺兰山中雕刻西夏文及岩画

【 第六节　雕塑风俗 】

雕塑属造型艺术，中古时期多为石雕和泥塑。西夏的雕塑品很丰富，主要是继承和发展汉族的泥塑和石雕，此外还有木雕和竹雕。

一、石雕

西夏石雕很多，保存下来的仅是一部分，西夏陵园雕刻品为其代表作。陵园出土有两段雕凿精细的雕龙栏柱。其中一件柱身长方体，残长 123 厘米，顶部为束腰莲花座，座上原有一幼狮，可惜出土时已毁。柱身三面刻二龙戏珠云纹浮雕图案，祥云缭绕，整体给人以生动、自然的感觉，另一面平素无纹，上下两端各有一长方形榫孔，可与横栏套合。一件白砂石质莲花柱础，平面呈圆形，上小底大，中间有圆形柱孔，周边雕莲花瓣，美观、稳重，是西夏带有艺术色彩的实用石雕。另一件圆雕石柱头，连珠纹束腰，上下分别为仰莲、覆莲。6 号陵还出土卷舌石螭首，通长 62 厘米，前部为螭首，口含宝珠，唇向上卷曲，双目圆睁，浮雕二角，颈部有鬃毛；后部为楔形榫头，用于嵌入建筑物上。另出土有仅存头部的石螭首，长 34.5 厘米，上唇及鼻翘起，怒目颈部有鬃毛，后部残断，疑有榫头。

陵园出土的大石马是西夏雕刻艺术中的珍品，长 130 厘米，重 355 公斤，通体圆雕，比例适宜，刀法细腻，为西夏石雕中的代表作。（见图 144）陵

图 382　西夏陵出土雕龙石栏柱

园还出土了几个较小的石马,其中一个马鬃散披至肩部,刀法粗犷,表现了烈马的形象。另有带辔小石马,马头昂起,佩戴辔头,散披马鬃,曲肢静卧,是稀见的有辔石雕马。此外尚有石狗、石螭首等。①

图383 西夏陵6号陵出土石柱头　　图384 西夏陵6号陵出土石螭首　　图385 西夏陵出土石螭首

图386 西夏陵出土小石马　　　　　　图387 西夏陵出土带辔石马

陵园也有人物雕像。有两座石雕人头像,形态相似,其一残高31厘米,脸形方长,深目高鼻,颧骨较大,留八字须,略带笑容,神态自若,栩栩如生,是西夏雕刻艺术的上乘。② 又有石人身胸部残块,头部与下身残缺,身材挺拔粗壮,窄袖长衫,腰束革带,衣纹清晰。这些石像应是墓道两旁的石像生。

---

① 史金波、白滨、吴锋云《西夏文物》图230、232、233、223—228。汤晓芳主编《西夏艺术》第76—82页。
② 史金波、白滨、吴锋云《西夏文物》图255。汤晓芳主编《西夏艺术》第80页。

图388　西夏陵出土石雕人头像　　图389　西夏陵出土石雕人物残块

引人注目的是西夏陵园的碑亭遗址陆续出土了7座人像石碑座。这种石碑座近似正方体，每边长60厘米左右。石座为圆雕人像，一男性面部浑圆，颧骨高突，粗眉上翘，双目突出，鼻梁短粗，獠牙外露，下颚置于胸前，胸有肚兜，肩与头齐，肘部后屈，双手抚膝，下肢屈跪，背部平直。上部一角阴刻西夏文三行，其中有"志文支座"4字。碑座背面有阴刻汉文一行6字"砌垒匠高世昌"，留下了难得一见的西夏工匠的名字。石座中还有女性人像，其形象除胸前无肚兜，双乳下垂，半握双拳支撑于膝，手腕足胫套有双环外，其余都与男性像座相同。这些淳朴艺术造型以夸张的艺术手法表达出一种超乎现实的非凡精神，产生出强烈的艺术感染力，反映了西夏雕塑的民族特点。①

图390　西夏陵出土男性人像石碑座　　图391　男性人像石碑座刻字

---

①　史金波、白滨、吴锋云《西夏文物》图233、234。

图 392　西夏陵出土女性人像石碑座　　图 393　西夏陵出土女性人像石碑座

碑刻中花纹图案显示出石雕的高超水平。崇宗的《灵芝颂》残碑中可见上部的边栏花纹、云纹和卷枝花草纹交错盘绕，华丽多姿，疏密适度，衬托出皇家碑刻的高贵典雅气度。仁宗寿陵碑额上部以忍冬卷草文装饰，主枝上下起伏，其间枝、花、叶、芽相间分布，自然稳重；下部残留很少，似有云纹和兽纹。凉州碑两面碑额各有一对阴刻的伎乐菩萨，线条流畅，五官秀媚，身姿健劲，飘带环绕，舞姿优美，上端有云头宝盖，是难得的线雕装饰图案。近些年出土凉州碑的底座四周各有雕塑，其中一面双兽嬉戏浮雕，朴实生动，颇有情趣。

图 394　武威凉州碑底座双兽嬉戏浮雕

二、泥塑

佛教泥塑作品在西夏也比较普遍，并且具有较高的水平。莫高窟的西夏彩塑留存下来的不多，虽不如唐代彩塑神形俱佳，但有的也十分出色。如第491窟为西夏洞窟，佛座南侧有西夏女供养人（天女）彩塑一铺，头梳垂环髻，身穿裋衣，额宽腮小，面露微笑，显示出少女的温柔、典雅和美丽。（见图54）

莫高窟第263窟中心塔柱东向开盝顶帐形龛，在马蹄形佛床上有西夏彩塑一佛、二弟子、二菩萨像。其中南侧弟子光头、圆面、细眼，面相稚嫩，内着交领花袍，外披百衲袈裟，形态自然，表现出佛弟子阿难年轻憨厚的形象；菩萨梳云头高髻，细眼修鼻，面形圆浑，表情文静，项戴璎珞，身披披肩，半袒露胸腹和双臂，下着团花裙和围裙，腰束拖地长带，赤足，双臂、手腕戴环、钏，表现出菩萨婀娜形态。①

图395　莫高窟263窟弟子菩萨塑像

内蒙古自治区黑水城遗址附近的古庙中出土的25尊西夏彩塑像，包括佛像、菩萨像、男女供养人像、力士像、化生童子像。它们虽然都是佛教塑像，但却着力表现了现实生活中的人物，有浓郁的生活气息。其中两尊金刚力士像，一尊上身袒露，下着战裙，双目怒视，另一尊残肩披长巾，下着战裙，通身施彩，双目外凸，面带怒容。塑像运用艺术夸张的手法，刻画出武士筋肉丰满、体魄健壮、孔武刚健的形象。其他如姿态各异、内心虔诚的菩萨，皓首白须、心地善良的老人以及活泼可爱的儿童等，无不真实自然，活灵活现。每一尊塑像都是一件独立完美的艺术形象，同时，又以互不雷同的姿态表现着一个统一的主题。这批具有高度艺术成就的彩塑，是西夏彩塑艺术中的奇葩。②（见图51）

俄藏黑水城西夏艺术品中也有一批泥塑。其中最引人注目的是一尊分身佛像。分身佛像在佛经中有一动人故事。原来两贫人各持一金钱请画工绘如来妙相，画工只画一像。二贫人同日俱来，此时"像现灵异，分身交影，光相照著。更二人悦服，心信欢喜"。③ 这一故事曾被画在敦煌壁画上，但以塑像艺术形式表现，则此尊西夏分身彩塑佛像是目前所仅见。此像高62厘米，佛身披袈裟，肩上有两佛头，头向左右下方稍

---

① 史金波、白滨、吴锋云《西夏文物》图240、241。
② 盖山林《绚丽多彩的艺术奇葩——记额济纳旗西夏彩塑》。史金波、白滨、吴锋云《西夏文物》图243—253。
③ （唐）玄奘译《大唐西域记》卷二，上海人民出版社1977年版。

垂,头顶有螺髻,佛面丰满慈祥,气度非凡,肩下有四臂,两臂在胸前合十,另两臂向左右下方伸展,虽是双头四臂的特殊人物造型,但身形自然,显得可亲可近。①

在距黑水城东南20公里处的绿城发现一批西夏文物,其中有两尊彩塑菩萨像,均为单腿盘坐式。一菩萨头戴花冠,面带微笑,两耳垂肩,上身裸露,颈部佩带项饰,身披彩巾,彩巾两头飘于肩和腹前,下身内穿彩裤,外系罗裙,腰间系花结。塑像服饰华丽,面部丰满美观,神态自然安详,有很高的艺术价值。另一像与此相类,但坐姿各有不

图396 黑水城出土彩塑分身佛像

同。②绿城又出土笑口弥勒佛,面部表情憨态可掬,大肚凸显,右手捧腹,左手置于布袋上,盘腿而坐,造型十分生动。

在宁夏贺兰县宏佛塔天宫发现了一批西夏彩绘泥塑像,其中佛头像6尊,佛面像4尊,罗汉头像18尊,罗汉身像12躯,力士面像2尊,以及佛手等,其中一佛头像螺纹肉髻,肉髻低矮平缓,发髻正中嵌一白色椭圆形髻珠,额丰颐圆,隆眉,眉间有白毫,黑色釉料制成的眼珠乌亮有光,高鼻大嘴,双唇闭合,唇上绘云气状八字须,下额绘日

图397 内蒙古额济纳旗绿城出土彩塑菩萨像

---

① 史金波、白滨、吴锋云《西夏文物》图237。
② 史金波、翁善珍《额济纳旗绿城新见西夏文物考》。

月云纹。表情庄重慈祥。一罗汉头像面像方圆，眉弓等处棱角分明，双目直视，目光深邃，表情严峻，额头阴刻皱纹，表现出面容苍老而坚韧苦修的精神。各罗汉像面部特征塑造互不雷同，有的持重，有的坦诚，有的天真，有的谦和。罗汉身像皆结跏趺坐，其一身穿黑色右袒袈裟，腰束细绳带，外着通领大衣，衣褶自然流畅，造型生动。①

西夏的泥塑有专门的塑匠，泥塑用的胶泥也是专门驮运。这些彩绘泥塑像展示了西夏艺术家的才华。②黑水城出土有胶泥账，记载了驮胶泥的数目。③

图398　内蒙古额济纳旗绿城出土笑口弥勒佛

图399　宁夏贺兰县宏佛塔出土彩塑佛头像

图400　宁夏贺兰县宏佛塔出土彩塑罗汉像

---

① 雷润泽、于存海、何继英《西夏佛塔》第194—202页。
② 何继英、于存海《西夏皇家寺院的彩绘泥塑佛像》，台湾《历史文物》第10卷第三期，2000年3月。
③ 史金波、魏同贤、克恰诺夫主编《俄藏黑水城文献》第六册第163页。

三、木雕和竹雕

西夏还有木雕和竹雕。贺兰山拜寺口双塔西塔出土木雕供桌,长58.3厘米,前后各有双枨,镂空卡子花和牙子装饰。前面镂空卡子花分上、中、下三层,上层又以蜀柱分为三个正方形小框,框内透雕折枝牡丹花,中间一朵与旁边两朵造型有异;中层分成两个长方形小框,框内也雕折枝牡丹花。第一二层左右两小框对称。下层雕出四组。牙子位于桌腿外侧透雕出如意云头与卷草纹。供桌通体彩绘,红漆衬底,金色线条勾勒出桌面边沿、足腿、双枨、蜀柱、卡子花和牙子的轮廓,是一件难得的佛教寺庙用品。西塔中的一对描金木质花瓶,高19厘米,上部是瓶,下部是座,瓶、座连体。瓶敞口圆唇,颈细长,圆肩鼓腹;座上部为一圆盘,下部为一覆钵。通体以红漆衬底,腹部用金色描牡丹花纹,座体描金线莲瓣。花瓶经数百年依然光彩夺目。①

图401 贺兰山拜寺口双塔西塔出土木雕供桌

内蒙古额济纳旗古庙遗址出土有木雕菩萨像,端庄安详、神态怡然的菩萨坐于佛龛内,头戴冠,脸呈长方形,身缠飘带,腰系罗裙,左手撑于身后,右手自然地抚于微翘的右膝上,左膝平放。像左有一宝瓶,右方有一嬉乐的顽童,使画面更富有生气。②

此外,武威西郊林场两个西夏墓中还出土了一批陪葬木器,计有木条桌、木衣架、小木塔、木笔架、木宝瓶和木缘塔。木宝瓶宽肩瘦身,表面涂红色,制作精细。木缘塔共四个,其中一件通高76厘米,由座、身、顶、刹四部分组成,呈八角形,各部分都由小木板雕凿卯榫相接合。塔座和塔刹涂红色,塔身蓝色,制作精巧,组合细密,

---

① 雷润泽、于存海、何继英《西夏佛塔》第254页。
② 史金波、白滨、吴锋云《西夏文物》图254。

造型稳重。①

前述西夏木器在武威西夏墓、贺兰县拜寺口双塔、永宁县闵宁村西夏墓中都有出土。其中家具类有木桌、木椅、条桌、衣架等；生活用品类有木碗、木筷、木酒壶、茶盏、痰盂等；文具和生产用工具类有花瓶、竹笔、笔架、刮布刀、刀等；宗教用品类有木缘塔、灵骨匣子、幡顶、唐卡轴杆、木供器等。除日常用品外，还有非器具类木雕、木俑、木板画、西夏文雕版、西夏文木牌、西夏文木简、汉文朱书木牍等。木器易于朽毁，很难保存，出土如此种类繁多、造型独特的木器，是很难得的。

图402　黑水城出土彩绘木舍利塔

黑水城出土有彩绘木舍利塔，高44厘米，由塔刹、塔身、塔座组成，藏传佛教风格的塔身上绘有中原地区风格的四大天王像，漆绘俱佳，色泽艳丽。

西夏印刷事业发达，有大量印本书籍，西夏时期当有大量雕版。宁夏贺兰县宏佛塔天宫中发现了一批西夏文木雕版，几乎全部过火炭化，变成残块，计约2000余块。②。一次发现这样多种西夏文的经版，反映出西夏雕版印刷的兴盛。黑水城也发现了西夏文木雕版，保存完好。这些都是西夏时期的木雕版，虽无确切纪年，可推断约为12世纪遗物，相当于宋代，确为存世最早的珍贵木雕版。③

图403　宏佛塔出西夏文木雕版《释摩诃衍论》卷第八

---

① 史金波、白滨、吴锋云《西夏文物》图255。
② 于存海、何继英：《贺兰县宏佛塔》，载雷润泽、于存海、何继英编著：《西夏佛塔》，文物出版社1995年版。
③ 史金波《中国早期文字木雕版考》，《浙江学刊》2012年2期。

图 404　黑水城出土西夏文木雕版《佛说长寿经》

西夏陵区出土的长方形竹雕，在长 7 厘米、宽不足 3 厘米的作品中，精雕细刻有形象生动的人物、庭院、假山、花树等，从中可以看到中原艺术的风格。

图 405　西夏陵园出土竹雕

第七节　音乐歌舞风俗

西夏各民族能歌善舞，歌舞艺术发达。西夏政府中设"番汉乐人院"，其中又分为番乐人院、汉乐人院。① 可知当时西夏番乐和汉乐两种音乐并存。在行政机构中属末等司，虽级别不高，但属专门机构。西夏的宫廷乐人给统治贵族带来欢乐，但他们地位很低，和弓箭匠、披铠匠、铁匠等同级。西夏汉文本《杂字》"司分部"中有"教坊"一词。大约是"番汉乐人院"汉文的一种译名。教坊是管理宫廷雅乐以外的音乐、舞蹈、百戏的教习、排练和演出的官署，唐代始设，宋代因袭，西夏继承。西夏地方也有管理音乐的机构。武威小西沟岘发现的西夏文书中有一汉文文书残页，内有"……西路乐府□勾管所"、"监乐官府"字样。②"西路乐府□勾管所"当是西夏西经略司管理音乐的部门。

一、音乐

（一）中原的影响和西夏乐的发展

党项民族素有爱好音乐的传统，他们使用的乐器有琵琶、笛、箫等，以击缶为节。唐僖宗时赐给党项首领拓跋思恭全套鼓吹，共有三驾。大驾用一千五百三十人，法驾用七百八十一人，小驾用八百一十六人。③ 以金钲、节鼓、掆鼓、大鼓、小鼓、铙鼓、羽葆鼓、中鸣、大横吹、小横吹、觱栗、桃皮、筚、笛为乐器。尽管所记乐队人数过多，这一记载未必完全可信，但它至少可以说明党项族在这时已接受了中原音乐的影响。

---

① 史金波、聂鸿音、白滨译注《天盛改旧新定律令》第一〇"司序行文门"第 372 页。
② 甘肃省博物馆《甘肃武威发现一批西夏遗物》。
③ 《新唐书》卷二三下《仪卫志》（下）。

五代时党项人到中原贸易，后唐明宗时还在御殿接见，劳以酒食。他们"既醉，连袂歌呼，道其土风以为乐"。① 可知党项人是擅长歌咏的。史载："夏国声乐清厉顿挫，犹有鼓吹之遗音焉。"②

制礼作乐是中国历代文化传统之一，西夏也不例外。元昊本爱好音乐，"常携《野战歌》"。③《野战歌》当是豪迈、激昂的战斗歌曲。继承王位后，元昊认为中原音乐不足以效法，并根据当时建国需要，提出独到的见解："王者制礼作乐，道在宜民。蕃俗以忠实为先，战斗为务。若唐宋之缛节繁音，吾无取焉。"于是"革乐之五音为一音"④，下令在国中流行。这是西夏音乐的一次大改革。

夏天授礼法延祚七年（1044年）辽兴宗耶律宗真率兵攻夏，元昊"奉卮酒为寿，大合乐，乃折箭为誓"。⑤ 大合乐是中原地区的古乐，乐舞并用，多为帝王宴会等重要场合使用。

音乐也属于劳动人民。元昊经常对外用兵，对内也加紧压迫，人民怨声载道，编唱《十不如歌》⑥。人民通过音乐反对压迫的呼声之强烈可以想见。

惠宗是一个爱好汉族文化的皇帝，他曾"招诱汉界娼妇、乐人"，说明汉族音乐受到西夏统治者的欣赏。崇宗时也很注重音乐。宗室子弟仁忠、仁礼二人"俱通蕃汉文字，有才思，善歌咏"。前面提到的崇宗晚年作《灵芝歌》并与大臣相唱和的故事也说明当时音乐之盛。

仁宗在发展佛教、推进儒学的同时，于人庆五年（1148年）使乐官李元儒采用中原乐书，参照西夏制度，修定乐律。原来西夏音乐经元昊更张以后，缺乏唐末遗音。仁宗要推行儒学，音乐改革势在必行。新乐改成后，赐名《鼎新律》，并提升了李元儒等人的官职。这次音乐改革使西夏音乐吸收了更多中原音乐的养分。

西夏音乐受汉地影响，一些西夏人能直接用汉语唱歌。宋的沈括在陕西为边帅时，曾作过几十首歌，让士兵传习歌唱，其中有"万里羌人尽汉歌"之句。羌人似指当时与宋交界的党项等族。宋朝著名诗词作家柳永的歌词也传到了西夏，宋人叶梦得说："柳永……善为歌词。余在丹徒，尝见一西夏归朝官云：'凡有井水饮处，即能歌柳词。'"⑦

---

① 《旧五代史》一三八《外国传二》。
② 《金史》卷一三四《外国传·西夏》。
③ 《宋史》卷四八五《夏国传》（上）。
④ （宋）王巩《闻见近录》，中华书局1984年版。其中载："宝元中，元昊……乞于其国中自称兀卒，又乞五音为六。"与此异。
⑤ （宋）王偁《东都事略》卷一二七。
⑥ 《宋史》卷四八五《夏国传》（上）。
⑦ （宋）叶梦得《避暑录话》卷三，商务印书馆1937年版。

西夏人喜欢唱歌，但在一些特殊场合，政府对唱歌有所限制。比如到国外出使的正副使、内侍、阁门、文书、译语等，与他国人等饮酒作歌时失态要受到处罚。① 又如父母、丈夫等已死，孝礼未毕而忘哀寻乐时，判刑六个月；游戏、听乐歌、坐他人筵上时，打十三杖。②

西夏在丧葬时也离不开音乐。宋景德四年（1007年）德明母罔氏死时，宋朝遣使祭吊，德明"以乐迎至柩前"。③ 意大利旅行家马可波罗描绘了沙州唐古特丧葬仪式，当地居民在棺柩行进时，"鸣一切乐器"。④

（二）对中原地区的影响

西夏的民族音乐也影响到中原地区。宋朝有四夷乐，宋神宗曾召见投降的戎乐人（党项乐人）："四夷乐者，元丰六年五月，召见米脂砦所降戎乐四十二人，奏乐于崇政殿。"⑤《续资治通鉴长编》也有近似记载。⑥ 米脂寨之战不仅使宋朝得到军事上的胜利，还有成批西夏乐人投诚。

西夏音乐并未因西夏的灭亡而终止，它对元朝音乐的发展起了很大的推动作用。元世祖忽必烈时重用西夏进士高智耀，在高智耀的推引介绍下，元朝组成的乐队全盘吸收了西夏音乐，"征用西夏旧乐"，称为河西乐。⑦ 至元十七年（1280年）建昭和署，管领河西乐人。⑧ 陶宗仪在《南村辍耕录》中记录了蒙古乐曲与汉族曲调的差别，其中提到"大曲"中有"也葛倘兀"⑨。"也葛倘兀"即"也可唐兀"，"也可"蒙古语"大"意，唐兀是元代对西夏党项人后裔的称呼。"也可唐兀"可翻译成"大西夏"，是大曲中的一种。

西夏音乐发展演变的轮廓，表明汉族、党项族、蒙古族等几个民族的音乐互相交融、渗透的史实，谱写了祖国历史上各兄弟民族文化相互影响、共同发展的新乐章。⑩

（三）乐器和乐曲

《掌中珠》中有"乐人打诨"之语，所记乐器种类很多，其中有：三弦、六弦、琵

---

① 史金波、聂鸿音、白滨译注《天盛改旧新定律令》第一一"使来往门"第398页。
② 史金波、聂鸿音、白滨译注《天盛改旧新定律令》第二〇"罪责不同门"第604—605页。
③ 《宋史》卷四八五《夏国传》（上）。
④ 冯承钧译《马可波罗行记》第五七章。
⑤ 《宋史》卷一四二《乐志十七》。
⑥ 《续资治通鉴长编》卷三三五，神宗元丰六年（1083年）五月戊戌条。
⑦ 《元史》卷六八《礼乐志》。
⑧ 《元史》卷八五《百官职一》。
⑨ （元）陶宗仪《南村辍耕录》卷二八《乐曲》，中华书局1958年版。
⑩ 史金波《西夏文化》第140—144页。

琶、琴、筝、箜篌、管、笛、箫、笙、筚篥、七星、大鼓、丈鼓、拍板等。当时蕃、汉乐所用管、弦、打击乐器已经比较齐全。西夏汉文本《杂字》共有20部，音乐为其中一部。"音乐部"中有很多关于音乐的词：龙笛、凤管、篆筝、琵琶、弦管、声律、双韵、嵇琴、筚篥、云箫、箜篌、七星、柘枝、宫商、丈鼓、水盏、曲破、把色、笙簧、散唱、遏云、合格、角徵、欣悦、和众、雅奏、八佾、拍板、三弦、六弦、勒波、笛子。① 其中有乐器名，有乐曲名，有音乐词语。上述乐曲名有"曲破"，曲破流行于唐，宋代更为盛行，宫廷大宴时常同其他节目轮番演出，其形式很多，特点是节奏紧凑，奔放洒脱。②

在黑水城遗址发现了金朝的汉文本《刘知远诸宫调》唱本，系金刻本传入西夏，可能西夏也传唱诸宫调。诸宫调是用多种宫调叙唱长篇故事，结构繁复，内容丰富。《刘知远诸宫调》原有12则，此本存42页，仅有5则，今藏中国国家图书馆。③ 此诸宫调是现存诸宫调刻本中最早的一部，展示了早期诸宫调的乐曲结构形式。

敦煌洞窟西夏壁画中表现乐器的洞窟多达18个，如327窟有弹筝伎乐天、手抱琵琶伎乐天，130窟有拍板、腰鼓、笙、排箫等伎乐天，164窟有拍板伎乐，307窟有铜钹、笙、横笛、曲项琵琶、筚篥、琵琶、腰鼓、拍板等天宫伎乐等。④

榆林窟西夏壁画中有4件胡琴图像，3窟有2件，3窟中五十一面观音像有乐器图象10余种，其中胡琴琴筒彩绘装饰，琴头弯曲，琴杆、琴轴、琴弦描绘得很精细，未见琴弓，可能是自鸣乐的表现方式。另东千佛洞7窟东壁药师佛经变乐队中有乐器胡琴、笙、琵琶、腰鼓、拍板、横笛、筝、花盆鼓等。一伎乐聚精会神地演奏着胡琴，这是胡琴首次运用于经变乐队。西夏壁画的花盆鼓是中国石窟中唯一一件花盆鼓形象。⑤ 西夏能画出如此多样的乐器和生动的乐队，反映出当时西夏乐器的丰富和乐队演奏的风采。

西夏灵武窑遗址所出牛头瓷埙，形制简单，便于携带，是人们喜爱的乐器。⑥

图406　瓷牛头埙

---

① 史金波《西夏汉文〈杂字〉初探》。
② 《宋史》卷一四二《乐志十七》。
③ 史金波、魏同贤、克恰诺夫主编《俄藏黑水城文献》第六册第329—349页。
④ 孙星群《西夏辽金音乐史稿》第68—71页。
⑤ 庄壮《西夏的胡琴和花盆鼓》，《敦煌研究》1997年4期。
⑥ 马文宽《宁夏灵武窑》第4页。

黑水城出土的文献中有一幅乐器构造图，用西夏文注明各部位的尺寸。这种古代乐器构造图是罕见的、珍贵的文献。

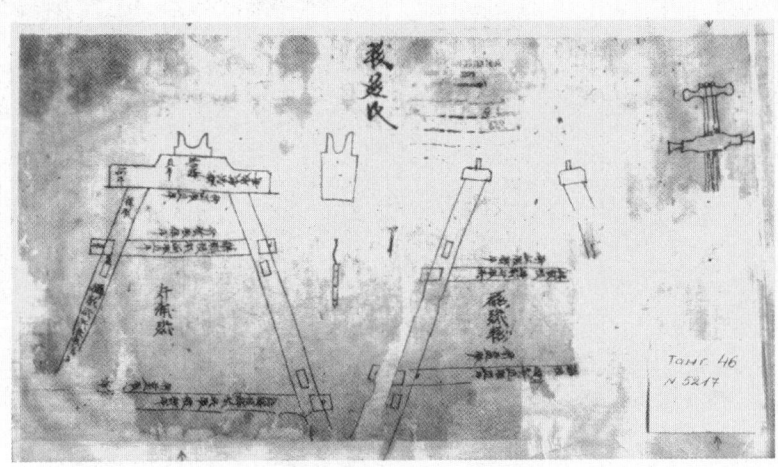

图 407　黑水城出土乐器构造图

二、舞蹈、戏曲和杂技

敦煌莫高窟、瓜州榆林窟的西夏壁画中，演奏音乐的形象多是在优美的舞蹈动作下进行。如莫高窟 400 窟《西方净土变》和《东方药师变》中各有 8 童子伎乐，每人各持一种乐器，或吹，或弹，或击，或奏，呈八字形排列，各有舞姿，天真活泼，表现了舞乐的热烈、欢乐气氛。

西夏汉文本《杂字》"音乐部第九"有关于舞蹈的词，如："舞绾"、"柘枝""曲破"、"八佾"等都是舞蹈名称。

黑水城出土西夏水月观音图下方有四个乐舞者形象，一人跳舞，另三人中一人弹奏，一人吹奏，一人拍掌击节，场面生动热烈，反映出西夏舞蹈的风俗。榆林窟西夏洞窟第 3 窟东壁五十一面千手观音变中有《踏碓图》，其中右部有一圆台，台上三人各立一方板作舞蹈状，似在表演杂技。①

西夏汉文本《杂字》"音乐部"也有关于戏剧的词，如：影戏、杂剧、傀儡等。影戏即皮影戏，在中原有很长的历史，流行于宋代。杂剧在宋、金都很兴盛，当时宋代有 280 种杂剧。或许西夏也接受中原戏曲的影响，有影戏和杂剧演出。

---

① 敦煌研究院《中国石窟·安西榆林窟》图 147。

图 408　黑水城出土西夏水月观音图乐舞图

西夏汉文本《杂字》中有"把色"。据宋人的记载,应是杂剧中的角色。① 又西夏汉文本《杂字》"屋舍部"中有"勾栏"一词,勾栏是宋元戏曲在城市中的主要表演场所,相当于现在的戏院。或许西夏也建有勾栏。《天盛律令》中记载一种"马背戏"②,反映出西夏游牧民族的艺术特点。《圣立义海》"八月之名义"载"秋季中月,国内演戏游乐,设网伺鹊、捕兽"。③ 这一官修书中记载了西夏秋收之际演戏游乐的内容。

综观前述,西夏艺术在中国艺术发展史中占有不容忽视的地位,它具有民族性、时代性和地域性等方面的特点。西夏王朝早已成为昨日黄花,然而西夏艺术品历经数百年的沧桑,仍熠熠生辉。敦煌莫高窟、瓜州榆林窟中 500 余洞窟中西夏占据 80 多座,继唐代创造敦煌艺术巅峰之后,形成又一次敦煌艺术辉煌。西夏音乐几经改制,颇具特色,影响深远,国亡后其音乐飘入元代皇宫,成为宫廷演奏的"河西乐"。西夏艺术在中国艺术史上可圈可点之处甚多,其成就越来越引起人们的重视。

---

① (宋)吴自牧《梦粱录》卷二〇《妓乐》,浙江人民出版社 1980 年版。
② 史金波、聂鸿音、白滨译注《天盛改旧新定律令》第五"军持兵器供给门"第 242 页。
③ 克恰诺夫、李范文、罗矛昆《圣立义海研究》第 52 页。

第十四章
社会家庭

西夏早已进入封建社会，以西夏皇室为核心的地主、牧主阶级构成了西夏社会的权力中心。西夏社会中普通的农民和牧民，以及手工业工匠，他们占社会人口的大多数，此外还有半奴隶性质的使军和类似奴隶的奴仆。商人是西夏社会的新兴阶层。

军人在西夏社会中占比例不小，在社会中影响较大。逃人、乞丐和流浪者也是西夏社会的特殊人群。

第一节　社会阶层

一、皇族

西夏王朝实行君主专制，在社会各阶层中，皇帝处于阶层和权力巅峰，是神圣不可侵犯的。在《天盛律令》中多项规定维护皇帝至高无上的地位，保障皇帝的绝对安全。①

在西夏，皇帝、后妃具有特殊的地位，他们的衣食用物由专门局分负责。御膳原料或由国有农牧场提供，或向广大农牧民敛取。如果"贡献中种种不足等徒二年。不依时节贡奉、迟缓及是否美味所验不精等，一律徒一年"。皇帝的食用，如御膳、药、酒等制作要求很严，所用器皿管理很细，法典中一一列条明示，并对不合要求者给予种种处罚。②

皇帝连服饰穿戴也要显示惟我独尊的排场，比如，国内臣僚、僧道等一律敕禁男女穿戴石黄、石红、杏黄、绣花、饰金、有日月，及原已纺织中有一色花身，有日月，及杂色等上有一团身龙，官民女人冠子上插以真金之凤凰、龙样一齐使用。还不允有金刀、金剑、金枪。③ 这种规定包括王公大臣在内，因此更凸现皇帝及皇室独一无二的地位。

在西夏的艺术品中也形象地反映出西夏社会高低贵贱的悬殊地位。在莫高窟供养

---

① 史金波、聂鸿音、白滨译注《天盛改旧新定律令》第一"谋逆门"第111页；"大不恭门"第126页；第十二"内宫待命等头项门"第429页、431页。
② 史金波、聂鸿音、白滨译注《天盛改旧新定律令》第一二"内宫待命等头项门"第433页。
③ 史金波、聂鸿音、白滨译注《天盛改旧新定律令》第七"敕禁门"第281页。

人像中皇帝、贵族与侍从的身材比例被人为地扭曲,皇帝、贵族身材高大,贫民、侍从被矮化。在绘画中人们的社会地位决定着身量的高低。

二、王公贵族

西夏以宗族首领为主组成的贵族地主,是西夏王朝权力的核心,也是土地和牧场的占有者。《天盛律令》中有关于贵族地主占有土地的记载:"僧人、道士、诸大小臣僚等,因公索求农田司所属耕地及寺院中地、节亲主所属地等,请人买时,自买日始一年之内当合转运司,于地册上注册,依法为租、佣、草事。"①

图 409 西夏皇帝供养像

农田司所属土地应是官地,也即皇帝领有的土地;寺院中所属地表明寺院主持者是土地占有者;节亲主所属地即封给各王的领地,节亲主们也是大地主。当然西夏的地主不只这些,那些大大小小占有较多土地的首领都属于地主阶层。

西夏贵族高官有食邑,西夏陵园汉文残碑中有两处"食邑"的记载。②证明西夏皇室对王公贵族赐有封地,封地的土地和人口为王公贵族所有。

贵族首领还拥有自己的武装"西贼首领各将种落之兵,谓之一溜,少长服习,盖如臂之使指,既成行列,举手掩口,然后敢食,虑酋长遥见。"③建国以后,仍长期实行党项贵族联合专政。西夏的宗法传统、世族权利的延续使西夏保存着更多的贵族特权。

西夏贵族的主要阶层是"有官人",即有爵位者,他们以"官位"区别普通庶民。宗族地主与官品有一致对应的关系,也即宗族越大,其首领的官品就越高。他们的特权表现在方方面面,特别是表现在司法方面。有官者犯罪除十恶等大罪外,量刑时根

---

① 史金波、聂鸿音、白滨译注《天盛改旧新定律令》第一五《租地门》第 496 页。
② 宁夏博物馆发掘整理、李范文编释《西夏陵墓出土残碑粹编》图版 69、70 页,M8CHB:4、M8CHB:8。
③ 《续资治通鉴长编》卷一三二,仁宗庆历元年(1040 年)五月甲戌条。

据官品位高低，比庶人轻，杖刑、徒刑都可以用官当罪。① 用官品可以抵罪，抵劳役。有官人犯罪也可以罚马、罚钱抵罪。这给有钱有势的官僚地主大开方便之门。《天盛律令》还规定官员"因私入牢狱，不许置木枷、铁索、行大杖"。② 这典型地反映了西夏王朝维护贵族地主阶级利益，形成了"刑不上大夫"的法律规定和社会风气。特别突出的是在处理杀人、伤人罪时，有官贵族和普通庶人有很大差别。③ 这里"杀人偿命"对高中级官员是无效的。榆林窟供养人像中的贵族和侍从的比例悬殊，反映出西夏贵族的高于普通人的特殊地位。

三、农主和牧主

（一）农主

西夏的土地分官地和私地，《天盛律令》多次提及"官私所属地苗"，并强调官私地不能互相调换。所谓官地当指皇室、农田司所领属的土地，私地是在私人名下占有的土地。

《天盛律令》多次提到"地主人"。地主人是土地所有者。《天盛律令》中有"农主"，指土地的主人，他们和牧主组成西夏社会基层的主体，也是西夏军队的基础力量。从《天盛律令》可知他们占有土地。④ 他们可以自耕，也可以使农人甚至奴隶劳动。人犯重罪，家属连坐，往往迁之异地，"入牧、农主中"，成为他们的家庭奴隶。

还有一种农主人主要是租种官私地主人的土地。他们向地主人交沉重的地租，而不是向国家交农业税。他们所耕种的土地不能随意买卖。⑤

《天盛律令》在强调与租税、徭役有关的问题时称土地所有者为"租户家主"。西夏文"租"、"税"同字，这里的租户家主是占有土地、交纳租税户。⑥ 西夏政府对其所有土地、耕畜、租税都作详细登记。⑦ 可见租户家主是土地的所有者和纳地

---

① 史金波、聂鸿音、白滨译注《天盛改旧新定律令》第二"罪情与官品当门"第138—139、146页。
② 史金波、聂鸿音、白滨译注《天盛改旧新定律令》第九"行狱杖门"第324页。
③ 史金波、聂鸿音、白滨译注《天盛改旧新定律令》第一"为不道门"第122—124页。
④ 史金波、聂鸿音、白滨译注《天盛改旧新定律令》第一五"租地门"第495页。
⑤ 史金波、聂鸿音、白滨译注《天盛改旧新定律令》第一五"催租功罪门"第495页。
⑥ 史金波、聂鸿音、白滨译注《天盛改旧新定律令》第一五"催缴门"第490页。
⑦ 史金波、聂鸿音、白滨译注《天盛改旧新定律令》第一五《纳领派遣计量小监门》第514页。

租者。租户家主除负担地租、冬草、条椽外，还需要按地亩交纳麦草、粟草、捆绳、麦糠等。

对西夏政府，租户家主是完粮纳税的主体。租户家主即农主不是一个阶层，一类土地占有量大，自己不劳作、耕种，把土地租给佃户或雇佣农人耕种，而占有收获物的大部分，有剩余产品，生活富裕，并按土地量承担国家的租、佣、草的地主。另一类土地较少，自己耕种，他们有微薄的收入，自己负担占有土地的租、佣、草，基本上过着自给自足的生活，属于自耕农。还有的土地很少，要租佃地主的土地，他们是生活更为困苦的贫苦农民。①

租户家主还负担徭役，"因官所出为辅役，于租户家主应出笨工"。② 修渠、筑城、修官舍、行围打猎、放牧御用畜都需要征集笨工。小租户家主本人和大租户家主的佃户和所雇佣的农人，都可出为笨工。（见图 56、57、58、59）

（二）牧主

西夏的牲畜分官畜和私畜，官畜指国家供给皇室、官府、军队需要和对外贸易用的牲畜，私畜是指私家畜养的牲畜。《天盛律令》强调"官私牲畜不许牧者本人擅自借与诸人驮、骑、耕作"。说明牧者可放牧官畜，也可放牧私畜。又规定"予他国所用骆驼、马、物等中，不许诸人与私畜物调换"。不能将瘦弱、疾病、幼小的私畜调换健壮的官畜，占取官家便宜。

西夏的牧民称为"牧主"，他们有数量不等的牲畜。还有一些专职放牧的人被称为"牧人"，他们为牧主放牧。牧人也是官畜放牧者，其上有小牧监监管，再上有牧首领、末驱管领。牧人为国家牧场放牧要按放牧牲畜的种类和数量上缴实物。《天盛律令》规定："百大母骆驼一年内三十仔……，百大母马一年五十仔，百大母牛一年六十犊，百大母羖羺一年六十羔羊，牦牛在燕支山、贺兰山两地中，燕支山土地好，因是牦牛地，年年利仔十牛五犊。"③ 按此规定，年年检视注册，不足者使牧人赔偿，所超数给予牧人。牧人依附于国家或贵族、牧主，类似于农奴的身份。

牧主和农主一样有当兵打仗的义务，他们根据自己的家世和身体状况，可以充当军队的正军、辅主或负担。能成为正式军人也是一种身份的体现，表明农主和牧主是自由人，是普通庶民。

综观西夏的农牧业阶层状况，西夏经济似乎是皇室、贵族、寺庙为领主的奴役形式和以大小地主为地主人租佃形式的混合经济。

---

① 史金波、聂鸿音、白滨译注《天盛改旧新定律令》第一五《地水杂罪门》第 508 页。
② 史金波、聂鸿音、白滨译注《天盛改旧新定律令》第一五《催交租门》第 491 页。
③ 史金波、聂鸿音、白滨译注《天盛改旧新定律令》第一九"畜利限门"第 576—577 页。

四、军人

在西夏作为一种人的身份"军",指具有军人身份。考察西夏文献,"军"应是男子成丁后具有的军人身份。这是一种基本的身份,也是西夏社会中很重要的身份。

西夏的兵源在基层,是建立在各地组成的武装组织的基础上,每次征战,都要点集中军队。这些军队基层队伍就是"溜"。文献记载:"西贼首领各将种落之兵,谓之一溜,少长服习,盖如臂之使指,既成行列,举手掩口,然后敢食,虑酋长遥见。"①西夏基层军民合一,15 岁至 70 岁的男性皆为军人,由这些军丁组成军队基层的细胞——抄。每抄由正军、负担组成。关于西夏的军事组织"抄",最初见于汉文文献。宋人曾巩著《隆平集》记载:"其民一家号一帐,男年登十五为丁,率二丁取正军一人,每负瞻一人为一抄。负瞻者,随军杂役也。四丁为两抄,余号空丁。愿隶正军者,得射他丁为负瞻,无则许射正军之疲弱者为之。故壮者皆习战斗,而得正军为多。"②后来抄中正军下以为辅主,负担渐少。

近年在俄藏和英藏黑水城出土文献中,发现了一批西夏文军籍,这是中国中古时期唯一存世的军籍文书。经过翻译并与西夏法典对比研究得知,其中保存着西夏基层军事组织的重要原始资料,西夏时期实行着严格的军籍登记制度。军籍纸高一般在 20 厘米上下,长度则依该溜军抄的多少、占用篇幅大小而不同。西夏军籍登记有一定的规范格式,依次登记登录首领名字、时间、全溜总体情况,首领及其下属各抄兵丁,包括正军、辅主、负担的姓名、年龄和军马、铠甲、披的装备情况。记载很细致,包

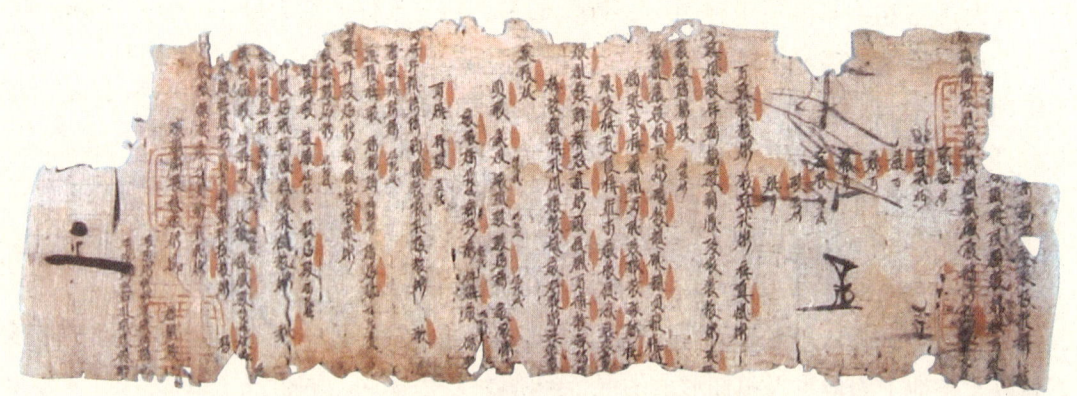

图 410 西夏文天庆戊午五年军籍

---

① 《续资治通鉴长编》卷一百三十二,仁宗庆历元年(1040 年)五月甲戌条。
② (宋)曾巩《隆平集》卷二〇《夷狄传·夏国》,7 页,康熙辛巳年(1701 年)刊本。

括甲、披各部分的构成及甲片数量、尺寸都一一开列。最后有相关人员的签署。从众多的军籍、特别是较完整的军籍综合分析,可知西夏晚期黑水城地区的首领军力偏小,抄的人员偏少,军丁年龄偏老,军兵的装备较差的现象。这些军籍中记录的军人年龄,青壮年比例低,老年比例高,其中不乏八九十岁,甚至上百岁者,表明该地军队质量下降,战斗力消弱。军籍的姓氏表明黑水城当地军队基本上是一支党项族部队。这些文书不仅反映出西夏的基层军事组织特点,还透视出那一时代军籍的风貌。军丁每年按规定进行军籍登记。西夏黑水城军籍的用纸为白麻纸,因年代久远有些泛黄。①

图411　宁夏西吉县出土铜头盔

五、商人和工匠

(一)商人

西夏商人中有官商和私商。官商是专门为官家、政府做买卖者,其中有主要以销售为主的和以购入为主的两种。经营政府控制的专卖行业,如盐、酒曲等以销售为主,为政府采购各种需要品的经营购入,他们都有相应的官职。政府对这些官商有严格要求。比如前述不许强买强买,也不能参与投机倒把:"官家须用杂供给物种种,预先未供给而懈怠之,不许价低时以私买之,公用时高价求利而卖之,致官受损。"②

另有专门从事到国外做买卖者,他们往往随出使他国的使臣同行到别国进行交易。政府对他们的商业活动也有细致规定,并载之法典:"往随他国买卖者,所卖官物而载种种畜物者,往时当明其数,当为注册。往至他国时,官物当另卖之,所得价及实物当于正副使眼前校验,成色、总数当注册,种种物当记之,以执前宫侍御印子印之。已归,来至番国时,当引导于局分处,于彼视之,核校种种物成色数目,当敛。倘若买卖中官私物相杂,不分别卖之,不许以官之好物调换

---

① 史金波《西夏文军籍文书考略——以俄藏黑水城出土军籍文书为例》,《中国史研究》,2012年4期。
② 史金波、聂鸿音、白滨译注《天盛改旧新定律令》第一七"急用不买门"第542页。

图 412 榆林窟第 2 窟中的商人遇盗图

私之劣物。①

在西夏的商人包括城镇街市的商人、店主，城乡之间互通有无的贩卖者，到边界榷场与他国人交易者。其中有"换得黄金铸马蹄"的巨商，但更多的是开小店小铺的普通商人以及四处奔忙的小商小贩。西夏也出现了"买卖中间人"②，这种掮客给买卖双方牵线搭桥，说项成交，从中赚取佣金。

西夏的商人也和农人、牧人一样，要配备战具，准备参战。《天盛律令》规定配备各部类有战具者中列有商人一类。③

（二）工匠

在封建社会工匠是一个重要阶层。西夏的工匠种类繁多，汉文本《杂字》中专列"诸匠部"，其中有工匠 35 种④。《天盛律令》的很多条款中也涉及很多工匠名称，除上述汉文本《杂字》中的工匠名称外还有 20 多种。这些工匠可分为以下几大类：

金属制作类：采金、银匠、金匠、铁匠、生铁、金箔匠、银绿匠、铸钨；

军用品制作类：鞍匠、甲匠、弓箭、镞匠、披铠匠、枪柄匠、箭袋匠、鞘鞦、鞦辔；

建筑木器制作类：石匠、木匠、泥匠、结瓦、砌垒、漆油、井匠；

日用品制作类：绢织、织褐、裁量匠、针工、绳索匠、毡匠、染匠、剜刀、镞剪、桶匠、索匠、针匠、伞盖、皅工、秤工、烧炭、采药、结绹、结丝匠、花匠、玉工；

文化艺术品制作加工类：销金、捻塑、彩画、雕刻、纸匠、笔匠、刻字。

各种匠人和商人一样也列入持战具者名单。⑤皇室所需物品需要在皇宫制作、加工，如宫殿的修缮，衣物的裁量等，因此一部分匠人要进入皇宫工作。

西夏皇宫防范甚严，对持工具进宫的工匠，有极严格的规定："内宫中种种匠用度之刀、工具等往来，守门内宿当持之，可与本人引导，于所需处做，不许使内宫中他

---

① 史金波、聂鸿音、白滨译注《天盛改旧新定律令》第一八"他国买卖门"第 569 页。
② 史金波、聂鸿音、白滨译注《天盛改旧新定律令》第三"自告偿还解罪减半议合门"第 176 页。
③ 史金波、聂鸿音、白滨译注《天盛改旧新定律令》第五"军持兵器供给门"第 242 页。
④ 史金波《西夏汉文本〈杂字〉初探》。
⑤ 史金波、聂鸿音、白滨译注《天盛改旧新定律令》第五"军持兵器供给门"第 242 页。

人持之。①

此外，西夏还有占算、驮御柴者、牵骆驼者、番汉乐人、马背戏人、厨师等。他们是一些自由职业者，其中驮御柴者、牵骆驼者、番乐人、马背戏人都是很有特色的行当。

六、使军与奴仆

西夏虽已是成熟的封建社会，但仍在一定范围内保留有人身奴役和人身占有。其中使军、奴仆是处在社会最底层，没有完全人身自由的人。

在西夏一般不准买卖人口，但使军、奴仆可以和土地、房产一样被典当、出卖。这种典当、买卖人口的行为被明确写在《天盛律令》中："诸人将使军、奴仆、田地、房舍等典当、出卖于他处时，当为契约。"②黑水城出土的一份买卖人口契约，其中还有买卖税院的印章。证明人可以作为商品在西夏境内买卖，不仅是合法的，而且还要经税收部门收税。③

使军、奴仆的一个重要来源是战争的俘虏。《天盛律令》规定："我方人将敌人强力捕获已为使军、奴仆，后彼之节亲亲戚向番国投诚，以强力被捕人确为亲戚，可自愿团聚。"④"番国"指西夏本国而言。使军为从事生产的半奴隶，而奴仆则似是私家奴隶。他们都从属于自己的主人，主人对使军、奴仆来说是"头监"。在西夏的刑法中被人身占有的人与普通庶人是不平等的。使军、奴仆对头监的关系，犹如子女对父母，妻子对丈夫。西夏法律明确规定使军要听从主人的使唤："诸人所属使军、奴仆唤之不来，不肯为使者，徒一年。"⑤

在《天盛律令》中使军、奴仆杀头监属十恶大罪中的恶毒罪，要处以极刑。⑥反过来，头监伤、杀使军则从轻发落。⑦显然，使军、奴仆处于受奴役、没有完全人身自由的地位。西夏迈向封建社会的步伐很快，还带有某些奴隶制残余。中原地区也保留着

---

① 史金波、聂鸿音、白滨译注《天盛改旧新定律令》第一二"内宫待命等头项门"第439—440页。
② 史金波、聂鸿音、白滨译注《天盛改旧新定律令》第一一"出典工门"第390页。
③ 史金波、魏同贤、克恰诺夫主编《俄藏黑水城文献》第一四册第221—222页。史金波、聂鸿音、白滨译注《天盛改旧新定律令》第三"分持盗畜物门"第172页。
④ 史金波、聂鸿音、白滨译注《天盛改旧新定律令》第七"为投诚者安置门"第273—274页。
⑤ 史金波、聂鸿音、白滨译注《天盛改旧新定律令》第二〇"罪责不同门"第606页。
⑥ 史金波、聂鸿音、白滨译注《天盛改旧新定律令》第一"恶毒门"第118页。
⑦ 史金波、聂鸿音、白滨译注《天盛改旧新定律令》第八"相伤门"第296—297页。

类似的阶层，唐宋时期称为部曲和奴婢，被视为不同于良人的贱人，他们的社会地位比普通人要低的多，宋朝的部曲、奴隶也可以被买卖，其地位和西夏的使军、奴仆略同。①

《天盛律令》对使军阶层记载颇多。通过这些法律条文知使军是有一定财产，单独立户，而又依附主人的半奴隶。《天盛律令》规定："妻子、媳妇、使军、奴仆等有谋逆，犯者当依法承罪，公公、婆母、丈夫、头监及妇人所有子女等勿连坐。其中使军、奴仆属畜、物、地、人所有多少，当付嘱头监……"②可见使军、奴仆归属头监，他们可以有自己的畜、物、地、人。《天盛律令》在提到他们盗窃主人的物品时，规定："使军自己有畜物，能赔偿，则当回归还。"③当然他们也可能没有土地，而只有少部分牲畜和其他物品。使军不仅自己的人身不自由，连自己的家属也没有人身自由。《天盛律令》规定"诸人所属使军不问头监，不取契据，不许将子女、媳、姑、姐、妹妇人等自行卖与他人。若违律卖时，当比偷盗钱财罪减一等。"不仅如此，使军家中妇女的婚姻也要由主人首肯。④

在西夏作僧人、道士也要有一定资格。《天盛律令》规定除非已经得到主人的许可，成为军人中的辅主身份，一般使军没有这种权利。⑤

西夏军队中有使军参加，《天盛律令》规定各种军人要配备武器装备时，有使军一项。但他们不能成为战斗的主力正军。

在西夏地位低的人生命也得不到保障。尽管西夏法律对杀人者给予严惩，但有地位的人杀地位低的人处罚要轻得多。在主人家"典押出力人"被打死后，施暴主人仅获一年徒刑。⑥特别是在西夏末期，地方官可以杀"躯房"并要上报。如黑水城出土的光定十三年（1223年）"千户刘寨杀了人口状"，记共杀4户下8口人，"见见尸首"，并由千户刘寨向上呈报。⑦文中的"躯房"应即是使军或奴仆。

《天盛律令》中还常常出现"私人"和"官人"的称呼，"私人"除有时表示"个人"以外，有时还表示一种特殊人的身份。这种私人地位低下，他们属于主人，或称执主者，即头监。私人与官人都属地位低下的阶层，只不过官人是属于官家，私人属于头监个人。所谓官人、私人可能就是上述使军和奴仆的另一种称呼。官人、私人生

---

① （宋）窦仪等撰《宋刑统》卷二二。
② 史金波、聂鸿音、白滨译注《天盛改旧新定律令》第一"谋逆门"第113页。
③ 史金波、聂鸿音、白滨译注《天盛改旧新定律令》第三"盗赔偿反还门"第174页。
④ 史金波、聂鸿音、白滨译注《天盛改旧新定律令》第一二"无理注销诈言门"第417页。
⑤ 史金波、聂鸿音、白滨译注《天盛改旧新定律令》第一一"为僧道修寺庙门"第403页。
⑥ 史金波、聂鸿音、白滨译注《天盛改旧新定律令》第一一"出典工门"第389页。
⑦ 史金波、魏同贤、克恰诺夫主编《俄藏黑水城文献》，第六册，160—161页。

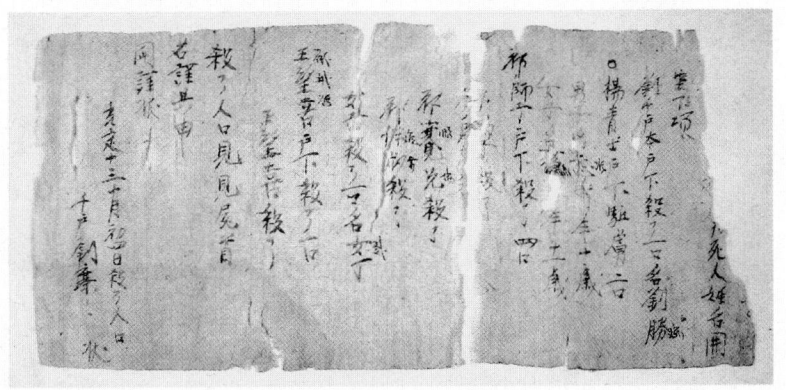

图 413　光定十三年千户刘寨杀了人口状

活困苦，经常逃亡。因此《天盛律令》中有若干条关于"官私人"逃亡的处理条款。①

西夏有流落者、乞丐。《文海》有"乞丐"条，其释文为"穷者外乞，又诸方行求供寻食也"。②流浪者、乞丐因生活无着死亡时，并无葬身之地，西夏政府不得不为此专门作出法律规定。③西夏境内行乞者不少，西夏谚语中有"乞者同来难得食"的警句。④

---

① 史金波、聂鸿音、白滨译注《天盛改旧新定律令》第七"番人叛逃门"第 279—280 页。
② 史金波、白滨、黄振华《文海研究》第 575 页。
③ 史金波、聂鸿音、白滨译注《天盛改旧新定律令》第三"盗毁佛神地墓门"第 185—186 页。
④ 陈炳应《西夏谚语——新集锦成对谚语》第 11 页。

第二节 姓氏风俗

一、蕃姓

西夏的宗族势力强大。早在隋唐时期党项族还在原居住地时："其种每姓别自为部落，一姓之中复分为小部落，大者万余骑，小者数千骑，不相统一。有细封氏、费听氏、往利氏、颇超氏、野辞氏、房当氏、米禽氏、拓跋氏，而拓跋最为强族。"① 这八部就是当时的宗族大姓，作为西夏皇族嵬名氏前身的拓跋氏，那时已经成为势力最大的族群。可知古代党项族以一个大部落为一姓，每一个姓氏都是双音节。党项族内徙以后，部落衍生发展，种姓繁多，姓氏就越来越多了。如"庆州有破丑氏族三、野利氏族五、把利氏族一"。② 拓跋、野利等大族后迁往银、夏地区，成为那里的大姓宗族。李继迁起兵反宋，争取党项族大族的支持，"于是羌豪野利等族皆以女妻之"。③ 德明和元昊各有不少后妃，多为当时的豪族大姓。"德明娶三姓，卫慕氏生元昊，咩迷氏生成遇，讹藏屈怀氏生成嵬"。元昊凡五娶，除辽兴平公主外，有卫慕氏、索氏、都啰氏、咩米氏、野利氏、没㖫氏，多为党项族大姓。④

西夏皇族的远祖为拓跋氏，唐朝赐改皇族李姓，至宋朝又赐改皇族赵姓，元昊称帝前又改称嵬名氏。可见西夏皇族姓氏的变化以及党项族姓氏和汉族姓氏之间的嬗变关系。

---

① 《旧唐书》卷一九八《党项羌传》。
② 《新唐书》卷二二一上《党项传》。
③ （清）吴广成《西夏书事》卷四。
④ 《宋史》卷四八五《夏国传》（上）。

西夏的党项族姓氏称为"蕃姓",音[弥没]。黑水城出土的两种以事门分类的《杂字》都分别列有"蕃姓"和"汉姓"两节。其中"蕃姓"录有包括"嵬名"氏在内的姓氏244个。少数民族文字这样集中地辑录本族姓氏,在我国文献中还是很少见的。《文海》中也收有大量蕃、汉姓氏,蕃姓多注为"族姓"。辑录各种文献,共得蕃姓300余个。

从西夏时的党项姓来看,还基本上保留着双音节姓氏的特点。如果用西夏文书写,就是两个西夏字。单音节的党项姓较少,三音节的更少。

有些党项人分姓氏可以分析出具体含义。有的以身体部位为姓,如读音为[令̄不]的姓,为"大项",即"大脖子"的意思;又如读音为[吴尼祖]的姓,意为"尖头"。有的以动物名称为姓,如读音为[能儿]的姓,意为"沙狐儿";读音为[腮底]的姓,意为"洁鸟"。有的姓与植物有关,如读音为[则韦]的姓,意为"茶兽";读音为[则磨]的姓,意为"茶尖"。特别是《杂字》的"蕃姓"中有[讹一]、[讹二]、[讹三]、[讹四]、[讹五]、[讹六]、[讹七]、[讹八]等八个姓。"讹"字是和其他字共同组成双音节姓氏最多的一个字。上述八个姓的第二音节是汉语数词的一至八的译音,可能以一个带有"讹"字姓的党项部落,后来发展、分化成了八姓。然而这些姓氏不以西夏语的数字为序,而以汉语的数字为序。还有一组姓氏和地支发生了关系,其中有"耶巳"、"耶午"、"耶未"、"耶酉"、"耶亥"等姓。这组姓氏的第一个字,"耶"也是和其他字一起组成双音节姓氏较多的一个字,它和地支中的一个字组成姓氏,而地支中的字不用西夏语读音,而是用汉语读音。

西夏党项族各部中有一些大姓在西夏王朝中长时期拥有较大势力,有的人成为某一时期政治斗争中的风云人物。在西夏文和汉文文献中出现较多的党项姓氏,除嵬名氏外,还有野利、没藏、没啰、芭里、骨勒、骨匹、乃令、如定、西壁、西五、都罗、兀嚷、令介、北却、讹六、讹力、酩布、平尚、千玉、播盉、卫幕、嵬立、嵬迎、讹命等,单音节姓有讹、罔等。

在西夏宗族中又分为大姓、小姓。大姓是长门长子,成为同族的主干,有优先继承权。比如:"国内官、军、抄等子孙中,大姓可袭,小姓不许袭。……官、军、抄当赐大姓,大姓情愿,则允许于共抄不共抄中赐亲父、亲伯叔、亲兄弟、亲侄、亲孙等五种。"①

---

① 史金波、聂鸿音、白滨译注《天盛改旧新定律令》第一○"官军敕门"第353页。

二、汉姓

西夏地区居民原以汉族为主，西夏时期汉族人口很多。在文献中所能见到的汉族人名多为上层统治者。在西夏常见的汉族姓氏有赵、李、梁、王、任、曹、刘、韩、张、杨、苏、罗、贺、高、薛、潘、米、白、宋、吴、焦、田、邹、马、郝、索、陈等。

在西夏文《杂字》和西夏汉文《杂字》中，除"番姓"外，都有"汉姓"一节。在西夏文《杂字》中自"张王李赵"开始，共有84个汉姓。而在汉文本《杂字》中"汉姓"列在第一节，"番姓"为第二节。"汉姓"前残，约缺几十个姓，尚余138个姓。番族和汉族是西夏最主要的两大民族。在西夏文《碎金》的一千个字中记载了120个汉姓：

张王任钟季，李赵刘黎夏。田狄褚唐秦，温武邢袁枝。金严陶萧甄，胡白邵封崔。
息传茫廉罗，司段薄徐娄。江南蔡子高，羊鞠钱伯万。董隋贾迺卓，韩石方穆回。
解周燕尚龚，何傅儿奚德。耿郭君邱铁，史申嵇孙合。曹陆倪苏姚．浑酒和殷陈。
牛杨孟杜家，吕马纪不华。寇婴宗许虞，韦翟权薛安。吴九邹聂丁，侯窦左糜潘。

在《碎金》中汉姓的前面是常用的蕃姓，以嵬名为头。看来，这些汉姓应是在西夏地区常见的汉族姓氏。

在西夏有的看来是汉姓，但本人可能不是汉族，而是党项族。如著名后族两个梁氏，以及她们的兄弟梁乙逋、梁乞埋，他们提倡蕃礼，好斗尚武，有党项族的气质。

前述在西夏有人有两个姓氏，汉姓和番姓叠复在一起，如"浑嵬名遇"、"翟嵬名九"、"张讹三茂"、"吴嵬名山"等。这种现象多是民族交流、汉族和党项族通婚所形成的特殊姓氏。

【第三节　家庭风俗】

一、家庭结构

西夏人的亲属以"节"（音"则"）区分辈分高低和亲疏等次。节分同节、节上和节下。同节即同辈，节上、节下分别类似汉族的长辈和晚辈。节上、节下又依据亲疏远近分为一节、二节、三节……等。一节较自身直接的亲属远一层，二节更远一层。《音同》序中记载，提倡重新整理《音同》的嵬名德照即为"节亲主"，他应是皇帝的近亲。

节亲中又可分为族亲、姻亲二种，族亲是本人同族人，姻亲本族人以婚姻结成的亲戚。在《天盛律令》中专辟一门"亲节门"详细记载了各种亲戚关系，以下仅列出部分近亲：

族、姻二种亲节，依上下服五种丧服法不同而使区分，其中妇人丧服法应与丈夫相同。

应服三年丧：

　　子对父母，妻子对丈夫，
　　父死长孙对祖父、祖母，
　　养子对养父母，子对庶母，
　　未出嫁在家之亲女及养女。

应服一年丧：

　　对祖父、祖母、兄弟、伯叔、姨、亲侄，
　　父母对子女，在家之姑、姐妹，
　　……①

---

① 史金波、聂鸿音、白滨译注《天盛改旧新定律令》第二"亲节门"第134—138页。

所引亲戚以人死后服丧时间的多少规定了亲戚的亲疏，最长的是服3年丧，其次是1年、9个月、5个月、3个月，是越来越疏远的族亲和姻亲，相当于中原地区的五服之制。

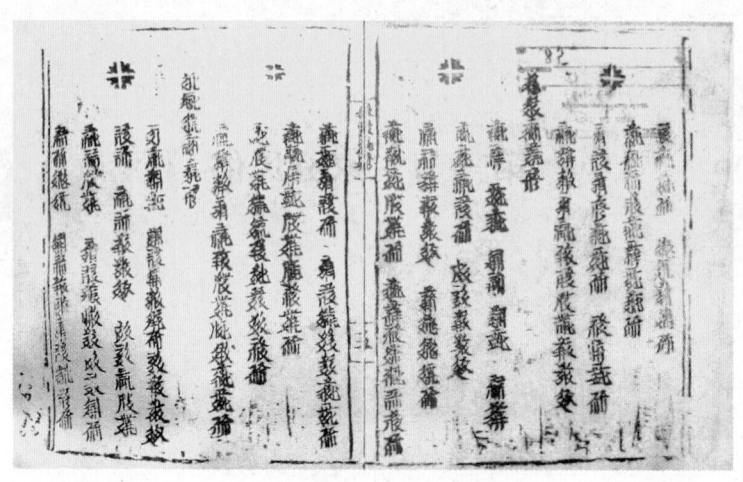

图414 《天盛律令》中关于节亲的记载

根据在《天盛律令》有关条文知道，西夏是父系家庭，可以有大的家庭，"同居"的一家，一对夫妻上可以有曾祖父母、祖父母、父母、未出嫁的姑，平辈可以有未分居的兄弟、未出嫁的姐妹，下可以有儿子、儿媳、未出嫁女、孙子、孙女等。当然这些亲属都齐全的家庭是很少的。一般的家庭只是有其中的一部分。

黑水城出土的一件文书中，记录一个前内侍正军是一个较大的家庭，有男人大人、小孩各2人，分别年40岁、25岁、5岁、3岁；女人大人3人，分别年50岁、30岁、25岁。① 这是一个不小的家庭。另一件黑水城出土文书所记简明户籍帐，则反映出当地可能多数是较小家庭。该文书前后皆残，留存有29户的简略家庭情况。② 这29户共有人口89人，平均每户约3人。其中只有夫妻二人的家庭有10户，夫妻二人有孩子的核心家庭10户，成年女性带有孩子的单亲家庭有3户，其中1户明确指出女户主是寡妇。从中可以看出这里的家庭多很小，是否当时男子结婚后就分家另过。有三分之一无子女，比例很高。另有3户妇女为家长，分别带有一个、两个、三个孩子，这是以妇女为家长的单亲家庭。③

---

① 史金波、魏同贤、克恰诺夫主编《俄藏黑水城文献》第一四册第256—257页。
② 史金波、魏同贤、克恰诺夫主编《俄藏黑水城文献》第一四册第118—123页。
③ 史金波《西夏户籍初探》。

二、家庭观念和礼仪

在西夏宗族占据重要位置，但社会基本的单位、最重要的生产、生活单位还是家庭。

西夏完全接受了中原封建王朝以孝治天下的观念，并贯彻在国家法典中。政府在家庭中提倡孝顺，对违反者处以重刑："子女对自己亲高、曾祖及祖父、祖母、父、母、庶母，及儿媳对此数等人撒土灰、唾及顶嘴辱骂及举告等之罪法：撒土灰、唾等，实已著于身、面上，及当面说坏话、顶嘴等时绞杀。"① 又规定对以上亲属犯罪除谋逆、失孝德礼、背叛等三种恶罪外，犯其他罪不许举告，若举告时违背了孝的原则，处以绞杀之罪。

在西夏家庭中，也是男主外，女主内。《碎金》记载"门下妇人知，外情夫君管"，真实地描绘了西夏家庭中男女、夫妇的分工。

西夏民俗要求夫妇和顺，《圣立义海》"夫妇名义"中有"依因缘合"、"治家出行"、"智妇敬夫"、"家宅威仪"、"才齐言庆"、"世代敬颂"、"死后共墓"等条都与家庭有关。其中"治家出行"条记："夫妇对坐，女天男地者，家事妇治，外事男行，是内外，故互相依靠也。"② 这里不仅夫妇相敬，也强调男女内外的分工。

西夏的家庭讲究父母疼爱子女，前述《圣立义海》对父母爱子女有多处记载。③ 西夏提倡孝道重点是子女对长辈，特别是对父母的孝顺。《圣立义海》第十四"子对父母孝顺名义"中"合孝日礼"条："孝子有父母时，按父母之意行孝侍；父母亡则三年孝日未竟期间，与父母在时一样行孝，谓得孝名。"④

媳妇对家庭的关系体现在三从四德方面，这是从中原地区移植过来的封建礼教。《圣立义海》第十四"媳礼名义"中有"媳依四德行"条，继承了中原儒学提倡的"妇德、妇言、妇容、妇功"的说教；"依三种孝顺条"则照抄了"三从"的内容：媳居母家，顺从父兄；婚世至嫁，顺从夫；夫亡后顺从儿子也。⑤ 此外还有"听父母语"、"勤侍公公婆母"、"常勤待命"、"不为己意"、"寻求家财"等条。

西夏社会主张兄弟同根，长爱幼，幼尊长，应有手足之情。在《圣立义海》的"兄弟之名分"中有集中描述。在"兄弟之礼"条："长兄爱幼，幼弟尊长，相谦和顺也。"

---

① 史金波、聂鸿音、白滨译注《天盛改旧新定律令》第一"不孝顺门"第127—128页。
② 克恰诺夫、李范文、罗矛昆《圣立义海研究》第70页。
③ 同上。
④ 克恰诺夫、李范文、罗矛昆《圣立义海研究》第74页。
⑤ 克恰诺夫、李范文、罗矛昆《圣立义海研究》第81—82页。原译文"广为诸孝顺"，今改译为"依三种孝顺"。

又"手足长大"条有:"兄弟成长,如手足相助,相依相靠。诗中云:'长兄为脊背,幼弟为柱脚'。"① 西夏习惯认为,姐妹之间是前缘和合,共生本源,应互相照顾。

《圣立义海》在"叔侄名义"中描绘了叔侄应有的关系。认为叔侄是"父母侧系",孩子应上孝父母,"次则孝叔姨也"。

女婿一般不作为家庭成员,但也是至亲。《圣立义海》"婿礼名义"中"族姻结婚"条:"姻子族婿,族女姻媳,婿礼如儿子敬岳父岳母。"②

---

① 克恰诺夫、李范文、罗矛昆《圣立义海研究》第 77 页。
② 克恰诺夫、李范文、罗矛昆《圣立义海研究》第 83 页。原译文"男女婚配",今改译为"族姻婚配"。

结　语

综上所述，西夏风俗既明显地体现出其基本特征，又显示出其深厚的社会影响和不可忽视的历史作用。

第一节 西夏风俗的基本特征

一、多民族性

在西夏，党项族虽位在主体，在政治上占有优势；但汉族人数众多，在经济、文化占有优势；藏族和回鹘在西夏虽势力较弱，但在宗教的传播和发展上也有一定优势和特点。这种各有特点和优势的民族格局，使多民族的文化、习俗保持了大体的均衡。西夏的党项族、汉族、吐蕃、回鹘等几个主要民族在政治、经济、文化、社会生活各方面互相交流、互相渗透，互相亲和，使这一地区呈现出文化习俗上的民族深层次交融的局面。

通过前述西夏风俗不难看出，西夏无论是衣食住行，还是婚丧嫁娶，都表现了各民族风俗的并存，在共存中互相接触、交流、融会，形成了你中有我，我中有你的胶着状态。比如在饮食上，既有汉族传统以粮食为主的饮食结构，也有少数民族以肉乳为主的饮食结构。在居住上，既有汉族地区的砖瓦结构的居室，也有土屋、草房，以及游牧民族习用的毡帐。在丧葬方面同一墓葬中既有土葬，又有火葬，应视为不同民族特点的合璧葬式。在生产、管理习惯方面，既重视农业管理，又有严格、细密的牧业管理。西夏风俗的多民族的均衡性，反映在王朝政策上就不象有的王朝那样有高压的民族歧视政策，各民族之间比较融洽。

二、继承性和时代性

风俗习惯在社会的演进中有相当的稳固性，有的习俗可以历经若干时代而传承不替。

西夏的风俗具有鲜明的时代性，其买卖婚姻和包办婚姻是包括汉族和党项族在内很多民族的传统婚姻习俗，又是当时封建社会流行的婚姻方式。但西夏的风俗又有历史的延续性和继承性。前述西夏的各种风俗，很多是由原来的传统延续下来的。如婚姻习俗中的姑舅表婚，应是党项族的古代婚姻形式的遗留。流行于西夏的鬼神信仰和巫术崇拜，更具有历史传统的延续性。音乐上唐代赐给的全套鼓吹，宋代流传的诸宫调则是继承了汉族的衣钵。

有时在同一风习上既能看出传统的强大影响，也能看出明显的时代特征。如西夏人的军事作战运用了当时骑兵、步兵先进的战法，但在作战前要进行占卜，在阵地上作杀鬼招魂等，却是党项民族传统的继承。

三、创新性和变异性

一个社会的风俗习惯在继承传统的基础上，也在不断的变化和创新。习俗的革新有的是在民间逐渐完成的，它往往是在自然条件或社会逐渐发生变化时引起的。如西夏党项人由信仰原始宗教到接受佛教，就是从思想到行为的渐进过程。习俗的革新有的是短时间完成的，它多是因政治、经济、文化发生了重大事变后，由上而下推行的。如由于西夏颁行秃发令并形成了西夏秃发的习俗。又如为了建国的需要，西夏统治者创制和推行西夏文字，形成了以西夏文为代表的西夏文化。其他如改九拜为三拜，革乐之五音为一音等，皆自上而下推行。

四、同一性和差异性

有些风俗习惯是全民族的，乃至是全国性的。如信仰、婚俗、节日，都具有普遍性和同一性。但风俗习惯在不同阶层的又有差异性，即便是那些看起来属于全民族、甚至全国的普遍风俗，在实际表现中也不是完全统一的。

西夏风俗的差异性，在各阶层所出现的不平衡性，在各个领域都能感受到。如同样是结婚，婚价或陪送嫁妆要按不同的身份分成等级，并被载入西夏法典。又如同是信仰佛教，最高统治者可以修盖寺庙，作大法会，一次命人刻印、散施佛经数以万计，使人抄写佛经数千卷，做耗费巨大的"功德"。一般贫民受经济条件限制，信仰佛教无非是在家烧香礼佛，最多是到寺庙或佛窟朝拜。其他诸如服饰、居室、墓葬的阶层差异更是显而易见。

第二节 西夏风俗的社会影响和历史作用

一、社会影响

西夏的自然条件、悠久的历史和社会状况产生了西夏特有的风俗。可以说西夏的风俗比较突出地反映了西夏社会，后世人往往通过西夏风俗特点去透视西夏社会。

西夏的风俗特点是西夏民族和王朝的象征，内部以自己的风习统一人们的思想和行为，规范全国人的行为准则，有的还要正式载诸法典，以有利于封建统治。对外可以充分表现本王朝的特色，特别有时会成为国家之间很敏感的政治问题。如西夏文字的创制和使用，始终未得到宋朝的认可。

西夏和它的前身西北党项族政权在300多年的时间内，经济有了长足的进步，文化有了全面的发展，这使西夏的风俗有了相当的改变。西夏社会的进步是和西夏风俗的革新变化相联系的。西夏的移风易俗又推动着、反映着西夏社会的进步。

西夏前期提倡勇武，吸收有益风习，革新旧俗，促使西夏进步、强盛；西夏后期军武松弛，佛道发展过滥，奢靡之风渐浓，社会积弊甚多，世风日下，使西夏渐趋没落。

二、历史作用

西夏是中古时期有影响的王朝，它统一了西北广袤的土地，地处中西交通的要冲，其风俗习惯在当时就有重要影响。比如宋神宗让投降的蕃乐人奏乐，证明西夏乐不同凡响。又比如出于快速印刷佛经和其他书籍的需要，西夏比较多的使用了活字印刷，并使之向西方传播，还利用丝绸之路西传至中亚和欧洲，在世界文明的发展上作出了重要贡献。留存至今的活字印刷实物，至今仍是中国首创活字印刷的主要证据，发挥着不可替代的历史作用。①

意大利旅行家马可·波罗在西夏灭亡后不久，来到西夏故地，记录了当地的风土人情，诸如交通、物产、信仰、丧葬等习俗，他认为西夏的白毡是世界最好。②

西夏的经验和技术受到元朝的重视。元太祖时很注意搜罗西夏诸色人匠。党项人小丑以善做弓受到重视，其子孙也善业弓，受到皇帝嘉奖。③太祖时有西夏人常八斤"以善造弓，见知于帝"。④至元代中期，河西地区工匠依然受到重视。成宗时"徙甘、凉御匠五百余户于襄阳"。⑤西夏畜牧业发达，毛织业很盛。元世祖于"河西置织毛段匠提举司"。⑥顺帝时又立"皮货所于宁夏"。⑦因西夏长于修堤治水，元顺帝时因黄河大泛滥而冲毁黄河堤埽时，征调了"夏人水工"负责西岸。⑧

一部分归附蒙古的党项人学者，对发展蒙、元时期的文化有一定建树。蒙古皇子阔端镇西凉时，儒者做苦役，西夏人高智耀请废除此种做法，宪宗时他又上言朝廷应用儒者。世祖召见他时"又力言儒术有补治道，反复辩论，辞累千百"。当时淮、蜀儒士遭俘虏者，皆没为奴。经高智耀请求，以翰林学士身份循行郡县，得儒士数千人。⑨

蒙、元时期，藏传佛教东传，借助于在西夏流传、发展的基础，而元朝封八思巴为帝师也是有西夏首设帝师的先导。

西夏的音乐对元朝影响较大。蒙古兵起于溯漠，其音乐可能较为简朴。由于党项族上层高智耀的推引介绍，蒙古王朝采用了西夏旧乐。这是蒙、元制乐的发端。后在大明殿启建白伞盖佛事时，就用河西乐（即西夏音乐）。⑩

元朝至仁宗延祐年间始实行科举，斟酌旧制而行，这使元朝后期在文学方面有了较大的进展，一些色目人子弟以读书稽古为事，其中有较高文化的党项人后代颇居风气之先，于是出现了一批知名的文士。元代党项人中进士的人不少，仅元统元年（1333年）榜就有七人。

不难想见，西夏的风俗对后世有相当的影响，发挥了不可忽视的历史作用。

---

① 史金波、雅森.吾守尔《西夏和回鹘对活字印刷的重要贡献》载《光明日报》1997年8月5日。
史金波、雅森.吾守尔《活字印刷术的发明和早期传播》，社会科学文献出版社2000年1月。
② 冯承钧译《马可波罗行记》第五七章、六〇章、六一章、六二章、七一章、七二章。
③ 《元史》卷一三四《朵罗台传》。
④ 《元史》卷一四六《耶律楚材传》。
⑤ 《元史》卷一八《成宗纪》。
⑥ 《元史》卷一一《世祖纪》。
⑦ 《元史》卷一八《顺帝纪》。
⑧ 《元史》卷六六《河渠志》。
⑨ 《元史》卷一二五《高智耀传》。
⑩ 《元史》卷六八《礼乐志》、卷七七《祭祀志》、卷八五《百官志》。

后 记

年逾古稀，仍感到很忙。不唯我如此，单位同事，外单位同行，都很忙。不少人项目多，课题多，忙得不亦乐乎。家里的孩子们在各自的工作中，也很紧张，有时还要加班。早已退休的老伴，忙家务，照顾他人，也不得清闲。这大概就是中国的现状。大家都在劳动，在努力，也许这是中国进步较快的动力。这部书是在未立项目的情况下，在原来的基础上挤时间抽空撰写的。当写完搁笔时，感到完成了一项重要任务，如释重负，同时又觉得时间较紧，有些不踏实，希望多核校几遍，以免忙中疏漏。在最后一稿的校对中，研究西夏服饰和民俗的任怀晟副教授参加了校对。他曾于2011年—2014年在我所博士后流动站工作，并顺利出站。

由于有关西夏新资料的激增，西夏文解读进展迅速，西夏研究由冷转热，西夏研究著述丰硕，令学界侧目。这些成果对撰著西夏风俗史起到了很大推动作用，因此要感谢国内外的西夏研究同行们。还要感谢与西夏文物、文献相关的文物考古部门和诸多考古专家，他们都曾热情接待我参观、考察西夏文物、文献。这些部门有国家图书馆、故宫博物院、国家博物馆、敦煌研究院、宁夏博物馆、宁夏文物考古研究所、甘肃博物馆、武威博物馆、内蒙古博物馆、内蒙古文物考古研究所、内蒙古额济纳旗文物保管所、俄罗斯科学院东方文献研究所、俄罗斯圣彼得堡艾尔米塔什博物馆、英国大英图书馆、法国巴黎图书馆、法国巴黎吉美博物馆、瑞典斯德哥尔摩民族学博物馆等。

2013年3月3日

图书在版编目（CIP）数据

西夏风俗/史金波著.-上海：上海文艺出版社.2017.4
（全彩插图本中国风俗通史丛书/陈高华，徐吉军主编）
ISBN 978-7-5321-5554-5
Ⅰ.①西… Ⅱ.①史… Ⅲ.①风俗习惯史—中国—西夏
Ⅳ.①K892

中国版本图书馆CIP数据核字（2017）第006906号

出 品 人：陈　征
责任编辑：徐华龙
封面设计：王志伟

书　　名：西夏风俗
作　　者：史金波
出　　版：上海世纪出版集团　　上海文艺出版社
地　　址：上海绍兴路7号　200020
发　　行：上海世纪出版股份有限公司发行中心发行
　　　　　上海福建中路193号　200001　www.ewen.co
印　　刷：山东省临沂新华印刷物流集团有限责任公司
开　　本：787×1092　1/16
印　　张：35.5
插　　页：5
字　　数：698,000
印　　次：2017年4月第1版　2017年4月第1次印刷
Ｉ Ｓ Ｂ Ｎ：978-7-5321-5554-5/K・350
定　　价：290.00元
告 读 者：如发现本书有质量问题请与印刷厂质量科联系　T:0539-2925888